COLLECTION NATHAN-UNIVERSITÉ
CRÉÉE PAR HENRI MITTERAND, PROFESSEUR À L'UNIVERSITÉ DE PARIS III
Série "Études linguistiques et littéraires" dirigée par Henri Mitterand

François SCHANEN
*Professeur à
l'Université Paul Valéry
de Montpellier*

Jean-Paul CONFAIS
*Maître de conférences à
l'Université de Toulouse
Le Mirail*

GRAMMAIRE DE L'ALLEMAND

FORMES ET FONCTIONS

Ouvrage publié avec le concours des ministères de l'Éducation nationale et de la Recherche et de la Technologie.

NATHAN

ISBN 2-0919-011-21

AVANT-PROPOS

En présentant cette grammaire aux étudiants des Enseignements supérieurs et aux enseignants d'allemand désireux de parfaire leur formation, les auteurs souhaitent leur fournir un instrument de travail efficace, apte à les guider dans un apprentissage et un perfectionnement conscients de la langue.

L'**objectif didactique** est double : fournir à l'utilisateur le plus grand nombre possible d'informations sur tous les aspects de la grammaire allemande (y compris par ex. sur l'orthographe et la ponctuation) et lui donner les moyens de replacer ces informations dans un cadre théorique global et cohérent, c'est-à-dire lui apporter en même temps que les résultats des analyses les réflexions, outils et méthodes qui y conduisent.

Le **contenu** dépasse donc largement ce qu'on appelle souvent le « minimum exigé ». Il nous a semblé utile de présenter une véritable somme grammaticale comprenant un maximum de faits de la langue actuelle et insistant également sur des aspects qu'un étudiant moyen n'a pas toujours l'occasion de traiter en détail durant son passage dans l'Enseignement supérieur (p. ex. la sémantique des particules verbales et des prépositions, la formation des lexèmes complexes). D'autre part, si la **langue soignée** (orale et écrite) est l'objet principal de cette grammaire, elle est vue beaucoup plus comme un moyen courant de communication (« **langue standard** ») que comme une langue purement « littéraire ». Voilà pourquoi les exemples d' « auteurs » y sont relativement peu nombreux, tandis qu'une large place a été accordée aux phénomènes typiques de la langue orale, comme bien entendu la prosodie, mais aussi les unités linguistiques assurant une fonction communicative (p. ex. les « particules illocutoires » comme *denn, doch, eben, halt...*, les modulateurs tels *erst, noch, so, sogar, schon...*).

La **présentation** a été conçue de façon à pouvoir retrouver, hiérarchiser et « visualiser » le plus aisément possible les informations, notamment par des tableaux, listes intégrées au texte, encadrements (pour les règles importantes), choix des caractères et signaux optiques divers.

La **méthode didactique** est adaptée au niveau des utilisateurs visés. Elle est certes fonction pour une bonne part de la langue décrite et du modèle de description adopté. Mais elle dépend aussi des conditions de réception, donc des facultés, besoins et motivations variables de l'étudiant. L'acquisition plus ou moins automatisée des seules formes suffit peut-être au débutant, au collège voire au lycée : elle ne peut plus satisfaire l'étudiant ni l'enseignant. Or, dès lors qu'il s'agit d'approfondir le fonctionnement d'une langue, il est nécessaire de mettre en œuvre à la fois l'esprit d'analyse et l'esprit de synthèse, ce qui implique à son tour des ouvertures sur des problèmes (théoriques, linguistiques, méthodologiques, terminologiques) plus généraux. Le choix délibéré de partir de la « surface », de présenter avec précision les faits de langue sans en éluder les explications linguistiques plus larges, de définir à chaque fois la terminologie employée (en la délimitant parfois par rapport à d'autres, p. ex. les notions de GV, GN, G ADJ, LSC ou les termes de signifiant, signifié, désigné) devrait répondre aux exigences de l'utilisateur.

L'outil descriptif utilisé pour l'analyse interne de l'énoncé est relativement simple à comprendre et à manier, même pour un non-initié aux méthodes linguistiques. Les **groupes syntaxiques de fonctionnement** que nous envisageons sont des instruments d'analyse de « surface » faciles à étiqueter. Ils constituent un point de départ solide pour une description plus approfondie en fonction du sens, de l'information et de la communication. Mis à part les chapitres 1, 2, 5, 30 à 32, c'est ce « modèle » de groupes morphosyntaxiques qui fournit la charpente formelle et superficielle de cette grammaire.

Du point de vue linguistique cependant, si cette grammaire s'insère dans la tradition structurale pour la méthode, l'approche de la langue objet à décrire se veut à la fois plus vaste et plus moderne. Le point de départ et d'arrivée, le véritable fil conducteur en sont non plus le signe linguistique, le mot et la phrase « in vitro » dans un système de langue abstrait (au sens saussurien), mais l'**énoncé** en tant que produit d'un **acte de communication linguistique**. Cette perspective communicative et pragmatique conduit à élargir le champ d'investigation à l'énonciation comme ensemble de conditions de production et de réception de l'énoncé. Elle fournit entre autre un cadre à l'exposé des aspects phoniques et graphémiques, prosodiques et sémantiques de la langue. Elle invite à s'intéresser davantage p. ex. aux dimensions contextuelles et situationnelles, trop longtemps négligées par l'optique « phrastique ». Enfin et surtout, elle permet de mieux cerner, en les éclairant d'un jour nouveau, le fonctionnement de la langue et de ses signes en « milieu naturel » et par là même les notions délicates de **sens** et de **fonctions**.

Le **plan** adopté reflète à la fois l'interaction et les tensions entre les impératifs didactiques et linguistiques. Il se présente finalement comme un compromis, permettant à la fois une **lecture suivie** et une **lecture partielle** : l'essentiel des données théoriques est concentré dans quelques chapitres (1, 2, 5, 6) et la numérotation des paragraphes, jointe à l'index détaillé, permet de retrouver rapidement l'information souhaitée.

Il va de soi que cette grammaire aurait été impossible sans les recherches de nombreux prédécesseurs, grammairiens et linguistes. Les collègues spécialistes reconnaîtront au passage ce que nous devons à l'enseignement et aux travaux de Jean Fourquet, de Paul Valentin et de Jean-Marie Zemb, mais aussi aux écrits et suggestions de nombreux autres chercheurs rencontrés lors de séminaires réguliers, de colloques ou de congrès. Nous remercions particulièrement : Philippe Marcq pour ses travaux concernant les prépositions et les préverbes, Jean David pour sa thèse sur la syntaxe systémique, Marcel Pérennec pour ses recherches sur l'illocution, Eugène Faucher pour de nombreuses suggestions portant notamment sur le système verbal, les déterminatifs, le groupe infinitif et l'apposition, Daniel Bresson, Jean Janitza et Jean Zehnacker pour leurs études sur la prosodie et la phonétique, Yves Bertrand pour ses articles sur les prépositions notionnelles et le genre, ainsi que les auteurs de séries de publications telles que les *Cahiers d'allemand* et les *Nouveaux cahiers d'allemand, Linguistica Palatina* de Paris IV et les *Cahiers du Drlav* de Paris VIII, sans oublier bien sûr les auteurs des grammaires et revues connues des deux Allemagnes. Nous remercions également M. Klaus Vogel, de l'Université de Göttingen, pour sa relecture scrupuleuse du manuscrit.

ABRÉVIATIONS ET SIGNES UTILISÉS

GN	groupe nominal ; $GN_{nom,}$ GN_{acc} etc. : GN au nominatif, à l'accusatif
GV	groupe verbal IND indicatif SUBJ I/II subjonctif I, subjonctif II
G INF	groupe infinitif
G PART ...	groupe participial ; PART I/II participe I, participe II
G REL	groupe verbal relatif
G ADJ	groupe adjectival ; ADJ adjectif
GSC	groupe sans marque de catégorie (v. chap. 6)
LSC	lexème sans marque de catégorie (v. chap. 6)
G PREP ...	groupe prépositionnel ; PREP préposition
G CONJ ...	groupe conjonctionnel ; G. CONJ *wenn,* G CONJ *daß* groupe conjonctionnel introduit par *wenn/daß*
V	forme personnelle du verbe, p. ex. *er **tanzt**, er **hat** getanzt*
Avp, Apd ..	avant-première position, après-dernière position (v. chap. 14)
►	attention
⇨	attention (règle importante)
/	« ou bien », par exemple : *Er geht auf die Bank/in die Schule.*
[ ]	— réalisation phonétique, par exemple : *Baum* [baUm] — présence facultative ou occasionnelle, par exemple : *Wenn du müde bist, [dann] geh doch ins Bett!* *Seit[dem] ich hier lebe, geht es mir viel besser.*
*	énoncé ou forme incorrect(e), sauf indication spécifique dans le contexte
´	accent d'unité lexicale (« accent de mot ») — v. § 26
°	accent de groupe — v. § 26
•	accent d'énoncé — v. § 26
+	accent contrastif (accent d'insistance) — v. § 26

1
L'ENONCE ET L'ACTE D'ENONCIATION

1.0. L'objet de la grammaire

1 Quand on parle ou écrit en situation, on ne produit pas des phrases abstraites ou des « propositions logiques », mais des ***énoncés.*** L'énoncé est donc au point de départ de l'analyse linguistique et au point d'arrivée de l'enseignement de la langue. L'objet de la grammaire est d'en décrire et d'en expliquer le fonctionnement. On se contente dans ce premier chapitre
— de définir l'énoncé et d'en montrer les divers aspects ;
— de l'envisager globalement sous l'angle de l'**énonciation**.

1.1. L'énoncé et ses différentes dimensions

2 *Äußerungseinheit* linguistique, l'énoncé est :

▷ au sens large, une **unité** de dimension linéaire variable : simple mot parlé ou écrit *(Danke !)*, ensemble de mots *(Weg mit ihm !)*, « phrase » *(Darf ich Sie kurz stören ?)* ou texte plus ou moins long et élaboré *(Guten Morgen. Ich hätte gern Ihren Sohn gesprochen. Ich möchte ihn nämlich fragen, ob...)* ;

▷ le produit d'un **acte linguistique** ayant pour but d'établir une **communication** (relation entre un énonciateur et un destinataire) et, le plus souvent, de transmettre une **information** (message) ;

▷ du point de vue de sa composition perceptible, un **enchaînement de signaux** élémentaires et complexes, généralement regroupés en des ensembles plus vastes (« macro-signaux »).

3 Ces (ensembles de) signaux peuvent être envisagés sous différents points de vue qui fournissent autant de perspectives d'analyse :

a. La substance de leur expression, leur constitution physique : il s'agit à l'oral de sons, d'accents, de tracés mélodiques et rythmiques, de pauses... ; à l'écrit, de lettres, de ponctuation, de positions...

b. La forme de leur expression : c'est la nature des unités linguistiques :

Unités phonétiques	→ sons élémentaires en contexte ;
et prosodiques	→ accents, intonations...
Unités lexicales :	
transmettant une information	→ *der Baum, die Freiheit, leben...*
ou ayant une valeur purement communicative	→ *hallo !, ja, doch, vielleicht, gelt ?...*
Unités morphémiques	→ *t* dans *er kommt* p. ex.
Figures positionnelles	→ *ein Faß Bier* ↔ *ein Bierfaß*

c. La fonction, le rôle, la signification fonctionnelle des unités linguistiques :

Fonction démarcative	→ p. ex. accents, pauses à l'oral ; ponctuation, « blancs », alinéas à l'écrit ;
Fonction distinctive	→ phonèmes : *Panne* ↔ *Tanne* /p/↔/t/ majuscules ↔ minuscules *Weg*↔ *weg ;*
Fonction communicative	→ *hallo !* = « contactif » ; *natürlich* « évidemment, bien sûr » = appréciatif
Fonction informative	→ *Mensch, Tier, Ding, gestern ; natürlich* « de façon naturelle »

d. L'information fournie en situation et en contexte d'énonciation, notamment leur « sens » désigné (v. chap. 5), car des unités comme *Baum, Freiheit, leben, alt,* etc., renvoient d'une façon ou d'une autre au monde des expériences et des réalités.

e. La substance même **du contenu** « extralinguistique » évoqué par ces unités : l'expérience de la réalité ou la réalité en soi, par exemple l'expérience que j'ai de l'arbre comme végétal, la liberté ressentie ou vécue comme expérience empirique... et que l'on peut exprimer par des « langages » autres que celui des formes linguistiques (peinture, musique).

§ 4 D'un point de vue méthodologique, l'énoncé doit être envisagé au moins dans **deux perspectives** impliquant chacune des notions et objets d'analyse qu'il faut préciser :

PERSPECTIVE	NOTIONS
▷ Externe = **l'énonciation :** les conditions et opérations de production et de réception de l'énoncé.	→ l'**acte linguistique** et ses fonctions (v. 1.2.).
▷ Interne = l'**organisation** de l'énoncé, l'agencement des sous-ensembles qui le composent.	→ l'unité, le **groupe syntaxique** (v. chap. 6), la structure phonétique et prosodique (v. chap. 3), la chaîne graphique (v. chap. 4).

1.2. L'acte linguistique

§ 5 L'acte linguistique ou **acte d'énonciation** est une activité : un énonciateur (locuteur/scripteur) prend la parole ou la plume pour s'adresser à un destinataire (auditeur/lecteur). Cet acte se déroule dans des **conditions** impliquant au moins :

▷ un « **je** » en un **lieu** (« ici ») et à un **moment** (« maintenant ») donnés

▷ utilisant les **signes** d'une langue (un « code »)

▷ pour établir une **communication** qui transmet le plus souvent une **information**

▷ pour des **raisons** et à des **fins** plus ou moins conscientes et déterminées

▷ avec un « **tu** » (destinataire)

6 En tant qu'activité, l'acte linguistique est de l'ordre du « FAIRE », mais ce FAIRE est lui-même une interaction d'autres activités aux aspects multiples. Il est aussi :

— un FAIRE-ETRE (la « production » de quelque chose) ;
— un FAIRE-SAVOIR (« informer ») ;
— un FAIRE-FAIRE (« communiquer », établir une relation en vue d'obtenir un effet) ;
— et bien entendu... un SAVOIR-FAIRE.

Précisons. L'acte linguistique est :

① Un FAIRE, une activité de l'énonciateur et du destinataire. Prise globalement, elle met en œuvre :

▷ une langue-code (l'instrument du FAIRE) ;
▷ des aptitudes d'encodage et de décodage (le SAVOIR-FAIRE) ;
▷ une situation d'énonciation (le cadre du FAIRE).
} v. chap. 2

Ce FAIRE, analysable en termes d'opérations (cognitives, logiques, esthétiques, physiques...) et d'actes (dits de langage), met en œuvre tout l'homme. Il ne peut donc être purement linguistique. Ainsi, les signes linguistiques sont bien souvent accompagnés d'autres signaux tels que gestes, mimiques, voire — pour l'écrit — les signaux iconiques : dessins, schémas, flèches...

② Dans un codage **oral** premier, un FAIRE-ETRE (« production ») de la **chaîne phonique** qui fait intervenir :

▷ l'intonation ;
▷ l'accentuation ;
▷ les unités phonétiques.
} (v. chap. 3)

③ Dans un codage **écrit** second, un FAIRE-ETRE de la **chaîne graphique** qui met en œuvre :

▷ les unités écrites : mots, syllabes ;
▷ graphèmes, lettres ;
▷ la ponctuation.
} (v. chap. 4)

④ Un FAIRE-ETRE du SENS (v. chap. 5) ; car parler ou écrire, c'est aussi « produire du sens » et on ne peut éluder ces dimensions sémantiques de l'acte linguistique. On distinguera

▷ la valeur **désignative** ou **informative** ;
▷ la fonction **communicative** des unités linguistiques.

La première vise l'acte linguistique comme un FAIRE-SAVOIR (« *Sachaspekt* » du message) ; la seconde l'aborde plutôt comme un FAIRE RELATIONNEL (« *Beziehungsaspekt* » énonciateur → énoncé ← destinataire dans un contexte social) ou comme un FAIRE-FAIRE (interaction énonciateur ⇄ destinataire dans l'acte de communication).

⑤ Un FAIRE-ETRE de la **structure syntaxique,** qui fait intervenir :

▷ des groupes syntaxiques aux caractéristiques spécifiques ;
▷ un agencement de ces groupes.

} (v. chap. 6 et suiv.)

2
L'ACTE LINGUISTIQUE COMME ACTIVITE

2.0.

En tant qu'activité globale (FAIRE), l'acte linguistique met en œuvre au moins trois instances :

— une langue-code (2.1.) ;
— des aptitudes d'énonciation et de réception (2.2.) ;
— une situation d'énonciation (2.3.).

2.1. La langue-code

7 Par **langue,** on entend couramment :

▷ l'ensemble des moyens linguistiques existant à un certain moment (perspective **synchronique**) ou ayant existé au cours du temps (perspective **diachronique**) pour permettre à une communauté humaine de se comprendre et de se faire comprendre.

Pour le linguiste, elle est essentiellement un **code,** c'est-à-dire :

▷ un **système** conventionnel de **signes linguistiques** de nature et de fonction diverses et constituant des unités relatives ou oppositives.

Ce système, qui est lui-même une combinaison complexe de sous-systèmes, est une **abstraction idéalisée.** Présupposition constante de toute communication linguistique, cette langue-code permet la production d'un nombre illimité d'énoncés concrets sans qu'aucun énoncé n'en épuise jamais toutes les potentialités.

§ 8 L'exploration systématique de ce code a constitué longtemps le seul objet de la linguistique avec ses subdivisions que sont :

① La phonologie :	étude des **phonèmes,** qui sont les plus petites unités (sonores) distinctives de sens (par exemple */m/, /d/, /f/, /b/, /t/* dans *mir, dir, vier, Bier, Tier*) et qu'il ne faut pas confondre avec les **unités phonétiques,** les réalisations (prononciations) différentes suivant l'environnement : le [t^h] aspiré de *Tier* comparé au [t] non aspiré de *Pate* ; le [ç] de *ich* et le [x] de *ach,* variantes d'un même phonème.
La prosodie :	étude des **prosodèmes,** notamment des accents « toniques » et des tracés (modelés) intonatifs.
La graphématique :	dans le codage second qu'est l'écriture, étude des **graphèmes,** des unités du système des lettres et des signes de ponctuation.
② La lexicologie :	étude du « vocabulaire », des **lexèmes,** et notamment leur regroupement en systèmes d'oppositions (par exemple *alt ↔ jung/modern/neu*).
③ La morphologie :	étude de la **formation des mots** à l'aide de lexèmes « radicaux » et d'affixes (préfixes, infixes, suffixes) : par ex. *befestigen = be + fest + ig + en* ; étude du comportement syntaxique des mots, signalé par des **morphèmes** (marques de catégories grammaticales) que sont par exemple les indices du cas *(dem Haus, des Hauses)* ou du temps et du mode *(kommt ↔ kam ↔ komme ↔ käme),* etc.
④ La syntaxe :	étude des régularités (normes et libertés) qui régissent l'**agencement des unités linguistiques,** leurs **constituants,** leurs **positions** respectives (« distribution »), leurs **relations** (« connexions »).

Il n'est pas rare aujourd'hui que morphologie et syntaxe soient regroupées sous le terme de **morpho-syntaxe,** qui vise l'analyse des syntagmes, c'est-à-dire des séquences d'unités syntaxiques en chaîne.

§ 9 Dépassant ce type d'approche rigide, la **pragmalinguistique** étudie le fonctionnement de la langue dans les situations concrètes d'énoncés réels (et non dans les seules « phrases », propositions, syntagmes abstraits).

Plus attentive aux variables qu'aux constantes, elle envisage les unités linguistiques sous l'angle de la **fonction** qu'elles remplissent dans l'acte linguistique et dans l'énoncé. Elle s'intéresse à l'énonciation : aux conditions de production et de réception des énoncés, aux **relations unités linguistiques ↔ utilisateurs,** à l'impact de la **situation** d'énonciation sur la production et la réception de l'énoncé (v. 2.3.). La pragmalinguistique est donc une « linguistique du discours » ou de l' « acte de parole », de la « pratique linguistique » par opposition à une linguistique purement « phrastique » ou du seul « système de la langue abstraite ».

2.2. Les aptitudes d'énonciation de l' « encodage » et du « décodage »

§ 10 Elles ne sont pas seulement d'ordre physiologique (appareil phonateur, faculté de perception), neurologique ou psychologique (cf. les troubles du langage comme les aphasies qui peuvent avoir des causes anatomiques ou psychiques). L'énonciation suppose aussi et surtout une **faculté créative** à la fois :

- — mémorielle, pour puiser dans le « stock » des signes, expressions et structures disponibles et « reconnaître » tout ce qui relève de la « linguistique du préfabriqué ou du stéréotypé » ;
- — imaginative, pour construire des énoncés toujours nouveaux et déchiffrer tout ce qui est du ressort de cette « linguistique de l'à-construire ».

Cette créativité exige une **double adaptation** :

▷ adaptation des moyens linguistiques — qu'il faut « re »-créer à chaque fois — au contenu à transmettre, car le code ne met à la disposition des usagers qu'un nombre somme toute limité de signes et de règles permettant de combiner ces signes, pour exprimer une variété infinie de contenus ;

▷ adaptation des moyens linguistiques ainsi « re »-créés aux conditions spécifiques de l'énonciation : au type de communication, aux « stratégies » diverses que requièrent certaines situations quant à la nature de l'acte de langage et des fins qu'il poursuit (v. 2.3.).

Cette faculté d'adaptation linguistique et pragmatique constitue proprement la « compétence » de l'énonciateur et du destinataire, de l' « encodeur » et du « décodeur ». Elle est à la fois « savoir », « savoir-faire », « savoir-dire » et « savoir-comprendre ». Le grammairien, pour exhaustif qu'il veuille être, ne pourra jamais en décrire que les mécanismes généraux.

2.3. La situation d'énonciation

11 Au sens large, la situation d'énonciation recouvre trois composantes :

▷ le couple énonciateur — destinataire (« je » — « tu ») ;

▷ la situation spatio-temporelle de l'énonciation ;

▷ le thème (le propos, « sujet », contenu...) visé.

En réalité, il n'est pas toujours aisé de séparer et d'analyser ces composantes. Elles constituent elles-mêmes un complexe de **facteurs très hétérogènes** ayant tous un **impact** plus ou moins fort sur le résultat final qu'est l'énoncé. Elles peuvent encore se compliquer singulièrement, quand par exemple l'énoncé ou le discours est de type « indirect ». Dans ce cas, en effet, la relation entre l'énonciateur premier et le destinataire final est « relayée » par l'intervention d'énonciateurs et de destinataires intermédiaires, les situations spatio-temporelles se multiplient et les perspectives concernant le ou les thème(s) visé(s) (celle de l'énonciation première, celle des « relayeurs »...) s'enchevêtrent.

Quelle que soit la situation d'énonciation (première ou intermédiaire) envisagée, on peut distinguer trois types d'impacts sur l'énoncé :
▷ l'impact du **type de communication** (2.3.1.) ;
▷ l'impact des **« macro-situations »** (2.3.2.) ;
▷ l'impact de la **situation immédiate** (2.3.3.).

2.3.1. L'IMPACT DU TYPE DE COMMUNICATION.

§ 12 **a) Les divers types de communication.**
Leur variété se répercute sur la forme des énoncés, qui diffère selon que la communication est :
▷ orale ou écrite ;
▷ spontanée ou non spontanée (élaborée) ;
▷ immédiate ou médiatisée par le biais d'un « canal » tel que le téléphone, une lettre, voire par des personnes ou des personnages (de roman, de théâtre) qui servent de « relayeurs » à l'énonciateur et au destinataire premiers ;
▷ actuelle (destinataire présent, connu...) ou à distance (destinataire non présent, virtuel ; cf. livre, radio, télévision...), dialogue ou monologue...

§ 13 **b) Code oral — code écrit.**
Parmi ces facteurs, le caractère écrit ou oral de la communication — outre qu'on opère au moyen de signaux matériels différents (sons ↔ lettres) — est des plus importants. La communication orale, essentiellement spontanée, présente un certain nombre de caractéristiques fréquentes par rapport à l'écrit, au point qu'on parle parfois de **deux « codes » divergents.**

En voici quelques-unes. Le « code oral » présente :
▷ une moins grande complexité syntaxique : prédominance de séquences courtes et de la « parataxe » (juxtaposition d'énoncés, préférée à la subordination, d'où moins de subjoncteurs et de pronoms relatifs ; cf. *Es ist schon spät, ich muß weg ↔ Ich muß jetzt gehen, weil es schon spät ist)*;
▷ une moins grande complexité lexicale : vocabulaire « actif » plus restreint, moins de lexèmes composés complexes ;
▷ parallèlement, une plus grande redondance : pour un message identique, l'énoncé oral est généralement moins concis. Cette redondance se répercute aussi au niveau syntaxique (cf. *Der Peter, der schafft das schon ↔ Peter schafft das schon*). Elle se reconnaît également à l'abondance des signaux non verbaux : gestes, mimiques, soupirs...
▷ une grande fréquence des signes à fonction essentiellement communicative, notamment des signes expressifs et émotionnels (interjections, jurons, appréciatifs comme *leider, zum Glück...*), des signes de jugement (modalisateurs comme *bestimmt, wohl...*), des signes de « connivence » (particules d'illocution comme : *Der ist* ***vielleicht*** *dumm! Das ist* ***ja überhaupt*** *toll!*), des lexèmes gradués ou graduatifs *(sehr, sogar... kinderleicht, scheißegal... ein Affentheater, ein Teufelskerl),* etc. L'affectivité se traduit aussi par des figures positionnelles (cf. *Die spinnen, die Römer! Gänz schön kalt ist es heute!*). Enfin, les signes qui constituent un « appel » au destinataire, notamment les « contactifs », abondent dans l'énoncé oral *(nicht?, nicht wahr?, oder?, wissen Sie, verstehst du, hören Sie mal, gelt?...)* (v. chap. 31).

2.3.2. L'IMPACT DES « MACRO-SITUATIONS ».

14 Par « macro-situations », il faut entendre les multiples aspects de l'environnement général ou de la situation « lointaine » de l'énonciation. Il peut s'agir de conditions individuelles (timidité, agressivité, état de fatigue ou de stress, etc.) ou plus sociales (appartenance à un groupe socio-professionnel, culturel, religieux, etc.). On ne retient ici que trois types fondamentaux de facteurs :

15 **a) Les facteurs diastratiques ou socioculturels.**

Ils touchent à la vie sociale en général : degré de culture ; appartenance à un groupe socio-professionnel (ouvriers, employés, commerçants, sportifs...), à une communauté idéologique, politique, culturelle, religieuse... ; rôles sociaux ou statuts juridiques (relations père-fils, professeur-enseigné, gendarme-conducteur, vendeur-client, médecin-malade...) ; conventions sociales (rites sociaux, politesse, rapport entre les sexes, tutoiement...). L'impact principal de ce complexe de facteurs étudiés par la sociolinguistique se situe sur le plan des **registres** ou **niveaux de langue** :

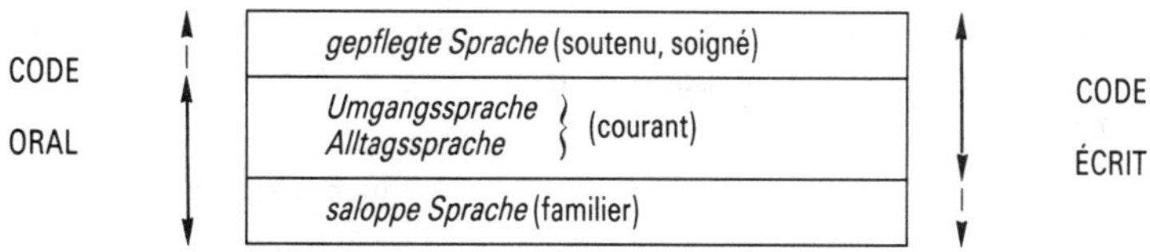

Le registre *« gepflegt »* est moins sollicité à l'oral qu'à l'écrit, tandis que le registre *« salopp »* est plus rare à l'écrit. De plus, il se produit un **décalage** lorsqu'on utilise le même registre dans l'autre code : ce qui est simplement « soutenu » à l'écrit (langue « littéraire ») est souvent ressenti comme « trop » soutenu, comme presque « déplacé » à l'oral ; parallèlement, le registre familier peut frôler le « vulgaire » dans le code écrit.

Remarques

1. Quand on déborde ces niveaux vers le bas (« populaire-vulgaire ») ou vers le haut (« élégant-littéraire »), les variations les plus frappantes relèvent du lexique, cf. : *Antlitz, speisen, mich dünkt* et *Birne/Fresse/Schnauze* (« gueule »), *fressen...*
2. Quand on parle de *« Standardsprache »*, on vise une « approximation idéalisée » que les enseignants de l'allemand langue étrangère sont censés enseigner. Mais à proprement parler, l'allemand n'est pas « standard », puisqu'il reste toujours au moins des empreintes régionales (cf. *b*), ne serait-ce qu'au niveau de la prononciation.
3. Les termes de *« Hochdeutsch »*, *« Hochsprache »*, *« Schriftsprache »* sont équivoques, car on les oppose autant à la *« Umgangssprache »* (registre) qu'aux **dialectes.** Ceux-ci, bien qu'ils soient surtout de nature orale, ne peuvent pas être classés parmi les registres, même si certains aimeraient les reléguer dans le registre « populaire » ou « vulgaire ».

§ 16 **b) Les facteurs diatopiques ou régionaux.**

L'allemand, dans ses différentes variétés géographiques, ne se parle pas qu'en RFA, mais aussi en RDA, en Autriche, en Suisse et, sous forme plus ou moins dialectale, au Luxembourg et dans certaines zones frontalières ou enclaves : Belgique, Italie (Tyrol), France, Tchécoslovaquie, Roumanie... — donc dans des régions correspondant à des **nations** différentes, ayant une culture, une organisation politique, une vie sociale et des valeurs propres. Il n'est pas étonnant qu'il y ait de nombreuses divergences linguistiques, notamment lexicales. Par exemple :

Autriche : *Jenner* (pour *Januar*), *Matura (Abitur), Zuseher (Zuschauer), Gendarmerie* (à côté de *Polizei*)...

Suisse : *velofahren* (pour *radfahren*), *Kommissionen machen (einkaufen), Perron (Bahnsteig), das Pyjama (der), parkieren (parken)...*

En RDA, c'est le système politique et pendant des années le peu d'échanges « inter-allemands » *(deutsch-deutsche Beziehungen),* qui ont provoqué un clivage linguistique. Prenons comme exemple des mots comme *Brigade, Jugendweihe, Produktionsgenossenschaft,* qu'un Allemand de l'Ouest ne connaît pas, ou d'autres qui évoquent pour lui des notions ou expériences différentes : *Arbeit, Volk, Grenze, frei, Plan.*

A l'intérieur même de la RFA, il existe, indépendamment de la variété dialectale, d'importantes différences régionales, notamment entre le Nord et le Sud, ce dernier étant représenté par le Bade-Wurtemberg et la Bavière. En voici quelques exemples :

Fréquent dans le Nord	Fréquent dans le Sud
er hat *dort gestanden*	*er* ist *dort gestanden*
er brauchte (subj. II présent)	*er bräuchte*
sprechen	*reden*
gucken, sehen	*schauen*
auf Wiedersehen	*auf Wiederschauen*
Sonnabend	*Samstag*
der Junge	*der Bub(e)*
der Briefträger	*der Postbote*
die Sahne	*der Rahm* (à côté de *Sahne*)
skilaufen	*skifahren*
der Vetter	*der Cousin*
die Apfelsine	*die Orange*
der Weihnachtsmann	*das Christkind...*

§ 17 **c) Les facteurs diaphasiques,** liés au thème et aux fins du message.

Ces facteurs relèvent surtout de l'exploitation des ressources du code. On distingue ainsi :

▷ les différents **genres de discours** — philosophique, religieux, scientifique, politique, « poétique » (littéraire), voire publicitaire, dont la sémio-linguistique tente de dégager les caractéristiques formelles, structurelles et sémiotiques (concernant l'organisation du sens) ;

▷ les différents **styles,** objet d'étude de la stylistique ; car si le style est d'un côté une empreinte individuelle (« le style, c'est l'homme »), il est aussi et surtout *« Funktionalstil »,* c'est-à-dire la mise en œuvre plus ou moins consciente de moyens linguistiques (rhétoriques, poétiques, fonctionnels) en vue de produire un effet : clarté, concision, rythme (« style vivant »), associations et argumentations, effets ironiques, comiques, dramatiques, esthétiques, etc. Et comme le code présente diverses dimensions, le style se révèle autant au niveau de la chaîne sonore (rythme, rimes, allitérations, répétitions...), du choix des lexèmes qu'à celui de la syntaxe (style « haché », « télégraphique », « nominal », figures positionnelles) et dans les multiples aspects de l'organisation « stratégique » de l'expression et du contenu du discours ;

▷ les **codes particuliers** que l'on peut opposer à la langue commune *(Gemeinsprache).* Il s'agit du code (ou de la « langue ») poétique, des jargons (*« Fachsprachen »* : jargons philosophiques, techniques...), des argots *(« Slang »)* qui fonctionnent du reste presque comme des « codes secrets » (cf. les argots du « milieu » avec leurs termes imagés pour désigner la police : *Bullen, Polypen, Pollente* — et l'argent : *Kohlen, Mäuse, Zaster, Piepen*; les argots de la drogue : *Schnee, Zucker, Fixer, Schuß, flippen,* de la prostitution : *Macker, anschaffen* des écoliers, des étudiants...).
Enfin, les **modes** et l'**Histoire** ont une influence certaine, si bien que des termes trop liés à une époque, une génération, une culture ou un régime deviennent inutilisables. Ainsi, on évite en RFA de parler aujourd'hui de *das (deutsche) Volk* (on dit : *die Deutschen, die Bürger*) et de *der Führer* (sauf dans les composés : *der Kranführer, der Spielführer* capitaine d'une équipe, etc.).

.3.3. L'IMPACT DES « MICRO-SITUATIONS ».

18 Par « micro-situations », il faut entendre les conditions proches de l'énonciation et l'environnement immédiat de l'énoncé :

▷ le **« je »** et le **« tu »,** éventuellement « relayés », de la communication ;

▷ le **« ici »** et le **« maintenant »,** éventuellement « démultipliés » par la situation spatio-temporelle des « relayeurs » ;

▷ le **cadre** animé et/ou non animé dans lequel se produit la communication ;

▷ le **contexte,** c'est-à-dire le texte qui précède et suit l'énoncé.

Cette situation proche a un impact direct sur l'emploi de certaines unités lexicales ou morphémiques dont le désigné n'est repérable que par référence à la situation concrète de l'énoncé. Ce sont notamment :

19 **a) Les unités à fonction déictique** (cf. grec : *deixis*).
Elles peuvent être (v. § 661) :

▷ **exophoriques :** renvoyer à la situation « extérieure » comme certains « démonstratifs » : *dieses Buch dort, das hier...* (avec geste à l'appui !) ;

▷ **anaphoriques :** renvoyer au contexte antérieur dont elles reprennent un ou des éléments (cf. les pronoms relatifs : *das Buch, das ich gelesen habe*; les pronoms personnels : *er, es, sie, sie* dans un de leurs emplois : *Peter kam. Er war müde*) ;

▷ **cataphoriques :** annoncer des unités de la suite du texte (cf. *Erbarme dich derer, die in Not sind,* comparé à *deren Not* qui est anaphorique).

D'autres unités linguistiques également ne trouvent leur clé que dans la situation concrète environnante et/ou contextuelle de l'énoncé. Par exemple :

▷ les substantifs personnels : *ich, du, wir, ihr...* ;

▷ les identificateurs possessifs : *mein, dein, unser, euer...* ;

▷ de nombreuses unités à sens spatial ou temporel comme les morphèmes de temps du GV *(er kommt ↔ er kam)*, certaines prépositions *(vor/hinter/nach ; unter/über...)*, les lexèmes du type *heute, gestern, morgen, hier, da, dort, drüben, später, schließlich...*, des particules verbales : *her-, hin-, ein-, aus-...*

b) Les unités ou groupes d'éléments à fonction essentiellement communicative et plus ou moins pragmatique.

Leur valeur significative n'est interprétable par exemple que :

▷ par référence au **couple énonciateur-destinataire** :

— les marques du **type d'énoncé** déclaratif, interrogatif, injonctif (intonation, position du verbe à forme variable, perspectives) ;

— les unités comme les **« contactifs »** rituels *(Guten Tag! Tschüs!)* ou non *(Schau mal. Na und ? nicht wahr ?)* (v. § 873) ;

— les particules portant sur la « qualité » de l'énonciation (comparer : *Was ist los ? ↔ Was ist* denn *los ?, Das ist toll! ↔ Das ist* ja *toll!*) et qui marquent souvent une connivence entre le locuteur et l'interlocuteur (v. § 825 sv.) ;

▷ par référence à la relation existant entre l'**énonciateur** et l'**information** qu'il transmet, demande, ordonne. Ainsi :

— les **modalisateurs** et verbes de modalisation permettent au locuteur de nuancer son jugement sur le contenu *(vermutlich, wahrscheinlich ; das* muß *gestern geschehen sein)* ;

— les **modulateurs** de toute sorte : appréciatifs *(leider, merkwürdigerweise)*, graduatifs *(X größer als Y ; sehr, recht, zuviel)*, commentatifs *(sozusagen, praktisch)* qui servent à moduler l'information globale ou une partie de l'information.

3
LES UNITES DE LA CHAINE PHONIQUE

3.0.

20 La chaîne phonique, forme d'expression première (ou signifiant premier) de l'énoncé oral, combine **trois chaînes vocales** fondamentales. Les deux premières sont supra-segmentales, alors que la troisième est analysable par les opérations de segmentation telles que la substitution ou la commutation. Il s'agit de :
— la **chaîne intonative** (3.1.) ;
— la **chaîne accentuelle** (3.2.) ;
— la **chaîne phonémique** ou l'enchaînement des unités minimales que sont les phonèmes (3.3.) ;
avec les **difficultés particulières de réalisation** que ces chaînes présentent pour le francophone (3.4.).

3.1. L'intonation

.1. GENERALITES.

21 L'intonation est essentiellement la courbe, le **tracé mélodique** de l'énoncé, la *« Satzmelodie »* qui joue surtout sur des variations de hauteur tonale analysables en **modelés intonatifs**. Elle n'apparaît qu'en combinaison avec d'autres caractéristiques :

▷ le **débit** (vitesse d'exécution, « tempo ») de l'énoncé ;

▷ la **durée** globale de l'ensemble de l'énoncé et qui varie suivant ses parties, notamment la longueur ou brièveté des voyelles accentuées ;

▷ l'**intensité** (force) de l'ensemble de l'énoncé et notamment de certaines syllabes accentuées (accents de groupe) ;

▷ le **découpage rythmique** du flot sonore obtenu grâce à un système de césures et de pauses combiné avec les alternances « rapide/lent », « fort/faible », « long/bref » des autres dimensions phoniques.

Bien qu'elle joue surtout sur les variations de **hauteur,** l'intonation ne se réduit donc pas à une seule dimension. Elle n'est pas indépendante de l'accentuation et des enchaînements phonémiques, puisqu'elle s'appuie précisément sur les possibilités accentuelles et phonétiques (cf. voyelles longues-brèves) offertes par la langue. D'autre part, elle est une **donnée relative** au point que, pour beaucoup de linguistes, il paraît difficile d'établir une typologie ou classification précise, tant sont grandes les variations régionales, sociales et individuelles de la parole concrète.

§ 22 L'intonation a pour **fonction principale** de renseigner sur :

▷ la **structure** de l'information transmise → découpage de l'énoncé en sous-ensembles significatifs.

▷ la **procédure** de la communication → « je garde la parole (je n'ai pas terminé) », « je cède la parole », etc.

▷ l'**attitude** discursive :
- déclaration → « je transmets une information ».
- question → « je demande une réponse (paroles) ».
- injonction (ordre, prière) → « je demande une réponse (actes) ».
- exclamation → « je réagis à quelque chose ».

Remarques.

1. Alors que la déclaration, la question et l'injonction concernent l'énonciateur et le destinataire, l'**exclamation** est axée sur le locuteur.
2. Les quatre attitudes discursives fondamentales peuvent donner lieu à des **actes communicatifs** (« actes de langage ») différents : ordre ou prière, menace, promesse, affirmation ironique ou plus ou moins décidée, etc. On ne peut pas caractériser chacun de ces actes seconds par un ensemble de traits intonatifs particuliers, car le nombre de ces traits est nécessairement plus limité que la variété des actes possibles. Mais intensité et rapidité sont sans doute des traits pertinents de l'injonction, alors que ces mêmes traits ne semblent guère caractéristiques de la question et de la déclaration. D'autre part, seule une différence de débit semble opposer l'ordre et l'exclamation (cf. le ralentissement ou l'allongement anormal des syllabes).

► ATTENTION : Il faut bien distinguer l'**attitude discursive** (p. ex. la question) et les **traits intonatifs** qui l'accompagnent (p. ex. le modelé montant), car ceux-ci peuvent remplir d'autres fonctions (v. 3.1.2.). De même, il ne faut pas confondre la **forme** syntaxique de l'énoncé verbal **interrogatif** avec l'**interrogation** comme **attitude** communicative ou comme **acte** de langage concrètement vécu (cf. p. ex. la différence entre la vraie question et celle que peut poser un examinateur !).

3.1.2. LES MODELÉS INTONATIFS.

§ 23 Les variations de hauteur de la voix *(Tonlage)* sont l'instrument principal de l'intonation. Il faut distinguer les **modelés accentuels** (montée ou descente sur l'accent ou juste avant/juste après l'accent) et les **modelés post-accentuels** (les variations après l'accent), qui sont combinables pour former quatre types fondamentaux de modelés intonatifs (l'accent est noté °) :

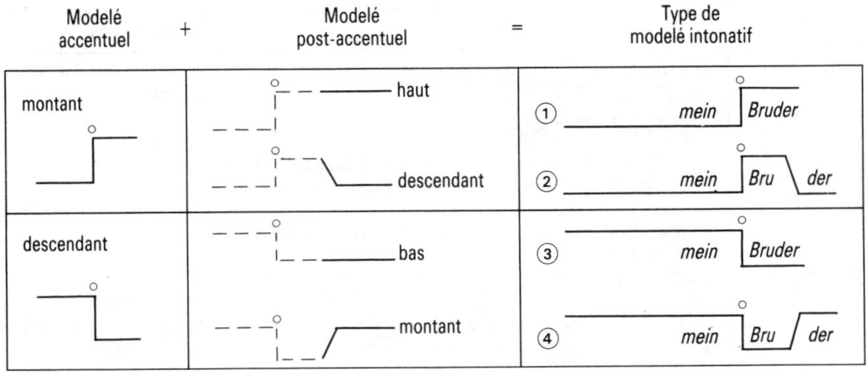

Ces modelés interviennent soit en fin d'énoncé **(modelés finals),** soit à l'intérieur de l'énoncé **(modelés intérieurs),** où les types ① et ② sont les plus représentés.

§ 24 **a) Les modelés intonatifs finals.**

Ils renseignent sur la procédure de communication et/ou sur l'attitude discursive du locuteur. Les quatre types de modelés sont représentés, les types 1 et 2 étant les plus fréquents :

Type	Exemples et fonctions	Caractéristiques
①	*Ist er heute nach • Luxemburg gefahren?* *Er ist heute nach • Luxemburg gefahren?* *Besucht er dort seinen • Bruder?* *Geht er dann auch • heim?* – valeur **non terminale** : marque une interruption momentanée du discours ou d'une partie d'énoncé ; indique expressément qu'il y aura une suite ; – attitude discursive : c'est le type utilisé pour la **question**.	montant sur l'accent, puis reste haut
②	*Er ist heute nach • Lu xemburg gefahren.* *Dort besucht er seinen • Bru der.* *Er geht dann auch • hei (i)m.* – marque simplement la **fin** d'un énoncé ou d'une séquence (p. ex. fin de « phrase »), qui peut cependant se poursuivre par une autre séquence ; c'est souvent l'occasion d'un changement possible de locuteur ; la hauteur relative du modelé post-accentuel est un signal plus ou moins clair de l'intention du locuteur de garder (descente peu marquée) ou de céder la parole (descente très marquée) ; – c'est avec le type ③ celui qui est le plus utilisé pour la **déclaration** « neutre ».	montant sur l'accent, puis descente

Type	Exemples et fonctions	Caractéristiques
③	*Er ist heute nach • Luxemburg gefahren.* *Dort besucht er seinen • Bruder.* *Er geht dann auch • heim.* — marque la **fin** d'un ensemble informatif important (fin de paragraphe, de texte) ; indique souvent que le locuteur a l'intention de ne plus parler ; — type utilisé avec le type ② pour la **déclaration** « ferme et définitive ».	descendant sur l'accent, puis reste bas
④	*So • o / o? Ist er nach • Lu / xemburg gefahren?* *Wi • i / e? Besucht er dort seinen • Bru / der?* *A • a / ha? Geht er dann auch • hei / (i)m?* — marque l'**exclamation** ou la **question étonnées** ; souvent, le partenaire le perçoit comme une invitation à prendre la parole pour confirmer ou justifier le contenu sur lequel porte l'exclamation ou la question étonnées ; — type employé surtout pour la **demande de confirmation**.	modelé descendant et remontant sur ou juste après l'accent

§ 25 **b) Les modelés intonatifs intérieurs.**

Leur rôle est de structurer l'information en sous-ensembles significatifs, qui ne recouvrent pas nécessairement les groupes syntaxiques. La structure de l'information en effet ne se superpose pas simplement à la structure syntaxique et si le modelé intonatif intérieur a bien une fonction démarcative du sens, il ne donne pas forcément des indications sur les limites des sous-ensembles syntaxiques.

Les types 1 et 2 — « modelés montants sur l'accent » — sont les plus fréquents, avec de nombreuses combinaisons, pouvant se compliquer dans certains cas d'une césure vocale (notée //). En voici quelques exemples :

Type ②

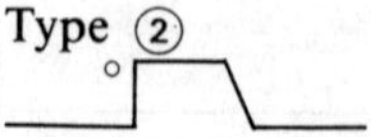

Der Mann am rechten ° Fens ter lachte laut auf.
(modelé situé sur l'accent de GN, mais non démarcatif de ce groupe syntaxique)

Die Häuser in der Adenauerstraße in ° Bonn waren damals noch schwarz.
(idem)

weil die Häuser in der Adenauerstraße in ° Bonn da mals noch schwarz waren.
(modelé situé sur l'accent de GN et démarcatif de ce groupe)

Er ° wuß te, daß die schöne Zeit zu Ende war.
(modelé situé sur l'accent de la base verbale en raison de l'anaphorique *er* non accentué, mais non démarcatif : la virgule est purement syntaxique et non significative du point de vue intonatoire)

Vom °Fens ter aus sah er, wie der Onkel angelaufen kam.

(modelé situé sur l'accent du G PREP « circumposé », mais non démarcatif ni du G PREP, ni du GV : le modelé franchit allègrement la virgule syntaxique entre *er* et *wie*)

Type ② doublé

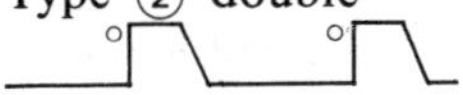

Es ist mein °Bru der, // nicht mein °Va ter, // der den Unfall hatte.

(modelé de deux groupes homologues assurant la même fonction syntaxique dans le GV d'accueil ; les césures sont facultatives, les virgules obligatoires)

Er war nicht °nüch tern, // sondern be °sof fen nach Hause gekommen.

(idem : la césure est facultative, la virgule ne l'est pas)

Die °Leu te, // die übrigens °lach ten, // wußten nichts von dem Unfall.

(modelé portant sur la base nominale antécédent de la relative descriptive ; les césures sont obligatoires et les virgules syntaxiques ont une valeur significative du point de vue intonatoire)

Type ① + ②

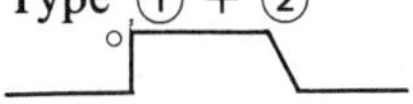

Der Reisende hat ge °frühstückt und fuhr dann weiter.

(coordination)

Der Reisende hat ge °frühstückt, // und seine Frau hat weiter geschlafen.

(coordination avec césure ; virgule significative du point de vue intonatoire)

Type ① + ② ②

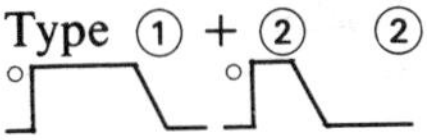

Es waren die Laternen in der °Schillerstraße und nicht in der °Mo selstraße, die brannten.

(coordination de deux groupes homologues)

Es waren die Laternen in der °Schillerstraße, // und nicht in der °Mo selstraße, die brannten.

(coordination de deux groupes homologues avec césure)

Im Alt °müllertal, // aber ich weiß nicht mehr °wo, // liegt ein kleines Kloster.

(incise, « effet de parenthèse » ; virgules significatives et césures obligatoires)

Type ② ① + ②

Die °Leu te, die °da waren, klatschten Beifall.

(relative sélective ; les virgules sont syntaxiques, mais sans valeur intonatoire ; pas de césures)

Type ① + ② doublé

Sabine und °Ursula, // ihre °Freundin, // sind mit der Bahn nach Berlin gefahren.

(apposition ; « effet de parenthèse » ; virgules significatives et césures obligatoires)

3.2. L'accentuation

3.2.1. DEFINITIONS.

§ 26 Il faut distinguer :

▷ **L'accent** (potentiel) **d'unité lexicale** polysyllabique (« accent de mot », noté avant la syllabe concernée) :

— Cet accent est figé, déterminé par le code (v. 3.2.2.) ; — il est potentiel en ce sens qu'il ne se réalise que s'il est accent de groupe ou d'énoncé selon la configuration de l'énoncé. Dans les autres cas, il est « étouffé » ou réduit à un effet rythmique.	*'Häuser* *'Vater* *Präsi'dent* *'spielen* *ge'spielt* *zu'sammengespielt* *infor'mieren* *'abfotografiert*

▷ **L'accent** (potentiel) **de groupe syntaxique** (noté ° avant la syllabe concernée) :

— Cet accent dépend de la construction de l'énoncé ; — il est potentiel en ce sens qu'il peut devenir accent d'énoncé et qu'il peut être « étouffé » ou réduit à un effet rythmique par l'accent d'énoncé et l'accent contrastif ; — les mots d'une syllabe peuvent recevoir l'accent de groupe (p. ex. *Bonn, vier*).	*die hohen °Häuser* *die Häuser der Adenauerstraße in °Bonn* *die englische °Königin* *vom rechten °Fenster aus* *weil er °Peter heißt* *daß er nach °Hamburg fuhr* *dort unten bei den °Linden* *gestern abend um °vier*

▷ **L'accent** (nécessaire) **d'énoncé** (noté • avant la syllabe concernée) :

— Cet accent dépend également de la construction de l'énoncé en ce sens qu'il tombe toujours sur un accent de groupe ; — il dépend aussi de l'attitude communicative et discursive du locuteur, car il est associé à un modelé intonatif final (v. § 24) ; — il peut dans certains cas être réduit, voire « étouffé », au profit d'un accent contrastif contigu.	*Die Häuser waren •hoch.* *Die Häuser in der Adenauerstraße in °Bonn waren damals noch •schwarz.* *Wie heißt dein •Bruder ?* — *•Peter.* — *Peter •Obermeyer.* *Kommst du morgen •mit ?* — *Mal •sehen.* *Er kam um fünf nach •Hause.* *Er kam nicht um +fünf nach (•)Hause, sondern erst um +sechs !*

▷ **L'accent contrastif** (facultatif), noté $^{+}$ avant la syllabe concernée :

— Il sert à mettre en relief une unité pour l'opposer explicitement ou implicitement à une autre ;	*der fran^{+}zösische Staatspräsident (nicht der ita^{+}lienische)*
	die $^{+}$grüne Hose (keine andere)
	die grüne $^{+}$Hose (nicht die $^{+}$Jacke)
— il est donc également lié aux besoins de l'information ;	*Ich habe sech^{+}zig Mark gesagt, nicht sech^{+}zehn.*
— il peut frapper n'importe quelle syllabe, y compris une syllabe normalement non accentuable.	*Er heißt doch Lüm $^{+}$mer, nicht Lüm-$^{+}$mel!*
	Es heißt nicht gu^{+}ter Tag, sondern gu^{+}ten Tag.

§ 27 Les trois premiers accents ne se distinguent en réalité entre eux que par leur **incidence,** c'est-à-dire par l'étendue du segment ou complexe d'information sur lequel ils portent (unité lexicale, information du groupe, totalité de l'énoncé).

Ils s'opposent **ensemble** à l'accent **contrastif** en ce sens que ce dernier sélectionne toujours un segment (phonème, syllabe, lexème, groupe) dans une classe d'unités homologues pour l'opposer implicitement ou explicitement à une autre ou aux autres unités de la classe. On peut dire que l'accent contrastif est **paradigmatique,** alors que l'accent d'unité lexicale, de groupe et d'énoncé sont **syntagmatiques.**

Du point de vue de leur nature cependant, les quatre accents ne semblent guère diverger. Les machines n'enregistrent pour l'allemand qu'un seul type d'accent qui combine plus ou moins simultanément les variations de hauteur tonale, d'intensité, de durée et de rythme, même si ce sont surtout les variations montantes et descendantes de la mélodie accentuelle qui importent pour déterminer la fonction discursive (attitudes communicatives), stratégique (procédure de la communication) et structurelle (découpage de l'énoncé en sous-ensembles significatifs) des modelés intonatifs (v. 3.1.2.).

3.2.2. L'ACCENT D'UNITE LEXICALE.

§ 28 PRINCIPE GÉNÉRAL.

Les propriétés accentuelles des unités lexicales tiennent :

— à leur **origine** : mots du fonds germanique (p. ex. *'schließen*), mots empruntés à d'autres langues et qui peuvent être assimilés (p. ex. *'Kaffee*), plus ou moins assimilés pour la phonétique et l'orthographe mais non pour l'accent (p. ex. *Pan'toffel*), non assimilés (p. ex. *Ca'fé*) ;

— à leur **mode de formation** : dérivés (p. ex. *'kaufen, 'Käufer, ver'kaufen*), composés (p. ex. *'Diesel + 'Motor → 'Dieselmotor*) ou amalgames syntaxiques *(aller'dings, bei'zeiten...)* (v. chap. 12, 22, 23).

En allemand, le principe général est que l'accent de « mot » ou d'unité lexicale porte dans l'immense majorité des cas :

▷ Pour les unités du fonds **germanique** : sur **une des trois premières syllabes** (champ accentuel **initial**) :

1 *'Vater ; 'Bahnhof ; 'leben ; 'Arbeitslosigkeit ;*
2 *Ge'walt ; le'bendig ; Fo'relle ; Ver'antwortung ;*
3 *Unter'haltung ; verge'waltigen ; Über'treibungslust...*

▷ Pour les unités provenant d'autres langues (les mots dits d'**emprunt**) : sur **une des trois dernières syllabes** (champ accentuel **final**) :

1 *Philoso'phie ; Ate'lier* [je:] ; *Revolu'tion ;*
2 *Ar'thritis ; Pho'netik ; Me'chanik* [ç] ; *Kas'tanie* [njə] ;
3 *Ba'silika ; 'Praktikum ; 'Omnibus...*

MOT ALLEMAND			
1	2	3	....

(Champ accentuel initial)

MOT D'EMPRUNT			
....	3	2	1

(Champ accentuel final)

§ 29 L'ACCENT DES UNITÉS LEXICALES SIMPLES ET DÉRIVÉES À L'AIDE DE SUFFIXES ET PRÉFIXES INSÉPARABLES.

a) Mots du fonds germanique et emprunts assimilés.

⇨ L'accent frappe la **première** syllabe du **radical** lexical.

'kaufen 'käuflich 'Käufer ver'kaufen Ver'kauf Ver'käufer.
'Heirat 'heiraten 'heiratete ver'heiratet ge'heiratet.
'stehen be'stehen Be'stand be'standen ge'stehen Ge'ständnis ent'stehen Ent'stehung ver'stehen Ver'stand Ver'ständnis.

Termes d'origine étrangère assimilés : *'Auto ; 'Foto* (mais : *Foto'graph*) ; *'Telefon* (également *Tele'fon*) ; *'Kaffee* (mais : *Ca'fe*) ; *'Kino ; 'Orgie* ['ɔrgjə] ; *'Klima ; 'Typus ; 'Zentrum...*

► EXCEPTIONS : *le'bendig ; a'llein ; ab'scheulich* (mais : *der 'Abscheu*) ; *Fo'relle ; Ho'lunder ; Wach'older ; Kar'toffel ; Schma'rotzer ; Au'gust* (août, mais : *'August* = Auguste) ; *'Adjektiv ; 'Nominativ ; 'Infinitiv...*

b) Mots d'origine étrangère non assimilés pour l'accent.

§ 30 En principe, ils gardent l'accent comme dans le mot étranger. Par exemple : latin : *Mu'seum ; Kom'pendium ; Di'rektor ; 'Villa ; No'valis ; 'Rhythmus* (avec transcription du *h* grec) ; *'Psyche* [psyçe] (grec) ; *Spon'deus ; Propä'deutik* [ɔY] ; *So'wjet* [sovjet] ; *'Chianti* [kjanti].

Pour les mots d'**origine française** :

⇨ L'accent frappe la **dernière syllabe prononcée** en français.

Ca'fé ; Ga'rage ; in'tim ; ordi'när ; Le'gende [ɛn] ; *legen'där ; Ku'sine ; Pro'blem ; Mi'nister* (cf. latin) ; *Sekre'tär* (et *Sekre'tärin*) ; *Ge'nie* [ʒ] (mais *'Genius* [g] latin) ; *Sol'dat ; Regi'ment* [mɛnt] ; *Inten'dant ; Illu'sion ; Re'gie* [ʒi:] ; *Regi'sseur* [ʒ] ; *Mo'dell ; Metro'nom ; Mu'sik ; Sa'lat ; 'Note ; No'tiz ; Trom'pete* [trompe:tə].

► EXCEPTIONS : les mots en *-or* (v. § 33) ainsi que *'Camembert, 'Champignon...*, les mots en *-ik* non accentué (l'accent est sur l'avant-dernière : *'Ethik, 'Klinik, 'Logik, Rhe'torik, 'Technik...*).

§ 31 **c) Préfixes ou « particules » non accentués.**

Sont toujours non accentués :

be, ent/emp, er, ge, ver, zer (cf. §§ 288 sv.)

Sont tantôt accentués, tantôt non accentués :

durch, über, unter, um (cf. §§ 320 sv.)
wider/wieder, hinter, miß, voll (cf. §§ 295 sv.), *ob* (§ 176)
un (cf. *'unerhört* et *uner'hört*)

Les particules verbales **simples** *bei, vor, her, hin, da(r), zu...* sont accentuées, mais elles ne le sont plus dès lors qu'elles entrent comme premier élément dans une « particule composée » ou dans un G PREP figé en fonction de particule verbale :

— *'beiwohnen*	mais : *bei'seitelegen, bei'sammensein.*
— *'vorlesen*	*'vorher* (auparavant), *im 'voraus* (par avance...) mais : *vo'ran-/vo'raus-/vor'bei-/vo'rübergehen ; vor'hersagen* (prédire) ; *vo'raussehen* (prévoir) *vo'raussichtlich...*
— *'hergeben*	mais : *he'rab-/he'ran-/he'rein-/ he'raus-/her'bei-/he'rüber-/he'rum-/he'runterlaufen, her'vortreten...*
— *'hingehen*	mais : *hi'nab-/hi'nein-/hi'naus-/hi'nüber-/hi'nunter-/hin'weglaufen, hin'zukommen...*
— *'dasein*	*'darstellen...* mais : *da'hergehen, da'hinschwinden,* et les G PREP pronominalisés non pourvus d'un accent contrastif (qui ferait de *da* un démonstratif) : *da'hinter, da'rüber, da'runter, da'ran, da'vor, da'für, da'zu...* (comparé à *er sagte Dank* + *dafür, daß...*)
— *'zumachen*	mais : *zu'vorkommen, zu'widerhandeln...* et dans des G PREP figés : *zu'friedenstellen, zu'grundegehen, zu'rechtmachen, zu'sammenschlagen,* v. aussi *zu'mal, zu'letzt, zu'erst, zu'nächst...*

d) Suffixes non accentués et accentués.

§ 32 Les suffixes allemands *(bar, chen, e, el, en, er, ern, haft, heit, ig, isch, keit, lein, lich, nis, sam, schaft, tum,* etc.) n'ont pas l'accent d'unité lexicale. En revanche, nombre de suffixes d'origine étrangère accaparent l'accent (avec ou sans déplacement de la coupure syllabique) :

- ***'ei :*** *Bäcke'rei, Drucke'rei, Par'tei, Tür'kei.*
- ***'ier(en)/-ier(ung)/iert :*** *spa'zieren, Re'gierung, mö'bliert.*
- ***'ier :*** *Offi'zier* [tˢi:r]; *Ban'kier* [je], mais non le type *'Magier* [jər], *Vege'tarier, Prole'tarier* (= *arius* latin).
- ***'ie :*** *Philoso'phie, Biolo'gie, Demokra'tie* [ti:], *Fo'lie* (folie), mais non le type *Fa'milie* [jə], *'Linie, 'Prämie, Ge'ranie, Hor'tensie, Kas'tanie, 'Lilie, 'Folie* (= *ia/ium* latin).
- ***'eur/ör :*** *Fri'seur, Inge'nieur, Li'kör, Cou'leur.*
- ***'ismus/-'ist/-'istisch :*** *Rea'lismus, Opti'mist, opti'mistisch.*
- ***'tät/-'tätisch :*** *Universi'tät, Quali'tät* [kv], *majes'tätisch.*
- ***'tion/tio'nal/-'al :*** *Na'tion, natio'nal, Ka'nal...*

— *'tiv :* *attrak'tiv, primi'tiv, konserva'tiv...* mais : *'Infinitiv* (v. § 29).
— *'ur :* *Na'tur, Dre'ssur,* etc.

e) Déplacement de l'accent d'unité lexicale.

§ 33 Dans un certain nombre de termes d'origine étrangère et de dérivés allemands, un glissement d'accent s'opère d'une syllabe sur l'autre :

▷ Les mots en ***-or* non accentué** gardent l'accent sur l'avant-dernière syllabe, d'où : *der 'Doktor — die Dok'toren ; der Pro'fessor — die Profe'ssoren ;* mais : *der Te'nor — die Te'nöre ; der Ma'jor — die Ma'jore...*

▷ Il en va de même pour certaines autres séries de termes tels : *der 'Atlas — die At'lanten ; der Cha'rakter — die Charak'tere* [e:rə], *der 'Dämon — die Dä'monen.*

▷ Pour les unités en ***-'ik* accentué,** l'accent « remonte » d'une syllabe dès lors que s'ajoutent au terme les suffixes *-(ik)a, -(ik)us, -(ik)um, -(ik)er,* qui ne sont jamais accentués dans les noms communs :

die Mu'sik, der 'Musiker, der 'Musikus, 'Musika
die Poli'tik, der Po'litiker, das Po'litikum, etc.

comparer à : *die 'Klinik, der 'Kliniker ; die Sta'tistik, der Sta'tistiker* (*ik* non accentué).

▷ En principe, **l'addition d'un suffixe allemand** (comme *e, en, er, isch...*) à un terme d'origine étrangère fait que l'accent frappe **la syllabe qui précède** immédiatement ce suffixe :

die Mu'sik, musi'kalisch ; die Che'mie, die Chemi'kalien ;
die Biolo'gie, bio'logisch, der Bio'loge ;
die Demokra'tie, demo'kratisch, der Demo'krat ;
die Ma'gie, 'magisch, der 'Magier ;
Ari'stoteles, aristo'telisch.

Ce principe entraîne le déplacement de l'accent dans les termes dérivés de certains noms de pays :

A'merika, ameri'kanisch, Ameri'kaner, amerikani'sieren ; 'Asien, asi'atisch, Asi'at ; Eu'ropa, euro'päisch, Euro'päer ; I'talien, ita'lienisch, Ita'liener ; 'Afrika, afri'kanisch, Afri'kaner ; Bra'silien, brasili'anisch, Brasili'aner ; 'Kanada, ka'nadisch, Ka'nadier ; 'Portugal, portu'giesisch, Portu'giese, 'China, chi'nesisch, Chi'nese ([ç], parfois [k]).

▷ Certains **préfixes inséparables** ne sont pas accentués quand ils sont **préverbes** (particules verbales), mais ils ont l'accent dans les **bases nominales dérivées** anciennement du verbe préfixé, sauf quand il s'agit de l'infinitif nominalisé et d'un dérivé en *-ung* :

er'lauben, der 'Urlaub ; über'blicken, der 'Überblick ; wider'sprechen, der 'Widerspruch ; unter'richten, der 'Unterricht, mais : *das Unter'richten, die Unter'richtung ; unter'scheiden, der 'Unterschied,* mais : *das Unter'scheiden, die Unter'scheidung ; um'reißen, der 'Umriß...*

Le préfixe *miß-* est également accentué dans les substantifs dérivés en *-ung* et dans les infinitifs nominalisés :

miß'trauen, das 'Mißtrauen ; 'mißverstehen, das 'Mißverständnis...

f) Abréviations.

34 L'accent est normalement sur la **dernière syllabe** :

DD'R, US'A, EW'G, V'W, Pk'W, SP'D, CD'U, A'G.

sauf si les abréviations sont assimilées à un mot ou à un raccourci de mot :

'UNO, 'NATO, 'OPEC, 'Bafög, 'Juso, 'Nazi, 'Uni, 'Pulli (mais : *Pu'llover*).

g) Noms de villes et noms propres.

On se méfiera surtout des noms régionaux qui n'ont pas l'accent sur une des syllabes du champ accentuel initial :

Ber'lin, Ste'ttin, Hohen'zollern, Hohen'staufen, Mu'sil, Heil'bronn, Saar'brücken (mais : *'Innsbrück*), *Kux'haven, Königs'winter, Wuster'hausen...*

35 L'ACCENT DES UNITÉS LEXICALES (OU MOTS) COMPOSÉS.

Il faut distinguer au moins deux types de bases composées :

— celles qui ont une structure **déterminative** ;

— les autres qui sont **coordinatives** ou des **amalgames syntaxiques.**

a) Le type à structure déterminative.

⇨ L'accent frappe la **syllabe accentuable du déterminant.**

— *'stellen* *'anstellen, 'ausstellen, 'vorstellen, 'feststellen, ein 'Angestellter, 'Ausstellung, 'Vorstellung, 'Feststellung, Zu'rückstellung* (v. 12.3.)

— *'eiskalt, 'kreisförmig, 'lebensmüde, 'sterbenskrank, 'lungenkrank, 'bettelarm, 'kurvenreich, 'westdeutsch, 'blutarm* (anémique), *'steinreich* (riche en pierres) (v. 23.3.)

— *'Rückspiel* *'Hinspiel* *'Vormund*
'Taschenlampe *'Taschengeld* *'Kindermädchen*
'Lampenschirm *'Geldbörse* *'Mädchenschule*
'Bundesregierung *'Dieselmotor* *'Waschmaschine*
Re'gierungswechsel *Mo'torschaden* *Ma'schinenbau*
Ge'müsegarten (potager) ↔ *'Gartengemüse* (légumes de jardin)
'Schweinezucht (élevage de porcs) ↔ *'Zuchtschweine* (porcs d'élevage) — v. 22.2.

b) Autres types.

⇨ L'accent frappe la **syllabe accentuable du second élément.**

Il peut s'agir :

▷ d'une « **conjonction** » de deux termes, exprimée ou non par un coordonnant. L'accent peut aussi frapper dans ce cas la syllabe accentuable du premier terme, mais il s'agit alors d'un accent contrastif :

he'raus, hi'nein, vo'ran, da'hin ; cf. *hin und °her, auf und °ab, ab und °zu...*
bitter'süß, hell'dunkel, nord'östlich...
Nord'westen, Süd'osten (↔ +Nordwesten, +Südwesten)
Onkel° Benno, Tante° Ilse, Frau Mi° nister, Konrad° Adenauer, Bürger'meister (ou *'Bürgermeister*), *Prinzge'mahl* (ou *'Prinzgemahl*)... (cf. §§ 572-574)

▷ d'une **lexicalisation** d'un amalgame syntaxique (unités figées) ou d'un groupe syntaxique (structure figée) :

— *Jahr'hundert, Will'kommen, Lebe'wohl, offen'baren, Mutter'gottes, Vater'unser, Aller'heiligen, Rosen'montag, Oster'sonntag, Kar'freitag, aller'dings, Einmal'eins...*
— pronominalisation d'un G PREP : *da'ran, da'von, da'für, da'rüber..., wo'ran, wo'raus, wo'rüber...* (v. § 37)
— lexicalisation d'un G PREP : *in'folge, infolge'dessen, ohne'hin, über'dies, über'haupt, unter'dessen..., zu'frieden, zu'nächst*
— lexicalisation d'une structure composée d'un déterminant et d'une base de nature diverse : *neben'an, neben'bei, vie'lleicht, so'fort, so'bald, so'gar, so'gleich, so'mit, so'wie, sowie'so...* (cf. aussi *abgrund'tief, funkelnagel'neu, blut'arm* = pauvre comme Job, *stein'reich* = riche comme Crésus...)

3.2.3. L'ACCENT DE GROUPE SYNTAXIQUE.

Voir la présentation des groupes chapitre 6. Il faut distinguer le problème de la **place** de cet accent potentiel et celui de sa **fonction**.

§ 36 PLACE DE L'ACCENT DE GROUPE.

Quand il doit être réalisé, l'accent de groupe tombe à des places bien précises dans les divers groupes syntaxiques.

groupe verbal

Si le GV est en fonction d'énoncé (« phrase » verbale indépendante ou incise), l'accent de groupe devient accent d'énoncé (v. 3.2.4.). Mais s'il s'agit d'un **GV membre** d'un autre groupe d'accueil (p. ex. d'une « subordonnée » relative ou d'un G CONJ), il peut ne rester qu'accent de groupe, combinable avec un modelé intonatif intérieur (v. § 25).

⇨ L'accent de GV frappe en général la syllabe accentuée du **premier déterminant de la base lexicale verbale** ou, à défaut, le radical lexical de cette base.

Le premier déterminant peut être :

— le **premier membre** M1, c'est-à-dire le groupe syntaxique qui, dans le schéma connexionnel (v. §§ 129-130), est le premier déterminant de la base verbale, quelle que soit la fonction grammaticale de ce membre (sujet, objet, attribut, « circonstant » adverbial, etc.) ;
— le **premier terme** d'une base lexicale complexe (p. ex. les particules verbales accentuables ou leurs assimilés).

Par base lexicale verbale, il faut entendre le « verbe principal » et non, quand on a affaire à un complexe verbal composé, ce qu'on appelle les « auxiliaires » ou « semi-auxiliaires » (v. §§ 138-140).

EXEMPLES :

(daß) das Wetter heute °schön ist (adjectif attribut)
(weil) damals alles in °Ordnung war (lexie ; G PREP attribut)
(als) die Polizei noch °da war (lexème attribut ; lexie)
(daß) die Kinder auf der °Straße spielten (G PREP locatif)
(daß) die Kinder °Fußball spielten (GN objet ; lexie)
(daß) die Polizei gestern im Wald eine °Leiche fand (GN objet)
(weil) gestern abend die °Nachbarin kam (GN sujet)
(als) es dann zu °regnen begonnen hatte (G INF objet)
(da) Rolf dem Vater doch die °Zeitung bringen soll (GN objet)
(da) er sie dem °Vater bringen soll (GN objet)
(da) er sie dem Vater ins °Zimmer bringen soll (G PREP directif)
(wo) die Kinder zu°sammentrafen (particule verbale)
(als) dann der Regen °aufhörte (particule verbale)
(daß) die Kinder °spielen wollten / ge°spielt haben / °spielten (radical lexical)

La règle de l'accent de GV vaut également pour les groupes dérivés que sont le **groupe infinitif** et le **groupe participial** :

(um) mit ihnen nach °Hause zu gehen / nach °Hause gehen zu können am °Fenster stehend ; früh am Morgen °aufstehend ; völlig ge°schlagen ; im Dorf °angekommen...

37 **autres groupes**

> L'accent d'un groupe autre que le GV, le G INF et le G PART tombe sur la **dernière expansion de droite** ou, à défaut, sur la base lexicale du groupe.

EXEMPLES :

▷ GN :

der Präsident der französischen Repu°blik
die Verhandlungen über die Reduzierung der Mittelstreckenraketen in Eu°ropa
das Haus gegen°über ; das Haus gegenüber der °Kirche
das schöne °Haus ; die °Häuser
der französische °Staatspräsident ; der Präsi°dent

der Film, den ich neulich ge °sehen habe (expansion : GV relatif)
die Angst, daß ihrem Mann etwas pa °ssieren könnte (G CONJ)
die Absicht, die Verhandlungen °scheitern zu lassen (G INF)

▷ G PREP dont la base (la préposition, la circumposition) ne se présente jamais sans membres :

in einem Dorf, das an der °Donau liegt	*in einem °Dorf*
in einem Dorf an der °Donau	*im °Dorf*
mit den Kindern meines °Vetters	*mit den °Kindern*
im Augenblick der Explo °sion	*vom °Fenster aus*
im Augenblick, als die Bombe °losging	
auf die Gefahr hin, alles zu ver °lieren	

⇨ La **pronominalisation** du membre du G PREP entraîne souvent le déplacement de l'accent sur la **préposition** *(er kam °zu uns ; er spielte °mit ihnen)* qui devient parfois postposition (v. § 31) : *da'für, da'gegen, da'zu, da'mit, da'ran, da'rüber, da'raus,* etc. Mais cette règle ne vaut qu'à la condition qu'aucun accent contrastif ne frappe le membre pronominalisé : *er kam zu +uns (und nicht zu +dir) ; er spielte mit +ihnen (nicht mit +mir), er spielte +damit* (*da* est un démonstratif) opposé à : *er spielte, da'mit alle zufrieden seien* = pour que. Cf. aussi sous forme figée : *nach+dem, trotz+dem, +deshalb, +deswegen, +meinetwegen...*

La « désaccentuation » qu'entraîne en général la pronominalisation d'un groupe s'observe aussi dans d'autres cas ; p. ex. : *es* est non accentué, *das* porte un accent contrastif ; *oben im zweiten °Stock → dort °oben,* mais : *+dort oben, +hier oben, +da oben* avec un accent contrastif.

▷ Groupe dont la base est un lexème sans marque de catégorie (un « situatif » de l'espace ou du temps, v. chap. 29) :

oben im zweiten °Stock ; mitten auf dem °Marktplatz ; weiter nach °Luxemburg ; gestern um °vier ; °gestern ; °oben ; dort, wo er sich °aufhält.

§ 38 FONCTION ET EMPLOI DE L'ACCENT DE GROUPE.

Porté par la syllabe accentuable d'une **seule** unité lexicale, cet accent a cependant pour incidence l'**ensemble** du groupe. Comme centre d'un modelé intonatif intérieur, son rôle est de mettre en évidence la structure de l'énoncé et, en combinaison avec des césures éventuelles, de produire un découpage rythmique. Sa fonction est par conséquent essentiellement **démarcative** non pas tant sur le plan de la structure syntaxique qu'au niveau de la structure informative de l'énoncé.

Cette fonction démarcative explique qu'**il n'est pas réalisé automatiquement** sur tous les groupes syntaxiques. Son emploi dépend beaucoup du débit de l'énonciation, mais on l'emploiera d'autant plus que le message risque d'être mal perçu ou mal « décodé », dans le cas par exemple d'une structure syntaxique assez complexe. Sa valeur communicative n'est donc pas négligeable.

On l'emploie surtout :

▷ dans le cas d'un voisinage de bases verbales par suite de la présence dans l'énoncé verbal d'un **GV intégré à un autre groupe** :

Die Leute, die °da waren, klatschten •Beifall.
Als die Feuerwehr °ankam, war das Hotel schon •ausgebrannt.

▷ dans le cas d'une conjonction de groupes homologues coordonnés ou non (énumération : l'accent marque la fin de la série ; ou groupes homologues en contraste) :

Vater, Mutter und °Sohn waren ans •Meer gefahren.
Sowohl Frankreich als auch I°talien haben •Einspruch erhoben.
Wir haben •Arbeit in Hülle und °Fülle.

▷ quand on a des appositions ou des énoncés (incises) dans l'énoncé :

Sie ist mit Herrn °Müller, dem °Bankdirektor, ver•heiratet.
Im °Tal, aber ich weiß nicht mehr °wo, liegt ein kleines •Kloster.

▷ combiné avec une césure, pour clarifier une structure syntaxique ambiguë :

als die Spieler aus °Mainz // •ankamen = quand les joueurs de Mayence arrivèrent
als die °Spieler // aus •Mainz kamen = quand les joueurs arrivèrent de Mayence
weil eine Diskussion über die politische Lage in °Frankreich // •angeregt wurde
weil eine Diskussion über die politische °Lage // in •Frankreich angeregt wurde

cf. encore :	*oben im °Zimmer*	et	*•oben, // im °Zimmer*
	morgen um acht °Uhr	et	*•morgen, // um acht °Uhr*

▷ dans certaines structures « expressives » pour détacher **en avant-première** ou en **après-dernière position** des données à propos desquelles est fournie l'information :

Die •spinnen, die °Römer! (= ils sont fous, ces Romains ; §§ 13 et 923).
Der °Peter, der •schafft das schon (« phrase segmentée »).
Wir haben schon immer •Ärger gehabt mit diesem blöden °Auto.

▷ pour souligner un groupe topicalisé en **première position** (v. § 920) :

Darüber hi°naus wurden keine •Fehler entdeckt.
Das °Auto habe ich schon in die Ga•rage gefahren.
Vor einem °Monat war es noch ganz schön •kalt.

3.2.4. L'ACCENT D'ENONCE.

39 Cet accent est obligatoire et toujours **centre d'un modelé intonatif final** correspondant à la procédure de la communication et/ou à l'attitude discursive (v. § 24). Il prend la place de l'accent du groupe constituant l'énoncé. Exemples :

▷ GV en fonction d'énoncé :

Er ist heute früh mit seiner Frau nach Pa•ris gefahren.
Hat der Regen schon •aufgehört?
Mensch, war der Film •spannend!

mais avec des pronoms (cf. § 37) :

Er •schenkte sie ihr ↔ *Der Vater schenkte der Mutter die •Blumen.*

▷ Autres groupes en fonction d'énoncé :

Herr •Ober! Zwei •Bier! Aber •schnell!
•Vorsicht! Na •klar! •Endlich! Ge•nug! •Stehenbleiben!
Ver•flucht! Und •wie! Frohe •Weihnachten! Guten •Abend!
Wie •schön! •Einverstanden. Alles •Gute! •Fertig?

(Kommst du morgen?)	— *Vie•lleicht / Ja, •sicher / Kann •sein / Mal •sehen / Wenn ich •Zeit habe.*
(Wann fährst du?)	— *Erst• morgen / Nächsten• Sonntag.*
(Wie heißt der Film?)	— *Zwei Engländerinnen auf dem •Kontinent.*
(Wie heißen Sie?)	— *Ma•rianne / Marianne •Fuchsberger.*

3.2.5. L'ACCENT CONTRASTIF.

§ 40 Cet accent a pour fonction de **mettre en relief** un terme quelconque de l'énoncé qui se trouve ainsi opposé explicitement ou de façon sous-entendue à un autre terme ou aux autres termes de la même classe (v. §§ 26-27). Il peut frapper **n'importe quelle unité,** y compris des syllabes normalement non accentuables. Comme le terme sur lequel il porte constitue une information particulièrement sélectionnée de l'énoncé, il a tendance à « étouffer » les autres accents, y compris, dans une élocution assez rapide et dans des énoncés plutôt courts, l'accent d'énoncé :

Ich fahre +morgen nach (•)Luxemburg (nicht +heute).
Die Kinder haben auf der Straße ge+spielt (und nicht +sonst was gemacht).
+Ich habe es dir damals ge(•)sagt (und nicht jemand +anders).
Das brauchst +du mir nicht zu(•)sagen.
Ich habe +betreten gesagt, nicht +vertreten.
Ein mo+dernes Haus.
(weil) +damals alles in (•)Ordnung war.
(weil) damals +alles in Ordnung war.
(weil) damals alles in +bester Ordnung war.

Certains lexèmes impliquent dans leur signification une opposition et attirent de ce fait l'accent contrastif :

+einer, der +eine	↔	*der +andere ; +jeder/es/e* et *+alle*
der +ältere Mann	↔	*der +jüngere Mann*
der °Raucher	↔	*der +Nichtraucher*

Quand l'accent contrastif frappe un « article défini », celui-ci devient « démonstratif » ou bien il prend le sens exclusif de « le seul par excellence/ *überhaupt* » :

Ich nehme +die Hose = diese hier (déictique « exophorique »)
Was? Mit +dem Auto willst du in •Urlaub fahren? (= avec cette voiture pourrie)
Das ist +die Lösung (= c'est +la solution !)
cf. aussi : *+damit, +dafür, +daran...* (v. § 37).

La forme accentuée de *es* est *+das* (v. §§ 668, 689) :
Es ist aber •schön, daß du da bist! → +Das ist aber (•)schön!

L'accent contrastif est souvent favorisé par la présence de **modulateurs** à incidence partielle et qui impliquent une sélection de différente nature (v. chap. 30.7, § 859 sv.) :

nur ⁺*ich ; auch* ⁺*ich ; erst* ⁺*später ; eben* ⁺*er ; vielleicht* ⁺*Birgit ; selbst der* ⁺*Pfarrer ; und* ⁺*auch ; und* ⁺*dann ; aber* ⁺*doch ; oder* ⁺*vielmehr ; weder* ⁺*du, noch* ⁺*er ; nicht* ⁺*er, sondern* ⁺*sie ; doch* ⁺*Liese ; ja* ⁺*doch...*

Des raisons **affectives** peuvent également entraîner l'emploi de l'accent contrastif, notamment quand celui-ci frappe les unités **graduatives** :

Er war ⁺*so groß, daß er kaum zur Tür he•reinkonnte.*
Das war aber ⁺*sehr schön. So ist es doch* ⁺*viel besser !*
Er ist ⁺*so dumm ! Es war* ⁺*furchtbar langweilig.*

L'accent contrastif est utilisé parfois pour souligner des effets de symétrie (proverbes, clichés, rimes) :

⁺*Ende gut,* ⁺*alles gut.*
⁺*Kleine Kinder,* ⁺*kleine Sorgen ;* ⁺*große Kinder,* ⁺*große Sorgen.*
Sie haben ⁺*Himmel und* ⁺*Hölle in Be•wegung gesetzt.*

3.3. La chaîne phonémique : phonétique et phonologie

§ 41 La chaîne phonémique est constituée de sons élémentaires que l'on peut dégager par segmentation de la chaîne sonore et qui ont une **fonction distinctive** : ils sont organisés en systèmes d'**oppositions** permettant de bien distinguer les unités de sens (lexèmes, morphèmes). Par exemple :

[br**u**:t]	—	[b**a**:t]	—	[**b**ɑ:**r**]	*Brut*	*Bad, bat*	*Bar, bar*
[**bro**:t]	—	[b**o**:t]	—		*Brot*	*Boot, bot*	
[**dro**:t]	—		—	[**dr**ɑ:**t**]	*droht*		*Draht*
[dr**e**:t]	—	[b**e**:t]			*dreht*	*Beet, bet'*	

Selon leur environnement, ces sons ont cependant des réalisations variables. Par exemple :

— [k] est prononcé plus en arrière (« vélaire ») dans *Kunde* que dans *Kinder* (« palatal ») ;
— [p] prononcé dans *Pate* avec « aspiration » [p^h] n'est pas le même que celui de *Lappen.*

Mais ces variations ne sont **pas pertinentes,** dans la mesure où elles ne permettent pas d'opposer entre elles des unités de sens différentes : il n'existe pas en allemand par exemple de mots se distinguant uniquement par une différence [p^h] ↔ [p]. Le cas du *ich-Laut* [ç] et du *ach-Laut* [x] est analogue. Ces deux sons diffèrent certes beaucoup, mais ils se réalisent chacun dans des environnements spécifiques (en allemand standard, *[Ix] et *[aç] sont exclus), de sorte qu'ils ne servent pas non plus à opposer des unités entre elles : même quand un Bavarois prononce [dUrx] ou un Luxembourgeois du Nord [mɑ:çən], il s'agit bien des unités *durch* et *machen.* On a ici affaire à des **variantes de réalisation** non distinctives de sens, appelées **variantes combinatoires** ou **en distribution complémentaire.** Elles peuvent s'ajouter aux variantes diastratiques et diatopiques (v. §§ 15-16), voire individuelles pour caractériser les divers « parlers » : idiolectes, sociolectes, dialectes...

Si on ne retient que les traits pertinents **communs** par exemple à [p^h] et [p], [ç] et [x] et qu'on les combine entre eux, on aboutit à une unité phonique abstraite dépouillée de ses variantes, qu'on appelle **phonème.** On la note entre deux barres : */p/*, */ç, x/*, par opposition au son effectivement réalisé qui se note entre [ ] et qu'on appelle unité phonétique. Dans ce chapitre, on envisagera plus les systèmes phonologiques des voyelles (3.3.1.) et des consonnes (3.2.2.) que la variété des réalisations phonétiques.

3.3.1. LE SYSTEME VOCALIQUE DE L'ALLEMAND.

§ 42 LES OPPOSITIONS.

Le système des voyelles est constitué d'une double opposition de traits pertinents : le **degré d'ouverture** et le **type d'articulation,** à laquelle s'ajoute la **quantité** et/ou la **tension.**

a) Le degré d'ouverture (opposition ouvert ↔ fermé, la fermeture n'étant évidemment jamais totale) :
Selon le degré d'ouverture (et de hauteur) du chenal emprunté par l'air entre la langue et le palais, on distingue les voyelles :

Fermées	*/i:/ /y:/ /u:/* */I/ /Y/ /U/*	*bieten, Hüte, Mut, Gruß* *bitten, Hütte, Mutter, Kuß*
Peu fermées	*/e:/ /ø:/ /o:/*	*stehlen, Segen, Höhle, Ofen*
Peu ouvertes	*/ɛ:/* */ɛ/ /œ/ /ɔ/*	*Städte, sägen, wären* *Stätte, stellen, Hölle, offen*
Ouvertes	*/a/* palatal */ɑ:/* vélaire	*Ratte, Lamm* (cf. fr. *patte*) *Rat, lahm* ↔ (cf. fr. *pâte*)

b) Le type d'articulation.

Il permet de distinguer les voyelles :

— **vélaires,** toujours arrondies : prononcées très en arrière ; la langue est près du voile du palais, les lèvres sont avancées et plus ou moins arrondies ;	*/u:/ /U/* */o:/ /ɔ/* */ɑ:/*	*Gruß ; Kuß* *Sohle ; Gold* *raten*
— **palatales arrondies :** prononcées plus en avant, vers le palais dur ; lèvres arrondies ;	*/y:/ /Y/* */ø:/ /œ/*	*grüßen ; küssen* *böse ; können*
— **palatales non arrondies :** prononcées en avant vers le palais dur ; lèvres écartées.	*/i:/ /I/* */e:/* */ɛ:/ /ɛ/* */a/*	*Miete ; Mitte* *Seele, fehlen* *Säle ; fällen ; Felle* *Ratte*

c) Quantité et tension.

Le croisement de ces deux types d'oppositions donne le **timbre,** la qualité, la *Klangfarbe* de la voyelle.

L'opposition de quantité permet de distinguer les voyelles **longues** (notées par : dans la transcription) et **brèves** :

/i:/	s'oppose à	/I/	*lieb ↔ Lippe ; biete ↔ bitte*
/y:/	s'oppose à	/Y/	*fühlen ↔ füllen ; Hüte ↔ Hütte*
/u:/	s'oppose à	/U/	*Ruhm ↔ Rum ; Buhle ↔ Bulle*
/e:/ /ɛ:/	s'opposent à	/ɛ/	*eben ↔ Ebbe ; fehlen ↔ fällen* *schälen ↔ schellen ; käme ↔ Kämme*
/ø/	s'oppose à	/œ/	*Höhle ↔ Hölle*
/ɑ:/	s'oppose à	/a/	*kam ↔ Kamm ; lahm ↔ Lamm*

La voyelle /ɛ:/ *(Mädchen, wären)* est souvent assimilée à /e:/ en langue courante non soignée.

L'opposition de tension permet de distinguer les voyelles **tendues** (dont la réalisation demande une plus grande tension musculaire de la bouche) et les voyelles **relâchées** (ou lâches). Dans les transcriptions, on marque par exemple le peu de tension que requiert la réalisation des trois voyelles brèves les plus fermées en utilisant les majuscules : */I/ Mitte ; /Y/ Hütte ; /U/ Mutter.*

Il est possible d'étendre l'opposition de **tension** à tout le système vocalique de l'allemand, qui présenterait ainsi deux sous-systèmes :

— Voyelles tendues :
/i/ /y/ /u/ /e/ /ø/ /o/ /ae/ (wären) /ɑ/.

— Voyelles relâchées :
/I/ /Y/ /U/ /œ/ /ɔ/ /ɛ/ /a/.

Parmi les voyelles tendues, l'opposition de **quantité** constituerait à son tour un sous-système, la longueur ne représentant qu'un allongement possible de la voyelle sous l'accent.

43 SYSTÈME VOCALIQUE DE L'ALLEMAND (récapitulation).

Axe vertical = degré d'ouverture (fermeture en haut, ouverture en bas).
Axe horizontal = type d'articulation (palatal non arrondi à gauche, palatal arrondi au milieu, vélaire à droite).

VOYELLES LONGUES (« tendues » sous l'accent)			VOYELLES BREVES (« relâchées » sous l'accent)		
/i:/	/y:/	/u:/	/I/	/Y/	/U/
/e:/	/ø:/	/o:/	/ɛ/	/œ/	/ɔ/
/ɛ:/					
		/ɑ:/	/a/		

§ 44 LES DIPHTONGUES.

A ce tableau, il convient d'ajouter les trois diphtongues, qui représentent **une seule voyelle** dont le timbre varie en cours d'émission et qu'il ne faut donc pas « décomposer » : *Hai* (requin) ne doit pas ressembler à : *haï !* La notation indique le timbre approximatif du début et de la fin :

/aI/	/ɔY/	/aU/
Weise, Waise	*heute, Häute*	*Bau, Laub*

§ 45 LES VOYELLES DES SYLLABES SECONDAIRES HORS ACCENT.

Le système vocalique de l'allemand se complique des voyelles que l'on rencontre dans les syllabes secondaires des unités lexicales d'origine germanique et de celles qui proviennent de langues étrangères. Il s'agit :

— des **voyelles « pleines »** assimilées au système de l'allemand ;
— des voyelles de **systèmes parallèles** ;
— du schwa /ə/ des **syllabes atones.**

On a des **voyelles « pleines »** assimilées au système de l'allemand par exemple dans les :

▷ suffixes de dérivations :

-bar, -sal, -sam	/ɑ:/	*-tum, -tümer*	/u:/ /y:/
-haft	/a/	*-los*	/o:/

-in, -nis, -ig, -isch /I/ proche de /ə/

▷ particules verbales inséparables (donc inaccentuées) :

voll- (voll'enden...)	/ɔ/	*durch-, um-, unter-*	/U/
hinter-, miß-	/I/	*über-*	/y:/
wider-, wieder-	/i:/		

▷ syllabes non accentuées de certains mots :

'Eidam, 'Bräutigam,		*Bäcke'rei, 'Elend*	/ɛ/
'Gustav, 'Monat,		*Al'mosen, 'Herzog,*	
Wa'cholder, 'Leichnam	/a/	*'Kleinod*	/o:/
'Februar, 'Januar,		*'desto, Fo'relle,*	
'Heimat, 'Heirat	/ɑ:/	*froh'locken, Ho'lunder,*	
		wo'hin	/o/
le'bendig, Lebe'wohl	/e/	*'Armut, 'Demut*	/u:/
		Süd'westen, süd'östlich	/y/

§ 46 Dans les unités lexicales non assimilées à l'allemand, on rencontre évidemment les systèmes vocaliques des langues d'origine. On parle souvent dans ce cas de **systèmes vocaliques parallèles.** Par exemple :

Jazz [dʒæz] ; *Make-up* ['meIkʌp], souvent aussi [me:k'ˀap]
Teenager ['ti:neIʒə] ; *ambivalent* [ˀambivɑ'lɛnt]
Review [ri'vju:] ; *Salat* [za'la:t] ; *Chanson* [ʃã'sõ] ; *Prolet* [pro'le:t]

Dans ce dernier exemple, le « o » est bref et cependant fermé, comme c'est le cas dans de nombreuses unités lexicales d'origine étrangère, comme :

'Auto ['ˀaUto], *'Kino* ['ki:no], *'Foto* ['foto], *Geolo'gie, Philoso'phie...*

Sans simplifier à l'extrême, on peut penser que le système vocalique des syllabes secondaires des mots d'origine germanique et des termes étrangers (plus ou moins assimilés) se réduit le plus souvent à l'opposition de **tension,** l'opposition de quantité étant neutralisée dans l'élocution courante. Ceci tendrait à confirmer la thèse qui pose comme premières les oppositions combinées de la tension et du timbre, l'opposition de quantité ne représentant qu'un sous-système dont le fonctionnement serait en grande partie lié à la présence de l'accent (ou, pour les syllabes hors-accent, à une élocution très soignée : théâtre, école, communication publique ou à distance...).

§ 47 En **syllabe atone,** les oppositions de timbre et de quantité sont supprimées. Il ne reste plus que le **schwa /ə/** dans les mots d'origine germanique ainsi que dans de nombreux termes étrangers (à condition que le *e* ne soit pas « muet », c'est-à-dire un simple signe orthographique non prononcé) :

Ge'müse [gə'my:zə], *ich schlafe* [ˀIç'ʃlɑ:fə], *Sauce* ['zo:sə] mais : *Madame* [ma'dam].

La réalisation du schwa /ə/ connaît cependant des variantes, notamment dans les cas suivants :

▷ **syllabe finale :**

— [ə] très réduit (« syllabisé ») dans les séquences *-el, -em, -en* :

handeln ['hand(ə)ln], *Insel* ['ˀInz(ə)l], *des Esels* ['ˀe:z(ə)ls], *großem* ['gro:s(ə)m], *edlem* ['ˀe:dl(ə)m], *des Atems* ['ˀɑ:t(ə)ms], *haben* ['hɑ:b(ə)n], *des Gedankens* [gə'daŋk(ə)ns], *lebend* ['le:b(ə)nt]

— dans la séquence *-er* survenant après l'accent ou en finale, le [ə] est quasi-vocalisé, devenant un *a* affaibli noté [ʌ] ou [ɐ] (Duden) :

Bauer ['baUɐ], *des Vaters* ['fɑ:tɐs], *kauerst* ['kaUɐst], *kauernden* ['kaUɐndən]

de même *-hr* par exemple dans : *Uhr* ['ˀu:ɐ̯] (on note [ɐ̯] car ce son ne forme pas une syllabe franche, cf. *Dampferfahrt* ['dampfɐfɑ:ɐ̯t])

Mais on retrouve [ə] à l'intersection de deux syllabes :
ich zöge-re ['tsø:gərə] ; *die Schieße-rei* [ʃi:sə'raI].

▷ **préfixes non accentués :**

— [ə] dans *be-* et *ge-* :

beachten [bə'ˀaxt(ə)n], *gewinnen* [gə'vIn(ə)n], *gewiß* [gə'vIs], *Beschluß* [bə'ʃlUs], *beschlagnahmen* [bə'ʃlɑ:knɑ:m(ə)n]

Mais la variante [e] est fréquente dans le Sud.

— [ɛ] dans *emp-, ent-, er-, her-, ver-, zer-* :

empfehlen [ˀɛmp'fe:l(ə)n], *Entschluß* [ˀɛnt'ʃlUs], *Erlaß* [ˀɛr'las], *herein* [hɛ'raIn], *verlegen* [fɛr'le:g(ə)n], *Zerfall* [tsɛr'fal]

Mais [ə] est fréquent pour *ver-* et *zer-* dans le Nord.

.3.2. LE SYSTEME CONSONANTIQUE DE L'ALLEMAND.

48 LES OPPOSITIONS.

Le système des consonnes repose sur une double opposition de traits pertinents : le **mode d'articulation** et le **point d'articulation,** à laquelle s'ajoute pour certaines consonnes le **voisement** (vibration ou non des cordes vocales).

a) Le mode d'articulation.

Il permet de distinguer les :

occlusives	/p/ /t/ /k/ /b/ /d/ /g/	fermeture du chenal de l'air, puis ouverture brusque (« explosion »)
affriquées	/p^f/ /t^s/ *Pferd, Zahn*	fermeture, puis rétrécissement du chenal
constrictives ou fricatives	/f/ /s/ /ʃ/ *Schuß* /ç, x/ *ich, ach* /v/ *Wagen* /z/ *sollen* /ʒ/ *Rage* /j/*jawohl*	resserrement du chenal avec frottement (/j/ est aussi une « semi-voyelle » apparentée à /I/)
nasales	/m/ /n/ /ŋ/ *jung*	fermeture par abaissement du voile du palais : l'air passe par les fosses nasales
latérale	/l/	chenal fermé en son milieu : l'air s'échappe par les côtés
vibrante	/r/	vibration d'un organe : langue → *r* roulé ; larynx → *r* non roulé.

b) Le point d'articulation.

Il permet de distinguer, en allant de l'avant vers l'arrière, les consonnes :

bilabiales	/p/ /p^f/ /b/ /m/	prononcées avec les deux lèvres
labio-dentales	/f/ /v/	lèvre inférieure contre les incisives supérieures
dentales	/t/ /t^s/ /s/ /d/ /z/ /n/	langue contre face arrière des incisives
chuintantes	/ʃ/ /ʒ/	langue en gouttière, lèvres avancées
palatales	[ç] [j]	dos de la langue près du palais dur
vélaires	/k/ [x] /g/ /ŋ/	dos de la langue près du voile du palais
laryngale	/h/	frottement au niveau du larynx

c) Le voisement.

Il amène à distinguer les consonnes **sourdes** et **sonores,** la sonorité étant due à la vibration des cordes vocales.

L'opposition ne joue que pour les :

	OCCLUSIVES	CONSTRICTIVES
sourdes	/p/ /t/ /k/	/f/ /s/ /ʃ/
sonores	/b/ /d/ /g/	/v/ /z/ /ʒ/

Les nasales /m/ /n/ /ŋ/, la latérale /l/ et la vibrante /r/ sont sonores.
Les affriquées /p^f/ /t^s/ et la laryngale /h/ sont sourdes.

§ 49 SYSTÈME CONSONANTIQUE DE L'ALLEMAND (récapitulation).

	SOURDES						SONORES					
	bilabiales	labiodentales	dentales	chuintantes	palatales	vélaires	bilabiales	labiodentales	dentales	chuintantes	palatales	vélaires
occlusives	/p/		/t/			/k/	/b/		/d/			/g/
affriquées		$/p^f/$	$/t^s/$									
constrictives		/f/	/s/	/ʃ/	/ç/	/x/		/v/	/z/	/ʒ/		/j/[1]
nasales							/m/		/n/			/ŋ/

laryngale /h/ attaque dure de la voyelle ?	latérale /l/vibrante /r/

1. /j/ peut également être considéré comme une « semi-voyelle » proche de /I/

§ 50 Exemples et variantes :

— **occlusives sourdes :**

Panne [ˈp^{h}anə] *Lappen* [ˈlapən]
Tanne [ˈt^{h}anə] *Latte* [ˈlatə]
Kanne [ˈk^{h}anə] *Hacke* [ˈhakə]

En syllabe initiale, on prononce la variante aspirée [p^h], [t^h], [k^h], ailleurs la variante non aspirée ou « pure ».

— **occlusives sonores :**

Ball [b̥al] *Rabe* [ˈrɑ:bə]
Dom [d̥o:m] *Mode* [ˈmo:də]
grell [g̥rɛl] *Regen* [ˈre:gən]

En syllabe initiale, */b/, /d/, /g/* sont moins sonores qu'en français (ce qui se manifeste dans la façon qu'ont les Français d'imiter — en l'exagérant — l'« accent allemand » : *une ponne pière plonde !*). Ce sont les variantes « douces » [b̥], [d̥], [g̥]. Ailleurs qu'à l'initiale, on a les variantes « pures » [b], [d], [g].

— **affriquées** (toujours sourdes).

Seules peuvent être considérées comme phonèmes, c'est-à-dire comme unités distinctives de sens :

$/p^f/$ cf. les paires minimales : *Pfanne* ↔ *Panne ; Pflug* ↔ *Flug ;* ou les séries *Pfeile* ↔ *Feile* ↔ *peile ; Pfand* ↔ *fand* ↔ *Land* ↔ *Rand.*

$/t^s/$ cf. *Zeile* ↔ *Seile* ↔ *Teile ; Zauber* ↔ *Tauber ; Zeit* ↔ *Neid* ↔ *Leid ; zucken* ↔ *ducken ; Ziel* ↔ *fiel ; Zahl* ↔ *Mahl.*

En revanche [tʃ] *tschüs, lutschen, watscheln ;* [dʒ] *Dschungel ;* [ks] *Hexe, Wachs, Axe ;* [kv] *Quelle, Qual* (malgré *Qual* ↔ *kahl* ↔ *Wahl*) ; [ps] *Raps, Psychologie ;* [pʃ] *grapschen* semblent devoir être considérés comme deux phonèmes.

— **constrictives sourdes :**

Fest [fɛst]	*Waffe* [ˈvafə]	*Buch* [bu:x]
Slip [slIp]	*Tasse* [ˈtasə]	*Bücher* [ˈby:çɐ]
Stall [ʃtal]	*Tasche* [ˈtaʃə]	

La vélaire **[x]** n'apparaît qu'après **a, o, u, au:** *lachen, Loch, hoch, Kuchen, Bauch.*

La palatale **[ç]** apparaît après les autres voyelles et les consonnes : *Blech, Fläche, ich, riechen, Löcher, Küche, Bäuche, feucht, reich, durch, Kirche, solch, welch...*

— **constrictives sonores :**

Wind [vInt]	*Löwe* [ˈlø:və]
Sonne [ˈzɔnə]	*Besen* [ˈbe:zən]
Genie [ʒeˈni:]	*Sabotage* [zaboˈtɑ:ʒə]
Jäger [ˈjɛ:gɐ]	*Boje* [ˈbo:jə] ou [ˈbo:Iə]

Le caractère constrictif de /j/ n'est pas toujours évident, notamment à l'initiale (cf. *ja, Josef, Jupiter*).

— **nasales :**

Maus [maUs]	*Helm* [hɛlm]	*Fang* [faŋ]
Not [no:t]	*Köln* [kœln]	

Le phonème */ŋ/* n'apparaît pas à l'initiale ; on ne le trouve qu'après une voyelle brève : *fing* [fIŋ], *sangen* [ˈzaŋən], *gesprungen* [gəˈʃprUŋən], *Gong* [gɔŋ].

— **la laryngale** /h/ n'apparaît qu'au début d'une syllabe : *haben* [ˈhɑ:bən], *beherbergen* [bəˈhɛrbɛrgən], *Alkohol* [ˈʔalkoho:l], mais non dans *sehen, nahe* où *h* n'est qu'un signe orthographique : [ˈze:ən], [ˈnɑ:ə] (v. § 75 ②).

§ 51 La neutralisation de l'opposition de voisement (« durcissement »).

L'opposition **sourde ↔ sonore** est neutralisée (annulée) **au profit de la sourde** pour les **occlusives** /p/ ↔ /b/, /t/ ↔ /d/, /k/ ↔ /g/ et les **constrictives** /f/ ↔ /v/, /s/ ↔ /z/ dans les deux cas suivants :

a) En fin d'unité lexicale (fin de mot ou fin de racine) :

[b]	*geben, graben*	→	[p] *gib* [gi:p], *gab, Grab, Grabstein* [ˈgrɑ:pʃtaIn]
[d]	*baden, Hände, Räder, Ende*	→	[t] *Bad, Hand, handlich, Rad, endlich* [ˈʔɛntlIç]
[g]	*siegen, Wege, fliegen*	→	[k] *Sieg, Weg* [ve:k], *Wegweiser, Fluglotse* [ˈflu:klo:tsə]
[v]	*nervös, brave, motivieren*	→	[f] *Nerv* [nɛrf], *brav, Motiv*
[z]	*lesen, lose*	→	[s] *lies, las, los* [lo:s]

b) A l'intérieur d'une unité lexicale devant une consonne sourde, notamment à la jointure d'un radical et d'un morphème (la séquence consonne sonore + consonne sourde est donc exclue).

On prononce :

[p] dans : *hebt, lebte, Abt, Abtei, Obst* [ˈo:pst], *Gelübde* [gəˈlYpdə]
[t] dans : *lädt* [lɛ:t], *Wodka* [ˈvɔtka]
[k] dans : *sagt, bewegte, Smaragd* [smaˈrakt], *Magd*
[f] dans : *Levkoje* [lɛfˈko:jə]
[s] dans : *liest, löst* [lø:st] *bläst, lesbar...*

§ 52 ►\ La neutralisation **ne se fait pas** devant /l/, /m/, /n/ ou /r/ lorsque ces consonnes font encore partie du radical, du fait de la disparition d'un /ə/ intercalaire. Ainsi le *d* de *adlig* est prononcé [d], comme dans *adelig*, et il faut analyser : *adl-ig*, la coupure syllabique ne correspondant pas à la jointure morphologique. Exemples :

	POUR :	COMME DANS :
[b]	*ebnen*	*eben, Ebene*
	übrig, übrigens, sich erübrigen	*über*
	Obrigkeit	*obere*
[d]	*Adler, edle*	*Adel, edel, adeln, veredeln*
	Handlung, handle	*handeln*, mais *hand-lich* [ˈhant**l**Iç]
	Redner, rednerisch	*reden*, mais *red-lich* [ˈre:**tl**Iç]
	ordnen, Ordnung	*Orden*
	widrig	*wider, erwidern*
[g]	*ich angle, segle*	*angeln, Angel, segeln, Segel*
	Gegner, begegnen	*gegen*
	regnen, regnerisch	*Regen*, mais *reg-sam* [ˈre:**kz**ɑ:m]
	Lügner, leugnen	*lügen*
	Wagner	*wagen*, mais *Wag-nis* [ˈvɑ:**kn**Is]

De même la neutralisation de voisement ne se fait pas dans nombre de termes d'origine étrangère : *Oblate* [ˀɔbˈlɑ:tə] (on ne peut pas décomposer en *ob-late!*), *Obligation, obligatorisch* (comparer avec *ob-liegt* [ˀɔpˈli:kt]), *Agroˈnom, Magˈma, Siˈgnal* [zIˈgnɑ:l], *Egmont, Dogma*, etc.

3.4. Difficultés particulières aux francophones

§ 53 Dans l'acquisition d'une langue seconde, la nouvelle « compétence phonique » exigée est freinée par les automatismes acquis de la langue maternelle. Voici les principales embûches qui guettent le francophone :

a) Voyelles.

▷ Le français ne connaît pas l'opposition de **quantité** à l'exception de quelques couples tels que *maître* ↔ *mettre, pâte* ↔ *patte, Beauce* ↔ *bosse*... De ce fait, on a des difficultés pour prononcer correctement les **brèves** allemandes, par exemple */I/, /Y/, /U/* qui sont plus ouvertes et relâchées que */i/, /y/, /u/* :

bitte = [ˈbItə] et non *[ˈbitə] qui ressemble à *biete* [ˈbi:tə]
Hütte = [ˈhYtə] et non *[ˈhytə] qui ressemble à *Hüte* [ˈhy:tə]
Mutter = [ˈmUtɐ] et non *[ˈmutɐ] qui ressemble à *mute* [ˈmu:tə]

De même, */ɔ/* et */œ/* ne doivent pas devenir */o/* et */ø/* :

sollen = [ˈzɔlən] et non *[ˈzolən] proche de *Sohlen* [ˈzo:lən]
Bonn = [bɔn] et non *[bon] proche de *Beaune*
Löffel = [ˈlœfəl] et non *[ˈløfəl]

Inversement, les voyelles finales françaises étant toujours brèves (cf. bateau [baˈto]), le francophone risque de prononcer brèves les **voyelles finales accentuées** de l'allemand qui sont toujours **longues** :

die Kuh = [kʰ**u:**] et non *[kU] comme dans *le coup*; Cf. aussi : *da* [dɑ:], *so* [zo:]

▷ Le français ne connaît plus de **diphtongues** : *caoutchouc* comprend bien deux voyelles, contrairement à *Kautschuk*. Il ne faut pas décomposer les diphtongues : *Laus* [laUs] ne ressemble pas à *Laos* [ˈlaos] ni à *la housse* !

▷ Contrairement au français, l'allemand n'a pas d'opposition **orales** ↔ **nasales** (cf. *ta* [ta] ↔ *tant* [tã]), d'où le risque pour le francophone de nasaliser les séquences */a/ + /n/* ou */ɔ/ + /n/* :

Antwort = [ˈˀantvɔrt] et non *[ˈãtvɔrt]
bekannt = [bəˈkant] et non *[bəˈkãt] voire *[bəˈkãnt]
Onkel = [ˈˀɔŋkəl] et non *[ˈõkəl] ou *[ˈõnkəl]

§ 54 **b) Consonnes.** Le français ne connaît pas :

▷ le **type affriqué,** d'où des difficultés à prononcer par exemple :

Pfanne = [ˈpᶠanə] et non *[ˈfanə]
Zeit = [tˢaIt] et non [zaIt] *(= seit/seid)* ni *[dzaIt]

▷ la **nasale vélaire** */ŋ/* qui tend à devenir [n] ou à se « décomposer » en [ng]

Fink = [fIŋk] et non *[fInk] ou *[fIng]
Junge = [ˈjUŋə] et non *[ˈjUngə]

▷ les sons correspondant au ***ich-Laut*** [ç] et au ***ach-Laut*** [x] qui tendent à être assimilés respectivement à [ʃ] et [r] :

Kirche (l'église) [ˈkIrçə] et non [ˈkIrʃə] *Kirsche* (cerise)
Nachen (la nacelle) [ˈnaxən] et non [ˈnarən] *Narren* (des fous)

§ 55 D'autre part, nombreux sont les risques d'interférences liés à la **distribution** des consonnes, à leur position :

▷ Le français ne connaît pas les variantes de réalisation des **occlusives** qui existent en allemand, où à l'initiale les sourdes sont aspirées, tandis que les sonores y sont douces (moins sonores) (v. § 50 *Panne* ['pʰanə], *Baum* [ᵇaUm]).

▷ **L'aspiration** cause d'une façon générale beaucoup d'ennuis aux francophones, d'où des erreurs telles que :
['ˀe:rdə] *Erde* ou *['ɛrdə] pour *Herde* ['he:rdə]
[ˀaUs] *aus* ou *[aos] pour *Haus* ['haUs]

▷ Souvent l'aspiration est interprétée à tort comme une absence de liaison, ce qui est vrai pour le *h* français dans par exemple *un hasard.* De ce fait, on la confond avec l'**attaque dure de la voyelle** (occlusion glottale, « coup de glotte » noté /ˀ/). Ainsi, *eine Hecke* [ˀaInə'hɛkə] finit par ressembler à [ˀaInə'ˀɛkə] *eine Ecke.* Inversement, un /h/ aspiré apparaît là où il devrait y avoir un « coup de glotte » : *Alles hat einen Anfang und ein Ende* [ˀaləshatˀaInənˀanfaŋˀUntˀaInˀɛndə] devient
*[haləsˀataInənhanfangUndaInhɛndə].

La distinction entre l'aspiration initiale et le « coup de glotte » est pourtant essentielle, car elle seule permet de différencier par exemple : *Hals* ↔ *als, Hauch* ↔ *auch, heben* ↔ *eben, heiß* ↔ *Eis, hoffen* ↔ *offen, Hund* ↔ *und, ver'heeren* ↔ *ver'ehren.*

Le « coup de glotte » apparaît en allemand avant la voyelle à l'**initiale** pure ou avant celle de la syllabe **accentuée** des mots ou des éléments de composés ou de dérivés ; par exemple :
aber ['ʔabɐ], *Ufer* ['ʔu:fɐ], Ort [ʔɔrt], *öffnen* ['ʔœfnən]
Vorabend ['fo:rʔa:bənt], *beachten* [bə'ʔaxtən], *Postamt* ['pɔstʔamt]
Font exception un ensemble de composés, dont les G PREP pronominalisés et des particules verbales complexes, qui présentent un déplacement de la coupe syllabique et qui sont accentuables sur le second terme :
da'rein, da'raus ; wo'raus, wo'rüber, wa'rum... ; he'rein, he'raus, hi'nab, hi'nauf... ; ei'nander... ; a'llein... ; vo'llenden...

▷ **La neutralisation de l'opposition de voisement** pour les occlusives et les constrictives en position finale ou devant une consonne sourde (v. § 51) fait problème au francophone, car en français, les sonores apparaissent aussi dans ces positions, cf. *râpe* ↔ *rabe, vite* ↔ *vide, bac* ↔ *bague, greffe* ↔ *grève, fasse* ↔ *phase, vide-poches, vodka, pèse-sel...* D'où la tendance à ne pas « durcir » les consonnes dans *gab* [p], *fand* [t], *Tag* [k], *bewegte* [bə've:ktə]
Enfin le français ne connaît pas le **/r/ vocalisé** qui apparaît dans la séquence finale de *'Maler, 'Zimmer, 'aber,* noté [ɐ] ou [ʌ] (['mɑ:lɐ] et non *mal'heur*!), ou dans *Uhr, Bier, er'ledigen...,* noté souvent [ɐ̯] ([ˀɛᵉ̯'le:dIgən] ; v. § 47).

§ 56 **c) Accentuation.**

▷ C'est l'accentuation de l'**unité lexicale** qui pose le plus de problèmes au francophone. En français, cet accent porte toujours (sauf effet contrastif bien sûr !) sur la dernière syllabe prononcée : *agré'able, agréable'ment,* mais : *c'est é*$^{+}$*pouvantable !* En allemand par contre, sa distribution est beaucoup plus complexe, même dans les termes « empruntés » au français, cf. *la phoné'tique* et *die Pho'netik,* v. §§ 28-30. On se méfiera surtout de ne pas accentuer les « voyelles pleines » des syllabes secondaires : *'Monat* et non * *Mo'nat ; 'Arbeit* et non **Ar'beit ; 'Antwort* et non **Ant'wort...*

Quant à sa **nature,** l'accent allemand est plus marqué que son homologue français du point de vue :

— de l'**intensité** : différence plus nette entre les syllabes accentuées et celles qui ne le sont pas ;
— du **tracé mélodique** : écart plus grand dans les registres des modelés intonatifs ;
— de la **durée,** notamment l'allongement des voyelles longues sous l'accent.

▷ L'**accent de groupe** (ou d'énoncé) frappe en français également la dernière syllabe prononcée du groupe (ou de l'énoncé), ce qui n'est pas le cas en allemand (v. §§ 36-39). Le francophone doit veiller surtout à ne pas accentuer l' « auxiliaire » : l'accent serait alors contrastif et l'information transmise serait différente. Par exemple :

Sie hat der Mutter •Blumen gebracht diffère de :
Sie $^{+}$ *hat der Mutter Blumen gebracht* (insistance sur l'accompli, par opposition à *brachte,* ou pour signifier : « elle a bel et bien... »).

Ob er zu seinen •Eltern gehen sollte diffère de :
Ob er zu seinen Eltern gehen $^{+}$ *sollte* (par opposition à *wollte*).

§ 57 **d) Intonation.**

Elle n'est pas identique dans les deux langues. Le fait que l'accent allemand soit plus culminant et plus « abrupt » entraîne un écart plus grand entre les registres bas et hauts par rapport au français. D'autre part, il semble bien que la montée ou la descente des modelés finals (v. § 24) se produise en français **avant** la dernière syllabe prononcée, alors qu'en allemand, la modification de registre peut se produire **avant**, juste **après** et même **pendant** la syllabe accentuée suivant la valeur expressive de l'énoncé ou de la partie d'énoncé. Par exemple :

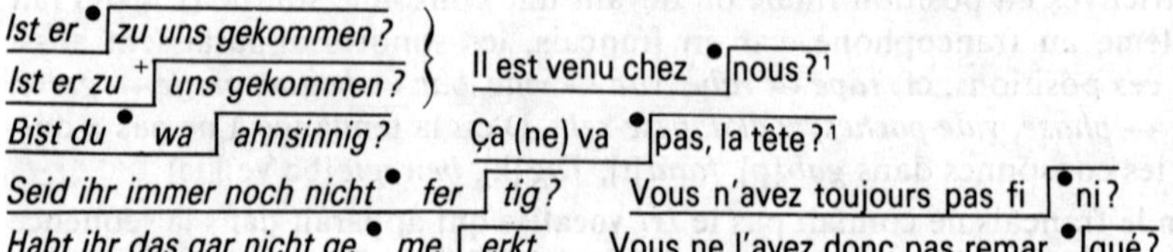

¹ En Lorraine germanophone, on peut entendre (interférence de l'allemand) :

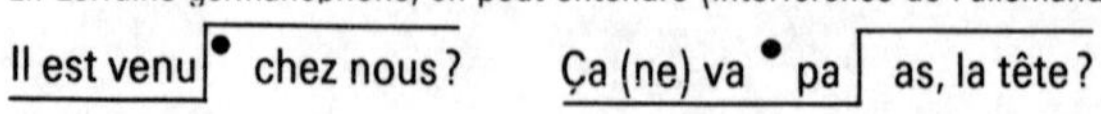

4
LES UNITES DE LA CHAINE GRAPHIQUE

4.0. Généralités

§ 58 Dès lors que l'acte linguistique se présente comme un acte d'écriture interviennent du côté du « scripteur » et du lecteur des instances et des aptitudes nouvelles et l'énonciation se complique de tout un ensemble de mécanismes spécifiques. On ne retient ici que les facteurs qui conditionnent de façon immédiate le FAIRE-ETRE (la production) des **deux chaînes fondamentales** qui constituent la chaîne graphique :

▷ La **chaîne graphémique** avec son découpage :
- — en mots et en syllabes (4.1.) ;
- — en lettres et groupes graphémiques (4.2.).

▷ La **ponctuation** (4.3.).

§ 59 L'écart entre les communications orale et écrite est plus important qu'il n'y paraît. Outre qu'on opère avec des « codes » différents (v. § 13), les conditions de production et de réception des énoncés oraux et écrits diffèrent sensiblement. Ainsi, le plus souvent, le « scripteur » doit intégrer dans son texte sous forme d'informations linguistiques les gestes, mimiques, éléments situationnels qui, en discours oral non médiatisé, seraient directement vécus. Une telle transposition (ou translation, voire traduction !) explique que la structure syntaxique de l'énoncé écrit soit souvent plus charpentée.

D'autre part, « les chaînes linguistiques » elles-mêmes ne se correspondent qu'imparfaitement dans l'énoncé oral et écrit. Ainsi des trois chaînes phoniques, l'orthographe allemande ne marque pas de façon particulière la chaîne accentuelle, si l'on excepte certaines mises en évidence telles que : *Die möchte ich mal sehen! DIE möchte ich mal sehen! Die möchte ich mal sehen!* Pour sa part l'intonation, avec ses modelés plus ou moins entrecoupés de césures, se réduit à un système très pauvre de signes de ponctuation, lesquels assurent d'ailleurs aussi d'autres fonctions. Enfin la chaîne phonémique est transposée au moyen des 30 lettres de l'alphabet et d'un ensemble de groupes graphémiques au nombre de 85 environ, y compris les signes particuliers comme l'apostrophe et les majuscules.
L'écriture requiert donc en général de la part du « scripteur » et du « lecteur » une créativité plus importante.

4.1. Le découpage de la chaîne graphémique en mots et en syllabes

§ 60 On peut définir le **mot** comme :

▷ une combinaison de signifiants de la chaîne **phonique** : le mot est ainsi une unité phonémique et accentuelle ;

▷ une combinaison de **base(s) lexicale(s)** (lexèmes au sens étroit) et de **morphème(s)** (marques de catégories — « désinences » — ou de classes — suffixes, infixes, préfixes de dérivation) : le mot est alors une unité morphologique ;

▷ une combinaison de **signifiés** (de sens) lexicaux et morphémiques : le mot est dès lors une unité significative informative et/ou communicative.

A l'**écrit,** le découpage indispensable au décryptage de l'information — du fait des nécessités de la perception visuelle — se fait au moyen de :

— la **soudure** *(« Zusammenschreibung »)* nécessaire, facultative, impossible : le mot est alors l'unité écrite entre deux « blancs » ;

— l'union par le trait, appelée précisément **trait d'union** *(« Bindestrich »).*

4.1.1. SOUDURE OU NON ? (« ZUSAMMEN - ODER GETRENNTSCHREIBUNG ? »)

§ 61 ⇨

> En principe sont **séparées** les unes des autres toutes les unités morphologiques autonomes composées de lexème(s) + affixes + morphèmes grammaticaux.

Exemples : *rufen* (ruf + en) — *Beruf* (Be + ruf) — *Berufung* — *rufst* — *gerufen* — *beruflos* — *Beruflosigkeit.*

Mais le problème de la soudure ou « dessoudure » n'est pas toujours aussi simple, du fait des nombreuses hésitations possibles et de la diversité des nuances sémantiques (cf. *bekanntmachen :* rendre public, et *bekannt machen :* rendre célèbre). Tout le problème est celui de la **lexicalisation,** qui peut présenter bien des degrés (v. chap. 5), alors que l'écriture ne laisse que le choix : *zusammen oder getrennt.* Aussi les critères généralement adoptés (un accent tonique ou deux ? un concept ou deux ? une locution ou non ?) ne sont pas toujours aisés à appliquer, car l'accent (potentiel !) de mot peut aussi être un accent de groupe et il n'existe pas toujours une frontière nette entre le « concept complexe » et le « complexe de concepts » !

Ci-dessous quelques indications concernant des unités qui peuvent faire problème.

§ 62 BASES VERBALES COMPLEXES (voir pour le détail chap. 12).

① **Particules verbales séparables.**
Elles sont marquées par :
— **la soudure** quand la base lexicale verbale est à une forme impersonnelle ou, munie de morphèmes personnels, en position dite finale :
Als der Vorhang auf*ging* / auf*gegangen war* / auf*zugehen begann.* Auf*gegangen war die Sonne um 5 Uhr 14.*
— **la séparation** quand la base lexicale verbale, munie des morphèmes personnels, n'est pas en position finale :
Der Vorhang ging *schon* auf. Ging *der Vorhang schon* auf ? Hör *doch endlich mit deinem Vorhang* auf !

ATTENTION :
▷ **Ne pas confondre la particule verbale** *zu* avec le *zu* marque du G INF intégré à un groupe d'accueil (v. §§ 412-415) :
Er hatte ihnen empfohlen zu •kommen.
Er sollte ihm das Paket •zukommen *lassen.*
Die Kinder begannen, auf uns •zuzukommen.
▷ Ne pas confondre la particule verbale et le lexème « adverbial » autonome en fonction de « situatif » : ce dernier est toujours dessoudé :
Wir sollten diesen Versuch wieder•holen (répéter).
Wir sollten diesen Arzt •wieder holen (retourner chercher).
Ich hatte es vor•hergesagt (je l'avais prédit).
Ich hatte es •vorher gesagt (je l'avais dit avant).
cf. *zu'sammenschlagen* (z.B. die Hände = battre des mains)
zusammen°schlagen (battre quelqu'un à plusieurs)
anei'nandergeraten (se disputer)
aneinander°denken (penser l'un à l'autre)...
▷ Certains lexèmes verbaux complexes comprenant *sein* et *werden* sont toujours dessoudés quand le verbe est muni de morphèmes personnels :
Er wollte •dasein. *Er war* •dagewesen, mais : *Wenn er* •da ist. *Ist er* •da ?
Er wollte be•kanntwerden. *Sein Wunsch war,* be•kanntzuwerden (devenir célèbre), mais : *Als er* be°kannt wurde. Wurde *er* be•kannt ?
De même pour : *'innewerden...*

63 ② **Unités apparentées aux particules verbales.**
Il faut distinguer avec soin les lexèmes verbaux complexes dont le premier élément n'est plus susceptible d'avoir une expansion (**base verbale lexicalisée,** « figée » ou « lexicalisation verbale » v. 12.5.1.) et les **unions de discours,** dans lesquelles la première unité reste autonome du point de vue syntaxique (l'accent d'unité lexicale dans le premier cas, de groupe dans le second cas tombe souvent sur la même syllabe). Par exemple :

LEXÈME VERBAL COMPLEXE (soudé)		UNION DE DISCOURS (non soudée)	
'freisprechen :	acquitter	*°frei sprechen :*	parler librement.
'feststehen :	être certain	*°fest stehen :*	ne pas être bancal.
ob die Heirat damals schon °feststand.		*Der Schrank muß °fest stehen.*	

'sicherstellen :	mettre à la disposition de la justice.	*°sicher stellen :*	mettre en lieu sûr, à l'abri.
'losgehen :	commencer, démarrer, éclater (bombe p. ex.).	*°los gehen :*	se détacher
'stilliegen :	être fermé (usine p. ex.)	*°still liegen :*	être couché en silence, être situé au calme
'saubermachen :	faire le ménage.	*°sauber machen :*	faire un travail proprement.
'sitzenbleiben :	redoubler une classe ou ne pas trouver de mari.	*°sitzen bleiben :*	rester assis.
'stehenbleiben :	s'arrêter.	*°stehen bleiben :*	rester debout.
'fallenlassen :	laisser tomber, abandonner.	*°fallen lassen :*	laisser/faire tomber par terre.

§ 64 ③ **Le premier élément est une base nominale figée.**

Il faut alors distinguer :

▷ Les « verbalisations » de bases nominales qui se présentent toujours sous forme **soudée,** qu'elles aient un système verbal défectueux *('wettlaufen, 'moorbaden...)* ou complet *('ohrfeigen, 'lustwandeln, 'wetteifern, 'kurpfuschen...)*; participe II par exemple ***ge'ohrfeigt.***

▷ Certains membres de G PREP ou groupes objets qui sont devenus de véritables particules séparables : *'achtgeben, 'kopfstehen, 'maßhalten, 'preisgeben, 'standhalten, 'stattfinden, 'teilnehmen...* Le participe II est dans ce cas par exemple : ***'achtgegeben.***

Dans ce type, on trouve des lexèmes verbaux complexes qui illustrent les hésitations de l'orthographe (et des grammairiens sur le statut à leur accorder !), par exemple :
— majuscule et minuscule :
'radfahren : ich fahre •Rad, bin •radgefahren
ma'schineschreiben : ich schreibe Ma•schine, habe ma•schinegeschrieben.
— minuscule seulement, par exemple :
'eislaufen : ich laufe •eis, bin •eisgelaufen.
— majuscule seulement, par exemple :
°Auto fahren : ich fahre •Auto, bin •Auto gefahren
°Schi (ou *Ski) laufen : ich laufe •Schi, bin •Schi gelaufen.*

▷ D'autres « locutions » (ou **lexies**) verbales enfin qui restent toujours dessoudées (majuscule ou minuscule) :
°Karten spielen (→ °Karten gespielt), °Ball spielen, Kla°vier spielen... °Atem holen, °Rat holen, Ge°fahr laufen, °Schritt fahren, °Schlange stehen, Rede und °Antwort stehen, °Sorge tragen...
mais *recht* s'écrit sans majuscule tout en étant dessoudé dans :
°recht haben (du hast •recht gehabt), °recht bekommen, °recht behalten, °recht geben, °recht machen, °recht tun.
en revanche : *zu °Recht* = à juste titre.

65 BASES ADJECTIVALES

Elles sont constituées d'un participe ou d'un adjectif : *grün gestrichen* ou *grüngestrichen ? leicht verständlich* ou *leichtverständlich ?*

La base adjectivale (sauf si elle est composée, v. chap. 23) n'est pas soudée à son déterminé premier quand elle fait partie du **complexe verbal** ; en revanche, elle se soude souvent à ce déterminé quand elle est membre **épithète** d'un GN :

Die Bank war grün *gestrichen.*	*Die* grün*gestrichene Bank*
Der Vortrag war leicht *verständlich.*	*Ein* leicht*verständlicher Vortrag*
Die Beratung war nicht *offiziell*	*Eine* nicht*offizielle Beratung*

Cependant, *nicht* tolère mal la soudure avec un PART II, cf. : *ein nicht unterschriebener Scheck.*

Mais la soudure ne se fait pas lorsque le déterminant est **gradué** (comparatif, superlatif) ou accompagné lui-même d'**expansions** :

PART I	*das* niedrig*stehende Wasser*	*das* niedriger *stehende Wasser*
	die wohnungs*suchenden Leute*	*die* eine neue Wohnung *suchenden Leute*
	der laut*tönende Wecker*	*der* sehr laut *tönende Wecker*
PART II	*eine* dicht*gedrängte Menge*	*eine* sehr dicht *gedrängte Menge*
	eis*gekühlte Flaschen*	mit Eis *gekühlte Flaschen*
ADJ composé	*der* meter*hohe Schnee*	*der* zwei Meter *hohe Schnee*
	da der Schnee meter*hoch lag*	
	das stunden*lange Warten*	*das* drei Stunden lang *wartende Kind.*
	weil das Kind stunden*lang wartete*	

66 GROUPES SANS MARQUE DE CATÉGORIE (« adverbes » invariables et G PREP)

Il existe toute une série de **groupes figés et soudés,** qui ont en général l'accent sur le deuxième terme, sauf quelques-uns dont le premier terme *('einer, 'anderer, 'jeder...)* a un accent contrastif figé (v. § 35) :

an'hand (↔ zu °Händen)
außer'dem
berg'auf (↔ den °Berg hinauf)
'einerseits, 'and(e)rerseits
gleich'wohl, gegebenen'falls
heutzu'tage, hierzu'lande
in'dessen, in'mitten, in'folge, infolge'dessen
(mais : *auf°Grund* ou *auf'grund*)
'jedenfalls (↔ in +jedem Fall)
'jederzeit (↔ zu +jeder Zeit)
kurzer'hand
nichsdesto'weniger
ob'gleich, ob'schon, ob'wohl
so'bald, trotz'dem
wenn'gleich (↔ wenn auch)
wenn'möglich, wo'möglich
zu'gunsten

so'lange : tant que.
so'oft : aussi souvent que.
so'wie : ainsi que, de même que.

MAIS : *Es dauert nicht mehr so lange.*
Ich habe es ihm schon so oft gesagt !
So wie ein Hund soll er leben.

► *so °daß* est dessoudé, sauf parfois en Autriche.

Avec une lettre minuscule pour la base nominale, mais dessoudé de la préposotion, on a le **type intermédiaire** : *in be°treff, in be°zug auf* (mais : *unter Be°zug auf), von °seiten* (+ GEN).
De nombreux G PREP lexicalisés, qu'ils soient anciens *(em'por, ent'gegen, ent'lang)* ou plus récents, ont un rôle assimilable à celui des **particules verbales séparables :**

an'heim	*zu'grunde (*p. ex. ~ *gehen)*
außer'stande	*zu'nichte (*p. ex. ~ *machen)*
bei'seite (↔ *zur Seite)*	*zu'schulden (*p. ex. ~ *kommen)*
im'stande (↔ *in Frage stellen)*	*zu'teil (*p. ex. ~ *werden)*
in'stand (p. ex. *in'standsetzen)*	*zu'tage (*p. ex. ~ *kommen)*
von'nöten, von'statten	*zu'wege (*p. ex. ~ *bringen)*
	*zu'wider (*p. ex. ~ *handeln)*

► *zu'recht (*p. ex. *sich zu'rechtfinden, etw. zu'rechtbiegen)* est à distinguer des lexies du type *zu °Recht* (« à juste titre ») + verbe.

DIVERS

§ 67 Sont également soudés certains **pronoms** et **déterminatifs** (« identificateurs ») complexes :
'allerart Leute (↔ *Leute aller Art).*
'derart (synonyme de *so*) ; *'derartige Menschen* (= *solche).*
'derjenige, der... ; 'dergleichen.
der'selbe Hut, die'selbe Mütze, das'selbe Haus.
► mais non soudés : *zur°selben Stunde, im°selben Haus.*
der°gleiche Hut.

Les **noms propres complexes** se présentent sous trois formes :
— soudure : *der 'Schwarzwald, der 'Bodensee, 'Mannheim... ; Badga'stein, Großbri'tannien, Heilig'brunn, Ober'ammergau...*
— juxtaposition : *Bad °Homburg, Frankfurt am °Main, Schwäbisch °Hall...*
— avec trait d'union : *Baden-°Baden, Baden-°Württemberg, Berlin-°West, West-Ber°lin, Groß-°Köln, Karl-°Marx-Stadt, Hamburg-Al°tona...*
Noms de rue :
Type 1 : *'Weserstraße, 'Schloßallee, Prinzre'gentenstraße...*
Type 2 : *Kleine °Budengasse, Obere °Innstraße...*
Type 3 : *Theodor-°Heuß-Ring, Max-°Hueber-Straße...*

4.1.2. LE TRAIT D'UNION

§ 68 ① **Dans la composition des mots.**

Il a toujours pour fonction de faciliter la perception (la « visualisation ») du mot ou groupe complexe. On l'emploie :

▷ pour marquer les niveaux de détermination ;	*die* $^{+}$*deutsch-französische Grenze.* *die* $^{+}$*griechisch-orthodoxe Kirche.* *die Ost-*$^{\circ}$*West-Beziehungen* = (a + b) + c. *die* $^{\circ}$*Warschauer-Pakt-Staaten* = (a + b) + c. *ein* $^{+}$*Frage-und-*$^{+}$*Antwort-Spiel.*
▷ pour intégrer des éléments isolés dans une base nominale, notamment :	*ein 'daß-Satz, der 'ich-Laut.* *die 'Kohl-Regierung, der 'Brandt-Besuch in* $^{\circ}$*Moskau, das Hand-in-*$^{\circ}$*Hand-gehen.* *Das ist zum Aus-der-*• *Haut-Fahren!*
— lettres et symboles ; — abréviations ; — chiffres ;	*ein 'I-Punkt, 'O-Beine, das 'Zungen-r.* *die EW'G-Länder, die DD'R-Regierung, ein Abt.-Leiter ('Abteilungsleiter).* *eine 4-'Zimmer-Wohnung, ein 10-'Mark-Schein.*
▷ pour éviter la rencontre de trois voyelles identiques ;	*'Kaffee-Ersatz, 'Tee-Ernte, Ha'waii-Inseln* sauf participes-adjectifs : *'seeerfahren.*
▷ pour lever des ambiguïtés.	*'Druck-Erzeugnis* (produit d'imprimerie). *'Drucker-Zeugnis* (CAP d'imprimeur). *'Donau-Dampfschiffahrtsgesellschaft.*

§ 69 ② **Le trait d'union ellipse.**

Il remplace un terme commun à deux groupes coordonnés :

die Industrie- und Handelskammer, ein- und ausfahren, be- und entladen. Lederherstellung und -vertrieb, bergauf und -ab.

§ 70 ③ **Le trait d'union de la coupure syllabique.**

Il sert à couper un mot en fin de ligne. Il pose ainsi le problème de la division des mots en syllabes, problème que l'on retrouve aussi pour la place de l'accent d'unité lexicale (v. §§ 26-27 et 29d).

La coupure syllabique se fait selon deux principes : l'un est purement **orthographique** (et souvent phonique) : il ne tient pas compte de la morphologie ; l'autre est **morphologique** (ou morphosyntaxique). S'y ajoutent des règles spécifiques pour les mots d'origine étrangère.

MOTS SIMPLES ET DÉRIVÉS FORMÉS AVEC SUFFIXES.

a. Principe orthographique pour les **consonnes** :

▷ On attribue **une** consonne et une **seule** à la syllabe suivante, y compris le *h* marquant une voyelle longue :
rei-ten, ma-len, hei-zen, Hei-zung, Ma-le-rei, Boo-te, Lehre-rin, Bo-xen, nä-her, ge-hen, ar-bei-ten, war-ten, an-de-re, Städ-te, Lam-pe, füh-len, Freun-din, Wes-pe...

▷ On sépare les consonnes doubles et les groupes *ng, nk, pf, sp, tz,* etc.
*Rit-ter, fül-len, Son-ne, Was-ser, jun-ge, trin-ken, kämp-fen (*mais : *kämpf-te), Knos-pen, verlet-zen (*mais : *verletz-te).*

ck devient **k-k** *(Ek-ke, stek-ken ;* mais : *steck-te, Bäk-kerei)*; **st** (à la différence de **sp**) n'est pas séparé : *Pfo-sten, Fen-ster, Pfing-sten,* sauf mots complexes composés : *Aus-tausch.*
Comptent comme **une consonne : ch, sch, ph, th,** et **ß** avec son éventuel remplacement par **-ss-** : *Bü-cher, wa-schen, Pro-phet, ka-tholische, bei-ßen* ou *beissen ;* mais : *Was-ser* = consonne double.

b. Principe morphologique pour les **voyelles,** mais pour des raisons de « visualisation », on ne sépare pas une voyelle isolée :
bö-ig, Ei-er, befrei-en, Mau-er, unpartei-isch, See-en... mais non : **Wa-age, *befre-ien, *a-ber, *E-bene, *U-hu, *tu-e...*

MOTS AVEC PRÉFIXES ET MOTS COMPOSÉS.

Le principe de la coupure est ici **morphologique** (la coupure se fait entre les composants), mais on évitera des coupures qui peuvent conduire à des ambiguïtés :
*be-arbeiten, be-inhalten (*mais non : *bein-halten* pour *be-inhalten !) be-pflanzen, ent-eignen, ver-achten, ver-pfänden, ver-prellen, ver-speisen...*
Aus-tritt, Haus-tür, aus-sterben, Donners-tag, Verwand-schaft.
On coupera malgré la prononciation :
*her-ein (*prononcé : *he'rein), dar-über (da'rüber), war-um (wa'rum), ein-ander (ei'nander), al-lein (a'llein)...*

Dans les mots composés comme *Bettuch,* on rétablit la consonne manquante, sauf dans les mots courants :
Bett-tuch, Schiff-fahrt ; mais : *den-noch, Mit-tag.*
On a cependant toujours trois consonnes lorsque la dernière n'est pas suivie d'une voyelle : *Balletttruppe, Pappplakat...*

MOTS D'ORIGINE ÉTRANGÈRE.

Ils sont coupés en général selon un principe étymologique et/ou morphosyntaxique :

Ta-blette, Ru-brik, Repu-blik, mö-bliert, Re-glement, Si-gnal, Pro-gramm, nu-klear, Diph-terie, Oze-an, Muse-um, alli-iert, Apo-stroph, Inter-esse, Mon-archie, Par-allele, Mikro-skop, At-traktion, Atmo-sphäre, Res-pekt...
Päd-agoge, So-wjet, Metall-urgie, Epi-sode...

4.1.3. L'APOSTROPHE.

§ 71 Elle marque :

▷ dans la langue poétique ou les transcriptions de la langue parlée, l'**élision** d'une lettre ou d'une partie de mot, notamment *-e, her-, hin-, (ei)n :*

Wenn ich ein Vöglein wär'! Wenn's geht. Wie geht's ?
Sag's mir! Hätt'ich Zeit! Gehst du 'runter? Komm 'rein!
Wir haben 'ne Panne gehabt. Er ist mir 'n feiner Junge!

Divers : *ew'ge Liebe ; der Ku'damm (Kurfürstendamm) ; di Kö' (Königsallee in Düsseldorf)* (cf. fr. *Boul'Mich') '82* (1982) par exemple dans : *WM'82 (Fußballweltmeisterschaft 1982).*

Quand l'élision a lieu en début d'énoncé, celui-ci commence par une minuscule :

's ist unglaublich!

Quand l'élision est courante ou figée, on ne met plus d'apostrophe :

reinfallen, mal, ans, am, aufs, etc.

▷ le **génitif** (« saxon ») d'un nom propre antéposé, lorsque celui-ci se termine par *-s, -ß, -tz, -z, -x* :

Sophokles' Werk ; Marx' Werke ; Strauß' Parteifreunde ; Glotz' Aufsatz im « Spiegel ».

4.1.4. LA MAJUSCULE.

72 Son emploi est assez contesté dans les pays de langue allemande. Du fait de l'importance accrue de l'informatique (qui « ignore » les majuscules, inflexions et *ß*), les partisans de sa suppression pure et simple se font de plus en plus nombreux. Toutefois, elle est un signal optique non négligeable :

▷ pour le **premier mot** d'un énoncé, ou après un point, un point d'interrogation, un point d'exclamation et — dans le cas d'une citation au discours direct — après les deux points. Contrairement au français, on met la majuscule après les deux points quand suit un énoncé :

Achtung : Für Transportschäden übernehmen wir keine Haftung!

mais :

*An diesem Projekt waren verschiedene Firmen beteiligt : **d**eutsche, französische und sogar japanische.*

▷ pour toutes les **bases nominales,** y compris les unités nominalisées et, bien sûr, les noms propres : prénoms, noms de famille, noms géographiques, titres, etc. :

Albert Müller ; Friedrich der Zweite ; Karl der Große ; der Alte Fritz ; Köln ; von-Müller-Gymnasium ; der Schiefe Turm von Pisa ; Albrecht-Dürer-Allee ; der Zweite Weltkrieg ; Hotel « Zur Alten Post »...
ein Haus ; das Beste ; der Erste ; Gutes und Böses ; ins Deutsche übersetzen, ein Deutscher, ein Abgeordneter ; alles Gute, das Seine ; das Ich ; das Sprechen ; das Auf- und Abgehen ; mit allem Drum und Dran ; etwas Schönes ; nichts Gutes.

Mais :

▶ minuscule pour les « quantificateurs » (v. 19.4.) qui suivent notamment *allerlei, all-, etwas, nichts, viel-, wenig, d(er/as/ie) : etwas anderes, nichts anderes, alle übrigen, alle beide, alle vier, der einzelne, der erste beste...*

▶ minuscule pour certains « noms » faisant partie d'une lexie : *in bezug auf, recht haben, eislaufen...* (§§ 64 et 66)

▷ pour les **adjectifs dérivés de noms propres,** sauf lorsqu'ils sont pris dans un sens générique :
die Schillerschen Balladen, der Schweizer Käse, der Frankfurter Flughafen
mais : *die lutherische Kirche, eine platonische Liebe, eine darwinistische Auffassung, eine ubueske Gestalt, ein eulenspiegelhaftes Treiben...*

▷ pour les **bases pronominales** (« pronoms personnels ») et les **possessifs** de « vouvoiement » *(Sie/Ihr)* et, dans la correspondance familière, ceux du « tutoiement » *(du/dein ; ihr/euer)* :
Er fragte : » Wie geht es ***Ihnen*** *? Was macht* ***Ihr*** *Bruder ? «*
Lieber Peter ! Ich danke ***Dir*** *für* ***Deinen*** *netten Brief...*
Liebe Eltern ! Hoffentlich habt ***Ihr*** *schönes Wetter in Italien...*

4.2. Le découpage de la chaîne graphémique en lettres et groupes de lettres

§ 73 L'alphabet allemand comprend 30 lettres :

a	*f*	*l*	*q* [k^{h}u:]	*ü* [^{ʔ}y:]
ä [^{ʔ}ε:]	*g* [ge:]	*m*	*r*	*v* [faU]
b	*h* [hα:]	*n*	*s*	*w* [ve:]
c [t^{s}e:]	*i*	*o*	*ß* [^{ʔ}εst^{s}εt]	*x*
d	*j* [jɔt]	*ö* [^{ʔ}ø :]	*t*	*y* ['^{ʔ}YpsIlɔn]
e [^{ʔ}e:]	*k*	*p*	*u* [^{ʔ}u:]	*z* [t^{s}εt]

§ 74 Le principe orthographique premier est un principe **phonologique** : les lettres transcrivent d'abord les unités phonémiques. Mais bien qu'elle soit moins compliquée que l'orthographe française, l'orthographe allemande est conditionnée, elle aussi, par d'**autres facteurs** tels que l'étymologie, la grammaire, l'histoire, la logique, l'analogie, l'esthétique visuelle. Ainsi, il existe huit représentations graphiques du phonème /k/ :

kalt, Mokka, Ecke, Clown, Charakter, Quarantäne, Axt [ks], *Tag.*

Inversement, la graphie *g* peut représenter jusqu'à cinq phonèmes :

/k/ *Tag ;* /g/ *gab, Dogge ;* /ʒ/ *Genie ;* /ç/ *wenig ;* et une partie de /ŋ/ *jung.*

Si l'on fait abstraction des multiples déviations dues aux facteurs précités (notamment dans les mots d'emprunt), il existe cependant un certain nombre de régularités dans les relations entre phonie et graphie.

4.2.1. LES VOYELLES.

L'environnement graphique d'une voyelle fournit très souvent des indications sur sa **qualité** et donc aussi sur son degré d'ouverture (v. § 42 a).

§ 75 SIGNES DE VOYELLE LONGUE (en syllabe accentuée).

① La voyelle n'est suivie dans la racine lexicale que d'**une seule consonne :**

Rad (et *Radrennen), raten, Räte, Diät, Rede, wen, denen, Tiger, Lid, Rose, rot, böse, Öl* (et *Ölheizung), Ruf, rufen* (et *rufst, beruflos, Berufs, Berufspflicht), Rübe...*

► **Exceptions :**

— *x* [ks] marque que la voyelle qui précède est brève : *Taxe, Hexe, boxen ;*
— de nombreux éléments monosyllabiques ont une voyelle brève : *ab, an, bis, in, man, mit, ob, um, weg* [vɛk] (mais *der Weg* [ve:k]), *zum, zur* (mais *zu* [t^{s}u:]) ;
— certains changent de timbre en position inaccentuée : *er, der, wer* [e:^{ʁ}] → [ɛ^ʁ], [de:^{ʁ}] → [dɛ^ʁ] ou [dɛr] ;
— d'autres deviennent brefs dans certains composés : *Wal* [ɑ:], mais *Walfisch* [a] ; *viel* [i:], mais *vielleicht* [I] ; *vier* [i:] mais *vierzehn, vierzig, Viertel* [I] ; *hoch* [o:] mais *Hochzeit* [ɔ] ; *vor* [o:] mais *Vorteil* [ɔ] ; *ur* [u:] mais *Urteil* [U] ; *nach* [ɑ:] mais *Nachbar* [a]...

> La réciproque n'est pas nécessairement vraie : une voyelle suivie de deux consonnes n'est pas automatiquement brève, cf. :
> *Pferd* [e:], *Erde* [e:], *Buch* [u:] (v. § 77).

② La voyelle est suivie dans la même syllabe d'un ***h*** :
sah, Wahl, mähen, Reh, Ehe, ihn, Vieh, Sohn, Kohl, Söhne, Ruhm, Kuh, Kühe...

Ce *h*, résidu d'un ancien [ç] ou [x] (cf. la prononciation bavaroise de *Vieh* [fi:ç] et *zäh* [t^{s}a:x] !), est un simple signe orthographique qui a été étendu à d'autres lexèmes. Il ne se prononce pas, sauf dans certains lexèmes, où il représente le début d'une syllabe et où il ne fournit aucune indication sur la quantité de la voyelle qui précède : *a'ha, 'Ahorn, Alko'hol, 'Brünhild, Ko'horte, Sa'hara, 'Uhu, 'Wilhelm...*

③ La voyelle est en **syllabe absolue** (sans consonne suivante) :

Ce cas est fréquent pour *a, o* et *u: da, ja, so, wo, du, Nu, zu,* mais rare avec les autres voyelles : *Re* (expression du jeu de skat), *Pi, Schi, Bö, Menü.* Mais ces éléments perdent leur longueur en **position non accentuée** : *da'bei, wer da °kommt, ja'wohl, ja °doch, wo'zu, so'bald, so °groß, du °bist, zu °Hause, zu'sammen, zu'wider.*

④ La voyelle est suivie d'un ***e* non prononcé.** Seul *i* est concerné : *bieten, Lied, riechen, sie, Tier...*

Attention aux graphies *ae* et *oe,* qui peuvent correspondre à des phonies différentes :
Caesar (ou *Cäsar*) = [ɛ:] ; *Caetano* = [ae] ; *Goethe* = [ø:] ; *Soest* = [o:].
Les ordinateurs « ignorant » l'inflexion, celle-ci est transcrite par *E,* lequel n'a donc aucune incidence en ce qui concerne la quantité vocalique : *HERR JUERGEN MUELLER, UNIVERSITAET KOELN.*

⑤ La voyelle est **redoublée** :

aa [ɑ:] : *Haar, Saal, Staat, Waage*
ee [e:] : *Beet, Fee, Schnee, See, Seele, Tee*
oo [o:] : *Boot, Moor, Moos, Zoo* [tˢo:] et rarement [tˢo:o], mais attention aux mots anglais : par exemple *Pool* [pu:l].

Les différents signes graphiques de voyelle longue sont souvent mis à profit pour différencier visuellement des homophones :

Lied ↔ *Lid* ; *Meer* ↔ *mehr* ; *Miene* ↔ *Mine* ; *Boot* ↔ *bot.*

Ils sont également cumulés :

Haar (aa + consonne unique) ; *Tier* (i + e + consonne unique) ; *hohl* (h + consonne unique ; comparer à *Pol*), etc.

§ 76 Deux **diphtongues** sur trois ont plusieurs représentations graphiques :

[aU]	→	*au :*	*Baum, Tau ;* mais :
[aI]	→	*ei :*	*Leib, Seite, mein, Herr Meier*
		ai :	*Laib, Saite, Main, Hai, Herr Maier*
		ay/ey :	*Bayern, Herr Mayer, Herr Meyer*
[ɔY]	→	*äu :*	*Bäume, Häute* (l'inflexion est sur le *a*)
		eu :	*Feuer, heute, Heu*

§ 77 SIGNES DE VOYELLE BRÈVE (en syllabe accentuée)

① La voyelle est suivie d'une **consonne redoublée.** Ce doublement n'est **possible** que pour :

b *Krabbe, Ebbe, Robbe*
d *paddeln, Widder*
f *Affe, offen, Schiff*
g *Bagger, Egge, Dogge*
l *Ball, hell, sollen, Bulle*
m *Flamme, Klemme, komm*
n *dann, Rennen, Rinne*
p *Pappe, Lappen, foppen, Puppe*
r *irren, dürr*
s *Masse, Gosse, Busse, Küsse*
► écrit *ß* en finale ou devant consonne (v. § 80) : *muß, Kuß mußte, küßte, häßlich*
t *Latte, Ratte, Betten, bitten*

Particularités :

— pour *kk,* on écrit *ck : Ecke, Hacke, stecken...* La graphie *kk* n'existe que dans les mots d'origine étrangère *(Mokka)* et dans la séparation des mots en fin de ligne (v. § 70) ;
— le redoublement de *z* s'écrit *tz : setzen, Sitz,* sauf dans les mots d'emprunt : *Jazz, Blizzard* ;
— *x* se comporte comme une consonne double ([ks]) et la voyelle qui précède est brève : *Axt, Hexe, boxen.*

Le doublement n'est **pas possible** pour les consonnes représentées par un **groupe de lettres** : *sch, ch, ng* et *pf,* pour /ʃ/, /ç,x/, /ŋ /, /pf/. Dans le cas de *sch* et *ch,* on ne peut pas dire avec certitude si la voyelle précédente est brève, mais elle l'est le plus souvent :

rasch, Bresche, waschen... mais : *wusch, Dusche, Nische...*
Bach, Blech, ich, Knöchel... mais : *brach, nach, hoch, Buch...*

Devant *ng* (= /ŋ /) et *pf* (= /pᶠ/), elle l'est toujours :

Junge, Finger, fangen ; Apfel, Opfer, rupfen, Töpfe...

Le doublement de la consonne est un signe purement orthographique : on ne doit donc pas entendre deux fois la consonne : *Lamm* [lam] ; *kämmen* ['kɛmən] ; *Schallplatte* ['ʃalplatə].
En revanche, deux consonnes identiques peuvent se rencontrer aux jointures d'un composé ou d'un dérivé : dans ce cas, elles doivent être prononcées : *verreisen* [fɛr'raIzən] ou [fɛᴮraIzən] comparé à *vereisen* [fɛr'ˀaIzən] ou [fɛᴮ'ˀaIzən] ; *enttarnen* [ɛnt'tarnən] ; *erraten* [ˀɛr'rɑ:tən] ou [ˀɛᴮ'rɑ:tən] ; *Fluggast* ['flu:kgast] ; *Bettuch* ['bɛttu:x] (Bett + Tuch).

② Quand **deux ou plusieurs consonnes** suivent la voyelle dans la racine lexicale, celle-ci est le plus souvent brève (sauf s'il y a un signe de voyelle longue ou dans les « complications » étymologiques et phonétiques évoquées au § 78) :

spalten, Welt, fertig, bersten, Perle, gestern, Post, Mond, Kordel, Loch, Kost, köstlich, zwölf, vorn, Wolf, Lust, Luft, hübsch...
mais : *Fähre* (ä + h = long !), *sagt/sagst/unsagbar* (le *a* du radical *sag-* reste long, l'ajout de morphèmes ne changeant rien à la longueur, de même dans *hoch* [o:], *höchst* [ø:], *höchstens* [ø:] ; *nach* [ɑ:], *nächst* [ɛ:], *zunächst* [ɛ:]...).

78 COMPLICATIONS ÉTYMOLOGIQUES ET PHONÉTIQUES

① Le **principe étymologique,** appliqué parfois avec fantaisie, vient souvent brouiller le principe phonologique de l'orthographe.
Ainsi, les mots d'une même « famille » s'écrivent en général de la même façon, même si la prononciation diffère. Par exemple :

Kind [kIn**t**] et *Kinder* ['kIn**d**ɐ]
brav [brɑ:**f**] et *brave* ['brɑ:**v**ə]
König ['kø:nI**ç**] et *Königin* ['kø:nI**g**In]

Les variations consonantiques et l'inflexion des voyelles dans les diverses formes d'un même mot ou dans les mots d'une même « famille » sont des mutations historiques et parfois analogiques. Voici quelques correspondances consonantiques :

b → f → v	*geben — Gift ; heben — hieven ; schreiben — Schrift*
ch → ck(k)	*wachen — wecken*
f(ff) → pf	*schaffen, schuf, Schöpfer*
g → ch	*mögen — mochte ; wiegen — Gewicht*
h → g	*ziehen — zog, Zug*
h ↔ ch	*hoch — hohe ; sehen — Sicht ; nah — nächst...*
ss/ß → z/tz	*heiß — heizen ; dreißig,* mais : *vierzig ; gesessen,* mais *sitzen*

Quant à l'**Umlaut,** il s'agit d'altérations affectant des voyelles, dont la prononciation préparait déjà la voyelle */i/* ou */a/* de la syllabe suivante, *a, o, u* devenant *ä, ö, ü* ; *i* et *u* se transformant en *e* et *o.* Le terme « inflexion » ne vise que les variations *a → ä ; o → ö ; u → ü* et *au → äu.*

D'autre part, le principe étymologique explique aussi que dans de nombreux termes, la voyelle est **longue** bien qu'elle soit suivie de **plusieurs consonnes** :

▷ la chute d'un /ə/ ou d'une autre voyelle explique la voyelle longue par exemple dans :

Adler (cf. *Adel*; v. § 52), *beredt* (cf. *reden*), *ebnen* (cf. *eben*), *edle* (cf. *edel*), *Jagd* (cf. *jagen*), *Jodler* (cf. *jodeln*), *Krebs, leugnen, Lotse, Lügner* (cf. *lügen*), *Magd, Mond* (cf. *Monat*), *nebst* (cf. *neben*), *Obst, Papst, Propst* (ou *Probst*), *prost* (ou *prosit*), *Rätsel* (cf. *raten*), *Redner* (cf. *reden*), *stets* (cf. *stetig, stete*), *Trödler* (cf. *trödeln*), *Wagner* (cf. *Wagen*), *Vogt* (cf. *avocat*), *übrig* (cf. *über*), etc.

▷ d'autres voyelles correspondent à d'anciennes longues :

— notamment de nombreuses alternances *a/ä* et *u/ü* devant **ch** :

brach — brächen
Buch, buchen — Bücher
Fluch, fluchen — Flüche
Gemach — Gemächer
Kuchen — Küchlein (mais : *Küche*, cuisine a un /Y/ bref)
sprach, Sprache — spräche, Gespräch
stach — stäche
Tuch, betucht — Tücher

de même : *brach* (adj.), *Brache* (jachère) ; *ruchlos, verrucht* (mais *berüchtigt, anrüchig, Geruch* ont un /Y/ ou /U/ bref), *Schmach, suchen, Suche, Wucher, wuchern...*

— ou devant **sch** et **st** :

wusch (Dusche, duschen, Nische sont des « emprunts » à voyelle également longue*), düster, Geste, husten, Kloster, Nüstern, Ostern, Österreich, pusten, Puste, rösten* (mais : *Rost* [ɔ]), *Schuster, Trost, trösten, Wust, wüst, Wüste, verwüsten...*

② C'est une **raison phonétique** qui entraîne une autre série d'exceptions dans lesquelles la voyelle **s'allonge** sous l'effet d'un /r/ combiné avec une **dentale** /d/, /t/, /tˢ/, /z/, /s/ :

— **rd** *Be'schwerde, Be'hörde, 'Erde, Ge'bärde, Herd, 'Herde, Pferd, 'werden.*
— **rt/rz** *Art, 'artig, Arzt, Bart, bärtig, Erz* (mais le préfixe *erz-* a un /ɛ/ bref : *erzfaul, Erzbischof*), *Ge'burt* (mais : *ge'bürtig* = /Y/ bref), *Harz, 'Schwarte, Schwert, Wert, zart.*
— **rs** *'Börse, erst (zu'erst, vor'erst...).*

4.2.2. LES CONSONNES.

§ 79 La notation des phonèmes consonantiques présente moins de difficultés du fait qu'il y a dans les termes du fonds germanique (à l'exception des noms propres) une relative correspondance entre lettres et phonèmes. On notera cependant les particularités suivantes :

Phonie	Graphie	Exemples et remarques
/ŋ/	*ng*	*junge, springen, fangen, Gong.*
/ʃ/	*sch*	*schießen, rasch, Scheck.*
	ch	dans les termes d'origine française : *charmant, Champagner, Charlotte.*
	s	devant *p* et *t* à l'initiale de la racine lexicale : *spielen, verspielen, Rückspiel, stehen, verstehen, Rückstand.* Dans les mots d'emprunt, on trouve aussi la prononciation « savante » [sp] et [st] : *Spektrum, stereo, Stil.* Mais ailleurs, *sp* et *st* sont prononcés [sp] et [st] : *gestern, Wespe, Wüste, Fenster, sagst, Papst, Respekt.*
	sk	dans *Ski* (à côté de *Schi*).
/ç,x/	*ch*	*ich, ach ; Bücher, Buch ; Chirurg, Chemie, China.*
[ç]	*g*	dans la séquence *ig* terminant une syllabe non suivie d'un autre [ç] : *König, Geschwindigkeit* = [Iç], mais *Könige, königlich, Königreich* = [Ig] ou [Ik]. La prononciation [ç] ou [x] pour *g* dans d'autres environnements est régionale : *zeigt, regnen, sagt, Tag.*
/f/	*f, ff, v*	*Fall, offen, Ofen ; Vater, Vogel, Vers, brav, Motiv.*
	ph	mots d'emprunt : *Philosophie, Photo* (aussi *Foto*).
	w	en position finale de neutralisation : *Löwchen* (v. § 51).
/v/	*w*	*Wasser, Löwe, Uwe* (prénom).
	v	Mots d'origine latine : *Vase, Villa, Klavier, Zivil, Nerven, nervös, Vene, brave, Aktivität, Motive, motivieren.*
/k/	*k, ck*	*kämpfen, Korn ; Ecke, Hacke ; Werk* (mais : *Mokka*).
	g	en position de neutralisation : *Tag, bewegte* (v. § 51).
	ch	mots d'emprunt : *Charakter, Chaos, Chlor, Cholera, Chor, Christ, Melancholie, Orchester* (mais : *Chirurg, Chemie, Echo, Psyche, Psychoanalyse,* etc. = [ç]).
	c	(rare) : *Claus, Clown, chic* (également *schick*).
	qu	(rare) : *Quarantäne.*
/kv/	*qu*	*Quadrat, Quelle, Quark, Qualität.*
/ks/	*x*	*Axt, Axiom, Taxe, Taxi, Hexe.*
	chs	*Achse, sechs, wachsen, Dachs* (blaireau), *Fuchs...* mais : *des Dach-s* [daxs] (toit) ; *du wachst auf* [vaxst].
/t/	*t, tt*	*Tasse, hat, Hütte, Hüte.*
	th	mots d'emprunt : *Rhythmus, Theater, Theologie...*
	dt	*Stadt, städtisch ; Städte* [ɛ:] ; *lädt* [ɛ:].
	d	en position de neutralisation : *Rad, radfahren, Wodka.*
/t^s/	*z, tz*	*zu, Zeit ; Fetzen, putzen, Satz.*
	t	dans certains emprunts : *Aktie, Aktion, Nation, Tertia...* mais : *Demokra'tie, Idio'tie,* etc. = [t].
	c	(rare) : *Cicero* ['t^{s}i:t^{s}ero], *Cäsar.*
/tʃ/	*tsch*	*Quatsch, patsch, plätschern, Tschechoslowakei, Putsch...*
	tch	dans les termes d'origine anglaise : *Match, Catch.*
	c	(rare) : dans des mots d'emprunt : *ciao !*
/h/	*h*	*Haus, haben, Johann, Uhu, Wilhelm.*

§ 80 La complexité des rapports entre phonie et graphie est bien illustrée par les transcriptions de /s/ et /z/ :

Phonie	Graphie	Exemples et remarques
/z/	*s*	à l'initiale de syllabe : — à l'initiale de racine lexicale : *sagen, ver'sagen, 'ansagen, Salz, ver'salzen, 'Kochsalz, sich, sie, so, 'Sahne.* — dans les suffixes : *-sal, -sam* : *'Schicksal, 'langsam.* — entre deux voyelles : *'eisig, 'lesen, 'Rose, 'rosig.* — entre *l, m, n, r* et voyelle : *'Felsen, 'Hülse, 'Ilse, 'Bremse, 'emsig, 'unser, 'Fersen, 'Pfirsich, 'Versen...*
/s/	*s*	— en fin de racine lexicale lorsqu'on a l'alternance /s/-/z/ : *Maus (Mäuse), Gans (Gänse), Gas (Gase), Eis (eisig), los (lose), las (lasen), rast (rasen* = ras + t*), bläst (blasen), erbost (böse)...* ainsi que dans quelques termes n'ayant pas cette alternance : *As* (pluriel *Asse*), *aus, bis, Bus* (pl : *Busse*), *cis* (dièse), *Jens, Lars* (prénoms). — dans les morphèmes, y compris ceux des termes figés : *des Abschieds, ein Abschiedskuß, du magst, jenes, ein(e)s* ; cf. *flugs, allerdings, nachts, stets...* — à l'intérieur ou en finale de la racine lexicale devant *p* et *t* : *As'pik, 'düster, Büste, 'gestern, 'husten, 'rasten, 'rosten, Res'pekt, trösten, Rast, Rost, Trost...* — à l'initiale de mot dans quelques emprunts : *Saison, Suite, Slalom* ['slɑ:lɔm], *skurril* [skʊ'ri:l].
	ss	— à l'initiale d'une syllabe « interne » entre deux voyelles quand la voyelle précédente est brève et qu'il n'y a pas d'alternance /s/-/z/ : *Busse, essen, lassen, Masse, messen, müssen, passen, wissen...* — quand on n'a pas de *ß* à sa disposition (cf. machine à écrire !)
	ß	— à l'initiale d'une syllabe « interne » entre deux voyelles quand celle qui précède est une **longue** ou une **diphtongue** et quand il n'y a pas l'alternance /s/-/z/ : *büßen, Füße, Grüße, Maße, Muße, Preußen, reißen, stoßen.* — en fin de mot ou devant consonne quand il n'y a pas d'alternance /s/-/z/ **quelle que soit la longueur de la voyelle précédente** : *Füße, grüßen, spaßen* → *Fuß, fußt, grüßt, Gruß, Spaßvogel* *essen, lassen, messen, küssen* → *iß, ißt, Eßdiele, läßt, Meßgerät, Kuß, küßt* *Schlösser, müssen, gebissen* → *Schloß, muß, mußt, beiß*
	z	— dans certains mots d'origine étrangère : *Bronze, Jazz* [dʒæs], *Quiz* [kvis] (jeu de questions-réponses).

4.3. La ponctuation

§ 81 La ponctuation obéit à trois principes essentiels, ce qui explique en partie la relative liberté (ou l'incertitude) que l'on constate dans son utilisation.
Les signes de ponctuation transcrivent d'abord de façon grossière les **signaux intonatifs** : si trois d'entre eux (?!.) marquent en même temps des attitudes discursives (question, exclamation-injonction, déclaration), la plupart fournissent plutôt des indications sur des coupures plus ou moins longues aux endroits où les modelés intonatifs opéreraient une césure vocale si l'énoncé était oral (v. § 25).
Parallèlement, ils servent à marquer certains **ensembles syntaxiques.** La virgule notamment signale souvent la nature des regroupements syntaxiques (v. chap. 6), lesquels ne correspondent du reste pas nécessairement à des réalisations intonatoires identiques (cf. la différence des modelés de la relative sélective et de la relative descriptive § 25). Très souvent aussi, c'est une évaluation plus ou moins arbitraire de la longueur qui influence son emploi. Cf. :

Es begann zu regnen.
Er verlangte (,) abgeholt zu werden.
Er verlangte, mit dem Auto abgeholt zu werden.

Enfin, les signes de ponctuation assument de nombreux **rôles conventionnels** spécifiques (cf. dans la correspondance épistolaire, le *!* après l'en-tête, l'absence de point et de virgule après les formules finales du type : *mit freundlichen Grüßen, alles Gute, mit vorzüglicher Hochachtung,* le point après les nombres ordinaux, etc.).
On ne retient ici que les emplois divergents de ceux de la ponctuation française et ceux qui conditionnent directement l'analyse syntaxique et sémantique des énoncés écrits.

4.3.1. LE POINT.

82 Il s'emploie pour les **abréviations** de termes destinés à être entièrement prononcés :

u. (und), *u.a.* (unter anderem), *z.B.* (zum Beispiel), *d.h.* (das heißt), *s.* (siehe), *S.* (Seite), *vgl.* (vergleiche), *Str.* (Straße), *Jhdt.* (Jahrhundert), *usw.* (undsoweiter), *bzw.* (beziehungsweise), *z.T.* (zum Teil), *z.Z.* (zur Zeit), *evtl.* (eventuell), *Frl.* (Fräulein), *Dr.* (Doktor), *m.E.* (meines Erachtens), etc.

sauf les abréviations des unités de mesure : *km, m, cm, g, kg,* etc.
En revanche, lorsque les abréviations sont « lexicalisées », c'est-à-dire **prononcées** sous forme abrégée, on ne met pas de point :

Kripo (pour *Kriminalpolizei*), *Uni* (pour *Universität*), *DDR, Lkw, SPD, CDU, MdB* (pour *Mitglied des Bundestags*), *PS* (pour *Pferdestärke*), *DIN* (pour *Deutsche Industrienormen*), *DM* (pour *Deutsche Mark*), etc.

Les abréviations de **nombres ordinaux** n'échappent pas à cette règle :

am 13. Dezember (am dreizehnten Dezember), am 2.4.82 (am zweiten, vierten, zweiundachtzig) ; im 20. Jhdt. (im zwanzigsten Jahrhundert), Johannes Paul II. (Johannes Paul der Zweite)... mais : *die 60er/30er Jahre (die sechziger/dreißiger Jahre).*

4.3.2. LA VIRGULE.

§ 83 Son emploi obéit à deux principes :

▷ Toute césure importante du flot sonore intonatoire correspondant à une démarcation de groupe syntaxique peut être marquée par des virgules

... et plus rarement par des signes de ponctuation plus forts ; cf. :
Die Sonne scheint, die Blumen blühen, die Vögel singen: Altes Herz wird wieder jung.
Die Sonne scheint ; die Blumen blühen ; die Vögel singen. Altes Herz wird wieder jung.
Die Sonne scheint. Die Blumen blühen. Die Vögel singen. Altes Herz wird wieder jung.

▷ Les limites de tous les GV intégrés à un groupe d'accueil (« subordonnées ») et de toutes les « incises » sont marquées par des virgules (ou par une virgule si cet ensemble se trouve en tête ou en fin d'énoncé).

§ 84 LA VIRGULE DANS L'ÉNONCÉ VERBAL SIMPLE (constitué d'un seul GV).

Les termes homologues (relevant du même niveau d'analyse, c'est-à-dire ayant la même fonction syntaxique) **coordonnés** par *und, oder, sowie, wie, sowohl... als auch, entweder...oder, weder...noch* et *beziehungsweise* (*bzw.* — respectivement) **ne sont pas séparés par une virgule :**

Wir arbeiten nachmittags und/oder *abends.*
Die Häuser mußten saniert bzw. *abgerissen werden.*
Wir stellen sowohl *Kunststoff-* als auch *Holzboote her.*
Er spricht weder *französisch* noch *deutsch.*

En revanche, **on met une virgule** avec les termes oppositifs *aber, sondern, vielmehr, (je)doch, wenn auch,* etc. et les séries *bald...bald, einerseits...andererseits, halb...halb, nicht nur... sondern auch, ob...ob, teils...teils :*

Er war sehr streng, aber/doch/dennoch *gerecht.*
Ich bin nicht krank, sondern *nur etwas müde.*
Die Arbeiter kommen teils *aus der Türkei,* teils *aus Jugoslawien.*

§ 85 Dans une **énumération,** on met une virgule entre les termes homologues, à condition qu'ils ne soient pas coordonnés par *und, oder, sowie,* etc. :
In diesem Gebiet werden Weizen, Roggen, Gerste und Hopfen angebaut.
Franz, mein Bruder und ich gingen spazieren (trois personnes)
mais :
Franz, mein Bruder, und ich... = deux personnes (Franz und ich)

Dans une énumération longue, le point-virgule sert parfois pour regrouper des éléments :
Angebaut werden in diesem Gebiet Roggen, Gerste, Weizen ; Kirschen, Pflaumen, Äpfel ; Tabak und Hopfen, ferner einige Gemüsesorten.

§ 86 On met une virgule entre plusieurs **adjectifs épithètes** homologues, c'est-à-dire non interdépendants du point de vue syntaxique et sémantique (à condition qu'ils ne soient pas coordonnés par *und, oder, sowie,* etc.) :

ein schöner und klassischer Anzug
ein schöner, klassischer Anzug
ein grünes, modisches Kleid

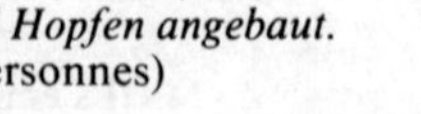

mais :
eine neue katholische Kirche
die größte französische Stadt

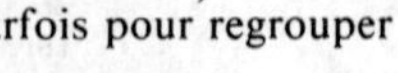

§ 87 On met une virgule avant et après les groupes syntaxiques **apposés ou postposés** :

— GN complets ou elliptiques :
Sie ist mit Herrn Weber, dem Bankdirektor, *verlobt.*
Ich habe Orangen gekauft, dicke, saftige.

— G ADJ et G PART non accordés :
Die Häuser, zum größten Teil alt und verfallen, *wurden abgerissen.*
Sie saßen alle da, müde und gelangweilt.

— Groupes « commentatifs » introduits par *d.h., z.B., und zwar, vor allem, nämlich, besonders, am meisten,* etc. (v. § 887) :
Er hatte viel Geld verdient, und zwar/nämlich als Immobilienmakler.
Er spricht mehrere Sprachen, z.B. deutsch und chinesisch.

mais : sans virgule parce qu'il s'agit d'un seul groupe syntaxique ou d'une « lexie » nominale complexe :
Forelle ° blau, Röslein ° rot ;
Das Haus gegen° über ; das Zimmer ° oben ;
Maria ° Obermeier geb. ° Weber ;
Professor Doktor Richard ° Weißkraut ;
mein Vetter° Heinz ; mein Freund Peter ° Ludwig.

La date est traitée comme incise ou comme apposition :
Montag, den 13. Dezember ; am Montag, dem/den 13.

88 On met une virgule après les termes ou groupes placés en **avant-première position.**

— membres de GV détachés :

Am Meer, *da war es am schönsten.*
mais :
Am Meer war es am schönsten.

Der Peter, *der hat es mir erzählt.*
Peter hat es mir erzählt.

— « phrasillons » comme *ja, nein, doch, danke, bitte, leider, kurz, in einem Wort, im großen Ganzen :*

Ja, *ich fahre mit.*
Danke, *es geht schon.*
Bitte, *geben Sie mir Feuer !* mais : *Geben Sie mir bitte Feuer !*

— « vocatifs » (appels à l'interlocuteur) et « interjections » :

Hans, *komm mal her !*
Sie da, *was machen Sie denn hier ?*
Verdammt, *das Auto ist wieder hin !*
Tja, *so ist das Leben.*
Oje, *wir haben kein Benzin mehr,* mais : *O das war nicht einfach !*

► Les coordinateurs *aber, und, oder, doch, denn,* etc. échappent cependant à cette règle :

Aber *um 4 bin ich wieder zu Hause.*
Doch *der Richter ließ sich nicht beirren.*

§ 89 LA VIRGULE DANS L'ÉNONCÉ VERBAL COMPLEXE (comprenant plusieurs GV)

GV **indépendants** (non intégrés comme membres à un groupe d'accueil).

▷ On sépare par une virgule les GV **juxtaposés** ou en **incise** :
Das Wasser rauscht', das Wasser schwoll, ein Fischer saß daran...
Eines Tages, ich weiß nicht mehr wann, *kam ein Fremder zu mir.*

▷ On sépare par une virgule les GV **coordonnés** par *und* ou *oder,* lorsqu'il n'y a pas ellipse d'un de leurs membres :

sans virgule : *Wir stiegen in den Wagen ein und fuhren nach Hause.*
Er ging ins Kino und sein Freund ins Konzert.
Als der Gast eintrat, bellte der Hund und weinten die Kinder.

avec virgule : *Abends ging er ins Kino, und sein Freund besuchte ein Konzert.*
Als der Gast eintrat, bellte der Hund, und die Kinder weinten.

§ 90 GV **dépendants** (intégrés comme membres à un groupe d'accueil).

> Contrairement au français, l'allemand marque par des virgules les GV intégrés comme membres à un autre groupe

On distingue :

— les GV relatifs (qu'ils soient sélectifs — sans virgule en français — ou descriptifs — avec virgule en français) :
Die Polizei fand die Leiche einer Frau, die offenbar vergewaltigt worden war.
Die Identität der Frau, die ca. 30 Jahre alt war, ist noch unbekannt.

— les G conjonctionnels :
Ich weiß, daß er krank ist.
Daß er krank ist, weiß ich.
Ich weiß nicht, wann der Zug fährt.
Wann der Zug kommt, weiß ich nicht.

— les GV dépendants sans « subjoncteur » (pronoms relatifs, interrogatifs indirects, conjonctions de subordination...) :
» Das war nett «, sagte sie.
Sie sagte, es sei nicht sehr schlimm.
Ich habe den Eindruck, er ist mir böse.

On ne coupe pas deux GV dépendants homologues coordonnés par *und, oder,* etc. (v. § 84), ni les divers termes d'une « conjonction de subordination » complexe à moins qu'elle ne comprenne un participe :
Ich nehme an, daß die Sache jetzt erledigt ist und daß *wir nicht mehr darauf zurückzukommen brauchen.*
als daß ; anstatt daß ; auch wenn ; selbst wenn ; namentlich/sogar wenn...
mais :
abgesehen (davon), daß ; angenommen, daß ; ausgenommen, wenn ;
es sei denn, daß ; vorausgesetzt, daß ; ungeachtet dessen, daß...

§ 91 Avec les **G participiaux et infinitivaux,** l'emploi de la virgule est plus délicat.

▷ **G participiaux.**
Ils ne sont pas séparés par des virgules quand ils sont réduits à leur base :
Er kam singend *herein.*
Er kam laut lachend *auf sie zu.*
Fest entschlossen *ging er zum Chef.*
Ils sont marqués par des virgules quand ils sont plus étoffés, ainsi que quand leur base est élidée :
Aus vollem Halse lachend, *ging er auf sie zu.*
Er ging zum Chef, fest entschlossen, ihm die Meinung zu sagen.
Den Revolver in der Hand, *durchsuchte der Inspektor das Zimmer (= den Revolver in der Hand haltend).*

▷ **G infinitivaux.**
L'emploi de la virgule dépend soit de l'étoffement du G INF, soit de sa position dans le groupe d'accueil dont il est membre (v. 15.1.1.) :

Ich habe keine Lust zu singen.	G INF court membre de GN
Ich habe keine Lust, ein Glas mit dir zu trinken.	G INF étoffé membre de GN
Er antwortete ohne zu zögern.	G INF court membre de G PREP
Er antwortete, ohne einen Augenglick zu zögern.	G INF étoffé membre de G PREP
als der Polizist die Tür aufzubrechen versuchte	G INF en position « intégrée » au GV dont il est membre
als der Polizist versuchte, die Tür aufzubrechen	G INF en position « détachée » du GV dont il est membre
Er begann zu trinken. *als er zu trinken begann*	G INF court membre du GV dont il n'est pas détaché.
Er begann (,) Schnaps zu trinken. *als er Schnaps zu trinken begann* *als er begann, Schnaps zu trinken*	G INF assez court : peut être en position « intégrée » ou « détachée »
Er begann, regelmäßig nach dem Essen einen Schnaps zu trinken. *als er begann, regelmäßig nach dem Essen einen Schnaps zu trinken*	G INF étoffé en position « détachée » du GV dont il est membre

Ne sont jamais « intégrés », donc toujours « détachés » et **segmentés par des virgules,** les G INF annoncés ou repris par un pronom-relais » du type *es, das, daran, darum,* etc. (v. 15.3) :
Er konnte es *nicht erwarten, wieder zu Hause zu sein.*
Stundenlang in der Sonne zu sitzen, das *konnte er nicht ertragen.*
Der Polizist bestand darauf, *meinen Ausweis zu sehen.*

Il en va de même des G INF membres d'un GV dont la base est un **verbe de dire, penser, communiquer** : le G INF rapporte dans ce cas le « contenu » communiqué, pensé, dit, etc. : *Er hatte nur zugesagt, mein Gehalt zu erhöhen.*
Sie versicherte, ihren ganzen Einfluß geltend zu machen.

En revanche, sont toujours « intégrés », donc non « détachés », **non segmentés par des virgules** :

— les G INF **sans *zu*** (v. § 413) :
(weil) er mir unbedingt seinen neuen Mercedes zeigen wollte
Er wollte mir unbedingt seinen neuen Mercedes zeigen.

— les G INF liés à des verbes ayant une valeur **modale** ou **aspectuelle** (« semi-auxiliaires », v. §§ 409-410) :
(daß) Kinder zu gehorchen haben (= gehorchen müssen)
Kinder haben zu gehorchen.
(daß) der Wagen bis Sonntag zu reparieren ist (= repariert werden muß/soll)
Der Wagen ist bis Sonntag zu reparieren.
(weil) er den Einwand zu widerlegen suchte/pflegte
Er suchte/pflegte den Einwand zu widerlegen.

La présence de la virgule (ou la place de celle-ci) est particulièrement importante quand il s'agit de lever une **ambiguïté** syntaxique et sémantique. Par exemple :

G. INF « intégré » **(sans virgule)**	G INF « détaché » **(avec virgule)**
daß es/das Auto leicht zu reparieren war	*weil es leicht war, das Auto zu reparieren*
Das Auto/es ist leicht zu reparieren. (verbe modal : *kann leicht repariert werden*)	*Es war leicht, das Auto zu reparieren.* (G INF sujet relayé par *es*)
Es/dieser Tango ist leicht zu tanzen (ce tango/il/c'est facile **à** danser).	*Es ist •leicht, zu °tanzen.* (il/c'est facile **de** danser)
Der Kranke drohte zu ersticken (risquer de : verbe exprimant un prospectif redouté).	*Der Terrorist drohte, die Botschaft in die Luft zu sprengen* (menacer : verbe de dire).
daß er damals ein erfolgreicher Sänger zu werden versprach (promettre : verbe marquant un prospectif espéré).	*daß er versprach, meine Wünsche zu berücksichtigen* (promettre : verbe de dire).

Voir encore :
Es gelang ihm •nicht, °traurig zu sein. Il ne parvint pas à être (paraître) triste.
Es ge•lang ihm, nicht +traurig zu sein. Il parvint à ne pas être triste.
Er versuchte •nicht, zu °lügen.
Er ver•suchte, +nicht zu (°)lügen.

Mais souvent, dans la structure discontinue du GV (quand la forme personnelle du verbe est en deuxième position), la virgule est **facultative** selon que le G INF est considéré syntaxiquement comme « intégré » ou « détaché », cf. :

daß er versuchte, mich zu verstehen — *Er versuchte (,) mich zu verstehen.*
daß er mich zu verstehen versuchte — *Ø Versuchte er (,) mich zu verstehen ?*

4.3.3. LE DOUBLE POINT.

§ 92 Signalons trois différences concernant l'emploi du double point en allemand et en français :

▷ On met une **majuscule** après le double point lorsque ce qui suit constitue un énoncé (v. § 72) :

*Ein weißer Herr, fünf schwarze Träger : **S**o pflegte man 1885 in Afrika zu reisen.*

*Auf dem Schild stand : **K**ein Durchgang.*

mais :

*Es gab ein einfaches Essen : **g**eröstete Kartoffeln mit Schwarzbrot.*

▷ On utilise fréquemment le **:** après ***d.h.*** annonçant une explication (= « autrement dit ») :

Strafgesetze dürfen nicht rückwirkend angewendet werden, d.h. : *Niemand kann für eine Tat belangt werden, die zu dem Zeitpunkt, wo sie begangen wurde, noch als straffrei galt.*

▷ On emploie souvent le **:** après des verbes exprimant un **jugement** (dans ce cas, le subjonctif de discours indirect est exclu) :

Sie dachte: Er hat es sicher nicht böse gemeint.

Experten befürchten : Wenn die Wasserverschmutzung weiter steigt, dann ist das Baltische Meer bald tot.

4.3.4. LE POINT D'EXCLAMATION.

93 Il est beaucoup plus sollicité en allemand qu'en français. Outre son emploi dans la **correspondance,** après l'en-tête (*sehr geehrter Herr Müller!* v. § 81), il est utilisé quasi systématiquement après les **énoncés injonctifs,** qu'ils expriment un ordre, une prière, un souhait ou un regret, et notamment lorsque le verbe est à l'**impératif** :

Laß mich doch in Ruh!
Wäre ich bloß zu Hause geblieben!
Niemand verläßt den Raum! Que personne ne sorte!
Kühl lagern!
Setzen Sie sich!
Wie schade!
Achtung!
Vor Gebrauch schütteln!
Bitte wenden!

Mais dans les exclamations en série, on ne met généralement qu'un point d'exclamation :

O du meine Güte!
Oh, wie schade!
Oje, oje, oje, das hat gerade noch gefehlt!

4.3.5. LES GUILLEMETS.

94 Dans la typographie allemande, les guillemets « ... » et ‹ ... › sont inversés par rapport au français, les autres " ... " et ' ... ' étant identiques.

» Ich habe gerade einen Unfall gehabt «, sagte er.

Er liest regelmäßig die » Frankfurter Allgemeine «.

Comme en français (cf. *à la fin de « Le Rouge et le Noir »*), un déterminatif intégré dans la citation échappe aux contraintes de marquage des catégories :

*Er spielte den Kommissar in » **Der** Rote Kreis «.*

mais : *Er spielte den Kommissar **im** » Rote**n** Kreis «.*

*Ich habe das in **der** » Süddeutsche**n** Zeitung « gelesen.*

Comme en français, les éventuels signes de ponctuation sont encadrés par les guillemets lorsqu'ils font partie de la citation, et ils sont en dehors s'ils n'en font pas partie. Le point final n'est cependant pas répété :

Ich lese gerade Goethes » Wilhelm Meister «.

» Verlaß mich nicht ! « rief sie aus. (pas de virgule après un ! ou ?

» Was ist denn hier los ? « fragte er. dans la citation)

Kennst du die Sendung » Was bin ich ? « ?

Laß doch das ewige » Ich will nicht ! « !

mais :

Er sagte : » Kommen Sie doch herein ! « (et non ! «.)

Er sagte : » Ohne Fleiß kein Preis. « (et non . «.)

5
SENS ET FONCTIONS

5.0. Généralités

§ 95 L'acte linguistique « produit du (le ? un ? des ?) sens » et celui-ci intervient à tous les niveaux d'organisation de l'énoncé depuis l'articulation en phonèmes (c'est parce que le son [p] permet d'opposer des unités ayant un sens différent : *Panne* ↔ *Tanne*, qu'on lui accorde le statut de phonème) jusqu'à l'agencement des unités significatives les plus complexes. Le grammairien linguiste ne peut donc se permettre d'escamoter le sens, bien que la tentation soit grande, car son analyse pose des problèmes bien plus ardus que celle des unités de la chaîne des signifiants.

Généralement, quand on parle de sens, on ne pense qu'à la **sémantique lexicale,** c'est-à-dire au sens des « mots du dictionnaire ». Mais c'est là réduire considérablement le champ du sens. Sans compter qu'il est difficile de parler de la même façon du sens de *Dampf, Durst, durch, du,* par exemple, il faut distinguer :

▷ plusieurs **dimensions du sens** avec :
  — au moins trois **niveaux d'analyse** (signification, désignation, monde « extralinguistique » des réalités et expériences) ;
  — et plusieurs **types de signifiés** (conceptuels, relationnels, catégoriels).

▷ diverses **fonctions** (informatives, communicatives et/ou pragmatiques) que les unités linguistiques assurent dans l'acte d'énonciation, car ces fonctions contribuent, elles aussi, à « produire le sens ».

5.1. Les dimensions du sens

5.1.1. LES SIGNIFIES CONCEPTUELS.

§ 96 Les linguistes sont loin d'être d'accord sur la façon dont il convient de **définir le(s) signe(s) linguistique(s)** et de concevoir les **relations** existant d'une part entre le(s) signe(s) linguistique(s) et **le monde des réalités et de l'expérience,** et d'autre part entre **les signes linguistiques eux-mêmes.** Dans ce qui suit, on ne retient que les réflexions indispensables à l'explicitation des notions principales qui interviennent dans cette grammaire.

a) Le signe linguistique.

97 D'un point de vue strictement « intralinguistique », on le définit en général comme une unité à deux « faces », alliant une image acoustique ou graphique

(un support matériel, p. ex. [baUm] ou *Baum*) appelé **signifiant,** et un sens (« BAUM ») appelé **signifié** — la relation entre les deux faces étant arbitraire, c'est-à-dire fixée par convention (puisqu'à un signifié au moins partiellement analogue, le français allie le signifiant *arbre*).

L'existence (et l'emploi adéquat) de ces signes linguistiques abstraits dégagés par analyse (v. § 3) présuppose d'abord que toute langue (v. § 7) constitue une organisation cohérente. Cela veut dire que la **valeur** de toute unité linguistique est déterminée par opposition aux autres unités à la fois similaires et divergentes de la langue.

Ainsi, la valeur globale du signe *Haus* (avec son image acoustique abstraite [haUs] et son image conceptuelle non moins abstraite « HAUS ») est déterminée dans le système de la langue allemande par opposition à : *Scheune, Stall, Schuppen, Schloß, Villa, Gebäude, Bau, Wolkenkratzer, Hütte, Bunker, Horst, Heim, Koben, Residenz, Nest,* etc. De même, la valeur de l'entité « PLURIEL » de l'allemand émane du système de la langue et ne recouvre pas celle d'autres langues dont le système du nombre disposerait p. ex. d'une opposition ternaire singulier, pluriel, duel.

Toute unité linguistique significative est donc au centre d'un réseau plus ou moins complexe d'**oppositions** et de **contrastes** que l'on peut décrire par exemple à l'aide :

▷ soit de concepts logiques comme la synonymie *(Gleichbedeutung),* l'hyponymie *(Oberbegriffe/Unterbegriffe),* l'antonymie *(Bedeutungsgegensatz)...* ;

▷ soit de regroupements (famille de mots, champs sémantiques...), mettant en œuvre des complexions de **traits sémantiques** ou componentiels, appelés aussi **sèmes.**

Une telle description ne peut cependant se faire qu'en référence au monde « extralinguistique » **des réalités et de l'expérience,** monde qu'au **§ 3e** on a appelé aussi substance du contenu. En effet, par l'intermédiaire du langage s'opère une sorte de **découpage** du monde des réalités et de l'expérience. Ainsi, on ne peut désigner *(bezeichnen)* par le signe *Baum* par exemple que des morceaux de réalité et/ou d'expérience déterminés présentant des **traits communs** qui précisément permettent de les opposer à d'autres : végétal ou non, tronc ou non, etc.

Une telle ré-organisation linguistique du monde de la réalité et de l'expérience est évidemment déterminée par les besoins humains, mais elle diffère suivant les langues et reste en très grande partie non motivée, c'est-à-dire arbitraire et conventionnelle.
Ainsi les Allemands comme les Français opposent les signifiés « BAUM » et « BLUME », mais la « FLEUR » de l'arbre est une *« BLÜTE »* en allemand. L'Allemand, peu habitué aux coquillages, se contente du signe *Muschel* là où le Français dispose d'une variété de signes. La langue française « s'embarrasse » d'une subdivision *route/rue,* alors que l'allemand se contente du signe *Straße,* et inversement pour le signe *boîte → Schachtel, Dose, Büchse, Packung, Kasten (Briefkasten)...*

Ce découpage linguistique du monde de la réalité et de l'expérience n'est ni automatique, ni immuable. Il exige du locuteur individu une **ré-interprétation** continuelle non seulement de la réalité ou de son expérience, mais aussi du sens du signe linguistique. Si l'on veut utiliser le signe BAUM, il faut se demander si son signifié « colle » à la réalité (ou à l'expérience de la réalité) qu'on entend signifier, et lorsqu'on perçoit ce signe, on le « décode » en cherchant à savoir quels traits il faut sélectionner et à quelle réalité ou expérience ils renvoient. Dans ce réajustement continuel, qui est sans doute un des facteurs importants expliquant l'évolution des langues, il arrive fréquemment que l'on fasse entrer de façon plus ou moins inconsciente dans la représentation qu'on a du signifié des traits qui ne relèvent pas de la perception immédiate de la réalité, mais de l'expérience plus générale de la vie et/ou de celle de la collectivité linguistique. Par exemple « BAUM » = nature, écologie, vie, ombre, solidité, longévité, etc.

L'intervention de l'utilisateur collectif et individuel des signes linguistiques peut amener le linguiste à donner du signe linguistique une définition bien plus large que celle de De Saussure évoquée plus haut : est SIGNE dans ce cas tout SIGNAL (signifiant, représentant) qui renvoie à un OBJET (réalité/expérience désignée ou représentée) par l'intermédiaire d'un INTERPRETANT/INTERPRETE (concept, jugement de l'observateur, utilisateur qui rapporte le signal à l'objet).

b) Signification (signifié) et désignation (désigné).

§ 98 L'interprétation de la réalité (ou de l'expérience de la réalité) d'une part et des rapports entre signe et réalité (ou expérience de la réalité) d'autre part a pour résultat une **double représentation :** l'une, la **complexion de traits virtuels en opposition ou en contraste (le concept),** est la signification ou le signifié proprement dit ; l'autre, une **représentation particulière actualisée** en situation et/ou en contexte, c'est-à-dire le signifié investi globalement ou partiellement dans un énoncé donné, est le désigné.

La **signification** est une sorte de « portrait-robot », dont les traits virtuels sont fournis à la fois par la réalité (« BAUM » — végétal, tronc assez gros...) et l'expérience collective et individuelle, historique et momentanée de cette réalité (« BAUM » — nature, écologie, solidité, longévité...). Cette signification est **abstraite,** car il s'agit d'une conjonction de traits virtuels, qui sont à la fois signifié fourni et signifié à (re)construire. Elle n'est qu'un **potentiel** disponible, car si on peut la définir comme le dénominateur commun de tous les emplois possibles du signe, elle ne se confond avec aucun de ces emplois contextuels concrets : le « portrait-robot » n'est en aucune façon la « photo du coupable » !

On distingue souvent la signification **dénotative** (traits fondamentaux caractéristiques de la réalité visée : « BAUM », végétal, tronc...) et la signification **connotative** (traits que l'individu et/ou la collectivité greffent sur les premiers : « BAUM » écologie, ombre, longévité...). Mais cette distinction parmi les traits — outre qu'il faudrait lui ajouter celle d'autres traits servant au repérage de la seule forme de l'expression ou du fonctionnement « intralinguistique » de l'unité linguistique (cf. substantifs, adjectif, genre...) — a le désavantage de considérer les traits de la signification sous l'angle de la substance du contenu (du monde des réalités et expériences visées) et non sous celui de la forme du contenu (de l'information linguistique : v. § **3e** et **d**). D'autre part la dénotation (appelée aussi : dénomination, référence, désignation en un autre sens que le nôtre) est davantage un problème de fonction du signe linguistique (fonction désignative opposée par exemple à la fonction appréciative ou prescriptive, v. 5.2.) qu'un problème relevant de l'analyse des composantes du signifié.

§ 99 La signification (l'image conceptuelle du signe dans la langue) est un potentiel **disponible,** c'est-à-dire applicable en situation et/ou en contexte à telle ou telle réalité ou expérience. Ainsi *Baum* peut s'appliquer selon la situation à une réalité qui dans l'extralinguistique est un conifère, un arbre à feuilles, un mât de cocagne *(Maibaum),* un arbre généalogique... Mais **appliquée, actualisée, réalisée** dans un énoncé, la signification devient aussi **désignation** en fonction des autres termes du **contexte** : l'image conceptuelle du signe s'investit, se fixe globalement ou partiellement et, en quelque sorte, se « fige ». Ainsi l'adjonction d'autres termes peut augmenter ou diminuer, sélectionner ou supprimer un ou plusieurs traits : *Nadelbaum* (conifère) ; *Laubbaum* (arbre à feuilles) ; *Tannenbaum* (arbre-sapin) ; *Lebensbaum* (arbre de vie) comparé à *Stammbaum,* où le trait « végétal » a disparu (on a un effet métaphorique ou une symbolisation du concept) ; *baumstark* où l'adjonction de *stark* sélectionne le trait « solidité, force ».

La désignation (le désigné) ainsi défini(e) comme une signification (un signifié) investi(e) dans une situation d'énonciation et dans un contexte particulier n'est évidemment pas un calque de la réalité : elle reste une représentation mentale intériorisée non plus abstraite et potentielle, mais actualisée dans un contexte situé. Le « portrait-robot », si l'on veut, devient « photo du coupable » mais non le coupable lui-même.
Aussi le découpage du monde en « réalités » et en « idées », justifié par l'expérience humaine empirique, ne se reflète pas dans la performance du signifié : on ne peut opposer des « significations » (qui renverraient à des « idées ») et des « désignations » (qui renverraient à des « réalités »), car le renvoi à la réalité est toujours médiat et passe par l'**interprétation** conceptuelle et par l'**expérience** qu'on a de cette réalité : le signifié conceptuel (face significative du signe linguistique) s'investit dans un désigné contextuel situé (représentation mentale) qui, sollicitant le monde intériorisé de l'expérience collective et individuelle, permet de « saisir » et d'interpréter la réalité. D'autre part, le signe lui-même (avec son concept) peut être symbolisé, de sorte qu'il peut assurer un **signifié fonctionnel** de type relationnel (v. *daß*), catégoriel (v. *es* ancien génitif) ou communicatif/pragmatique (v. par exemple *eben, gerade, denn,* etc.). De nombreux lexèmes finissent ainsi, en plus (ou au lieu) de leur fonction conceptuelle, à assurer grâce à leur symbolisation d'autres fonctions dans le jeu concret et situé de la langue.

5.1.2. LES SIGNIFIES RELATIONNELS.

§ 100 Dans un énoncé, il existe tout un ensemble de réseaux de relations parfois fort complexes entre les termes qui le constituent. Ces relations contribuent, elles aussi, à produire du sens. Par exemple (les flèches signifient « relation exophorique à la situation » v. § 19) :

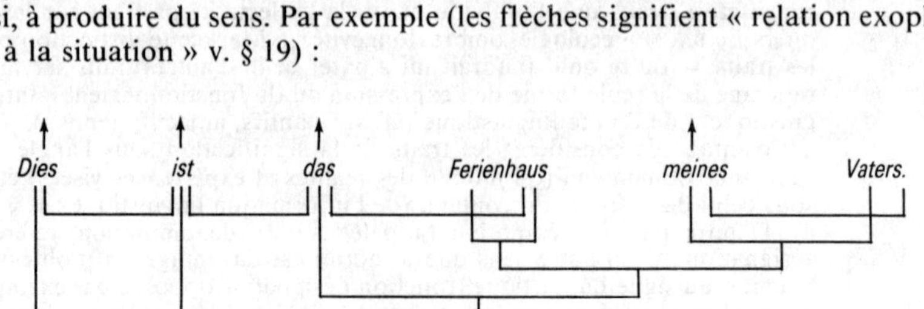

§ 101 La relation peut s'établir :

▷ Entre les **signes** linguistiques et le **monde** extralinguistique : c'est le cas général traité au § précédent et qui met en jeu les points de vue du signifié et du désigné. On notera cependant le cas particulier des unités à fonction **déictique** (dans l'exemple *dies, das*) et de certains autres signes (le possessif *mein* renvoyant au locuteur ; le morphème de temps de *ist*...) qui ne prennent leur valeur pleinement désignative que par référence à la situation immédiate d'énonciation (v. § 19).

▷ Entre les **signes eux-mêmes** : il s'agit dans ce cas des différents types de **connexions,** notamment des relations fondamentales de SUBORDINATION (par exemple *Ferien* + *haus*), de COORDINATION et de PREDICATION, qui seront précisées plus loin. Mais on retrouve ici également les unités à fonction **déictique** dans leur rôle anaphorique (reprise) ou cataphorique (annonce) (v. § 19). Enfin on a les relations **catégorielles et casuelles** (les catégories et « fonctions » grammaticales) par exemple entre *dies* et *ist* (singulier : accord sujet-verbe) ou entre *Ferienhaus* et *mein-Vater,* relation marquée par le génitif.

§ 102 Les relations peuvent être signalées par les **signifiants** les plus divers. En effet, de même qu'il n'y a pas correspondance point par point entre l'organisation de la chaîne des signifiants et celle du signifié, il n'y a pas de correspondance univoque entre le type de signifiant et le type de signifié. Ainsi tous les lexèmes ne sont pas des signes conceptuels et les cinq types de signifiants élémentaires *(Bedeutungsträger, sémantèmes)* peuvent marquer des relations entre signes linguistiques :

— prosodèmes, par exemple l'accent de GV sur *Mainz* dans : *daß die Spieler aus °Mainz kamen,* ou les modelés intonatifs spécifiques de la relative sélective et de la relative descriptive (v. § 25).
— graphèmes et signes de ponctuation, par exemple le trait d'union dans *Haus- und Grundbesitzerverein,* la virgule dans : *er versuchte, nicht traurig zu sein.*
— lexèmes tels que : *dies-, mein-, darauf, er, damals, während, unter, weil, daß, ob, wo...*
— morphèmes tels que : *dies***es** *Haus, jen***er** *Wagen, sie war***en**...
— figures positionnelles, par exemple *Weinglas* et *Glas Wein.*

Mais la relation peut aussi être « non marquée », c'est-à-dire être implicite, déductible des seuls lexèmes : c'est souvent le cas dans la juxtaposition, dans les jeux de mots...

§ 103 Dans la **sémantique des relations,** il faut distinguer plusieurs niveaux, comme pour les signes à valeur « conceptuelle » :

▷ la **fonction** (le rôle) « intralinguistique », voire métalinguistique (permettant le discours sur le langage). Les relations catégorielles et casuelles par exemple servent d'abord à ce niveau au **repérage de l'organisation formelle** de l'énoncé ou d'une partie d'énoncé. Cf. le genre neutre de *Haus* (et féminin de *maison*) ou le cas « obligatoire » après telle préposition ou tel verbe : *mit* + datif ; *helfen* + datif (v. 5.1.3. *b*) ;

▷ le **signifié général** de la relation, qu'il ne faut pas confondre avec

▷ son **désigné contextuel.**

§ 104 LA RELATION D'ACTUALISATION.
Elle ancre un complexe de signifiés dans une situation d'énonciation ; c'est là par exemple le signifié général de la catégorie de l'identification/non-identification (« défini/indéfini ») du GN, de celle du temps dans le GV. Cette relation est aussi appelée déictique au sens large : *die/jene/diese/Ihre Zeit ; kommt ↔ kam ↔ gekommen ist...* Il ne faut pas la confondre avec la détermination au sens de subordination : les « déterminants » ou « déterminatifs » (articles, démonstratifs, possessifs...) ne sont souvent que des « actualisateurs ou identificateurs » du GN.

Au niveau du **désigné,** l'actualisation se fait dans le temps, dans la « phase » du procès, par les démonstratifs, les possessifs, par la mise en relation avec les personnes, etc.

§ 105 LA RELATION DE SUBORDINATION (ou détermination, **hypotaxe,** *Unterordnung*) : un signifié A (« déterminant ») est subordonné à un signifié B (« déterminé ») si bien que la compréhension de B augmente (il acquiert un ou plusieurs traits de plus) et que son extension (l'ensemble des réalités/expériences qu'il peut désigner) est réduite. Dans :

Ferien haus ***Laub baum*** ***herz krank*** ***vor Kälte zittern***

le trait ajouté est « pour les vacances », « à feuilles », « relativement au cœur », « de froid ». Il opère une **sélection** : dans l'ensemble des « maisons », on ne garde que celles qui servent « aux vacances », dans l'ensemble d'expériences visées par « trembler », on ne garde que celles « trembler de froid », etc.

Dans la perspective du **désigné,** on peut spécifier en contexte la relation hypotaxique qui peut être par exemple **finale** (dans *Waschmaschine, um... zu waschen, zum Waschen...*), **causale** (dans *Leichtsinnfehler, Fehler aus Leichtsinn, weil, denn*), **consécutive,** etc. Dans les termes composés et dans les lexies (locutions), elle est figée (*Eisenhammer* = *Hammer aus Eisen,* sélection par le matériau ; *Vaterhaus* = *das Haus des Vaters,* sélection par l'appartenance). Mais dans les unions de discours, seul l'entourage contextuel en énoncé permet de préciser la relation, cf. *auf dem Bahnsteig warten* (local et locatif) ; *auf den Bus warten* (non local et directif-prospectif) ; *der Mann öffnet die Tür* = sujet agent ; *der Wind öffnet die Tür* = sujet « force, cause », *der Schlüssel öffnet die Tür* = sujet instrument...

§ 106 LA RELATION D'ADJONCTION (« ad-ordination », **parataxe,** *Nebenordnung,* appelée aussi **coordination** au sens large). Elle relie deux énoncés ou parties d'énoncés et peut être subdivisée en :

— coordination de **même niveau** :
Er fuhr in die Stadt und besuchte seinen Freund. = a + b
Er kaufte Obst, Fleisch und Gemüse. = a + b + c

— conjonction de **niveau inégal,** qui caractérise l'apposition et l'incise :
Er hat Obst — Pfirsiche und Birnen — gekauft. = a (a' + a'')
Damals — wann war es ? — wollte ich Rennfahrer werden. = a (a')

Ici encore c'est l'énoncé concret qui permet de spécifier la relation du point de vue du **désigné.** Par exemple :

adjonctive	*Sie war groß* und *schlank. Es war schön,* aber *teuer.*
disjonctive	*Eintritt : Studenten* und *Wehrpflichtige DM 5. — Empfangsdame gesucht. Voraussetzung : Abitur* oder *Hochschulstudium.*
contravalente	*Er ist* entweder *genial* oder *verrückt. Mit* oder *ohne Sahne ? Mode für superschlanke* und *mollige.*
équivalente	*Paris, die Hauptstadt von Frankreich. Amerika* oder *das Land der unbegrenzten Möglichkeiten.*
implication (etc.)	*Die Straße war überschwemmt,* und *wir mußten umkehren (also mußten wir umkehren).*

§ 107 LA RELATION DE PRÉDICATION (« syn-taxe », ***Zuordnung***) met en relation deux termes linguistiques qui sont le plus souvent des parties d'énoncés, sans qu'il y ait ni hiérarchie, ni sélection : un terme visant en général une « propriété » est rapporté à un autre visant le plus souvent un désigné. La relation **attributive** (avec *sein, werden, bleiben,* etc.) n'est qu'une prédication parmi d'autres. Au niveau du désigné contextuel, la « propriété » rapportée, attribuée à l'autre terme peut être une qualité, une dénomination (relation d'identification), une quantité, un temps, un lieu, une action, un acte, etc. Exemples :

Dieses Haus ist groß.
Wir waren sechs.
Das war gestern.
Ich fand den Film spannend.
Der Motor läuft prima.
Milch trinken — Gesundheit trinken.
Sie Lümmel, Sie !
Du und arbeiten !

Die Blume ist eine Rose.
Sie war 20 (Jahre alt).
Mein Mann ist noch nicht da.
Er heißt Martin.
Ich habe Hans — früher mein bester Freund — wiedergesehen (apposition « prédicative »).
BMW : Fahren mit Spaß.
Herr Müller ? — Zweite Tür links.
Das ? Ein Gemälde ?...

Dans une certaine mesure, la **dénotation** (v. § 98) est aussi une relation prédicative : un signifié (une complexion de traits) est rapporté à un morceau de réalité ou d'expérience. Mais cette relation est en partie préétablie et le plus souvent implicite. Ce qui distingue la prédication proprement dite de la fonction dénotative ou désignative, mais aussi de la relation (ou fonction) d'actualisation et de la détermination (*dieses kleine Haus* opposé à *dieses Haus ist klein*), c'est le fait qu'elle soit un acte **explicite.** Il ne faut pas confondre la logique qui répond à la question de savoir comment la réalité et l'expérience entrent dans le langage (cf. dénotation, actualisation) avec celle qui analyse les relations entre termes linguistiques (subordination, adjonction, prédication).

5.1.3. LES SIGNIFIES CATEGORIELS.

Par catégories on entend deux types de phénomènes :

LES CATÉGORIES DE CLASSIFICATION.

§ 108 Ce sont dans la grammaire traditionnelle les « classes de mots » (parties du discours, *Wortarten*) : substantif, verbe, adjectif, etc. A l'origine, on admettait une correspondance entre un « mode de signifier » et un « mode d'être » — les substantifs représentant des « substances », les adjectifs des « attributs », « qualités », les verbes des « actions » ou des « états », etc. Mais c'est là confondre la forme de l'expression et du contenu avec la substance du contenu (v. § 3). Il vaut mieux définir les classes d'unités syntaxiques par des procédés opératoires de fonctionnement linguistique que par des définitions notionnelles qui, faisant intervenir le monde extralinguistique des réalités et de l'expérience, supposent une correspondance bi-univoque entre deux niveaux d'analyse tout à fait hétérogènes.

LES CATÉGORIES SPÉCIFIQUES DITES « GRAMMATICALES » OU CATÉGORIES DE FONCTIONNEMENT.

§ 109 Leur rôle est d'abord (v. § 103) de caractériser, c'est-à-dire d'aider à repérer et à reconnaître les unités syntaxiques de l'énoncé et leur fonctionnement dans l'énoncé (« fonctions grammaticales »).

Ce signifié **fonctionnel** des catégories (fonction distinctive, v. § 3*c*, et fonction relationnelle v. § 103 et sq.) dans l'organisation formelle de l'énoncé ou d'une partie d'énoncé n'est pas négligeable surtout quand les oppositions possibles que l'on peut distinguer dans le jeu d'une même catégorie sont « neutralisées », « supprimées », non significatives, c'est-à-dire ne présentent pas en contexte une valeur différente du point de vue du désigné.

> Ainsi le **genre** en allemand avec ses oppositions « internes » (masculin, neutre, féminin) n'a pas le plus souvent de valeur désignative : il est « arbitraire » (on dit *der Tisch* en allemand, *la table* en français, mais *die Alte, la (femme) vieille* en allemand et en français). Cependant en tant que catégorie générale, le genre est « donné » dans les deux langues avec la base lexicale nominale (le « substantif ») et sert donc à repérer ou à distinguer celle-ci (cf. *der Hut/die Hut : der Leiter/die Leiter ; le mousse, la mousse*) : il est incident au lexème-base du GN. De même par exemple le cas (quel qu'il soit : nominatif, accusatif, datif, génitif) est un marqueur relationnel. Même quand on ne peut pas lui attribuer une valeur de désigné (cf. le datif avec *mit* ou *zu* ; le génitif avec *gedenken*), il exprime un signifié relationnel général, en ce sens qu'il est incident à la relation entre deux termes linguistiques. Le datif après *mit* par exemple est à interpréter comme : « rapporte le membre nominal au datif au terme *mit* ».

En plus de ce signifié fonctionnel, on peut attribuer à l'ensemble des oppositions dans une catégorie grammaticale donnée un **signifié** conceptuel, à condition que ces oppositions soient repérables au plan du désigné.

Pour chaque catégorie, on peut donc distinguer trois points de vue :
- son **incidence** (au plan du signifiant et du sens, les deux organisations ne se recouvrant pas le plus souvent) ;
- son **signifié catégoriel général** (conceptuel et/ou relationnel) ;
- le **désigné** de ses oppositions internes quand celles-ci ne sont pas en contexte levées, « neutralisées », réduites au signifié catégoriel général.

§ 110

Catégorie	Incidence	Signifié général	Désigné des oppositions
GENRE (v. ch. 18)	– lexème base du GN – substantif non pronominal et pronominal	– fonction distinctive – fonction relationnelle dans le cas des pronominalisations (genre grammatical)	– êtres de sexe masculin ou féminin, abstractions pour le neutre *(der Alte, die Alte, das Alte)* (genre naturel)
NOMBRE (v. ch. 19)	– le GN – la relation sujet – complexe verbal	– signifié conceptuel de l'ordre de la « quantité » – sujet singulier ou unique ↔ sujet pluriel ou multiple	– 1 opposé à « supérieur à 1 » ou partie opposée au tout – unité unique opposée à addition d'unités
PERSONNE	– le GN pronominal ou déicteur de 1re et 2e personne – le GN pronominal ou non pronominal ou déicteur de 3e personne	– signifié relationnel renvoyant aux participants de l'acte d'énonciation – signifié relationnel anaphorique ou cataphorique	– 1re personne : locuteur(s) – 2e personne : interlocuteur(s) – 3e personne : tout le reste
DÉFINITUDE (identification) (v. ch. 20)	– le GN non pronominal et le GN pronominalisé	– signifié d'actualisation de l'information du GN dans l'acte d'énonciation (situation et/ou contexte)	– défini : ensemble identifié par les participants – indéfini : ensemble non identifié par les participants
CAS (v. ch. 21 et 25)	– la relation entre deux termes de l'énoncé, dont l'un a la forme d'un GN	– signifié connexionnel avec les différents types de relations	– valeurs différentes suivant le sous-système et suivant les termes mis en relation (ch. 25)
ASPECT (v. ch. 8)	l'analyse diffère suivant qu'on envisage l'aspect comme *Aktionsart, Aspekt* ou *aspect syntaxique* dans le GV (v. 8.3.3.1.)		
TEMPS (v. ch. 9)	– le GV situé dans l'acte d'énonciation et le discours	– signifié d'actualisation de l'information du GV dans l'acte d'énonciation et le discours	– oppositions dans le temps subjectif et chronologique
MODE (V. ch. 10)	– le GV	– signifié d'actualisation de l'information du GV dans l'acte d'énonciation	– oppositions : subjectivement réel ↔ non réel ↔ virtuel ; non médiatisé ↔ médiatisé

5.2. Les fonctions des unités linguistiques

5.2.1. FONCTIONS INFORMATIVES ET COMMUNICATIVES/PRAGMATIQUES.

§ 111 Le sens d'un énoncé (ou de toute autre unité linguistique) peut être envisagé sous deux aspects (cf. §§ 3 *c* et 6④):

▷ l'aspect **informatif,** constitué par le « message » proprement dit (ou par l'ensemble des désignés) et appelé également aspect **locutoire** *(« Sachaspekt »)*;

Il peut arriver que celui-ci soit pratiquement inexistant par exemple lorsque l'énoncé ou l'unité ne sert qu'à établir un contact (engager ou relancer la conversation) : *Schönes Wetter, heute! Hallo!*

▷ l'aspect **communicatif et/ou pragmatique** *(« Beziehungsaspekt »)* qui réside dans les relations énonciateur → énoncé ← destinataire et dans l'interaction énonciateur ⇄ destinataire, notamment les intentions (pas toujours conscientes) du locuteur (aspect **illocutoire**) et les effets visés chez l'interlocuteur (aspect **perlocutoire**) (v. aussi § 19 *b*).

Comme exemple, imaginons deux amis dans un café. L'un dit : *« Hast du Geld? »* Le contenu informatif est représenté par les désignés conceptuels, relationnels, catégoriels liés à la complexion de *du, Geld, hast.* Le contenu communicatif/pragmatique (v. § 9) est d'une part une question, d'autre part l'attente d'une réponse positive, l'effet visé étant par exemple de se faire payer sa consommation.
Si l'interlocuteur fait la sourde oreille (la non-réponse a dans ce cas une valeur communicative hautement pertinente!) il pourra dire par exemple *« Ich habe dich gefragt, ob du Geld hast ».* Le contenu informatif se charge alors des désignés locutoires de : *ich habe dich gefragt, ob...* Mais d'un point de vue discursif l'énoncé est devenu déclaration, l'intention et l'effet visé restant les mêmes à ceci près qu'il s'y ajoute une insistance.
Cet exemple tout simple montre combien on réduit le champ du sens en ne retenant que la fonction « intralinguistique » de repérage et la fonction désignative ou informative des signes linguistiques. Mais il montre aussi combien sont multiples et complexes les aspects communicatifs (= intervention du « Je » et du « Tu ») et pragmatiques (= réponse à la question : à quoi sert l'unité linguistique?) du langage, dont on ne signale ci-après que quelques facettes (v. aussi chap. 30-31).

5.2.2. QUELQUES FONCTIONS COMMUNICATIVES ET PRAGMATIQUES.

§ 112 Outre les signes qui font de l'énoncé (ou de l'unité linguistique en fonction d'énoncé) une déclaration, question, injonction, exclamation, donc un **acte de langage discursif** (v. § 22), on peut distinguer les **fonctions communicatives** (et les signes y renvoyant) portant (v. § 19 *b*) :

▷ sur la relation « Je » → message/information ← « Tu » ;

▷ sur la relation « Je » ⇄ « Tu ».

§ 113 Parmi les fonctions concernant la relation **énonciateur → information,** citons :

▷ **La fonction modalisatrice :** le signe ou l'unité linguistique sert à porter un jugement quant à la valeur de **vérité** du contenu informatif (question « objective » : *stimmt das ?*) ou bien exprime le degré d'assurance avec lequel est faite une assertion (question « subjective » : *stimmt das für mich ?*), par exemple :

sicher, zweifellos, unmöglich, wahrscheinlich, offenbar, vieilleicht, etc., ainsi que les verbes de modalisation *müssen, können, werden,* etc.

▷ **La fonction appréciative** au sens large qui accompagne souvent les jugements modalisateurs :

① **Appréciation affective :** le signe ou l'unité linguistique (appelé souvent « appréciatif ») sert à marquer la réaction du « moi » par rapport au contenu informatif (question : Qu'est-ce que cela me fait ?). Elle peut se faire sur la modalisation, la présupposer ou l'impliquer (« je ne dis pas seulement que c'est vrai, je ne le dis pas seulement avec assurance, mais je dis aussi quels sentiments cela évoque en moi »), par exemple :

leider, glücklicherweise, zum Glück, erstaunlicherweise, etc.

Ou bien elle peut se faire hors modalisation : c'est le cas de beaucoup d'interjections, par exemple :

verdammt ! mensch ! ach ! oje ! tja, na ja, so so, etc.

② **Appréciation relative à un autre message :** le signe ou l'unité linguistique renforce ici la modalisation, confirme, infirme, nuance un message antérieur ou logiquement présupposé (ou une situation/un état de fait déjà connu) :

Er ist ***wirklich*** *gekommen* = je l'avais bien dit ; ce que nous pensions s'est réalisé ; les doutes ne se sont pas confirmés, etc.
Cf. aussi : *tatsächlich, in der Tat, echt (er ist echt dumm !), im Grunde, eigentlich, jedenfalls, immerhin, trotzdem, zumindest (Er hat sich zumindest bemüht !), angeblich,* etc., et le subj. I/II de discours indirect.

③ **Appréciation commentative** (explicative, rectificative...). C'est souvent la fonction de l'**apposition** qui précise un désigné *(Paris, die Hauptstadt von Frankreich ; Peter, früher mein bester Freund),* mais aussi celle d'unités qui pallient l'imperfection d'un signe ou montrent que ce signe est utilisé non conformément à la norme (aspect métalinguistique) :

— *sozusagen, gewissermaßen, gleichsam, so gut wie, praktisch, man könnte sagen, ja sogar... ;*
— l'accent contrastif à l'oral ;
— le fait de souligner ou les guillemets à l'écrit : *Er nennt das eine » wissenschaftliche « Arbeit !*
— le point d'interrogation ou d'exclamation : *Er soll später (?!) zurückkommen* et d'une façon générale les comparaisons imagées : *Er arbeitet wie ein Tier...*

④ **Appréciation graduative** portant sur une quantité, qualité, intensité ; elle peut relever aussi de l'affectivité ou de l'appréciation commentative :

etwa, ungefähr, fast, kaum, an/über + nombre, *mindestens, möglichst,*

höchst, äußerst, außerordentlich, le degré I et le degré II, *sehr, viel, derart, so...*
ausgesprochen, ungeheuer, furchtbar, ziemlich, genug, unheimlich, ungemein, verdammt viel...
Affentheater, Mordsaffäre, scheißegal, schnuppegal... besonders, insbesondere, vor allem, sogar, gar nicht...

§ 114 Parmi les fonctions qui concernent la relation **énonciateur ⇆ destinataire,** on peut relever :

▷ **La fonction contactive :** le signe ou l'unité linguistique sert à instaurer, maintenir, rétablir ou rompre le contact (§ 873) :

na ? Franz ! Eh Sie da ! Hör mal ! Hallo ! Schau mal ! nicht ? nicht wahr ? ne ? oder ? gelt (gell) ? was ? also... nun... so... aber... und...

On peut y intégrer les formules des actes sociaux conventionnels et rituels comme :

Guten Tag. Mahlzeit ! Guten Appetit. Bis später.

▷ **La fonction de connivence,** exprimée surtout par des particules impliquant que les interlocuteurs connaissent les « règles du jeu » et destinées à susciter un consensus chez l'autre (§ 825 ss) :

aber, denn, doch, eben, halt, ja, mal, schon, überhaupt, vielleicht...

Das ist aber *nett !*	*Keine Angst, ich bin* ja *da !*
Das gefällt mir schon, *aber...*	*Wir müssen* eben/halt *warten.*
Du bist mir vielleicht *dumm !*	

▷ **La fonction prescriptive** par laquelle on invite/incite l'autre à faire quelque chose :

Ich möchte gern/lieber...	*Sie können/dürfen gerne bleiben.*
Du solltest lieber/besser...	*Seien Sie so nett und...*
Bitte !	*Wollen Sie sich nicht setzen ?*

§ 115 D'autres fonctions servent en général à la **stratégie,** pas toujours consciente, de la communication, par exemple :

▷ **La fonction esthétique** qu'ont les effets de symétrie, les jeux de sonorités, les jeux de mots, les oppositions et contrastes, similitudes et écarts du signifié.

▷ **La fonction de perspective** qui, au plan de l'énoncé, concerne surtout la présentation du contenu et qui commande par exemple le choix de la « voix » (actif/passif/autres comme *sich...lassen*), la linéarisation des groupes *(Es liegt ein Brief für dich auf dem Schreibtisch ↔ Auf dem Schreibtisch liegt ein Brief für dich),* la mise en relief *(Hervorhebung : Der °Peter war's, der es gesagt hat),* la mise en valeur *(Herausstellung : Der °Peter, ⁺der hat es gesagt),* bref les divers ordres expressifs *(Die •spinnen, die °Römer)* et structures présentatives des énoncés *(**Es** dirigiert Herbert von Karajan. **Es war einmal** eine häßliche Prinzessin, die sich in ihrem Schloß langweilte ↔ Eine häßliche Prinzessin langweilte sich in ihrem Schloß)* (v. chap. 32).

▷ **La fonction argumentative** qui est celle des éléments servant à structurer les textes et qui est au discours ce que la fonction de perspective est à l'énoncé (cf. les coordinateurs, *bald...bald,* les « charnières du discours », v. chap. 31).

6
UNITES DE FONCTIONNEMENT ET STRUCTURES SYNTAXIQUES

6.0. Généralités

116 Tout énoncé, produit d'un acte d'énonciation, peut être envisagé sous l'angle interne des sous-ensembles significatifs emboîtés et parfois enchevêtrés qui le composent : c'est la perspective de la **syntaxe** (v. § 8) qui met en œuvre :

▷ du point de vue du **signifiant** : des **unités de fonctionnement** présentant une certaine forme caractérisée notamment par des marques catégorielles (genre, nombre, cas, temps, mode...) et des faits démarcatifs (permettant de repérer les limites d'une unité). Elles sont reliées entre elles par une structure souvent repérable grâce aux marques relationnelles (cas, figures positionnelles, etc.) ;

▷ du point de vue du **signifié** : différents niveaux ou diverses « profondeurs » d'analyse permettant de rassembler ce qui va ensemble et d'étudier notamment les **connexions** existant entre les divers complexes de sens associés à d'autres pour constituer un complexe de sens plus large.

Quelles sont les unités de fonctionnement de la syntaxe ? Comment les caractériser et les classer ? Suivant la réponse donnée à ces questions fondamentales, le modèle d'analyse peut varier considérablement.

6.1. Mot, proposition, phrase

117 La grammaire courante dite traditionnelle opère avec les notions suivantes :

MOT (« analyse grammaticale »)	– classes de mots : substantifs, verbes, articles... – catégories grammaticales : genre, nombre, temps... – fonctions grammaticales : sujet, attribut, objet (« direct/indirect »), compléments circonstanciels, la relation sujet-verbe étant considérée comme privilégiée (notion de « phrase élémentaire », « phrase-noyau »).
PROPOSITION(S) ET PHRASE(S) (« analyse logique »)	– phrase « simple » (un verbe) = proposition dite indépendante ; – phrase « complexe » (plus d'un verbe) = propositions indépendantes coordonnées ou prop. principale + subordonnée(s).

Cette façon d'envisager la syntaxe n'est pas à rejeter en bloc, mais pose quelques problèmes, notamment :

① Les **critères** de définition utilisés sont très hétérogènes, par exemple pour les classes de mots : rapport au monde (substantif → substance, verbe → action/état v. § 108) ; position relationnelle (préposition, apposition, adjectif, adverbe) ; rôle grammatical (article, conjonction de coordination ou de subordination) ; invariabilité (adverbe), etc.

② Cette grammaire risque de masquer la véritable **hiérarchie** des unités (les divers niveaux de fonctionnement), soit par « nivellement » (par exemple en mettant sur le même plan toutes les classes de mots), soit en introduisant des hiérarchies qui ne correspondent pas à la réalité du fonctionnement de la langue :

▷ en privilégiant la relation sujet-verbe (définissant la proposition et la « phrase élémentaire »), on considère implicitement comme secondaire toute autre unité appelée « complément » :
Peter ißt   Peter ißt / einen Apfel   Peter ißt / zu schnell
et on considère donc comme « anormales » les « phrases » sans sujet grammatical :
Heute wird nicht gearbeitet.   Komm!   Lieber Freund!

▷ les notions de propositions « principale » et « subordonnée » sont trompeuses, puisqu'elles invitent à séparer dans :
Ihm wurde mitgeteilt, daß er zahlen müsse
une « proposition » : *ihm wurde mitgeteilt* dite « principale » bien qu'elle ne soit pas même « élémentaire », vu qu'elle n'a pas de sujet, ni « proposition », car il lui manque la partie des données d'existence indispensable pour qu'il y ait proposition logique et dont le prédicat dit quelque chose. D'autre part, le terme de « subordonnée » suggère que *daß er zahlen müsse* fonctionne à un autre niveau (inférieur) que *das* dans : *Das wurde ihm mitgeteilt* qui n'est plus qu'une proposition indépendante.
Autrement dit, ce qui manque à ce type de grammaire, ce sont les **unités de fonctionnement intermédiaires** qui tiennent compte des niveaux d'analyse existant entre les « mots » et la « phrase ».

③ Si la notion de « proposition » est incohérente, la notion de « phrase » est elle-même ambiguë et contribue à alimenter une confusion constante entre **énoncé** (on parle de « phrase déclarative », etc.) et **forme syntaxique** (phrase = phrase verbale, nominale et même sous l'influence de l'anglais « phrase » = syntagme, cf. fin du § 8). Or, non seulement la « phrase » (verbale) n'est pas le seul constituant de l'énoncé (elle participe avec d'autres signaux tels que la prosodie, les signaux communicatifs et situationnels à la constitution de l'énoncé), mais tout énoncé n'est pas nécessairement verbal : cf. *Lügner! Alles klar? Freitag Ruhetag.* Pour prévenir cette confusion de ce qui est par exemple un être vivant concret et situé (l'énoncé) avec sa constitution anatomique : vertébré ou non, monocellulaire ou non, à plumes ou à poils (la structure), il convient de bien distinguer l'**énoncé** de ce qui est l'une de ses « pièces standardisées » possibles, qui sera appelée **groupe verbal** (v. chap. 7).

6.2. Le groupe syntaxique : définition

118 Un groupe syntaxique est un ensemble de signes linguistiques constituant une **unité de fonctionnement** dans l'organisation syntaxique de l'énoncé.

Pour dégager ces groupes syntaxiques d'un énoncé tel que : *Der junge Mann schlägt jeden Tag seinen Hund*, on segmente l'énoncé en utilisant divers procédés opératoires :

a. La substitution
- par augmentation : *Der junge Mann*, der im Haus gegenüber wohnt, *schlägt jeden Tag seinen* armen *Hund*;
- par réduction : *Er schlägt* oft *seinen Hund*. Er *schlägt* ihn oft ;
- par zéro (suppression) : *Der* (...) *Mann schlägt* (...) *seinen Hund*;
- par remplacement (commutation) : Ein *junger Mann schlug jeden Tag* den *Hund*.

b. La permutation (changement de position)
Jeden Tag *schlägt* der junge Mann *seinen Hund*.
Elle peut se compliquer d'autres **transformations** :
Der Hund wird *jeden Tag von dem jungen Mann* geschlagen (passif).
(daß) *der junge Mann jeden Tag seinen Hund schlägt*.

Les groupes syntaxiques peuvent être décrits selon leurs **caractéristiques formelles** (plan du signifiant) et **structurales** (plan du signifié), indépendamment du désigné particulier de leurs constituants et du niveau de « profondeur » syntaxique qui leur sont propres dans tel ou tel énoncé ou partie d'énoncé concret.

La classification conduit en somme à dégager des « pièces standards » abstraites comparables à celles d'un jeu de mécano : ces pièces, quelle que soit la matière dans laquelle elles sont fabriquées et quelle que soit leur couleur, peuvent être utilisées pour réaliser les constructions les plus diverses et à l'intérieur de ces constructions, elles peuvent constituer des parties différentes (poutre du grenier ou de la cave, châssis ou carrosserie...).

6.3. Les groupes syntaxiques de l'allemand

119 Dans la présentation de la « carte d'identité » des groupes syntaxiques, on part ici de la description formelle pour ne se préoccuper qu'ensuite de leur organisation « interne » et « externe » du point de vue du signifié, voire du désigné. Un **premier critère,** à savoir la présence ou l'absence de **marques de catégories** au niveau de la **base** (noyau indispensable du groupe, qui comprend toujours au moins un lexème), permet d'isoler trois types de groupes de fonctionnement :

▷ groupes dont la base porte **toujours** des marques de catégories y compris Ø (« vide »), quand il est opposable à une marque explicite ;

▷ groupes dont la base porte **occasionnellement** (suivant la fonction grammaticale) des marques ;

▷ groupes dont la base ne porte **jamais** de marques de catégories (ou se présente sous forme figée, la marque catégorielle n'étant plus opposable à d'autres).

6.3.1. GROUPES AVEC MARQUES DE CATEGORIES.

§ 120 Ce premier type embrasse le **groupe verbal (GV)** et le **groupe nominal (GN),** que l'on peut différencier par la nature des catégories :

	PLAN DU SIGNIFIANT	PLAN DU SIGNIFIÉ
GV	Marques des catégories du temps, du mode, de l'aspect, de la personne, du nombre, raccrochées à la base verbale.	L'information du groupe est caractérisée par les seules catégories du temps, du mode et de l'aspect.
GN	Marques de l'identification (« défini/indéfini »), du nombre, du genre et du cas, réparties sur une séquence d'éléments.	L'information du groupe est caractérisée par l'identification/non-identification, par le nombre et rarement par le genre.

6.3.2. GROUPES AVEC MARQUES DE CATEGORIES OCCASIONNELLES.

§ 121 Il s'agit du **groupe adjectival** (G ADJ), que l'on divise parfois en groupe qualitatif et groupe adjectival, et dont le lexème-base est un adjectif au sens large du terme :

▷ adjectif **de nom** (donc membre de GN) ;	*ein **großes** Haus.* *eine **schnelle** Fahrweise* *ein **lila** Hemd.* *der **Frankfurter** Flughafen*
▷ adjectif **de verbe** (donc membre de GV) ;	***groß** sein/bleiben/werden* ***schnell** fahren*
▷ adjectif **d'adjectif** (donc membre de G ADJ).	***ungeheuer** groß, **unheimlich** nett,* ***bitter** kalt, **ausdrücklich** gut,* ***genau** richtig, **weit** offen*

Caractéristiques :

La plupart des adjectifs de nom participent au marquage du GN :

ein junges Tier, dieses junge Tier
mais pas : *ein* lila *Hemd, die* Münchner *Oper, Forelle* blau...

Nombreuses sont les bases adjectivales (ADJ de nom, ADJ de verbe et — souvent sous forme figée — ADJ d'adjectif) qui peuvent recevoir les marques du **degré I et II** quand le désigné contextuel le permet (v. § 830 sv.) :

ein größeres Haus, größer werden, schneller fahren
das größte Haus, am schnellsten fahren
möglichst bald, höchst/äußerst unangenehm, bestens informiert

.3.3. GROUPES A LEXEME-BASE SANS MARQUE DE CATEGORIES (GSC).

122 On peut distinguer trois types formels selon que la base est :

▷ un lexème **invariable** (simple ou complexe)	*'morgen, 'übermorgen, 'oben, morgen °früh, unten °rechts, 'rückwärts, 'vormittags*

▷ une **préposition** (→ G PREP, groupe prépositionnel), qui peut être :

— une préposition,	nach *der °Arbeit,* mit *dem °Ball*
— une postposition,	$^+$*meiner Meinung* nach, *'des*wegen
— une circumposition.	von *meinem °Zimmer* aus

Le membre (obligatoire) du G PREP peut être un GN (exemples ci-dessus), un LSC *(nach °rechts, bis °heute),* un groupe infinitif *(ohne zu °zögern).* D'autre part, on peut distinguer parmi les G PREP les groupes :

— (pleinement) **sémantiques** : la préposition a en plus de son signifié relationnel un désigné de temps, de lieu, de cause, etc.	*Ich warte* auf *dem Bahnsteig.* *Ich fahre* mit *dem Auto* / im *Auto.* *Ich fahre* um *vier Uhr.* *Ich fahre* nach *Berlin.* → Wo *wartest du ?* Wie/wann/wohin *fährst du ?*
— (simplement) **structuraux** : la préposition n'a qu'un signifié relationnel et ne peut généralement commuter avec aucune autre ; dans l'interrogation, la préposition est souvent obligatoire.	*Ich warte* auf *den Bus* / auf *dich.* *Es handelt sich* um *einen Fehler.* *Er ist stolz* auf *seine Arbeit* / auf *seine Kinder.* → *Wor*auf/auf *wen wartest du ?* *Wor*um *handelt es sich ?* *Wor*auf/auf *wen ist er stolz ?*

▷ une **conjonction de subordination** (→ G CONJ, groupe conjonctionnel, dont le membre est toujours un GV).	..., *weil ich müde bin* ..., *daß ich müde bin* ..., *so daß ich müde bin* ..., *falls du müde bist*

Comme pour les G PREP, on peut distinguer les groupes :

— **sémantiques :** la conjonction a en plus de son signifié relationnel un désigné de temps, cause, etc.	bevor *ich müde war* weil *ich müde war* obwohl *ich müde war* während *ich auf ihn wartete*

— **structuraux** : la conjonction n'a qu'un signifié fonctionnel ; souvent, elle est un **opérateur** discursif et dans ce cas, elle peut être omise.	*Ich weiß,* daß *er zu Hause ist.* *Ich frage mich,* ob *er zu Hause ist.* Wenn *er zu Hause ist, kann ich ihn anrufen.* → *Ich weiß,* er ist zu Hause. *Ich frage mich :* Ist er zu Hause ? Ist er zu Hause, *so kann ich ihn anrufen.*

A ces groupes « fondamentaux », on peut ajouter un quatrième type :

6.3.4. LES GROUPES PARTICULIERS OU « DERIVES ».

§ 123 Ils ont des caractéristiques communes avec certains des groupes fondamentaux, mais leurs particularités méritent un traitement à part :

① **Le groupe infinitif** (G INF) avec ou sans *zu,* que l'on peut considérer comme marque d'intégration du G INF dans un groupe d'accueil : *eine Sprache (zu) lernen, eine Sprache gelernt (zu) haben.* Issu d'un GV dépouillé de son sujet grammatical et des catégories du temps et du mode (il ne subsiste que celle de l'aspect : bilan/non-bilan), le G INF est aussi cousin du GN :

— il en assume les fonctions : membre de GV (sujet, objet...), de GN *(die Möglichkeit, eine Sprache zu lernen)* et de G PREP *(ohne eine Sprache zu lernen)*;

— il peut même en prendre la forme : *Er kann das Rauchen nicht lassen. Ich habe mir beim Skifahren den Fuß verstaucht.*

La marque du G INF est *(e)n* ; elle est portée par le lexème verbal base ou par l'auxiliaire.

② **Le groupe relatif** (G REL) est un GV s'ouvrant sur un pronom relatif et assumant des fonctions analogues à :

— celles du GN (il peut être notamment membre sujet, objet... d'un GV) : *Wer zuletzt lacht, lacht am besten. Ich mache, was ich will ;*

— et à celles d'un membre de GN : *Die Stadt, die mir am besten gefällt. Die Stadt, wo ich wohne. Die Stadt, die zu besichtigen er gekommen war.*

③ **Les groupes participiaux** (G PART), ayant comme base :

— un participe I :	*auf dem Platz stehend* *die einreisenden Touristen*
— un participe II :	*in eine Decke eingewickelt* *die eingereisten Touristen*

Issus eux aussi d'un GV (sans sujet grammatical et avec pour seule catégorie celle de l'aspect : bilan/non-bilan), les G PART peuvent fonctionner comme des G ADJ :

— adjectif de nom	*eine* erschreckende *Tat* *die* verlorene *Zeit.*
— adjectif de verbe	*Es war* erschreckend. *Er kam* angeschwommen.
— adjectif d'adjectif	erschreckend *groß.* ausgesprochen *nett.*

§ 124 *RECAPITULATION — LES GROUPES SYNTAXIQUES*

<table>
<tr><td>Lexème-base avec marques de catégories</td><td>GV groupe verbal
GN groupe nominal</td><td rowspan="2">groupes dérivés
G INF groupe infinitif
G REL groupe relatif

G PART groupe participial</td></tr>
<tr><td>Lexème-base avec marques de catégories occasionnelles</td><td>G ADJ groupe adjectival
— membre de GN
— membre de GV
— membre de G ADJ</td></tr>
<tr><td>Lexème-base sans marques de catégories</td><td>GSC groupe sans catégories
— lexème invariable (LSC)
— G PREP groupe prépositionnel
— G CONJ groupe conjonctionnel</td><td></td></tr>
</table>

Les « pronoms », « substituts », groupes pronominalisés seront présentés à part avec leurs particularités (chap. 27).

7
LE GROUPE VERBAL : PRESENTATION

7.0. Généralités

§ 125 La notion de GV est d'un emploi fréquent dans des acceptions diverses. Il faut donc en choisir une et la délimiter par rapport aux autres qu'on élimine. Dans ce chapitre, on dira d'abord ce que le GV n'est pas pour nous (§ 126), puis à l'aide de l'analyse d'un exemple, ce qu'il est avec ses constituants (7.1.), ses catégories (7.2.), dans sa structure abstraite et en chaîne (7.3.), dans ses fonctions (7.4.).

§ 126 **Le GV,** tel qu'il est défini dans cette grammaire, **n'est pas seulement** :

▷ l'ensemble des formes verbales de la grammaire courante :

*(weil) er gestern abend **gerufen worden war/spazierengefahren war***;

Cet ensemble est pour nous le **complexe verbal** ou la base verbale au sens large dans laquelle on peut distinguer encore du point de vue du signifiant le « noyau »-lexème de la base *(ruf- ; spazierengeh-),* les marques de catégories, les « noyaux » auxiliaires *(worden war ; war) ;*

▷ l'ensemble prédicatif (prédicat au sens large), qui est mis en relation avec le GN « sujet » dans la structure première de la « phrase élémentaire » (phrase → GN + GV) :

*(weil) der Fahrer **viel zu schnell gefahren ist** ;*

Pour nous, cette relation sujet-prédicat n'est en rien privilégiée parmi le réseau de relations du GV, cf. *(weil)* ***getanzt wird,*** qui ne comprend pas de sujet ;

▷ l'ensemble abstrait des unités en valence, régies par une base verbale, donc ce que les grammaires de dépendance appellent *Satzbauplan* ou *Satzmuster.* Exemple :

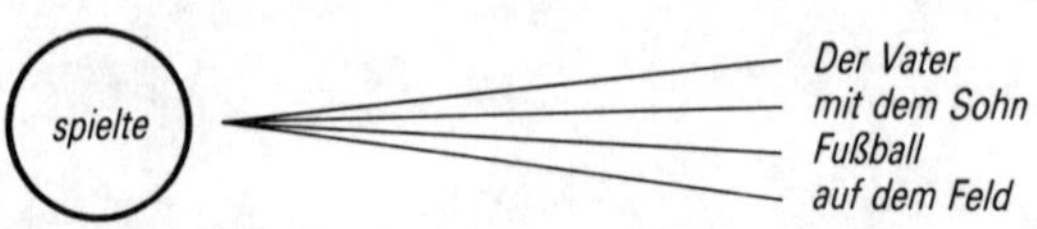

Pour notre position, cf. chap. 13.

▷ l'ensemble appelé par les anciens rhème et qui, dans une proposition logique, représente les « essences », « propos », « idées », « jugements », rapportés par prédication (v. § 107) à un ensemble de « données » posées dans l' « existence » et qu'on appelait thème.

Cette répartition des unités en rhème et thème est certes pertinente, mais se produit au niveau de l'énoncé et de la désignation (v. §§ 98-99) et non pas au niveau de l'unité abstraite du fonctionnement syntaxique qu'est pour nous le GV.

▷ la proposition de la grammaire traditionnelle.

En effet, notre GV ne privilégie pas la relation sujet-prédicat et ne réduit pas ce dernier au verbe. D'autre part, le GV est en tant que structure abstraite en deçà de la répartition des unités entre thème et rhème. Il est enfin une unité d'information dépouillée de ses caractéristiques communicatives et pragmatiques (v. § 111).

Pour définir ce qu'est le GV, au sens où on l'entend dans cette grammaire, on prend pour exemple l'énoncé : + *Ihm wurde* °*mitgeteilt, daß er* •*zahlen müsse*

7.1. Les constituants du GV

127 Cet énoncé est du point de vue de l'attitude discursive une déclaration, marquée à la fois par le modelé intonatif final et la position seconde de *wurde.* L'accentuation de groupe (°) et d'énoncé (•) montre déjà que cet énoncé se compose en première analyse d'**un seul** GV, dont on peut donner une représentation abstraite en replaçant *wurde* dans la position discursivement neutre (donc non déclarative ici) : la position finale.

Ihm / daß er zahlen müsse / mitgeteilt wurde

Ce GV unique comprend à son tour une **base verbale** et des **membres**. Ces derniers sont eux-mêmes des groupes syntaxiques.

a) La base.

Elle est, avec les indices des catégories, l'unité indispensable pour qu'il y ait groupe et le point de départ, voire le « centre de commande » des relations tressées entre les divers constituants du groupe. Dans le GV, la base est constituée :

▷ nécessairement d'un **lexème verbal** simple, ou — comme dans notre exemple — composé *(mit-teilen)*;

▷ éventuellement d'un ou d'autres noyaux verbaux (ici : *wurde*) appelé(s) **auxiliaire(s)** (v. §§ 138-140) parce qu'il(s) porte(nt) une partie des marques de catégories du GV.

b) Les membres.

Le GV de notre énoncé comprend deux membres :

▷ *ihm* = GN — à **forme** pronominale ;
— à **fonction** de substitut (il représente une tierce personne) ;
— assurant le **rôle** (fonction) grammatical d'objet dans le groupe, rôle marqué ici par le cas du datif.

▷ *daß er zahlen müsse* = G CONJ (groupe conjonctionnel)

— l'élément *daß* indique que le GV *er zahlen müsse* est intégré comme membre (à rôle de sujet) dans un **groupe d'accueil,** qui est le GV global ;

— ce G CONJ de par sa forme est simplement structural. On peut omettre *daß : Ihm wurde mitgeteilt, er müsse zahlen.* Mais *müsse* vient alors occuper la 2e position. Cela signifie que *daß* n'est pas seulement ici un marqueur d'intégration, mais aussi un opérateur discursif à valeur déclarative :

Ihm wurde mitgeteilt : (die Aussage :) *er müsse zahlen...,* daß *er zahlen müsse*

Il arrive que la base avec les marques de catégories soit l'unique constituant du GV (p. ex. : *Komm !*). Mais généralement, elle est accompagnée de membres. En principe, leur nombre est illimité et leur nature indéterminée. En pratique cependant, le nombre et la nature des membres dépendent :

▷ du « programme valenciel » du lexème verbal : tel verbe n'accepte qu'un GN-sujet dans tel sens *(sterben),* tel autre ne peut pas avoir de GN objet à l'accusatif *(danken),* tel autre impose un G PREP *([sich] interessieren),* etc. (v. chap. 13) ;

▷ des impératifs de la communication linguistique : un énoncé ne peut pas être infini, et la clarté impose de restreindre le nombre des membres.

> Le GV n'est qu'**un des constituants possibles** de l'énoncé : tout énoncé n'est pas verbal et toute « phrase » verbale est plus qu'un GV. Ce dernier est une unité d'**information,** c'est-à-dire une unité abstraite de l'énoncé verbal dépouillé de tous les signaux ayant une fonction purement **communicative ou pragmatique,** ainsi que des indices renvoyant à l'attitude communicative, par exemple dans notre énoncé, le modelé intonatif final (signal prosodique) et la position seconde de *wurde* (signal positionnel et syntaxique), marques de l'attitude déclarative.

7.2. Les catégories du GV

§ 128 Les marques ou indices des catégories, également indispensables pour qu'il y ait GV, sont dans notre exemple :

▷ le /U/ de *wurde* : marque de TEMPS (passé) et d'ASPECT (distancé) s'opposant par exemple au /I/ de *wird* et au /e:/ de *werde* (non passé + non distancé) ;

▷ le /U/ (non infléchi) : marque de MODE (indicatif) s'opposant à la fois à /Y/ et /e :/ *(würde/werde)* ;

▷ l'absence de morphème final (signe Ø) : marque de 1re et 3e PERSONNES et de NOMBRE (singulier), s'opposant à *wurdest, wurden, wurdet.* Seule la connexion avec *daß er zahlen müsse* (sujet) en fait une marque de 3e PERSONNE SINGULIER ;

▷ la présence simultanée d'un participe II *(mitgeteilt)* et du noyau auxiliaire *werden* : marque de passif processuel (ASPECT) appelé également « passif d'action ».

Les catégories de la PERSONNE et du NOMBRE se retrouvent au niveau du GN (comparer : *ich* et *der Vater ; ihr* et *die Väter*). Quant à la figure du passif (participe II + *werden*), il n'est pas aisé de la traiter comme une véritable catégorie, car elle apparaît également dans certaines structures attributives *(er wurde bekannt)* et surtout, elle relève plutôt de l'aspect communicatif/pragmatique de l'énoncé, plus précisément de la fonction de perspective (façon de présenter l'information, v. § 115).

⇨ Sont donc seules spécifiques du GV les catégories du **temps,** du **mode** et, sous certaines conditions à préciser (v. §§ 178-179), de l'**aspect**.

7.3. Chaîne et structure abstraite

129 Quand on envisage la chaîne (phonique ou graphique), c'est-à-dire le GV tel qu'il est réalisé (avec des signes complémentaires) dans un énoncé, on constate que :

▷ les marques de catégories sont toutes rattachées à la base (ici *mitteil(en)* + *werd(en)),* contrairement à ce qui se passe dans le GN (cf. *alle braven Kinder* = la séquence significative) ;

▷ la partie conjuguée (forme personnelle variable) de la base peut ne pas occuper la dernière place (discursivement neutre) de la structure abstraite, et notamment remonter à la position significative qu'est la deuxième position avec la première position occupée *(Ihm wurde mitgeteilt...)* ou non *(Ø Wurde ihm mitgeteilt...)* ;

▷ certains membres du GV, notamment les GCONJ (p. ex. : *daß er zahlen müsse)* sont dans certaines conditions rejetés au-delà de la base verbale (« hors-construction ») ou projetés vers l'avant en première position.

⇨ Il n'y a donc **pas nécessairement correspondance** (isomorphie) entre la place de la base et des membres sur la **chaîne** et l'ordre éventuel des connexions tel qu'on peut l'établir dans la **structure abstraite** du signifié.

La non-isomorphie entre chaîne et structure apparaît fort bien quand on se place sur le **plan du sens,** même si à ce niveau les types d'analyse et de schémas destinés à les illustrer peuvent diverger. On peut considérer notamment que cette analyse varie suivant que :

▷ l'on s'en tient au seul niveau des signifiés abstraits hors contexte et hors situation ;

▷ l'on intègre le plan des désignés contextuels et situationnels (impliquant une réponse à la question : comment la réalité entre-t-elle dans le langage ?) ;

▷ l'on prend en compte les opérations logiques qui peuvent transparaître dans le langage.

Dans le premier cas, on peut admettre un schéma connexionnel qui relie chaque fois une information, et une seule, à l'information ou au complexe d'informations déjà fourni, les catégories « couvrant » de leur propre information l'ensemble informatif donné. Exemples :

— la base verbale *mitteil- werd-* fournit une information ;
— celle-ci est connectée à celle transmise par le GV intégré : *er zahlen müsse,* une déclaration *(daß)* ;
— le nouveau complexe de signifiés ainsi constitué est connecté à son tour à l'information fournie par le pronom *« er »* (ici au datif *ihm*) ;
— enfin, l'information fournie par les catégories du TEMPS/MODE/ASPECT porte non sur la base seule, mais est incidente à un contenu plus large, qui, pour le TEMPS au moins, est le contenu global du GV (v. § 110 et chap. 9).

§ 130 Du point de vue du signifié (hors contexte), la structure abstraite de notre GV pourrait donc, dans ce cas, être représentée sous forme simplifiée comme suit (B = base, M = membre, C = catégories) :

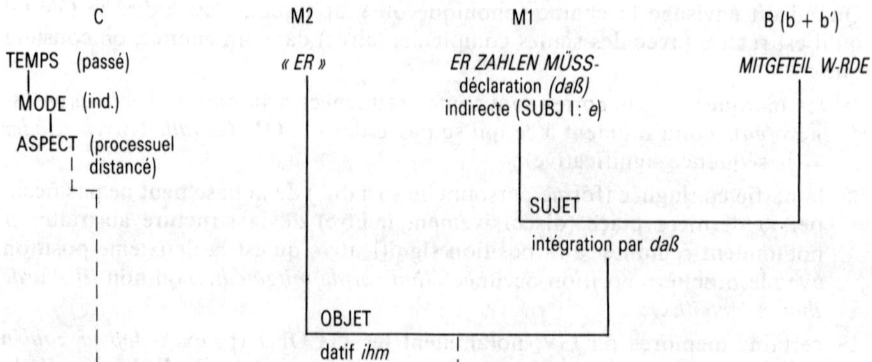

La base du GV pouvant contenir d'autres éléments (p. ex. *mit + fahr-*) et d'autres noyaux verbaux (p. ex. *geschlagen worden sein wird,* cf. §§ 137 s.), et le GV pouvant avoir plus de deux membres, on peut établir le schéma connexionnel type :

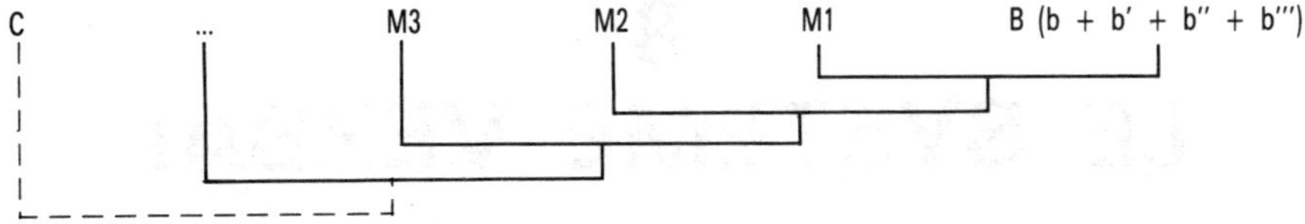

Ce schéma a l'avantage de s'appliquer non seulement à tout GV, mais à tout groupe syntaxique. Il a cependant le désavantage d'être nettement insuffisant pour analyser les énoncés, donc les groupes syntaxiques en fonction d'énoncés contextuels et situés. Sur ce plan, en effet, il convient d'envisager également le désigné des unités informatives, des relations (telle connexion est-elle parataxique, hypotaxique, déictique ?), des catégories (le temps est-il toujours « donnée » ? le mode toujours un « jugement » ?...), ainsi que la dimension communicative et pragmatique des signes.

7.4. Fonctions du GV

131 Le GV, unité de fonctionnement syntaxique, peut apparaître :

▷ en fonction d'**énoncé** ;	*Ihm wurde mitgeteilt, daß er zahlen müsse.*
▷ en fonction d'**énoncé intégré** (« incise ») dans un autre énoncé ;	*In einem fremden Land* — ich weiß nicht mehr wo — *lebte eine schöne Prinzessin.*
▷ comme **membre** intégré dans un **groupe d'accueil**.	*Ich weiß, daß* er kommt. *Die Angst daß* irgendetwas passiert. *Er ist böse, weil* sie nicht gekommen ist.

7.5. Plan d'étude du GV

132 Les divers aspects du GV seront traités dans l'ordre suivant :

CATÉGORIES	**chap. 8-11**
— Système verbal	8
— Emploi des temps	9
— Emploi des modes	10
— Voix (notamment le passif)	11
CONSTITUANTS	**chap. 12-13**
— Bases verbales simples et complexes	12
— Programmes valenciels des lexèmes verbaux	13
FONCTIONS ET STRUCTURES	**chap. 14**

La construction du GV (en fonction d'énoncé) et l'ordre des membres sont traités aux chapitres 14 et 32.

8
LE SYSTEME VERBAL

8.0. Généralités

§ 133 La notion de système verbal recouvre à la fois :

▷ l'organisation des divers éléments du complexe verbal sur la chaîne (plan du signifiant) et en structure abstraite (plan du signifié) ;

▷ les oppositions des formes verbales dites « simples », « composées », etc.

8.1. L'organisation interne du complexe verbal

8.1.1. FORMES SIMPLES ET FORMES PERSONNELLES.

§ 134 On appelle forme verbale **simple** une base verbale réduite à son minimum nécessaire, c'est-à-dire un « mot » comprenant :

▷ un **lexème** simple *(trag-)* ou complexe *(vertrag-, beauftrag-)*;

▷ des **marques de catégories** : PERSONNE combinée avec le NOMBRE (elles dépendent du sujet ; dans les exemples, on choisira la 3e personne singulier), TEMPS, MODE et ASPECT.

Lorsque les marques sont réparties sur plusieurs noyaux (« mots ») verbaux, on parle de formes composées, surcomposées, hypercomposées (v. §§ 137-140) : *gekauft hat, gekauft worden wäre...*

On appelle **forme personnelle** la partie du complexe verbal qui porte les marques combinées de la PERSONNE et du NOMBRE (et évidemment aussi celles du TEMPS et du MODE), par exemple :

*trug, getragen **hat**, tragen **wird**, getragen **wird**, getragen worden **ist**.*

Le système verbal allemand s'organise autour de **quatre types** de formes personnelles :

IND PRESENT	*kauft, kommt, hat, ist, wird, mag...*
SUBJ I PRESENT	*kaufe, komme, habe, sei, werde, möge...*
IND PRETERIT	*kaufte, kam, hatte, war, wurde, mochte...*
SUBJ II PRESENT	*kaufte, käme, hätte, wäre, würde, möchte...*

135 L'**impératif** a un statut particulier dans le système verbal. S'il est incontestablement une forme personnelle (marques PERSONNE/NOMBRE) :

kauf(e), kaufen wir, kauft, kaufen Sie
komm, kommen wir, kommt, kommen Sie

il ne présente ni opposition de MODES (il ne sert pas à situer le contenu du GV par rapport à la réalité ou la non-réalité : il exprime tout au plus une virtualité), ni opposition de TEMPS et d'ASPECT (on ne peut pas ordonner quelque chose de passé, ni d' « accompli » !)[1]. A cela s'ajoute qu'il est l'une des possibilités (la plus directe et la plus personnelle) d'exprimer l'injonction, c'est-à-dire qu'il est lié le plus souvent à une fonction discursive et communicative (v. § 22 et § 112).

1. Il arrive cependant qu'on trouve dans la langue littéraire des injonctions faites dans la perspective du bilan : *Besen, Besen, seid gewesen* (Goethe).

136 L'**infinitif** et les **participes I et II** sont appelés à juste titre **formes impersonnelles** :

- ▷ Ils n'ont pas de marques PERSONNE/NOMBRE ;
- ▷ Ils ne sont pas soumis à la catégorie du MODE : *essen, essend, gegessen* ne renseignent en rien sur la réalité ou la non-réalité (le caractère vérifié ou non vérifié) du procès « manger » ;
- ▷ Ils ne sont pas soumis à la catégorie du TEMPS : l'opposition *essen ↔ gegessen haben* est une opposition d'ASPECT (non-bilan ↔ bilan), de même que l'opposition *essend ↔ gegessen.*

C'est ainsi que le PART I appelé traditionnellement « participe présent » peut fort bien se rapporter à un passé, tandis que le PART II prétendument « passé » peut être utilisé pour un procès futur. Par exemple :

Er saß rauchend am Fenster.
Übermorgen um diese Zeit haben wir es geschafft.

8.1.2. FORMES COMPOSEES, SURCOMPOSEES, HYPERCOMPOSEES.

§ 137 On appelle ainsi les complexes verbaux composés respectivement de deux, trois et quatre noyaux (« mots ») verbaux (représentés en structure abstraite, les crochets marquant des formes rares) :

	F. COMPOSEE	F. SURCOMPOSEE	F. HYPERCOMPOSEE
avec INF.	*kaufen wird*	*[kaufen werden wird]*	*[kaufen wollen müssen wird]* (va devoir vouloir acheter)
avec INF.	*kaufen kann* *kaufen ging*	*kaufen können hat* *kaufen gegangen ist*	*kaufen können haben muß* (doit avoir pu acheter/ a dû pouvoir acheter)
avec INF.	*sitzen blieb* *zu kaufen hat* *zu kaufen ist* *zu kaufen pflegt*	*sitzen geblieben ist* *[zu kaufen gehabt hat]* *zu kaufen gewesen ist*	*zu verkaufen gewesen sein muß* (doit avoir été à vendre/ a dû être à vendre)
avec PART. II	*gekauft hat*	*gekauft gehabt hat* (a eu acheté : assez courant à l'oral)	*gekauft worden sein wird* (aura été acheté)
avec PART. II	*gekauft wird* *gekauft ist*	*gekauft werden wird* *gekauft worden ist*	*gekauft worden sein kann* (peut avoir été acheté) *gekauft werden können hätte* (aurait pu être acheté)
avec PART. II	*geschenkt bekommt* *angelaufen kam* *gefangen hielt*	*geschenkt bekommen hat* *angelaufen gekommen war* *gefangen gehalten hat*	

§ 138 Ces complexes verbaux posent d'abord le problème de la notion d'**auxiliaire,** défini traditionnellement d'un double point de vue :

▷ **formel :** l'auxiliaire porte une grande partie des marques de catégories : celle de la PERSONNE et du NOMBRE, du TEMPS, du MODE, et une partie de celles de l'ASPECT ;

▷ **sémantique :** l'auxiliaire serait un verbe « à sens affaibli » voire « vide », qui apporterait au verbe « principal » (la base lexicale proprement dite) un complément de signification.

On distingue ainsi :

▷ les **auxiliaires de temps** : *werden* + INF servant à exprimer le futur de façon « périphrastique », qu'il faut bien distinguer dans ce cas du *werden* de modalisation (p. ex. : *Er wird schon wissen, was er tut* — v. § 383) ;

▷ les **auxiliaires d'aspect-« phase »** : *haben/sein* + PART II, « périphrases » pour l'expression de la perspective du bilan, de l' « accompli » ;
▷ les **auxiliaires de voix** : *werden/sein* + PART II exprimant respectivement le « passif d'action » (passif processuel) et le « passif d'état » (passif bilan). On peut y ajouter *bekommen* + PART II, cf. : *Der Herr bekommt seinen Anzug gebügelt* ;
▷ les **auxiliaires de mode** (terme impropre) qui, joints au G INF, expriment une **modalité** ou une **modalisation** (v. §§ 372 sv.).

139 D'autres auxiliaires (**« semi-auxiliaires »**, v. aussi § 410) servent à exprimer :

soit un **aspect**-« Aktionsart » c'est-à-dire un stade ou une perspective du procès (v. §§ 178-179)	soit une nuance proche d'une **modalité**
aufhören *(zu essen aufhören)*	***bleiben*** (+ G INF : *zu tun bleiben)*
beginnen *(zu essen beginnen)*	***brauchen*** (*nicht/nur/bloß* - + G INF avec *zu*)
(es) ***belieben*** *(= pflegen)*	***drohen*** (+ G INF → risquer : prospectif redouté)
bleiben *(stehen bleiben)*	***finden*** *(nichts auszusetzen finden)*
geben *(zu verstehen geben)*	***gedenken*** (+ G INF : *abzufahren gedenken)*
gehen *(schlafen gehen, verlorengehen)*	***gehören*** *(er gehört bestraft)*
kommen *(auf das Thema zu sprechen kommen)*	***haben*** (+ G INF : *zu bezahlen haben*)
lassen *(kommen lassen)*	***sein*** (+ G INF : *zu bezahlen sein*)
lernen *(kennenlernen)*	***suchen*** (+ G INF : *weil er zu helfen sucht = weil er helfen will*)
lieben *(= pflegen)*	***vermögen*** (+ G INF : *etwas zu tun vermögen*)
machen *(glauben machen, sich zu schaffen machen)*	***versprechen*** (+ G INF → promettre : prospectif espéré)
pflegen *(zu spielen pflegt)*	***verstehen*** (+ G INF : *sich zu benehmen verstehen*)
scheinen *(zu sich zu kommen scheinen)*	***wissen*** (+ G INF : *zu reden wissen*)

140 La définition formelle de l'auxiliaire comme porteur de marques de catégories est inattaquable à condition de ne pas oublier que l'infinitif et les participes portent également des morphèmes. En revanche, la notion qui envisage l'auxiliaire comme un verbe plus ou moins vide de sens et qui en fait un élément « secondaire » est critiquable.

On peut penser en effet qu'au niveau simplement structural (connexions entre signifiés, v. § 130), l'auxiliaire n'est pas un déterminant (un « complément de sens » du « verbe principal »), mais le déterminé ultime :

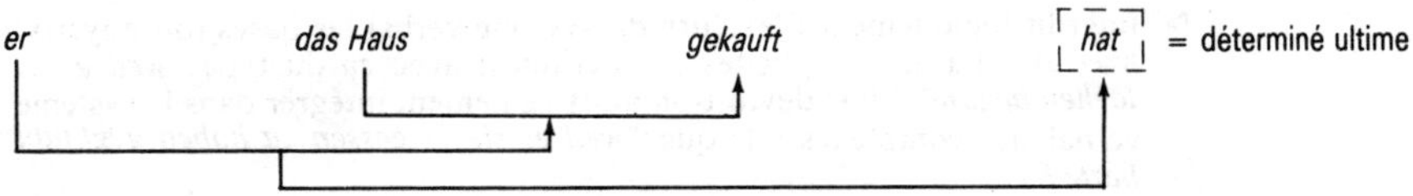

et non, comme le voudrait l'analyse « synthétique » :

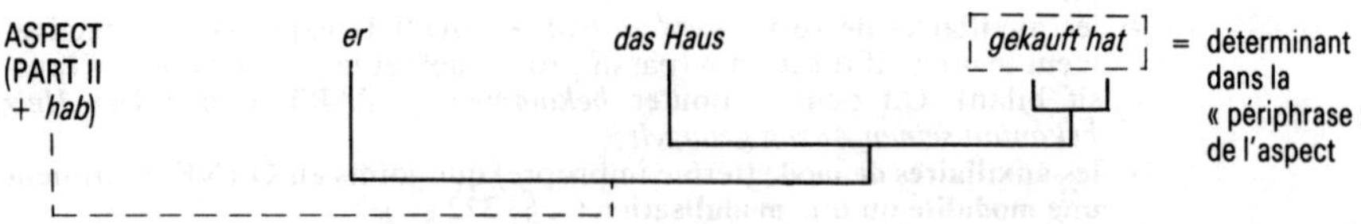

Faut-il pour autant refuser dans tous les cas d'envisager les formes verbales dans leur **synthèse** (*kaufen wird* est un ensemble ayant un sens global, qui est le « futur » indicatif) et lui préférer une analyse **unité par unité** (chaque lexème et chaque marque pour soi) ? Rien n'est moins sûr, car ce serait confondre les niveaux d'analyse du signifié et du désigné et d'autre part rendre bien floues les limites du système verbal.

L'analyse unité par unité :

▷ suggère que le sens des lexèmes et des morphèmes est indépendant de leur entourage. Or, on ne peut pas vraiment dire que la marque *ge...en* ait la même performance sémantique (le même désigné) dans

Jetzt hat er das Auto gewaschen

et dans :

Jetzt wird das Auto gewaschen.

Et si l'on parle pour le premier exemple de « présent » *(hat)* de l' « accompli » *(gewaschen)*, peut-on continuer à dire que *hat* exprime un « présent » dans :

Gestern hat er das Auto gewaschen.
Früher hat er sein Auto nie gewaschen ?

Peut-on dire que la performance sémantique du subj. II est la même dans *Ich käme* et *ich möchte* ?

Même si on admet qu'il n'y a qu'un signifié potentiel abstrait correspondant à un signifiant, on ne peut nier que, selon le contexte où apparaîtra le signe, le désigné puisse varier, même s'il est pris dans une structure identique.

▷ ne permet pas de rendre compte du comportement en chaîne de certains noyaux verbaux, comportement qui dépend précisément de l'entourage, cf. :

weil er etwas hätte *sagen wollen*

mais :

weil er etwas gesagt haben will

weil er bald etwas sagen wollen wird

ou :

weil er bald etwas wird *sagen wollen*

et dans le registre soigné :

weil er bald wird *etwas sagen wollen*

▷ interdit logiquement d'exclure du système verbal les bases (ou noyaux) avec des liaisons explicites (syndétiques) avec *zu* du type : *weil er zu lachen begann.* Mais devra-t-on alors également intégrer dans le système verbal des complexes tels que : *weil er sie vergessen zu haben geglaubt hatte* ?

La conception traditionnelle qui envisage les formes verbales comme des synthèses plus ou moins lexicalisées ou « grammaticalisées » relève du plan d'analyse des désignés contextuels. Ces synthèses peuvent d'ailleurs présenter différents degrés d' « opacité ». Mais l'analyse de détail (unité par unité) relève, elle, de la combinatoire des signifiés potentiels : souvent l'étude attentive de la seconde permet de rendre compte de la première (ainsi l'analyse de détail permet de rendre compte de la valeur de futur dans la perspective du bilan de : *Morgen haben wir es geschafft*).

On distinguera donc les complexes verbaux simples, composées, surcomposées, hypercomposées. Mais on ne retiendra comme bases verbales que ceux qui expriment la **perspective du bilan** et **de la voix** (dans les deux cas, il faudra d'ailleurs distinguer les structures dites attributives non « grammaticalisées » et les complexes « grammaticalisés », cf. §§ 170, 190-191, 348). Les correspondances sémantiques entre les deux types de bases verbales utilisés soit comme verbe d'attribution, soit comme auxiliaire sautent aux yeux :

werden	*bekommen*	→	dynamique (processuel)
sein	*haben*	→	statique (« accompli »)

En revanche, on considérera comme des **lexèmes verbaux** plus ou moins **complexes** (des bases lexicales complexes), les exemples du type *spazierengehen, kennenlernen,* au même titre que *ausgehen* ou *auslernen* (v. chap. 12). Seront également traités à part les lexèmes verbaux de **modalité/modalisation :** *müssen, dürfen,* etc. (v. chap. 13).

8.2. Le système des formes personnelles

141 La forme de référence du système est l'**indicatif présent** sans marque (signifiant « zéro » : Ø) sur le plan des oppositions temporelles et modales. Du point de vue du signifié, le présent est en fait un « non-passé » envisageant le procès comme « processuel » (en train de se dérouler).

Autour de cette forme de référence, le système verbal s'organise selon deux types d'oppositions :

▷ celle du **temps** (représentée dans le schéma ci-dessous sur l'axe vertical) ;

▷ celle des **modes** (axe horizontal) :

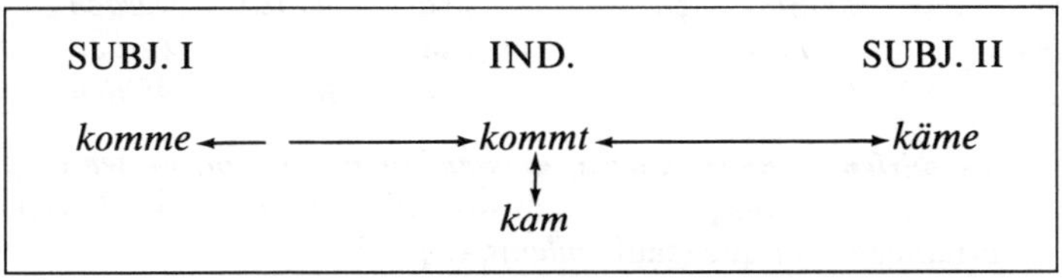

8.2.1. LE MARQUAGE DES FORMES PERSONNELLES : GENERALITES.

§ 142 Le mode indicatif et le temps de la forme de référence étant sans marque (signe Ø), les morphèmes de la PERSONNE et du NOMBRE s'ajoutent dans ce cas directement au radical du lexème verbal. Exemple :

kauf- → *er kauf***-Ø-Ø-t** → *er kauft.*

Les autres formes sont marquées par des morphèmes spécifiques de TEMPS, de MODE et bien sûr de PERSONNE/NOMBRE (par exemple : *er kauf-Ø-e-Ø, er kauf-Ø-te-Ø*), accompagnées pour certains lexèmes (verbes forts) d'un changement de radical (modification de la voyelle : *komm* [ɔ] → *kam* [ɑ:]).

Ne sont pas à considérer comme des marques catégorielles :

▷ le *e* euphonique intercalé comme « aide phonétique » entre le radical de certains lexèmes et la marque catégorielle, cf. : *es regn-e-t* (v. §§ 145-146) ;

▷ les variations vocaliques que subissent certains verbes forts aux 2e et 3e personnes du singulier du présent de l'indicatif : *trag-* → *du trägst, er trägt (a → ä), geb-* → *du gibst, er gibt (e → i), stoß-* → *du stößt/er stößt* (v. § 144) ;

▷ les complications consonantiques accompagnant l'alternance vocalique au prétérit et au participe II de certains verbes, par exemple (v. § 78) :

zieht → *zog*	*mag* → *mochte*	*leidet* → *litt*
steht → *stand*	*geht* → *ging*	*bringt* → *brachte* (etc.)

8.2.2. LES MARQUES PERSONNELLES.

§ 143 DEUX SÉRIES DE MORPHÈMES.

Le système verbal allemand dispose de deux séries de marques personnelles :

① Celle de l'**indicatif présent :** *-e, -st, -t, -en, -t, -en.*

ich	*komm-*	**e**	Mais	**bin**	*habe*	*werde*	*tue*
du	*komm-*	**st**		**bist**	**hast**	**wirst**	*tust*
er/es/sie	*komm-*	**t**		**ist**	**hat**	**wird**	*tut*
wir	*komm-*	**en**		**sind**	*haben*	*werden*	*tu***n**
ihr	*komm-*	**t**		**seid**	*habt*	*werdet*	*tut*
sie	*komm-*	**en**		**sind**	*haben*	*werden*	*tu***n**

► les verbes ***dürfen, können, mögen, müssen, sollen, wissen, wollen*** (« prétérito-présents ») ont aux trois personnes du singulier un marquage de type prétérit avec alternance vocalique (sauf *sollen*) : v. § 157.

② Celle de l'**indicatif passé** (prétérit) et des **subjonctifs présents I et II,** caractérisée par **Ø** aux 1re et 3e personnes du singulier :

IND. PRETERIT		SUBJ. I		SUBJ. II
ich	*kam*-**Ø**	*komm*-**e-Ø**	*leb*-**e-Ø**	*käm*-**e-Ø**
du	*kam*-**st**	*komm*-**e-st**	*leb*-**e-st**	*käm*-**e-st**
er/es/sie	*kam*-**Ø**	*komm*-**e-Ø**	*leb*-**e-Ø**	*käm*-**e-Ø**
wir	*kam*-**en**	*komm*-**e-n** [1]	*leb*-**e-n** [1]	*käm*-**e-n** [1]
ihr	*kam*-**t**	*komm*-**e-t**	*leb*-**e-t**	*käm*-**e-t**
sie	*kam*-**en**	*komm*-**e-n** [1]	*leb*-**e-n** [1]	*käm*-**e-n** [1]

PRET./SUBJ. II verbes faibles	
ich	*leb*-**te-Ø**
du	*leb*-**te-st**
er/es/sie	*leb*-**te-Ø**
wir	*leb*-**te-n** [1]
ihr	*leb*-**te-t**
sie	*leb*-**te-n** [1]

1. Le /ə/ du morphène *-en* fusionne avec le *-e-* du morphème de mode et/ou de temps *(-te-)*

PARTICULARITÉS PHONÉTIQUES.

144 **a) Modification vocalique.**

Les verbes forts en *a, au, e, o, ö* modifient la voyelle du radical aux 2e/3e personnes singulier du présent :

a → **ä** *tragen : du trägst, er trägt (fahren, schlagen, lassen...)*
au → **äu** *laufen : du läufst, er läuft (saufen)*
e → **i** *geben : du gibst, er gibt (brechen, helfen,* etc., sans changement de quantité)
nehmen : du nimmst, er nimmt (changement de quantité)
e → **ie** *sehen : du siehst, er sieht (stehlen, befehlen lesen...)*
o → **ö** *stoßen : du stößt, er stößt*
ö → **i** *erlöschen* (intransitif) : *erlischt*

SAUF :
— *heben, genesen, gehen, stehen, kommen ;*
— les verbes « faibles irréguliers » : *denken, bringen, kennen, nennen, rennen, senden, wenden* ;
— les verbes à comportement faible/fort : *mahlen, schaffen, schallen, spalten, salzen* (mais : *Der Bäcker bäckt Brot. Der Schnee backt* — v. détail §§ 158-164) ;
— *hauen, saugen, schnauben ;*
— *bewegen (jn. zu etwas bewegen), pflegen* (autrefois fort, aujourd'hui faible), *scheren, weben* (mais *melken : er melkt/[milkt]*)

§ 145 b) Chute d'un *e*.

① Verbes en ***-eln***: lorsque deux syllabes avec un /ə/ non accentué se succèdent, l'un des deux tombe :

	IND. PRESENT	SUBJ. I	
ich	***sammle***	***sammle***	le /ə/ du radical tombe (cf. *dunkel* → *dunkle*)
du	*sammelst*	*sammelst*	
er/es/sie	*sammelt*	***sammle***	
wir	*sammel**n***	*sammel**n***	le *e* du morphème tombe
ihr	*sammelt*	*sammelt*	
sie	*sammel**n***	*sammel**n***	

de même : *betteln, klingeln, rütteln, schütteln, wackeln,* etc.

② Verbes en ***-ern***: le *e* du radical ne tombe que dans la langue parlée familière ou dans la langue poétique :

ändern : ich ändere (langue parlée : *ändre*), *du änderst, wir ändern...* (cf. *heiter* → *heitere/heitre*)

de même : *bedauern, beteuern, bewundern, erinnern, feiern, heuern, klettern, plaudern, rudern, steuern, verbessern,* etc.

③ Radical se terminant par ***-e***: celui-ci tombe devant les marques commençant par *-e*:

knien : *ich **kni**-e* [ˈkni:ə], *du knie-st* [kni:st], *er knie-t* [kni:t] *wir/sie **kni**-en* [ˈkni:ən], *ihr knie-t* [kni:t]

schreien : au prétérit : *ich schrie* [ʃri:], *du schriest, er schrie, wir **schri**-en* [ˈʃri:ən], *ihr schriet* [ʃri:t], *sie **schri**-en* [ˈʃri:ən] ; de même *speien.*

§ 146 c) Ajout d'un *e* devant les morphèmes *-st, -t*.

Un *e* euphonique s'intercale entre le radical et les marques *-st* et *-t* dans les cas suivants :

① Lorsque le radical se termine par ***-d*** ou ***-t***:

baden *ich bade, du badest, er badet, wir baden, ihr badet, sie baden* (de même *binden, enden, finden, leiden,* etc.)

bluten *ich blute, du blutest, er blutet, wir bluten, ihr blutet, sie bluten* (de même *arbeiten, wenden, retten, trösten,* etc.)

SAUF lorsqu'il y a modification de la voyelle du radical ; dans ce cas, le plus souvent, à la 3ᵉ pers. du sing., le *t* du radical et le *t* du morphème fusionnent :

halten	*du **hältst***	*er **hält***	*ihr haltet*
raten	*du **rätst***	*er **rät***	*ihr ratet*
fechten	*du **fichtst***	*er **ficht***	*ihr fechtet*
treten	*du **trittst***	*et **tritt***	*ihr tretet*
laden	*du **lädst***	*er **lädt***	*ihr ladet*
	*du **ladest***	*er **ladet***	

Au prétérit, le *e* intercalaire est exigé à la 2e pers. du plur. et dans la langue écrite soignée à la 2e pers. sing. :

bieten	*du botest*	*ihr botet*	*laden*	*du ludest*	*ihr ludet*
finden	*du fandest*	*ihr fandet*	*raten*	*du rietest*	*ihr rietet*

② Lorsque le radical se termine par ***-m*** ou ***-n*** :

Si *m/n* sont seuls ou doublés si *h, l* ou *r* + *m/n*	**pas de *e* intercalaire**

***träumen* :** *du träumst, er träumt, ihr träumt*
de même : *ahnen, bannen, brennen, dehnen, dienen, entfernen, sich erbarmen, erwähnen, filmen, gewinnen, hemmen, kennen, kommen, lärmen, lehnen, nachahmen, sich schämen, warnen...*

Si m/n sont précédés d'une autre consonne	→ ***e* intercalaire**

atmen : du atmest, er atmet, ihr atmet
de même : *ebnen (du ebnest), entwaffnen, leugnen, ordnen, rechnen, regnen, segnen, wappnen, widmen, zeichnen...*

③ Lorsque le radical se termine par ***-s (-ss), -ß, -z (tz), -chs, -x*** :
Au présent de l'indicatif, on ne met généralement plus de *e* intercalaire devant *-st* et *-t,* d'où une fusion du *s* de *st* avec la constrictive [z] ou [s] du radical et l'identité des formes aux 2e et 3e pers. du sing., voire à la 2e pers. du plur. :

rasen	du ***rast,***	*er rast,*	*ihr rast*
blasen	du ***bläst,***	*er bläst*	*ihr bl**a**st*
lesen	du ***liest,***	*er liest,*	*ihr lest*
lassen	du ***läßt,***	*er läßt,*	*ihr **la**ßt*
essen	du ***ißt,***	*er ißt,*	*ihr **e**ßt*
grüßen	du ***grüßt,***	*er grüßt,*	*ihr grüßt*
sitzen	du ***sitzt,***	*er sitzt,*	*ihr sitzt*
heizen	du ***heizt,***	*er heizt,*	*ihr heizt*
wachsen	du ***wächst,***	*er wächst,*	*ihr w**a**chst*
mixen	du ***mixt,***	*er mixt,*	*ihr mixt*

Au prétérit (verbes forts), on met le *e* intercalaire à la 2e pers. du sing., et dans la bonne langue à la 2e pers. du plur. :

blasen	*du bliesest,*	*ihr blies(e)t*
lassen	*du ließest,*	*ihr ließ(e)t*
lesen	*du lasest,*	*ihr las(e)t*
essen	*du aßest,*	*ihr aß(e)t*
reißen	*du rissest,*	*ihr risset/rißt*
wachsen	*du wuchsest,*	*ihr wuchs(e)t*

§ 147 **a) La marque de la 3e personne est obligatoire :**

— dans les GV sans sujet → 3e pers. du sing. ;	*Mich friert. Mir bangt.* *Heute wird nicht gearbeitet.*
— dans certains lexèmes verbaux qui ne fonctionnent qu'à la 3e pers. sing. ou plur. ;	*sich ereignen, gelingen, mißlingen, geschehen, passieren*[1], *stattfinden, vorkommen*[1] 1. Sauf avec d'autres sens que « se produire » : *Wann habt ihr die Grenze passiert ? Ich komme mir wie beim Militär vor* (je me croirais à l'armée).
— dans les verbes à sujet impersonnel qui ne fonctionnent qu'à la 3e pers. du sing.	*Es regnet / schneit / blitzt / hagelt / donnert / friert; es gibt* + ACC ; *es geht* (ça va).

— dans la structure avec *es* « explétif » qui ne fonctionne qu'à la 3e pers. du sing. ou du plur. :

> Le *es* explétif, contrairement au *il* français, n'est pas un « sujet apparent ». Il ne sert qu'à tenir occupée la première position dans un énoncé déclaratif et **n'a donc aucune incidence sur la marque personnelle :**

*Es **wurden** schon mehrere Milliarden ausgegeben.*
*Es **sterben** immer mehr Menschen an Krebs.*
*Es **leben** viele Deutsche in Toulouse und Montpellier.*

§ 148 **b) Le sujet est multiple.**

Lorsque le sujet comprend plusieurs éléments, il faut distinguer deux cas :

① On a une coordination **adjonctive** : *und, sowie, sowohl... als auch* → marque PLURIEL	*Maria **und** ihr Kind **kamen** die Treppe herunter.* *__Sowohl__ die Regierung __als auch__ die Opposition __begrüßten__ den Vorschlag der Gewerkschaft.*
Sauf quand il y a :	
— un sujet discontinu ;	*Die Kirche **kam** in Sicht **und** der Bahnhof.*
— une (des) apposition(s)	*Seine gesamte Fotoausrüstung, zwei Spiegelreflexkameras und mehrere Objektive, **war** weg.* *Peter, mein Freund, **kommt** morgen.*
— une unité sémantique (formules souvent lexicalisées) ;	*Zeit und Geld **fehlt**.* *Das Laufen und Springen **machte** den Kindern Spaß.*
— des opérations de calcul.	*Sechs und sechs **ist/macht/gibt** zwölf.* *Zwei mal fünf **ist/macht/gibt** zehn.*

Quand on a des sujets « pronoms personnels », avec ou sans reprise du pronom :

→ marque PLURIEL — la 1re pers. l'emporte sur les autres ; — la 2e pers. l'emporte sur la 3e.	*Du und ich [, wir]* ***bleiben*** *zusammen.* *Wir und ihr [, wir]* ***gehen*** *einkaufen.* *Du, Webers und ich [, wir]* ***warten*** *hier.* *Du und er [, ihr]* ***könntet*** *mir helfen.* *Ihr und Webers [, ihr]* ***geht*** *einkaufen.*
② On a une coordination **disjonctive** : *oder, entweder... oder, weder... noch, nicht... sondern* → la marque dépend du **deuxième élément**	*Sein Bruder* ***oder*** *sein Vater* ***kennt*** *jemand im Ministerium.* ***Weder*** *der Arzt* ***noch*** *der Apotheker* ***war*** *zu erreichen.* ***Weder*** *Paul* ***noch*** *die anderen* ***wußten*** *Bescheid.* ***Nicht*** *die Regierung,* ***sondern*** *die Gewerkschaften selbst* ***haben*** *den Lohnstopp vorgeschlagen.*

Quand on a des sujets « pronoms personnels » :

→ le deuxième élément l'emporte, mais la reprise n'est pas possible cette fois.	*Entweder du oder ich* ***muß*** *die Sache erledigen.* *Weder du noch deine Freunde* ***können*** *mir helfen.* *Nicht ich, sondern ihr* ***habt*** *es ja gewollt.*
③ On a une **énumération** → marque PLURIEL ou accord avec le dernier élément.	*Der Herbst, die Jagd, der Markt ist/sind nicht mehr mein.*

149 **c) Le sujet contient une indication de quantité.**

Lorsque le groupe sujet contient une indication de quantité (*ein Pfund, zwei Kilo, zehn Liter, eine Menge,* etc.), celle-ci est normalement déterminante pour l'accord (v. aussi §§ 470 et 889) :

Zwei Tonnen Pfirsiche wurden *vernichtet.*
Das Pfund Tomaten kostete *noch 1 DM.*
Eine Menge Bücher liegt *auf dem Tisch.*
Ein Dutzend Angestellte legte *die Arbeit nieder.*
Ein großer Teil der Beschäftigten legte *die Arbeit nieder.*
Eine große Anzahl von Akten wurde *sichergestellt.*
Riesige Mengen von/an hochgiftigem Müll wurden *in einer stillgelegten Fabrik entdeckt.*
Die Hälfte/die Mehrheit der Bevölkerung lebt *vom Tourismus.*

Sauf si l'on veut insister sur le « mesuré », mais cela n'est possible que quand les éléments sont juxtaposés et que l'indication de quantité est à l' « indéfini » (avec *ein/eine/Ø* pluriel) :

Ein Dutzend +Angestellte legten *die Arbeit nieder.*
Eine Menge Pro+bleme erwarten *den neuen Kanzler.*

Exemples d'hésitations :
***Tausend Mark ist/sind** viel Geld.*
*Fast **eine Million** Türken **ist/sind** nun arbeitslos.*
***Mehr/weniger** als die Hälfte/ein Drittel des Fernsehprogramms **wird/werden** durch Werbeeinnahmen finanziert.*
*5 % (fünf Prozent) des importierten Erdöls **stammen (stammt)** aus Libyen.*
La langue écrite actuelle tend à généraliser le pluriel dans ce cas :
*Gut 40 % des Exports **bestehen** aus Rohstoffen und halbfertigen Waren.*

§ 150 **d) Les structures attributives.**

Tout le problème est ici d'identifier le sujet, sans se laisser influencer par le français (en général, on a le pluriel quand l'un des deux GN au nominatif est au pluriel) :

*Das Schönste **sind** die Ferien.*	Le plus beau, c'est/ce sont les vacances.
*Der Lügner **bist** + du!*	C'est toi, le menteur !
*Die Dummen **sind** + wir!*	C'est encore nous les... !
*Der Nächste **sind** + Sie!*	Le prochain, c'est/ce sera vous.

Avec des pronoms interrogatifs :

Wer ist der beste Spieler?	*Wer **sind** die besten Spieler?*
Welches ist der Vorteil dieser Reform?	*Welches **sind** die Vorteile dieser Reform?*

*Wer **bist** du? Wer **seid** ihr? Was **bist** du? Was **wären** wir ohne sie?*

8.2.3. LE MARQUAGE DU TEMPS : LES FORMES DU PRETERIT.

§ 151 La forme du PRETERIT (indicatif passé), qui s'oppose à la forme de référence (indicatif présent), permet de classer les lexèmes verbaux en « verbes faibles » et « verbes forts ». Pour ces derniers, on indiquera aussi le PART II.

§ 152 **LES VERBES FAIBLES.**

On appelle verbes faibles ceux dont la voyelle radicale reste constante. Au PRETERIT, ces verbes ont le morphème ***-te-*** et au PART II la marque ***[ge]...t*** (v. §§ 172-175)

*'leben → du leb-**te**-st, er leb-**te**-Ø, ge'leb-**t***
*re'gieren → du re'gier-**te**-st, er re'gier-**te**-Ø, re'gier-**t***

§ 153 **LES VERBES FORTS** (pour le détail, v. §§ 158-164).

Sont appelés forts les verbes dont la voyelle radicale du PRETERIT diffère de celle du PRESENT et/ou de celle du PART II (**alternance vocalique,** *Ablaut*). Cette alternance constitue donc la marque du temps, le PART II étant marqué par ***[ge]...en.***

'fahren → ich fuhr-Ø, du fuhr-st, ge'fahr-en
'bieten → ich bot-Ø, du bot(e)-st, ge'bot-en
ver'gleichen → ich ver'glich-Ø, du ver'glich(e)-st, ver'glich-en

On peut appeler « forts irréguliers » les verbes dont l'alternance vocalique s'accompagne d'autres modifications du radical et/ou qui n'entrent pas dans les séries régulières d'alternance vocalique (v. §§ 158-164).

► ***haben*** perd la consonne *b* au PRETERIT, mais prend la marque ***te*** et au PART II ***ge...t***

ziehen → ***zog, gezogen***
stehen → ***stand,*** *gestanden*
sitzen → ***saß,*** *gesessen*
essen → ***aß,*** *gegessen*
werden → ***wurde,*** *geworden/**worden*** (au passif)
sein → ***war, warst, gewesen***
haben → ***hatte, hattest,*** *gehabt*

LES VERBES « MIXTES » (pour le détail, v. D, §§ 158-164).

De nombreux lexèmes verbaux présentent des formes fortes et des formes faibles. On peut en distinguer quatre types :

§ 154 ① Mélange ou coexistence de formes fortes et faibles **sans changement de sens** (à quelques exceptions près, v. §§ 158-164), par exemple :

mahlen	FORT	—	*gemahlen*	—
	FAIBLE	*mahlte*	—	*er mahlt*

§ 155 ② Comportement fort ou faible selon le **sens** et/ou la **construction** (v. §§ 158-164 et § 285), par exemple :

bewegen FORT : *bewog, bewogen, er bewegt* ; verbe trivalent ; sens : inciter quelqu'un à quelque chose.
Die drastische Verschlechterung der Wirtschaft bewog die Regierung zum Handeln.
Der Erfolg hat ihn dazu bewogen, weiterzumachen.

FAIBLE : dans les autres sens (plus fréquents) du verbe divalent : *Er bewegte die Arme. Er hat sich bewegt.*

schaffen FORT : *schuf, geschaffen, er schafft* au sens de créer : *Gott schuf die Welt.*
Die Regierung hat güngstigere Bedingungen für Investitionen geschaffen.

FAIBLE : au sens de « réussir », de « travailler » ou de « fatiguer » :
Ich habe den Führerschein geschafft.
Er schaffte Tag und Nacht.
Diese Sitzung hat mich geschafft. Ich bin geschafft.

Hésitations : *Er schaffte/schuf Ordnung/Raum/Abhilfe.*

de même : *wiegen* FORT *(wog, gewogen, er wiegt)* au sens de « peser », FAIBLE au sens de « bercer ».

De nombreux verbes sont **forts** quand ils sont employés **intransitivement, faibles** quand ils sont employés **transitivement** (v. § 285), par exemple :

erschrecken	« avoir peur »	FORT :	*(erschrak, erschrocken, er erschrickt)*
	« faire peur »	FAIBLE :	***Du hast mich erschreckt!***
schwellen	« enfler »	INTR. FORT :	***(schwoll, geschwollen, schwillt)***
	« (faire) enfler »	TRANS. FAIBLE :	***Der Wind schwellt die Segel.***

De même :

schleifen FAIBLE : « traîner » : *Der Saum des Kleides schleifte am Boden.*
FORT : transitif « aiguiser » : *Ich habe das Messer geschliffen.*

weichen FORT intransitif « céder » : *Sie wichen zurück.*
FAIBLE : *erweichen* (« amadouer », « amollir »), *aufweichen* (« tremper quelque chose »)

Souvent, le verbe simple est faible, alors que certains composés sont forts, cf. :

löschen FAIBLE : « éteindre » : *Der Brand konnte nicht mehr gelöscht werden.*

erlöschen FORT : « s'éteindre » *(erlosch, erloschen, erlischt) : Das Feuer ist erloschen.*

§ 156 ③ Les **« faibles irréguliers »** : lexèmes verbaux ayant à la fois des marques faibles *(-te, ge...t)* et une alternance vocalique :

TYPE I	***denken***	→	***dachte***	*gedacht*	*er denkt*
	bringen	→	***brachte***	*gebracht*	*er bringt*
TYPE II	***nennen***	→	***nannte***	*genannt*	*er nennt*
	de même : ***brennen, kennen, rennen***				
TYPE III	***senden***	→	***sandte***	***gesandt***	*er sendet*
		→	*sendete*	*gesendet*	*er sendet*
	de même : ***wenden.***				

Emploi des formes en *-e* et des formes en *-a* pour *senden/wenden* :

senden
-e « émettre, retransmettre » (TV, radio) : *Die Reportage konnte nicht gesendet werden.*

-e/-a (*a* étant plus fréquent) au sens d'envoyer : *Er sendete/sandte uns ein Päckchen.*
composés : *absenden, aussenden, einsenden, entsenden, nachsenden, übersenden, versenden, zusenden, zurücksenden.*

-a pour les dérivés adjectivaux : *eingesandte Briefe, ein Gesandter*

wenden ***-e***	sens de « (re)tourner » : *Das Heu muß gewendet werden. Ich habe das Auto gewendet. Er hat mitten auf der Autobahn gewendet. Es hat sich alles zum Guten gewendet.* *Etwas entwenden* (voler quelque chose) *Eine Gefahr abwenden* (écarter un danger)
-e/-a	*e* plus fréquent pour *verwenden* (utiliser) et *sich verwenden für + ACC* *a* plus fréquent pour les autres sens de *(sich) wenden : An wen haben Sie sich gewendet/gewandt ?* (s'adresser) et les autres composés : *anwenden* (appliquer), *sich abwenden* (se détourner), *einwenden*
-a	pour les dérivés adjectivaux : *verwandte Wörter, angewandte Linguistik, ein Verwandter*

§ 157 ④ Les **verbes de modalité/modalisation *(dürfen, können, mögen, müssen, sollen, wollen)*** ainsi que ***wissen,*** appelés aussi verbes « prétérito-présents » :

Au PRESENT de l'indicatif, ces verbes ont des marques de PRETERIT (*-Ø, -st, -Ø, -en, -t, -en*) et une alternance vocalique aux 3 pers. du sing. (sauf *sollen*)

ich ***darf***	*du* ***darfst***	*er* ***darf***	*wir dürfen...*
ich ***kann***	*du* ***kannst***	*er* ***kann***	*wir können...*
ich ***mag***	*du* ***magst***	*er* ***mag***	*wir mögen*
ich ***muß***	*du* ***mußt***	*er* ***muß***	*wir müssen...*
ich ***soll***	*du* ***sollst***	*er* ***soll***	*wir sollen...*
ich ***will***	*du* ***willst***	*er* ***will***	*wir wollen...*
ich ***weiß***	*du* ***weißt***	*er* ***weiß***	*wir wissen...*

Au PRETERIT et au PARTICIPE II, les marques sont faibles *(-te, ge...t),* mais l'**inflexion disparaît**

ich durfte	*du durftest...*	*gedurft*
ich konnte	*du konntest...*	*gekonnt*
ich mußte	*du mußtest...*	*gemußt*
ich sollte	*du solltest...*	*[gesollt]*
ich wollte	*du wolltest...*	*gewollt*

▶ modification consonantique

ich ***mochte***	*du* ***mochtest...***	***gemocht***

▶ modification vocalique

ich wußte	*du wußtest...*	*gewußt*

⇨ Attention aux participes II à forme d'infinitif (§ 177)

Du hättest es mir früher sagen sollen.
Ich habe ihm nicht helfen können.
daß er es nicht hätte machen dürfen.

CLASSIFICATION DES VERBES FORTS ET MIXTES.

§ 158 ① **Verbes forts en *a* :**

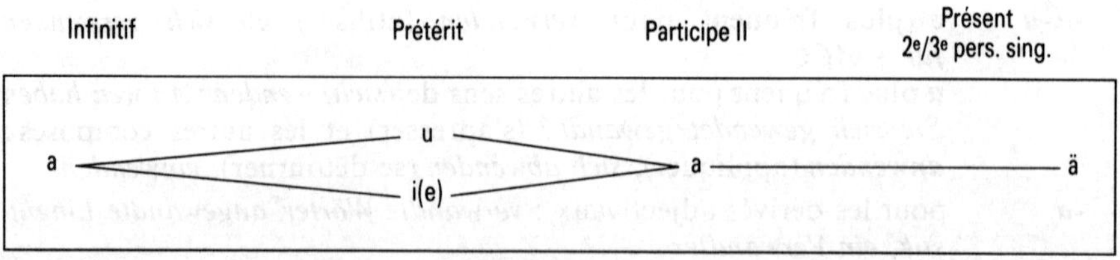

a) Prétérit en *u* (toujours long) :

— TYPE *fahren* [ɑ:] — *fuhr* [u:] — *gefahren* [ɑ:] — *er fährt* [ɛ:]
fahren ***graben*** ***laden***[1] ***schlagen*** ***tragen***

— TYPE *wachsen* [a] — *wuchs* [u:] — *gewachsen* [a] — *er wächst* [ɛ]
wachsen ***waschen***

► ***backen*** { — *buk*[2] — *gebacken* — *er bäckt*[3]
{ — *backte* — — — *er backt*

► ***schaffen***[4] :
SENS « créer » — *schuf* — *geschaffen* — ► *er schafft*
SENS « réussir, travailler » → FAIBLE ; de même *abschaffen, beschaffen, verschaffen* (v. également § 155)

1. *du lädst, er lädt* ; les formes *du ladest, er ladet* sont vieillies, sauf dans l'expression *jn vor Gericht laden.* — 2. Forme vieillie. — 3. La forme *er bäckt* est plus courante que la forme *er backt,* sauf : *Der Schnee backt* (la neige colle). — 4. *Gott schuf die Welt. Er schaffte den Sprung ins Show-Geschäft.*

b) Prétérit en i(e) :

— TYPE *blasen* [ɑ:] — *blies* [i:] — *geblasen* [ɑ:] — *er bläst* [ɛ:]
blasen ***braten*** ***raten*** ***schlafen***

— TYPE *fallen* [a] — *fiel* [i:] — *gefallen* [a] — *er fällt* [ɛ]
fallen ***halten*** ***lassen***

— TYPE fangen [a] — *fing* [I] — *gefangen* [a] — *er fängt* [ɛ]
fangen ***hangen*** ou ***hängen*** (INTRANSITIF)

► mais *hängen* TRANSITIF est FAIBLE

c) Hors-série :

— comportement analogue :

laufen — *lief* — *gelaufen* — *er läuft*
hauen { — *hieb*[1] — *gehauen* — —
{ — *haute* — *gehaut*[2] — *er haut*

— verbes mixtes type 1 (sans changement de sens — v. § 154) :

mahlen	— —	— *gemahlen*	— —
	— *mahlte*	— —	— *er mahlt*
salzen	— —	— *gesalzen*[3]	— —
	— *salzte*	— *[gesalzt]*	— *er salzt*
spalten	— —	— *gespalten*[4]	— —
	— *spaltete*	— *gespaltet*	— *er spaltet*

— autres verbes :

haben	— *hatte*	— *gehabt*	— *er hat*
saufen	— *soff*	— *gesoffen*	— *er säuft*
saugen	— *sog*	— *gesogen*	— —
	— *saugte*[5]	— *gesaugt*[5]	— *er saugt*
schallen	— *scholl*	— *geschollen*[6]	— —
	— *schallte*	— *geschallt*	— *es schallt*
schnauben	— *schnob*[6]	— *geschnoben*[6]	— —
	— *schnaubte*	— *geschnaubt*	— *er schnaubt*

— verbes en *ä :*

gären	— *gor*	— *gegoren*	— *er gärt*
	— *gärte*	— *gegärt*	
gebären	— *gebar*	— *geboren*	— *sie gebiert*[6]
	— —	— —	— *sie gebärt*
wägen	— *wog*	— *gewogen*	— *er wägt*
	— *wägte*	— *gewägt*	

1. Frapper avec une arme. — 2. Familier ou régional. — 3. Seule forme possible au sens figuré : *Die Rechnung war gesalzen !* — 4. Seule forme pour l'adjectif : *eine gespaltene Zunge.* — 5. Seule forme au sens technique (aspirer, absorber). — 6. Forme vieillie.

159 ② Verbes forts en *ei* :

INF	PRET	PART II
ei ————	i(e) ————	i(e)

a) ie → ie

bleiben	***preisen***[1]	***scheinen***	***schweigen***	***treiben***
gedeihen	***reiben***	***schreiben***	***speien***[2]	***weisen***
leihen	***scheiden***	***schreien***[2]	***steigen***	***zeihen***[3]
meiden				

1. *du preist.* — 2. v. § 145. — 3. Notamment *verzeihen.*

b) i → i (brefs) :

— avec *ß*, TYPE *beißen — biß — gebissen*

beißen ***scheißen***[1] ***spleißen***[2]
reißen ***schmeißen*** ***verschleißen***[3]

— avec *ch*, TYPE *gleichen — glich — geglichen*

bleichen ***gleichen*** ***schleichen*** ***streichen*** ***weichen***

► *bleichen* et *weichen* sont FAIBLES quand ils sont TRANSITIFS

— avec *f*, TYPE *greifen — griff — gegriffen*

greifen ***kneifen*** ***pfeifen*** ***schleifen***

► *schleifen* est FAIBLE quand il est INTRANSITIF

— avec *d* ou *t*, TYPES *leiden/reiten — litt/ritt — gelitten/geritten*

gleiten[4] ***reiten*** ***schneiden*** ***schreiten*** ***streiten***
leiden

1. Vulgaire. — 2. Fendre (rare). — 3. Prétérit souvent faible. — 4. Mais ***begleiten*** est FAIBLE.

c) Hors-série :

sein — war — gewesen
heißen — hieß — geheißen

§ 160 ③ Verbes forts en *ie* :

INF	PRET	PART II
ie	o	o

a) [o:] → [o:] TYPE *bieten — bot — geboten*

biegen ***fliegen*** ***frieren*** ***stieben***[1] ***wiegen***
bieten ***fliehen*** ***schieben*** ***verlieren*** ***ziehen***

► *wiegen* est FAIBLE au sens de bercer
► *ziehen : — zog — gezogen*

1. Souvent faible.

b) [ɔ] → [ɔ] TYPE *fließen — floß — geflossen*

— avec *ß* :

fließen ***gießen*** ***schließen*** ***sprießen*** ***verdrießen***
genießen ***schießen***

— avec *ch* :

kriechen ***riechen***

— autres verbes :

triefen — *[troff]*[1] — *[getroffen]*[1]
— *triefte* — *getrieft*

sieden — *[sott]*[1] — *gesotten*
— *siedete* — *gesiedet*

1. Formes rares.

c) Hors-série :

liegen — *lag* — *gelegen*

161 ④ **Verbes en *i* :**

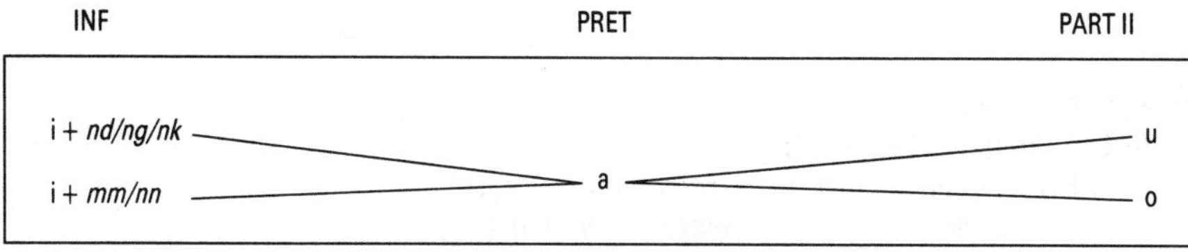

a) *i + nd/ng/nk* → *a* — **u** (brefs) TYPE *binden — band — gebunden*

— avec *nd* :

binden ***finden*** ***schwinden*** ***winden*** *(überwinden)*

— avec *ng* :

dringen ***mißlingen*** ***schlingen*** ***singen*** ***wringen***
gelingen[1] ***ringen*** ***schwingen*** ***springen*** ***zwingen***
klingen

▶ ***dingen***[2] — *[dang]* — *gedungen*
— *dingte* — *[gedingt]*

— avec *nk* :

sinken ***stinken*** ***trinken***

▶ *winken* (faire signe) est FAIBLE

1. Ne pas confondre avec *gelangen* (faible). — 2. *bedingen* (avoir pour conséquence) est FAIBLE.

b) *i + mm/nn* → *a* — **o** (brefs) TYPE *rinnen — rann — geronnen*

beginnen ***rinnen*** ***sinnen***
gewinnen ***schwimmen*** ***spinnen***

c) Hors-série :

bitten — *bat* — *gebeten* — *er bittet*
bringen — *brachte* — *gebracht*
glimmen — *[glomm]* — *[geglommen]*
— *glimmte* — *geglimmt*
klimmen — *klomm* — *geklommen*
schinden — *[schund]* — *geschunden*
— *schindete* — —
sitzen — *saß* — *gesessen*
wissen — *wußte* — *gewußt* — *er weiß*

§ 162 ⑤ Verbes en *e*:

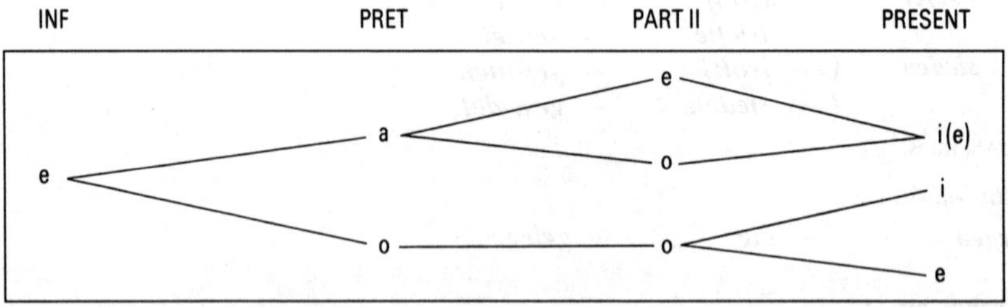

a) a — e — i(e).

— [e:] — [ɑ:] — [e:] — [i:]

TYPES *treten — trat — getreten — er tritt* [I].
sehen — sah — gesehen — er sieht [i:].

geben ***geschehen*** ***lesen*** ***sehen*** ***treten***

► ***genesen*** *→ du genest, er genest*

— [ɛ] — [ɑ:] — [ɛ] — [I]

TYPE *essen — aß — gegessen — er ißt*

essen ***fressen*** ***messen*** ***vergessen***

b) a — o — i(e).

— [e:] — [ɑ:] — [o:] — [i:]

TYPE *stehlen — stahl — gestohlen — er stiehlt*

befehlen ***empfehlen*** ***stehlen***

► *fehlen, verfehlen* sont FAIBLES !

— [ɛ] — [ɑ:] — [ɔ] — [I]

TYPE *brechen — brach — gebrochen — er bricht.*

brechen ***sprechen*** ***stechen*** ***treffen***[1]

► ***erschrecken*** *(erschrak, erschrocken)* est FAIBLE quand il est TRANSITIF

► ***stecken*** { — *stak*[2] — — — —
{ — *steckte* — *gesteckt* — *er steckt*

mais *stecken* est FAIBLE quand il est TRANSITIF

► ***nehmen*** (long) se comporte de la même façon :
— *nahm* — *genommen* — *er nimmt*

— [ɛ] — [a] — [ɔ] — [I]

TYPE *gelten — galt — gegolten — er gilt.*

bergen ***gelten*** ***schelten*** ***verderben*** ***werfen***
bersten ***helfen*** ***sterben*** ***werben***

1. *er traf.* — 2. Forme vieillie.

c) o — o — i/e.

— [ɛ] — [ɔ] — [ɔ] — [I]
TYPE *fechten — focht — gefochten — er ficht.*

dreschen	***flechten***	***schmelzen***
fechten	***quellen***	***schwellen***

► *quellen* et *schwellen* sont FAIBLES quand ils sont TRANSITIFS

► *schmelzen :* INTRANSITIF → FORT ; TRANSITIF → FORT ou FAIBLE

► ***melken*** { — *molk* — *gemolken* — *[er milkt]*
{ — *melkte* — *gemelkt* — *er melkt*

— [e:] — [o:] — [o:] — [e:] TYPE *heben — hob — gehoben — er hebt*

heben

► ***bewegen :*** FORT au sens de « pousser, inciter quelqu'un à » ; FAIBLE dans les autres sens (v. § 155).

► ***scheren :*** FORT au sens de « tondre » ; *sich scheren* est FAIBLE.

► ***weben :*** FORT au sens figuré *(Das Schloß ist von vielen Sagen umwoben)*; FAIBLE au sens de « tisser ».

► ***pflegen :*** aujourd'hui FAIBLE.

d) Hors-série :

gehen	— *ging*	— *gegangen*	— *er geht*
stehen	— *stand*	— *gestanden*	— *er steht*
werden	— *wurde*[1]	— *geworden*[2]	— *du wirst, er wird*

▷ verbes « faibles irréguliers » : *denken, nennen,* etc. → v. §§ 156 et 164

▷ verbes en *ä,* par exemple *hängen, gären,* etc. v. § 158 c (hors-série)

1. Autrefois *ward.* — 2. *Worden* dans les périphrases passives.

163 ⑥ Autres **verbes forts** :

a) Verbes en **ä** : v. § 158 **c**.

b) Verbes en **o** :

stoßen [o:]	— *stieß*	— *gestoßen*	— *er stößt*
kommen [ɔ]	— *kam* [ɑ:]	— *gekommen*	— *er kommt*

▷ *sollen, wollen* v. § 157

c) Verbes en **ö** :

schwören [ø:]	— *schwor*	— *geschworen*	— *er schwört*
erlöschen [œ]	— *erlosch*	— *erloschen*	— *er erlischt*

► *löschen* TRANSITIF est FAIBLE

▷ *mögen* v. § 157

d) Verbes en **u** [u:] :

rufen	— *rief*	— *gerufen*	— *er ruft*
tun	— *tat* [ɑ:]	— *getan* [ɑ:]	— *er tut*

e) Verbes en **ü** :

lügen	— *log*	— *gelogen*	— *er lügt*
trügen	— *trog*	— *getrogen*	— *er trügt*

de même *betrügen*

▷ *dürfen, müssen* v. § 157

► *dünken* (rare) est FAIBLE

§ 164 ⑦ Verbes **faibles irréguliers** :

— TYPE *denken* :

denken	— *dachte*	— *gedacht*	— *er denkt*
bringen	— *brachte*	— *gebracht*	— *er bringt*
— TYPE ***brennen*** :	— *brannte*	— *gebrannt*	— *er brennt*

de même : ***kennen, nennen, rennen***

► ***senden*** et ***wenden*** ont également des formes faibles régulières : *sendete, gesendet.* Pour l'emploi de ces formes v. § 156.

8.2.4. LE MARQUAGE DES DEUX MODES DU SUBJONCTIF.

§ 165 LE MARQUAGE DU SUBJ I PRÉSENT.

Le SUBJ I présent est marqué par le morphème ***e*** ajouté au **radical de l'infinitif**

ich	*komm-e-Ø*	*lebe*	*habe*	*werde*	*könne*
du	*komm-e-st*	*lebest*	*habest*	*werdest*	*könnest*
er	*komm-e-Ø*	*lebe*	*habe*	*werde*	*könne*
wir	*komm-e-n*	*leben*	*haben*	*werden*	*können*
ihr	*komm-e-t*	*lebet*	*habet*	*werdet*	*könnet*
sie	*komm-e-n*	*leben*	*haben*	*werden*	*können*

Il n'y a donc pas d'inflexion *(a/ä, o/ö)* ni d'alternance vocalique *(e/i(e), ö/i)* aux 2e et 3e pers. du sing.

ich	*fahre*	*stoße*	*gebe*
du	*fahrest*	*stoßest*	*gebest*
er	*fahre*	*stoße*	*gebe*

► *sein :* le SUBJ I présent est également formé sur le radical de l'infinitif, mais le *e* modal disparaît aux 1re et 3e pers. du sing. et peut être omis aux 2e pers. du sing. et du plur.

ich	***sei***	*wir*	***seien***
du	***sei(e)st***	*ihr*	***sei(e)t***
er	***sei***	*sie*	***seien***

De nombreuses formes de SUBJ I sont identiques aux formes correspondantes du présent de l'IND, car le *e* peut être : 1) marque personnelle ou partie de marque personnelle *(e, en)* ; 2) *e* intercalaire *(er red-e-t)* ; 3) *e* modal. Seule la 3e pers. du sing. présente toujours une forme de SUBJ I présent distincte de celle du présent de l'IND.

La 1re pers. du sing. ne présente une forme distincte que pour *sein (sei/bin), können (könne/kann), dürfen (dürfe/darf), mögen (möge/mag), müssen (müsse/muß), sollen (solle/soll), wollen (wolle/will)* et *wissen (wisse/weiß).*
Les 1re et 3e pers. du plur. ne diffèrent que pour *sein (seien/sind).*
Les 2e et 3e pers. du plur. du SUBJ I présent ne diffèrent de l'IND présent que si ce dernier ne prend pas de *e* intercalaire (v. § 146) ni ne modifie sa voyelle radicale (*a* → *ä*, *e* → *i(e)*, etc.). Exemples :

IND PRES.	*rede*	*redest*	*redet*	*reden*	*redet*	*reden*
SUBJ I	*rede*	*redest*	rede	*reden*	*redet*	*reden*
IND PRES.	*gebe*	gibst	gibt	*geben*	*gebt*	*geben*
SUBJ I	*gebe*	gebest	gebe	*geben*	gebet	*geben*
IND PRES.	weiß	weißt	weiß	*wissen*	*wißt*	*wissen*
SUBJ I	wisse	wissest	wisse	*wissen*	wisset	*wissen*

166 Le marquage du SUBJ II présent.

Le SUBJ II est marqué différemment selon qu'il s'agit d'un verbe faible ou d'un verbe fort :

a) Verbes faibles.

L'évolution historique a fait que le SUBJ II est rigoureusement identique au prétérit : morphème ***-te-*** et marques personnelles ***0, st, 0, en, t, en*** (le *e* modal et le *e* de la marque *en* fusionnent)
► *haben* prend une inflexion.

ich	*lebte*	*wir*	*lebten*
du	*lebtest*	*ihr*	*lebtet*
er	*lebte*	*sie*	*lebten*

ich ***hätte,*** *du* ***hättest...***

► *brauchen :* la forme *bräuchte* (au lieu de *brauchte*) est plus fréquente dans le Sud.

b) Verbes forts et mixtes.

La marque du SUBJ II est le morphème modal ***-e*** ajouté au **radical du prétérit** (le *e* modal fusionne avec le *e* des marques personnelles aux 1re et 3e pers. du plur.). Lorsque la voyelle du radical peut être infléchie *(a, o, u),* elle prend cette **inflexion** (► sauf *sollen* et *wollen*), qui est alors un second trait distinctif par rapport au prétérit :

ich	***ließe0***	***ginge0***	***käme0***	***trüge0***	***wäre0***	***würde0***	***wüßte0***
du	*ließest*	*gingest*	*kämest*	*trügest*	*wärest*	*würdest*	*wüßtest*
er	*ließe0*	*ginge0*	*käme0*	*trüge0*	*wäre0*	*würde0*	*wüßte0*
wir	*ließen*	*gingen*	*kämen*	*trügen*	*wären*	*würden*	*wüßten*
ihr	*ließet*	*ginget*	*kämet*	*trüget*	*wäret*	*würdet*	*wüßtet*
sie	*ließen*	*gingen*	*kämen*	*trügen*	*wären*	*würden*	*wüßten*

PARTICULARITES

► Les verbes **« faibles irréguliers »** des types II et III *(brennen, kennen, nennen, rennen* et *senden/wenden)* gardent la voyelle ***e*** (et non *ä*).

En revanche, ceux du type I *(denken, bringen)* forment le SUBJ II sur le radical du prétérit avec inflexion.

brennen	→	*ich brennte*
kennen	→	*ich kennte*
senden	→	*ich sendete*
denken	→	*ich **dächte***
bringen	→	*ich **brächte***

Les formes du type II et III sont rarement utilisées. On leur préfère les formes de remplacement avec infinitif + *würde.*

► Quelques verbes forts ont au SUBJ II une **autre voyelle** infléchie que celle du radical du prétérit.

schelten *(schalt)*	→ *er **schölte***
werfen *(warf)*	→ *er **würfe***
de même : ***sterben***	***stürbe***
verderben	***verdürbe***
werben	***würbe***

► D'autres ont **deux formes** de SUBJ II : l'une dérivée d'un radical ancien de prétérit, l'autre du radical actuel :

ö/ä	***befehlen :***	*beföhle/befähle*	***rinnen :***	*rönne/ränne*
	beginnen :	*begänne/begönne*	***schwimmen :***	*schwömme/schwämme*
	dreschen :	*drösche/dräsche*	***sinnen :***	*sönne/sänne*
	empfehlen :	*empföhle/empfähle*	***spinnen :***	*spönne/spänne*
	gelten :	*gölte/gälte*	***stehlen :***	*stöhle/stähle*
	gewinnen :	*gewönne/gewänne*		
ü/ä	***stehen :***	*stünde/stände*	***helfen :***	*hülfe/hälfe*
ü/ö	***heben :***	*höbe/hübe*	***schwören :***	*schwüre/schwöre*

Toutes ces formes sont cependant d'un **emploi très limité** et ne se trouvent guère qu'à l'écrit, à l'exception de *stünde/stände* et de ses dérivés (*verstünde/verstände, entstünde/entstände,* etc.). La langue standard préfère les **formes de remplacement** avec infinitif + *würde.*
Quant aux formes régulières, seules celles de quelques verbes très courants sont utilisées fréquemment : *bliebe, brauchte* (ou *bräuchte* dans le Sud), *fände, fiele, gäbe, ginge, hinge, käme, läge, liefe, ließe, nähme, sähe, säße, täte* ainsi que celles des auxiliaires *(hätte, wäre, würde),* des verbes de modalité/modalisation *(dürfte, könnte, möchte, müßte, sollte, wollte)* et de *wissen (wüßte).* Il semble d'autre part qu'il y ait une plus grande réticence à l'égard des formes en *ö (böte, löge, zöge...)* et en *ü (schlüge, führe, trüge...).*

§ 168 CHUTE DU *E* MODAL AUX SUBJONCTIFS I ET II PRÉSENTS.

Au SUBJ I et au SUBJ II, PRES, le morphème *e* tombe parfois aux 1re et 3e pers. du sing. :

Behüt' dich Gott ! Grüß Gott !
Wenn ich ein Vöglein wär' und auch zwei Flügel hätt', flög'ich zu dir.

Cette chute du *e* modal se rencontre aussi aux 2e personnes du sing. et du plur. pour les verbes ayant la marque modale supplémentaire de l'inflexion : *du käm(e)st, ihr käm(e)t, du trüg(e)st, ihr trüg(e)t, du wär(e)st, ihr wär(e)t,* sauf pour ceux dont le radical se termine par une sifflante *(s, ß, sch, tz, z, chs, x)* ou une dentale *(d, t) : du läsest, du stießest, du wüchsest, du bötest, du würdest.*

3.2.5. LES MARQUES DE L'IMPERATIF.

§ 169 Au radical de l'**infinitif** s'ajoutent les morphèmes *-(e), -t, -en, -en.*

2e pers. sing.		***Lach(e) !***	***Bleib(e) !***
2e pers. plur.		***Lacht !***	***Bleibt !***
2e pers. sing. ou plur. (politesse)		***Lachen Sie !***	***Bleiben Sie !***
1re pers. plur.		***Lachen wir !***	***Bleiben wir !***

▶ Verbes à alternance ***e/i*** (mais non ceux qui ont l'alternance *a/ä*)

geben → ***Gib !*** *Gebt ! Geben Sie ! Geben wir !*
nehmen → ***Nimm !*** *Nehmt ! Nehmen Sie/wir !*
sehen → ***Sieh !*** (sauf formules figées : *siehe unten* — v. infra, *siehe da !*)
▶ mais : ***Fahr****(e) !* ***Schlaf****(e) !*

▶ *sein*, *tun*, *wissen*

Sei*... !* ***Seid****... ! Seien Sie... ! Seien wir... !*
*Tu(e)... ! Tut... ! **Tun** Sie... ! **Tun** wir... !*
Wisse... ! Wißt... ! Wissen Sie... ! (rare)

▶ **Présence du *e* :**

A la **2e pers. du sing.** le *e* est **obligatoire** :

- pour les verbes en *-eln/-ern* (v. § 145) ; — *Lächle ! Änd(e)re... !*
- pour les verbes ayant un *e* intercalaire au présent de l'IND (v. § 146) ; — *Arbeite ! Antworte ! Rede ! Werde nicht frech !*
- pour les verbes en *-igen* ; — *Entschuldige !*
- pour *wissen* (v. ex. ci-dessus). — *Belästige mich nicht !*

Pour les autres verbes, ce *e* peut tomber dans la langue orale courante — *Komm(e) doch ! Sag(e) mal ! Laß/lasse das ! Hab(e) keine Angst !*

A la **2e pers. plur.**, le *e* est **obligatoire** pour les verbes ayant un *e* intercalaire au présent de l'indicatif (v. § 146).	*Arbeitet! Antwortet!* *So redet doch!* *Werdet nicht frech!*
Pour les autres verbes, il est archaïque et ne subsiste que dans des énoncés figés (notamment langue religieuse)	*Laßt mich in Ruhe!* *Lasset uns beten!* *Gehet hin in Frieden!*

► **Présence des pronoms :**

A la forme de politesse et à la 1re pers. plur., les pronoms sont toujours présents, qu'ils soient ou non mis en relief (accent contrastif).	*Sagen* Sie *mir, was ich tun soll!* *Wenn Sie so gescheit sind, dann sagen* +Sie *mir doch, was ich tun soll!*
A la 2e pers. sing. et plur., les pronoms ne sont ajoutés que s'ils sont mis en relief.	*Fahr doch nicht so schnell!* *Willst du fahren? — Nein, ich bin müde, fahr* +du!

8.3. Le système des périphrases *haben/sein* + PARTICIPE II

8.3.1. LES FORMES ET LEURS DENOMINATIONS.

§ 170 Les séries des formes composées (2 noyaux verbaux) et surcomposées (3 noyaux verbaux) s'organisent selon les mêmes oppositions de temps et de modes que pour les formes simples (v. § 141). Les marques de TEMPS, MODE, PERSONNE/NOMBRE sont portées par *haben* ou *sein*, qui se présente chaque fois sous l'une des quatre formes simples :

FORMES COMPOSEES

SUBJ I			IND			SUBJ II	
gekommen	*sei*	↔	*gekommen*	*ist*	↔	*gekommen*	*wäre*
gekauft	*habe*		*gekauft*	*hat*		*gekauft*	*hätte*
			↕				
			gekommen	*war*			
			gekauft	*hatte*			

FORMES SURCOMPOSEES (rares)

SUBJ I				IND				SUBJ II		
gekommen	*gewesen*	***sei***	↔	*gekommen*	*gewesen*	***ist***	↔	*gekommen*	*gewesen*	***wäre***
gekauft	*gehabt*	***habe***		*gekauft*	*gehabt*	***hat***		*gekauft*	*gehabt*	***hätte***
					↕					
				gekommen	*gewesen*	***war***				
				gekauft	*gehabt*	***hatte***				

L'auxiliaire n'est évidemment pas « vide » du point de vue sémantique. Il peut être considéré tantôt comme base (déterminé), tantôt comme élément d'un ensemble « grammaticalisé » présentant un sens global au plan du désigné contextuel (v. § 140).

171 Par opposition aux formes simples, on appelle souvent la série des formes composées celle des **formes de l'accompli**. Quant aux formes surcomposées, qui sont rappelons-le d'un emploi assez rare à l'écrit et qui ne fonctionnent pas pour tous les verbes (notamment pas pour *haben, sein* et *werden*), on pourrait les appeler de ce point de vue **formes du double accompli**. Mais ces dénominations globales ne sont pas sans poser de sérieux problèmes déjà évoqués (§ 140, § 170, § 191).

Les dénominations couramment utilisées pour chacune des formes sont :

PART II + *ist/hat*	IND passé composé ou parfait ou PRESENT de l'accompli.
PART II + *war/hatte*	IND plus-que-parfait ou PASSE de l'accompli.
PART II + *sei/habe*	SUBJ I parfait ou PRESENT de l'accompli.
PART II + *wäre/hätte*	SUBJ II parfait ou PRESENT de l'accompli.
PART II + PART II *(gewesen/gehabt) + sei/habe*	SUBJ I surcomposé ou SUBJ I PASSE de l'accompli.
PART II + PART II *(gewesen/gehabt) + wäre/hätte*	SUBJ II surcomposé ou SUBJ II PASSE de l'accompli.

Les formes du type *gekommen gewesen ist/war, gesagt gehabt hat/hatte* n'ont pas reçu de dénomination « globale », sans doute du fait de leur rareté, mais aussi parce que les seules oppositions de temps, modes et aspects « phases » (accompli-non accompli) ne permettent pas de les démarquer nettement des formes composées.

Pour apprendre et réviser les formes verbales, le manque de dénomination n'est d'ailleurs pas un handicap. Il est commode d'adopter l'ordre suivant.

sagt	*kommt*	*ist*
sage	*komme*	*sei*
sagte	*kam*	*war*
sagte	*käme*	*wäre*
gesagt hat	*gekommen ist*	*gewesen ist*
gesagt habe	*gekommen sei*	*gewesen sei*
gesagt hatte	*gekommen war*	*gewesen war*
gesagt hätte	*gekommen wäre*	*gewesen wäre*
gesagt gehabt hat	*gekommen gewesen ist*	Ø
gesagt gehabt habe	*gekommen gewesen sei*	Ø
gesagt gehabt hatte	*gekommen gewesen war*	Ø
gesagt gehabt hätte	*gekommen gewesen wäre*	Ø

8.3.2. LE PARTICIPE II.

§ 172 FORMATION.

Verbes à **prétérit faible** *(-te-)* y compris *haben*:

ge + radical de **l'infinitif** + ***t***

'machen	→	*ge'macht*
'haben	→	*ge'habt*
'filmen	→	*ge'filmt*
'lächeln	→	*ge'lächelt*
'ändern	→	*ge'ändert*
'reden	→	*ge'redet*

▶ avec *e* intercalaire (v. § 146)

EXCEPTIONS :

▶ Quelques verbes "mixtes" (v. §§ 154 et 158-164)

▶ Les "faibles irréguliers" (v. 156).

▶ Les verbes de modalité/modalisation et *wissen* (v. 157).

'mahlen	→	*ge'mahlen*
'spalten	→	*ge'spalten/ ge'spaltet*
'denken	→	*ge'dacht*
'brennen	→	*ge'brannt*
'dürfen	→	*ge'durft*
'wissen	→	*ge'wußt*

Verbes à **prétérit fort** (détail : v. §§ 153 et 158-164) :

ge + **radical propre** + ***en***

Le radical propre peut contenir, outre une altération de la voyelle, des changements de consonnes.

'kommen	→	*ge'kommen*
'heben	→	*ge'hoben*
'bleiben	→	*ge'blieben*
'lügen	→	*ge'logen*
'sitzen	→	*ge'sessen*
'leiden	→	*ge'litten*
'stehen	→	*ge'standen*

Après voyelle, diphtongue ou après *h* (non prononcé), le *-e-* peut tomber dans la langue parlée ou en poésie : *geschrie-n* [gə'ʃri:n] au lieu de *geschri-en* [gə'ʃri:ən], *ge'haun* au lieu de *ge'hauen*, *ge'sehn* au lieu de *ge'sehen*.

§ 173 LE PRÉFIXE *GE-*.

Le préfixe GE- n'est pas présent sur tous les participes II. Participe II avec *ge-* pour les :

▷ Verbes simples **accentués sur la première syllabe**

et pour les dérivés ou composés de ces verbes dont le premier élément est accentué et **séparable** ; ***ge*** s'intercale entre le premier élément et le verbe de base, l'ensemble formant un mot.

'machen	→ ***ge'macht***
'gehen	→ ***ge'gangen***
'ausmachen	→ *'ausgemacht*
'vorgehen	→ *'vorgegangen*
vor'angehen	→ *vor'angegangen*
hi'nausgehen	→ *hi'nausgegangen*
ent'langgehen	→ *ent'langgegangen*
spa'zierengehen	→ *spa'zierengegangen*

De même :

'festhalten	→	'fest**ge***halten*	'radfahren	→	'rad***gefahren***
'sauberhalten	→	'sauber**ge***halten*	'totschlagen	→	'tot***geschlagen***
'haushalten	→	'haus**ge***halten*	'preiskrönen	→	'preis***gekrönt***
'herstellen	→	'her**ge***stellt*	'uraufführen	→	'urauf***geführt***
'fertigstellen	→	'fertig**ge***stellt*	'kennenlernen	→	'kennen***gelernt***
zu 'standebringen	→	zu 'stande**ge***bracht*	'stehenbleiben	→	'stehen***geblieben***
'notlanden	→	'not**ge***landet*	ver 'lorengehen	→	ver 'loren***gegangen***

▷ Verbes (toujours faibles) formés **directement** sur des bases nominales complexes ; ***ge-*** **précède le premier élément** (accentué mais non séparable) :

die 'Antwort, 'antworten
→ ge'antwortet
die 'Langeweile, 'langweilen
→ ge'langweilt

De même :

das Frühstück	→	'frühstücken	→	**ge** 'frühstückt
die 'Handhabe	→	'handhaben	→	**ge** 'handhabt
das 'Kennzeichen	→	'kennzeichnen	→	**ge** 'kennzeichnet
die 'Rechtfertigung	→	'rechtfertigen	→	**ge** 'rechtfertigt
der 'Wetteifer	→	'wetteifern	→	**ge** 'wetteifert

ge 'brandmarkt, **ge** 'handicapt, **ge** 'mutmaßt, **ge** 'wallfahrtet

▶ mais : in Not landen → die Notlandung → *'not**ge**landet*
(v. ci-dessus et § 64)

174 Participe II **sans *ge-*** pour les :

▷ Verbes simples **non accentués sur la première syllabe,** notamment les emprunts en *-'ieren, -'eien*

po'saunen	→	*po'saunt*
ru'moren	→	*ru'mort*
strapa'zieren	→	*strapa'ziert*
stu'dieren	→	*studiert*
prophe'zeien	→	*prophe'zeit*

et les dérivés de ces verbes

'ausposaunen	→	*'ausposaunt*
'einstudieren	→	*'einstudiert*
'abfotografieren	→	*'abfotografiert*
'ausradieren	→	*'ausradiert*

▷ Verbes dérivés ou composés dont le premier élément est **inséparable (et non accentué)**

be*'stellen*	→	*be'stellt*
emp*'fehlen*	→	*emp'fohlen*
ent*'gehen*	→	*ent'gangen*
er*'suchen*	→	*er'sucht*
ge*'fallen*	→	*ge'fallen* (comme *fallen)*
ge*'hören*	→	*gehört* (comme *hören)*
ver*'bringen*	→	*ver'bracht*
zer*'reißen*	→	*zer'rissen*

et les dérivés ou composés de ces mêmes verbes :

'einberufen	→	*'einberufen*
'anvertrauen	→	*'anvertraut*
'auferstehen	→	*'auferstanden*

Participes II **avec ou sans** *ge-*

▶ **Préverbes « mixtes »** (v. §§ 320 sv.) : particule verbale **séparable** (et **accentuée**) → participe **avec** *ge-*	*'durchfahren*	→ *'durchgefahren*
	'überlaufen	→ *'übergelaufen*
	'umbauen	→ *'umgebaut*
	'unterbringen	→ *'untergebracht*
	(sich) 'widerspiegeln	→ *'widergespiegelt*
	'wiedersehen	→ *'wiedergesehen*
Particule verbale **inséparable** (et **non accentuée**) → participe **sans** *ge-*.	*durch'löchern*	→ *durch'löchert*
	über'legen	→ *über'legt*
	um'fahren	→ *um'fahren*
	unter'ziehen	→ *unter'zogen*
	wider'sprechen	→ *wider'sprochen*
	wieder'holen	→ *wieder'holt*
Particule verbale **inséparable (mais accentuée : double préfixation !)** → participe **sans** *ge-*.	*'unterernährt*	*'überernährt*
	'unterbelichtet	*'überbelichtet*
	'unterverpachtet	*'überbewertet*, etc.

§ 175 ***miß-*** est généralement inséparable et **non accentué,** v. § 297 :

miß'achten → *miß'achtet* *miß'fallen* → *miß'fallen*
miß'brauchen → *miß'braucht* *miß'lingen* → *miß'lungen*

Dans certains verbes cependant, qui ne sont guère employés qu'à l'infinitif et aux formes composées, ce préfixe est **accentué** et entraîne donc *ge-* lorsque les conditions s'y prêtent

***'mißbilden* → *'mißgebildet* ; *'mißgestalten* → *'mißgestaltet* ; *'mißverstehen* → *'mißverstanden*.**

De même dans certains participes employés uniquement comme adjectifs : ***'mißgelaunt, 'mißgestimmt, 'mißgewachsen...***

§ 176 Hésitations dues à une accentuation variable :

— verbes avec ***ob-*** (séparable ou inséparable) :

'obliegen	ou	*ob'liegen*	(incomber)	→ *['obgelegen]*	
'obsiegen	ou	*ob'siegen*	(triompher, l'emporter)	→ *['obgesiegt]*	ou *ob'siegt*

— autres verbes :

froh'locken	(exulter)	→ *froh'lockt*	ou *[ge'frohlockt]*
lieb'kosen ou *'liebkosen*	(caresser, câliner)	→ *lieb'kost*	ou *[ge'liebkost]*
offen'baren	(manifester, dévoiler)	→ *offen'bart*	ou *ge'offenbart*

§ 177 LE PARTICIPE II A FORME INFINITIVE.

Certains verbes ont une deuxième forme de participe II identique à celle de l'infinitif.

Elle s'emploie lorsque le participe est **précédé d'un infinitif.** Dans un G REL ou un G CONJ, la forme personnelle du verbe (en l'occurrence l'auxiliaire) **précède** les autres noyaux verbaux.	*Ich habe leider nicht früher kommen* ***können.*** *Wir haben nicht eintreten* ***dürfen.*** *Du hättest es nicht sagen* ***sollen.*** *Das Kleid, das sie sich* ***hat machen lassen,*** *ist scheußlich.* *Ich weiß nicht, ob er* ***hätte*** *Wort halten* ***sollen.***
MAIS (sans infinitif précédent) :	*Er hat es so* ***gewollt.*** *Sie hat ihn* ***gemocht.*** *Das war* ***gekonnt!*** *Ich habe ihn allein* ***gelassen.***

Le participe II à forme infinitive est **obligatoire** avec :

▷ les verbes de modalité	*Ich habe dich nicht kränken* ***wollen.*** *Hättest du den Film sehen* ***mögen?*** Cf. *können/dürfen/müssen/sollen*
▷ *nur/nicht brauchen* (employé sans *zu* dans la langue parlée) :	*Wir hätten nur durch die Stadt* ***zu*** *fahren* ***brauchen.*** *Wir hätten das nicht tun* ***brauchen.***
▷ *lassen* (faire faire ou laisser faire) :	*Ich habe mir die Haare schneiden* ***lassen.*** *Man hat mich nicht reden* ***lassen.***

SAUF avec certains composés pour lesquels l'usage hésite (v. § 63)

Ich habe meine Brille im Hotel ***liegen lassen/liegengelassen.***
Der Chef hat seine Frau/das Projekt ***fallen lassen/fallengelassen.***

MAIS on a seulement :

Er will seine Brille im Hotel ***liegengelassen haben*** (pour éviter trois noyaux à forme d'infinitif)

Das Projekt wurde schließlich wegen der zu hohen Kosten vom Stadtrat ***fallengelassen*** (c'est le participe II du PASSIF).

Le participe II à forme infinitive est **fréquent** avec :

▷ *heißen* (ordonner)	*Er hat mich kommen **heißen**/geheißen.*
▷ *sehen* et *hören*	*Ich habe die Sonne aufgehen **sehen*** (*gesehen* dans la langue parlée). *Ich habe dich die ganze Nacht schnarchen **hören*** (*gehört* dans la langue parlée).

SAUF lorsque l'infinitif est accompagné d'un objet pronominal : on a alors recours au G CONJ avec *wie* (v. § 798) :

*Ich habe gesehen, **wie** er sie küßte.*
*Ich habe gehört, **wie** sie sich gestritten haben.*

En revanche, la forme courante du participe prédomine pour :

▷ *fühlen, spüren.*	*Ich habe das Fieber kommen **gefühlt/gespürt**/[fühlen, spüren].*
▷ *machen.*	*Er hat mich lachen **gemacht*** (plus courant : *zum Lachen gebracht*).
▷ *lehren* et *lernen.*	*Er hat mich schwimmen **gelehrt*** (plus courant : *mir das Schwimmen beigebracht*). *Ich habe tanzen **gelernt.***

Pour ***helfen,*** les deux formes sont possibles :

*Er hat seiner Frau saubermachen **helfen/geholfen.***
*Ich habe ihm die Einkommensteuererklärung ausfüllen **helfen/geholfen** ;*
plus courant :
*Ich habe ihm **geholfen,** die Erklärung auszufüllen.*
*Ich habe ihm **beim** Ausfüllen der Erklärung **geholfen.***

8.3.3. LE CHOIX ENTRE *SEIN* ET *HABEN*. L'ASPECT.

L'emploi de *sein* et *haben* dans les formes composées avec le participe II dépend dans une large mesure de l'aspect du lexème verbal.

178 **a) L'aspect : présentation.**

Par aspect, on entend généralement **la façon dont est présenté le procès** (action, activité, état...) visé dans le contenu d'un GV.

Relevant du niveau d'analyse du désigné, cette notion est délicate à définir et parfois controversée. Mais c'est une catégorie utile à la description du système verbal et à la classification des lexèmes verbaux.

Si l'on tient compte également des signifiants, on peut distinguer **trois types d'aspects** :

① **L'aspect-« phase »** ou **aspect syntaxique** : par rapport à un moment de référence, le procès peut être présenté comme « perfectif » (accompli) ou « imperfectif » (en cours) :

ACCOMPLI ——	dans une perspective de BILAN = procès *« vorüber »*
NON ACCOMPLI <	dans une perspective processuelle = procès « en cours »
	dans une perspective prospective = procès « prospecté »

Cet aspect est **syntaxique,** car il est lié non seulement aux formes verbales *(kommt — kam — gekommen ist...),* mais aussi à l'interprétation des relations « horizontales » entre les éléments de la forme verbale et les autres termes du GV (notamment des lexèmes tels que *schon, noch, gerade, bereits, endlich,* etc., v. § 191 et chap. 30).

② **L'aspect lié à la seule forme verbale,** qui situe le procès dans le déroulement du temps. Ainsi, un procès antérieur ou ultérieur dans le TEMPS peut être présenté comme « distancé » (coupé de l'actualité) ou « non distancé » (en continuité avec l'actualité) :

ULTERIEUR <	*er wird kommen*	**distancé**
	er kommt (morgen)	**non distancé**
ACTUEL		
ANTERIEUR <	*er ist (gestern) gekommen*	**non distancé**
	er kam	**distancé**

③ **L'aspect interne** *(Aktionsart),* qui vise la qualité du procès telle qu'elle est directement **liée au lexème verbal,** au « sens du verbe », indépendamment de toute marque de catégorie. C'est ce type d'aspect qui intervient surtout dans le choix de *HABEN* et *SEIN.*

§ 179 En l'absence d'une terminologie unifiée pour les aspects - *Aktionsarten,* on peut distinguer en prenant comme critères le TEMPS-ESPACE, la QUALITE et la QUANTITE :

TEMPS (durée interne ou franchissement d'un stade, d'une limite)	
▷ **Aspect duratif** ↑ opposé à ↓ ▷ **Aspect ponctuel**	— procès impliquant une durée, considérée de telle façon qu'aucune limite (qu'aucun stade nouveau) n'est franchie, par exemple *bleiben, beobachten* opposés à *kommen, erblicken* (confondu souvent avec l'aspect imperfectif, cf. ①). — procès à durée insignifiante, « momentanée » (p. ex. *blitzen, platzen, explodieren*) ou non significative, « non pertinente » comprenant le franchissement d'une limite ou d'un stade nouveau (p. ex. *finden, begegnen, vergessen, 'durchkommen...*). Confondu souvent avec l'aspect perfectif (v. ①).
▷ **Aspect ingressif** (ou inchoatif) ↑ opposé à ↓ ▷ **Aspect égressif** (ou terminatif)	— franchissement de la limite initiale du procès ; stade initial du procès, par exemple *einschlafen, aufblühen* opposés à *schlafen, blühen.* — franchissement de la limite finale du procès, par exemple *verblühen, ausmachen (Licht)* opposés à *aufblühen, anmachen.* Parfois, on distingue l'aspect égressif (« sortie ») du terminatif (« aller jusqu'au bout »), cf. *abbrennen, ausbrennen, (sich) ausschlafen, 'durchhalten.*

QUALITE (dynamique ↔ statique)	
▷ **Aspect mutatif** voire transformatif ↑ opposé à ↓ ▷ **Aspect statique** voire résultatif	— procès impliquant un « devenir », un changement d'état, une « mutation », par exemple *werden, wachsen, reifen, sich erkälten.* Quand on inclut dans la mutation la « transformation » d'un but *(zielgerichtet),* on peut parler d'aspect **transformatif** (sans que le but soit nécessairement atteint). — procès n'impliquant pas de « devenir », ni de « mutation » : *sein, bleiben, liegen.* Quand l'aspect statique est vu comme fin atteinte d'une transformation *(zieltreffend),* on peut parler d'aspect **résultatif** (sans que le résultat soit nécessairement positif).

QUANTITE (fréquence + intensité)	
▷ **Aspect fréquentatif** ou itératif	— procès en série, par exemple *hämmern, sticheln* (opposé à *stechen*) ; la série de procès analogues implique la répétition, qui est également exprimée par des verbes du type *wiederkommen.*
▷ **Aspect intensif**	— procès impliquant un renforcement ou un affaiblissement de l'intensité, par exemple *lachen* ↔ *lächeln, husten* ↔ *hüsteln, schnauben* ↔ *schnaufen.*

180 **b) Verbes avec *HABEN.***

① Verbes **transitifs** (objet à l'accusatif), que l'objet soit explicite ou non.	*Wir haben (Fisch) gegessen.* *Sie hat (die Wohnung) geputzt.* *Ich habe (den Wagen) am Bahnhof geparkt.* *Er hat (uns) schnell überholt.* *Sie hat (ihren Mann) mit 20 geheiratet.* *Der Hund hat die Mülltonne umgeworfen.* *Er hat die Frage um•gangen.* *Wir haben das ganze Gebiet durch•wandert.*
SAUF certains composés de *werden* et de *gehen*	*Ich **bin** diese Sorge endlich **losgeworden.*** *Sie **ist** eine Ehe mit einem einfachen Arbeiter **eingegangen.***
Ne sont pas des « objets » les GN à l'ACC fournissant une indication de temps ou d'espace franchi	*Ich **bin** den ganzen Tag **gelaufen.*** *Ich **habe** den ganzen Tag **gelesen.*** *Ich **bin** letzte Nacht oft **aufgewacht.*** *Ich **habe** letzte Nacht kaum **geschlafen.*** *Ich **bin** die Treppe **hinuntergegangen.*** *Ich **habe** den Sack die Leiter **hinuntergetragen.***
Y compris les « faux transitifs » (passif impossible, par exemple *haben, bekommen*), notamment les verbes accompagnés d'un accusatif de mesure.	*Sie hat bittere Tränen **geweint.*** *Du hast Glück **gehabt**!* *Ich habe keine Antwort **bekommen/erhalten.*** *Das Pfund Tomaten hat damals noch eine Mark **gekostet.***

② Verbes **pronominaux,** qu'ils soient :

— toujours pronominaux ;	*Ich habe mich beeilt.* *Hast du dich nicht geschämt ?*
— réfléchis (le verbe peut fonctionner avec un autre GN).	*Hast du dich schon rasiert/gewaschen ?* *Hast du dir die Hände gewaschen ?*
— ou réciproques (sens de *einander*) que le pronom soit à l'ACC ou au DAT	*Wir haben uns/einander an der Uni kennengelernt.* *Wir haben uns/einander geschrieben.* *Die Nachbarn haben sich* (datif) *gegenseitig geholfen.*

SAUF les verbes réciproques (avec objet au DAT), qui ont *sein* dans les emplois non pronominaux	*Wir **sind** uns/einander oft **begegnet.*** *Wir **sind** uns aus dem Weg **gegangen.*** *Sie **sind** sich schnell einig **geworden.*** *Sie **sind** sich um den Hals **gefallen.*** *Wir **sind** uns (beim Tanzen) auf die Füße **getreten.***

③ Verbes de **modalité,** quelle que soit leur construction.	*Er hat keinen Streit gewollt.* *Ich habe nicht mehr gekonnt.* *Das hätte er nicht tun sollen.*
④ Verbes **intransitifs** duratifs et parmi les autres intransitifs ceux qui ne sont : — **ni ingressifs** — **ni égressifs** — **ni mutatifs** v. *sein* ② ③	*Haben Sie gut geschlafen ?* *Wir haben gearbeitet/getanzt/gefroren.* *Ich habe (auf den Bus) gewartet.* *Er hat in Bonn gelebt/gewohnt/studiert.* *Die Sonne hat geschienen.* *Das Licht hat bei ihm gebrannt.* de même : *bremsen, heißen, verfügen über* + ACC, *fehlen, schweigen, weinen, träumen, riechen nach* + DAT etc.
dont les verbes ayant toujours ou pouvant avoir un **sujet impersonnel.**	*Es hat geregnet/geblitzt/geschneit...* *Es hat geläutet /geklingelt/geklopft.* *Es hat nach Gas gerochen.* *Es hat geklappt. Es hat geknallt.*

SAUF certains verbes (ponctuels) : ***geschehen, passieren, vorkommen, wider'fahren***	*Ein Unglück **ist** geschehen/passiert.* *Das **ist** [mir] noch nie vorgekommen.* *Ihm **ist** eine Ungerechtigkeit wider•fahren.* *Dein Bruder **ist** mir krank vorgekommen.*
begegnen	*Ich **bin** ihm schon einmal begegnet.*

⑤ Malgré leur aspect ingressif ou égressif les verbes suivants :

anfangen	***aufhören***	*Das Spiel hat schon angefangen/begonnen.*
beginnen	***enden***	*Die kalte Zeit hat nun eingesetzt.*
einsetzen	***aussetzen***	*Er hat mit dem Rauchen aufgehört.*
	[an]halten	*Das hat nicht gut geendet.*
		Die Herztätigkeit hat ausgesetzt.
		Der Zug hat nur in München gehalten.

mais les autres verbes signifiant un début, une fin (ou un arrêt) prennent *sein* (v. § 181 ②)	*Die Produktion* ***ist angelaufen/ausgelaufen.*** *Die Sitzung* ***ist*** *ohne Ergebnis* ***zu Ende gegangen.*** *Das Spiel* ***ist*** *gerade* ***losgegangen.*** *Der Tag* ***ist angebrochen.***

181 **c) Verbes avec *SEIN*.**

① ***Sein, bleiben*** et ***werden,*** et les composés de ces verbes.	*Bist du zu Hause gewesen/geblieben ?* *Sie ist gerade 18 geworden.* *Die Folgen sind nicht ausgeblieben.* *Ich bin in einem Verkehrsstau hängengeblieben.* *Ich bin mein altes Auto losgeworden.*
② Verbes **intransitifs** dont l'aspect est : — **ingressif** (**a**) ; — ou **égressif** (**b**).	**a)** *Er ist eingeschlafen/aufgewacht.* *Er ist um fünf aufgestanden.* *Mein Wagen ist heute nicht angesprungen.* *Der Vulkan ist ausgebrochen.* *Es sind einige Schwierigkeiten aufgetaucht/ entstanden.*

SAUF ***eingreifen*** (intervenir)	*Die Polizei* ***hat*** *nicht eingegriffen.*
et ***anfangen, beginnen, einsetzen***	→ v. *haben* ⑤

b) *Die Blume ist verblüht/verwelkt.*
Der See ist zugefroren.
Die Äpfel sind ausgereift/verfault.
Das Licht ist ausgegangen.
Zeit und Lust sind mir vergangen.
Mein Buch ist verschwunden.
Er ist letztes Jahr gestorben/ertrunken/bei einem Verkehrsunfall umgekommen.

dont les verbes intransitifs signifiant « réussir/ne pas réussir » (sauf *klappen*) ; l'aspect égressif explique aussi l'emploi de *sein* pour le passif « bilan »	*Es ist gut/glatt gegangen. Es ist schiefgegangen/schiefgelaufen.* *Der Versuch ist gelungen/mißlungen/geglückt/mißglückt/gescheitert/fehlgeschlagen.* *Die Schuhe sind abgenutzt/abgetragen.* *Das Buch ist jetzt gedruckt/ausverkauft.* *Ich bin geschlagen/besiegt.*

SAUF ***aufhören, enden, aussetzen, [an]halten***	v. *haben* ⑤

③ Verbes **intransitifs** dont l'aspect est **mutatif** et qui expriment : — un changement de **lieu** ou de **position,** au sens propre ou figuré (**a**) ; — un changement d'**état** (**b**).	**a)** *Wir sind zum See gegangen/gefahren/gelaufen/gewandert/geritten...* *Wir sind gut nach Hause gekommen.* *Ich bin ins Schwitzen gekommen.* *Ich bin in eine Sackgasse / in Panik / ins Schleudern geraten.* *Sie ist in Ohnmacht gefallen.* *Das Flugzeug ist gestartet/gelandet/abgestürzt.* *Ich bin auf dem Teppich ausgerutscht und mit dem Kopf gegen die Tischkante gestoßen.* *Der Hund ist mir bis hierher gefolgt.* *Die Regierung ist zurückgetreten.*
de même les lexies comprenant un verbe de mouvement avec un GN sans article	*Ich bin Auto/Schlitten/Ski/Achterbahn/Boot/Schritt gefahren.* *Ich bin Schlittschuh/Ski gelaufen.*
	b) *Der Schnee ist geschmolzen.* *Unsere Ersparnisse sind gewachsen.* *Er ist schnell gealtert.* *Der Fuß ist sofort angeschwollen.* *Mein Pulli ist eingegangen/eingelaufen.* *Der Reifen ist geplatzt.* *Die Bombe ist eine Stunde zu früh explodiert.*

④ Quelques verbes **intransitifs ponctuels** exprimant un « événement » : ***geschehen, passieren, vorkommen, wider'fahren***	*Wann ist das passiert ?* *Was ist geschehen ?* *Zwischenfälle dieser Art sind leider schon oft vorgekommen.* *Ich bin* **ihm** *sehr oft* ***begegnet.***

► mais *sich ereignen* (pronominal) avec *haben*

⑤ Quelques verbes **transitifs** formés avec ***werden*** et ***gehen*** (v. § 180 ①) : *loswerden, angehen, eingehen* (+ ACC), *'durchgehen.*

d) Verbes avec *HABEN* et *SEIN*.

§ 182 ① Les verbes de **position** comme *hängen (hangen), liegen, sitzen, stecken, stehen* ont *haben* dans le Nord et *sein* dans les régions du Sud :

Nord : *Die Vase **hat** auf dem Tisch gestanden. Der Brief **hat** auf dem Tisch gelegen.*

Sud : *Die Vase **ist** auf dem Tisch gestanden. Der Brief **ist** auf dem Tisch gelegen.*

Mais seulement : *Ich **habe** Schlange gestanden.*
*Er **hat** 5 Jahre gesessen (im Gefängnis).*

② Certains verbes intransitifs de **mouvement** peuvent être envisagés comme **duratifs** (on fait porter l'accent sur l'activité) lorsqu'il n'y a pas d'indication de but et peuvent alors être utilisés avec *haben* :

*Wir **haben/sind** den ganzen Nachmittag geschwommen/gerudert/gepaddelt/gesegelt/geritten.*

mais : *Wir **sind** über den Kanal geschwommen/gerudert.*
*Wir **sind** durch den Wald geritten.*
*Wir **sind** ausgeritten.*

Cela n'est cependant pas possible pour de nombreux verbes, notamment *(spazieren)gehen, fahren, fliegen, laufen :* v. comportement § 181 ③.

Inversement (HABEN → SEIN) :
*Wir **haben** getanzt* → *Wir **sind** durch den Saal getanzt*
(duratif). (mutatif directionnel).

Les verbes ***fahren*** et ***fliegen*** prennent ***haben*** lorsqu'ils sont accompagnés d'un **objet** authentique (transformation passive possible) :

*Ich **habe** den Wagen selbst gefahren.*
*Ich **habe** die Maschine selbst geflogen.*
*Ich **habe** meine Frau zum Bahnhof gefahren.*

Mais : (sans objet) *Ich **bin** selbst gefahren/geflogen.*

(faux « objet ») : *Ich **bin** die Strecke in zwei Stunden gefahren/geflogen.*

Pour d'autres verbes l'usage reste hésitant :
*Er **hat/ist** einen neuen Weltrekord gelaufen/gesprungen/geschwommen.*

183 ③ De nombreux verbes présentent des variantes de **sens** et/ou de **construction** (transitif/intransitif) et prennent tantôt *haben,* tantôt *sein.* La liste ci-dessous n'est pas exhaustive (v. aussi § 285).

anspringen	*Mein Wagen* ist *heute problemlos angesprungen* (démarrer). *Der Hund* hat *das Kind angesprungen.*
antreten	*Der Prüfling* ist *nicht angetreten* (ne s'est pas présenté). *Er* hat *sein Amt angetreten* (il a pris ses fonctions).
aufbrechen	*Wir* sind *in aller Frühe aufgebrochen* (se mettre en route). *Der Dieb* hat *die Kellertür aufgebrochen* (fracturer).
bekommen	*Die Langusten* sind *mir nicht bekommen* (je les ai mal digérées). *Ich* habe *Post aus Deutschland bekommen.*

biegen	*Er* ist *um die Ecke gebogen* (tourner). *Ich* habe *das Rohr zu stark gebogen* (tordre).
brechen	*Das Eis* ist *gebrochen* (rompre, céder). *Er* hat *sein Wort gebrochen. Er* hat *mit der Vergangenheit gebrochen* (rompre).
bummeln	*Wir* sind *[durch die Stadt] gebummelt* (flâner). *Er* hat *[in seiner Arbeit] gebummelt* (traîner).
dringen	*Das Wasser* ist *ins Boot gedrungen* (pénétrer). *Er* hat *auf die Erfüllung der Vereinbarungen gedrungen* (il a insisté pour que les accords soient tenus).
folgen	*Der Hund* ist *mir bis vor die Haustür gefolgt.* *Er* hat *mir anstandslos gefolgt* (obéir).
frieren	*Der Teich* ist *[zu]gefroren.* *Es* hat *heute nacht gefroren. Mich* hat *gefroren.*
heilen	*Die Wunde* ist *rasch geheilt/verheilt.* *Dieses Mittel* hat *schon zahlreiche Kranke geheilt.*
irren	*Der alte Mann* ist *zwei Tage lang durch die Stadt [herum]geirrt* (errer). *Er* hat *[sich] geirrt* (se tromper).
reißen	*Der Faden* ist *[ab]gerissen* (se casser, rompre). *Der Strudel* hat *ihn in die Tiefe gerissen* (entraîner).
schießen	*Die Hochhäuser* sind *wie Pilze aus dem Boden geschossen.* *Er* hat *[den Ball] ins Tor geschossen.*
schmelzen	*Der Schnee* ist *geschmolzen.* *Die Sonne* hat *das Eis geschmolzen* (v. § 162 *c*).
starten	*Die Maschine* ist *mit einer Stunde Verspätung gestartet* (décoller). *Die Firma* hat *eine großangelegte Werbekampagne gestartet* (lancer).
stoßen	*Ich* bin *mit dem Kopf gegen die Wand gestoßen* (se cogner). *Die Regierung* ist *auf energischen Widerstand seitens der Gewerkschaften gestoßen* (se heurter à). *Man* hat *mich gestoßen* (pousser).
stürzen	*Ich* bin *beim Skifahren gestürzt* (tomber). *Das Flugzeug* ist *abgestürzt* (s'abattre). *Die Militärs* haben *die Zivilregierung gestürzt* (renverser).
treten	*Er* ist *in die Pfütze getreten* (marcher). *Er* hat *mich getreten* (donner un coup de pied).
verderben	*Das Fleisch* ist *verdorben* (se gâter). *Er* hat *uns den Abend verdorben* (gâter). *Ich* habe *mir den Magen verdorben* (avoir une indigestion, une crise de foie).
ziehen	*Wir* sind *aufs Land gezogen* (déménager, aller habiter). *Er* hat *den Revolver gezogen. Der Zahnarzt* hat *mir einen Weisheitszahn gezogen.*

184 ④ On se méfiera des verbes dérivés qui n'ont pas le même auxiliaire que le verbe de base, cf :

fallen	*Ich **bin** (um)gefallen.* *Sein Name **ist** mir nicht mehr **ein**gefallen.* *Diese Baumkrankheit **hat** schon ganze Wälder **be**fallen.*
stehen	*Ich **habe/bin** vor der Tür gestanden* (v. § 182 ①). *Der Täter **hat** gestanden* (de *gestehen* = avouer). *Ich **habe ver**standen.* *Ich **habe** (die Prüfung) **be**standen.* *Am Gebäude **ist** ein großer Schaden **ent**standen.* *Er **hat** das Schloß 1950 **er**standen* (langue soignée, acquérir).
gehen	*Ich **bin** auf die Bank gegangen.* *Er **hat** mehrere Verbrechen **be**gangen.* *Ich **habe** die Schwierigkeit **um**gangen.*
reisen, *wandern,* etc.	*Wir **sind** durch das ganze Gebiet gereist/gewandert.* *Wir **haben** das ganze Gebiet **durch•** reist/**durch•** wandert.*

8.4. Système des périphrases *werden*+INFINITIF

185 Les formes composées avec *werden* (au présent) + infinitif du lexème verbal principal, appelées « formes du futur », s'organisent elles aussi en deux séries dites du non-accompli et de l'accompli :

	SUBJ I	IND	SUBJ II
NON ACC.	*kommen werde* *kaufen werde*	*kommen wird* *kaufen wird*	*kommen würde* *kaufen würde*
ACC.	*gekommen sein werde* *gekauft haben werde*	*gekommen sein wird* *gekauft haben wird*	*gekommen sein würde* *gekauft haben würde*

Certains considèrent que l'on n'a pas affaire ici à des formes verbales composées, mais à un complexe alliant le verbe de modalisation *werden* (v. § 383) à un groupe infinitif. Cela repose le problème délicat de l'analyse **unité par unité** (signifiés analytiques) ou **synthétique** (désigné global) du complexe verbal (v. § 140).

9
L'EMPLOI DES TEMPS A L'INDICATIF

9.0. « Temps grammaticaux » et temps chronologique

§ 186 LES DIVERS FACTEURS INTERVENANT DANS L'EXPRESSION DU TEMPS.

Les morphèmes temporels des « Tempora » (**temps grammaticaux** = formes verbales : *kommt, kam, kommen wird...*) ne sont pas les seuls à exprimer le **temps** *(Zeit),* dans lequel est situé le contenu d'un GV. Ils sont secondés, voire précisés contextuellement :

▷ par des **indications temporelles implicites,** notamment par le moment de l'acte linguistique, liées éventuellement à une modalisation explicite. Ainsi : *Dann haben wir es geschafft* peut renvoyer à une antériorité ou à une ultériorité, mais : *Dann haben wir es hoffentlich geschafft* ne peut renvoyer qu'à une ultériorité ;

▷ par des **indications lexicales** comme les LSC : *jetzt, gestern, neulich, damals, schon...,* les GSC *vorgestern abend, übermorgen um zwei...,* les G PREP *in dieser Zeit, gegen vier Uhr, um die Jahrhundertwende...,* les G CONJ *als/wenn er ankam, nachdem/bevor er wegging...,* les GN *eines Tages, jede Woche,* etc.

D'autre part, l'interprétation du désigné temporel d'une forme verbale peut se compliquer pour les raisons suivantes :

▷ La même forme verbale composée peut faire partie de **structures différentes** et exprimer :

— un **aspect syntaxique** (aspect-« phase ») différent (v. § 178 et § 191) :
cf. *Damals habe ich es geschafft* = processuel (« en cours ») par rapport à *damals,* substituable par *schaffte.*
cf. *Jetzt habe ich es geschafft* = bilan d'un procès révolu *« vorüber »* (accompli) : structure attributive : *jetzt habe ich : es (ist) geschafft* = maintenant j'ai à mon actif : cela (est) fait.

— une **modalisation** (précisée ou non par un modalisateur) :
Er wird [bald] arbeiten = forme verbale composée de l'ultérieur (« futur distancé » : il travaillera bientôt).
Er wird [jetzt] [wohl] arbeiten = verbe de modalisation *werden* (il est sans doute/probablement en train de travailler).

▷ L'emploi de certaines formes verbales peut dépendre :

— du **registre** (facteurs **diastratiques** : oral-écrit, soigné-courant v. § 15) par exemple :

Letztes Jahr fuhr er nach Deutschland = plus fréquent à l'écrit.

Letztes Jahr ist er nach Deutschland gefahren = plus courant à l'oral.

— de facteurs **diatopiques** (géographiques, v. § 16) : l'emploi du prétérit à l'oral est plus fréquent dans le Nord que dans le Sud (v. § 197) ;

— de facteurs **diaphasiques** (type de texte et stylistique, v. § 17) : discours-commentaire, récit « réel » ou fictif, distancé ou non ; texte littéraire, poétique, scientifique... Ce type d'énonciation textuelle est un facteur capital qu'on ne peut négliger.

187 SIGNIFIÉ GÉNÉRAL ET DÉSIGNÉS CONTEXTUELS D'UNE FORME VERBALE.

Suivant la structure dans laquelle elle apparaît et suivant son contexte d'énonciation, une même forme verbale *(Tempus)* peut entrer dans des systèmes d'oppositions différentes de désignés temporels *(Zeit)*, puisqu'un présent *(Tempus)* par exemple peut exprimer un FUTUR *(Zeit)* ou un PASSE *(Zeit)*. La distinction entre temps grammatical *(Tempus)* et temps « réel » *(Zeit)* est donc fondamentale ; mais à ce premier stade, elle se résume seulement à constater l'impropriété des dénominations grammaticales.

D'où un deuxième stade, consistant à analyser les divers contenus temporels particuliers en contexte, par exemple :

Morgen habe ich alles vergessen = valeur de FUTUR
Gestern treffe ich einen Freund in der Stadt = valeur de PASSE

Pour rendre compte de ces désignés temporels particuliers en contexte, on a souvent recours à des distinctions comme :

▷ celle entre **temps absolus**, dont le centre de référence est le moment objectif de l'acte linguistique (on parle dans ce cas d'une opposition PRESENT/PASSE/FUTUR) et **temps relatifs**, dont le centre de référence est une autre indication temporelle contextuelle explicite ou implicite (p. ex. : *Nachdem er die Prüfung bestanden hatte, fuhr er fort.* On distingue dans ce cas l'ACTUALITE de référence/l'ANTERIORITE et l'ULTERIORITE) ;

▷ celles, plus précises, entre *Aktzeit* (temps du procès réel ou fictif) *Sprechzeit/Berichtzeit* (temps de l'acte linguistique), *Betrachtzeit/Bezugszeit* (temps de référence).

Grâce à ces distinctions, on peut aboutir à une liste relativement précise des **désignés** particuliers contextuels de chaque forme verbale, donc de ses emplois.

Il est cependant difficile de dégager les traits caractéristiques communs d'une même forme, c'est-à-dire la **signification générale (globale),** la *Grundbedeutung* du présent, du prétérit, etc.

Certains estiment d'ailleurs que ce signifié abstrait général n'existe pas ou bien ne l'admettent que pour chaque unité de détail composant l'ensemble, la combinatoire des signifiés de détail expliquant que la signification globale varie suivant le contexte (v. §§ 140 et 170).

On envisagera ici :

▷ le signifié global des formes temporelles suivant la structure dans laquelle elles apparaissent (9.1.) ;

▷ leurs désignés regroupés d'après le système d'énonciation textuelle (9.2.) ;

▷ quelques problèmes contrastifs posés par l'emploi des formes verbales en français et en allemand (9.3.).

9.1. Les significations globales des différentes formes verbales

9.1.1. LES OPPOSITIONS ENTRE LE TEMPS *(ZEIT)* OBJECTIF ET SUBJECTIF ET LES OPPOSITIONS D'ASPECTS.

§ 188 Si par temps *(Zeit)* on conçoit l'existence du temps chronologique **objectif** (que le langage se doit aussi d'exprimer et de respecter), la négation d'une *Grundbedeutung* des morphèmes de temps s'impose. Mais il semble bien qu'il n'y ait pas de temps objectif dans le langage. L'opération mentale et linguistique (la conceptualisation) qui consiste à situer de façon temporelle une information dépend en fait de la **conscience subjective** du locuteur : les morphèmes temporels verbaux ont pour signifié de dater non le temps chronologique objectif, mais ce temps de la conscience subjective dans laquelle se reflète l'information fournie par le procès. Ainsi la catégorie du temps est celle qui permet d'ancrer le mieux le contenu d'un GV dans l'acte d'énonciation (v. § 110).

§ 189 Ce **temps subjectif,** précisé par les indications temporelles du contexte, ne recouvre pas nécessairement le temps objectif réel. Il s'organise en trois **dimensions** :

▷ ce qui est conçu (« vécu ») comme **ACTUEL**

▷ ce qui est conçu (« vécu ») comme **ANTERIEUR** } à l'actualité

▷ ce qui est conçu (« vécu ») comme **ULTERIEUR** } de référence

A ces dimensions s'ajoutent les signifiés **aspectuels** (v. § 178) :

§ 190 ▷ La **distanciation ou non-distanciation** de l'actualité *(ASPEKTE)* : ce qui est conçu comme antérieur ou ultérieur peut être vu dans une continuité (non-distanciation) avec l'actualité ou en rupture avec elle (distanciation) :

Er geht bald in Pension = ultérieur non distancé

Er wird bald in Pension gehen = ultérieur distancé

C'est cette notion de distanciation qui explique sans doute les interférences existant formellement entre les temps grammaticaux et les formes verbales modales, par exemple : *kam* = distancé dans le temps subjectif, *käme* = distancé par jugement modal : non réel (v. § 209).

§ 191 ▷ **L'aspect syntaxique** (« aspect-phase » v. § 178), qui n'envisage pas tant le déroulement du temps que la perspective du locuteur sur le procès (activité, état...) :

— perspective de **bilan** = par rapport au temps subjectif de référence (actuel, antérieur, ultérieur), le procès est présenté comme *vorüber* :

Das Haus ist verkauft.
Jetzt hat er das Haus verkauft = Jetzt hat er's : das Haus ist verkauft

→actuel - - - - - →——————→procès « accompli »

Cette perspective de bilan est liée à la structure attributive qui est sous-jacente à ces énoncés *(er hat / das Haus verkauft).*

— perspective **processuelle** = par rapport au temps de référence (actuel, antérieur, ultérieur), le procès est présenté comme « en cours », comme *« nicht vorüber »* :

Morgen kauft er das Haus.
Vor zwei Jahren hat er sein Haus verkauft.

→antérieur – – →————→procès en cours

Dans cette interprétation, la forme verbale complexe est « grammaticalisée » : *hat verkauft* exprime un antérieur processuel au même titre que *verkaufte,* la différence se faisant au niveau de la distanciation (v. § 190).

Dans le tableau qui suit, on marquera par une barre oblique la structure attributive : *gekommen/ist.* Avec *kaufen,* X représentera l'objet éventuel, qui peut faire défaut avec des verbes intransitifs ayant *haben* (p. ex. avec *schlafen*) : *X gekauft/hat.*

9.1.2. TABLEAU DES OPPOSITIONS TEMPORELLES ET ASPECTUELLES.

§ 192

		Processuel	Bilan
ULTERIEUR	distancé	***kommen wird*** ***kaufen wird***	*gekommen / sein wird* *X gekauft / haben wird*
	non distancé	***kommt*** ***kauft***	*gekommen / ist* *X gekauft / hat*
CENTRE DE REFERENCE (ACTUEL)		***kommt*** ***kauft***	*gekommen / ist* *X gekauft / hat*
ANTERIEUR	non distancé	***gekommen ist*** ***gekauft hat***	*gekommen / gewesen ist* *X gekauft / gehabt hat*
	distancé	***kam*** ***kaufte***	*gekommen / war* *X gekauft / hatte*
	bidistancé	***gekommen war*** ***gekauft hatte***	*gekommen / gewesen war* *X gekauft / gehabt hatte*

§ 193 ① **INF + wird :** même si l'on considère que ce complexe n'est pas un « temps » grammatical, mais l'association du verbe de modalisation *werden* et d'un groupe infinitif, il n'en reste pas moins vrai qu'il marque toujours un procès **ultérieur** quand l'infinitif a un **aspect ponctuel,** qu'il soit accompagné ou non d'une modalisation :

Er wird	*[sicher]*	*einschlafen, lachen...*
Er wird es	*[bestimmt]*	*finden, vergessen...*
Er wird ihm	*[wohl]*	*begegnen*
Er wird sich	*[wahrscheinlich]*	*wundern, ärgern...*
Es wird	*[vielleicht]*	*gelingen, scheitern...*

L'ultériorité **peut** alors être soulignée par une indication temporelle :
Er wird bald einschlafen. — Er wird nächstes Jahr auswandern.

En revanche, avec les verbes à **aspect non ponctuel,** seul le contexte, c'est-à-dire une indication temporelle explicite ou implicite, permet de savoir si l'on a affaire à un ultérieur ou un actuel modalisé :
Er wird um 6/morgen zu Hause sein/warten... = il va être/attendre...
Er wird bereits/jetzt/gerade zu Hause sein/warten... = il est/attend sans doute...

§ 194 ② *gekommen/sein wird* (distancé) et *gekommen/ist* (non distancé) ne peuvent fonctionner comme expression de l'ultérieur que s'ils sont accompagnés d'une indication temporelle :

{ In zehn Jahren *werden wir unser Haus abbezahlt haben*
{ *haben* *abbezahlt*
{ Morgen *um diese Zeit wirst du es überstanden haben*
{ *hast* *überstanden*
Wenn *du es geschafft hast, sag es mir!* (ambigu)

Le complexe *gekommen/sein wird* exprime une **modalisation** lorsque le procès est envisagé comme **antérieur,** avec ou sans indication temporelle explicite :
Er wird [vorgestern/schon] in Urlaub gefahren sein = il est sans doute parti en congé.
Er wird es [damals/schon] gewußt haben = il le savait sans doute.

Quand il n'exprime pas un ultérieur, le complexe *gekommen/ist* exprime soit un actuel bilan (1), soit un antérieur processuel (2), non distancés dans les deux cas :
(1) *Er hat es jetzt [gerade] geschafft. Ein Unglück ist schnell geschehen.*
(2) *Damals hat er es geschafft.*

§ 195 ③ *kommt/kauft* : avec sa valeur d'**ultérieur (« futur »)** non distancé, cette forme est beaucoup plus sollicitée en allemand qu'en français (v. plus loin § 206). La présence d'une indication temporelle explicite n'est certes pas toujours nécessaire, mais seul le contexte permet de la démarquer de l'actuel (« présent ») :

Wir treffen uns in Paris.	=	« futur »
Wir treffen uns meistens in Paris	=	« présent » (fréquentatif)
Was machst du ? — Ich schreibe meinen Eltern.	=	« présent » (momentané)
Ich schreibe jeden Monat meinen Eltern.	=	« présent » (fréquentatif ou itératif)
Ich schreibe dir noch !	=	« futur »
Wir bekommen ein Gewitter.	=	« futur » (imminent)
Wir bekommen Besuch.	=	« futur » ou « présent » (momentané)

§ 196 ④ *kommt/kauft* est l'expression de l'intégration du procès dans la conscience d'actualité ou non distancée de l'actualité, quelle que soit la durée objective du procès :

Du vergißt deine Brieftasche !	=	procès momentané
Sonntags bleibe ich länger im Bett.	=	procès itératif (discontinu)
Ich wohne schon zehn Jahre hier.	=	procès continu
Die Erde dreht sich um die Sonne *Zweimal am Tag zieht sich das Meer zurück.*	=	procès « perpétuel » (continu/discontinu)

Le temps objectif passe au second plan, ce qui explique que, quand le contexte est suffisamment clair, le « présent » puisse marquer un procès ultérieur (v. ci-dessus § 195), voire antérieur (« présent de narration »), qui consiste à faire remonter le passé à la surface, c'est-à-dire à le « réactualiser » :

G. Heym stirbt am 16. Januar 1912.

Stell dir vor : Neulich gehe ich im Wald spazieren und plötzlich sehe ich einen riesigen Hirsch vor mir stehen.

§ 197 ⑤ *gekommen ist — kam.* Dans la perspective processuelle, *gekommen ist* (structure non attributive) est un véritable « passé composé » ; dans :

Voriges Jahr ***sind*** *die Schwiegereltern zu uns* ***gekommen.***

On n'a pas un présent (cf. *Voriges Jahr !*) et l'énoncé ne s'oppose à :

Voriges Jahr ***kamen*** *die Schwiegereltern zu uns.*

que par la distanciation.

Toutefois, **à l'oral,** cette opposition est relativement neutralisée dans les régions situées au sud d'une ligne *(« Präteritalgrenze »)* allant du Luxembourg au sud-est de la Silésie, en passant par Francfort/Main et Plauen (sud de la RDA). Dans ces régions, le prétérit n'est guère utilisé à l'oral que pour quelques verbes.

La **distanciation** est la caractéristique fondamentale du **prétérit**. Cela explique que son emploi ne concorde pas toujours avec le temps objectif et que la distanciation ne soit pas toujours d'ordre temporel, cf. :

Er erschoß uns auf ein Haar unser teures Königspaar (distanciation modale = *er hätte... erschossen)* (v. § 208)

Die Stadt, durch die wir eben gefahren sind, hieß Remich. (distanciation subjective : la situation antérieurement vécue l'emporte sur le procès objectivement actuel et continu)

Wie war ihr Name ? Wer bekam das Rahmschnitzel ? (Rappelez-moi donc... ; distanciation de la première demande ; du point de vue perlocutoire (v. § 111) on veut déguiser un oubli)

Ich wollte Sie fragen, ob... Ich wollte Sie nicht aufhalten. (du point de vue perlocutoire, on veut prévenir une réaction négative...), etc.

§ 198 ⑥ *gekommen war* (dans la perspective processuelle). La bidistanciation peut représenter :

— soit une distanciation par rapport à un antérieur (déjà) distancé (donc une double distanciation) :

*Ich **fuhr** ins Restaurant zurück, weil ich dort meine Brieftasche **hatte liegenlassen.***

— soit une distanciation « très marquée » par rapport à l'actualité :

*Wie findest du meine Eltern ? — Irgendwie **hatte** ich sie mir ganz anders **vorgestellt.***

Ich bin ins Krankenhaus gegangen (antérieur non distancé), *aber er **war** schon längst **entlassen worden*** (antérieur distancé).

§ 199

⑦ Les **formes hypercomposées de l'antérieur** (structure et perspective de bilan) sont rares à l'ecrit, mais relativement fréquentes à l'oral, et elles fonctionnent plus facilement avec l'auxiliaire **haben** :

*Ich **habe** es ihm schon längst **gesagt gehabt.***
*Ich **hatte** die Hausnummer **vergessen gehabt.***
*Er dachte : Du kannst jetzt nichts gesehen haben, du kannst wegdrücken... und **hast** bloß den Anschluß **verloren gehabt** und bist kein Jäger* (G. Gaiser).

Les structures de la perspective de bilan ne sont pas possibles avec tous les lexèmes verbaux, notamment ceux qui expriment un **actuel continu** comme *wissen, gleichen, ähneln, belieben, gebühren, nahen... bedürfen, ermangeln, abhängen von, abstechen von,* (DATIF +) *scheinen...* :

**Morgen hat er es gewußt.* } sont des énoncés
**Jetzt hat er es gewußt.* } impossibles (incorrects)

mais : *Eben hat er es noch gewußt (= wußte er es noch).*

Diesmal hat er seinem Vater geglichen (résultat obtenu).

9.2. Systèmes de désignés des « TEMPS » *(Tempora)*

9.2.1. LE TEXTE A CENTRE DE REFERENCE ACTUALISE.

200 Lorsque le texte a pour centre de référence l'actualité, marquée par la forme *kommt/kauft* (on peut parler dans ce cas d'énonciation textuelle du **discours**), les oppositions de temps et d'aspects fonctionnent comme indiqués dans le tableau du § 192. Exemples :

▷ Futur distancé (éventuellement modalisé) :

Ex. 1 : *Der Kulturbesitz der Kirche **wird** sich dem allgemeinen Zerfall des Überlieferten nicht entziehen **können*** (futur distancé), *und wo er noch **fortdauert*** (centre de référence), ***wird** er von vielen Problemen **erschüttert sein*** (centre de référence modalisé ou futur distancé ?)... *In dieser Absolutheit **wird**, vermute ich, die Definition der Existenz und die Orientierung des Verhaltens besonders fühlbar **werden*** (futur distancé modalisé par : ***vermute ich***) (R. Guardini).

▷ Futur non distancé.

Ex. 2 : *Morgen **fährt** er nach Italien.*
*In einer Stunde **hat** er den Brief zu Ende **geschrieben.***

▷ Passé distancé.

Ex. 3 : *Es* **ist** *schon zehn Uhr* (centre de référence actuel). *Er **wollte** um diese Zeit doch hier sein* (passé distancé). *Er **hatte** es doch **zugesagt*** (passé distancé bilan bi-distancé processuel : *er **hatte** es doch vorige Woche **zugesagt***).

▷ Passé non distancé.

Ex. 4 : *Ich **habe** gestern und heute am Wallenstein so emsig **gearbeitet**, daß ich den gestrigen Botentag ganz aus der Acht **ließ*** (passé distancé) *und mich auch heute nur im letzten Augenblicke an die Post **erinnerte*** (Schiller).

Ex. 5 : *Gestern **haben** wir die Stadt **besichtigt.** Wir **sind** ganz früh **aufgestanden** und um zehn **sind** wir mit dem Bus **abgefahren.** Zwei Stunden **hat** er bis nach Trier **gebraucht.** Um zwölf aber **haben** wir an der Porta Nigra **gehalten** und...*

▷ Passé bi-distancé.

Ex. 6 : *Sie **rückten** in Odessa ein* (passé distancé). *Hans **hatte** sich schon einmal in seinem Leben in entlegenen Zeiten auf diese Hafentreppe **geduckt,** die mächtigen Stiefel **hatten** ihn **zusammengetreten,** Martin **hatte** damals den Arm um seinen Arm **gelegt**; vielleicht **hatten** manche Jungens, die jetzt als Sieger zum Hafen **hinunterstampften,*** (passé distancé : récit cf. ***jetzt***) *vor derselben Leinwand **gesessen** : Panzerkreuzer Potemkin* (Anna Seghers).

Ex. 7 : *Ein Teil der Mannschaft, die vorher den Block **umzingelt hatte** und **abgelöst worden war*** (passé distancé), ***wurde** mit zur Durchsuchung **verwandt*** (centre de référence du récit).

9.2.2. LE TEXTE A CENTRE DE REFERENCE (ANTERIEUR) DISTANCE.

201 Dans un **récit distancé** au prétérit relatant des événements réels ou fictifs qui sont généralement passés par rapport au moment de l'acte de langage *(Sprechzeit),* mais pas toujours (un roman de science-fiction peut être écrit au

« passé »), le système temporel se modifie et se réduit (du fait de l'absence de formes non distancées) :

	Processuel	Bilan
ULTERIEUR (prospecté)	***kommen würde*** ***kaufen würde***	*gekommen / sein würde* *X gekauft / haben würde*
CENTRE DE REFERENCE	***kam*** ***kaufte***	*gekommen / war* *X gekauft / hatte*
ANTERIEUR (rétrospecté)	***gekommen war*** ***gekauft hatte***	*gekommen / gewesen war* *X gekauft / gehabt hatte*

REMARQUES

L'**ultérieur prospecté** (ou anticipé) est ce qu'on appelle souvent le « futur du passé » ou « futur **dans** le passé ». La dénomination la plus adéquate serait sans doute « futur **depuis** le passé ».

Il peut s'exprimer également au moyen d'un verbe de modalité, notamment *sollen* et moins fréquemment *wollen* (v. chap. 13.4) :

Er wanderte nach Australien aus. Er sollte *es jedoch bald bereuen* (cf. français : il allait/devait le regretter).

Er wollte *ausgehen, da hielt ihn jemand zurück* (cf. français : il allait/voulait sortir...)

EXEMPLES :

▷ Centre de référence (antérieur distancé)

— événements fictifs :

Ex. 8 : Ein Mann namens Rotnagel *erfand* einen neuen Klebstoff, der sehr vertrauenswürdig *aussah* und nach Oleander *duftete*; viele Frauen *bedienten* sich seiner, um angenehm zu riechen. Gegen diese Unsitte *kämpfte* Rotnagel heftig an... Gerade das aber *bot* Schwierigkeiten denn der neue Klebstoff *klebte* nichts, jedenfalls nichts Bekanntes (Kusenberg).

— événements historiques :

Ex. 9 : Die Umstände *begünstigten* auch Hitlers militärische Pläne. Er *ließ* die Atempause, die ihm Gamelin *gewährte,* nicht ungenutzt. Das zu Beginn des Krieges nicht sehr starke Heer *wurde* durch Aushebungen *vermehrt,* die neue Panzertaktik *wurde* immer genauer *erprobt.* Dazu *ergaben* Luftaufnahmen, daß die französischen Befestigungen schwächer *waren* als man *geglaubt hatte* (antérieur plutôt que centre de référence). Im Frühjahr 1940 *schlug* Hitler los (P. Sethe).

▷ Antérieur rétrospecté

Ex. 10 : Mit diesem Namen *hatte* mich seit der Schulzeit niemand mehr *gerufen.* Ich *hatte gelernt,* auf alle die guten und bösen Namen zu hören, mit denen mich Freunde und Feinde zu rufen *pflegten* (centre de référence), die Namen, die man mir in vielen Jahren in Straßen, Versammlungen... *beigelegt hatte.* Ich *hatte* sogar, als ich krank und besinnungslos *lag* (centre de référence), manchmal auf jenen alten frühen Namen *gehofft,* doch der Name *blieb* verloren (centre de référence) (A. Seghers).

▷ Ultérieur prospecté

— non modalisé par un modalisateur explicite

Ex. 11 : ... und schon *wußte* ich (centre de référence), was sich nachher *bestätigte* (centre de référence), daß nicht nur halb Bonn sich über die Verführung *empören würde,* sondern *hinzufügen würde*: « und so kurz vor dem Abitur ». Ich *dachte* (centre de référence) sogar an die Mädchen aus ihrer Gruppe, für die es eine Enttäuschung *sein würde* (H. Böll).

— modalisé (par *wohl*)

Ex. 12 : Später bei Tageslicht *würde* ich wohl *gesehen haben,* daß sie noch immer eine schöne Frau *war* (centre de référence), trotz dem Silber, in das sich ihr goldenes Haar *verwandelt hatte* (W. Raabe).

— modalisé (par *sollen*)

Ex. 13 : Es *war* (centre de référence) hübsch, so im Fiaker durch das Städtchen zu sausen ; aber noch viel hübscher *sollte* es *sein,* nächstens einmal aufs Land hinaus zu fahren.

202 La forme *gekommen ist/gekauft hat* permet d'opérer une **transition** entre l'énonciation textuelle du discours actualisé et celle du récit distancé :

Ex. 14 : Bald *saß* (centre du récit distancé) ich nun also neben ihr, vielleicht in ebenderselben Kutsche, in der die Baronin heute *vorüberfuhr* (centre de référence du récit distancé). Seitdem ***ist*** sie freilich älter ***geworden.*** Ihr ältester Sohn *steht* (centre de référence du discours actualisé) als Offizier bei den Breslauer Kürassieren, der zweite *studiert...* Die Tochter *ist* ein liebes Ding... aber dies beiseite, ich *will* nicht abschweifen. Ich ***habe*** mich natürlich ***gehütet*** (amorce de retour au récit distancé) als ich, zur Linken der Baronin sitzend, durch die Felder und Wälder *fuhr* (centre de référence du récit distancé) auch nur andeutungsweise von dem zu sprechen, was... *verhandelt wurde* (G. Hauptmann).

Ceci explique qu'en début ou en fin de récit distancé, on puisse trouver un « passé non distancé » :

Ex. 15 : Wenn man später immer wieder *behauptet hat,* die Pauliskirche habe ihre Kraft unterschätzt und sei daran gescheitert, so *ist* gerade das Gegenteil richtig. Von Anfang an *warb* sie... (suite au centre de référence du récit distancé) (W. Mommsen).

Ex. 16 : ...Handwerker *trugen* ihn. Kein Geistlicher *hat* ihn *begleitet* (Goethe).

203 Pour des raisons stylistiques, il arrive qu'un **récit** distancé soit **actualisé** partiellement :

Ex. 17 : Kaum *war* er angekommen, da *liegt* er schon im Bett und, nachdem er zwei Stunden *ausgeruht hat, geht* er...

ou bien le récit est actualisé parce qu'il s'agit d'un événement immédiatement vécu (cf. aussi le reportage sportif) :

Ex. 18 : Wir *liegen* neun Kilometer hinter der Front. Gestern *wurden* wir *abgelöst,* jetzt *haben* wir den Magen voll weißer Bohnen und Rindfleisch und *sind* satt und zufrieden. Sogar für abends *hat* jeder noch ein Kochgeschirr voll fassen *können* (perspective de bilan) ; ... so ein Fall *ist* schon lange nicht mehr *gewesen* (perspective de bilan) (E. M. Remarque).

9.3. Problèmes contrastifs concernant l'emploi des « temps » en français et en allemand

Quelques divergences fondamentales entre les systèmes temporels du français et de l'allemand font que le francophone se trouve confronté à des difficultés particulières pour l'emploi des formes verbales en allemand.

9.3.1. IL ARRIVE/VA ARRIVER/VIENT D'ARRIVER.

§ 204 Le français dispose pour l'expression de l'actualité comme pour celle de la distanciation d'une opposition aspectuelle supplémentaire entre :

▷ le prospectif :	*il va arriver.*	*il allait arriver.*
▷ le cursif :	*il arrive.*	*il arrivait.*
▷ le rétrospectif :	*il vient d'arriver.*	*il venait d'arriver.*

Pour rendre cette opposition, l'allemand utilise — lorsque le contexte n'est pas assez clair — des indications temporelles secondes :

Actualisé	Distancé
er kommt gleich/bald.	*er würde gleich/bald kommen.*
er kommt eben/gerade.	*er kam eben/gerade.*
er ist [so]eben/gerade gekommen.	*er war [so]eben/gerade gekommen.*

§ 205 Il n'est pas rare que l'allemand, qui dispose d'un système plus riche de verbes de modalité, réalise un semblant de prospectif par l'intermédiaire d'un **verbe de modalité,** c'est-à-dire en interprétant la situation du sujet grammatical :

Wir wollen tanzen	= nous le voulons, donc nous allons le faire
Ich will es dir sagen	= je le veux, donc je vais le faire
Ich wollte gerade gehen	= je le voulais, donc j'allais le faire
Ich sollte es bereuen	= je devais/j'allais le regretter

En fait cependant le verbe de modalité ne fournit toujours que la raison, le motif ou la situation justifiant la prospection.

Les énoncés français au « présent » peuvent impliquer une modalité que l'allemand explicitera le plus souvent. Par exemple :

La politique réalise *de tels miracles.*	*Die Politik* kann *solche Wunder bewirken.*
Rien ne remplace *le vin.*	*Nichts* kann *den Wein ersetzen.*
La petite marche *déjà.*	*Die Kleine* kann *schon laufen.*
*Ce n'*est *pas étonnant.*	*Darüber* darf *man sich nicht wundern.*
Vous plaisantez !	*Sie scherzen* wohl ! *Sie* wollen *sich über mich lustig machen !*
A qui le dites-*vous !*	*Das* kann *man* wohl *sagen !*
*Ce n'*est *pas vrai !* (surprise + mécontentement)	*Das* darf *doch nicht wahr sein !*

9.3.2. LES « FUTURS ».

§ 206 Le « futur simple » *(il arrivera)* et le « futur composé » *(il va arriver)* ne doivent pas être systématiquement traduits par l'ultérieur distancé *er wird kommen.* Car si le « présent » *il arrive* peut aussi marquer un événement ultérieur, son emploi est soumis au moins à deux restrictions qui ne jouent pas pour *er kommt :*

▷ le « présent » français est presque exclusivement réservé au **code oral** ;

▷ il nécessite le plus souvent une **indication temporelle** seconde : *Ma sœur se marie* ***demain****. Qu'est-ce que vous faites* ***dimanche*** *?*

Ainsi, les formes *arrivera/va arriver* sont employées dans de nombreux cas où l'allemand peut disposer du « présent » *er kommt :*

fr. : Futur courant	all. : « Présent » courant
Je vous tiendrai (vais vous tenir) au courant.	*Ich* ***halte*** *Sie auf dem Laufenden.*
Nous allons avoir de l'orage.	*Wir* ***bekommen*** *ein Gewitter.*
Il arrivera sans doute (va sans doute arriver) demain.	*Er* ***kommt*** *wahrscheinlich morgen.*
Je crois/j'espère que Saint-Etienne gagnera (va gagner).	*Ich glaube/hoffe, daß Saint-Etienne* ***gewinnt****.*
Quand tu seras à Paris...,	*Wenn du in Paris* ***bist****...*
etc.	usw.

Le « futur simple » et le « futur antérieur » français peuvent également exprimer une modalisation :

Il sera (sans doute) malade.	*Er wird (wohl) krank sein.*
Il aura (sans doute) mal compris.	*Er wird (wohl) falsch verstanden haben.*

Enfin, le « futur simple » français est beaucoup plus sollicité que la forme INF + *wird* pour l'expression d'un ordre ou d'une prière :

Tu ne sortiras pas ce soir !	*Du wirst heute abend nicht ausgehen !* *Du gehst heute abend nicht aus !*
Tu ne tueras point.	*Du sollst nicht töten !*
Tu n'oublieras pas d'acheter des timbres.	*Vergiß [bitte/ja] nicht, Briefmarken zu kaufen !*
Vous direz bien le bonjour à votre père.	*Bitte, grüßen Sie Ihren Vater !*

9.3.3. IL ARRIVAIT/IL ARRIVA/IL EST ARRIVE.

§ 207 Dans l'expression de l'antérieur, le français dispose d'une triple opposition :

Imparfait : code écrit et oral.
- **Passé simple** (distancé) : code écrit.
- **Passé composé** (non distancé) : code écrit et oral.

▷ Le passé simple et le passé composé représentent des procès délimités (« perfectifs ») ;

▷ L'imparfait représente des procès non délimités (« imperfectifs », « cursifs ») par rapport à un moment de référence, donc des procès vus relativement à un moment ou à un autre procès servant de point de référence.

C'est ainsi que passé simple et passé composé servent dans un récit à marquer la succession des événements (la charpente temporelle), tandis que les événements à l'imparfait, qui se « greffent » sur les autres, constituent un « arrière-plan », un « décor ».

L'allemand ne connaît pas cette opposition au niveau des catégories. Mais quand elle peut s'avérer nécessaire pour l'information, il peut l'exprimer par d'autres moyens (lexicaux), par exemple :

a) Opposition de lexèmes verbaux qui diffèrent par l'aspect *(« Aktonsart ») :*

Il se taisait/il se tut.	*Er schwieg/ er verstummte* (duratif/ ingressif)
La cloche retentissait/retentit.	*Die Glocke klang/erklang* (idem).
J'avais faim/j'eus faim.	*Ich hatte Hunger/ich bekam Hunger* (idem).
Il avait l'ordre/il eut l'ordre.	*Er hatte den Auftrag/er erhielt den Befehl* (idem).
Je le savais/je le sus.	*Ich wußte es/ich erfuhr es* (idem).
Ils se connaissaient/ils se connurent.	*Sie kannten sich/Sie lernten sich kennen* (idem).
Il comprenait/il comprit que.	*Es war ihm klar/Ihm wurde klar* (statique/mutatif).
Le paysage disparaissait dans la brume/disparut dans la brume.	*Die Landschaft lag im Nebel/verschwand im Nebel* (idem).
Quand il avait/eut 17 ans.	*Als er 17 Jahre alt war/wurde* (idem).
etc.	usw.

b) Emploi de lexèmes sans marque de catégorie.

« Adverbes », prépositions, conjonctions marquant :

▷ la simultanéité :

Il mangeait quand nous entrâmes. — Er aß gerade, *als wir eintraten.*

▷ l'antériorité ou le bilan (l' « accompli ») :

Il fut mis au lit après le dîner. Il connaissait cette punition. Er wurde nach dem Abendessen zu Bett gebracht. Er kannte schon/bereits *jene Strafe.*

▷ le caractère « dynamique » du passé simple dans le récit distancé :

Nous attaquâmes l'ennemi qui se retirait/qui se retira.	*Wir griffen den Feind an,* während *er sich zurückzog/Wir griffen den Feind an, der sich* dann/darauf *zurückzog.*
Elle trouva son frère qui embrassait Mademoiselle.	Da *fand sie ihren Bruder, der das Fräulein* umarmt hielt.
Et elle s'en fut...	*Und* nun/dann/da/gleich *ging sie von dannen.*
L'autre reprit.	Da *sprach wieder der andere...*
Elle dormait jusqu'au moment où sa mère la réveillait. Mais cette nuit-là, elle se réveilla.	Gewöhnlich *schlief sie, bis ihre Mutter sie weckte. In jener Nacht aber wurde sie wach.*
etc.	usw.

⇨ Attention : l'opposition *als-wenn* (v. § 774) ne recouvre qu'en partie l'opposition aspectuelle imparfait-passé simple/passé composé :

***Als** er 17 war...*	*Quand il **avait** dix-sept ans...*
***Als** die Sonne aufging...*	*Quand le soleil **se leva/s'est levé**...*
***Wenn** die Sonne aufging...*	*Quand le soleil **se levait**...*

208 L'imparfait et le plus-que-parfait français marquent parfois (comme les autres formes en /ɛ/ ; cf. le conditionnel) une **distanciation d'ordre modal,** c'est-à-dire le décalage par rapport à la réalité. Ce système est encore vivant après *si* conditionnel et dans certains emplois appartenant au style écrit soutenu. L'allemand fait dans ce cas appel au **SUBJ II** :

Si j'avais encore vingt ans...	Wäre *ich noch zwanzig Jahre alt...*
S'il avait fait beau...	*Wenn das Wetter schön* gewesen *wäre...*
Un pas de plus et il tombait dans le fossé.	*Einen Schritt weiter* wäre *er in den Graben* gefallen.
etc.	usw.

10
L'EMPLOI DES MODES DU SUBJONCTIF

10.0 Les signifiés des modes

§ 209 Souvent, sur le plan du sens, les oppositions entre morphèmes modaux sont interprétés selon des critères différents et l'on parle par exemple de :

▷ réel (IND), potentiel (SUBJ I), simplement pensé (SUBJ II) ;
ou ▷ réel (IND), réalisable (SUBJ I), irréalisable (SUBJ II) ;
ou ▷ fait certain (IND), douteux (SUBJ I), faux (SUBJ II) ;
ou ▷ discours direct (IND), discours indirect (SUBJ I), hypothèse (SUBJ II).

Mais s'il est vrai que les formes verbales modales peuvent concourir à la modalisation du degré de certitude, le signifié général de l'opposition des trois modes concerne essentiellement la façon dont le locuteur envisage l'information **par rapport à la réalité qu'il ressent subjectivement.** Ainsi, quelle que soit la réalité « objective », que le locuteur se trompe ou non (et même s'il ment délibérément), toute information peut être présentée comme :

▷ (subjectivement) **vérifiée** (IND), **réelle** ;
▷ (subjectivement) **non vérifiée** (SUBJ II), **non réelle.**

Par le SUBJ II, le locuteur **distance, démarque** l'information par rapport à la conscience qu'il a de la réalité, sans pour autant prendre nécessairement position sur le caractère réalisable ou non réalisable du procès, ni même sur la possibilité ou l'impossibilité, la vraisemblance ou la non vraisemblance, donc sur la modalisation de cette réalisation éventuelle. En revanche, par l'IND, le locuteur exprime qu'il n'y a pas de distance, qu'il y a **non-distanciation** de l'information par rapport à la réalité subjective.

Quant au SUBJ I, il n'a de valeur proprement modale que dans certaines survivances d'un état ancien de la langue, où il exprime — comme le SUBJ français — une **virtualité,** cf. : *Dein Wille geschehe! Möge er recht haben!*

§ 210 Ce premier système d'oppositions modales :

< IND (réel) ;
< SUBJ II (non réel) ;
< SUBJ I (virtuel) ;

ne doit pas être confondu avec celui qu'on trouve dans le **discours indirect** entre :

< IND = discours indirect **non marqué** (implicite) ;
< SUBJ I/SUBJ II = discours indirect **marqué** (explicite).

Il se s'agit plus là d'une véritable opposition modale, le subjonctif signifiant simplement : « Je ne fais que transmettre cette information qui provient d'un autre. »

10.1. L'opposition modale IND-SUBJ II

10.1.1. LES OPPOSITIONS AU SUBJ II.

§ 211 L'opposition modale IND-SUBJ II fonctionne dans le discours direct et indirect :

▷ aux trois TEMPS (subjectifs) de référence : ultérieur — actuel — antérieur

▷ et dans la double perspective de l'ASPECT syntaxique : processuel — bilan.

Mais comme le SUBJ II marque toujours une distanciation par rapport à la réalité subjective actualisée — tout comme le « prétérit », à partir duquel il est formé, marque la distanciation par rapport à l'actuel — l'opposition aspectuelle « distancé-non distancé » ne joue plus, de sorte que les formes sont moins nombreuses qu'à l'IND :

		Processuel	Bilan
ULTERIEUR (prospecté	sans modalité :	***kommen würde*** ***kaufen würde***	*gekommen / sein würde* *X gekauft / haben würde*
	avec modalité :	***kommen*** } ***sollte*** ***kaufen*** } ***dürfte*** ***könnte*** *(...)*	*gekommen / sein* } *sollte* *X gekauft haben* } *dürfte* *könnte* *(...)*
CENTRE DE REFERENCE (actuel)		***käme*** ***kaufte***	*gekommen / wäre* *X gekauft / hätte*
ANTERIEUR (rétrospecté)		***gekommen wäre*** ***gekauft hätte***	*gekommen / gewesen wäre* *X gekauft / gehabt hätte*

COMMENTAIRES.

212 ① *gekommen gewesen wäre, gekauft gehabt hätte :* ces formes sont d'un emploi rare à l'écrit et remplacées le plus souvent par celles du centre de référence, l'antériorité étant exprimée par un lexème sans catégorie (« adverbe »), cf. :

Wenn sie das Haus gekauft gehabt hätten, hätten sie ein gutes Geschäft gemacht.

→ *Wenn sie* ***vorher schon*** *das Haus* ***gekauft hätten,*** *hätten sie ein gutes Geschäft gemacht.*

213 ② *käme, kaufte :* ces formes se confondent dans de nombreux cas avec celles du prétérit de l'IND, ce qui peut donner lieu à des ambiguïtés :

Wenn meine Eltern mir Geld ***schickten, kaufte*** *ich mir sofort etwas zum Anziehen.*
- **Quand** mes parents m'envoyaient... je m'**achetais**...
- **Si** mes parents m'envoyaient... je m'**achèterais...**

*Sonst **wohnte** ich nicht hier.*	<	Dans d'autres circonstances/d'habitude, je n'**habitais** pas ici. Sinon, je n'**habiterais** pas ici.
***Riefen** Sie ihn, so **eilte** er sofort herbei.*	<	A chacun de vos appels, il **accourait**... **Si** vous l'**appeliez,** il **accourrait**...

Dans ce cas, pour marquer qu'il s'agit nettement d'un SUBJ II, on fait généralement appel à la forme INF + *würde* ou à un **verbe de modalité,** lequel ajoute cependant une information quant à la situation ou à la disposition (volonté, possibilité, nécessité, etc.) du sujet grammatical :

*Wenn meine Eltern mir Geld schicken **wollten, würde/könnte** ich mir sofort etwas zum Anziehen kaufen* (v. également § 214).

*Sonst **würde/könnte/möchte** ich nicht hier wohnen.*

Le recours à une forme non ambiguë n'est cependant pas indispensable lorsque le contexte contient une autre forme non ambiguë de SUBJ II :

*Wenn meine Eltern mir Geld **schickten, würde** ich mir sofort etwas zum Anziehen kaufen.*

*Wenn Sie ihn **riefen, würde** er sofort herbeieilen.*

§ 214 ③ INF + *würde* : l'emploi de cette forme à la place des formes *käme/kaufte* est soumis à des **contraintes stylistiques.**

Dans la **langue parlée** et la **langue écrite courante,** la forme de remplacement s'emploie presque systématiquement pour :

- ▷ les verbes faibles et les faibles irréguliers du type 2 (*brennen, nennen,* etc.) ;
- ▷ les verbes à double forme de SUBJ II (*hälfe/hülfe, schwämme/schwömme,* etc. — v. § 167), sauf *verstünde,* relativement fréquent ;
- ▷ les verbes à SUBJ II en *ö* ou *ü (flöge, zöge, trüge, führe...).*

⇨ Dans la **langue écrite soignée,** le bon usage recommande d'éviter INF + *würde* dans les G CONJ introduits par *wenn, falls, sofern,* etc. et d'éviter en tout cas la rencontre de deux *würde* consécutifs :

*Wenn das **stimmen würde, würde** ich mich **ärgern.*** = langue parlée.

*Wenn das **stimmte, würde** ich mich **ärgern.*** = langue soignée.

Cette norme est cependant loin d'être toujours respectée, même chez les « bons auteurs ». Dans la construction avec verbe en tête, l'emploi de *würde* est mieux toléré :

Würde er es erfahren, so würde er sich ärgern.

L'emploi d'un verbe de modalité permet d'éviter à la fois *würde* et une forme trop précieuse (p. ex. *erführe* dans ce dernier exemple) :

***Sollte** er es erfahren, so würde er sich ärgern.*

⇨ La forme INF + *würde* est en revanche plus fréquente dans les énoncés exprimant une **injonction** (demande polie) avec *wenn* (v. § 224) :

Wenn** Sie mir bitte **folgen würden. Si vous voulez bien me suivre.

Le fait que INF + *würde* puisse marquer à la fois

- ▷ la non-antériorité au SUBJ II : *er würde kommen* opposé à : *er wäre gekommen*
- ▷ et l'ultériorité dans le récit distancé (avec l'IND prétérit comme centre de référence — cf. § 201) : *ich dachte nicht, daß er kommen würde*

n'est pas surprenant, car dans les deux cas, l'information est posée comme non réelle : « irréelle » dans le premier, « encore à venir » dans le second.

Dans les deux cas, l'indication d'une modalité reste possible :
Er könnte/möchte/müßte kommen.
Ich dachte nicht, daß er kommen wollte.
Cf. en français l'analogie entre :
Il viendrait et *Je ne pensais pas qu'il viendrait.*

0.1.2. LA SIGNIFICATION GLOBALE DU SUBJ II.

§ 215 Par rapport à l'IND auquel il s'oppose, le SUBJ II a pour signification globale de **poser une information comme** NON REELLE, c'est-à-dire suivant le contexte comme :

▷ non conforme aux données de la réalité (« contre-réelle »). v. §§ 222-223, 225-226	*Ich hätte dir gern geholfen* (mais je ne l'ai pas fait). *Ich würde dir gern helfen* (mais je ne le ferai pas). *Wenn du wüßtest!* (mais tu ne sais pas). *Wenn ich bloß/nur zu Hause geblieben wäre!* *Er hat (so) getan, als hätte er mich nicht gesehen.* *Mir ist nicht aufgefallen, daß er zugenommen hätte.* *Ich habe keinen Anzug gefunden, der mir auf Anhieb gefallen hätte.* *Er hat mir geholfen, ohne daß ich ihn darum gebeten hätte.* *Ich war viel zu weit weg, als daß ich den Unfall hätte beobachten können.*
▷ simplement pensée ou supposée (« irréelle ») et souvent en contexte, ***souhait*** ou **injonction** (demande, suggestion).	*Ich habe ein schickes Hemd gesehen, das dir sehr gut stehen würde.* *Ein Anhalten der Regenfälle hätte verheerende Folgen.* *Wir würden uns freuen, wenn Sie bei uns vorbeikämen.* *Wie wär's mit einem Ausflug ins Grüne?* *Würden Sie mir bitte Ihren Personalausweis zeigen.*

De cette signification globale découlent tous les emplois particuliers présentés dans les §§ suivants.

10.1.3. SUBJ II ET IND DANS L'ENONCE HYPOTHETIQUE.

§ 216 **a) Généralités.**

L'énoncé hypothétique (ou « conditionnel ») comprend deux parties exprimant :

▷ une condition	*Wenn ich Zeit habe...*
▷ et une conséquence, un « conditionné »	*...komme ich zu dir.*

La condition est exprimée le plus souvent (cf. §§ 771 sv et 221) au moyen d'un G CONJ introduit par :

▷ ***wenn*** (si), éventuellement renforcé par *selbst* ou *auch* préposé (même si, quand bien même) ;	*Wenn Bernd Schuster nicht verletzt gewesen wäre, hätte Deutschland gewonnen.* *Selbst wenn/auch wenn er mitgespielt hätte, hätte Deutschland verloren.*
▷ ***falls*** (si, au cas où) ;	*Falls ich etwas erfahre, rufe ich dich an.*
▷ ***angenommen, daß ; vorausgesetzt, daß*** (à supposer que) ;	*Angenommen/vorausgesetzt, daß nichts dazwischen kommt, können wir schon im Frühjahr in unser Haus einziehen.*

§ 217 **b) Syntaxe et variantes de construction.**

① L'ordre « condition → conditionné » est le plus fréquent, mais l'ordre inverse est possible, cf. :

Ich hätte dich angerufen, wenn ich etwas erfahren hätte.

② Placés en tête, les groupes exprimant la condition peuvent être repris par *dann* ou *so.* On dit alors qu'ils sont en « avant-première position » :

Wenn der Rettungswagen nicht sofort an der Unfallstelle gewesen wäre, [dann/so] wäre der Mopedfahrer völlig verblutet. Falls du etwas brauchst, [dann/so] sag es mir.

Angenommen, die Grünen hätten den Sprung ins Parlament geschafft, [dann/so] wäre eine ernsthafte Regierungskrise entstanden.

③ Lorsqu'ils sont en tête, les G CONJ introduits par *wenn* et *falls* (sauf *selbst wenn* et *auch wenn*) peuvent être remplacés par un **groupe verbal avec V** (= forme personnelle du verbe) en « première » position, c'est-à-dire par un GV dont la structure est proche de la forme interrogative (cf. : *Bist du müde ? Dann geh doch ins Bett !*) :

Hätte er den Zug verpaßt, [dann/so] hätte er uns bestimmt angerufen.
Bekommt eine Partei weniger als 5 % der Stimmen, [dann/so] wird sie im Parlament nicht vertreten.

Plus rarement, la même substitution (entre un GV avec V en position non couverte et un G CONJ introduit par *wenn*) est possible lorsque le groupe exprimant la condition est placé après le conditionné ou en incise (v. § 772) :

Der Kerl wäre ja nicht überfahren worden, wäre er nicht über die Straße gerannt.
Ich wäre glücklich, könnte ich dabei sein.

On notera par ailleurs les trois constructions possibles (v. § 402) :

Solltest du mich fallen lassen, gäbe es für mich keine Rettung mehr.

Solltest du mich fallen lassen, so/dann gäbe es für mich keine Rettung mehr.

Solltest du mich fallen lassen { *es gäbe für mich keine Rettung mehr.* / *für mich gäbe es keine Rettung mehr.* }

④ Les groupes introduits par *angenommen* et *vorausgesetzt* sont construits le plus souvent sans *daß*, **V occupant alors la 2e position** :

Angenommen, *ich* ***könnte*** *dir helfen, [dann/so] würde ich es selbstverständlich tun.*

Er wird in einer Stunde da sein, ***vorausgesetzt,*** *er* **hat** *den Zug nicht verpaßt.*

218 **c) Combinaisons de temps.**

En principe, toutes les combinaisons de temps sont possibles pour la condition *(a)* et le conditionné *(b)* :

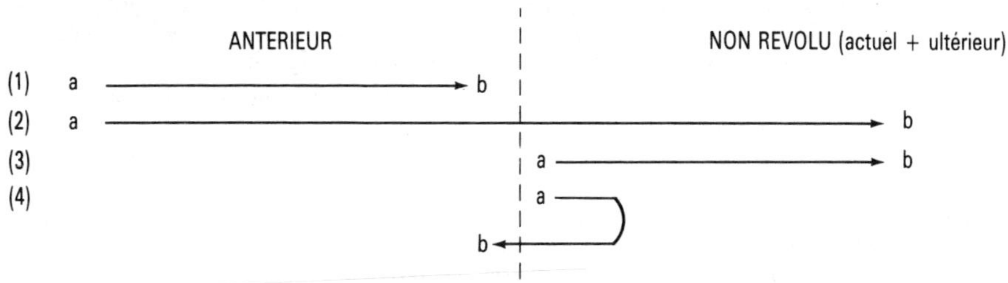

Exemples :

(1) *Wenn die Feuerwehr nicht rechtzeitig gekommen wäre, wäre das Hotel völlig ausgebrannt.*

(2) *Wenn du den Unfall nicht gehabt hättest, könnten wir jetzt in Urlaub fahren.*
Wenn er das wirklich getan hat, wird er Schwierigkeiten bekommen.

(3) *Wenn ich es dir sage, glaubst du es doch nicht.*
Wenn du nett wärest, würdest du mir helfen.

La dernière combinaison est certes rare, mais non exclue, cf. :

(4) *Wenn er ein bißchen netter wäre, hätte er schon längst eine Frau gefunden* (= perspective de bilan depuis l'actualité).
Wenn er schuldig wäre, wäre er damals doch nicht am Tatort geblieben (= perspective processuelle par rapport à *damals*).

219 **d) Emploi de l'IND et du SUBJ II.**

Dans l'énoncé hypothétique, le SUBJ II signale que l'information est **présentée comme contre-réelle** (v. § 215). L'IND, au contraire, présente l'information comme **subjectivement vérifiée,** c'est-à-dire comme :

▷ susceptible de se réaliser ;	*Wenn ich Zeit habe, fahre ich in die Stadt.* *Falls das stimmt, wird er sich ganz schön ärgern.*
▷ voire déjà réalisée	*Wenn du dich nicht wohl fühlst, brauchst du nicht mitzukommen* (la condition étant déjà remplie, on peut substituer *da* à *wenn*).

En fait, la valeur hypothétique de l'énoncé dépend du contexte : elle est nette avec *falls,* tandis que *wenn* est à priori ambigu :

***Wenn** ich Zeit habe, fahre ich in die Stadt.*	susceptible de se réaliser	→ **Si** j'ai le temps, j'**irai** en ville.
	se réalisant continuellement (valable actuellement)	→ **Si/quand** j'ai le temps, je **vais** en ville.
	devant se réaliser (prospecté)	→ **Quand** j'**aurai** le temps, j'**irai** en ville.

Dans l'antérieur, *wenn* suivi d'une forme de distanciation (prétérit ou plus-que-parfait) est non hypothétique et signifie normalement *chaque fois que* (condition réalisée plusieurs fois) :

***Wenn** ich Zeit **hatte, fuhr** ich in die Stadt* = jedesmal, wenn (v. §§ 773-774).

Mais comme le prétérit peut avoir une valeur modale, cf. (v. § 208) :
Wenn der Rettungswagen nicht rechtzeitig gekommen wäre, war *er verloren.*
il peut arriver qu'un énoncé avec *wenn* soit ambigu, cf. :

Wenn er gelogen hatte, waren wir verloren.	S'il avait (vraiment) menti, nous étions perdus.
	Quand (chaque fois qu') il avait menti, nous étions perdus.

L'ambiguïté ne peut être levée que par le contexte ou d'autres éléments lexicaux, par exemple : *Falls er gelogen hatte, waren wir verloren.*
Wenn er wirklich gelogen hatte, waren wir verloren.

RESTRICTIONS

§ 220 Lorsque le conditionné est exprimé à l'**impératif,** l'IND **est obligatoire** pour la condition : *Wenn du müde **bist,** dann **geh** schlafen !*

A l'IND, la forme distancée de l'ultérieur ***(kaufen wird)*** est **exclue** après *wenn* hypothétique et *falls* :

*Falls/wenn er dieses Haus **kauft,** wird er es bereuen.*

Mais elle se rencontre après un *wenn* purement temporel (« quand ») »
Wenn er das Haus kaufen wird, wird er nicht merken, daß das ganze Dachzimmer erneuert werden muß.

En revanche, elle est possible après *angenommen* et *vorausgesetzt* :
Angenommen, du wirst die Stelle nicht bekommen, was machst du dann ?

§ 221 **e) Autres façons d'exprimer la condition.**

Comme en français, la condition peut être exprimée également par :

▷ d'autres G CONJ par exemple :

sofern, soweit : dans la mesure où, pour autant que.	*Sofern/soweit die Witterungsbedingungen es erlauben, findet um 15 Uhr für Kinder bis 14 Jahre ein Sackhüpfenrennen statt.*
es sei denn, [daß] à moins que (le plus souvent sans *daß*).	*Kommen Sie morgen wieder, es sei denn, Sie möchten lieber warten.*

▷ des G PREP :

Mit Schuster als Mittelstürmer (= wenn Schuster [als] Mittelstürmer gespielt hätte,) hätten wir nicht verloren.
Bei schönem Wetter (= wenn das Wetter schön wäre,) hätten wir eine herrliche Aussicht.
Ohne seine Einwilligung (= würde er nicht einwilligen,) könnte ich nichts unternehmen.
An deiner Stelle (= wenn ich an deiner Stelle wäre,) würde ich nichts sagen.
Durch eine bessere Nutzung der vorhandenen Energiequellen (= wenn man die vorhandenen Energiequellen besser nutzte,) könnte man auf den Einsatz der Kernkraft verzichten.

▷ des GN dont la base est une nominalisation de base verbale :

Eine Rückkehr zu diesen Methoden würde von niemand(em) verstanden werden = wenn man zu diesen Methoden zurückkehrte, würde das niemand verstehen.

▷ certains LSC (« adverbes ») qui expriment une condition implicite :

*Er hätte den alten Mann **beinahe/fast** überfahren (= wenn er nicht noch im letzten Augenblick gebremst hätte).* Il a failli renverser le vieil homme.

0.1.4. LE SUBJ II DANS LA COMPARAISON IRREELLE.

222 La comparaison irréelle s'exprime par un G CONJ introduit par :

▷ ***als ob,*** plus rarement *als wenn* et *wie wenn* (= comme quand) qui, eux, sont ambigus. V occupe alors la position finale ;

▷ ou ***als*** suivi de V ; cette construction permet de distinguer *als lebte er in Paris* (comme s'il vivait à Paris) de *als er in Paris lebte* (quand il vivait à Paris) :

Nach diesem schrecklichen Unfall fuhr er seelenruhig nach Hause,
__als ob__ (als wenn / wie wenn) nichts geschehen __wäre.__
__als wäre__ nichts geschehen.
Er behandelt mich, __als ob__ ich sein Diener __wäre__ / __als wäre__ ich sein Diener.

Très souvent, le « verbe introducteur » est un verbe exprimant une impression, par exemple :

Er sieht [so] aus, als ob er seit Tagen nicht gegessen hätte/ als hätte er...
Ich habe den Eindruck, als ob mein Besuch ihm unangenehm wäre/ als wäre...
Er tut [so], als ob er nichts verstehen würde/als würde er...

A l'écrit, le SUBJ I se rencontre également :
Er behandelt mich, als sei *ich sein Diener.*
Sie schaute ihn an, als erwarte *sie ein Zeichen von ihm.*

Als [ob/wenn] peuvent avoir comme corrélatifs :

▷ ***so*** (v. également les exemples ci-dessus) ou ***derart*** ;

▷ un GN précédé de *ein- **so**..., ein- **solch-**..., ein- **derartig-**...*

Ich möchte, daß diese Hochzeit __so/derart__ schön ist, als ob es meine eigene wäre.
In dem Haus herrschte __eine so__ große/__eine solch__ große Unordnung/__eine solche/derartige__ Unordnung, als wäre jahrelang nicht mehr geputzt worden.

10.1.5 LE SOUHAIT.

§ 223 Au SUBJ II, un G CONJ introduit par *wenn* ou la variante sans *wenn* (GV avec V en 2e position non couverte), peut exprimer un **souhait irréel,** qui est généralement souligné par une particule illocutoire telle que *doch, bloß, nur* (cf. fr. : « si seulement ») :

Wenn ich bloß/nur zu Hause geblieben wäre!
Wäre ich bloß/nur/doch (et *doch bloß/doch nur) zu Hause geblieben!*

A l'IND, la même structure exprime que le locuteur redoute que son souhait ne soit déçu. La variante sans *wenn* est alors exclue, ainsi que l'emploi de *doch* :

Wenn er nur/bloß keinen Unfall gehabt hat! Pourvu que... = *Hoffentlich hat er keinen Unfall gehabt.*
Wenn nur/bloß alles klappt! = Hoffentlich klappt alles!

10.1.6. L'INJONCTION.

§ 224 L'injonction, avec toutes ses nuances (ordre plus ou moins déguisé, demande polie, suggestion) peut s'exprimer au moyen du SUBJ II **non antérieur** :

▷ avec *wenn*; dans ce cas, la forme INF + *würde* est plus fréquente :
*Wenn Sie bitte später zurückkämen/**zurückkommen würden.***
*Wenn Sie mir bitte **folgen würden*** (fr. : Si vous voulez bien...).

▷ GV avec **V en 2e position non couverte** ; dans ce cas, la forme INF + *würde* est obligatoire sauf pour *sein* et *haben* :
Würden Sie mir bitte Ihre Telefonnummer sagen.
Würden Sie bitte einen Augenblick warten.
Wären Sie bitte so freundlich, mir das Brot zu reichen.

L'injonction peut être précisée par un verbe de modalité au SUBJ II, mais *wollen* est plus souvent utilisé à l'IND dans la structure sans *wenn* :
Wenn Sie mir bitte ihre Adresse sagen könnten/möchten/wollten/wollen.
Wenn Sie einen Augenblick warten möchten.
Wollen Sie bitte Platz nehmen.

▷ GV avec **V en 2e position couverte** (demande polie, suggestion avec précaution perlocutoire) :
Ich hätte Sie gern einmal gesprochen (= Ich möchte Sie gern einmal sprechen).
Ich hätte eine Bitte. Je voudrais vous demander un service.
Du tätest gut daran, aufzupassen = Du solltest besser/lieber aufpassen. Tu ferais bien (mieux) de faire attention.
Ich wäre Ihnen dankbar, wenn...
Da wäre noch etwas zu erledigen.
Da wäre jemand, der Sie sprechen möchte.
Wie wär's, wenn wir uns ausruhen würden? Et si on se reposait ?

10.1.7. AUTRES EMPLOIS DU SUBJ II.

§ 225 **a) Après une négation.**

Le SUBJ II, comme marque d'un contenu non réel, non vérifié, s'emploie souvent après *ohne daß* ou dans un GV relatif membre d'une base nominale négative. Par rapport à l'IND qui pose une information comme réelle et vérifiée, le SUBJ II explicite l'irréalité du contenu :

*Er hat mir geholfen, **ohne daß** ich ihn darum gebeten hätte/gebeten hatte/hätte bitten müssen/bitten mußte.*
*Es gibt **nichts,** was schwieriger wäre/ist als der Gebrauch des Konjunktivs.*
*Ich kenne **niemand**(en), der Ihnen helfen könnte/kann.*
*Ich sah **keinen** Grund, der mich hätte veranlassen können/veranlassen konnte, meinen Plan aufzugeben.*

Cf. aussi le cas plus général de l'opposition IND-SUBJ II :
Gibt es etwas, was schöner ist/wäre als...
Kennen Sie einen Laden, der am Sonntag auf hätte/hat ?
Ist dir aufgefallen, daß er zugenommen hat ? (seul l'IND est possible).
Mir ist nicht aufgefallen, daß er zugenommen hat (= je le crois subjectivement vérifié)/*hätte* (= J'en doute ou je le crois non vérifié).

226 **b) Après *zu... als daß*** (structure consécutive).

Le SUBJ II, opposable à l'IND, souligne ici encore l'irréalité du contenu :

*Er hat **zu** wenig Geld, **als daß** er sich eine solche Reise leisten könnte/kann.*
*Die Sonne blendete mich **allzu** sehr, **als daß** ich ihn hätte erkennen können.*

227 **c) Avec les verbes de modalité.**

L'opposition IND-SUBJ II fonctionne également pour les verbes de modalité :

*Wenn ich dir helfen **kann,** dann tue ich das auch.*
*Wenn ich dir helfen **könnte,** dann würde ich das auch tun.*

Mais le SUBJ II peut servir aussi à nuancer ou à modaliser le contenu :

Ich müßte auf die Bank = il faudrait (mais je n'ai pas envie).
Du solltest arbeiten = moins catégorique que : *Du sollst arbeiten* (v. § 379).
Er könnte um die 40 sein (verbe de modalisation).

Cependant, certaines formes sont figées dans leur emploi :

Es dürfte stimmen, opposable à *kann,* mais pas à *darf* : verbe de modalisation (v. § 383).
Ich möchte ein Bier, opposable à *will,* mais pas à *mag* : verbe de modalité (v. § 381).

228 **d) Emplois marquant une distanciation feinte** (pour des raisons illocutoires).

Le SUBJ II exprime souvent une distanciation feinte, notamment quand on veut marquer l'accomplissement de quelque chose, cf. :
Sonst noch was ? — Danke, das wäre alles. Et avec ceci ? — Merci, ce sera tout.
Das wär's. Voilà. C'est tout. Voilà qui est fait. Ça y est.
Das wär's für heute. C'est tout pour aujourd'hui.
Das hätten wir [erledigt]. Das wäre geschafft. Voilà qui est fait.

10.2. Le subj I modal : expression de la virtualité

§ 229 Ce SUBJ I est dans l'allemand actuel le résidu d'un système ancien de la langue. Dans la majorité des cas, il ne fonctionne plus qu'au centre de référence de l'ACTUALITE à la 3e personne du singulier : *komme, kaufe* (processuel), *gekommen / sei, X gekauft / habe* (bilan). Pour les autres personnes, on fait le plus souvent appel à un verbe de modalité, surtout *mögen* et *sollen.* On trouve ce SUBJ I :

▷ dans l'expression du **souhait** : avec *mögen* (litt.) avec *sollen* (IND fréquent) ;	*Es lebe die Freiheit! Gott sei Dank!* *Vater Unser (...), geheiligt werde Dein Name...* *Möge er noch lange bei uns bleiben!* *Der Teufel solle/soll ihn holen!* Qu'il aille au diable !
▷ pour l'expression de l'**injonction** (rare) ;	*Man lasse ihn hereinkommen!* (all. courant : *Er soll hereinkommen.*) *Man nehme einen Teelöffel Salz...* (recette)

Cet emploi est de plus en plus rare. Dans les recettes de cuisine, le SUBJ I a cédé la place à l'INF : *Frische Pilze sorgfältig putzen, alle madigen Teile entfernen, gründlich waschen...*

▷ pour l'expression de l'**hypothèse** conventionnelle ;	*Mein Name sei Gantenbein* (roman de Max Frisch). *G sei der Grund eines Gewässers, O seine Oberfläche, darüber befinde sich Luft...*

Là encore, le SUBJ I est en voie de disparition. Pour les problèmes de mathématique, par exemple, on utilise la formule *Gegeben ist/sind...*

▷ pour l'expression de la **concession**. Le SUBJ I est fortement concurrencé par l'IND. L'emploi de *mögen* est fréquent ;	*Was er auch immer tue/tut, mir soll es recht sein.* *Was auch immer geschehe/geschieht/geschehen möge/ geschehen mag...* Quoi qu'il arrive... *Es regne oder schneie/ob es regnet oder schneit, ich gehe zu Fuß.* *Ich muß ihn unbedingt sprechen, und sei es nur eine Minute* (ne fût-ce qu'une minute). *Wie dem auch sei...* Quoi qu'il en soit... *Es sei denn, daß...* à moins que... (v. § 221).
▷ après **certaines conjonctions finales** (v. § 786) : — *auf daß ; daß* — *damit ;* SUBJ II possible, IND plus fréquent	*Du sollst deinen Vater und deine Mutter ehren, auf daß du lange lebest.* *Ziele gut, daß du den Apfel treffest auf den ersten Schuß* (Schiller). *Er spricht langsam, damit man ihn verstehe* (litt.) / *versteht* (courant). *Er sprach langsam, damit man ihn verstehe* (litt.)/ *verstünde* (litt.)/ *verstand* (courant).

10.3. Le marquage du discours indirect

10.3.1. DISCOURS DIRECT ET INDIRECT.

§ 230 Il y a **discours direct** lorsqu'un locuteur A s'adresse sans autre locuteur intermédiaire à un interlocuteur B.

Il y a en revanche **discours indirect** chaque fois qu'un discours avec tout ou partie de sa situation d'énonciation est rapporté (tel quel ou résumé ou narré ou encore simplement mentionné) dans une **nouvelle situation d'énonciation.** Le discours indirect est donc au sens large une sorte de « discours sur un discours » :

Situation d'énonciation I	locuteur I	discours premier	interlocuteur I
Situation d'énonciation II	locuteur II	discours second	interlocuteur II

REMARQUES

1. Le mot « discours » est à prendre ici au sens large, car le discours premier n'est pas nécessairement un énoncé ou un texte réellement prononcé (**discours premier rapporté** au sens précis du terme). Il peut ne représenter que la pensée ou les sentiments présumés de quelqu'un, voire ce qu'on a pensé ou ressenti soi-même, donc un discours non formulé (on peut parler dans ce cas de **discours premier narré**) :
   Du hast wohl gedacht, ich würde nichts merken.
   Er fürchtete, er könne in eine Falle geraten.
   Ich glaubte, es sei schon zu spät.
2. Le locuteur II n'est pas nécessairement différent du locuteur I de même que l'interlocuteur I n'est pas nécessairement le locuteur II : la combinatoire peut être très variée. Exemples :

A sagt zu B	*» Du fährst zu schnell «*	= Discours premier (direct) situation I
A sagt zu B	*» Ich habe dir schon gesagt, daß du zu schnell fährst «*	= situations nouvelles (II) discours second mentionnant le discours premier avec sa situation discursive (partenaire, attitude communicative, cadre spatio-temporel).
B sagt zu A	*» Sag bitte nicht noch einmal, daß ich zu schnell fahre ! «*	
A sagt zu C	*» Ich habe B gesagt, er fahre zu schnell, er solle langsamer fahren «*	
C sagt zu B	*» A hat dich gebeten, nicht zu schnell zu fahren «*	
B sagt zu C	*» A wollte, daß ich langsamer fahre «*	
etc.		

§ 231 La transposition de la situation d'énonciation première devenant **information** dans le discours second (avec une situation d'énonciation nouvelle) pose des problèmes de nature diverse.

a) Dans le discours second, **l'attitude discursive première** (déclaration, question, injonction, exclamation) doit souvent être explicitée sous forme lexicale au moyen d'un « verbe introducteur » (verbe de dire, de penser, de sentir, etc.) ou d'une nominalisation d'un tel verbe :

Er sagte/meinte/behauptete/schrieb/vermutete... Die Meinung/Behauptung...
Er fragte/erkundigte sich/wollte wissen... Die Frage...
Er befahl/bat darum... Er sagte, ich solle... Die Bitte/der Befehl...
Er rief aus/schrie... Der Ausruf...

Le « verbe introducteur », jamais indispensable (v. **b**), peut être placé au début ou à la fin du discours indirect, ou encore en incise dans celui-ci :

Er sagte, *früher habe man ja weder Auto noch Fernsehen gehabt.*
Früher, sagte er, *habe man ja weder Auto noch Fernsehen gehabt.*
Früher habe man ja weder Auto noch Fernsehen gehabt, sagte er.

§ 232 **b) Le premier discours** lui-même peut être rendu dans le discours second de façon diverse et notamment par **citation** intégrale (« mot à mot » avec intonation primitive), partielle (résumative, en substance) ou approximative (on a dans ce cas à l'écrit les **guillemets** pour les termes cités avec exactitude). On appelle souvent **discours direct au sens restreint** cette manière de citer le discours premier.

§ 233 **c)** Lorsque le contenu du discours premier n'est pas cité, mais rapporté (mentionné, résumé...) sous la forme d'un GV (il peut l'être aussi par exemple sous forme d'un G INF), celui-ci peut être :

▷ **intégré** à l'énoncé du discours second au moyen d'un **G CONJ** avec *daß, ob, warum, wie...* qui est lui-même membre du groupe d'accueil, dont la base est le « verbe introducteur » (ou le « substantif introducteur ») :

Der Oppositionsführer meinte, ***daß*** *das Haushaltsdefizit verheerende Ausmaße angenommen habe und die Wirtschaft durch zunehmende Bürokratie gelähmt werde.*

▷ ou **non intégré** dans un groupe conjonctionnel, c'est-à-dire se présenter sous la forme d'un GV fonctionnant directement comme énoncé (avec V en 2e position couverte ou non) avec ou sans « verbe ou substantif introducteur » :

Der Oppositionsführer meinte, das Haushaltsdefizit ***habe*** *verheerende Ausmaße angenommen. Zudem* ***werde*** *die Wirtschaft durch zunehmende Bürokratie gelähmt.*
Das Haushaltsdefizit, so der Oppositionsführer, ***habe*** *verheerende Ausmaße angenommen...*
Nach Meinung des Oppositionsführers ***habe*** *das Haushaltsdefizit verheerende Ausmaße angenommen...*

§ 234 **d)** Dans certains cas, il est nécessaire de modifier les **indications déictiques** en fonction de la nouvelle situation d'énonciation :

▷ substantifs pronominaux, « possessifs » ;	*Paul : » **Ich** habe **mein** Geld verloren «.*
	*Paul sagt, **er** habe **sein** Geld verloren.*
▷ indications spatiales et temporelles.	*Paul : » Ich bin **neulich/vor einer Woche hier** gewesen. «*
	*Paul sagte, er sei **kurz vorher / eine Woche zuvor dort** gewesen.*

10.3.2. SUBJ I ET SUBJ II DANS LE DISCOURS INDIRECT EXPLICITE.

§ 235 On appelle **explicite** le discours indirect marqué par un mélange de formes du SUBJ I et du SUBJ II et **implicite,** c'est-à-dire non marqué au niveau de la forme verbale, le discours indirect à l'indicatif.

PRINCIPE :

236 Le système de marquage du discours indirect explicite est très simple et peut s'énoncer en deux règles :

REGLE 1 : **Quel que soit le temps de l'éventuel verbe introducteur,** on choisit **au SUBJ I** la forme correspondant **au temps que l'on aurait à l'IND** dans le discours direct, en n'oubliant pas bien sûr d'opérer les modifications éventuelles des indications déictiques (v. § 234).

*» Ich **freue** mich auf euren Besuch «*

→ Peter	*schreibt,* *schrieb,* *hat geschrieben,* *wird sicher schreiben,*	*er **freue** sich auf unseren Besuch.*

REGLE 2 : Lorsque la forme du SUBJ I est **identique à celle de l'IND,** à égalité de temps, personne et nombre, on fait appel à la **forme correspondante du SUBJ II** (v. § 166).

Le SUBJ II fonctionne alors comme une forme de remplacement du SUBJ I et non avec sa valeur modale habituelle :

*» Wir **haben** uns auf euren Besuch **gefreut**. «*
→ Peter und Christine haben geschrieben, sie (SUBJ I = *haben*→) ***hätten** sich auf unseren Besuch **gefreut**.*

§ 237 **Tableau des correspondances** (les formes sont présentées à la 3e pers. du sing. et aux 1re/3e pers. du plur. ; la flèche signifie : forme de remplacement au SUBJ II) :

PERSPECTIVE PROCESSUELLE

	INDICATIF		SUBJ I et → SUBJ II	
ULTERIEUR	*kaufen wird* *kaufen werden* *kauft* *kaufen*	*kommen wird* *kommen werden* *kommt* *kommen*	*kaufen werde* → *kaufen würden*	*kommen werde* → *kommen würden*
ACTUEL	*kauft* *kaufen*	*kommt* *kommen*	*kaufe* → *kauften*	*komme* → *kämen*
ANTERIEUR	*gekauft hat* *gekauft haben* *kaufte* *kauften* *gekauft hatte* *gekauft hatten*	*gekommen ist* *gekommen sind* *kam* *kamen* *gekommen war* *gekommen waren*	*gekauft habe* → *gekauft hätten*	*gekommen sei* *gekommen seien*

ATTENTION : Le SUBJ I et le SUBJ II n'ayant pas l'opposition « distancé-non distancé », ils n'ont qu'**une série de formes** pour l'**ultérieur** et pour l'**antérieur**.

Le tableau est bien entendu analogue pour la perspective de bilan (pour les formes du passif, v. §§ 238 et 251) :

	INDICATIF	SUBJ I et → SUBJ II
ULTERIEUR	*x gekauft/haben wird* *x gekauft/haben werden* *x gekauft/hat* *x gekauft/haben*	*x gekauft/haben werde* → *x gekauft/haben würden*
ACTUEL	*x gekauft/hat* *x gekauft/haben*	*x gekauft/habe* → *x gekauft/hätten*
ANTERIEUR	*x gekauft/gehabt hat* (rare) *x gekauft/gehabt haben* (rare) *x gekauft/hatte* *x gekauft/hatten* *x gekauft/gehabt hatte* (rare) *x gekauft/gehabt hatten* (rare)	*x gekauft/gehabt habe* (rare) → *x gekauft/gehabt hätten* (rare)

§ 238 **Exemples :**

ACTUEL

*» Ich **habe** Kopfschmerzen. «*	*Er sagte,*	*er **habe** Kopfschmerzen.*
*» **Seid** ihr zufrieden ? «*	*Er fragt,*	*ob wir zufrieden **seien**.*
*» Ich **fühle** mich nicht wohl. «*	*Er sagt,*	*er **fühle** sich nicht wohl.*
*» Ich **muß** etwas tun. «*	*Ich dachte,*	*ich **müsse** etwas tun.*
*» Die Kinder **gehen** noch nicht in die Schule. «*	*Er schrieb,*	*die Kinder → **gingen** noch nicht in die Schule.*
*» Meine Eltern **wissen** nichts davon. «*	*Er sagt,*	*seine Eltern → **wüßten** nichts davon.*
*» Ich **habe** es endlich **geschafft** «* (bilan).	*Ich dachte,*	*ich → **hätte** es endlich geschafft.*
*» Sie **werden** ans Telefon **verlangt** «* (passif).	*Man sagte ihm,* *Man sagte mir,* *Man sagte uns,*	*er **werde*** *ich → **würde*** *wir → **würden*** } *ans Telefon. **verlangt.***

ULTERIEUR

*» Ich **werde** dich um 8 **anrufen*** (distancé)/ *ich **rufe** dich um 8 **an*** (non distancé). *«*	*Er sagte,*	*er **werde** mich um 8 **anrufen.***
*» Ich **werde** schon eine Lösung **finden**/ich **finde** schon eine Lösung. «*	*Ich glaubte,*	*ich → **würde** schon eine Lösung **finden.***
*» In 10 Jahren **werden** wir das Haus **abbezahlt haben*** (bilan distancé)/*...**haben** wir... **abbezahlt*** (bilan non distancé). *«*	*Sie schreiben,*	*in 10 Jahren → **würden** sie das Haus **abbezahlt haben.***

ANTERIEUR

*» Ich **bin** zu Hause **geblieben.** «* *» Ich **blieb** zu Hause. «* *» Ich **war** zu Hause **geblieben.** «*	*Er behauptet,*	*er **sei** zu Hause **geblieben.***
*» **Waren** Sie schon in Paris ? «* *» **Sind** Sie schon in P. **gewesen** ? «*	*Er fragte,*	*ob wir schon in Paris **gewesen seien.***
*» Der Film **hat** zwei Stunden **gedauert**/... **dauerte**... «*	*Er sagt,*	*der Film **habe** zwei Stunden **gedauert.***
*» Wir **mußten** zurückkehren. «*	*Sie erzählten,*	*sie → **hätten** zurückkehren **müssen.***
*» Ich **habe** Glück **gehabt**/ich **hatte** Glück. «*	*Ich dachte,*	*ich → **hätte** Glück **gehabt**.*
*» Der Kühlschrank **ist** noch nicht **geliefert worden**/... **wurde** noch nicht **geliefert** «* (passif).	*Er sagt,*	*der Kühlschrank **sei** noch nicht **geliefert worden**.*

CAS PARTICULIERS.

§ 239 ① Le SUBJ II peut être exigé dans le discours indirect par sa **valeur modale** de contre-réel ou d'irréel ; dans ce cas, la transposition au discours direct correspondant nécessite le maintien de la forme du SUBJ II, cf. :

» Du ***hast*** *Glück* ***gehabt,*** *denn die Tür* ***hätte*** *zuschnappen* ***können*** *«* (la porte aurait pu se refermer).
→ *Er sagte, ich* ***hätte*** *Glück* ***gehabt*** (SUBJ II de discours indirect explicite), *denn die Tür* ***hätte*** *zuschnappen* ***können*** (SUBJ II modal : contre-réel + SUBJ II de discours indirect).

② Plus rarement, un GV à l'IND peut figurer dans un discours indirect explicite. Le contenu de ce GV est alors pris en charge par le locuteur, donc hors discours indirect :

» Mein Vater geht nächstes Jahr in Pension « (prendre sa retraite).
→ *Sie schreibt, ihr Vater,* der ja schon 62 **ist,** *werde nächstes Jahr in Pension gehen.*
→ *Sie schreibt, ihr Vater* (er **ist** ja schon 62), *werde nächstes Jahr in Pension gehen.*

PERTURBATIONS.

§ 240 Le système de marquage du discours indirect explicite peut se trouver brouillé pour diverses raisons dans la langue **parlée** et **écrite peu soignée**.

① On hésite à employer des formes verbales ambiguës, ressenties comme trop peu marquées. D'où :

▷ tendance à éluder les SUBJ II (« présent ») des verbes faibles *(freute(n), wohnte(n), lebte(n)...)* et, à certaines personnes, ceux des verbes forts sans inflexion *(fingen, hielten, ließen...)* et à faire appel, même pour l'expression de l'actuel, à la forme INF + *würde.* Ceci est à éviter dans la langue écrite soignée. La langue parlée fait souvent appel dans ce cas au discours indirect implicite à l'IND :

» Wir ***wohnen*** *in einem Arbeiterviertel «*
→ *Er sagte, sie* ***wohnten*** *in einem Arbeiterviertel* = langue soignée.
→ *Er sagte, sie* ***würden*** *in einem Arbeitviertel* ***wohnen*** = langue parlée :
er sagte, sie ***wohnen*** *in einem Arbeiterviertel*
» Du ***redest*** *viel zu schnell «*
→ *Er sagte, ich* ***redete*** *viel zu schnell* = langue soignée.
→ *Er sagte, ich* ***würde*** *viel zu schnell* ***reden*** = langue parlée.
ich ***rede*** *viel zu schnell* = langue parlée.

§ 241 ⇨ En revanche, la forme INF + *werde/würde(n)* est à utiliser dans la bonne langue pour toute **ultériorité** même implicite :

» Ich/wir ***heirate(n)*** *bald. «*
→ *Er sagte, er* ***werde*** *bald* ***heiraten.***
→ *Sie sagten, sie* ***würden*** *bald* ***heiraten.***

» *Wir* ***lassen*** *euch nicht im Stich.* «
→ *Sie sagten, sie* ***würden*** *uns nicht im Stich* ***lassen.***
(Sie sagten, sie ***ließen*** *uns nicht im Stich* serait moins soigné et ambigu.)

C'est le cas notamment avec des verbes introducteurs comme *versprechen, versichern, zusichern, drohen...* :

Er versprach : » *Ich* ***kümmere*** *mich um diese Angelegenheit.* «
→ *Er versprach, er* ***werde*** *sich um diese Angelegenheit* ***kümmern.***

§ 242 ▷ Tendance à préférer le SUBJ II au SUBJ I pour les verbes en *-e-* formant le SUBJ II avec *-ä-*, par exemple *geben* (SUBJ I *er gebe*/SUBJ II *er gäbe*) :

» *Es gibt keine andere Möglichkeit* «
→ *Er meint, es* ***gäbe*** (au lieu de *gebe*) *keine andere Möglichkeit.*
» *Ich lese nie die Zeitung* «
→ *Er sagt, er* ***läse*** (au lieu de *lese*) *nie die Zeitung.*
» *Ich nehme nie Anhalter* (auto-stoppeurs) *mit* «
→ *Er sagt, er* ***nähme*** (au lieu de *nehme*) *nie Anhalter mit.*

§ 243 ② Dans la **langue parlée,** on élude souvent le SUBJ I, qui n'existe plus dans bien des dialectes et qui, de plus, n'a guère de formes distinctives (v. § 165), au profit du SUBJ II, même aux personnes où le SUBJ I dispose d'une forme nettement marquée par rapport à l'IND :

Er sagte mir, sie ***wäre*** *krank* (au lieu de *sei*).
Der Chef warf ihm vor, er ***hätte*** *sich nicht genug für die Belange der Firma engagiert* (au lieu de *habe*).
Ich antwortete, ich ***wüßte*** *von nichts* (au lieu de *wisse*).

Aux 2e personnes du sing. et du plur., le procédé est encore plus fréquent :

Man hat mir gesagt, { *du* ***hättest*** *angerufen.* / *ihr* ***wär(e)t*** *umgezogen.* }

Dans ce cas, le SUBJ II peut n'être qu'une pure forme de remplacement et n'a donc pas nécessairement la valeur d'irréel ou dubitative qu'on lui prête souvent en raison du contexte. On peut penser qu'on a affaire ici à un système simplifié des marquages, caractéristique de la langue quotidienne.

§ 244 ③ Dans la **langue parlée familière,** dans la communication quotidienne à caractère non officiel, le SUBJ (I et II) dans le discours indirect est ressenti souvent comme redondant (= il n'apporte aucune information supplémentaire). D'où la tendance à ne pas marquer le discours indirect, c'est-à-dire à utiliser l'IND :

Sie hat gesagt, ich ***bin*** *ein Feigling.*
Er sagt, du ***kannst*** *jederzeit bei ihm übernachten.*
Glaubst du wirklich, er ***hat*** *das böse gemeint ?*

10.3.3. L'IND DANS LE DISCOURS INDIRECT IMPLICITE.

§ 245 En dehors de la langue parlée familière, l'IND n'apparaît guère que dans les G CONJ introduits par *daß* (= déclaration, injonction, exclamation globale), *ob* (= interrogation globale) ou rapportant une interrogation ou une exclamation partielles *(wann, warum, wohin, wie...)*. Mais le SUBJ n'est bien entendu aucunement exclu :

*Er schreibt, **daß** er bald **heiratet/heiraten werde.***
*Er fragt, **ob** der Kleine schon laufen **kann/könne.***
*Er wollte wissen, wie es dir in der Prüfung **ging/gegangen ist/gegangen sei.***

En revanche, le SUBJ est quasi obligatoire dans la **langue soignée** avec la construction sans *daß* :

*Er schreibt, er **werde** bald **heiraten.***

L'IND, qui dispose de l'opposition « distanciation — non-distanciation » permet pourtant de mieux préciser les « temps » :
Er sagt, daß er (dieses Jahr) nach Italien fährt/fahren wird.
Er sagt, daß er (voriges Jahr) nach Italien fuhr/gefahren ist.
Er sagt, daß er (als Kind oft) nach Italien gefahren war.

⇨ ATTENTION à l'IND à l'**ultérieur** par rapport à un centre de référence du récit distancé (« prétérit ») (v. § 201) :

Er sagt, / *Er hat gesagt,* }	(non distancé)	*daß er bald **heiraten wird.***
Er sagte,	(distancé)	*daß er bald **heiraten würde.***

10.3.4. L'INJONCTION INDIRECTE.

§ 246 Pour l'interrogation indirecte (v. § 245).

L'attitude injonctive (ordre, prière, demande, suggestion...), qui s'exprime dans le discours direct de façon diverse (impératif, infinitif, participe II, etc., renforcés par l'intonation), se rend dans le discours indirect à l'aide de **verbes de modalité**, notamment : *sollen* (injonction « neutre »), *mögen* (demande polie ; langue littéraire), *müssen* (injonction « forte » ou nécessité), *nicht sollen/nicht dürfen* (interdit).

DISCOURS DIRECT	DISCOURS INDIRECT
» Aufstehen ! «	*Er rief, ich **solle** aufstehen.*
» Aufgepaßt «	*Er rief, wir **sollten** aufpassen.*
» Benimm dich anständig ! «	*Er sagte, ich **solle/müsse** mich anständig benehmen/ich **hätte** mich anständig **zu** benehmen.*
» Essen Sie weniger ! «	*Der Arzt meint, ich **solle/müsse/sollte/ müßte** weniger essen.*
» Haben Sie keine Angst ! «	*Er sagte, ich **solle/dürfe** keine Angst haben/**brauchte** (bräuchte* dans le Sud*) keine Angst **zu** haben.*

» Daß du mir ja keine Dummheiten machst! «	*Er sagte, ich* ***solle/dürfe*** *ihm ja keine Dummheiten machen.*
» Niemand verläßt den Raum! «	*Der Polizist rief, niemand* ***solle/dürfe*** *den Raum verlassen.*
» Formulare bitte mit Tinte ausfüllen! «	*Er sagte, die Formulare* ***müßten*** *mit Tinte ausgefüllt werden/****seien*** *mit Tinte aus****zu****füllen.*
» Wenn Sie mich bitte einen Augenblick entschuldigen wollen/Würden Sie mich bitte einen Augenblick entschuldigen. «	*Er sagte, ich* ***möge*** (litt.)/ ***möchte*** (litt.) *ihn einen Augenblick entschuldigen.* Plus courant : *Er bat mich, ihn einen Augenblick zu entschuldigen.*

§ 247 Les **verbes de modalisation** fonctionnent évidemment aussi au discours indirect :

Ich dachte, er werde schon wissen, warum.
Er meinte, es könne stimmen.
Der Minister meint, die Arbeitslosigkeit möge/könnte für die ansteigende Kriminalität ausschlaggebend sein.

Font exception *sollen* (on dit que...) et *wollen* (prétendre), qui servent dans cet emploi à rapporter le discours ou la pensée d'autrui en permettant au locuteur de mettre à l'abri sa propre responsabilité :

» Er ***soll*** *sehr reich sein. «*	*Ich habe in der Zeitung gelesen, er sei sehr reich ;* **et non :** *er soll(e) sehr reich sein.*
» Der Verdächtige ***will*** *zur Tatzeit zu Hause gewesen sein. «*	*Der Kommissar sagte zu den Journalisten, der Verdächtige sei, seinen Aussagen nach, zu Hause gewesen ;* **et non :** ... *der Verdächtige wolle zur Tatzeit zu Hause gewesen sein.*

11
LE PASSIF

11.0. Généralités

11.0.1. LES VOIX OU DIATHESES.

§ 248 Par voix on entend généralement une **variation du complexe verbal** (voix active, passive, pronominale) qui permet de présenter différemment le contenu d'un GV comprenant à peu de choses près les mêmes unités lexicales, mais avec des modifications syntaxiques qu'on appelle souvent diathèses :

*Der Hausmeister **schloß** die Tür.*	ACTIF
*Die Tür **wurde** (vom Hausmeister) **geschlossen.***	PASSIF PROCESSUEL
*Die Tür **schloß sich.***	VOIX PRONOMINALE
*Die Tür **war geschlossen.***	PASSIF — BILAN
*Man muß/soll die Tür **schließen.***	ACTIF
*Die Tür muß/soll **geschlossen werden.***	PASSIF PROCESSUEL
*Die Tür **ist zu schließen.***	ACTIF
*Man kann die Tür leicht **schließen.***	ACTIF
*Die Tür kann leicht **geschlossen werden.***	PASSIF PROCESSUEL
*Die Tür **ist** leicht **zu schließen.***	ACTIF
*Die Tür **läßt sich** leicht **schließen.***	VOIX PRONOMINALE avec *lassen*

Cependant, l'étude des voix, en particulier celle du passif, dépasse largement celle du système verbal :

▷ Elle pose le problème des fonctions grammaticales, notamment celui de la relation entre **sujet grammatical** (= le sujet du **verbe**) et **sujet « logique »** (= l'agent du **procès**) ; elle se situe de ce fait à la charnière de l'étude du système verbal et de celle qui porte sur les membres du GV.

▷ La voix est bien plus qu'une simple variation (« transformation ») de la structure syntaxique. Le passage d'une voix à l'autre a des répercussions sur le contenu du GV. L'information transmise n'est plus tout à fait la même parce qu'elle est envisagée sous une autre **perspective,** par exemple :

— le procès est vu « par un autre bout » :

Der Regierungschef zwang Herrn X zum Rücktritt = action du Premier ministre.

Herr X wurde (vom Regierungschef) zum Rücktritt gezwungen = destin de (« subi par ») M. X.

— le procès est dépouillé de l'un des actants :

Herr X wurde zum Rücktritt gezwungen.
Nach den Tätern wird immer noch gefahndet.

— voire dépouillé de tout actant (procès à l'état pur, vu pour lui-même) :

Heute wird nicht gearbeitet = relâche, repos.

§ 249 La perspective de la voix touche (altère, modifie) le contenu désigné. En ce sens, il s'agit d'une perspective **informative**.

Il peut cependant arriver que le passif soit utilisé pour une autre perspective, **communicative** cette fois, qui est celle de la **progression de l'information**. Ainsi, la construction passive peut servir, à côté d'autres procédés, à réaliser une présentation (linéarisation) plus conforme à la progression de l'information (v. chap. 32 et § 899), par exemple :

*Das neue Stadion hat **ein französischer Architekt** gebaut.*
*Das neue Stadion wurde **von einem französischen Architekten** gebaut.*
*Gebaut wurde das neue Stadion **von einem französischen Architekten.***
(la question implicite est : *WER hat das neue Stadion gebaut?*)

v. également § 254.

1.0.2. PASSIF PROCESSUEL ET PASSIF-BILAN.

§ 250 En commutation avec l'auxiliaire *werden,* un certain nombre de verbes admettent *sein,* cf. :

(1) *Die Bilder **werden** entwickelt.*
(2) *Die Bilder **sind** entwickelt.*

MAIS :

(1) *Herr X **wird** verhört.*
(2) ***ist*** exclu.

On parlera pour le premier cas de **passif processuel** et de **passif-bilan** pour le second, termes préférables à ceux de « passif d'action » *(Vorgangspassiv)* et de « passif d'état » *(Zustandspassiv),* qui rappellent trop les *Aktionsarten,* c'est-à-dire les aspects lexicaux (v. §§ 178 ③ et 179).

Bien des linguistes rejettent le terme de passif pour la structure PART II + *sein.* Il s'agit d'une **structure attributive** (le PART II est attribut du sujet) :

Das Pferd	*ist* *bleibt*	*an den Baum gebunden.*

comparable à :

Der Mann ist/bleibt gesund.

En revanche, la structure PART II + *werden* serait une forme grammaticalisée (« figée ») qui n'aurait plus rien à voir avec la structure attributive d'un énoncé comme *Der Mann wird gesund.*

On peut cependant faire les objections suivantes :

① Le caractère attributif ou non d'une structure ne peut être à lui seul pertinent pour pouvoir affirmer qu'on a affaire ou non à une structure passive. Si tel était le cas, il faudrait rejeter le terme même de passif pour le français, qui ne dispose pas d'auxiliaire spécifique pour le « passif authentique », l'aspect (processuel/bilan) étant marqué par l'environnement (catégories et/ou indications lexicales) :

Les photos furent/ont été développées.	PROCESSUEL
Les photos sont développées en deux jours.	PROCESSUEL
Les photos sont/étaient développées.	BILAN
On nous fit visiter le laboratoire où étaient développées les photos.	PROCESSUEL

En revanche, si l'on accepte que le comportement du sujet est un « révélateur » du passif, il faut bien constater que parmi les structures attributives possibles, certaines s'opposent à une structure non attributive dans laquelle l'objet correspond au sujet de la structure attributive, cf. :

Er bindet ***das Pferd*** *an den Baum.*	Non attributif (ACTIF)
Das Pferd *ist an den Baum gebunden.*	Attributif (PASSIF)
Das macht ***ihn*** *wieder gesund.* *er ist wieder gesund.*	Deux structures attributives (actives)

② Sur le plan de l'aspect syntaxique, les structures PART II + *werden* et PART II + *sein* correspondent point par point à la perspective processuelle et à la perspective de bilan de l'actif, cf. :

ACTIF		PASSIF
Gestern hat *er die Bilder* entwickelt (PROCESSUEL)	→	*Gestern* sind *die Bilder* entwickelt **worden** (PROCESSUEL)
Jetzt hat *er die Bilder* entwickelt (BILAN)	→	*Jetzt* **sind** *die Bilder* entwickelt (BILAN)

Quant aux oppositions de temps (actuel, ultérieur, antérieur) et de distanciation, elles fonctionnent également pour les deux structures (v. § 251) :

	PROCESSUEL	BILAN
Ult. dist.	*werden morgen entwickelt werden*	*werden morgen entwickelt sein*
Ult. n. dist.	*werden morgen entwickelt*	*sind morgen entwickelt*
Ant. dist.	*wurden gestern entwickelt*	*waren gestern schon entwickelt.*

11.1. Le système verbal du passif

§ 251 Le système verbal du passif correspond point par point à celui de l'actif :

- ▷ opposition de temps : actuel (centre de référence), ultérieur, antérieur ;
- ▷ opposition distanciation/non-distanciation pour l'IND, mais pas pour les deux SUBJ ;
- ▷ opposition processuel-bilan.

⇨ Dans les formes passives, le PART II de *werden* est ***worden*** et non *geworden.*

Tableau des formes du passif
(comparer avec les tableaux des formes de l'actif aux §§ 192, 211, 237)

INDICATIF		Processuel	Bilan
ULTERIEUR	distancé	*gekauft* **werden wird**	*x gekauft/***sein wird**
	non dist.	*(morgen) gekauft* **wird**	*(morgen) x gekauft/***ist**
ACTUEL		*gekauft* **wird**	*x gekauft/***ist**
	non dist.	*gekauft* **worden ist**	*x gekauft/***gewesen ist**
ANTERIEUR	distancé	*gekauft* **wurde**	*x gekauft/***war**
	bidistancé	*gekauft* **worden war**	*x gekauft/***gewesen war**

SUBJONCTIF II	Processuel			Bilan
ULTERIEUR	*gekauft*	**werden**	**würde**	*x gekauft/***sein würde**
ACTUEL	*gekauft*	**würde**		*x gekauft/***wäre**
ANTERIEUR	*gekauft*	**worden**	**wäre**	*x gekauft/***gewesen wäre**

SUBJONCTIF I	Processuel			Bilan
ULTERIEUR	*gekauft*	**werden**	**werde**	*x gekauft/***sein werde**
ACTUEL	*gekauft*	**werde**		*x gekauft/***sei**
ANTERIEUR	*gekauft*	**worden**	**sei**	x gekauft/***gewesen sei***

§ 252 **Commentaires :**

① Le **passif défectif** (sans sujet grammatical), par exemple *gestern wurde getanzt,* ne fonctionne que dans la perspective processuelle.

② Les formes surcomposées du passif bilan *gekauft gewesen ist/war/wäre/sei* sont rares à l'écrit.

③ On notera la double apparition de *werden* pour l'ultérieur distancé processuel :

ACTIF	*kaufen*	**wird**
→ PASSIF	*gekauft* **werden**	

Joint à une modalisation, le passif peut donner encore dans le G INF :

Das Haus kann/muß/wird... gekauft werden/gekauft worden sein.

et plus rarement (passif-bilan) :

Das Haus konnte/mußte... damals schon gekauft sein/gekauft gewesen sein.

11.2. Le passif processuel

11.2.1. GENERALITES.

§ 253 Il existe deux types de passifs processuels :

▷ le passif **avec sujet grammatical,** dit passif personnel ;

▷ le passif **sans sujet grammatical,** dit passif défectif, parce qu'il ne fonctionne qu'à la 3e pers. du sing. : *Jetzt wird geschlafen ! Nicht überall wurde gestreikt.*

Le point commun de ces deux passifs est que, par rapport à la structure correspondante de l'actif, le sujet grammatical de cette dernière est délogé de sa fonction ; il apparaît sous la forme d'un G PREP (« complétement d'agent ») ou bien disparaît :

ACTIF	***Der Bundesrat*** *lehnte die Gesetzesvorlage ab.*	***Man*** *antwortete mir nicht.*
PASSIF	*Die Gesetzesvorlage wurde* ***[vom Bundesrat]*** *abgelehnt.*	*Mir wurde nicht geantwortet.*

Cette possibilité de ne pas nommer le sujet logique (l'agent du procès), notamment lorsque celui-ci est inconnu (a), trop évident (b) ou lorsqu'il serait trop compliqué ou gênant de le préciser (c), explique la relative fréquence du passif, tant en allemand qu'en français :

a)	*Ein Fernsehsender wurde in die Luft gesprengt.*	par qui ?
	Die Fernsehsendung wurde unterbrochen.	par qui/quoi ?
b)	*Herr X wurde zu 10 Jahren Gefängnis verurteilt.*	par un tribunal
	Das Gesetz wurde heftig kritisiert.	par l'opposition
	Es wird gebeten, nicht zu rauchen.	par la direction
c)	*In letzter Zeit wird wieder mehr gespart.*	par les gens
	Der Kanzler wurde zum Rücktritt gezwungen.	par le président, les événements ?...
	Teer wird aus Kohle gewonnen.	par ceux qui le fabriquent

§ 254 Le passif peut d'autre part être exploité pour des raisons stylistiques, par exemple :

— pour éviter un style nominal lourd :

Die Bundesregierung verlangt die strikte Einhaltung des Vier-Mächte-Abkommens über Berlin.

→ *Die Bundesregierung verlangt, daß das Vier-Mächte-Abkommen über Berlin strikt eingehalten wird.*

— pour obtenir un meilleur enchaînement textuel :

Danach brachte man den Verunglückten ins nächste Krankenhaus, dessen Unfallabteilung bereits von der Polizei verständigt worden war.

— pour lever l'ambiguïté éventuelle de l'énoncé à l'actif :

Die Tochter wird von der Mutter gerufen, plutôt que : *Die Mutter ruft die Tochter.*

§ 255 ATTENTION à ne pas confondre le ***es* explétif** avec le ***es* substitut** (v. §§ 688-690) :

Le premier n'est pas substituable par un *das* accentué et ne sert qu'à **occuper la première position** *(« Platzhalter »)* dans un énoncé déclaratif. Il disparaît donc dès que la première position est occupée par un autre membre :

Es *wurden mehrere Personen verhaftet.*	***Mehrere Personen*** *wurden verhaftet.*
Es *wurde nicht überall gestreikt.*	***Gestreikt*** *wurde nicht überall.*
Es *wurde nicht getanzt.*	***Getanzt*** *wurde nicht.*
Es *wurde getanzt.* ***Es*** *wurde hin und her gerätselt.*	pas d'autre possibilité.

Le second est un « pronom personnel » neutre, substituable par un GN ou un *das* (souvent accentué), et ne peut pas être supprimé :

Es *(= das Ergebnis der Verhandlungen) wurde erst gestern bekanntgegeben.*	*Erst gestern wurde* ***es*** *bekanntgegeben.*

Hors contexte, il peut arriver qu'un énoncé avec *es* soit ambigu, par exemple :

es wurde lange beraten →
- Il y eut un long débat.
- La chose a fait l'objet d'un long débat.

256 ATTENTION aux structures avec *werden* + adjectif à forme de participe, qui ne sont pas des structures passives :

Er wurde bekannt / geschickt / gerissen. Il est devenu célèbre / adroit / futé. *Er ist bekannt / geschickt / gerissen* ***geworden.***	▷ *werden* fait ***geworden*** au PART II.
Er ist ***so*** */* ***anders*** */* ***bekannter*** */* ***geschickter*** */* ***gerissener*** *geworden.* ***Wie*** */* ***was*** *ist er geworden ?*	▷ le participe-adjectif peut être remplacé par tout substitut d'adjectif et peut être gradué.
MAIS : *Er wurde geschickt.* Il a été envoyé. *Er wurde zu Boden gerissen.* Il a été jeté à terre. → *Er ist geschickt* ***worden.*** *Er ist zu Boden gerissen* ***worden.***	PASSIF PROCESSUEL : *werden* fait ***worden*** au PART II.

11.2.2. RESTRICTIONS D'EMPLOI.

a) Passif processuel avec sujet grammatical.

§ 257 Ce passif n'est possible qu'avec des verbes **transitifs,** c'est-à-dire ayant à l'actif un objet à l'**accusatif** commutable avec un substitut de GN (pronom « personnel »)	*Sie wäscht ihren Pulli.* *Sie wäscht ihn.* → *Der Pulli/er wird gewaschen.*

§ 258 Ne peuvent donc devenir sujet d'une construction passive les membres à l'accusatif qui ne sont pas commutables avec un pronom personnel, tels que :

▷ déterminations adverbiales (commutables avec un LSC, « adverbe ») ;	*Sie wäscht* ***den ganzen Tag.*** *Sie wäscht oft.*
▷ les objets « internes » (v. § 352 c), sauf effet stylistique (rare) ;	*Er schläft* ***den Schlaf des Gerechten.***
▷ les membres de lexies verbales avec ou sans article (v. § 335), sauf dans les jeux de mots.	***Mut*** *fassen,* ***den Mut*** *verlieren,* ***das Licht der Welt*** *erblicken,* ***Schlittschuh*** *laufen,* etc.

§ 259 Le passif est également exclu :

▷ avec les verbes de modalité/modalisation (§§ 372 sv.), mais le G INF peut se mettre au passif :	*Ich* ***mag*** *diesen Pulli.* *Er* ***kann*** *mich besuchen.* *Sie* ***soll*** *den Pulli* ***waschen*** → *Der* ***Pulli soll gewaschen werden.***
▷ avec les verbes construits avec un G INF sans *zu (sehen, hören, lassen,* etc.) ;	*Er sieht das Unglück kommen.* *Ich hörte sie weinen.* *Er hat mich warten lassen.*
▷ avec les verbes réfléchis de divers types (v. §§ 354 sv.).	*Sie beschäftigt sich.* *Sie wird beschäftigt* = elle est occupée par quelqu'un d'autre.
▷ lorsque l'objet de la structure active désigne une partie de l'être (ou de la chose) visé par le sujet grammatical ;	*Der Mann schüttelte den Kopf.* *Die Pflanze verliert ihre Blätter.*
▷ avec les verbes exprimant l'acquisition ou la possession (sens concret ou abstrait) ;	*haben, bekommen, erhalten* (recevoir), *besitzen, kennen, wissen, erfahren...*
▷ avec *es gibt* ;	*Es gab Sauerbraten mit Knödeln.*
▷ pour les accusatifs de mesure.	*Das Faß enthält 1 000 Liter.*

§ 260 **b) Passif processuel sans sujet grammatical.**

Particulière à l'allemand, cette structure permet de former des GV au passif avec des **verbes intransitifs**. Elle ne fonctionne qu'à la 3e personne du singulier. On peut distinguer :

▷ la structure passive à valeur énonciative **déclarative, interrogative ou exclamative,** dans laquelle la base verbale fonctionne à tous les « temps » :

Jetzt wird getanzt.	Maintenant, on va danser.
Letztes Jahr wurde nicht gestreikt.	L'année dernière, il n'y a pas eu [de] grève.
Es ist viel zu lange gezögert worden.	On a beaucoup trop tergiversé.

▷ la structure passive à valeur d'**injonction,** dans laquelle la base verbale ne fonctionne qu'au « présent » :

Hier wird gearbeitet und nicht geraucht!	Ici, on travaille et on ne fume pas.

§ 261 Parmi les verbes intransitifs permettant cette structure, on trouve :

▷ des verbes monovalents (v. § 351)	*Morgen wird geschlafen.*
▷ des verbes divalents avec :	
— objet au DAT ;	*Dem Verunglückten wurde geholfen.* *Diesem Argument kann nicht zugestimmt werden.*
— *objet au GEN ;*	*Der Toten wurde gedacht.*
— *objet prépositionnel.* Ces objets sont maintenus tels quels dans la structure passive.	*Gegen die Inflation wird zu lasch angekämpft.* *An Ihrem guten Willen wird keineswegs gezweifelt.*

262 ⇨ Ce passif n'est cependant possible qu'avec des verbes qui, à l'actif, supposent un sujet logique **humain** (ou **animé**) agissant volontairement comme « cause » du procès.

Ceci exclut d'emblée toute une série de verbes tels que :

▷ les verbes à sujet impersonnel : *es regnet, es schneit, es handelt sich um, es geht um...* ;

▷ les verbes désignant un procès inapplicable à des êtres humains ou n'impliquant pas une relation de « causativité » entre le sujet et le procès (le sujet n'a pas de prise active sur le procès, le rapport, la situation exprimée par le verbe), par exemple :

— verbes avec objet au DAT : *ähneln, behagen, belieben, entsprechen, fehlen, gebühren, gefallen, gehören, gleichen, mißfallen,* etc.

— verbes avec objet au GEN : *bedürfen, entraten, ermangeln* ;

— verbes avec objet prépositionnel : *abhängen von, abstechen gegen, aussehen nach, basieren auf, beruhen auf, bestehen in/aus, dienen zu, duften nach, enden auf, erhellen aus, fehlen an, führen zu, gehören zu, gelten für, hängen an, neigen zu, passen zu, resultieren aus, riechen/stinken nach, taugen zu, teilhaben an, vertrauen auf, widerhallen von,* etc.

▷ les verbes désignant en général un procès subi par le sujet : *begegnen, geraten in/aus, wachsen, erklingen, entstehen, veralten, verfließen...*

Le passif sans sujet est d'autre part exclu avec :

▷ les verbes attributifs : *sein, werden, scheinen...* et en général *bleiben* (mais : *es wurde dabei geblieben* : on en resta là).

▷ les verbes réfléchis et pronominaux : *sich ereignen, sich* (DAT) *überlegen, sich hinlegen, sich setzen, um sich schauen, auf sich achten,* etc. Toutefois, on peut trouver des énoncés à valeur d'injonction (§ 260) du type : *Jetzt wird sich gewaschen!* (familier).

11.2.3. LE COMPLEMENT D'AGENT ET LE CHOIX DE LA PREPOSITION.

§ 263

▷ *VON* s'emploie lorsque l'agent (animé ou non) est **directement à l'origine du procès** (*von* garde donc sa signification spatiale de « venir de »).	*Der japanische Außenminister wurde* ***vom*** *Bundespräsidenten empfangen.* *Der Flughafen wird* ***von*** *der Polizei streng bewacht.* *Bayern München wurde* ***von*** *Köln besiegt.* *Der Fahrer wurde* ***von*** *den Scheinwerfern eines entgegenkommenden Lkws geblendet.* *Er wurde* ***von*** *mehreren Kugeln tödlich getroffen.* *Die Kosten für den Kuraufenthalt werden* ***von*** *der Krankenkasse voll übernommen.*
▷ ***DURCH*** s'emploie lorsque l'agent est l'**intermédiaire** *(« durch die Vermittlung von »)* ou le **moyen** *(« dadurch, daß »)* du procès (*durch* garde donc sa signification de « relation de passage »).	*Ich bin* ***durch*** *die Sekretärin verständigt worden.* *Die Agrar-Verhandlungen werden* ***durch*** *die Haltung der britischen Regierung erschwert.* *Die Öffentlichkeit wurde* ***durch*** *die Ausstrahlung dieser Bilder alarmiert.* *Experten vermuten, daß die Katastrophe* ***durch*** *menschliches Versagen verursacht wurde.*
Dans certains contextes, les deux prépositions sont possibles.	*Die Geheimdokumente wurden* ***von/durch*** *Agenten in die DDR gebracht.* *Die Straßen wurden* ***vom*** *Regen /* ***durch*** *den Regen überschwemmt.*
Dans les **nominalisations** de GV passifs, *durch* est obligatoire (car *von* donnerait souvent lieu à une ambiguïté).	*Die Flugzeugreste wurden* ***von*** *Spezialisten der amerikanischen Luftfahrtbehörde untersucht → Die Untersuchung der Flugzeugreste* ***durch*** *Spezialisten der amerikanischen Luftfahrtbehörde.*
ATTENTION aux G PREP avec *von* et *durch* qui ne sont pas des compléments d'agent !	***Von*** *ihm wird gesagt/behauptet, er sei der aussichtsreichste Kandidat für das Kanzleramt → Man sagt/behauptet* ***von*** *ihm, er sei...* *Die Tür wurde* ***durch*** *eine neue ersetzt → Man ersetzte die Tür* ***durch*** *eine neue.*
Certains énoncés peuvent être ambigus ;	*Er wurde* ***von*** *dem Mann befreit → Man befreite ihn von dem Mann* ou *Der Mann befreite ihn.*
mit, *mittels,* qui expriment l'instrument, sont également des « faux agents » (ils subsistent à l'actif).	*Die Airbus-Teile werden* ***mit*** *Spezialflugzeugen nach Toulouse gebracht → Man bringt die Airbus-Teile* ***mit*** *Spezialflugzeugen nach Toulouse.*

264 REMARQUES :

1. L'agent « sujet logique » peut être exprimé au moyen d'autres prépositions, par exemple :

   *Es wurde **seitens / von seiten** des Betriebs* (de la part de...) *keine Stellungnahme abgegeben.*
   *Solche Geschäfte werden im allgemeinen **über** die Großbanken* (par l'intermédiaire de...) *abgewickelt.*
   *Das Fußballspiel wird **im** 1. Programm übertragen.*
   *Die Reformpläne der Regierung werden **unter / bei** den Lehrern heftig kritisiert.*

   Toutefois, pour tous ces énoncés, on peut faire correspondre à la structure passive une structure active avec *man,* le groupe prépositionnel subsistant alors tel quel.

2. Le G PREP « complément d'agent » ne peut pas toujours être omis dans les énoncés au passif processuel : sa présence est imposée parfois pour des raisons de valence. Par exemple :

   *Das finstere Lied wird **von** der freundlichen Kritik erhellt.*
   *Diese Lage wird noch **durch** andere Daten erschwert.*

   D'autre part, sa suppression peut entraîner des modifications sémantiques importantes, par exemple :

   Es wurde von den Zuschauern viel geklatscht (= applaudissements).
   Es wurde viel geklatscht (= on jasait beaucoup).

11.3. Le passif-bilan : structure attributive en *sein* + PART II

On peut distinguer deux types de passifs-bilan :

265 **a) Le passif-bilan correspondant au passif processuel.**

PASSIF PROCESSUEL		PASSIF-BILAN
*Die Fotos **werden** entwickelt.*	→	*Die Fotos **sind** entwickelt.*
*Die Kartoffeln **wurden** geschält.*	→	*Die Kartoffeln **waren** geschält.*
*Das Hemd **ist** gebügelt **worden**.*	→	*Das Hemd **ist** gebügelt **gewesen**.*

Cette structure est soumise aux mêmes restrictions d'emploi que le passif processuel (v. §§ 257 sv.). Elle n'est toutefois possible en général qu'avec un sujet grammatical exprimé : *Gestern wurde gearbeitet* ne peut donc donner : **Gestern war gearbeitet* (mais *Uns ist damit geholfen* est possible). D'autre part, même pour les verbes transitifs, il existe des restrictions d'ordre contextuel. Ainsi, on ne dira pas : **Jetzt ist er geduzt/gesehen/erblickt/daran erinnert/bewundert,* etc., alors qu'on peut trouver en contexte comme expression d'un résultat obtenu : *Diesmal bist du geduzt.* Pour qu'un verbe puisse donner lieu à cette structure de bilan « résultatif », il doit présenter en contexte un désigné aspectuel mutatif graduable en temps ou en intensité. Ainsi, le même verbe peut suivant son contexte et ses membres donner lieu à un passif-bilan ou non : *Der Herausforderer ist geschlagen* est possible, mais pas **Er ist ins Gesicht geschlagen.*

§ 266 **b) Le passif-bilan correspondant directement à une structure active.**

Die Wege sind mit Schnee bedeckt.
Die Tage sind mit allerlei Verpflichtungen erfüllt.
Die Mülldeponie ist nur durch einen kleinen Fluß von den Wohngebieten getrennt.

Cette structure ne s'oppose pas au passif processuel, qui impliquerait un agent humain *(Die Wege werden mit Schnee bedeckt = Jemand bedeckt die Wege mit Schnee)*, mais à une structure active dans laquelle la base verbale est ambivalente du point de vue de l'aspect ; la structure passive sert à lever cette ambiguïté, cf. :

Der Schnee bedeckt die Wege.
- — La neige recouvre (déjà) les chemins (= statique/résultat).
- — La neige tombe et est en train de recouvrir les chemins (dynamique/en cours).

Die Wege sind mit Schnee bedeckt. — statique/résultat.

Il convient de ne pas confondre ces deux structures du passif-bilan avec d'autres structures attributives, notamment :

§ 267 — Certaines **structures actives** (le sujet grammatical reste le même), qui comprennent *sein* et un PART II ou un adjectif, par exemple :

*Der Dieb **verschwand*** → *Der Dieb **ist verschwunden*** } (actif processuel
*Die Äpfel **reifen*** → *Die Äpfel **sind gereift*** } ou actif-bilan)
*Er **wurde** bekannt* → *Er **war** bekannt* (actif bilan)
*Er **verliebt sich*** → *Er **ist verliebt*** (actif bilan)

— Certains énoncés qui peuvent s'opposer soit à une structure active réfléchie, soit (en tant que passif-bilan) à un passif processuel, par exemple :

Die Leute sind informiert
- *Die Leute **informieren sich***
- *Die Leute **werden** [von X] **informiert***
  ↔ *X informiert die Leute* (actif)

Der Mann war verletzt
- *Der Mann **verletzte sich***
- *Der Mann **wurde** [von/durch X] **verletzt***
  ↔ *X verletzte den Mann* (actif)

§ 268 Le G PREP (« complément d'agent ») peut aussi apparaître dans la structure du passif-bilan, surtout dans celle du type **b**. On y trouve :

▷ ***von :*** *Du bist vom Pech verfolgt.*
Er ist von seiner Arbeit stark beansprucht.

▷ ***durch :*** *Die Häuser sind von dem Lager durch einen Drahtzaun getrennt.*
Durch sein Benehmen sind wir dazu gezwungen.
Die moderne Werbesprache ist durch kurze Sätze gekennzeichnet.

On trouve aussi *mit* (ou *mittels*), *bei, in,* etc., mais il s'agit là de « faux compléments d'agent » (cf. § 263) :

*Der Hochzeitstisch war **mit** Blumenkränzen geschmückt* (le G PREP avec *mit* est présent dans la structure active : *Jemand schmückte den Hochzeitstisch **mit** Blumenkränzen*).
***Bei** Sartre ist diese These vertreten.*
***Im** letzten Kapitel sind die Ergebnisse zusammengefaßt.*

11.4. Constructions actives concurrentes du passif

269 De nombreuses constructions actives permettent d'exprimer une perspective proche de celle du passif :

a) ***bekommen, erhalten*** ou ***kriegen*** (langue parlée) + PART II ; sujet animé.

Cette structure ne fonctionne qu'avec certains verbes, notamment avec des verbes trivalents ayant un objet au datif. Elle permet de faire de ce dernier le sujet grammatical. C'est en somme le « passif de la personne intéressée » :

ACTIF :	*X schenkte **ihm** ein Buch.*
PASSIF PROCESSUEL :	***Ihm** wurde [von X] ein Buch geschenkt*
	→ ***er bekam** [von X] ein Buch geschenkt.*

Autres exemples :

Ich bekam/erhielt den Schrank frei Haus geliefert.
Wir bekamen die Bewerbungsunterlagen zugeschickt.
Ich habe das Hemd gebügelt bekommen.
Ich habe geschimpft bekommen/gekriegt (je me suis fait disputer).

270 **b) Diverses lexies verbales (v. §§ 338-345).**

Unsere Arbeit ist anerkannt worden
→ *Unsere Arbeit hat Anerkennung gefunden.*

Ich bin unterstützt worden
→ *Ich habe Unterstützung erhalten/bekommen.*

Mein Traum wurde erfüllt
→ *Mein Traum ging in Erfüllung.*

cf. *zur Aufführung kommen/gelangen, eine Veränderung erfahren/erleiden, unter Kontrolle stehen, in Vergessenheit geraten,* etc.

271 **c) Constructions réfléchies (sujet inanimé).**

Il en existe de trois types :

▷ verbe réfléchi seul ; cette construction, très fréquente en français, est d'un emploi limité en allemand :

Die Tür öffnete sich/schloß sich.
Die Unstimmigkeiten klärten sich bald auf.
Das wird sich (schon) finden.

▷ verbe réfléchi + ADJ de verbe :

*Dieses Buch verkauft sich **gut***	=	*Dieses Buch wird gut verkauft.*
*Der Roman liest sich **leicht***	=	*Der Roman **kann** leicht gelesen werden.*
*Hier arbeitet **es** sich **bequem***	=	*Hier **kann** bequem gearbeitet werden.*
*Dort sitzt **es** sich **schlecht***	=	*Dort **kann** man schlecht sitzen* (passif exclu).

▷ ***sich lassen*** + G INF

Das Hemd läßt sich bei 60 Grad waschen.	=	*Das Hemd* ***kann*** *bei 60 Grad gewaschen werden.*
Die Tür ließ sich nicht schließen.	=	*Die Tür* ***konnte*** *nicht geschlossen werden.*
Das ließe sich ändern.	=	*Das* ***könnte*** *geändert werden.*
Darüber läßt sich streiten	=	*Darüber* ***kann*** *man streiten.*

Avec un sujet animé, on obtient le sens de « se faire » ou « se laisser », c'est-à-dire *veranlassen* (causatif) ou *zulassen* (permissif) :

Er läßt sich bedienen (Il se fait/se laisse servir).
Er läßt sich die Haare schneiden (Il se fait couper les cheveux).
Der Inspektor läßt sich anmelden = Der Inspektor will/soll angemeldet werden.

§ 272 d) *sein* + G INF avec *zu* (v. aussi § 388).

Cette structure correspond à la fois à la modalité de *können* et à celle de *müssen/sollen*, contrairement à son homologue français *être à faire*. Seul le contexte permet de lever l'ambiguïté :

Der Text ist leicht zu übersetzen.	=	***kann*** *leicht übersetzt werden.*
Der Text ist bis morgen zu übersetzen.	=	***muß*** *bis morgen übersetzt werden.*
Der Text ist nicht zu übersetzen.	=	***kann*** *nicht/****muß*** *nicht übersetzt werden* (est intraduisible/n'est pas à traduire).

§ 273 e) *es steht* + G INF avec *zu* :

Es steht zu befürchten, daß zwischen Argentinien und Großbritannien ein Krieg ausbricht = Es ***ist zu*** *befürchten... Man* ***muß*** *befürchten...*

§ 274 f) *bleiben* + G INF avec *zu* :

Vieles bleibt zu erledigen	=	*vieles* ***muß*** *noch erledigt werden.*
Es bleibt viel zu tun	=	*Es* ***muß*** *noch viel getan werden.*
Das Ergebnis bleibt abzuwarten	=	*Das Ergebnis* ***muß*** *noch abgewartet werden.*

§ 275 g) *es gibt* + G INF avec *zu* :

Es gibt eine Menge zu tun / zu lesen.	=	*Eine Menge* ***muß/kann*** *getan/gelesen werden.*

§ 276 h) *gehören* + PART II (langue parlée) :

Dieser Kerl gehört eingesperrt.	=	***soll/sollte*** *eingesperrt werden*
Ihm gehört gekündigt.	=	***soll/sollte*** *gekündigt werden.*

12
LES LEXEMES VERBAUX SIMPLES ET COMPLEXES

12.0. Généralités

277 Après l'étude des catégories du GV et de la diathèse passive, les chapitres 12 et 13 sont consacrés aux **constituants du GV** :

▷ le lexème-base (chap. 12) ;

▷ le programme valenciel, c'est-à-dire l'ensemble des membres exigé en fonction du choix du lexème verbal (chap. 13).

Quant à l'ordre dans lequel sont agencés les éléments éventuels de la base verbale complexe et les membres du GV, il en sera question aux chapitres 14 et 32.

Le complexe verbal pose essentiellement des problèmes de **composition**. Sa base peut être simple ou complexe, et à ce titre, ce sont surtout l'association « particule-verbe » et les différents types de lexies (*in Vergessenheit geraten, Abstand halten,* etc.) qui peuvent gêner le francophone. On étudiera :

12.1. Les lexèmes verbaux simples.
12.2. Les lexèmes verbaux complexes inséparables.
12.3. Les lexèmes verbaux complexes séparables.
12.4. Les lexèmes verbaux complexes tantôt séparables, tantôt inséparables.
12.5. Les lexies verbales et les unions de discours.

12.1. Les lexèmes verbaux simples

278 Par lexème verbal simple, on entend une unité lexicale qui présente un **radical sans affixes,** c'est-à-dire sans préfixes, infixes ou suffixes, la marque *-(e)n* étant celle de l'infinitif (ou du G INF) : *komm-, trag-, sag-,* etc.

Le nombre de ces radicaux élémentaires étant relativement réduit, on intègre d'habitude dans l'étude des verbes simples les unités **dérivées** d'éléments lexicaux d'autres classes : nominaux (p. ex. : *Nagel* → *nageln*), adjectivaux (p. ex. : *krank* → *kränkeln*), etc. Cette notion de dérivation peut renvoyer tantôt à un processus d'évolution historique (étude diachronique), tantôt ne relever que d'un rapprochement entre les unités lexicales de la langue actuelle (étude synchronique). On retiendra surtout la perspective synchronique.

Du point de vue du fonctionnement morphologique, **tous les verbes dérivés sont faibles.** Quelques exceptions historiques telles que *pfeifen, gleichen, weisen,* etc. peuvent être considérées dans la langue actuelle comme des radicaux simples.

On peut distinguer :

▷ la verbalisation de lexèmes nominaux ;
▷ la verbalisation de lexèmes adjectivaux ;
▷ les verbes dérivés d'autres lexèmes verbaux ;
▷ la verbalisation d'autres lexèmes simples ou complexes.

12.1.1. VERBALISATION DE LEXEMES NOMINAUX.

§ 279 La plupart des verbes dérivés de lexèmes nominaux sont dérivés **sans suffixe**

der Fisch → fisch-Ø-en
der Schlaf → schlaf-Ø-en
das Ruder → ruder-Ø-n

► Des raisons historiques entraînent parfois des modifications telles que l'**inflexion,** la **chute d'un /ə/** ou d'autres modifications.

die Krone → krönen
der Pflug → pflügen
der Regen → regnen
das Zeichen → zeichnen
der Knopf → knüpfen
der Fleck → flicken

► Le verbe est parfois formé sur un **pluriel**.

das Blatt, die Blätter → blättern
das Glied, die Glieder → gliedern

► Les verbes dérivés de **lexèmes nominaux complexes** sont **toujours faibles,** même si le radical recèle un verbe fort. Au PART II, le *ge-* éventuel précède le radical (v. § 173).

das Frühstück → frühstücken → gefrühstückt.
die Ohrfeige → ohrfeigen → geohrfeigt
die Langeweile → langweilen → gelangweilt
avec préfixe :
das Mitleid → bemitleiden
das Geleit → begleiten
der Antrag → beantragen (etc.)

§ 280 La dérivation par suffixe est moins fréquente :

▷ ***-el*** (le plus souvent avec inflexion) ;

der Frost → frösteln trembler de froid
das Rad → radeln faire du vélo

▷ ***-ig*** (avec ou sans inflexion) ; le point de départ est en fait un adjectif, mais ce type de dérivation s'est étendu à d'autres cas ;

die Kraft (kräftig) → kräftigen
der Stein (steinig) → steinigen
die Angst (Ø) → ängstigen
die Pein (Ø) → peinigen
das Kreuz (Ø) → kreuzigen
avec préfixe :
die Nachricht → benachrichtigen

▷ ***-(is)'ier*** ou ***-ifi'zier*** (lat. *facere* = faire) sans inflexion sur le radical ; ce procédé est encore très vivant ;

der Charakter → charakterisieren
der Protest → protestieren
das Exempel → exemplifizieren
avec des radicaux germaniques : *hausieren* colporter, *amtieren* exercer une fonction, *buchstabieren* épeler, etc.

▷ ***-sch*** et ***-z*** (rares).

der Herr → herrschen régner.
du, Sie → duzen, siezen.

281 Du point de vue du signifié, ces dérivations correspondent à divers types de prédications, par exemple :

▷ naissance/devenir/production de la réalité visée par la base nominale : *regnen = es gibt/entsteht Regen ; dampfen = es gibt (entsteht) Dampf/X macht Dampf...*

▷ muni des attributs (« qualités ») de la réalité visée par la base nominale : *federn = sich wie eine Feder verhalten ; herrschen = sich wie ein Herr* (seigneur) *verhalten...*

▷ apport de l'objet visé par la base nominale ou prédication d'ornementation : *asphaltieren = mit Asphalt versehen ; färben, pudern, polstern, füttern = mit Farbe, Puder, Polster, Futter versehen*

▷ instrument : *rudern/duzen = ein Ruder/das Du benutzen...*

2.1.2. VERBALISATION DE LEXEMES ADJECTIVAUX.

282 On retrouve les mêmes suffixes, mais ils sont moins productifs :

▷ ***-Ø*** avec ou sans inflexion ; le verbe est parfois formé sur le **degré I,** la combinaison avec un préfixe étant fréquente	*nah → nahen ; genug → gen**ü**gen* *glatt → gl**ä**tten ; schwach → schw**ä**chen* ***näher** → (sich) nähern* ***besser** → (sich) bessern, verbessern* ***kleiner** → verkleinern, zerkleinern*
▷ ***-el*** (le plus souvent avec inflexion)	*krank → **kränkeln*** être souffreteux *zärtlich → zart-Ø- → verz**ä**rteln*
▷ ***-ig*** (avec ou sans inflexion)	*satt → **sättigen** ; fest → (be)festigen* ▶ *beruhigen = be + ruhig + en*
▷ ***-(is)'ieren*** sur radical d'emprunt ou germanique Le suffixe d'adjectif *-isch/-istisch* tombe et donne *-isieren*	*stabil → stabilisieren* *legitim → legitimieren* *halb → halbieren* *fanatisch → fanatisieren* *aromatisch → aromatisieren* *demokratisch → demokratisieren*
▷ ***-sch*** et ***-z*** (rares)	*feil → feil**sch**en* marchander *faul → faulen**z**en* paresser

283 Du point de vue du signifié, ces dérivations peuvent correspondre à divers types de prédications, par exemple :

▷ être : *genügen (genug sein), ähneln (ähnlich sein)*

▷ devenir : *reifen (reif werden), dunkeln (dunkel werden)*

▷ rendre : *stärken (stark/stärker machen), ändern (anders machen)*

▷ prédication de comparaison, souvent péjorative : *blödeln* faire l'idiot, *frömmeln* faire le dévot = *sich verhalten, als wäre man blöd/fromm ; stolzieren* marcher d'un air fier = *stolz dahergehen.*

12.1.3. LEXEMES VERBAUX DERIVES D'AUTRES LEXEMES VERBAUX

(compte non tenu des préfixes, ni des particules séparables).

§ 284 Il faut distinguer les procédés de dérivation historiques (aspect diachronique), qui ne sont plus guère productifs, et les procédés encore relativement vivants.

§ 285 ① **Verbes factitifs** (ou causatifs). On appelle ainsi les verbes **faibles et transitifs** qui sont issus historiquement d'un verbe le plus souvent **fort et intransitif** et qui ont le sens de « faire faire », par exemple :

sinken (a, u) intransitif = baisser, sombrer
senken (faible) transitif = faire baisser

Dans de nombreux cas, la signification du dérivé s'est cependant éloignée de celle du verbe primitif ou s'est spécialisée dans un domaine (technique) plus précis, de sorte que la parenté sémantique n'est plus toujours perceptible :

VERBE PRIMITIF	VERBE FACTITIF
beißen (i, i) : mordre	*beizen :* corroder, mariner, décaper (technique).
bleichen (i, i) : pâlir, se décolorer.	*bleichen* (faible) : décolorer, blanchir (linge).
dringen (a, u) : pénétrer.	*drängen :* pousser qqn à faire qqch.
erschrecken (a, o, i) : s'effrayer.	***erschrecken*** (faible) : effrayer qqn.
erwachen (faible) : se réveiller.	*erwecken* (faible transitif) : réveiller qqn./qqch.
fahren (u, a) : se déplacer en véhicule.	*führen :* mener, conduire qqn.
fallen (ie, a) : tomber.	*fällen :* abattre un arbre, prononcer un jugement *(ein Urteil fällen).*
hangen/hängen (i, a, ä) : être suspendu, accroché.	***hängen*** (faible) : accrocher, suspendre.
liegen (a, e) : être étendu.	***legen :*** étendre.
erlöschen (o, o, i) : s'éteindre (feu).	***löschen*** (faible) : éteindre (feu).
rinnen (a, o) : couler.	*rennen* (faible irrégulier) : courir.
schmelzen (o, o, i) : fondre.	***schmelzen*** (souvent fort aujourd'hui) : faire fondre.
schwellen (o, o, i) : enfler.	***schwellen*** (faible) : faire enfler, gonfler (voiles).
schwimmen (a, o) : nager, flotter.	*schwemmen* faire tremper qqch. ; *überschwemmen* (insép.) inonder.
sinken (a, u) : baisser, sombrer.	***senken :*** faire baisser, faire descendre.
sitzen (a, e) : être assis.	***setzen :*** asseoir, mettre.
springen (a, u) : sauter.	*sprengen :* faire sauter (à l'explosif).
stecken (*stak,* mais plus souvent faible aujourd'hui) : être fixé, enfoncé dans qqch.	***stecken :*** fixer, enfoncer, mettre, fourrer dans qqch.
stehen (a, a) : être en position verticale.	***stellen :*** mettre en position verticale.
trinken (a, u) : boire.	*tränken :* imbiber, abreuver (bétail).
ertrinken (a, u) : se noyer.	*ertränken :* noyer qqch./qqn.
verschwinden (a, u) : disparaître.	*verschwenden :* gaspiller.
zwingen (a, u) : contraindre (transitif).	*zwängen :* faire entrer de force (transitif).

286 ② **D'autres verbes issus historiquement d'un verbe simple (fort ou faible) expriment par rapport à celui-ci :**

▷ un aspect **intensif** (renforcement du procès ou de son aspect télique, cf. : *bitten* = prier qqn. → *beten* = prier Dieu) ;

▷ un aspect **fréquentatif** et/ou **diminutif** (série de procès identiques + intensité réduite, cf. : *bitten* → *betteln* = mendier ; *husten* → *hüsteln* = tousser → toussoter). On notera dans ce deuxième cas la fréquence du suffixe *-el.*

VERBE PRIMITIF	VERBE DERIVE
biegen : courber, tordre.	*beugen :* ployer.
	sich bücken : se baisser.
	bügeln : repasser (du linge).
bitten : prier qqn.	*beten* (faible) : dire une prière.
	betteln : mendier.
brechen : casser.	*[brocken] bröckeln :* émietter, effriter.
fechten : se battre à l'épée.	*fuchteln :* gesticuler (gestes désordonnés).
finden : trouver.	*fahnden :* rechercher qqn. (police).
graben : creuser.	*grübeln :* se creuser la tête, ruminer.
hören : entendre.	*horchen :* écouter attentivement, épier.
	gehorchen : obéir.
husten : tousser.	*hüsteln :* toussoter.
klappen : se refermer en claquant, battre (volet).	*klappern :* claqueter, cliqueter.
klingen : sonner, résonner.	*klingeln :* actionner une sonnette.
lachen : rire.	*lächeln :* sourire.
neigen : incliner.	*nicken :* faire un signe de tête (de haut en bas).
reißen : arracher.	*reizen :* irriter, charmer.
	ritzen : rayer.
sausen : siffler (vent).	*säuseln :* bruire (sifflement léger).
schnarren : faire un bruit de ronflement (p. ex. corde de l'arc).	*schnarchen :* ronfler en dormant.
	schnurren : ronronner.
schnauben : broncher (cheval).	*schnaufen :* souffler bruyamment.
	schnupfen : priser (du tabac).
schneiden : couper.	*schnitzen :* sculpter dans du bois.
spotten : se moquer.	*spötteln :* manier l'ironie à l'égard de qqn.
stecken : piquer.	*stecken :* mettre dans qqch.
	sticken : broder.
	sticheln : brocarder, persifler.
stoßen : pousser.	*stottern :* bégayer.
streichen : effleurer.	*streicheln :* caresser.
wägen : peser (en pensée).	*wiegen* (faible) : bercer.
	wagen : oser.
	wackeln : vaciller.
tanzen : danser.	*tänzeln :* faire des petits pas.
tropfen : fuir (récipient).	*tröpfeln :* tomber à petites gouttes.
ziehen : tirer.	*zücken :* tirer rapidement.
	zucken : avoir un mouvement brusque.

De ces procédés, seul celui qui utilise le suffixe *-el* pour exprimer un aspect fréquentatif/diminutif semble encore productif, y compris pour la verbalisation de lexèmes nominaux par exemple : *frösteln* (grelotter), *näseln* (parler du nez), *kriseln* (donner des signes de crise), etc.

12.1.4. VERBALISATION D'AUTRES LEXEMES SIMPLES OU COMPLEXES.

§ 287 La langue puise aussi dans d'autres classes de lexèmes pour former des verbes par exemple :

▷ des noms propres : *Röntgen → röntgen* : radiographier ; *Weck* (inventeur d'un procédé de stérilisation) → *einwecken* : mettre en conserves (verres) ; *Lynch → lynchen ; Morse → morsen... ;*

▷ des éléments à fonction déictique et illocutoire :

du → duzen, Sie → siezen
ja → bejahen, nein → verneinen, nicht → vernichten

dont les nombreuses onomatopées, par exemple :

platsch → platschen, plätschern ; cf. : *summen* (bourdonner), *hopsen, knipsen, bimmeln, ticken, blöken, gackern, quaken, miauen...*

▷ des lexies ou amalgames syntaxiques :

über Nacht bleiben → über'nachten : passer la nuit quelque part.
liebe Augen machen → liebäugeln : faire les yeux doux.
um die Wette laufen/rennen/schwimmen → wettlaufen, wettrennen, wettschwimmen (uniquement à l'infinitif) ; v. également 12.3.

12.2. Les lexèmes verbaux complexes inséparables

§ 288 Les lexèmes verbaux complexes inséparables sont ceux qui comprennent un **préfixe verbal,** appelé aussi « particule verbale inséparable ». Ces préfixes verbaux ont les caractéristiques suivantes :

▷ ils sont **inaccentués** ;	***ver'****stehen,* ***be'****ruhigen,* ***emp'****fehlen*
▷ ils forment toujours **un mot** écrit avec les autres éléments du lexème verbal ;	*Sie* ***verstehen*** *mich falsch.* ***Beruhige*** *dich doch !*
▷ ils **excluent la marque** ***ge-*** au PART II ;	*Sie haben mich falsch* ***verstanden.*** *Er hat sich dann* ***beruhigt.***
▷ le ***zu*** du G INF **précède** le lexème verbal et en est détaché.	*Versuchen Sie mich* ***zu verstehen*** *!* (comparer : *Versuchen Sie aufzustehen !*)

Du point de vue **syntaxique,** les préfixes verbaux peuvent remplir plusieurs fonctions qui peuvent jouer séparément ou conjointement le rôle de :

▷ **modificateurs de classe,** ils peuvent contribuer à « verbaliser » un lexème nominal, adjectival, etc., c'est-à-dire à faire passer un lexème dans la classe des lexèmes verbaux, par exemple : *die Gunst → günstig → begünstigen ; das Gleis → entgleisen ;*

▷ **modificateurs de rection et de valence,** ils peuvent avoir pour effet de rendre un verbe transitif (p. ex. *wohnen* ⟶ *bewohnen*) ou intransitif (p. ex. *trinken* ⟶ *ertrinken*) ; mais ils peuvent aussi transformer le programme valenciel de la base verbale d'une autre façon, par exemple :

— *lernen* peut s'employer sans objet *(Ich lerne),* mais *verlernen* en exige un *(Ich habe alles verlernt)* ;
— *graben* peut avoir un objet tel que *ein Loch, einen Brunnen,* etc., tandis que *begraben* exige un objet différent *(jemanden/etwas).*

Du point de vue **sémantique,** l'analyse n'est pas aisée : quelle est l'« idée » exprimée par *ver-* ? Cela tient à deux raisons : 1) il faut remonter dans l'histoire pour retrouver, derrière les innombrables nuances de désignés, la signification originelle ; 2) souvent, le verbe est lexicalisé (« figé ») au point que la signification globale est imprévisible : comment *ver* + *stehen* a-t-il pu donner le sens de « comprendre » ? Cependant, on constate que de nombreux préfixes, outre certaines significations particulières, ont un rôle de :

▷ **modificateur aspectuel** (au sens de *Aktionsart,* v. §§ 178 ③ et 179) : par exemple *er-* peut conférer à un verbe simple un aspect ingressif *(blühen ⟶ erblühen)* ou égressif *(finden ⟶ erfinden).*

Dans la présentation qui suit, on se contentera de mentionner les caractéristiques essentielles des divers préfixes, étant entendu qu'un grand nombre de lexèmes verbaux, dits « opaques », échappent à une description sémantique analytique dans la langue actuelle.

289 ***BE-*** (ancien *bî* = *bei,* idée d'« entourer », cf. *begreifen* : comprendre, c'est-à-dire saisir en cernant) est surtout un modificateur de rection et de valence ; il rend **transitifs** les verbes qui ne le sont pas :

*in ein Zimmer **treten***	⟶	*ein Zimmer **betreten.***
*auf eine Frage **antworten***	⟶	*eine Frage **beantworten.***
*gegen die Inflation **kämpfen***	⟶	*die Inflation **bekämpfen.***

Souvent, le sens du dérivé est très éloigné du verbe de base, par exemple :
begehen : commettre un délit (mais aussi : *einen Weg begehen*) ; *bekommen :* recevoir ; *bestechen :* corrompre ; *bestehen :* réussir (à un examen) ; *bestimmen :* déterminer, etc.

⇨ **Ne sont pas transitifs :**

bedürfen + GEN : avoir besoin	*bestehen in* + DAT : consister en.
begegnen + DAT : rencontrer	*bestehen aus* + DAT : être constitué de.

BE- est également très productif comme modificateur de classe, par exemple :
beobachten (die Obacht), bemitleiden (das Mitleid), beschuldigen (die Schuld/schuldig), eine Frage bejahen (ja), sich beruhigen, etc.

▶ Noter surtout, formés à partir d'une base nominale, les verbes d'« ornementation » (le verbe simple n'existe pas toujours) :
beflügeln : donner des ailes ; *beflecken :* entacher ; *beglückwünschen :* féliciter ; *bekränzen :* couronner ; *bemänteln :* voiler, dissimuler, etc.

BE- a parfois un aspect intensif *deuten ⟶ bedeuten ; merken ⟶ bemerken ; grüßen ⟶ begrüßen* (au sens d'approuver qqch. ; de recevoir qqn.).

§ 290 ***ENT-*** et ***EMP-*** (uniquement dans *empfehlen, empfangen, empfinden* ; cf. aussi *ant-* accentué dans *Antwort, antworten*) correspond à plusieurs particules anciennes :

▷ **éloignement** par rapport à une origine.	a) Le lexème verbal indique la manière dont se produit l'éloignement ; le point d'origine est au DAT : *Der Vogel ist* ***entflogen.*** Er ***entkam seinen Verfolgern.*** *Er* ***entging*** *knapp* ***einem*** *Attentat. Der Name ist* ***mir entfallen.*** b) La base nominale est le point d'origine : *entarten :* dégénérer (« sortir de l'espèce ») ; *entgleisen :* dérailler ; *entlarven :* démasquer. c) La base adjectivale fournit le « résultat » : *(sich) entfernen, entblößen, entleeren...*
▷ effet de **réciprocité,** voire d'**opposition** (effet inverse ou privation).	— *empfangen, entsprechen, empfehlen, entgelten...* — *(sich) entspannen ↔ spannen ; entfesseln ↔ fesseln ; entwickeln ↔ wickeln ; entmutigen ↔ mutig ; (sich) entschuldigen ↔ schuldig.* — *entlocken, entnehmen, entreißen, entziehen* (« enlever » un objet à l'ACC à un objet au DAT) ; *entehren, entkernen, entschärfen* (l'objet ou la qualité visés par la base nominale ou adjectivale sont « enlevés »).
▷ *« in »,* exprimant aussi un aspect **ingressif.**	*enthalten (« in sich halten »), empfinden (« in sich fühlen »), entflammen, (sich) entzünden, entschlafen :* s'endormir (surtout au sens de mourir).

ENT- est également productif comme modificateur de classe, par exemple :

das Haupt → enthaupten : décapiter ; *das Gift → entgiften :* désintoxiquer ; *bloß → entblößen :* mettre à nu, etc.

§ 291 ***ER-,*** à l'origine proche de *uz (« aus »,* cf. *erhalten :* tenir de), est un modificateur de classe très productif pour verbaliser notamment des lexèmes adjectivaux sans qu'existe nécessairement le verbe simple :

erblinden : devenir aveugle ; *ergänzen, erheitern, ermöglichen, erneuern :* renouveler ; *ernüchtern :* désillusionner, etc.

ER- est aussi fréquemment un modificateur de rection et de valence, le verbe complexe s'appliquant à un domaine non concret :

— ***leben → etwas erleben :*** assister à, vivre un événement.
warten auf + ACC → *etwas/jn erwarten :* attendre avec espoir.

— ***öffnen → eröffnen :*** inaugurer, fonder ; *pressen → erpressen :* effectuer un chantage ; *regen → (sich) erregen :* s'exciter, s'affoler.

Sa valeur sémantique est surtout d'ordre **aspectuel** :

▷ Aspect **ingressif** (début du procès)	*erblühen, erklingen, erkranken :* tomber malade ; *ertönen, erscheinen, erwachen :* se réveiller ; *jn erwecken :* réveiller, etc.
▷ Aspect final ou **résultatif** du procès, souvent intensifié par rapport au lexème de départ	— réalisation de l'état marqué par la base adjectivale : *erblassen, ergrauen, erfrischen,* etc. — procès simple accompli jusqu'au bout : *ergreifen* → *greifen nach ; erreichen, erblicken, erfüllen, erlöschen, erschöpfen,* etc. — « obtenir l'objet à l'ACC par l'action exprimée par la base du verbe » : *erforschen, erkämpfen, errechnen, erringen, erschwindeln, erzwingen,* etc.
▶ dont les verbes indiquant une manière de tuer ou de mourir	*erdolchen, erdrosseln, erhängen, erschießen, erschlagen, ersticken :* étouffer (transitif et intransitif) ; *ertrinken* (intrans.) ; *erwürgen :* étrangler, etc.

292 ***GE-***, héritier de l'ancien *gi* à valeur perfective (cf. la marque *ge-* du PART II), a gardé dans quelques cas cette signification aspectuelle :

gedenken + GEN : commémorer le souvenir de qqn., *gefrieren* (rare) : geler.

Il exprime aussi un aspect intensif : *gebieten* (langue soutenue) : ordonner ↔ *bieten ; gereichen* (rare) : contribuer à ↔ *reichen.*

Mais le plus souvent, le sens du dérivé est très éloigné de celui du verbe simple, cf. : *gebrauchen :* utiliser ↔ *brauchen :* avoir besoin ; *gefallen* (+ DAT) : plaire ; *gehorchen* (+ DAT) : obéir ; *gehören* (+ DAT) : appartenir, etc.

Si *ge-* est relativement productif pour les nominalisations (cf. *Berg* → *Gebirge ; schreien* → *Geschrei ; wiegen* → *Gewicht*), il ne l'est plus pour les verbalisations.

293 ***VER-***, héritier de plusieurs éléments anciens, exprime d'abord un devenir, ce qui explique son emploi pour l'écoulement du temps, cf. :

Die Zeit vergeht/verfließt/verstreicht.
Wo hast du die Ferien verbracht ?

Cet **aspect mutatif** s'accompagne cependant de désignés particuliers :

▷ **Mauvaise exécution** du procès, qui peut être inversé (sens le plus souvent négatif : erreur, déviation)	— *sich verfahren/sich verlaufen :* se tromper de chemin ; *verführen :* séduire ; *sich verhören :* avoir mal entendu ; *sich verschreiben, sich vertun :* se tromper ; *verraten :* trahir ; *verwechseln :* confondre ; *verziehen/verwöhnen :* mal élever/gâter un enfant. — *verachten :* mépriser ; *verbieten :* interdire ; *verkaufen, vermieten/verpachten :* donner en location/en bail ; *verwünschen :* maudire.

▷ **Procès intensifié** par rapport au verbe simple	— *verändern, verbinden, verdecken, verfolgen, verlassen, verschweigen :* taire qqch. ; *versichern, versprechen, verspüren :* ressentir.
avec idée de « cacher », « disparaître », « perdre »	— *verbergen, verschließen, verstecken...* — *verbrauchen :* consommer ; *verbrennen, verdunsten...* — *verbluten :* perdre son sang ; *verhungern, verlernen :* perdre ce qu'on a appris ; *sein Geld verspielen :* perdre son argent au jeu, etc.

VER- est également très productif comme modificateur de classe, par exemple :

▷ à partir de bases adjectivales, qui peuvent être au degré I : le sens de l'adjectif représente le résultat visé par la mutation du sujet ou de l'objet :
verallgemeinern : généraliser (de *allgemeiner), veranschaulichen, verarmen, verblassen, vereinfachen, sich vergewissern, vergrößern, verlängern, verkleinern,* etc.

▷ à partir de bases nominales : « munir l'objet de », « traiter l'objet comme » :
verfilmen : porter à l'écran, *vergittern :* grillager ; *verglasen, vergöttern :* idolâtrer ; *verkupfern, versteinern :* pétrifier ; *vertonen :* mettre en musique ; *verursachen,* etc.

§ 294 ***ZER-,*** en relation avec l'ancien *zi,* qui a donné *zu,* marque également un **aspect mutatif** visant le plus souvent la **division** d'un ensemble en ses parties, d'où aussi l'idée de **destruction** :

zerbrechen (trans. et intr.) : [se] briser ; *zerfallen* (intr.) : se désagréger ; *zerlegen :* démonter ; *zermalmen :* broyer ; *zerplatzen, zerreißen, zerschlagen, (sich) zersetzen :* [se] décomposer ; *zerstören, zerstreuen :* éparpiller ; *zerteilen, zertreten,* etc.

ZER- permet de former des verbes à partir de lexèmes nominaux ou adjectivaux :

der Fetzen : le lambeau → *zerfetzen :* déchiqueter.
der Krieg → *sich zerkriegen :* se faire la guerre, se disputer.
klein → *zerkleinern :* réduire en (plus) petits morceaux.
mürbe : friable → *zermürben :* briser lentement la résistance de qqn./qqch.

Autres préfixes (particules verbales inséparables) :

§ 295 ***WIDER-*** et ***WIEDER-*** ont la même origine. ***WIDER-*** exprime :

▷ une « **hostilité** » vis-à-vis de l'actant au DAT	*Er widerspricht* ***mir*** *andauernd* (contredire). ***Ihm*** *ist eine Ungerechtigkeit widerfahren :* Il a été victime d'une injustice.
de même :	*wider'stehen, wider'streben, sich wider'setzen*
▷ une **inversion** du procès (objet à l'ACC)	*etwas wider'legen :* réfuter qqch., *jm etwas wider'raten* (rare) : déconseiller, *etwas wider'rufen :* démentir, désavouer.

ATTENTION : *wider-* n'est **séparable** et accentué [i:] que dans quelques verbes exprimant le renvoi du son ou de la lumière *(= zurück)* :
'wider-hallen, 'wider-schallen (intr.) : résonner, se répercuter.

'wider-strahlen (tr.) : refléter, renvoyer la lumière (domaine concret uniquement : *Der See strahlt das Sonnenlicht wider.*).

[sich] 'wider-spiegeln : [se] refléter (domaine concret ou figuré).

On trouve cependant aussi *wider'spiegeln* (inséparable) dans le domaine figuré :

Literatur ist auch ein Symptom der Zeit und widerspiegelt den Prozeß der Geschichte (K. Mautz).

▶ Ne pas confondre avec ***wieder,*** qui est :

▷ ou bien un LSC (« adverbe ») exprimant une répétition (« de nouveau »)
Er trat wieder ans Fenster. Er hat wieder den Arzt holen müssen ;

▷ ou bien une **particule séparable et accentuée** exprimant l'itération (fr. *re-*) ou l'idée d' « en retour » *(zurück)* :
*Ich habe sie nie **wieder**gesehen.* Je ne l'ai jamais revue.
*Ich habe mein Geld **wieder**bekommen = zurückbekommen.*

ATTENTION : *wieder-* est inaccentué et **inséparable** dans ***wieder'holen*** (répéter, réitérer) :
Er wiederholte die Frage. Er hat das Experiment wiederholt.

296 ***HINTER-*** exprime :

▷ l'idée de « derrière soi »	*Ich habe meine Wertsachen in einem Banksafe* [self] *hinterlegt* (mettre en lieu sûr). *Er hat eine Nachricht/einen schlechten Eindruck/eine Spur* (etc.) *hinterlassen.*
▷ l'idée de « trahir »	*jn hinter'gehen :* tromper la confiance de qqn. *einen Plan hinter'treiben :* faire échouer un projet. *Steuern hinter'ziehen :* commettre une fraude fiscale ; cf. aussi *hinter'bringen.*

Dans la langue familière, *hinter-* est séparable et accentué avec son sens spatial « vers l'arrière » :
Ich habe keinen Bissen hintergebracht = hinuntergebracht : Je n'ai pas pu avaler une bouchée.

297 ***MIß-*** est quelquefois accentué, mais reste inséparable aux formes simples : *Sie 'mißverstehen mich.* A l'INF et au PART II, *zu* et *ge* peuvent s'intercaler dans ce cas : *'miß**zu**verstehen, 'miß**ge**leitet* ou *miß'leitet, 'miß**ge**billigt* ou *miß'billigt, 'miß**ge**bildet, 'miß**ge**traut* ou *miß'traut* (v. § 175).

MIß- exprime toujours une idée négative, cf. :
miß'achten (tr.) : ne pas tenir compte de, dédaigner ; *miß'brauchen* (tr.) : abuser de, faire un mauvais usage de ; *miß'deuten* (tr.) : mal interpréter ; *miß'fallen* (intr., objet au DAT) : déplaire ; *miß'glücken/miß'lingen* (DAT de la personne comme *gelingen*) : ne pas réussir ; *miß'handeln* (tr.) : maltraiter ; *miß'trauen* (+ DAT) : se méfier de qqn/qqch.

298 ***VOLL-*** exprime l'idée d'une « action menée jusqu'au bout » :
voll'bringen : réaliser ; *voll'enden :* achever ; *voll'führen/voll'ziehen :* exécuter, réaliser (p. ex. un projet) ; *voll'strecken :* exécuter (une sentence).

➩ *VOLL-* est cependant **séparable** et accentué au sens de « plein » ou de « remplir » :

Ich habe 'vollgetankt : J'ai fait le plein.
Er hat das Glas 'vollgefüllt/'vollgemacht.
Wir haben uns den Bauch 'vollgeschlagen (familier) : On s'en est mis plein la lampe.

§ 299 Sont toujours inséparables les préfixes de verbes d'emprunt tels que :

***de(s)-/dis-* :**	*dezentrali'sieren, desorgani'sieren, disqualifi'zieren*
***in-* :**	*infil'trieren*
re-	*rekonstru'ieren, resoziali'sieren*
tele-	*telefo'nieren, telegra'fieren*

► ***froh**'locken, **lieb**'kosen, **offen**'baren, **ob**'liegen, **ob**'siegen,* v. § 176.

12.3. Les lexèmes verbaux complexes séparables

§ 300 Ce sont les lexèmes verbaux comprenant une **particule séparable,** laquelle :

▷ est toujours **accentuée** ;	***'aufpassen, zu'rückfahren.***
▷ forme une **unité graphique** (un « mot ») avec le lexème verbal simple quand celui-ci :	
— est en dernière position ;	*Wenn du **aufpaßt**, wird alles glatt gehen.*
— est à l'INF (la marque éventuelle *zu* s'intercale entre la particule et le reste du lexème verbal) ;	*Du solltest **aufpassen.*** *Du brauchst nicht **aufzupassen.***
— est au PART II (la marque éventuelle *ge-* s'intercale entre la particule et le reste du lexème verbal)	*Du hast nicht **aufgepaßt.*** *Das Risiko habe ich **einkalkuliert*** (v. § 174).
▷ reste **en dernière position** lorsque le lexème verbal simple à forme personnelle (« conjuguée ») occupe la 2e position, couverte ou non.	*Du **paßt** ja nie **auf**!* *Ø **Paß** doch endlich **auf**!*

§ 301 On trouve dans ce rôle de particule verbale séparable différents types d'unités :

▷ des unités qui sont également des prépositions (v. chap. 28) : *ab, an, auf, aus, bei, hinter* (v. § 296), *mit, nach, vor, zu ;*

▷ des unités d'origine diverse : *da(r), ein, fort, her, hin, 'inne, los, nieder, 'rückwärts, 'weiter, 'wieder* (v. § 295), *'vorwärts*, etc. ;

▷ des unités d'origine adjectivale : *bloß, fest, frei, gleich, groß, gut, hoch, kalt, leer, lieb, sauber, still, tot, voll* (v. § 298), etc. ;

▷ des unités d'origine nominale : *acht, fehl, halt, haus, heim, preis* (fr. « prise »), *rad, stand, statt, weg* [vɛk], etc. ;

▷ des G PREP « figés » : *em'por, ent'lang, ent'gegen... ab'handen, außer'stande..., zu'nichte, zu'recht, zu'rück, zu'teil...* ou pronominalisés : *da'bei, da'ran, da'rüber, da'von, da'zu...* ainsi que des particules combinées : *he'raus, he'rein, hi'nauf, hin'zu...*

▷ des lexèmes verbaux simples à l'INF : *'fallenlassen, 'kennenlernen, 'stehenbleiben,* etc. ; ou au PART II : *ver'lorengehen, ge'fangenhalten,* etc.

302 Si on ne tient pas compte de la graphie, on peut intégrer à l'étude des lexèmes verbaux complexes séparables les locutions lexicalisées (« préfabriquées ») ou lexies telles que :

nach °Hause gehen	*°Hilfe leisten*
ins °Auge fassen	*den °Mut verlieren*
zur °Verfügung stellen	*°Umstände machen*

qu'il faut distinguer des unions de discours (v. § 337) qui sont le produit d'un libre choix (cf. *ein Auto/ein Haus kaufen/verkaufen*) et dont les unités gardent toutes leurs possibilités syntaxiques et sémantiques *(ein Auto/zwei Autos/ein größeres Auto kaufen).*

303 Les particules séparables les plus délicates à analyser sont en même temps les plus fréquentes, à savoir : *ab, an, auf, aus, bei, ein, mit, nach, vor, zu, her/hin* et leurs composés, *da(r)* et ses composés.

Il y a plusieurs façons de les aborder. On peut les envisager d'abord comme de simples **unités lexicales** entrant dans la composition des lexèmes verbaux et susceptibles de recouvrir divers désignés contextuels particuliers (désignés spatiaux, temporels, aspectuels...), par exemple :

auf- dans *aufschreiben* = « contact d'en haut »
aufstehen = « mouvement ascendant »
aufmachen = « ouverture »
aufessen = « procès poussé jusqu'au bout ».

Cependant, l'évolution historique invite à les envisager aussi comme des éléments ayant une **fonction syntaxique** dans le lexème verbal complexe ou par rapport aux autres termes constituants le GV. On constate dès lors que les significations particulières se regroupent plus aisément. Ainsi *auf* exprime le « contact d'en haut » quand il s'agit de la **préposition** spatiale, alors que le « mouvement ascendant » est marqué par l'**adverbe** directionnel *auf.* La particule peut en effet être :

304 ① Une **particule prépositionnelle** : on peut penser qu'elle correspond à une préposition dont le GN est élidé, mais elle s'est rattachée au lexème verbal, cf. :

Sie näht den Knopf ***an*** *(mein Hemd)* → *Sie* ***näht*** *den Knopf* ***an.***
Er kam ***an*** *(den Ort)* → *Er* ***kam an.***
Er setzte die Brille ***auf*** *(die Nase)* → *Er* ***setzte*** *die Brille* ***auf.***
Er mischt sich ***in*** *(die Unterhaltung)* → *Er* ***mischt*** *sich* ***ein.***

Le GN élidé (ou, si l'on veut, le repère fourni par le contexte) peut d'ailleurs souvent être explicité dans l'énoncé par un « circonstant » qui a la forme d'un G PREP à valeur locative (DATIF) ou directive (ACCUSATIF)

(v. §§ 705 sv.), de sorte que synchroniquement la particule joue le rôle d'une **postposition,** par exemple :

*Er kommt **am Bahnhof/in der Stadt an.***
*Er bringt eine Lampe **an der Wand an.***
*Er bindet das Pferd **an den Baum an.***
*Er lehnt sich **an der/an die Wand an.***
*Er lehnt sich **an die Lehre Kants an.***
*Die DC-8 schlug **auf dem Boden auf.***
*Er griff **in das** Thema **ein.***
*Ich hebe 1000. — Mark **von meinem** Girokonto **ab...***

Le terme de postposition n'est utilisé ici que dans un sens relevant du niveau du signifié, c'est-à-dire que la particule sert à préciser la spatialisation, temporalisation ou aspectualisation de la réalité visée par le G PREP ou par son substitut. Il n'implique pas que la particule verbale soit nécessairement placée en chaîne juste après le membre du G PREP, comme l'est par exemple le second terme de la préposition circumposée. Comparer :
***Vom** Fenster **aus** sah ich ihn kommen* = circumposition
*Die ganze Nacht **durch** haben wir getanzt* }
*Wir haben die ganze Nacht **durch** getanzt* } = préposition postposée
*Wir haben die ganze Nacht **'durchgetanzt*** = particule postposée apportant une précision sur « *die ganze Nacht* »
*Wir sind **unter** der Brücke **'durch**gerannt* (idem).

§ 305 ② **Un adverbe-préverbe** qui équivaut à une détermination adverbiale de signification concrète (désigné spatial ou autre), par exemple :

*Die Sonne geht **auf** = « nach oben »*
cf. aussi : *auf ↔ ab (auf und ab) ; hin ↔ her* (v. § 318) ;
vor(wärts) ↔ zurück ; auf ↔ zu (ouverture ↔ fermeture)

On peut encore distinguer dans ce cas :

▷ l'adverbe-préverbe dont le désigné concret diffère de ceux de la préposition à désigné spatial :

*Er springt **auf*** = « mouvement ascendant ».
*Die Tür geht **auf*** = « ouverture ».

▷ l'adverbe-préverbe qui a un désigné proche du signifié de la préposition : les lexèmes verbaux avec leur **programme valenciel** correspondent alors à divers types de paraphrases contenant la préposition, par exemple :

I	*ein Problem **an**gehen*	= *« an ein Problem gehen ».*
II	*jm etwas **an**merken*	= *« an jm etwas merken ».*
III	*dem Zug einen Wagen **an**hängen*	= *« einen Wagen an den Zug hängen ».*
IV	*jn **auf**bahren*	= *« jn auf eine Bahre legen ».*
	*jn **ein**kerkern*	= *« jn in einen Kerker stecken ».*
	*ein Bild **ein**rahmen*	= *« in einen Rahmen setzen ».*
V	*jm etwas **aus**händigen*	= *« aus der Hand geben ».*
VI	*jn **an**ziehen* (attirer)	= *« an sich ziehen ».*
	*etwas **an**nehmen* (accepter)	= *« an sich nehmen ».*
	*eine Tablette **ein**nehmen*	= *« in sich nehmen ».*
	*der Pulli läuft **ein***	= *« in sich laufen ».*
	*etwas **aus**drücken*	= *« aus sich drücken »,* etc.

§ 306 ③ Un **préverbe aspectuel** qui équivaut à une détermination de signification abstraite aspectuelle (*« Aktionsart »*, v. §§ 178 ③ et 179), cf. :

***ein**schlafen, **an**fahren* (démarrer) = aspect **ingressif** : commencement du procès désigné par le verbe simple.
***ab**brennen, **auf**essen, **aus**trinken* = aspect **égressif,** voire **terminatif** : procès « poussé jusqu'à sa limite, jusqu'au bout ».
***ab**nehmen* (diminuer, maigrir), ***ein**schüchtern* (intimider) = aspect **mutatif** : procès impliquant un devenir, une transformation.
***auf**bieten, **an**erkennen* = aspect **intensif** : intensification du procès exprimé par le verbe simple.

La distinction entre la **particule prépositionnelle** (ou **postpositionnelle**), l'**adverbe-préverbe** et le **préverbe aspectuel** n'empêche pas que l'on puisse aussi dans un cas fréquent reconnaître à la particule verbale un rôle de **modificateur de rection et/ou de valence,** par exemple : *stehen* (intrans.) → *ausstehen* supporter (transitif). En revanche, elle a plus rarement la fonction d'un modificateur de classe, par exemple :
der Himmel → anhimmeln ; fertig → anfertigen
verbalisations de G PREP : *in den Kerker → einkerkern.*

Dans la présentation qui suit, on ne retient que les caractéristiques et désignés essentiels de chaque particule verbale.

307 *AN-* exprime essentiellement :

1) Comme particule prépositionnelle et adverbe-préverbe :

▷ **l'approche,** l'**attaque,** le **contact** (par rapport à un repère)

(an ↔ ab)

— le repère n'est pas explicité : *sich anschnallen (= sich an den Sitz schnallen), die Leiter anlehnen (= an die Mauer lehnen) ;*
— le repère est explicité par un G PREP locatif ou directif : *angrenzen an* + DAT, *anbinden an* + ACC, *ankommen in* + DAT (mais ▶ *kommen in* + ACC) ;
— le repère est explicité par un GN à l'ACC : *etwas/jn anfassen, jn anlächeln, jn anlügen, jn anrufen, jn/etw. anschauen/ansehen, jn ansprechen :* adresser la parole ; *jn anstecken :* contaminer ;
— le repère est explicité par un GN au DAT (verbes trivalents) : *jm etwas anbieten, jm etwas androhen, sich jm anschließen, jm etwas antun, jm etw. anvertrauen ;*
— le repère est « réfléchi » : *etwas anziehen :* attirer ou mettre un vêtement *(= an sich), etwas anhaben/anbehalten :* porter/garder un vêtement.

2) Comme préverbe aspectuel :

▷ l'aspect **ingressif** (début)	— *anbrechen (Tag), anfahren (Fahrzeug), anfangen, anlassen (Motor,* mettre en marche*), anschneiden (Thema, Brot), anspringen (Motor,* démarrer*), anzünden (Feuer) ;* cf. aussi *ein angebissener Apfel, ein angeschossenes Tier* ;
▷ l'aspect **intensif**	— *anerkennen :* reconnaître la valeur ↔ *erkennen :* reconnaître ; *angeben :* indiquer, dénoncer ; *anhalten :* persister ; *ansteigen :* monter, croître.

§ 308 *AB-* exprime le contraire du contact et s'oppose à la fois à *an-* et *auf-*. La préposition correspondante est aujourd'hui *von* (v. § 714) :

1) Particule postpositionnelle et adverbe-préverbe :

▷ **détachement, séparation, éloignement** (par rapport à un repère)	— le repère est implicite ou exprimé par un G PREP avec *von : abfahren/abreisen, (vom Weg) abbiegen/abkommen, sich von jm/etwas abwenden* avec verbe transitif : *jn von einem Plan abbringen/abhalten/ablenken ; Geld (vom Konto) abheben ; jn (vom Bahnhof) abholen ; etw. (von der Tafel) abschreiben ;*
(ab ↔ an)	— la réalité « éloignée » est un GN à l'ACC : *etwas abliefern (= « von sich »), eine Jacke ablegen, etw. ablehnen ;*
	— le repère est un GN au DAT (verbes trivalents) : *jm eine Sorge/eine Arbeit abnehmen, jm etw. abverlangen ;*
	— la réalité « éloignée » est indiquée par la base nominale d'où provient le verbe : *abferkeln/abfohlen/abkalben* (mettre bas un cochon/poulain/veau), *abblättern* ;
descente ***(ab ↔ auf)***	— la descente n'est qu'un désigné particulier de la séparation : *abspringen, in einem Hotel absteigen, abstürzen (Flugzeug), abfallen, den Hut abnehmen.*

2) Préverbe aspectuel :

▷ aspect **mutatif**	— avec diminution ***(ab ↔ zu),*** voire disparition : *abnehmen :* maigrir ; *abnutzen :* user ; *abtragen :* user (vêtement) ; *abschwächen, abschießen :* abattre (homme, animal) ;
	— avec effet contraire par rapport au verbe simple : *abbauen, abbestellen :* décommander ; *abrüsten (↔ aufrüsten), abschaffen :* supprimer ; *abstellen :* couper (moteur, eau...) ;
▷ aspect **terminatif**	*ab(be)zahlen :* finir de payer, payer complètement ; *abbrennen :* brûler entièrement ; *sich abmühen/sich abrackern :* se donner beaucoup de mal ; *abschließen :* conclure.

§ 309 *AUF-* a pour originalité d'avoir deux significations spatiales contradictoires : le contact de haut en bas et le mouvement ascendant.

1) Particule prépositionnelle et adverbe-préverbe :

▷ **contact de haut en bas** par rapport à un repère	— le repère est implicite ou exprimé par un G PREP (le plus souvent avec *auf*) : *den Hut/die Brille aufsetzen (= auf den Kopf/die Nase); auftreten (Bühne), auftragen (Speisen), aufgeben (Brief), auflegen (Schallplatte) ;* — le repère est indiqué par la base nominale du verbe : *aufschichten/aufstapeln :* empiler, *jn aufbahren ;* — le repère est un GN au DAT (verbes trivalents) : *jm eine Arbeit aufbürden/auferlegen/aufzwingen :* imposer.

2) Adverbe-préverbe uniquement :

▷ **mouvement ascendant** ***(auf*** opposé à ***ab/nieder/unter)***	— verbes intransitifs : *aufgehen (Sonne), aufstehen, auftauchen, aufwachsen,* etc. ; le point de départ peut être indiqué par un G PREP avec *von* et le point d'arrivée par un G PREP avec *[bis] zu :* *Er blickt vom Boden zu mir auf.* Cf. aussi : *er bleibt auf :* il ne va pas se coucher ; — verbes transitifs : c'est l'objet à l'ACC qui « monte » : *etwas aufheben :* ramasser ; *aufschlagen (Zelt), aufstellen (Möbel) ;*
▷ **ouverture** ***(auf ↔ zu)***	*aufbrechen (Tür) :* fracturer, *aufdrehen (Wasserhahn), aufgehen (Tür,* intr.*) ; aufknöpfen :* déboutonner, *aufmachen, aufreißen, aufschneiden, aufspannen (Regenschirm)* cf. aussi : *Die Tür ist/bleibt auf. Laß die Tür auf! Ich bringe/bekomme/kriege* (fam.) *die Flasche nicht auf.*

3) Préverbe aspectuel :

▷ **ingressif**	*aufblühen, aufflammen, aufleben, auftauen, aufwachen... ; jn aufregen :* énerver, *jn aufwecken ;*
▷ **égressif/ terminatif**	*aufessen :* terminer ce qu'on a dans l'assiette, *aufgeben :* abandonner (un projet), *aufhören, (sich) auflösen ;*
▷ **mutatif**	« augmentation positive » : *aufbessern, aufmuntern, auffrischen, aufrunden :* arrondir au chiffre plus élevé, *aufwärmen :* réchauffer ;
▷ **intensif**	dans ce cas *auf-* est redondant : *aufbieten, auffangen (Ball, Schlag), auffassen :* concevoir, *aufnehmen :* accueillir.

§ 310 *EIN-* exprime le contact prolongé jusqu'à l'intérieur d'un repère :

1) Particule postpositionnelle *(= in)* :

▷ **entrée, insertion** dans un repère ou une série de repères	— le repère est implicite ou exprimé par un G PREP (notamment *in* locatif ou directif, *bei* + DAT) : *einbrechen :* cambrioler ; *eindringen, einfahren* (Zug), *eingreifen/einschreiten :* intervenir, *einsteigen, einfädeln...* *jn/etw. einführen, eingießen/einschenken (Getränk), einkleben (Fotos), jn einstellen :* embaucher... *Der Wagen biegt in die Straße ein. Man schlug/redete auf ihn ein. Sie schmeichelte sich bei ihm ein.*
	— le repère (animé) est au DAT : *jm etwas einflüstern/einreden/einpauken.*

2) Adverbe-préverbe :

▷ **entrée**	— « [faire] entrer en/pour soi » : *einatmen, einbeziehen/einschließen :* inclure, *sich einbilden :* se figurer, *einnehmen :* prendre (médicament), *einkaufen, einüben...*
	— avec idée d'enfoncer : *eine Tür einschlagen, ein Fenster einwerfen, einen Nagel einschlagen...*
	— avec diminution voire destruction : *eingehen (Kleid, Blume), einlaufen (Kleid), einstürzen (Haus)...*
	— à partir d'un G PREP verbalisé : *eindeichen, eindämmen :* endiguer, *einrahmen, einzäunen...*

3) Préverbe aspectuel :

▷ **ingressif**	*einbrechen (Nacht), einschlafen ;* idée de « rôdage » : *einen Wagen einfahren, sich einarbeiten, sich einleben ;*
▷ **mutatif**	*einebnen, einengen, einfärben, einschüchtern, einweichen :* amollir, faire tremper (linge), macérer (fruits)...

§ 311 *AUS-* s'oppose à *ein-* et exprime :

1) Particule prépositionnelle et adverbe-préverbe :

▷ **sortie et/ou éloignement** de l'« intérieur » d'un repère	— le repère est implicite ou exprimé par un G PREP avec *aus.* Dans ce cas cependant, lorsque le GN a un désigné spatial, la particule est généralement complétée par *her/hin* : *ausfahren, ausgehen, ausreiten, (aus dem Wagen) aussteigen, (aus einer Partei) austreten, auswandern, ausweichen* + DAT : éviter (un obstacle) ; *(aus einer Wohnung) ausziehen, (aus dem Zimmer) heraus-/hinaustreten ;*
	— verbes transitifs : l'objet à l'ACC est « sorti » d'un repère implicite ou exprimé par un G PREP : *aus-*

bürsten (Staub), jn ausfragen, etw. ausführen : exporter, *etw. ausgraben, jm etw. aushändigen, etw. ausklammern, (ein Buch) ausleihen, (einen Fleck) auswaschen ;* cf. aussi (intr.) : *jm mit zehn Mark aushelfen.*

2) Adverbe-préverbe *uniquement* :

▷ **sortie** — « [faire] sortir de soi » : verbes intransitifs : *ausatmen, ausbrechen (Krieg) ;* verbes transitifs : *etw./sich ausbreiten/ausdehnen, sich* (DAT) *etw. ausdenken/ausrechnen, etw./sich ausdrücken, (Geld) ausgeben, etw. ausplaudern/ausposaunen/ausrufen, etw./sich aussprechen, (einen Schrei) ausstoßen, sich austoben :* se défouler, etc.

▷ **sélection** — *aussortieren* trier, *aussuchen, auswählen, jn/sich auszeichnen ; aus-* s'oppose ici à *ein-* ou à *unter-* (« parmi »).

3) Préverbe aspectuel :

▷ **égressif/ terminatif** — *etw. ausarbeiten :* élaborer, *ausbessern, jn ausbilden, etw./jn ausstehen :* supporter ; *ausheilen (Wunde), sich auskennen, jn auslachen/ausspotten, ausmalen (Wohnung) :* repeindre, *etw./jn ausnutzen, etw. ausschreiben :* écrire en toutes lettres ; *austrinken :* finir son verre.
Avec « disparition » du sujet (v. intr.) ou de l'objet (v. tr.) : *ausblasen (Kerze, Streichholz), ausdrücken (Zigarette), ausfallen :* ne pas avoir lieu ; *ausgehen (Licht), auslaufen (Paß, Vertrag), ausrotten, ausschalten...*

312 Schémas-résumés du désigné central des particules impliquant une référence à un repère :

RELATION D'APPROCHE — RELATION D'ELOIGNEMENT

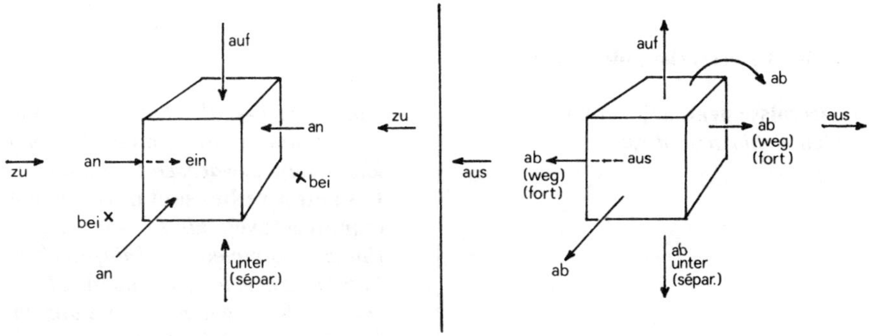

Les particules qui suivent ont un système de repérage spatial différent. Les critères « extérieur-intérieur » *(ein/aus),* « haut-bas » *(auf/ab),* « contact » *(an, auf)* ne jouent plus. Ainsi, *zu* marque la simple orientation vers un point-repère (cf. schéma ci-dessus) sans que le contact avec ce point soit pertinent.

§ 313 *ZU-*

1) Particule prépositionnelle et adverbe-préverbe :

▷ **orientation** et/ou **approche** vers un repère	— le point de repère n'est pas nommé : *zugreifen (Greifen Sie zu!* Prenez donc. Servez-vous) ; *zupacken :* mettre la main à la pâte, en mettre un coup ; *zuschlagen :* frapper ; verbes trans. : *etw. zugeben/zugestehen :* avouer ; *etw. zulassen :* tolérer ; *(seine Teilnahme) zusagen...*
auf + ACC... + ***zu-*** (↔ *von* + DAT... *weg*)	— le repère est exprimé par un G PREP avec ***auf*** + ACC (« se diriger vers/sur », le verbe exprimant le mode de déplacement) : *auf etw./jn zufahren/zugehen/zumarschieren/zureiten,* etc. ; *sich auf etw./jn zubewegen ;*
	— le repère est au DAT : *einer Sache zugehören :* faire partie de ; *jm zuhören, jm zulächeln, jm (bei einer Arbeit) zuschauen/zusehen, jm/einer Sache zustimmen :* approuver ; *jm zuwinken :* faire signe ; verbes trivalents : *sich jm zugesellen :* se joindre ; *jm den Rücken zukehren/zuwenden, jm etw. zurufen, jm etw. zuschicken, jm Mut zusprechen, jm/sich etw. zutrauen.*

2) Adverbe-préverbe uniquement :

▷ **accroissement, adjonction** *(zu =* ***hinzu*** ou ***dazu****)*	— *zunehmen (↔ abnehmen), zuschlagen :* majorer une somme (cf. *der Zuschlag*), *zuwachsen :* augmenter. Les autres verbes sont plus souvent employés avec ***hin'zu-*** ou ***da'zu-*** : *[hin]zubekommen, [hin]zugeben, [hin/da]zulegen, [hin/da]zuzahlen, jn (z.B. einen Spezialisten) [hin]zuziehen :* faire appel à ▶ *einer Sache* (DAT) *etw.* ***hinzufügen*** = ajouter qqch à qqch. *jm etw.* ***zufügen*** *:* faire du mal/un tort à qqn.

▷ **fermeture** (***zu*** ↔ ***auf*** et *er-)* — *zudrehen (Wasserhahn), zudrücken (Auge), zufrieren (See), zugehen (Tür), zuknöpfen (Mantel), zumachen (Fenster), zuschlagen (Tür), zusperren (Tür,* fermer à clé*)* cf. aussi : *Die Tür ist/bleibt zu. Ich lasse die Tür zu.*

3) Préverbe aspectuel :

▷ **mutatif** — même sens que *zurecht-* (« mener à bien ») : *etw. zubereiten (Speise), zuschneiden, für jn/etw. zutreffen :* valoir pour ;

▷ **égressif** — *sich zutragen :* se produire ; *sich zuspitzen (Lage) :* s'aggraver.

§ 314 ***BEI-*** marque le résultat de l'orientation exprimée par *zu-*. Il ne fonctionne guère que comme adverbe-préverbe :

▷ **présence, proximité** — *beiliegen : eine Fotokopie liegt bei ; etw. beibehalten :* conserver, garder ;

assistance — avec repère au **DAT,** sens **non spatial ;** comparer :

*Ich stehe **bei dir*** = je suis auprès de toi.

*Ich stehe **dir bei*** = je te prête assistance

cf. *beistimmen/beipflichten :* approuver, être d'accord ;

einer Sache beiwohnen : assister à.

▷ **adjonction** — *jm etw. beibringen :* apprendre qqch à qqn. ; *etw. beifügen/beilegen* + DAT : ajouter, joindre ; *sich jm beigesellen, einer Sache viel Bedeutung beimessen, etw. zu etw. beisteuern :* apporter une contribution à ; *zu etw. beitragen* : contribuer à qqch. ; *einer Partei* (DAT) *beitreten :* adhérer à un parti ;

▶ ***HERBEI-*** — La combinaison avec *her-* (jamais *hin-*!) marque un rapprochement vers un observateur (locuteur ou « relayeur », v. §§ 12, 18) : intr. : *herbeieilen/herbeilaufen :* accourir ; *herbeiströmen (Menge) :* accourir ; trans. : *jn/etw. herbeiholen, herbeirufen, herbeiwinken :* faire signe de venir.

§ 315 *VOR-* a, outre son désigné spatial et temporel (« devant, avant »), des désignés notionnels qu'illustrent bien les verbes *vorgehen* et *vorstellen* :

	vorgehen	*vorstellen*
Devant	*Er ist vorgegangen.* Il est parti devant.	*Stell den Stuhl vor!* Avance la chaise.
Présentation	Ø	*Ich stelle dir meine Frau vor.*
Préséance	*Die Arbeit geht vor.* Le travail d'abord.	Ø
Anticipation	*Deine Uhr geht vor.* Ta montre avance.	*Ich stelle die Uhr vor.* J'avance la montre.
Evénement	*Was geht hier vor?* Qu'est-ce qui se passe ici ?	Ø

1) Particule prépositionnelle et adverbe-préverbe :

▷ devant, en avant — le repère est implicite ou exprimé au **DAT,** mais dans ce cas, le désigné devient abstrait, cf. :
*Er sitzt **vor** dem Gremium* = il est assis devant
*Er sitzt dem Gremium **vor*** = il préside ;

(vor ↔ zurück) — *« nach vorn » ;* intr. : *vordringen :* progresser ; *vorfahren/vorgehen :* partir devant ; *vortreten :* faire un pas en avant ; trans. : *sich vordrängen :* essayer de passer avant les autres ; *jn vorlassen :* laisser passer devant soi ; *etw. vorrücken/vorstellen :* déplacer vers l'avant ; *sich* (ACC) *vorwagen :* avancer prudemment ; cf. aussi : *etw. vorhaben :* projeter ;
— *« her'vor » : vorstehen :* dépasser, être en saillie (p. ex. *Ein Stein steht vor. Er hat vorstehende Zähne).*

2) Adverbe-préverbe uniquement :

▷ présentation — « présenter » à qqn/devant qqn (en public) : *vorlegen :* soumettre ; *vorlesen, jm etw. vorrechnen :* détailler, énumérer ; *jm etw. vorschlagen, jm etw. vorschreiben :* prescrire ; *jm etw. vorstellen, sich jm vorstellen, sich* (DAT) *etw. vorstellen ; jm etw. vorwerfen ;*

(vor ↔ nach) — « montrer comment faire » : *jm etw. vorführen :* faire une démonstration ; *jm etw. vormachen :* montrer comment faire ; *jm etw. vorsagen/vorsingen ;*
— « simuler » : *etw. vorgeben :* prétexter ; *jm etw. vorheucheln/vorspielen/vortäuschen :* faire croire ; *jm etw. vormachen :* faire croire ; *sich nichts vormachen :* ne pas se faire d'illusions ;

▷ avoir/donner la **préséance** | *vorgehen :* passer avant tout le reste ; *vorherrschen/vorwiegen :* prédominer ; *vorstehen* + DAT : présider ; *vorsitzen* + DAT : présider ; *etw. vorziehen :* préférer ;

▷ **anticipation** | « à l'avance » ou « prendre ses précautions » : *etw. vorahnen :* pressentir ; *vorbauen* + DAT : être prévoyant ; *etw. vorbereiten, sich* (ACC) *auf etw. vorbereiten, vorbeugen* + DAT : prévenir (danger, maladie) ; *vorheizen (Backofen), vorschießen (Geld), sich* (ACC) *vor jm/etw. vorsehen :* se méfier, *vorsorgen.*

3) Préverbe aspectuel :

▷ **« événement »** | *Es ist etwas vorgefallen.* Il est arrivé un malheur/un incident. *Was geht hier vor?* Que se passe-t-il ? *Das kommt [mir] oft vor.* Cela [m'] arrive souvent.

⇨ *Es kommt vor, daß...* Il arrive que... MAIS : *Er kommt mir krank vor.* Je le trouve /il me semble malade.
Es kommt mir vor, ***als ob...*** Il me semble que...

§ 316 **4) Composés avec *vor* :**

▷ ***VO'RAN-*** | avec GN au DAT : a) (faire) précéder b) avancer :
a) *Er ging/fuhr/lief allen voran. Der Artikel geht dem Substantiv voran. Seinem Buch hat er ein Zitat von Goethe vorangestellt.*
b) *Die Arbeit geht gut voran (= vorwärts).*

▷ ***VO'RAUS-*** |
— avec GN au DAT : précéder, devancer : *Er ging/fuhr/lief den anderen voraus. Er war/ging seiner Zeit voraus* (il était en avance sur son temps) ;
— avec GN à l'ACC = ***im 'voraus*** (attention à l'accentuation), c'est-à-dire « à l'avance » : *etw. vo'rausahnen :* pressentir ; *etw. vo'raus[be]zahlen, etw. vo'raussagen :* prédire ; *etw. vo'rausschauen/vo'raussehen :* prévoir ;

▷ ***VOR'BEI-*** et ***VOR'ÜBER-*** |
— avec ***an*** + DAT : passage devant ou à côté de : *an etw./jm vorbeigehen/-fahren/-laufen* ou *vorübergehen/-fahren/-laufen ; jn vorbeilassen :* laisser passer qqn ; *an dem Problem vorbeireden :* passer à côté du problème ; *es führt kein Weg daran vorbei :* il faut en passer par là ;
► mais ***bei jm*** *vorbeikommen :* passer chez qqn ;
— passage dans le temps : *Es ist vorbei/vorüber :* c'[en] est fini. *Alles geht vorbei/vorüber :* tout a une fin ; *vorübergehend :* provisoire[ment] ;

▷ ***VOR'HER-*** | *vor'herbestimmen :* déterminer à l'avance ; *vor'hersagen :* prédire, *vor'hergehend :* précédent.

⇨ Ne pas confondre avec l' « adverbe » ***'vorher*** (accentué sur la 1re syllabe) : *Das habe ich schon •vorher gesagt :* je l'ai déjà dit tout à l'heure ;

▷ ***BE'VOR-***	*bevorstehen :* être imminent *(Ich wußte nicht, was mir noch bevorstand :* je ne savais pas ce qui m'attendait) ;
▷ ***HER'VOR-***	« apparition » et par extension mise en valeur : *hervorkommen/hervortreten :* apparaître, surgir ; *es geht daraus hervor, daß... :* il en résulte que... ; *hervorheben :* souligner ; *hervorragen :* s'élever au-dessus de (d'où *hervorragend :* excellent) ; *hervorrufen :* provoquer ;
▷ ***ZU'VOR-***	***jm*** *zuvorkommen :* être plus rapide que qqn (d'où *zuvorkommend :* prévenant, aimable, plein d'égards).

§ 317 *NACH-* est une particule verbale postpositionnelle ou un adverbe-préverbe qu'il faut bien distinguer de la préposition :

*Er warf einen Stein **nach** mir.*	→ *Er warf mir einen Stein **nach.***
Il jeta une pierre dans ma direction.	Il me jeta une pierre (il était derrière moi).
*Er läuft **nach** mir.*	→ *Er läuft mir **nach.***
Il court après moi (dans le temps).	Il me court après (me suit, me poursuit).

1) Particule postpositionnelle et adverbe-préverbe :

▷ être **derrière, suivre,** poursuivre	— avec GN au DAT = *hinter jm/hinter einer Sache her : jm/einer Sache nachblicken/nachschauen/nachsehen :* suivre des yeux ; *jm/einer Sache nachgehen/-fahren/-laufen/-rennen :* suivre, poursuivre ; *jm nachfolgen :* succéder ; *jm nachrufen/nachschreien, jm etw. nachschicken/nachsenden (seine Post nachsenden lassen :* faire suivre son courrier) ; *einer Beschäftigung nachgehen :* vaquer à ; *jm/einer Sache nachtrauern ;*
⇨	***hinter*** + DAT + ***her*** indique simplement la position derrière un précédant, *nach* la poursuite ou la succession : *Er ging hinter mir [her] :* il marchait derrière moi. *Er ging mir nach :* il me suivit. Mais *Er lief ihr hinterher :* il lui courait après (figuré) ;
	— « suivre » au sens de « poursuivre, rechercher, enquêter » : *über etw. nachdenken, einer Sache* (DAT) *nachforschen, einer Sache nachgehen :* faire des recherches pour éclaircir qqch ; *jm nachspionieren ;*
	— *« hinten'an » : ein Wort nachstellen :* mettre un post-scriptum ou postposer un mot ;
▷ **« d'après »,** imitation, reproduction	— avec GN au DAT : *jm nacheifern/nachstreben :* s'efforcer d'agir comme qqn ; *jm nachsprechen :* répéter après qqn ;
	— avec GN à l'ACC : *jn nachahmen, jm etw. nachempfinden/nachfühlen, jm etw. nachmachen ;*

▷ **« après coup »** *(hinter'her)*	— faire après, refaire, faire en plus : *nachfüllen :* recharger, rajouter *(z.B. Öl nachfüllen) ; nachbestellen :* commander après ou en plus ; *etw. nachholen (das Versäumte nachholen) :* rattraper ; *(eine Schraube) nachziehen :* resserrer ; *jm etw. nachweisen :* prouver après coup ; — « vérifier » : *etw. nachprüfen, [etw.] nachrechnen/nachzählen, nachschauen/nachsehen* (avec G CONJ *ob :* regarder si) ; *ein Wort (im Wörterbuch) nachschlagen ;* — « retard » : *Die Uhr geht nach. Ich stelle die Uhr nach ;* — « prolongation » : *nachhallen, nachklingen/nachtönen, nachsitzen (Schüler) :* être en retenue ; *jm etw. nachtragen :* tenir rancune ; *nachwirken :* continuer à avoir un effet, avoir des répercussions ;
▷ **« céder »**	*jm/einer Sache* (DAT) *nachgeben :* céder à ; *nachlassen (er hat nachgelassen :* il n'est plus aussi bon qu'avant*) ; jm etw. nachsehen :* se montrer indulgent *; jm in etw.* (DAT) *nachstehen :* être inférieur à qqn. dans un domaine.

318 ***HIN-*** et ***HER-*** fournissent des renseignements sur l'univers déictique d'un observateur, qui peut être l'énonciateur ou un de ses « relayeurs » (v. §§ 12, 18) : *her* dénote un mouvement dont le point d'orientation coïncide avec la position de l'observateur, alors que *hin* au contraire s'applique à une **relation directive,** dont le point d'orientation est distinct de la position de l'observateur. *Hin* **ne marque donc pas forcément un éloignement.** Comparer :

Komm und leg das Paket ⁺hierher! = ici près de moi
Komm und leg das Paket ⁺hierhin! = ici dans une position distincte de celle que j'occupe.
Geh nicht •hin (= dahin/dorthin)! : N'y va pas.
Komm •her (= hierher)! : Viens ici.
Schau •hin! : Regarde là-bas.
Schau •her! : Regarde dans ma direction. Prête-moi attention.

Employés avec ce désigné contextuel concret et spatial, *hin* et *her* sont combinables avec d'autres particules :

- *hinab/herab* pour la descente et la diminution ;
- *hi'nan* (rare)/ *he'ran* pour le contact et l'approche ;
- *hi'nauf/he'rauf* pour le mouvement ascendant ;
- *hin'durch* pour le franchissement par l'intérieur (§ 322) ;
- *hi'nein/he'rein* pour l'entrée ;
- *hi'naus/he'raus* pour la sortie ;
- *her'bei* pour le rapprochement *(herbei = ⁺hierher/⁺hierhin)* (v. § 314) ;
- *hi'nüber/he'rüber* pour le franchissement (v. § 326 sv) ;

— *he'rum/um'her* (v. § 324) ;
— *hi'nunter/he'runter* (v. § 330) pour la descente ;
— *her'vor* (v. § 316) pour l'apparition et le surgissement.

her n'est pas opposable à *hin* lorsqu'il marque un « déplacement simultané », cf. :

*Der Hund lief **neben** ihm/**vor** ihm **her.***
*Der Polizeiwagen fuhr **hinter** uns **her*** (cf. *hinter'herlaufen*).
*Der Dieb ging **zwischen** zwei Gendarmen **[her].***

Dans de nombreux verbes au désigné non concret, *hin* et *her* ne sont pas non plus complémentaires, par exemple :

HIN	*HER*
auf + ACC + *hin* *auf etwas hinarbeiten* *auf etwas hindeuten*	*über jn/etwas herfallen :* se ruer sur qqn/qqch.
sich jm/einer Sache hingeben *hinhauen* (fam) *: das haut hin :* ça marche. *sich hinlegen :* s'allonger. *(jn) zu etwas hinreißen :* entraîner qqn.	*etwas hergeben :* rendre qqch. *für etwas herhalten [müssen] :* payer les frais de qqch.
jn hinrichten : exécuter qqn. *sich hinziehen :* tirer en longueur. *Das Gerät ist hin(gemacht)* (fam)	*etwas herrichten :* préparer/réparer qqch. *etwas herstellen :* fabriquer qqch. *die Ordnung/Ruhe wiederherstellen :* rétablir l'ordre.

§ 319 2) Autres particules verbales toujours séparables :

▷ orientation **de haut en bas** — ***NIEDER-***, avec souvent le sens de « destruction/disparition » : *auf jn/etw. niederblicken, niederbrennen (Gebäude), niederknien, (ein Amt/die Arbeit) niederlegen, niedergeschlagen sein :* être accablé, déprimé
(v. aussi *ab* § 308 et *unter* §§ 330-331) ;

▷ **de bas en haut** — ***EM'POR-*** (ancien G PREP), avec souvent le sens d'une « promotion » : *sich emporarbeiten, emporkommen :* faire son chemin ; *emporblicken, emporragen, emporstreben*
(v. aussi *auf* § 309) ;

▷ **vers l'avant** — ***'VORWÄRTS- :*** *vorwärtsfahren/-gehen, (mit einer Arbeit) vorwärtskommen*
(v. aussi *vor* et *voran* §§ 315-316) ;

▷ **vers l'arrière** — ***ZU'RÜCK-***, qui marque également un retour : *zurückblicken/zurückschauen, an etw.* (ACC) *zurückdenken, zurückfahren/-gehen :* reculer ou revenir ; *zurücknehmen, zurücktreten :* faire un pas en arrière ou démissionner ; *(eine Bitte/einen Vorwurf) zurückweisen :* rejeter, repousser
(v. aussi *wider* et *'hinter* §§ 295-296) ;

▷ **éloignement**

(v. aussi *ab* § 308 et *aus* § 311)
— ***WEG-*** [vɛk] : *wegblicken/-schauen/-sehen :* détourner le regard ; *wegfahren/-gehen/-laufen, etw. wegmachen/-nehmen :* enlever ; *etw. wegschicken, etw. wegwerfen.*
— ***FORT-,*** avec également le sens de « continuation » (= ***'weiter-***) : *fortfahren/-gehen/-laufen :* s'en aller ; *in* + DAT (ou *mit* + DAT) *fortfahren :* continuer, poursuivre ; *etw. fortführen/fortsetzen :* continuer ; *etw./sich fortpflanzen :* [se] reproduire/multiplier ; *fortschreiten* : continuer à avancer, progresser.
— ***LOS- :*** détachement, séparation, éloignement brusque : *losbinden :* détacher ; *losfahren, losgehen :* se détacher ou partir ; *loslassen :* lâcher ; *sich von jm/von etw. lossagen :* renier ; *jn/etw. loswerden :* se débarrasser de.
— ***DA'VON- :*** *davonfahren/-gehen/-laufen/-rennen :* partir, se sauver ; *den Sieg davontragen :* triompher.

▷ **accompagnement, partage**

MIT-, particule prépositionnelle ou adverbe-préverbe : *Er ist mitgekommen = mit mir/mit uns. Ich bringe eine Flasche Sekt mit. Er hat den Vietnamkrieg miterlebt.*
de même : *bei einer Sache mitmachen, mitspielen, etw. mitbringen :* apporter ; *etw. mitnehmen :* emporter.
► *ich komme nicht mit :* je ne t'accompagne pas, d'où je ne comprends pas, je ne te suis pas ;
etw. mitbekommen/mitkriegen (fam.) : comprendre ;
jm etw. mitteilen : annoncer qqch. à qqn.
► *mit* est souvent employé comme LSC autonome :
etwas mit einbeziehen, mit einstimmen (in ein Lied)...

▷ **rassemblement**

ZU'SAMMEN-, qui marque aussi la cohésion et l'idée de rétrécissement *(« in sich zusammen »),* voire de destruction :
— *mit jm zusammenarbeiten, sich zusammenschließen, (ein Programm) zusammenstellen :* composer ; *mit jm/mit etw. zusammenstoßen :* entrer en collision avec ;
— *zusammengehören :* constituer une unité, *(mit etw.) zusammenhängen :* être lié à ; *sich zusammenreißen :* se ressaisir ;
— *zusammenfahren/-zucken :* tressaillir ; *sich zusammenziehen :* se resserrer ;
— *zusammenbrechen :* s'effondrer ; *jn zusammenschlagen, zusammenstürzen (Gebäude) :* s'effondrer.

▷ **« à la rencontre de »**	***ENT'GEGEN-,*** avec objet au DAT, qui marque aussi l'opposition (« à l'encontre de ») : *jm entgegeneilen/-fahren/-gehen/-laufen/-rennen, jm entgegenkommen :* venir au-devant de qqn. ou se montrer prévenant ; *jm etw. entgegenhalten :* objecter qqch. à qqn. ; *sich jm/etw. entgegensetzen :* s'opposer. Pour l'opposition, voir aussi *ZU'WIDER-* dans *einem Gesetz/einer Vorschrift zuwiderhandeln :* contrevenir à.
▷ **« en face de »**	***GEGEN'ÜBER-*** avec objet au DAT (rarement en fonction de particule verbale, plus souvent postposition v. § 710) : *jm/einer Sache gegenüberstehen/-sitzen/-liegen* (etc.) : être en face de ; *zwei Personen/zwei Meinungen gegenüberstellen :* confronter.
▷ **séparation**	***AUSEI'NANDER-,*** qui marque aussi la « désagrégation » : *zwei Sachen auseinanderbringen :* séparer ; *auseinanderfallen :* se décomposer, se défaire ; *auseinandergehen :* se séparer (personnes), être partagé (opinions) ; *Leute auseinandertreiben, sich mit jm auseinandersetzen :* s'expliquer avec qqn., *sich mit etw. auseinandersetzen :* traiter/discuter (un problème).

12.4. Les lexèmes verbaux complexes tantôt séparables, tantôt inséparables

§ 320 Il s'agit pour l'essentiel des lexèmes verbaux formés avec ***durch-, um-, über-*** et ***unter-,*** c'est-à-dire des éléments appelés parfois « particules mixtes », qui fonctionnent tantôt comme **particule verbale** séparable (et accentuée), tantôt comme **préfixe verbal** (inséparable et en général non accentué).

12.4.1. *DURCH-* ET *UM-*.

§ 321 Les lexèmes verbaux **inséparables** formés avec *durch-* et *um-* ont en commun les caractéristiques suivantes :

▷ ils sont nettement **moins nombreux** que les lexèmes séparables ;

▷ ils sont tous **transitifs** ;

▷ l'objet à l'ACC est **obligatoire** ;

▷ la réalité désignée par l'objet à l'ACC est **toujours** « franchie/pénétrée » *(durch-)* ou « entourée/contournée » *(um-),* alors que ce n'est pas toujours le cas pour les lexèmes séparables transitifs.

§ 322 *'DURCH-* particule **séparable et accentuée.**

Il semble que *'durch-* signifie qu'un repère délimité (qui peut être implicite ou explicite) est visé par une relation directive, les limites du repère étant franchies :

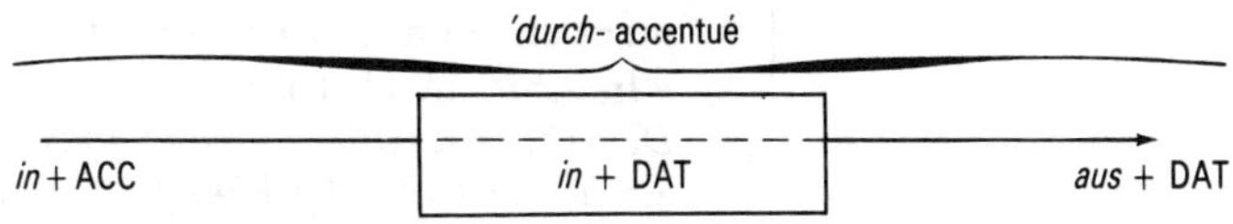

Ce signifié général s'investit cependant dans des désignés différents, qui varient en fonction du rôle syntaxique assuré par la particule :

1) Particule prépositionnelle dont le membre GN est élidé ou particule **postpositionnelle** complétant un GSC à valeur locative (G PREP ou LSC) élidable ; si le verbe est transitif, l'éventuel objet à l'ACC ne désigne pas le repère traversé :

▷ **franchissement** d'un repère = *durch [x]*	*Es hat •durchgeregnet (= durch das Dach).* *Die Sonne scheint •durch (= durch die Wolken).* *Der Zahn bricht •durch (= durch das Zahnfleisch).* *Ich fühle jeden Stein •durch (= durch die Schuhsohle).* *weil man hier alles •durchhört (= durch die Wände).* Le repère élidé peut figurer dans l'énoncé sous forme d'un G PREP ou d'un de ses substituts. Quand le désigné est nettement spatial, la particule peut être renforcée par *hin* :
= *[x] durch*	*Du mußt das Kabel durch diese Öffnung [hin]durchziehen.* *Er schaut durch das Schlüsselloch [hin]durch.* *Er ist [bei/in der Prüfung] durchgefallen/durchgekommen.* *Ich habe [bei dieser Sendung] nicht durchgeblickt.* Je n'ai rien compris [à cette émission]. *Er hat die Nachricht [überall] durchgegeben.* *Die Absichten der Regierung sind [in der Presse] durchgesickert.*

2) Particule postpositionnelle complétant un GN à l'ACC qui est un « faux objet » (espace ou portion de temps traversés, c'est-à-dire « siège » du procès), quelquefois renforçable par *lang* postposé :

(ACC) ***durch***	*Ich bin [die ganze Strecke] durchgefahren.* *Wir haben die ganze Nacht [lang] durchgearbeitet.* *Wir haben schwere Zeiten durchgemacht.* *Ich bin mit meiner Frau alle Rechnungen durchgegangen.*

3) Adverbe-préverbe à valeur directive :

▷ **franchissement** d'une distance ou d'un obstacle	— « communication à distance » (téléphone) : *Ich versuche ihn seit einer halben Stunde anzurufen, aber ich komme nicht durch ; 'durchwählen :* obtenir directement un abonné (sans passer par un standard). — « franchir un obstacle » : *Der Verletzte wird durchkommen :* il s'en tirera. *Er hat sich durchgekämpft/durchgeboxt = « durch alle Schwierigkeiten hindurch ».* *Er schlägt sich mit allen möglichen Jobs durch = « durchs Leben ».* *sich/seine Meinung 'durchsetzen :* s'imposer, imposer son opinion.

4) Préverbe aspectuel (verbes transitifs et intransitifs) :

▷ aspect **terminatif**	— « jusqu'au bout » (et quelquefois « consciencieusement ») : *'durchatmen :* respirer à fond ; *'durchblättern (Buch), 'durchbraten (Fleisch), 'durchdrehen (Motor) :* s'emballer ; *'durchführen (Arbeit, Plan), 'durchgreifen :* intervenir énergiquement ; *'durchfrieren (Ich bin durchgefroren) ;* — « jusqu'à l'endommagement/la destruction » : *'durchbrennen :* (fusible) fondre ; *'durchrosten :* rouiller complètement ; *'durchstreichen (Wort) :* barrer ; — franchissement et coupure en deux : *'durchbeißen (Fesseln), 'durchbrechen (Wand), 'durchsägen (Brett), 'durchschneiden (Stoff, Papier).*

§ 323 *DURCH-'* préfixe **inséparable et inaccentué.**

Du point de vue syntaxique, *durch-* inséparable peut être comme les autres préfixes un **modificateur de classe,** cf. *das Loch → durch'löchern, naß → durch'nässen.* Mais il est surtout un **modificateur de rection et de valence :** tous les verbes inséparables avec *durch-* sont **transitifs** (et exigent la présence de l'objet à l'ACC), alors que le verbe simple est intransitif ou exige un autre objet, cf. :

durch ein Gebiet fahren/ reisen/wandern	→	***ein Gebiet** durch'fahren/durch'reisen/ durch'wandern*
durch etw. schauen	→	***etw./jn** durch'schauen*
etw. suchen (l'objet est ce qu'on cherche)	→	***eine Wohnung** durch'suchen :* fouiller (l'objet n'est pas ce qu'on cherche)

Du point de vue sémantique, *durch-* inséparable marque que la réalité représentée par le GN à l'ACC est « pénétrée, franchie, traversée », l'accent étant mis essentiellement sur la relation locative ou la perspective interne, mais pas exclusivement (comparer avec la figure du § 322 pour *'durch-* séparable) :

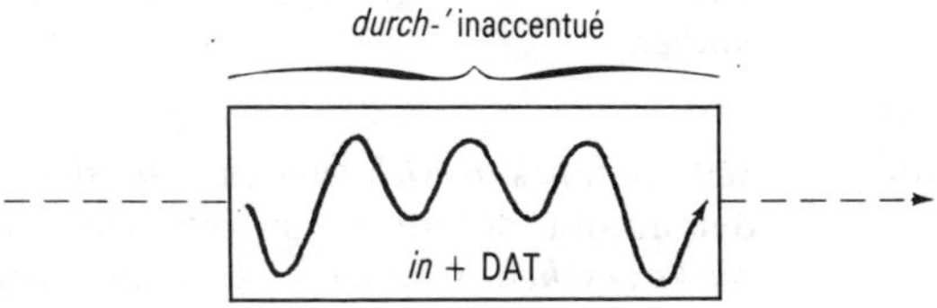

Comme désignés particuliers, on peut avoir un repère

▷ spatial : *ein Land/ein Tal durch'fahren/durch'wandern, eine Wand durch'brechen, einen Fluß/eine Gegend durch'queren.* Cf. aussi : *durch'dringen (Urwald) ;*

▷ temporel : *eine durch'zechte/durch'bummelte/durch'wachte Nacht ;*

▷ autre, notamment abstrait : *jn mit Blicken durch'bohren, verschiedene Stufen/Phasen durch'laufen ;*

En tant que **modificateur aspectuel,** *durch-'* marque un aspect :

▷ **intensif** | au franchissement s'ajoute l'idée de « kreuz und quer durch » :

Er ist durch die Stadt gefahren. Il est passé dans/par la ville.

↔ *Er hat die Stadt durch•fahren.* Il est passé dans/par la ville ou il a parcouru/visité la ville.

ou bien il s'agit d'un emploi métaphorique :

Das Flugzeug hat die Schallmauer durch•brochen.

▷ **non terminatif** | sens d' « emplir » :

Das Bein ist schlecht durch•blutet : mal irriguée.

Ein Gedanke/ein Schmerz durch•zuckte mich.

Wir haben dieses Gebiet durch•forscht : explorer.

Wir waren ganz durch•näßt : trempés.

Der Raum ist mit Licht durch•flutet/durch•drungen.

324 *'UM-* particule **séparable et accentuée.**

1) Particule prépositionnelle dont le GN (repère) est élidé :

▷ préposition **« autour de »** | *Er wirft/hängt sich einen Mantel um (= um die Schultern).*

Sie bindet sich eine Schürze um (= um die Taille).

autre sens : « réalité/quantité en jeu » (v. §§ 731, 738) :

« ums Leben » | *Er kam ums Leben → Er kam um.* Il s'est tué (accidentellement).

Man hat ihn •umgebracht. On l'a tué (cf. aussi *jn um sein Geld/um seine Ehre bringen)*

2) Particule postpositionnelle, complétant un GSC locatif (G PREP ou LSC) ; *um-* peut être précisé par *her* préposé (***he'rum-*** « en cercle, en rond ») ou postposé *(**um'her-** « kreuz und quer durch »)* :

▷ **« alentour »**	*Er geht/fährt/irrt in der Stadt um/herum/umher. Gerüchte/Geister gehen im Dorf/im Schloß um/herum/umher.*

3) Adverbe-préverbe :

▷ *« autour de soi »*	*sich 'umblicken/sich 'umschauen/sich 'umsehen :* regarder autour de soi ou se retourner (▶ mais *um sich blicken/sehen/schauen* = seulement regarder autour de soi) ; *sich nach etw. (z. B. einer Wohnung) 'umsehen/'umschauen :* chercher ; *sich 'umhören :* chercher à savoir en écoutant les gens ; *'umfragen :* demander autour de soi, sonder ;
▷ **changement de direction vers un côté**	avec un retour plus ou moins accentué : *'umspringen (Wind), 'umbiegen (Weg) :* bifurquer ; *etw./sich 'umdrehen, 'umgraben (Garten), 'umkehren :* faire demi-tour ; *'umkrempeln (Ärmel, Kragen), 'umleiten (Verkehr) :* dévier ; *sich nach jm 'umwenden ;* cf. aussi *Die Zeit ist um :* C'est terminé (« l'aiguille a fait le tour ») ;
▷ **vers le bas**	sens de « (se) renverser » : v. intr. : *'umfallen, 'umkippen, 'umfliegen (Sonnenschirm) ;* v. tr. : *etw./jn 'umfahren/'umrennen/'umstoßen/'umwerfen :* renverser ;
▷ **translocalisation**	changement de lieu, de place : *etw. 'umfüllen* transvaser, *etw. 'umladen* transborder, *etw. 'umpflanzen, jn 'umquartieren/'umsiedeln, 'umtauschen ;* v. intr. : *'umsteigen* changer de train, *'umziehen :* déménager (*um = anderswohin*)

4) Préverbe aspectuel :

▷ aspect **mutatif**	sens de *« anders »,* modification de l'objet à l'ACC : *ein Haus 'umbauen :* transformer ; *sich 'umkleiden/sich 'umziehen :* se changer ; *etw. 'um[be]nennen/'umtaufen, 'umschalten (Fernsehen), etw. 'umschreiben :* récrire ; *etw. 'umstellen/sich auf etw.* (ACC) *'umstellen :* changer qqch., s'adapter à une nouvelle situation ; *jn 'umstimmen :* faire changer d'avis.

§ 325 *UM-'* préfixe **inséparable et inaccentué.**

Um-' peut être du point de vue syntaxique un **modificateur de classe,** cf. *der Arm → jn um'armen.* Mais comme *durch-',* il est surtout un **modificateur de rection et de valence** : tous les verbes inséparables avec *um-* sont **transitifs** et exigent la présence de l'objet à l'ACC, alors que le verbe simple est transitif ou exige un autre objet :

um** ein Hindernis **gehen/fahren → *ein Hindernis **um'gehen/um'fahren***
contourner

Häuser** [um einen See]* ***bauen → ***einen See*** *[mit Häusern]* ***um'****bauen*
(l'objet est ce que l'on construit) — (l'objet est ce qui est entouré/cerné)

Du point de vue sémantique, *um-'* inséparable a deux significations : contourner l'objet ou bien l'entourer en le cernant.

Ces désignés semblent montrer que le signifié abstrait de *um-'* inséparable est de marquer une relation d'environnement **centripète,** alors que *'um*-séparable exprime une relation d'environnement **centrifuge** (« vers un côté »).

▷ **contourner :** *etw. um'fahren* (↔ *'umfahren :* renverser)*/um'gehen/um'fliegen :* faire le tour de ; *eine Schwierigkeit um'gehen :* tourner une difficulté (↔ *ein Gerücht geht •um) ; etw. um'schreiben :* paraphraser (↔ *einen Text 'umschreiben :* récrire, modifier) ;

▷ **entourer en cernant :** *jn um'armen, etw. um'bauen :* entourer de constructions (↔ *'umbauen :* transformer) ; *um'fassen :* embrasser, comprendre ; *um'geben :* entourer ; *um'frieden/um'zäunen :* clôturer ; *etw. um'hüllen, etw./jn um'kreisen/um'stellen/um'zingeln :* cerner, encercler (↔ *'umstellen :* déplacer ou changer) ; *ein Bild um'rahmen :* encadrer ; *etw. um'reißen :* esquisser (↔ *'umreißen :* renverser), *jn um'sorgen.*

2.4.2. *ÜBER-* ET *UNTER-*.

326 Les verbes **inséparables** formés avec *über-* et *unter-* ont des caractéristiques différentes de celles des verbes inséparables formés avec *durch-* et *um-* (§ 321) :

▷ ils sont **plus nombreux** que les lexèmes verbaux séparables ;

▷ certains sont **intransitifs** (p. ex. *über'nachten*) ;

▷ les transitifs **n'exigent pas toujours la présence de l'objet** à l'ACC, par exemple : *[etw.] über'setzen, [jn] über'zeugen, [etw.] unter'schreiben.*

327 ***ÜBER-***

Son signifié abstrait général, que l'on trouve dans les lexèmes verbaux **séparables** comme dans les **inséparables,** est que le « dessus » ou l' « au-delà » d'un repère est concerné par le procès. Dans le domaine spatial, ce signifié s'investit notamment dans trois désignés particuliers :

▷ 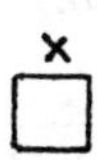 position sans contact au-dessus ou au-delà d'un repère.

▷  passage par-dessus un repère (avec ou sans contact).

▷ 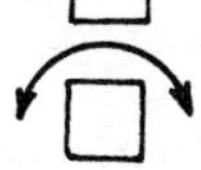 position recouvrante.

Mais la particule séparable ne fonctionne en général que quand elle est appliquée à un domaine concret (sauf pour *'über-* aspectuel avec les valeurs de *« genug »* ou *« übrig »* — v. ci-dessous § 328).

§ 328 *'ÜBER-* particule **séparable et accentuée.**

1) Particule prépositionnelle dont le membre GN (repère) est élidé ; cette particule n'est pas combinable avec *hin/her* :

▷ repère **recouvert**

Ich breite eine Decke über (= über das Bett).
Sie zog das Kleid über (= über sich/über den Körper).
Quand le repère est un être animé, il peut apparaître au DAT : *Ich lege* ***dem Kind*** *eine Decke über.*
Cf. aussi *die Beine 'überschlagen (= übereinander) :* croiser les jambes ;

▷ passage **par-dessus**

verbes intransitifs uniquement, sens de « déborder » :
Die Milch läuft/kocht über (= über den Topfrand).
de même : *'überquellen, 'übertreten (Fluß)*

2) Particule postpositionnelle :

▷ passage **par-dessus, franchissement**

— complétant un G PREP *über* + ACC élidable représentant le repère ; *über-* est alors combinable avec *hin/her* au sens strictement spatial :
Sie sind [über die Grenze] ***über-/hinüber-/herüber****gefahren.*
Er setzte mich [über den Fluß] ***über/hinüber/herüber*** *;*

— complétant un autre G PREP représentant le point d'arrivée du passage ; combinable avec *hin* au sens spatial :
Das Feuer sprang/griff auf das benachbarte Haus ***über/hinüber*** (se propager).
Er ist zum Feind ***über-/hinüber****gelaufen.* Il est passé à l'ennemi.
Die Leiche wurde nach Köln übergeführt (transporter).
cf. aussi *zu einem anderen Thema 'übergehen/'überleiten*

3) Adverbe-préverbe (rare) :

▷ **vers l'avant** ou **en surplomb**

Der Fels hängt über. Le rocher est en surplomb.
Ein 'überstehendes Dach. Un toit avancé.
'überkippen. Perdre l'équilibre, tomber en avant.

4) Préverbe aspectuel (rare) :

▷ aspect **terminatif** («excès »)

sens de « en avoir assez/par-dessus la tête » :
Ich habe die ständigen Kritiken über.
Ich habe mir dieses Muster •übergesehen (je l'ai trop vu).
Dans la langue parlée familière, on rencontre également *'über-* au lieu de *übrig-* :
Es ist nichts •übergeblieben (= •übriggeblieben).
Er hat nichts •übergelassen (= •übriggelassen).

§ 329 *ÜBER-'* préfixe **inséparable et inaccentué.**

Über-' est très productif comme **modificateur de classe.** Le lexème verbal peut avoir pour origine :

▷ une base adjectivale : *müde ⟶ über'müden ; rasch ⟶ über'raschen*
▷ une base nominale : ce que désigne le nom « recouvre » ce que désigne l'objet à l'ACC : *etw. über'dachen, einen Fluß über'brücken, etw. über'brücken :* surmonter une phase difficile ; *jn über'flügeln :* déborder (= par les ailes) ; *jn über'listen, jn über'mannen :* maîtriser, vaincre par le nombre d'hommes ; *etw. über'schatten, jn über'trumpfen (der Trumpf,* l'atout*) :* surpasser ; voir aussi *etw. über'golden/über'silbern...*
▷ un G PREP : *über °Nacht bleiben ⟶ über'nachten ; den Winter über ⟶ über'wintern.*

Über-' est aussi un **modificateur de rection et de valence.** Il rend transitifs de nombreux verbes intransitifs, cf. *fallen ⟶ jn über'fallen.* Ou bien le verbe complexe exige un autre objet que le verbe simple, par exemple *(einen Bogen, ein Tuch) spannen ⟶ (ein Möbelstück mit Stoff) über'spannen.* Dans les deux cas, l'interprétation syntaxique donne dans un contexte strictement spatial :

***jn über'**fallen*	=	***über jn** (her)fallen*
***einen Graben über'**springen*	=	***über einen Graben** springen*
***jn** mit Geschenken **über'**häufen*	=	*« Geschenke **über jn** häufen »*

Lorsque le verbe simple et le verbe complexe peuvent avoir le même objet, le désigné est voisin, cf. : *jm etw. geben/reichen ⟶ jm etw. über'geben/über'reichen :* remettre qqch. à qqn.

Du point de vue **sémantique,** on retrouve les trois valeurs spatiales de *über* transférées également dans des domaines métaphoriques :

▷ position **au-dessus** du repère (représenté par l'objet à l'ACC) ou repère **recouvert,** avec en métaphore l'idée de **domination,** de **victoire** :

etw. über'backen : gratiner ; *etw./jn über'fallen :* attaquer ; *etw. über'fluten/über'schwemmen :* inonder ; *etw./jn über'ragen :* surplomber ou être supérieur ; *jn über'raschen :* surprendre ; *jn über'reden/über'zeugen :* convaincre ; *etw. über'stehen/über'winden :* surmonter ; *jn über'wältigen :* maîtriser ; *etw. über'ziehen (Sessel, Bett) :* recouvrir ; *über'wiegen* (intr.) : prédominer ;

▷ le repère (représenté par l'objet à l'ACC) est **franchi** ou **transgressé** (« passage par-dessus ») :

etw. über'fliegen : survoler ; *etw./jn über'holen :* dépasser (en voiture p. ex.) ; *eine Straße über'queren, eine Grenze/ein Gesetz über'schreiten, etw. über'springen :* sauter par-dessus ; *etw. über'steigen :* dépasser (en quantité ou qualité) ; *ein Gesetz über'treten, sein Konto über'ziehen :* faire un découvert sur son compte d'où deux emplois métaphoriques :

OMETTRE

jn über'gehen : négliger qqn.
etw. über'hören : ne pas (vouloir) entendre.
etw./jn über'sehen : ne pas (vouloir) voir.
etw. über'springen (Seite, Zeile) : sauter.

SURVOLER, RÉVISER

etw. über'arbeiten : revoir, retoucher.
etw. über'blicken/über'schauen : avoir une (bonne) vue d'ensemble sur qqch.
etw. über'denken : réfléchir à nouveau à.
etw. über'fliegen : survoler (p. ex. un texte)
etw. über'holen (Motor, Wagen) : réviser.
sich (DAT) *etw. über'legen :* réfléchir à.
etw./jn über'prüfen : contrôler.

▷ la réalité visée par l'objet à l'ACC est **transportée, transmise** (« translocalisation ») :

jm etw. über'bringen/über'geben/über'reichen : remettre ; *jm eine Nachricht/einen Gruß über'mitteln :* transmettre ; *jm etw. über'senden, etw. über'setzen, etw. über'tragen :* transposer ou retransmettre (TV) ; *Geld über'weisen :* virer de l'argent.

Voir aussi : *etw. über'dauern, über'leben, über'schlafen.*

Über-' est enfin un **modificateur aspectuel.** Il confère au lexème simple un aspect **intensif** avec l'idée d'un **excès** (*« über das Maß hinaus »* — cf. également la valeur graduative de *über* dans *über 100 Personen :* plus de 100 personnes) :

über'altert : vieilli, démodé ; *sich über'anstrengen/sich über'arbeiten :* se surmener ; *jn über'fordern :* trop exiger de qqn ; *über'füllen :* trop remplir ; *über'höht :* excessif ; *über'laden/über'lastet :* surchargé ; *über'müdet, sich über'nehmen :* en faire trop par rapport à ses possibilités ; *etw./jn über'schätzen :* surestimer ; *etw.* (ou *mit etw.*) *über'treiben :* exagérer.

⇨ Pour des raisons de double préfixation ou de rythme (l'allemand ne souffre pas quatre syllabes non accentuées de suite au début d'un lexème, v. § 28), *über-* est **accentué** et pourtant inséparable dans certains verbes ou participes II :

'überbeanspruchen : trop demander à ; *'überbelasten :* surcharger ; *'überbelichten :* surexposer (photo) ; *'überbetonen :* accorder trop d'importance à ; *'überbewerten :* surévaluer ; *'überbezahlt :* trop payé.

§ 330 *'UNTER-* particule **séparable et accentuée.**

Elle est d'un emploi rare et fonctionne comme particule prépositionnelle et comme adverbe-préverbe.

1) Particule prépositionnelle dont le membre GN (repère) est élidé :

▷ **sous** le repère
v. schéma § 312

Dreh den Hahn auf und stell/halt einen Eimer unter (= unter den Hahn).
Ich lege/schiebe ***dem Kind*** *ein Kissen unter (= unter den Kopf).*
— sens de « sous abri » *(unter Dach)* :
Für die Nacht kommen wir schon unter (= unter Dach).

de même : *einen Wagen 'unterstellen, jn 'unterbringen* loger qqn.
— sens de « placer sous/parmi qqch » (le repère est souvent au DAT) : *einer Sache* (DAT) *etw. 'unterordnen* subordonner qqch à qqch, *einer Sache etw. 'untermengen/'untermischen* mêler qqch à qqch.

2) Adverbe-préverbe directionnel (rare) = *« nach unten », « nieder- » :*

▷ **descente** et/ou **disparition** — *Die Sonne ging unter. Sein Schrei ging im Lärm unter. Er tauchte im Nebel unter. ('untertauchen* signifie aussi disparaître de la circulation, se cacher*)*

▷ **« mater »** — Langue parlée : *jn 'unterkriegen. Ich lasse mich nicht 'unterkriegen :* je ne me laisserai pas avoir, on ne m'aura pas comme ça.

331 *UNTER-'* préfixe **inséparable et inaccentué.**

1) Modificateur de classe :

der (ou *das*) *Tunnel* → *etw. unter'tunneln :* faire un tunnel sous qqch.
unter das Joch (joug) → *jn unter'jochen :* asservir, opprimer.

2) Modificateur de rection et de valence (▶ les verbes inséparables avec *unter-* ne sont pas tous transitifs) :

▷ verbes intransitifs et verbes transitifs trivalents : le sujet (v. intr.) ou l'objet à l'ACC (v. tr.) **passe sous/est inférieur à** l'objet au DAT :

jm etw. unter'breiten : soumettre qqch (une proposition) à qqn ; *jm unter'liegen :* être vaincu/dominé ; *jm unter'legen sein :* être inférieur ; *jm unter'stehen :* être sous l'autorité de ; *jm etw. unter'stellen :* mettre qqch. sous l'autorité de qqn ou attribuer/imputer qqch. à qqn. (= *unter'schieben*), *jn/sich einer Prüfung unter'ziehen* : se soumettre à un examen.

▷ verbes transitifs : le **bas** de l'objet à l'ACC est concerné par l'action du verbe simple :

Das Wasser unter'gräbt/unter'spült/unter'wühlt den Uferrand (creuse, ronge).
einen Brief/einen Vertrag unter'schreiben/unter'zeichnen : signer ; *ein Wort unter'streichen :* souligner.

sens dérivés :

CONSOLIDER (positif)	SAPER (négatif)
etw./jn unter'halten : entretenir.	*etw. unter'binden :* entraver.
etw. (Argument, These) unter'mauern : renforcer, étayer.	*etw. unter'graben/untermi'nieren :* miner, saper, ruiner qqch.
etw. unter'streichen : mettre en relief, insister sur.	*etw. (eine Partei, eine Organisation) unter'wandern :* miner par intrusion d'éléments hostiles.
etw./jn unter'stützen : soutenir.	

▷ verbes transitifs : l'objet à l'ACC est **opprimé, réprimé** :

etw./jn unter'drücken : réprimer, opprimer ; *jn unter'jochen/unter'werfen :* opprimer, asservir, assujettir ; *etw. unter'lassen :* s'abstenir de faire qqch. ; *etw. unter'schlagen :* subtiliser, détourner qqch.

▷ autres désignés :

— **parmi/entre** (fr. *inter-, entre-*) : *etw./jn unter'brechen :* interrompre ; *sich unter'halten :* s'entretenir ; *etw. unter'nehmen :* entreprendre ; *jm etw. unter'sagen :* interdire ; *etw. unter'scheiden :* distinguer ; *jn/etw. unter'suchen :* examiner (« chercher parmi »).

— activité entreprise avec audace : *sich* (ACC) *unter'fangen/sich* (ACC) *unter'stehen, etwas zu tun :* oser, avoir l'audace de faire qqch.

3) Modificateur aspectuel : aspect **intensif,** sens de **trop peu** :

etw./jn unter'schätzen : sous-estimer ; *[etw.] unter'treiben :* minimiser. Comme *über-* (§ 329), *unter-* inséparable peut être, pour des raisons de double préfixation ou de rythme, accentué dans certains lexèmes verbaux utilisés le plus souvent au PART II :

'unterbelichten : (photo) sous-exposer ; *'unterbewerten :* sous-évaluer ; *'unterbezahlt :* mal payé ; *'unterentwickelt :* sous-développé ; *'unterernährt :* mal nourri.

▶ dans *'untervermieten* : donner en sous-location, *unter-* a le sens de *« weiter nach unten ».*

12.5. Lexicalisations, lexies, unions de discours

12.5.1. LEXEMES VERBAUX LEXICALISES.

§ 332 L'étude de la relation « particule-verbe » a montré :

▷ qu'il n'était pas aisé de faire un départ net entre ce qui est l'élément d'un lexème verbal complexe (particule) et ce qui est membre autonome du GV (« complément »), cf. *'umkommen* et ***ums° Leben kommen*** ;

▷ la nécessité d'une distinction entre le **mot,** définissable à l'écrit comme unité continue entre deux « blancs », et le **lexème,** qui est en principe l'unité minimale porteuse de signification, mais qu'on ne peut plus dans tous les cas isoler du point de vue du signifié dans l'état actuel de la langue, cf. : *aufhören :* cesser ; *verstehen :* comprendre.

Ces deux aspects posent en fait le problème de la **lexicalisation** : il y a lexicalisation chaque fois qu'un lexème complexe *(aufhören, verstehen)* ou une association de lexèmes désigne **bien plus ou autre chose que la somme** des signifiés des éléments qui le composent. De ce point de vue, une grande partie des associations particule-verbe étudiées jusqu'ici constituent des **lexèmes verbaux complexes lexicalisés.**

Beaucoup sont devenus opaques de par l'évolution diachronique, c'est-à-dire que, dans la langue actuelle, ils restent certes sécables du point de vue du signifiant, voire continuent à s'écrire dans certains cas en plusieurs « mots », mais leur sens global est imprévisible. D'autres au contraire restent transparents, notamment — outre les associations particule-verbe déjà étudiées — les lexèmes verbaux formés avec :

333

▷ un **INF** et certaines bases verbales aspectuelles (« semi-auxiliaires », v. § 139) ;	***gehen :***	°*schlafen gehen, spa'zierengehen/-fahren*
	bleiben :	°*sitzen bleiben,* °*stehen bleiben :* rester assis/debout ; *'sitzenbleiben :* redoubler une classe, rester célibataire ; *'stehenbleiben :* s'arrêter (v. § 63).
	lassen :	°*fallen lassen :* laisser tomber ; *'fallenlassen :* abandonner (v. § 63).
	lernen :	*'kennenlernen :* faire la connaissance de.
▷ un **PART II** ;	***gehen :***	*ver'lorengehen :* disparaître.
	geben :	*etw./jn (sich) ver'lorengeben :* considérer comme perdu.
	halten :	*ge'fangenhalten :* garder prisonnier.
	nehmen :	*ge'fangennehmen :* faire prisonnier.

Ne sont pas lexicalisées les combinaisons relativement libres avec *gehören* ou *kommen* + PART II (v. § 276 et § 434) :
Es gehört verboten. Cela devrait être interdit.
Der Aufsatz gehört veröffentlicht mérite d'être publié.
Er kam geritten/gelaufen/hereingestürzt/geflogen...

▷ un **adjectif** de « manière » ou un adjectif attribut du sujet ou de l'objet :	*be'kanntgeben, -machen :* révéler. *'feststellen :* constater. *'freisprechen :* acquitter. *'leertrinken :* vider. *'leicht-/'schwerfallen :* être facile/difficile.	*jn 'liebhaben :* aimer. *'losbinden :* détacher. *'totschlagen :* tuer. *'volltanken :* faire le plein. *'weismachen :* faire croire.
▷ un **GSC** (lexème adverbial, G PREP soudé graphiquement) pouvant se présenter sous forme pronominalisée :	*ab'handenkommen :* disparaître. *ausei'nanderfallen :* se décomposer, se défaire. *bei'seitelegen :* mettre de côté. *da'beisein :* être présent. *da'vonlaufen :* se sauver. *ent'gegenkommen :* venir en sens inverse, au-devant. *'fortführen :* continuer. *he'rausfordern :* provoquer, défier.	*'innehaben* occuper (une fonction) *in'standhalten :* tenir en état. *'reinfallen* ou *he'reinfallen :* se faire avoir, donner dans le panneau. *'rückwärtsfahren :* reculer. *vo'rausgehen :* précéder. *vor'hersagen :* prédire. *zu'grundegehen :* périr, être anéanti. *zu'nichtemachen :* anéantir, ruiner.

her'vorrufen : provoquer, causer.
hi'nauswerfen : mettre dehors.
hin'zufügen : ajouter.

zu'rechtkommen : s'y retrouver.
zu'standebringen : réussir, achever.

▷ un ancien **substantif** :
TYPE 1 = objet
TYPE 2 = relation adverbiale (chute de la préposition).

TYPE 1 :
'achtgeben : faire attention.
'danksagen ou °*Dank sagen :* remercier solennellement.

'haltmachen : s'arrêter.
'standhalten : tenir bon.
'stattfinden : avoir lieu.
'teilnehmen (*an* + DAT) : prendre part à.

TYPE 2 :
°*Auto fahren, 'radfahren*
'heimgehen, -fahren, -kehren : rentrer chez soi.
'kopfrechnen : calculer mentalement.
'kopfstehen : être la tête en bas.
ma'schineschreiben : écrire à la machine.
'notlanden : atterrir en catastrophe.

'rückfragen : demander un complément d'information.
'rückübersetzen : retraduire en sens inverse.
(mit jm) 'wetteifern : chercher à surpasser.
'wettlaufen : faire une course.
(etw.) 'wettmachen : compenser, réparer (une faute).

§ 334

Certains de ces verbes sont **défectifs** et ne fonctionnent qu'au PART II et/ou à l'INF :

INF uniquement : *'kopfrechnen, 'rückfragen, 'wettlaufen ;* mais *'wetteifern* (inséparable) et *'wettmachen* (séparable) fonctionnent à toutes les formes.

INF et PART II : *'notlanden, 'notschlachten, 'preiskrönen, 'nachtwandeln :* être somnambule, *'rückübersetzen (→ 'rückübersetzt).*

Toutefois, dans une surbordonnée, qui permet une structure continue de la base verbale, l'utilisation de formes simples est parfois possible, cf. : *als das Flugzeug* °*notlandete ; als man den Film* °*preiskrönte...*

2.5.2. LEXIES VERBALES ET UNIONS DE DISCOURS.

335 Des lexèmes verbaux complexes lexicalisés aux **lexies verbales,** il n'y a qu'un petit pas, qu'illustrent bien parfois les hésitations de l'orthographe, cf. : *radfahren* et *Auto fahren ; zugrundegehen* et *zu Grunde gehen* (v. §§ 64,66).

Par lexie, on entend une **locution** « figée » comprenant une base verbale et un membre, lequel est en général :

▷ un GN objet, par exemple :

°Abschied nehmen : prendre congé.
den °Ausschlag geben : être décisif.
°Buch führen : tenir une comptabilité.
°Feuer fangen : prendre feu.
die Ge°duld/den °Mut/den °Kopf/die °Nerven verlieren.
Be°scheid sagen : tenir au courant.
den °Hof machen : faire la cour.
einen °Korb geben/bekommen : donner/essuyer un refus (mariage).
°Mut fassen : prendre courage
die °Nase rümpfen : faire la grimace.
die °Wahrheit sagen : dire la vérité.

▷ un G PREP, par exemple :

(jm) auf den °Zahn fühlen : sonder.
auf den °Hund kommen (fam.) : se retrouver dans la dèche.
in °Frage stellen : remettre en question.
in °Kraft treten : entrer en vigueur.
ins °Auge fassen : envisager.
nach °Hause gehen/fahren : rentrer chez soi.
(jm) um den °Hals fallen : sauter au cou.
(jm) unter die °Arme greifen : aider.
zur Ver°fügung stehen/stellen : être/mettre à la disposition.

336 Ces lexies doivent répondre totalement ou partiellement aux caractéristiques suivantes :

▷ le membre ne supporte aucune modification catégorielle (blocage du jeu des catégories) : ainsi, le passage du singulier au pluriel ou du défini à l'indéfini est exclu (sauf intention comique, ironique, etc.) :

*prendre **la** mouche*	→	**prendre une/des mouche(s)*
*prendre **une** veste*	→	**prendre la/les/des veste(s)*
***einen** Korb bekommen*	→	**den Korb/Körbe bekommen*
*(Geld) auf **die** hohe Kante legen* (mettre de côté).	→	**auf eine hohe Kante/die hohen Kanten legen.*

L'article est donc figé. Lorsque le membre est un G PREP, il est contracté avec la préposition chaque fois que c'est possible (v. § 697) : *ans Werk gehen, ins Auge fassen, ums Leben kommen, zur Verantwortung ziehen.*

▷ le membre ne peut faire l'objet d'une interrogation partielle :

prendre la mouche	→	**Qu'a-t-il pris ? *Quelle mouche a-t-il prise ?*
einen Korb bekommen	→	**Was hat sie bekommen ? Was für einen Korb hat sie bekommen ?*

De même, il ne peut supporter aucune autre expansion (sauf intention spéciale) :

**prendre la grosse mouche* (mais : *prendre une belle veste :* graduatif qui porte sur toute la lexie). — **einen erneuten/böswilligen Korb bekommen.* — **zur freundlichen Verfügung stellen.* — **ins politische Auge fassen.*

▷ le membre GN ne peut pas devenir sujet d'une transformation passive :

**La mouche a été prise par lui.*
**Die Geduld wurde von ihm verloren.*

Lorsque le membre est un GN, le négateur global est souvent *nicht* et non *kein-* :
Das Haus fing ***nicht*** *Feuer. — Er sagte mir* ***nicht*** *Bescheid.*
Comparer : *Er aß Brot → Er aß* ***kein*** *Brot.*

§ 337 Les combinaisons **libres,** non figées, « non préfabriquées » d'une base verbale et d'un membre sont appelées **unions de discours.** La distinction entre lexie verbale (locution figée) et union de discours n'est pas toujours aisée, car le passage de l'une à l'autre peut être très souple, cf. :

nach Hause gehen/fahren = lexie
nach Berlin fahren = union de discours
nach Canossa fahren (sens propre) = union de discours
nach Canossa gehen (emploi métaphorique : faire amende honorable) = lexie

Du point de vue du fonctionnement syntaxique, lexie et union de discours ont un point commun : elles sont placées à droite du « centre stratégique » occupé par les éléments à fonction communicative et/ou illocutoire (v. chap. 32), par exemple :
daß er ***noch nicht/doch/freilich*** *zur Schule geht*
weil sie ***halt/ja/vielleicht*** *einen Korb bekommen würde.*
La distinction se situe donc au niveau de la construction syntaxique interne (la lexie est polylexiale et « figée »), mais aussi au niveau du sens, le désigné de la lexie étant déterminé globalement alors que celui de l'union de discours ne l'est pas.

12.5.3. « FUNKTIONSVERBEN. »

§ 338 De nombreuses locutions (lexies ou unions de discours) sont caractérisées par un « éclatement » du verbe, dont les traits sémantiques (« sèmes ») sont répartis sur plusieurs lexèmes, à savoir sur un verbe à signification abstraite appelé *Funktionsverb* et un membre (G PREP ou GN), par exemple :

(etw.) besprechen → *zur Sprache bringen*
unterrichten → *Unterricht geben/erteilen*

Cependant, cet éclatement n'est pas purement formel :

▷ il arrive fréquemment que le **sens** de la locution *(Funktionsverbgefüge)* diffère de celui du verbe condensé et permette une plus grande précision, cf. :
ordnen : mettre de l'ordre → *in Ordnung bringen :* mettre de l'ordre et régulariser, arranger une situation

▷ le *Funktionsverb* a souvent une valeur **aspectuelle,** par exemple :
zu Hilfe kommen = préprocessuel (procès précédant immédiatement le procès désigné par *helfen*).

▷ le *Funktionsverb* permet bien souvent de présenter l'information sous une autre **perspective** et donc avec d'autres intentions et effets pragmatiques. C'est ainsi que de nombreuses locutions ont une performance équivalente au passif (v. §§ 270 et 271), par exemple :

eine Veränderung erfahren → *verändert* ***werden***
Anerkennung finden → *anerkannt* ***werden***
zum Abschluß kommen → *abgeschlossen* ***werden.***

Les principaux Funktionsverben sont (lorsqu'il existe, le verbe « condensé » apparaît dans la colonne de droite) :

339 ***BRINGEN*** exprime un aspect factitif/causatif (« faire faire ») :

zum °Ausdruck bringen.	*'ausdrücken.*
zum °Abschluß bringen.	*'abschließen.*
zur °Sprache bringen.	*be'sprechen.*
zur Ver°nunft bringen.	
aus der °Fassung bringen : désarçonner.	
auf einen/den Ge°danken bringen.	
auf den °Markt bringen.	*ver'markten.*
in °Ordnung bringen.	*'ordnen.*
in °Not/in Ver°legenheit bringen.	

avec INF nominalisé :
zum °Lachen/°Weinen/°Scheitern bringen : faire rire/pleurer/échouer, (etc.)

340 ***KOMMEN*** (et ***GERATEN*** pour les procès « désagréables ») expriment un aspect événementiel terminatif ; dans de nombreuses locutions, ils commutent avec *bringen* et présentent l'information sous une **perspective** inversée dont la performance rejoint souvent celle du passif :

zum °Ausdruck kommen (sujet inanimé).	*°ausgedrückt werden.*
zur °Sprache kommen.	*be°sprochen werden.*
auf einen/den Ge°danken kommen.	
ums °Leben kommen ('umkommen).	
in Ver°legenheit kommen/geraten.	
in °Not/°Panik/ins °Schleudern (déraper) *geraten.*	
zum °Vorschein kommen.	*er'scheinen.*
(jm) zu °Hilfe kommen.	*'helfen.*
in Be°wegung kommen.	*sich be'wegen.*

341 ***GEBEN*** et ***ERTEILEN*** permettent surtout, grâce au jeu des catégories, de préciser l'information, cf. : *Er gab einen Befehl/Befehle/mehrere Befehle/diesen Befehl; er gab den Befehl, anzugreifen :*

eine °Antwort geben/erteilen.	*'antworten.*
(jm) eine °Abfuhr geben/erteilen : envoyer qqn. paître.	(de *'abführen*).
eine/die Er°laubnis geben/erteilen.	*er'lauben.*
eine/die °Nachricht geben.	*be'nachrichtigen.*
sein Ver°sprechen geben.	*ver'sprechen.*
°Unterricht geben/erteilen.	*unter'richten.*
den °Vorzug geben : donner la préséance.	*'vorziehen, be'vorzugen.*

342 ***BEKOMMEN*** et ***ERHALTEN*** expriment la perspective inverse (point de vue du « receveur ») :

[eine]° Antwort bekommen/erhalten.	*eine °Abfuhr bekommen/erhalten.*
°Unterricht bekommen.	*den °Vorzug bekommen/erhalten.*

Mais ***bekommen*** seul (pas *erhalten*) fonctionne aussi avec une valeur aspectuelle de « pré-processuel » ou ingressive. Dans ce cas, il est souvent en opposition complémentaire avec ***haben*** :

°Angst bekommen/haben : prendre/avoir peur *(= sich 'ängstigen).*
Be°such bekommen/haben : recevoir/avoir de la visite.
°Hunger bekommen/haben : commencer à avoir faim / avoir faim.
eine Er°kältung bekommen/haben = sich er'kälten / er°kältet sein.

§ 343 *FINDEN* (et occasionnellement ***ERFAHREN***) entrent dans des locutions qui sont de véritables paraphrases de la perspective passive :

°Anerkennung finden.	*°anerkannt werden.*
Be°achtung finden.	*be°achtet werden.*
Unter°stützung finden.	*unter°stützt werden.*
Ver°wendung finden.	*ver°wendet werden.*
eine Ver°änderung erfahren.	*ver°ändert werden.*
eine Ver°besserung erfahren.	*ver°bessert werden.*

§ 344 Autres *Funktionsverben* :

ausüben : *einen Beruf ausüben, einen Einfluß ausüben auf* + ACC *(beeinflußen).*

bereiten : *Freude/ Ärger/ Schwierigkeiten bereiten.*

einlegen : *Berufung einlegen :* faire appel (procès), *[eine] Beschwerde einlegen (sich beschweren), Protest ~ (protestieren).*

empfinden : *Freude ~ (sich freuen), Reue ~ (bereuen), Mitleid ~ (bemitleiden).*

ergreifen : *die Flucht ~ (fliehen).*

erheben : *Anspruch ~ :* faire valoir un droit *(beanspruchen), Einspruch ~ gegen etw. :* faire opposition à.

erstatten : *Anzeige ~ :* porter plainte *(anzeigen), jm einen Besuch ~ (besuchen)*

fassen : *einen Entschluß ~ (sich entschließen), Mut ~, Fuß ~.*

führen : *Buch ~ :* tenir les comptes, *Krieg ~, den Kampf ~ (kämpfen), ein Gespräch ~ (sprechen), ein Leben ~ (leben), jn hinters Licht ~ :* tromper qqn, se jouer de qqn.

halten : *Ausschau (nach jm/etw.) ~ :* guetter l'arrivée de *(ausschauen), Maß ~ (sich mäßigen), eine Rede/einen Vortrag ~ (reden, vortragen), Unterricht ~ (unter'richten).*

hegen : *Verdacht ~ (verdächtigen), eine Hoffnung ~ (hoffen).*

laufen : *Gefahr ~ :* risquer de.

leisten : *einen Beitrag ~ (beitragen), Beistand ~ (beistehen), Hilfe ~ (helfen), einen Eid ~ :* prêter serment, *Verzicht ~ auf* + ACC *(verzichten).*

machen : *Angst ~ (beängstigen), eine Andeutung/Anspielung ~ (andeuten, anspielen), Angaben ~ (angeben), Eindruck ~ (beeindrucken).*

nehmen : *Abschied ~ (sich verabschieden), keine Notiz von jm/etw. ~:* dédaigner, ne pas prêter attention, ignorer ; *Platz ~ :* s'asseoir ; *in Anspruch ~ (beanspruchen), in Schutz ~ (beschützen).*

schöpfen :	*Atem ~ :* reprendre son souffle ; *Verdacht ~ :* avoir un soupçon.
setzen :	*[sich] in Bewegung ~ (bewegen), jn auf freien Fuß ~ (befreien) :* remettre en liberté, *in Gang ~* faire démarrer, *außer Kraft ~* abroger, *jn in Kenntnis ~* informer, *sich zur Wehr ~ (sich wehren).*
stellen :	*einen Antrag :* faire une requête, *einen Anspruch/eine Forderung ~ (beanspruchen/fordern), eine Frage ~ (fragen), in Frage ~ :* mettre en question, *unter Beweis ~* :prouver *(beweisen).*
tragen :	*für etw. Sorge ~ (sorgen), (einer Sache) Rechnung ~ :* prendre en considération.
treffen :	*eine Entscheidung ~ (entscheiden), eine Wahl ~ (wählen), eine Maßnahme ~, Vorbereitungen ~.*
treiben :	*Handel ~ (handeln), Sport ~, Unsinn ~.*
treten :	*in Kraft ~* entrer en vigueur, *in Verbindung ~ mit jm* entrer en contact.
üben :	*Kritik ~ an + DAT (kritisieren).*
ziehen :	*eine Lehre aus etw. ~ :* tirer la leçon, *Nutzen ~ aus etw. :* tirer profit *(ausnutzen), einen Schluß ~ :* tirer une conclusion *(schließen), einen Vergleich ~ (vergleichen).* *V. aussi : eine Strafe vollzieken (strafen).*

345 On notera les oppositions (aspectuelles) multiples, telles par exemple :

in Brand stecken (causatif)*/in Brand geraten* (terminatif)*/in Brand stehen* (duratif) ;

in Gang setzen/halten/kommen/sein ; zu Ende führen/gehen/sein...

Haben (Angst/Kenntnis/Einblick haben), werden (grün werden) et *sein (zu Ende sein)* peuvent également être considérés comme des *Funktionsverben.*

13 LES PROGRAMMES VALENCIELS DES VERBES

13.1. Rection et valences

§ 346 Le nombre des membres d'un GV est en principe illimité et leur nature indéterminée (v. § 127 b). Dans la pratique cependant interviennent deux types de contraintes :

▷ les **impératifs de la communication,** notamment la nécessité de se faire bien comprendre, imposent une limitation des membres du GV ;

▷ le **choix du lexème verbal** entraîne des contraintes syntaxiques et détermine la nature des membres du GV.

Traditionnellement, on parle de **régime** ou de **rection** des verbes. On peut garder ce terme pour désigner le **cas** « oblique » (accusatif, datif, génitif) auquel doit être mis le GN exigé par tel verbe (p. ex. : *er hilft seinem Vater*), à condition de l'étendre aux cas exigés par les prépositions et les adjectifs : *mit* + DAT, *treu* + DAT. Toutefois, les GN ne sont pas les seuls groupes syntaxiques pouvant apparaître comme membres d'un GV. Aussi la perspective de la rection doit-elle être élargie à celle de la **valence,** qui demande une réponse aux deux questions suivantes :

① **combien** de membres tel lexème verbal exige-t-il **obligatoirement** pour permettre un énoncé **minimal** grammaticalement correct ?

② quelle est **la nature** (la forme) voire la fonction (grammaticale) de ces membres, compte tenu du fait que la signification d'un verbe peut varier selon le nombre, la nature et/ou la fonction des membres qu'il exige ? (v. : *Es gab keinen Zwischenfall* et *Er gab mir einen guten Rat*).

§ 347 La réponse à ces questions semble a priori facile. Pourtant, l'exemple de *haben* montre qu'il n'en est rien.

Damals hatten meine Eltern keinen Fernseher.

Si l'on supprime tour à tour les membres de ce GV *(« Weglaßprobe »),* on constate que *damals* est un membre **facultatif,** alors que *meine Eltern* et *keinen Fernseher* sont **obligatoires.** *Haben* exige donc un minimum de deux membres. On dira qu'il est **divalent.**

Quant à la fonction de ces membres, on peut dire qu'il faut un sujet et un objet. Mais, si l'on va plus loin dans l'analyse, les choses se compliquent.

En effet :

Le **sujet** peut être :

— un GN animé ou inanimé, pronominalisé ou non : *Die Nachbarn/sie haben zwei Kinder. Der Schrank/er hat zwei Türen.*

— un G INF : *Auf ihn zu warten hat nicht viel Sinn.*

— un G REL : *Was er sagt, hat Hand und Fuß.*

— un G CONJ avec *daß* : *Daß ich weiter auf ihn warte, hat keinen Sinn.*

L'**objet** peut être :

— un GN animé/inanimé : *Ich habe Kinder/ein Haus. Ich habe das Geld/ich habe es. Ich hab's* = j'ai trouvé, j'ai compris, j'ai réussi (ça y est !). *Wir haben den Mann/wir haben ihn* = nous le tenons, nous l'avons attrapé.

— un G INF : *Er hat leicht reden. Er hat zu gehorchen.*

— un G REL : *Ich habe, was ich wollte.*

Mais ne faut-il pas envisager un *haben* **trivalent** pour rendre compte de structures attributives telles que *ich habe es eilig ; ich habe es/diese Hitze satt ; ich habe es/das überstanden ?*

Enfin, peut-on affirmer que dans tous ces exemples, on a le « même » *haben* ? Ne faut-il pas tenir compte du fait qu'aux différentes réalisations en contexte correspondent des désignés contextuels différents, par exemple :

Er hat ein Auto.	relation de possession
Sie hat schöne Augen. *Das Haus hat einen Keller.*	partie d'un tout
Er hat Mut. *Die Reform hat Vorteile.*	relation de qualité
Sie hat viele Kleider im Schrank hängen.	« avoir à sa disposition »
Er hat gut lachen.	« können »
Er hat zu gehorchen.	« müssen/sollen »
(etc.)	

348 Ainsi, la notion de valence soulève un certain nombre de difficultés :

① On ne peut s'en tenir au seul plan formel, c'est-à-dire purement grammatical, pour définir le programme valenciel d'un verbe, car celui-ci est lié à la signification **contextuelle** du verbe, cf. pour *laufen* :

— 1 membre obligatoire : *Die Sache/es läuft* (fonctionner de façon satisfaisante). *Der Motor läuft [gut, leise]* (tourner). *Seine Nase läuft* (couler). *Das Kind läuft [schon]* (marcher).

— 2 membres obligatoires : *Das Kind läuft auf die Straße* (marcher/courir + direction). *Der Bürgermeister läuft Gefahr, die Wahlen zu verlieren* (risquer de, lexie).

② Il faut distinguer les membres **facultatifs** *(freie Angaben)* des véritables membres **obligatoires.** Les premiers apportent des précisions à l'information du GV sans être imposés grammaticalement par le lexème verbal, par exemple :

[Trotz anfänglicher Schwierigkeiten] lief [damals] alles [sehr gut].

Alles lief est un énoncé minimal correct ; les autres membres sont facultatifs.

Les seconds sont exigés par le lexème verbal, par exemple :

Er wohnt ***in Frankfurt/dort/nebenan.*** *Er beging* ***einen schweren Fehler.***

**Er wohnt* et **er beging* ne constituent pas des énoncés corrects.

③ Toutefois, cette distinction ne suffit pas. En effet, outre les membres absolument obligatoires, il existe des membres dont la nature et la fonction sont **prévues** dans le programme valenciel, mais qui sont **élidables,** cf. :

Er liest	*die Zeitung*
Er liest	ø

Dira-t-on que l'on a affaire à deux programmes valenciels ? Il est probablement plus simple de considérer qu'il y a un seul programme avec **chute** possible d'une valence :

Ich glaube dir alles.	3 valences prévues dans le programme et réalisées.
Ich glaube dir. *Ich glaube alles.*	2 valences réalisées (chute d'une valence).
Ich glaube (« être d'avis »).	1 valence réalisée (chute de 2 valences).
Ich glaube an Gott.	2 valences prévues et réalisées.
Wir glauben (« avoir la foi »).	1 valence réalisée (chute d'une valence).

Mais il faut alors mentionner dans le programme valenciel quelle valence peut chuter et dans quelles conditions elle peut tomber.

④ La notion de valence repose le problème de la définition du « membre de GV » et notamment celui de la **lexicalisation.** Si par exemple les programmes valenciels doivent tenir compte de :

Er kam ***ums Leben.*** = G PREP
Er gab [mir] ***Bescheid.*** = GN objet
Er sollte den Sonnenschirm ***schräg stellen.*** = G ADJ attribut de l'objet

on serait en droit de traiter de la même façon des particules telles que *um-*, *acht-*, et *fest-* dans *'umkommen, achtgeben* et *feststellen,* voire de considérer comme « membre de GV » le PART II qui apparaît comme attribut dans la structure de la perspective de bilan, par exemple :

Er ist gestern angekommen = grammaticalisation = forme verbale au sens précis (v. § 140).
Mais : *Jetzt ist er dort angekommen. Jetzt ist er glücklich* = structure attributive (v. §§ 170, 190, 906).

Il est cependant vrai qu'une telle analyse supposerait une définition du « membre de GV » nettement plus large que celle qui repose sur les tests opératoires de la permutation (déplacement du membre en 1re position) ou de la réduction (pronominalisation).

§ 349 Quand on se contente de la seule théorie des valences pour établir une liste de ***Satzbaupläne*** (ou *Satzpläne, Satzmuster, Satzmodelle*), dont le nombre varie de la trentaine à la centaine selon les auteurs, on va un peu vite en besogne. En effet, on considère que le GV (qu'on confond avec l'énoncé verbal) a une structure dans laquelle tous les membres sont dépendants directement du lexème verbal. Cette conception « dépendancielle » n'est pas la nôtre, où les connexions entre blocs de signifiés se font « une à une » et non « une à plusieurs » :

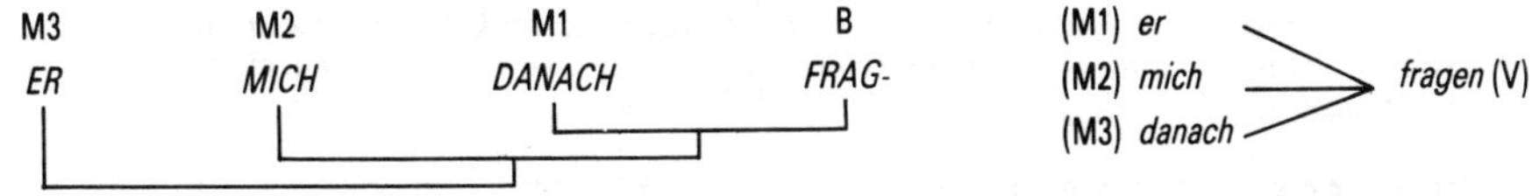

Le programme valenciel ne fournit rien de plus que les **matériaux** nécessaires à la construction d'un énoncé minimal. Il ne renseigne en rien sur l'ordre dans lequel il faut agencer ces matériaux ni sur ce qu'il faut y ajouter du point de vue de l'énonciation pour que la construction finale (l'énoncé verbal) corresponde aux besoins de la communication. Le terme de *Satzbaupläne* est donc trompeur, car il promet plus qu'il ne peut donner : il fournit des « os », qui ne sont pas encore un « squelette » (le GV structuré), lequel n'est pas encore l' « être humain » (l'énoncé en situation).

Il ne peut être question dans le cadre de cette grammaire de présenter un « lexique des valences ». On se contentera donc d'illustrer par des exemples les principaux types de programmes valenciels en tenant compte non seulement de la nature des membres, mais aussi de leur fonction : sujet, objets, détermination adverbiale (on emploie parfois les termes d'**actant** pour le sujet et les objets et de **circonstant** pour les déterminations adverbiales). On ne tiendra compte que des valences obligatoires. Ensuite seront présentées deux séries de verbes qui posent des difficultés particulières au francophone : les verbes réfléchis (13.3.) et les verbes dits de modalité (13.4.).

13.2. Les principaux types de programmes valenciels

3.2.1. LEXEMES VERBAUX AVALENTS N'EXIGEANT AUCUN MEMBRE.

350 Il existe des énoncés verbaux ne comportant ni sujet ni aucun membre obligatoire, cf. :

Komm! Hör auf! Antwortet! Aufstehen! Aufgepaßt!
Heute wird nicht gearbeitet. Ou avec *es* explétif *(« Platzhalter »)* qui n'est pas un sujet : *Es wird nicht gearbeitet* (v. § 147).

Cependant, cette absence de valence n'a rien à voir avec le lexème verbal proprement dit, mais dépend de la structure (impératif, G INF, G PART, passif) dans laquelle apparaît le verbe.

Souvent, on compte parmi les verbes avalents ceux qui ne peuvent avoir qu'un **sujet impersonnel** tels que *es schneit, es regnet, es hagelt, es donnert,* etc., en invoquant le fait que cet *es* sujet est « vide de sens » et ne peut commuter avec aucun autre GN *(*Der Himmel schneit/regnet...).* Pourtant, pour « vide » que soit cet *es,* il n'en est pas moins un sujet grammatical à part entière (bien distinct du *es* explétif), donc un membre du GV, de sorte qu'il semble plus logique de considérer ces verbes impersonnels comme étant monovalents, voire divalents (*es gibt* + ACC).

13.2.2. LEXEMES VERBAUX MONOVALENTS

(prévoyant au minimum **un** membre).

§ 351 **a)** GNnom.

01 *Es regnet. Es hagelt. Es schneit. Es donnert. Es friert...* = verbes impersonnels proprement dits (v. ci-dessus).

Certains peuvent occasionnellement admettre un membre GNacc avec intention stylistique (métaphorique) particulière, par exemple : *Es regnete Konfetti. Es hagelte Vorwürfe.* Le cas de *ich friere* (commutation de *es* avec autre chose) relève également de la métaphore.

02 *Es blüht. Es geht. Es läuft. Es duftet. Wie steht's ? Es kracht...* = emploi impersonnel de lexèmes verbaux ayant normalement un sujet personnel (« concret ») : *Die Rose blüht. Das Geschäft geht...*

03 *Das Kind schläft/schreit/weint. Der Erfolg blieb aus...*
Der Mann stand [vor dem Schrank]/saß [auf der Couch]/lag [auf der Straße]... = verbes intransitifs d'**état.**

Dans la première série, certains admettent quelquefois un GNacc « objet interne » sans que la transformation passive soit possible dans la langue courante, par exemple : *Sie weint bittere Tränen. Er schläft den Schlaf des Gerechten.* Dans la deuxième série (verbes dits de position), l'adjonction d'un G PREP à valeur locative est fréquente.

04 *Das Kind schläft ein. Die Produktion läuft aus.*
Das Kind läuft [auf der Straße]/[auf dem Teppich]. Ich schwimme [im See]/[über den Fluß] = verbes intransitifs de **changement d'état** (mutatifs).

Ceux de la deuxième série (verbes dits de mouvement) admettent l'adjonction d'un G PREP à valeur locative ou directive.

► On considère quelquefois comme monovalents les verbes uniquement pronominaux du type *sich ereignen, sich erkälten, sich erholen,* etc. (v. § 356).

05 Type original et relativement rare avec *sein* :
Damals war Krieg / ... daß damals Krieg war. Morgen ist Sonntag / ... weil morgen Sonntag ist. Jetzt ist Ruhe/Schluß! ou avec *es : Es war Krieg. Es ist Sonntag. Sonntag ist* ***es*** heute.

Sein a le sens de *wir haben/hatten,* bien qu'il soit verbe d'attribution commutable avec *werden/bleiben* (cf. aussi : *heißen/wirken/scheinen...*). Ce *sein* est à distinguer du verbe de localisation commutable avec *stehen/sitzen/liegen,* etc. : *Ich liege/bin im Zimmer.*

Variantes : le GN sujet peut commuter avec un G CONJ ou un G REL :

06 *Daß er schlecht gespielt hat, trifft nicht zu.* Ou avec *es* explétif : *Es trifft nicht zu, daß er schlecht gespielt hat.*
Wann das Rückspiel stattfindet, steht noch nicht fest. Es steht noch nicht fest, wann das Rückspiel stattfindet.
Was er sagt, stimmt. Es stimmt, was er sagt.

b) GNacc ou GNdat (rare) :

07 *Mich friert/Es friert mich* (*es* explétif). *Mich hungert. Mir graust/graut (vor...)/Es graust/graut mir (vor...).*
Mir bangt (vor...)
= constructions dans lesquelles le GN à l'accusatif ou au datif est le « sujet logique », c'est-à-dire le siège animé du procès. Elles sont en voie de disparition (on dit aujourd'hui *ich friere, ich habe Hunger/bin hungrig, ich habe Angst).*

13.2.3. LEXEMES VERBAUX DIVALENTS

(prévoyant au minimum **deux** membres).

352 **a)** GN*es* (sujet impersonnel) + GNacc ou G CONJ *daß*.

08 *Es gab keinen Zwischenfall* (uniquement GNacc).

09 *Es heißt, daß die Parlamentswahlen vorgezogen werden könnten* ou GV intégré (sans *daß*) : *Es heißt, die Parlamentswahlen könnten vorgezogen werden* (ne pas confondre avec *das heißt* c'est-à-dire, ni avec *sie heißt Birgit*, où le sujet est « personnel »).

b) GNnom + GNacc réfléchi (v. 13.3.) = verbes transitifs réfléchis.

10 Verbes ne fonctionnant qu'à la troisième personne :
Der Himmel bewölkt sich. Ein Unfall ereignete sich. Seine Prophezeiung bewahrheitete sich.
GN commutable avec G INF :
Ein solches Benehmen gehört sich nicht. Bei Tisch zu rauchen gehört sich nicht.

11 Verbes fonctionnant à toutes les personnes :
Ich habe mich erkältet. Wir haben uns beeilt. Ruhe dich aus!

Certains admettent un ou plusieurs membres supplémentaires (élidables) :
Er näherte sich [der Tür]. Ich schäme mich [wegen meines Benehmens]. Ich wundere mich [über die Entscheidung des Schiedsrichters].

c) GNnom + GNacc = verbes transitifs.

12 *Wir haben viel ausgegeben. Er hat sie geküßt. Er verpaßte den Zug.*

Souvent, la valence GNacc est élidable :
Er aß [eine Weißwurst]. Ich verstehe [den Text] nicht.
Entschuldigen Sie [mich]! Ich wiederhole [den Satz].

13 « Faux transitifs » ne supportant pas la transformation au passif processuel (avec *werden* v. §§ 257-259) :

— verbes de possession : *Er hat/besitzt ein Haus. Ich bekam/erhielt keine Antwort. Ich behielt das Geld ;*

— certains verbes processuels (mais le passif-bilan est possible, v. § 266) : *Schnee bedeckt die Straßen. Autos verstopfen die Straßen. Der Duft erfüllte den Raum ;*

— *können, wollen, mögen, wissen* et *kennen : Mögen Sie Kartoffeln ? Ich will ein Bier. Er wußte keinen Ausweg. Ich kenne den Ausgang ;*

— accusatif de mesure ou de contenu : *Sie wiegt 50 Kilo. Die Rechnung beträgt 120 DM. Der Film dauert 2 Stunden. Der Aufsatz enthält nichts Neues ;*

— objet représentant une partie du corps ou un accessoire (vêtement p. ex.) : *Er bewegte den Arm. Ich schüttelte den Kopf. Der Lehrer verzog das Gesicht. Ich setzte meine Brille/meinen Hut auf ;*

— objet lexicalisé : *Er verlor die Nerven. Treiben Sie Sport ?*

Variantes : de nombreux verbes admettent comme objet au lieu du GNacc un G REL, un G CONJ ou un G INF :

14 *Ich verstehe nicht, was du meinst. Du vergißt, daß heute Sonntag ist. Vergiß bitte nicht, Butter zu kaufen. Er versuchte, mich zu überzeugen. Ich möchte, daß du hier bleibst. Wollen Sie nicht Platz nehmen ?*

ou un GV intégré sans *daß : Er behauptet, er sei zu Hause gewesen.*

d) GNnom + G CONJ ou G INF en fonction d'objet = verbes qui ne fonctionnent qu'avec un tel membre ; ce membre est parfois élidable ou commutable avec *es* ou *das* :

15 *Ich finde* (« être d'avis »), *daß du übertreibst. Ich finde, du übertreibst. Findest du es/das wirklich ? Ich finde nicht.* Cf. également : *denken* (« estimer » et non *denken an*), *meinen.*

16 *Ich hoffe, daß du zufrieden bist. Ich hoffe, du bist zufrieden. Ich hoffe, sie wiedersehen zu können. Ich hoffe [es]. Das hoffe ich.*

17 Verbes de modalité ; pour *können, wollen, mögen,* v. aussi type 13 :
Sie können/dürfen/müssen/sollen morgen mit der Arbeit anfangen.
Sie können/dürfen/müssen/sollen es. Kann ich [das] ? Das darfst du nicht.

18 Verbes de modalisation → G INF non élidable, non commutable avec *es* (v. § 383) :
Er kann/könnte/dürfte/muß/müßte/mag/wird schon recht haben.
Er soll reich sein. Er will nichts gehört haben.

19 Egalement non élidable, non commutable avec *es* :
Er pflegte zu kommen (aspectualité, différent de *er pflegte den Kranken*). *Er drohte zu ersticken* (modalisation, différent de *mit etw. drohen*). *Er hat zu gehorchen* (modalité, sens différent de *etw. haben*). *Er hat gut lachen* (modalité *« können »*) (v. § 139).

e) GNnom + GNdat (v. § 645) :

20 *Dieses Grundstück gehört dem Bürgermeister. Bin ich Ihnen nicht schon mal begegnet ? Er widerspricht mir andauernd. Die Stadt gefällt mir [gut]. Ich fuhr dem Wagen nach. Er gleicht seinem Bruder.*

f) GNnom + GNgén (en régression, v. § 646) :

21 *Das bedarf einer Erklärung. Wir gedenken der Opfer des Krieges.*

g) GNnom + G PREP :

22 Avec préposition figée (v. §§ 740-761) :
Die Wohnung besteht aus drei Zimmern.
Er bestand auf der Erfüllung des Vertrags/darauf.
Er glaubt an Gott. Ich denke an die Ferien. Denk daran !
Ich warte auf dich. Der Erfolg hängt von dir ab !
Es/der Wagen riecht nach Benzin.

23 Avec préposition non figée :
Er wohnt in Berlin/auf dem Land/am Meer/bei seinen Eltern.
Er kam [zu uns/nach München/auf seine Kosten/zu sich].
Er schaute (sah) in den Spiegel/auf die Uhr.

Variantes :

24 G CONJ au lieu de G PREP :
Ich warte, bis der Regen aufhört.
Ich glaube nicht [daran], daß er gewinnt.

25 G INF au lieu du G PREP :
Ich glaubte, ihn überzeugen zu können.
Er kam mich abholen.

h) GNnom + membre en fonction d'attribut du sujet :

26 L'attribut est un G ADJ :
Er war/blieb/wurde krank. Er schien/wirkte müde. Er sah müde aus.

27 L'attribut est un GN :
Er war/blieb/wurde Arzt. Er hieß Alfred. Er ist [ein] Franzose.

28 L'attribut est constitué par un autre type de groupe :
Es ist umsonst (= en vain).
Er war/blieb in München/zu Hause/dort.
Was ist aus deinem Bruder geworden ?
Er wurde bald zum bestbezahlten Sänger.
Er gilt als reich. Sie wirkt/sieht aus wie eine Märchen-Prinzessin.
Er sieht aus, als ob er müde wäre/als wäre er müde.
Das Haus ist zu verkaufen. Das ist nicht zu fassen !
Die Forderungen der Terroristen zu erfüllen hieße, den Terrorismus zu ermutigen.

i) Autres combinaisons :

29 GNnom + G ADJ : *Die Kritik geht/reicht zu weit.*

30 G CONJ ou G INF en fonction de sujet + autre membre :
Daß er nur von sich spricht, gefällt mir nicht/Es gefällt mir nicht, daß er... (*es* explétif).
Daß er einen Unfall gebaut hat, wundert mich nicht/Es wundert mich nicht, daß er... (*es* explétif).
Daß er Erfolg hat, ist ein Wunder/ist erstaunlich. Es ist...
Aus seiner Rede folgt, daß er noch nicht an Rücktritt denkt.
Ihn zu überzeugen, war nicht leicht/war ein Kunststück.
Den Lehrmeister zu spielen, widerstrebt mir.

13.2.4. LEXEMES VERBAUX TRIVALENTS

(prévoyant au moins **trois** membres).

§ 353 **a)** GN*es* sujet impersonnel + GNdat ou GNacc + autre membre :

31 *Es geht mir prächtig* (= G ADJ). Avec chute de valence :
Es geht prächtig. Es geht.

32 *Dem Präsidenten ging es um die Sicherung des Friedens* (G PREP). La valence GNdat peut tomber : *Es ging um die Sicherung des Friedens.*

33 *Es handelt sich* (= GNacc réfléchi) *um einen Irrtum.*

b) GNnom + GNacc + GNdat, la valence GNdat étant souvent élidable :

34 *Er gab [mir] sein Wort. Er bot [uns] seine Unterstützung an.*
Ich kaufte [mir/ihm] ein Eis. Er schickte [mir] jemand.
Ich mache [ihnen] einen Vorschlag. Er stellte [mir] ein paar Fragen.

35 la valence GNacc peut souvent commuter avec :
— un G CONJ (ou un GV intégré sans *daß*) :
Er teilte [mir] seine Absicht mit → Er teilte [mir] mit, daß er bald in Pension gehen wolle/Er teilte [mir] mit, er wolle bald...
Er verschwieg/verheimlichte [uns], daß er Bescheid wußte.
Er erklärte [uns], wie es geschah.
— un G INF :
Er versprach [mir], alles zu versuchen.

Les verbes uniquement réfléchis et certains lexèmes verbaux complexes n'admettent pas la chute de la valence **GNdat** :

36 *Ich kann **mir** deine Enttäuschung vorstellen. Ich kann **mir** vorstellen, daß du enttäuscht bist. Ich lasse/nehme **mir** Zeit. Er zog **sich** eine schlimme Verletzung zu. Ich kann **mir** keinen Urlaub leisten.*

37 *Er warf **mir** Verschiedenes vor. Er brachte **mir** das Schwimmen bei. Ich traue **ihm** einen Sieg/alles zu. Man sieht/merkt **ihr** die Anstrengung an.*

c) GNnom + $GNacc_1$ + $GNacc_2$

38 *Die Reparatur kostete [mich] über hundert Mark.*
Das geht dich einen Dreck/nichts an. Was geht dich das an ?

Ich lehrte [ihn] das Tanzen.
$GNacc_2$ commutable avec G INF :
Ich lehrte ihn tanzen.
Ich habe dich etwas gefragt (mais : *ich frage dich* **nach** *deiner Adresse !*)
$GNacc_2$ commutable avec G CONJ : *Ich frage dich, ob... (wann/wie...)*

39 variante : GNnom + $GNacc_1$ + G INF en fonction d'objet :
Er ließ mich seinen neuen Wagen fahren.
Er hieß mich eintreten (vieilli).

d) GNnom + GNacc + GNgén (relativement rare, v. liste § 646) :

40 *Man bezichtigte/beschuldigte/über'führte ihn des Hochverrats.*

41 avec GNacc réfléchi :
Ich besann mich eines Besseren (se raviser).
Er erfreut sich einer guten Gesundheit.
Mein Anwalt wird sich der Sache annehmen.
Herr, erbarme dich unser !

e) GNnom + GNacc + G PREP (la chute de l'une ou de l'autre des valences non-sujet étant souvent possible) :

42 verbes uniquement **réfléchis** (donc chute du GNacc impossible) :
— avec préposition figée (pour un désigné donné) :
Ich freue mich [über seinen Brief/auf die Ferien]. G PREP *über* commutable avec G CONJ ou G INF : *Ich freue mich, daß du da bist. Ich freue mich, hier zu sein.*
Ich bedanke mich [bei Ihnen] [für die freundliche Beratung] (les deux G PREP sont combinables).
Er begnügte sich mit dieser Antwort (G PREP non élidable).
— avec préposition non figée (G PREP non élidable) :
Das Haus befindet sich mitten im Dorf/neben der Kirche.
Er begab sich zum Minister/ins Kanzleramt/aufs Glatteis.
— avec G PREP réfléchi :
Die Reform brachte eine Verschlechterung mit sich.
Er hatte noch nichts zu sich genommen.

43 autres verbes :
— avec préposition figée :
Er schrieb [einen Brief] [ans Ministerium].
Ich bitte [dich] [um einen Gefallen].
Ich fragte [einen Polizisten] [nach dem Weg].
Man zwang ihn [zum Rücktritt].
— avec préposition non figée :
Ich stelle die Vase auf den Tisch/in den Schrank.
Ich hänge deine Jacke in den Schrank/über den Stuhl.
Man brachte ihn zum Direktor/ins Gefängnis.
Der Weg führte [uns] zum See/ans Ufer.

f) GNnom + GNdat + G PREP :

44 *Er erzählte [mir] [von seiner Familie].*
Er half [mir] [bei der Arbeit/beim Autowaschen] ≠ Dieses Medikament hilft gegen Kopfschmerzen = divalent. *Der Minister berichtete [dem Kanzler] [von seiner/über seine USA-Reise].*
Mir fällt ein Stein vom Herzen
Du sprichst mir aus der Seele. } expressions presque entièrement lexicalisées

g) GNnom + GN**dat** + membre en fonction d'**attribut du sujet** :

45 *Es ist [mir] recht. Der Mann war [mir] bekannt.*
Die Arbeit blieb uns nicht erspart.
Die Entscheidung fiel mir leicht/schwer.
Er kam mir müde vor. Sie kam mir vor wie ein Engel.
Es war mir eine Ehre.
Dieser Fehler wurde ihm zum Verhängnis.

h) GNnom + GN**acc** + membre en fonction d'**attribut de l'objet** :

46 L'attribut est un G ADJ ou un G PART :
Ich habe sie lieb/gern. Du hast es [bald] überstanden (v. § 140).
Ich heiße Sie willkommen. Das macht mich wahnsinnig.
Ich fand den Film interessant. Das läßt mich kalt. Ich habe es/diese Kritiken satt.
avec *als* ou *für* :
Er bezeichnete/betrachtete mich als verrückt.
Es erwies sich als falsch.
Man hält eine Steuererhöhung für notwendig.

Lorsque le GNacc est remplacé par un G CONJ ou un G INF, l'annonce par *es* est obligatoire :

Ich fand es nützlich/hielt es für nützlich, die Polizei zu verständigen (daß die Polizei verständigt wird).

47 L'attribut est un GN :
Er nannte mich einen Lügner. Man nannte ihn « den Sizilianer ».
Er taufte seinen Hund Helmut. Au passif : *ich wurde ein Lügner* (NOM.) *genannt.*
avec *als* ou *für* :
Ich betrachte ihn als einen Schwindler.
Ich habe ihn für einen Verkäufer gehalten.

48 Autres types d'attribut :
Ich fand das zum Lachen.
Ich habe ein Haus zu verkaufen.
Sie hat viele Kleider im Schrank hängen.

13.3. Les constructions « réflexives »

13.3.1. CARACTERISTIQUES FORMELLES ET SYNTAXIQUES.

§ 354 Le pronom « réfléchi » ne fonctionne qu'aux cas obliques **accusatif** et **datif.** Les formes de génitif *meiner, deiner, seiner selbst/ihrer selbst, unser, euer, ihrer selbst* sont relativement peu employées dans la langue actuelle. Le pronom réfléchi a des formes identiques à celles du pronom personnel aux 1re et 2e personnes et des formes propres à la 3e personne :

<table>
<tr><th></th><th colspan="3">SINGULIER</th><th colspan="3">PLURIEL</th></tr>
<tr><th></th><th>1re pers.</th><th>2e pers.</th><th>3e pers.</th><th>1re pers.</th><th>2e pers.</th><th>3e pers.</th></tr>
<tr><td>ACCUSATIF</td><td>mich</td><td>dich</td><td rowspan="2">sich</td><td rowspan="2">uns</td><td rowspan="2">euch</td><td rowspan="2">sich</td></tr>
<tr><td>DATIF</td><td>mir</td><td>dir</td></tr>
</table>

Ich schäme mich. Schämst du dich nicht ? Schämen Sie ***sich*** *nicht ?*
Habt ihr euch gut erholt ? Haben Sie ***sich*** *gut erholt ?*
Anne hat ***sich*** *verliebt. Kannst du dir das vorstellen ?*

Les verbes construits avec ces pronoms ont normalement *haben* aux formes composées, sauf certains verbes réciproques (v. § 180 ②). La transformation au passif processuel (en *werden*) est impossible, mais certains verbes duratifs et terminatifs admettent une structure de bilan (avec *sein*), sans changement de sujet mais avec chute du pronom, cf. :

Anne verliebt sich → *Anne ist verliebt.*
Peter betrinkt sich → *Peter ist betrunken.*

Ceci explique que le PART II ne puisse devenir épithète que sans le pronom, contrairement au PART I :

PART I *ein* ***sich*** *verliebendes Mädchen ; die* ***sich*** *betrinkenden Männer*
PART II *ein verliebtes Mädchen ; die betrunkenen Männer*

3.3.2. LES VERBES PRONOMINAUX OU LEXEMES VERBAUX A INDICE PRONOMINAL.

355 Il s'agit de verbes dont le pronom non-sujet est **directement lié au lexème verbal,** par exemple *sich ereignen, sich ärgern,* et n'est pas réfléchi au sens propre du terme. Il suffit d'ajouter *selbst* ou *selber, und keine[n] andere[n] (ACC)* pour s'en rendre compte :

Peter wäscht sich → *Peter wäscht sich selbst, und keinen anderen* = réfléchi
Peter freut sich → *selbst, und keinen anderen* est exclu = indice pronominal

Le pronom est donc nécessaire grammaticalement, d'où le terme d' « indice ». On peut dire aussi qu'il fait partie intégrante du lexème verbal complexe.

§ 356 TYPE 1 *sich erkälten, sich ereignen*

Le pronom est une **valence bloquée** et ne commute avec aucun autre GN, c'est-à-dire que le verbe n'existe que sous forme pronominale :

▷ L'indice pronominal est à l'ACC :

sich abmühen : se donner du mal.
sich auskennen (*in* + DAT) : s'y connaître.
sich bedanken (bei jm für etw.) : remercier.
sich beeilen : se dépêcher.
sich befinden (+ G PREP locatif) : se trouver quelque part.
sich begeben (+ G PREP directif) : se rendre qq part.
sich begnügen (mit etw.) : se contenter de qqch.
sich behelfen (mit etw.) : s'en tirer en se servant de qqch.
sich benehmen, sich verhalten (+ G ADJ) : se comporter.
sich berufen (*auf* + ACC) : invoquer qqch (pour prouver qqch).
sich besinnen (*auf* + ACC) : se ressouvenir de qqch.
sich bewähren : faire ses preuves.
sich bewerben (*um* + ACC) : poser sa candidature à.
sich eignen (für etw./zu etw.) : convenir à (avoir les qualités requises).
sich entscheiden (für etw./jm) : se décider.
sich entschließen (für etw./zu etw.) : se décider pour, se résoudre à).
sich erholen : se reposer.
sich erkälten : prendre froid.
sich gedulden : patienter.
sich nähern (+ DAT) : s'approcher.
sich kümmern (*um* + ACC) : s'occuper de.
sich räuspern : toussoter, s'éclaircir la voix.
sich revanchieren : rendre la pareille.
sich schämen (*wegen* + GEN) : avoir honte.
sich sehnen (nach etw./jm) : désirer ardemment (la présence de) qqch/qqn.
sich 'umblicken/sich 'umschauen/sich 'umsehen (nach etw./jm) : se retourner pour voir qqch/qqn ; chercher.
sich verbeugen (vor etw./jm), sich verneigen : s'incliner respectueusement.
sich verirren : s'égarer.
sich verlieben (*in* + ACC) : tomber amoureux/-se de qqn.
sich verspäten : prendre du retard.
sich wehren (*gegen* + ACC) : se défendre.
sich weigern, etw. zu tun : refuser de faire.
sich wundern (*über* + ACC) : s'étonner.
sich zufriedengeben (mit etw.) : se contenter de qqch (estimer suffisant).

Indice pronominal facultatif :
[sich] ausruhen : se reposer.
[sich] davonschleichen : filer en douce.
[sich] duschen : se doucher.
[sich] flüchten (+ G PREP locatif) : se réfugier.
[sich] irren (*in* + DAT) : se tromper (etc.).

▷ L'indice pronominal est au DAT :

sich etw. aneignen : s'approprier.
sich etw. anmaßen : s'attribuer présomptueusement une qualité, un droit.
sich etw. ausbedingen : exiger comme condition.
sich etw. ausbitten : exiger.
sich etw. ausdenken : imaginer, « inventer ».
sich etw. einbilden : se figurer.
sich etw. trauen : oser faire qqch.
sich etw. verbitten : ne pas admettre qqch. de la part de qqn.
sich etw. zu Herzen nehmen : prendre qqch. à cœur.
sich etw. zuziehen : attraper (une maladie), se faire (une blessure).

▷ Le cas de l'indice pronominal n'est pas repérable, le verbe ne fonctionnant qu'à la 3e personne :

sich auswirken : avoir des conséquences.
sich belaufen (*auf* + ACC) : se monter à.
sich bewahrheiten : se vérifier.
sich bewölken (Himmel) : se couvrir.
sich ereignen : se produire.
sich erstrecken (*über* + ACC) : s'étendre sur, couvrir une surface.

§ 357 TYPE 2 *sich ärgern, sich fürchten*

Le pronom peut commuter avec un autre GN, mais il s'agit alors d'un **autre** programme valenciel impliquant le plus souvent une autre signification pour le verbe. Du point de vue des valences, on a donc **deux verbes** :

PROGRAMME VALENCIEL **1** : l'objet est réellement affecté par le sujet.	PROGRAMME VALENCIEL **2** avec indice pronominal : l'objet pronominal n'est pas affecté par le sujet.
Peter ärgert Paul.	*Paul ärgert* ***sich*** *[über Peter].*
Sein Verhalten ärgert mich.	*Ich ärgere* ***mich*** *[über sein Verhalten].*
Er fürchtet den Tod.	*Er fürchtet* ***sich*** *[vor dem Tod].*

Certains de ces verbes peuvent être employés avec un vrai pronom réfléchi : *Er ärgert sich über* ***sich selbst.*** *Er fürchtet sich vor* ***sich selbst.***

▷ L'indice pronominal est à l'ACC :

sich ärgern (*über* + ACC) : être furieux, s'énerver, se fâcher.
sich auszeichnen : se distinguer.
sich beklagen (*über* + ACC) : se plaindre.
sich bemühen (*um* + ACC) : s'efforcer d'obtenir.
sich beruhigen : se calmer.
sich erinnern (*an* + ACC) : se souvenir de.
sich verschlucken : avaler de travers (etc.).
sich freuen (*an* + DAT, rare) : éprouver du plaisir à qqch ; (*über* + ACC) : être content de qqch. (d'actuel) ; (*auf* + ACC) : se réjouir à l'avance de qqch.
sich stützen (*auf* + ACC) : s'appuyer sur.
sich täuschen (*in* + DAT) : se tromper.
sich verlassen (*auf* + ACC) : avoir confiance en qqn/qqch., s'en remettre à.

Ne fonctionnent qu'à la 3e per. :

sich ergeben (*aus* + DAT) : résulter de.
sich erweisen (*als* + G ADJ ou GN) : s'avérer.
sich herausstellen, daß... : il s'avère que.
sich hinziehen : traîner en longueur.
sich legen (Sturm) : se calmer.
sich verzögern (sujet inanimé) : prendre du retard, traîner.
(etc.)

▷ L'indice pronominal est au DAT :

sich etw. anhören : écouter qqch.
sich etw. anschauen/ansehen : regarder.
sich etw. leisten : se permettre.
sich etw. vorstellen : [s'] imaginer.

▷ L'indice pronominal est membre d'un G PREP :

etw. mit sich bringen/nach sich ziehen (sujet inanimé) : entraîner, avoir pour résultat.
vor sich gehen (sujet inanimé) : se dérouler.
etw. vor sich haben : avoir prochainement à faire/à subir.
wieder zu sich kommen : reprendre ses esprits.
etw. hinter sich lassen : laisser (derrière soi).
etw. zu sich nehmen : prendre (nourriture, boisson).
außer sich sein : être dans tous ses états.

§ 358 TYPE TRANSITOIRE *sich kranklachen*

Certaines locutions résultatives semblent superficiellement appartenir au type 2, par exemple :

sich müde arbeiten, sich kranklachen/sich kaputtlachen/sich totlachen, sich satt essen, sich gesundschlafen, sich die Füße wundlaufen, etc.

En réalité, on peut y reconnaître un véritable pronom réfléchi si on les interprète comme une contraction de deux GV :

ich lache mich krank = ich lache + mache mich (selbst) krank
ich laufe mir die Füße wund = ich laufe + mache mir (selbst) die Füße wund.

13.3.3. VERBES ADMETTANT UN PRONOM REFLECHI OU RECIPROQUE.

§ 359 Le pronom est véritablement **réfléchi** (renforçable par *selbst,* voire *selber*) ou **réciproque** (substituable par *einander*) lorsqu'il commute librement avec un autre GN dans le programme valenciel d'un verbe :

Peter wäscht sein Kind	→ *Peter wäscht* ***sich*** *(selbst).*
Peter wäscht seinem Kind die Hände	→ *Peter wäscht* ***sich*** *(selbst) die Hände.*
Peter spricht von seinem Kind	→ *Peter spricht von* ***sich*** *(selbst).*
Peter hilft seiner Frau	→ *Peter und Anne helfen* ***sich.***

a) Le pronom réfléchi.

§ 360 Il peut être :

▷ à l'ACC : *Ich rasiere mich. Entschuldigen Sie sich! Du wiederholst dich,* etc.

▷ au DAT :
- — en tant qu'objet : *Du widersprichst dir. Du schadest dir (selbst). Was erlauben Sie sich!;*
- — en tant que « datif de possession » (substitution possible par un possessif) : *Ich putze mir die Zähne (= meine Zähne). Ich habe mir den Magen verdorben. Sie hat sich den Finger verbrannt;*
- — en tant que « datif de convenance » (substitution possible par *für mich/sich...*) : *Ich kaufe mir Zigaretten (= für mich). Ich hole mir eine Flasche Bier aus dem Kühlschrank.*

▷ membre d'un G PREP : *Ich denke an mich. Er spricht von sich.*

§ 361 Contrairement au français, qui a largement abandonné le réfléchi *soi,* l'allemand exige la forme ***sich*** à la 3e personne lorsque le pronom renvoie au sujet :

Bei ihr zu Hause ist alles sauber.	Chez elle, tout est propre.
Sie war bei ***sich*** *zu Hause.*	Elle était chez elle.
Sie dachte immer noch an ihn.	Elle pensait encore à lui.
Sie denkt immer nur an ***sich.***	Elle ne pense qu'à elle.
Haben Sie Geld bei ***sich****?*	Avez-vous de l'argent sur vous ?

b) Le pronom réciproque.

§ 362 Le pronom réciproque, qui ne fonctionne qu'au pluriel *(sich, uns, euch),* est en général substituable par *einander* (ou *einer den/dem anderen*) et renforçable par *gegenseitig* :

Wir kennen uns (gegenseitig) → *Wir kennen einander.*
Sie lieben sich (gegenseitig) → *Sie lieben einander.*
Ihr widersprecht euch (gegenseitig) → *Ihr widersprecht einander.*

Comme le montrent ces trois exemples, le pronom *uns, euch, sich* peut être ambigu ; voir aussi : *Sie loben sich* = *sich selbst* ou *einander*

Ce pronom n'est donc en soi ni réfléchi ni réciproque. Sa signification est de « renvoyer à l'être visé par le sujet » (identité) ; les désignés « réciproque » ou « réfléchi » sont déterminés par l'emploi contextuel. Par contre, le signifié fonctionnel de l' « indice » pronominal est de fournir une troisième voix par rapport à l'actif et au passif, une voix non ergative qui fait du sujet un simple siège du procès.

Uns, euch, sich **ne fonctionnent pas comme pronoms réciproques dans un G PREP :** il faut utiliser ***einander,*** qui est soudé graphiquement à la préposition.

Wir sprechen ***miteinander.*** *Sie sprechen* ***voneinander*** (▶ mais : *Sie sprechen von sich* = *von sich selbst*).
Ihr denkt ***aneinander*** (▶ mais : *Ihr denkt an euch* = *an euch selbst*).
Die Industrieländer sind ***voneinander*** *abhängig. Sie tauschten Briefmarken* ***untereinander*** *[aus]* (▶ mais : *Sie waren unter sich :* Ils étaient entre eux).

Un G PREP avec *einander* se combine fort bien avec un verbe pronominal :
Sie fürchteten sich voreinander.
Wir kümmerten uns umeinander.

Certains verbes impliquant une dualité d'actants peuvent être utilisés avec deux programmes valenciels :

1. Avec pronom réfléchi + G PREP (*mit* ou *von*) : dans ce cas le sujet peut être évidemment au singulier :
   Ich einigte ***mich mit ihm.***
   Hast du ***dich*** *wieder* ***mit ihr*** *gestritten ?*
   Er hat ***sich von ihr*** *getrennt.*
   Sie unterscheidet ***sich*** *in allem* ***von ihm.***
2. Avec pronom réciproque (*einander* étant cependant exclu) :
   Wir einigten ***uns.***
   Habt ihr ***euch*** *wieder gestritten ?*
   Sie haben ***sich*** *getrennt.*
   Sie unterscheiden ***sich*** *in allem.*

13.3.4. AUTRES TOURNURES PRONOMINALES.

§ 363 **a)** Constructions proches de la perspective passive (v. § 271) :
Der Fall hat sich aufgeklärt (= ist aufgeklärt worden).
Eine Tür öffnete sich (= wurde geöffnet).
Das Buch wird sich schon finden (= wird gefunden werden).

§ 364 **b)** Constructions avec **lassen** (au sens d'une modalité, v. § 271) :
Das Hemd läßt sich leicht bügeln (= kann... gebügelt werden).
Das läßt sich ändern (= kann geändert werden).
Ich lasse mir die Haare schneiden (= will, daß man mir die Haare schneidet).
Sie läßt sich von einem Unbekannten beschwätzen (baratiner) *(= läßt zu, daß ein Unbekannter sie beschwätzt).*

§ 365 **c)** Tournures avec sujet inanimé (v. § 271) :
Der Roman verkauft sich gut/liest sich flüssig.
Die Pflanze fühlt sich weich an.
Hier sitzt es sich bequem. In dieser Stadt lebt es sich gut.
In einem dunklen Zimmer arbeitet es sich schlecht.
Mit diesem Kuli schreibt es sich schlecht. Modalité *(« kann man »)* + programme valenciel original comprenant obligatoirement : *es* + *sich* + GSC (adverbe ou G PREP, le plus souvent locatif) + G ADJ (« adverbe de manière »).

§ 366 **d)** Lexicalisations :
sich (DAT) *einer Sache* (GEN) *bewußt sein ; sich* (DAT) *über etwas* (ACC) *im klaren sein :* être conscient de qqch.
es fragt sich nun, ob... : la question/le problème est de savoir si...
das versteht sich [von selbst] : cela va de soi.
Die Sache macht sich schon (geht in Ordnung).
der Mensch an sich (en soi).
an sich, an und für sich (au fond, *eigentlich*).

13.3.5. DIFFICULTES PARTICULIERES.

§ 367 **a)** Emploi du pronom réfléchi dans les G INF et G PART :

La difficulté tient à ce que le sujet de ces groupes est implicite, d'où la nécessité de bien repérer la personne :

Er empfahl ***mir, mich*** *bei der Polizei zu melden.*
Ich rate ***Ihnen, sich*** *zu beschweren.*
Ihr *solltet* ***euch*** *schämen!*
Ihr *einziger Wunsch war,* ***sich*** *wieder mit ihm zu versöhnen.*
Jeder Versuch (sous-entendu : *von mir*), ***mich*** *zu bessern, scheiterte kläglich.*
Jede ***sich*** *bietende Gelegenheit wurde ausgenutzt (= die Gelegenheit bietet sich).*

▶ ATTENTION aux rencontres de pronoms :
Il saisissait chacune des occasions se présentant à lui → *Er nutzte jede* ***sich ihm*** *bietende Gelegenheit aus.*

b) Programme valenciel différent selon que le verbe est pronominal ou non (v. § 357) :

Das empört mich zutiefst → Ich empöre mich darüber.
Die Universität hat die Stadt verändert/belebt → Die Stadt hat sich durch die Universität verändert/belebt.

c) Deux verbes, l'un pronominal, l'autre non pronominal, pour un sens analogue :

es ablehnen + G INF	→	*sich weigern* + G INF.
abstechen (*von* + DAT)	→	*sich abheben* (*von* + DAT).
aufstehen	→	*sich erheben.*
beschließen	→	*sich entschließen* (*zu* + DAT).
bestehen (*aus* + DAT)	→	*sich zusammensetzen* (*aus* + DAT).
folgen (*aus* + DAT) résulter	→	*sich ergeben* (*aus* + DAT).
jn fragen (*nach* + DAT)	→	*sich (bei jm) erkundigen* (*nach* + DAT).
garantieren (sujet animé)	→	*sich verbürgen* (*für* + ACC).
gebrauchen, benutzen	→	*sich bedienen* + GEN
es geht um + ACC	→	*es handelt sich* (*um* + ACC).
geschehen	→	*sich ereignen.*
klagen (*über* + ACC)	→	*sich beklagen* (*über* + ACC).
reichen (*bis* + préposition spatiale directive)	→	*sich erstrecken* (*über* + ACC ou *bis* + préposition spatiale directive).
sein + GSC locatif	→	*sich befinden* + GSC locatif
staunen (*über* + ACC)	→	*sich wundern* (*über* + ACC).
steigen : monter	→	*sich erhöhen* : s'élever.
versuchen + G INF	→	*sich bemühen* + G INF
es wagen + G INF	→	*sich* (DAT) *trauen* + G INF.
warten	→	*sich gedulden.*
wirken	→	*sich auswirken.*
		(etc.)

§ 368 **d)** ATTENTION aux verbes qui sont pronominaux ou réfléchis en allemand sans que l'équivalent français le soit et inversement :

sich ändern : changer.
sich anstrengen : faire un effort.
sich aufhalten : séjourner.
sich bedanken : dire merci.
sich besinnen : réfléchir.
sich bewähren : faire ses preuves.
sich bewegen : bouger, remuer.
sich blamieren : faire une gaffe ou se ridiculiser.
sich bewerben (*um* + ACC) : solliciter, poser sa candidature.
sich drehen : tourner.
sich eignen (*zu* + DAT) convenir.
sich erbarmen + GEN avoir pitié.
sich erkälten : prendre froid.
sich freuen : être content.
sich fürchten : avoir peur.
sich gedulden : patienter.
sich räuspern : toussoter, s'éclaircir la voix.
sich revanchieren : rendre la pareille.
sich schämen : avoir honte.
sich scheiden lassen : divorcer.
sich sehnen (*nach* + DAT) : désirer ardemment.
sich 'umblicken (*nach* + DAT) : regarder autour de soi/derrière soi qqch./qqn..
sich verändern : changer.
sich verschlechtern, sich verschlimmern : empirer, s'aggraver.
sich verschlucken : avaler de travers.
sich verspäten : être/arriver en retard.
sich (ACC) *vorsehen* : faire attention, être prudent, se méfier (etc.).

§ 369 Plus nombreux, semble-t-il, sont les verbes français pronominaux qui n'ont pas de correspondant pronominal en allemand :

s'abattre : *abstürzen* (avion), *niedergehen* (tempête, ouragan).
s'abonner : *eine Zeitung abonnieren.*
s'achever, se terminer : *enden, zu Ende gehen, aufhören.*
s'agenouiller : *niederknien.*
s'apercevoir, se rendre compte : *merken ; etw. fällt mir auf.*
s'appeler : *heißen.*
[s'] arrêter (cesser) : *aufhören.*
s'arrêter (ne plus se déplacer) : *halten, anhalten, stehenbleiben.*
se baigner : *baden.*
[se] casser, [se] rompre : *brechen, zerbrechen, reißen, zerreißen, kaputtgehen* (fam.).
se coucher : *ins Bett gehen, schlafen gehen, 'untergehen (Sonne).*
se débarrasser de qqn./qqch. : *etw./jn loswerden.*
s'entraîner, s'exercer : *trainieren, üben.*
s'envoler : *entfliegen, wegfliegen, davonfliegen.*
s'évader : *(aus einem Gefängnis) ausbrechen.*
s'éveiller, se réveiller : *aufwachen.*
se fier à : *jm/etw.* (DAT) *vertrauen.*
s'infiltrer : *eindringen* (*in* + ACC).
se lever : *aufstehen, aufgehen (Sonne).*
se marier avec qqn. : *jn heiraten.*
se méfier : *jm/etw.* (DAT) *mißtrauen.*
se mettre à + INF : *beginnen, anfangen.*
se noyer : *ertrinken.*
se passer, se produire : *geschehen, passieren.*
se passer de : *verzichten auf* + ACC.
se promener : *spazierengehen/ -fahren.*
se réfugier : *flüchten.*
se repentir : *etw. bereuen.*
se sauver : *davonlaufen/ -rennen.*
se suicider : *Selbstmord begehen.*

se douter de qqch. : *etw. ahnen.*
s'en aller : *weg-/fortgehen, -fahren.*
s'échapper : *entfliehen, entkommen, entweichen, davonlaufen.*
s'écrier : *schreien, rufen (laut) ausschreien.*
s'écrouler : *ein-/zusammenstürzen.*
s'endormir : *einschlafen.*
s'enfuir : *fliehen, die Flucht ergreifen, davonlaufen.*
se taire : *schweigen, kein Wort sagen.*
se tuer : *ums Leben kommen, 'umkommen.*

§ 370 Bien que l'allemand dispose de nombreux verbes pronominaux ou réfléchis **mutatifs** formés sur des adjectifs (par exemple : *sich verjüngen, sich verändern*), il utilise largement les périphrases avec ***werden*** + ADJ :

s'affaiblir : *schwächer werden (sich schwächen).*
s'aggraver : *schlimmer werden (sich verschlimmern).*
s'améliorer : *besser werden (sich verbessern, sich bessern).*
s'amollir : *weich[er] werden, erweichen.*
s'appauvrir : *arm/ärmer werden, verarmen.*
se durcir : *hart/härter werden (sich verhärten).*
s'emporter, se fâcher, se mettre en colère : *zornig/wütend werden, erzürnen* (vieilli).
s'énerver : *nervös werden.*
s'enrichir : *reich werden (sich bereichern).*
s'évanouir : *ohnmächtig werden, in Ohnmacht fallen.*
s'impatienter : *ungeduldig werden.*
s'inquiéter : *unruhig werden (sich beunruhigen).*
[se] refroidir : *kalt/kälter werden ; abkühlen (sich verkälten/sich erkälten* = prendre froid).
se salir : *schmutzig werden* (sujet animé : *sich schmutzig machen*).
Voir aussi :
Il se fait vieux → *Er **wird** alt/älter.*
Ses allusions se firent plus concrètes → *Seine Anspielungen **wurden** konkreter.*

§ 371 ATTENTION enfin aux tournures pronominales à valeur passive, beaucoup plus fréquentes en français qu'en allemand (v. § 271) par exemple :

Il s'est fait arrêter → *Er ist verhaftet worden.*
Ce plat se mange froid → *Dieses Gericht wird kalt gegessen.*
Ça se fait couramment → *Das wird oft gemacht.*

13.4. Les verbes de modalité et de modalisation

Morphologie et particularités de construction : v. §§ 143, 157, 177, 413.

13.4.1. MODALITE ET MODALISATION.

§ 372 Les verbes *dürfen, können, mögen, müssen, sollen, wollen* ainsi que quelques autres participent du point de vue du sens et de leur valeur dans l'énoncé à deux systèmes :

MODALITE = valeur **informative** ; = information sur une possibilité, obligation ou volonté **concernant le sujet grammatical.**	*Paul* ***kann*** *schwimmen.* *Sie hat heiraten* ***müssen.*** *Wir* ***durften*** *nicht zu ihm.* *Ich* ***will/möchte/mag*** *kein Bier.* *Du* ***brauchst*** *dich nicht zu entschuldigen.* *Paul* ***ist zu*** *bedauern.*
MODALISATION = valeur **communicative** ; = **jugement** porté par le locuteur **sur l'information** qu'il transmet ; le verbe est souvent substituable par un modalisateur.	*Paul* ***kann/könnte*** *um die 30 sein = Paul ist* ***vielleicht/möglicherweise*** *um die 30.* *Sie* ***muß*** *inzwischen geheiratet haben = Sie hat inzwischen* ***wahrscheinlich/sicher*** *geheiratet.* *Er* ***will*** *zu Hause gewesen sein = Er ist* ***angeblich*** *zu Hause gewesen.* *Er* ***wird*** *es wissen = Er weiß es* ***bestimmt/wohl.***

Ces deux systèmes sont caractérisés d'autre part par des particularités de fonctionnement :

▷ dans le système de la **modalisation,** la présence d'un G INF est nécessaire, alors que dans celui de la modalité, certains verbes peuvent fonctionner sans G INF, voir : *Sie möchte ein Kind ;*

▷ certains verbes et certaines formes sont bloqués dans l'un ou l'autre des systèmes :
— *werden* ne fonctionne que dans le système de la modalisation ;
— *mögen* au SUBJ II *(möchte)* ne fonctionne que dans la modalité ;
— *dürfen* n'apparaît dans le système de la modalisation qu'à la forme simple du SUBJ II *(es dürfte allen bekannt sein = es ist sicher allen bekannt).*

et surtout :

⇨ Les verbes de **modalisation** ne peuvent s'employer qu'aux **formes simples** :

*Er **muß** gezahlt haben*	→ il doit avoir payé	modalisation
*Er **mußte** gezahlt haben*	→ il devait avoir payé	modalisation
*Er **hat/hatte** zahlen **müssen***	→ il a/avait été obligé de payer.	
*Er **wird** zahlen **müssen***	→ il devra/sera obligé de payer.	
*Er **soll** das getan haben*	→ il paraît qu'il a fait cela.	
*Er **hätte** das tun **sollen***	→ il aurait dû faire cela.	

On se méfiera donc de l'ambiguïté de certains énoncés français comme par exemple :

Il a pu se cacher	MODALITE = il a eu la possibilité	*Er **hat** sich verstecken **können.*** *Er **konnte** sich verstecken.*
	MODALISATION = peut-être	*Er **kann** sich versteckt haben.*

Exception (rare) : il peut arriver qu'un verbe de modalisation soit à une forme composée lorsque le jugement est émis en référence à des ***critères périmés*** au moment de l'énonciation :

Im Mittelalter hat das stimmen müssen/können.

13.4.2. LES VERBES DE MODALITE ACCOMPAGNES D'UN G INF.

§ 373 Les six verbes de modalité *dürfen, können, mögen* (SUBJ II), *müssen, sollen* et *wollen* peuvent être regroupés en trois paires correspondant aux significations « POSSIBILITE, OBLIGATION, VOLONTE ». La signification du premier verbe est prise **« objectivement »**, celle du second est vue **relativement,** c'est-à-dire en référence à une **tierce instance** autre que le sujet grammatical et qui est en général une tierce personne ou la société avec ses lois, ses interdits, ses conventions, ses impératifs moraux. Exemples :

*Ich **kann** ins Kino gehen* → possibilité pure et simple : j'en ai les moyens (le temps, l'argent...)

*Ich **darf** ins Kino gehen* → possibilité relative : personne (ni mes parents, ni la société) ne s'y oppose.

Ce système peut se schématiser ainsi :

können	*dürfen*	POSSIBILITE	relative à un tiers.
müssen	*sollen*	OBLIGATION	relative à un tiers.
wollen	*mögen* (SUBJ II)	VOLONTE	relative à un tiers.

Ou encore par :

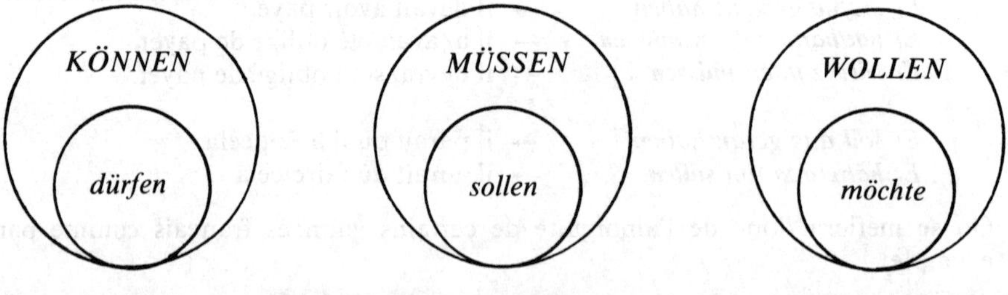

Dans le détail, cependant, ce système se complique par la survivance de quelques emplois historiques, par l'intervention d'autres verbes tels que *vermögen* et *nicht brauchen* ou bien il s'estompe sous l'influence de la négation et du SUBJ II :

— ***ich darf/soll es nicht tun*** : les significations sont plus proches que celles de *ich darf/soll es tun* ;

— ***ich müßte/sollte es tun*** : les significations sont plus proches que dans ***ich muß/soll es tun.***

> POSSIBILITE → *können* ——
> —— *dürfen* → POSSIBILITE en référence à un « tiers »

§ 374 a) ***können/nicht können.***

▷ possibilité/impossibilité de la part du sujet grammatical. Les conditions de réalisation du procès exprimé par le G INF sont (supposées) remplies/non remplies :

Mit der Linie 5 kann man direkt zur Uni fahren.
Kannst du mich morgen vom Bahnhof abholen ?
Ich habe die ganze Nacht nicht schlafen können.
Die Fotos können morgen abgeholt werden.

► ***kaum*** + *können* : avoir du mal à → *Ich kann ihn kaum verstehen.*

► ***unmöglich/schwer*** + *können* : il m'est impossible/difficile de → *Ich kann den Chef jetzt unmöglich stören ! Ich kann ihn schwer darum bitten.*

► ***nicht um'hin können*** + G INF avec ***zu*** : ne pas pouvoir éviter de → *Ich konnte nicht umhin, meiner Freude freien Lauf zu lassen.*

▷ capacité (possibilité) acquise (fr. *savoir*) :

Sie kann [nicht] singen/tanzen/schwimmen.
Können Sie deutsch [sprechen] ?

La capacité et l'incapacité peuvent être exprimées par ***vermögen*** (avec ***zu***) dans le sens de « réussir/parvenir à » :

*Er vermag **es**, die kompliziertesten Dinge einfach darzustellen.*
Ich vermag es nicht zu glauben : Je n'arrive pas à le croire.

375 **b) *dürfen/nicht dürfen.***

▷ possibilité/interdit formel de la part d'un **tiers** : « avoir/ne pas avoir le droit ». Les conditions de réalisation du procès exprimé par le G INF sont remplies/non remplies par rapport à un risque :

Hier darf man [nicht] rauchen.
Dem Gesetz nach dürfen Sie Einspruch erheben.
Eine Frau darf man nicht nach ihrem Alter fragen (convenances).
Sie durfte schon mit 16 allein ausgehen.

d'où l'emploi fréquent dans les formules de politesse :

Darf ich fragen, wie alt Sie sind ?
Darf/dürfte ich Sie um einen Gefallen bitten ?
Ich darf Sie herzlich begrüßen. Permettez-moi de...
Ich darf hinzufügen, daß... = J'ajouterai que...
Darf ich bitten ? Mademoiselle, voulez-vous...

▷ par extension : pouvoir sans risques/ne pas pouvoir sous peine de conséquences désagréables :

Dieses Hemd darf bei 90 Grad gewaschen werden (= aucun problème).
Aufgetautes Tiefkühlgut (produits surgelés) *darf auf keinen Fall wieder eingefroren werden* (= sinon, ils perdent leur fraîcheur).
Ich darf nicht vergessen, Geld abzuheben (= sinon, je n'aurai pas d'argent pendant le week-end).

Comparer :

Man ***kann*** *diese Greueltaten nicht vergessen* = il est impossible d'oublier ces actes d'horreur.
Man ***darf*** *diese Greueltaten nicht vergessen* = il serait désastreux (pour l'humanité) de les oublier.

▷ sens atténués : interdiction feinte ou figurée :

Sie dürfen mir nicht böse sein. Ne m'en veuillez pas.
Wenn es schief geht, darf er sich nicht wundern.
Ich darf (kann possible*) mich nicht beklagen.* Vis-à-vis des autres, je n'ai pas le droit de me plaindre.

Emploi ironique, relativement fréquent :
Meine Frau ist weg und ich darf (↔ muß) mich wieder um die Kinder kümmern !

376 **c) Remarques :**

Dans la langue parlée, *können* remplace très souvent *dürfen* lorsqu'il s'agit de demander ou de donner une permission :

Kann/darf ich noch etwas Brot haben ?
Kann/darf ich Sie kurz stören ? *Sie können sich setzen.*

notamment quand on utilise des LSC (« adverbes ») comme ***ruhig*** ou ***gern*** (cf. § 829) qui expriment la permission (*dürfen* devient alors redondant) :

Sie können/dürfen ruhig sitzen bleiben.
Du kannst/darfst mich gern besuchen.

Nicht können peut servir à « dépersonnaliser » un interdit, c'est-à-dire à faire comme s'il s'agissait d'une impossibilité absolue :

Sie können hier nicht parken! (weil sie es nicht dürfen)
Das kannst du ihm nicht antun! (weil ich es nicht will)
Du kannst mich doch nicht einfach im Stich lassen! (weil ich es nicht will und weil man es nicht darf).

Nicht dürfen est très souvent un pendant de *müssen*, cf. :

Rechts darf nicht überholt werden → Man muß links überholen.
Ich darf mich nicht blamieren → Ich muß mich anständig benehmen.

OBLIGATION → *müssen* ——┐	
	└—— *sollen* → OBLIGATION en référence à un « tiers »

§ 377 **a)** ***müssen.***

▷ obligation/nécessité de la part du sujet grammatical : « ne pas pouvoir/ne pas être libre de faire autrement » ; les conditions de réalisation du procès exprimé par le G INF sont contraignantes/non contraignantes :

Alle Menschen müssen sterben. *Die Straße war gesperrt. Wir mußten umkehren.* *Ich mußte lachen.*	} nature des choses, circonstances
Ich muß um 4 wieder zu Hause sein. *Ich muß ihn [unbedingt] sprechen.* *Medikamente müssen sorgfältig aufbewahrt werden.* *Man muß seine Ausweispapiere immer bei sich tragen.*	} sous peine de conséquences désagréables

▷ sens atténués : nécessité feinte ou figurée :

Du mußt diese Platte unbedingt kaufen.
Ich muß sagen/zugeben, daß...
Sie müssen entschuldigen, aber...

§ 378 **b)** ***nicht müssen*** et ***nicht brauchen*** (▶ avec ***zu***) :

▷ non-obligation : « être libre de ne pas faire », « ne pas avoir besoin de » (libre choix concédé par les circonstances ou par une tierce personne) ; *müssen* porte alors souvent un accent d'insistance :

Sie ⁺*müssen nicht gleich zahlen. Sie brauchen nicht gleich **zu** zahlen.* Vous n'êtes pas obligé(e) de...
Grammatik ⁺*muß nicht trocken sein. Grammatik braucht nicht trocken **zu** sein.* La grammaire n'est pas nécessairement aride/fastidieuse.
Du hättest mir nicht helfen ⁺*müssen. Du hättest mir nicht **zu** helfen brauchen.*

avec nuance de reproche (« tout de même pas ») :

Das muß ich dir wohl nicht er•zählen. Das brauche ich dir wohl nicht zu er•zählen (Je n'ai tout de même pas besoin...)

Sie müssen nicht •denken/•meinen, daß... (Il ne faut pas penser que...)

§ 379 c) ***Sollen*** et ***nicht sollen.***

▷ **invitation** à (ne pas) faire. Il s'agit d'une obligation relative en ce sens qu'elle suppose une demande ou un souhait de la part d'une personne, de la société, d'une religion, etc., envers laquelle on se sent **obligé** : les conditions de réalisation du procès exprimé par le G INF sont quasi contraignantes parce que la réalisation est souhaitée ou prévue par une tierce instance :

Man soll/sollte immer die Wahrheit sagen (= es ist erwünscht).
Ich soll Ihnen einen Gruß von Herrn Müller ausrichten (= er hat es gewünscht).
Meine Kinder sollen es später besser haben (= ich wünsche es).
Sie sollen zum Chef kommen ! (= er wünscht/verlangt es).
Der Arzt sagt, ich soll(e) abnehmen (= es ist erwünscht/wäre gut).
Du sollst nicht töten. Tu ne tueras point.
Das sind Dinge, die man wissen soll/sollte (= es ist erwünscht/besser).
Du hättest die Wahrheit sagen sollen (= es wäre besser gewesen).
*Du sollst/solltest **besser** nichts unternehmen.* Tu ferais mieux de...
*Du solltest **lieber** aufpassen* (v. § 829).
Was soll ich tun ? (= was ist besser ?) } sollicitation
Was soll ich davon halten ? } d'un conseil
Soll ich einen Arzt holen ? = Wollen Sie/möchten Sie, daß... ?
Soll ich dir einen Tee kochen ? = Willst du/möchtest du, daß... ?

Nicht sollen est proche de *nicht dürfen* dans la mesure où la conduite attendue est la même (« ne pas faire »). Cependant, *nicht sollen* implique un libre arbitre ou un jugement de valeur qui n'est pas dans *nicht dürfen* (interdit formel) :

*Du **darfst nicht** rauchen* = c'est interdit ou je te l'interdis.
*Du **sollst nicht** [soviel] rauchen* = tu es certes libre, mais ce n'est pas souhaitable.

Au SUBJ II de l'antérieur (= supposition contre-réelle), ces différences s'estompent :

*Du **hättest** ihn **nicht** beleidigen **dürfen/sollen.***

▷ par extension, *[nicht] sollen* exprime une **prévision** : « il est prévu que qqch. se fasse/ne se fasse pas » :

Der Bundeskanzler soll demnächst in die UdSSR reisen.
Die Steuern sollen vorläufig nicht weiter erhöht werden.
Er sollte mich um 4 anrufen (es war ausgemacht/vorgesehen).
Das soll nie wieder vorkommen. Ça ne se reproduira plus (« promesse »).
Das sollst du mir büßen ! Tu me paieras cela ! (c'est prévu).

Comparer :

Er soll mich anrufen < dites-lui de m'appeler (demande) / il doit/va m'appeler (prévision)

d'où l'aspect **prospectif** (« futur dans le passé ») de *sollen* :
Er sollte kurz darauf sterben (= il était prévu dans son destin/il était écrit que...).

VOLONTE → *wollen* ┐	
└ *mögen* (SUBJ II) →	VOLONTE en référence à un « tiers »

§ 380 **a) *wollen/nicht wollen.***

▷ volonté, intention, refus : la réalisation du procès exprimé par le G INF est voulue/non voulue sans que les conditions de réalisation soient envisagées :

Ich will alles tun, was in meiner Macht steht.
Ich wollte gerade ausgehen, als er anrief.
Er will sie nicht heiraten.

d'où un emploi **prospectif** (« futur immédiat ») :

Ich will nachschauen, ob Post da ist. Je vais voir s'il y a du courrier.

d'où également un emploi injonctif (volonté supposée ou feinte) :

Wir wollen jetzt tanzen. / *Wir wollen uns wieder vertragen.* } je suppose que nous le voulons, alors faisons-le.
Wollen Sie sich bitte einen Augenblick gedulden.

► l'injonction indirecte (v. § 246) n'admet dans ce cas que *mögen* (litt.) ou *sollen :*

Er sagte, ich möge/solle mich einen Augenblick gedulden.

▷ emplois métaphoriques avec sujet inanimé (personnification) :

Der Film will auf Mißstände aufmerksam machen (en fait : son metteur en scène).
Der Regen wollte kein Ende nehmen.
Das will mir nicht aus dem Kopf.
Es gibt Späße, die ernst genommen werden wollen. /
Das will überlegt sein. Ça demande réflexion /
Das will was heißen ! Ça veut dire quelque chose ! } proche de *sollen*

§ 381 **b) mögen, nicht mögen** (SUBJ II).

▷ volonté conditionnelle, c'est-à-dire relative aux conditions de réalisation ou à la volonté d'une autre personne (fr. « avoir envie », « j'aimerais », « je voudrais »). Comparer :

*Ich **will** hier [nicht] bleiben* = ma volonté passe outre à tout obstacle.
*Ich **möchte** hier [nicht] bleiben* = volonté tenant compte d'éventuels obstacles ou objections.

d'où le caractère plus poli de *möchte* :

Ich möchte den Direktor sprechen.
Ich möchte Sie nicht stören.

§ 382 **c) Remarques :**

Mögen fonctionne peu à l'IND et au SUBJ I :

Das mag ich niemandem sagen. Das mochte er keinem seiner Freunde mitteilen = sens voisin de *wollen* (pas de référence à une instance extérieure), qui serait plus courant.

Das mögen Sie selbst entscheiden. } injonction ; sens voisin
Er schrieb, ich möge ihm verzeihen. } de *sollen*
Möge die Gerechtigkeit siegen! souhait → *Die Gerechtigkeit soll siegen!* → *Ich möchte, daß die Gerechtigkeit siegt.*

Mögen fonctionne assez mal aux formes composées : si les conditions dans lesquelles s'exprime la volonté sont périmées, la référence à ces conditions n'a plus beaucoup de sens. D'où l'emploi de *wollen* :

Er hat nicht mitkommen [mögen]/wollen.
Ich hätte sein Gesicht sehen [mögen]/wollen!

Dans les contextes négatifs, *mögen* et *wollen* peuvent se rejoindre (mais pas toujours : cf. 1er exemple du § 381) :

Ich will/möchte Sie nicht zu lange aufhalten.

3.4.3. LES VERBES DE MODALISATION

(particularités de fonctionnement, v. § 372).

383 Ces verbes sont de deux types :

▷ ceux par lesquels le locuteur exprime un **jugement de vraisemblance** sur l'information qu'il transmet ;

▷ ceux par lesquels le locuteur signale que **l'information est rapportée** et qu'il ne la prend pas à son compte (énonciation indirecte).

①

müssen	*Bei Paul brennt noch Licht. Er muß zu Hause sein.* *Die Summe stimmt nicht. Sie müssen sich verrechnet haben.* (= déduction logique) dans l'hypothèse : *Wenn er den Zug nicht versäumt hat, muß/müßte er jetzt angekommen sein.*	(Quasi-) certitude *sicher, höchstwahrscheinlich*
werden ***dürfen*** **(SUBJ II)**	*Ich habe ihren Geburtstag vergessen. Sie wird jetzt [wohl] böse auf mich sein.* *Sie wird um die 30 sein, schätze ich.* *Sie dürfte um die 30 sein.* *Die italienische Fußballmannschaft dürfte zu schlagen sein.*	Supposition ou probabilité. *wohl, wahrscheinlich, vermutlich*
können (IND et SUBJ II)	*Es kann/könnte sein.* Cela se peut/se pourrait bien. *Er kann/könnte einen Unfall gehabt haben.*	Possibilité *möglicherweise, vielleicht*

mögen	*Das mag stimmen. Das mag sein.* Cela se peut. *Das Ausgleichstor am Ende der 1. Halbzeit mag für den Ausgang des Spiels ausschlaggebend gewesen sein.* ► d'où l'emploi **concessif** : *Er mag noch so freundlich sein* (il a beau...), *ich kann ihn nicht leiden.* *Wie/so alt er auch sein mag...* si vieux qu'il soit/qu'il puisse être...	

Ces verbes ne fonctionnent que partiellement dans le récit distancé (centre de référence au prétérit, v. §§ 201-203) :

Er mußte zu Hause sein. Er mußte sich verrechnet haben.
Er durfte angekommen sein (rare).
Er konnte sich getäuscht haben.
Es mochte ihm bei uns gut gefallen haben (rare).

La négation ne fonctionne qu'avec *dürfen* et *können* :

Ich dürfte mich nicht täuschen. Je ne crois pas me tromper.
Es kann nicht stimmen. So kann es nicht gewesen sein (nicht können s'oppose à *müssen*).

②

wollen	*Er will es besser wissen.* *Er will nichts davon gewußt haben.* *Er wollte zu Hause gewesen sein.*	= à ce qu'il dit/ prétend *sagt ER*
sollen	*Er soll/sollte reich sein.* On dit/disait qu'il est/était riche. *Das Unglück soll 40 Menschenleben gefordert haben.* La catastrophe **aurait** fait 40 victimes. Il paraît que...	= à ce qu'on dit, à ce qu'il paraît *sagt MAN* ou *jemand anders*

Dans les deux cas, la signification du verbe peut être rendue par ***angeblich***, qui ne renseigne cependant pas sur le locuteur premier (*er* ou *man* ?) :

Angeblich hat er nichts davon gewußt. = *er will* ou *er soll nichts davon gewußt haben.*

3.4.4. AUTRES CONSTRUCTIONS ET AUTRES VERBES A VALEUR DE MODALITÉ.

§ 384 a) **Constructions avec ellipse d'un infinitif :**

▷ Tous les verbes de modalité sauf *vermögen* admettent une construction avec un GSC **directif** (adverbe, G PREP, voire simple particule) :

Ich wollte zu dir [gehen]. Wo willst du denn hin [gehen/fahren] ?
Er kann/darf noch nicht in die Schule [gehen].
Der Kranke muß ins Krankenhaus [gebracht werden].
Du brauchst nicht auf die Bank [zu gehen].
Ich will/möchte weg [gehen] !
Da muß ein Fachmann her [kommen].
Er soll nach Hause [zurückkehren].

▷ *Können* admet une construction directe avec un **GNacc** au sens de « savoir » (capacité, v. § 374) :

Er kann Deutsch = er kann Deutsch sprechen/verstehen.
Er kann das Gedicht nicht = er kann das Gedicht nicht vortragen.

▷ *Sollen* peut s'employer avec *was* sans INF dans des questions exprimant une attitude sceptique ou indignée :

Was soll das ? = Was soll das bedeuten ?
Was soll der Unsinn ? Was soll's ? A quoi bon ?
Was soll der Kerl hier ? Qu'est-ce que c'est que ce type ? Qu'est-ce qu'il fait là, ce type ?
Cf. aussi : *Was soll ich mich darüber ärgern = Warum...*

385 b) **Wollen, mögen.**

▷ avec GNacc :

*Ich **will/möchte** ein Bier.*
***Wollen** Sie/**möchten** Sie eine Tasse Kaffee ?* } « vouloir, désirer »

*Ich **mag** kein Bier. Ich **mag** Kinder.*
avec G INF : *Ich **mag** nicht daran denken.* } « aimer »

▷ avec G CONJ *daß* (substituable par *es*) : seulement *wollen* et *mögen* au SUBJ II :

Ich will/möchte, daß du mich in Ruhe läßt.
mais : *Ich **mag es** nicht, **wenn** man mich andauernd stört !* Je n'aime pas que...

386 c) *Gewollt* et *gekonnt* peuvent entrer dans une structure attributive :

Donnerwetter ! Das war gekonnt ! C'était réussi/bien joué !
Das war [nicht] gewollt. Ce [n']était [pas] voulu.

§ 387 **d)** *Wissen* qui, construit avec un GNacc ou un G CONJ *daß/ob/warum...*, signifie un savoir intellectuel (↔ *kennen* connaître) :

Er weiß seinen Namen nicht. Er weiß alles/vieles.
Ich weiß genau, daß der Zug nicht in Straubing hält.
Weißt du, wann sie geheiratet haben ?

prend le sens de *können* (capacité) quand il est construit avec ***zu*** + **G INF** :

*Er weiß sich **zu** helfen.* Il sait se débrouiller.
*Ich wußte es nicht **zu** erklären.*

§ 388 **e)** *Sein* et *haben* prennent un sens modal quand ils sont construits avec *zu* + G INF (v. également § 272) :

Die Fotos sind bis Montag zu entwickeln. *Diese Arbeit ist/bleibt noch zu erledigen.* ou G PART I : *die zu entwickelnden Fotos* *Du hast zu gehorchen !* *Ich habe noch zwei Seiten zu lesen.*	Sens de *müssen* ou *sollen*
Die Uhr ist [nicht mehr] zu reparieren. La montre est/n'est plus réparable. *Das Problem ist [nicht/kaum] zu lösen.* Le problème est soluble/insoluble/à peine soluble. *Das ist nicht zu fassen !* C'est incroyable ! ou G PART I : *eine nicht zu übersehende Tatsache*	Sens de *können*

En français, la structure *être à* + *INF* ne fonctionne en principe que dans le premier cas (sens de « devoir »).

§ 389 **f)** Autres verbes (v. également § 139) :

*Die Brücke **drohte** jeden Augenblick einzustürzen (= konnte).*
*Er **versprach** ein guter Schauspieler zu werden (= konnte).*
*Da er den Einwand zu widerlegen **suchte** (= widerlegen wollte).*
*Weil er sich zu benehmen **versteht** (= zu benehmen weiß).*
*Daß sie am nächsten Tag abzufahren **gedachten** (= abfahren wollten).*

Particularités concernant l'intégration du G INF et l'emploi de la virgule : v. §§ 91 et 409.

14 STRUCTURES ET FONCTIONS DU GV

14.1. Groupe verbal et énoncé verbal

390 Le problème de la dictinction entre le GV (unité abstraite d'information) et l'énoncé (résultat concret de l'acte de parole) a déjà été posé (v. § 127). Il n'est cependant pas inutile de récapituler les points importants :

① L'énoncé verbal est un énoncé dont les **données informatives** (le « message ») sont transmises sous forme d'un GV.

Par exemple dans l'énoncé verbal *Na, wir hatten ja zum Glück wirklich nichts zu verzollen,* l'information proprement dite transmise au moyen d'un GV est constituée de la base *hab-* (qui porte les marques de catégories), des membres G INF *nichts zu verzollen* et GN pronominal *wir,* des connexions qui les relient les uns aux autres ainsi que du signifié des marques de catégories (temps, mode, aspect).

② En plus de ces informations, l'énoncé comprend des signaux à valeur **communicative** et **pragmatique** (v. §§ 19b et 112 sv.).

Ce sont par exemple :

▷ la **modalisation** de l'information (dans notre exemple : *wirklich*) ;

▷ l'**appréciation** sur l'information, souvent liée à une réaction affective du locuteur (ici : *zum Glück*) ;

▷ des signaux d'**illocution** (intentionalité) et/ou de **perlocution** (effet visé), liés aux questions : « A quoi sert l'énoncé ? Pourquoi transmets-je cette information et pourquoi le fais-je de cette façon ? » Ce sont entre autres :
- les marques de l'**attitude discursive** (déclaration, question, injonction, exclamation, v. § 22) que sont d'une part les modelés intonatifs spécifiques (v. § 24) et d'autre part la position de la forme personnelle du verbe, dans notre exemple le modelé final descendant et la deuxième position couverte de *hatten* ;
- les **particules illocutoires** (v. § 825 sv.), ici *ja* ;
- tout ce qui établit un **contact** avec le partenaire, ici *Na.*

§ 391 Si on se place sur le plan du **signifié,** il n'est pas aisé de déterminer la portée (l'incidence) de chacune de ces dimensions de l'énonciation, auxquelles il faudrait du reste ajouter celles de la déixis situationnelle et textuelle (cf. § 19).

On peut penser cependant que l'**information** du GV (la « proposition ») est soumise à la **modalisation,** la « proposition modalisée » constituant la **locution** (le « message » au sens large). A son tour, l'**appréciation** porterait sur ce message locutoire, l'**illocution** et la **perlocution** venant s'ajouter au message locutoire « apprécié » pour constituer l'**énoncé.** Soit en schéma simplifié :

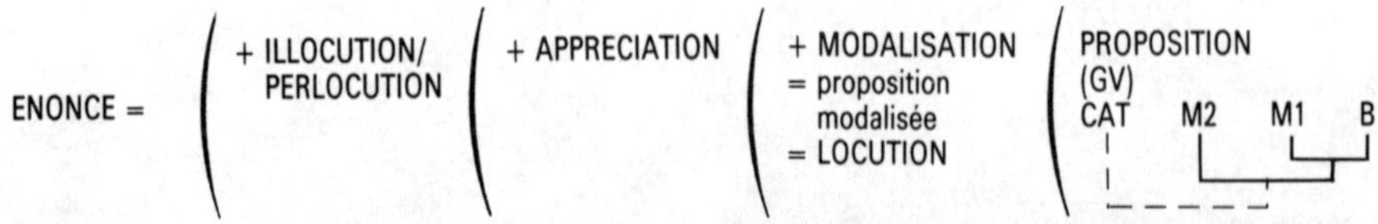

En revanche, au niveau du **signifiant,** c'est-à-dire de la construction, linéarisation ou figure positionnelle du GV en fonction d'énoncé, l'analyse est plus aisée. Elle sera détaillée dans le chapitre 32. On se contente donc ici de n'en fournir que les principes généraux.

14.2. Structure de l'énoncé verbal : principes généraux

Il faut prendre en compte essentiellement :

▷ la place de la forme personnelle du verbe (V) ;

▷ l'ordre des éléments du GV.

14.2.1. PLACE DE LA FORME PERSONNELLE DU VERBE (V).

§ 392 Le GV en fonction d'énoncé peut se présenter sous deux formes :

▷ structure dite **non marquée** : V en **position finale,** c'est-à-dire l'énoncé verbal avec un GV en **linéarisation continue** (v. § 891 sv.)	*[daß] er immer sehr früh auf**steht.*** *[daß] er erst um 9 aufgestanden **ist.***
▷ structure dite **marquée** : V en **2e position** couverte ou non, c'est-à-dire l'énoncé verbal avec un GV en **linéarisation discontinue** (v. § 904 sv.).	*Sonst **steht** er immer sehr früh auf.* *Wann **ist** er heute aufgestanden ?* *Ø **Steht** er immer so früh auf ?*

4.2.2. ORDRE DES ELEMENTS DU GV EN FONCTION D'ENONCE (détail : v. chap. 32).

393 En partant de la structure de l'énoncé verbal avec un GV en linéarisation continue, on peut distinguer **trois champs** :

[daß] wir damals / *ja zum Glück wirklich /* *nichts zu verzollen hatten*

1	2	3

▷ le champ 1 rassemble les données de l'information (« ce dont on parle ») ;

▷ le champ 3 fournit l'information qu' « on en dit » ;

▷ le champ 2 rassemble l'essentiel des éléments marquant l'intervention du locuteur ; on l'appellera le « centre stratégique » : il constitue pour ainsi dire avec l'intonation la « notice d'utilisation de l'énoncé ».

Dans la structure de l'énoncé verbal avec un GV en linéarisation **discontinue,** le schéma se complique par l'existence de deux positions clés :

▷ La **2e position** accueille la forme personnelle du verbe (V) qui a ainsi une fonction démarcative ;

▷ la **1re position** est soit vide, soit occupée par une unité des champs :

1 : ***Damals*** *hatten wir ja zum Glück wirklich nichts zu verzollen.*
2 : ***Zum Glück*** *hatten wir damals ja wirklich nichts zu verzollen.*
3 : ***Zu verzollen*** *hatten wir damals ja wirklich nichts.*

Enfin, il faut prévoir deux positions « hors-construction » :

▷ une **avant-première position** (Avp) :

Und *wir hatten wirklich nichts zu verzollen.*
Nun, *habt ihr denn wirklich nichts zu verzollen gehabt ?*

▷ une **après-dernière position** (Apd) :

Du hast doch wohl daran gedacht, ***oder*** *?*
Ich habe nicht daran gedacht, ***daß heute Sonntag ist.***

Donc (pour le détail, v. chap. 32) :

Nun, *du* *hast* *deine Frau* *doch sicher nicht zu Hause gelassen, oder ?*

Avp	1re pos.	2e pos.	champ 1	champ 2	champ 3	Apd

394 Quand on dégage d'un énoncé verbal réalisé l'unité **abstraite** qu'est le **GV,** on ne retient plus de cet énoncé que son « programme informatif » (dans l'exemple du § 390 : catégories + *wir/damals/nichts zu verzollen/hab-*), c'est-à-dire un ensemble ou **complexe d'informations structuré** (v. § 130). Les termes de « champs 1/2/3 » et de « positions » (1re et 2e positions, avant-première et après-dernière positions) ne concernent pas ce GV abstrait, mais servent à décrire l'**organisation de l'énoncé concret,** qui est bien plus que le GV (v. § 391). Ainsi, les éléments occupant le champ 2 ne font pas partie du GV au sens strict, tandis que les notions de « données » et d' « information fournie à propos d'une donnée » (= « je parle de *x* et j'en dis *y* ») ne sont pertinentes que pour l'énoncé concret ancré dans une situation et un contexte.

14.3. Les différents types d'énoncés verbaux

§ 395 On peut en distinguer trois, dont on ne retient ici que les caractéristiques essentielles :

▷ l'énoncé verbal autonome du point de vue syntaxique ;

▷ l'énoncé verbal autonome inséré ou associé à un autre énoncé ;

▷ l'énoncé verbal dépendant, c'est-à-dire membre d'un autre groupe syntaxique.

14.3.1. L'ENONCE VERBAL SYNTAXIQUEMENT AUTONOME.

§ 396 Il est syntaxiquement indépendant et constituant immédiat d'un texte. Il peut se présenter sous quatre formes correspondant à diverses **attitudes discursives** (v. § 22) :

a) Verbe en 2e position ; 1re position occupée par un élément du champ 1, 2 ou 3 :

Peter ist leider nicht zu Hause. Leider ist er nicht zu Hause. Zu Hause ist er leider nicht.

Accompagnée de l'intonation déclarative (v. § 24), cette structure marque une **déclaration** (cas le plus fréquent). Mais elle peut tout aussi bien, avec une intonation appropriée et si besoin est avec des signaux illocutoires complémentaires, devenir :

▷ une **question** (qui correspond alors, d'un point de vue pragmatique, à une demande de confirmation) :

Du kommst [doch] morgen • mit, [oder] ?
Sie sind [wohl] Herr • Müller, [nicht wahr] ?

▷ une **exclamation** :

+ *Der hat [vielleicht] Nerven !* + *Das war [aber] nett !*

▷ une **injonction** :

Nun sag mal, was dir [eigentlich] ist.
Du bleibst + *hier, [verstanden ?]* + *Jetzt wird ge • arbeitet !*

397 **b)** Verbe en 2ᵉ position ; intonation interrogative ou exclamative ; 1ʳᵉ position occupée par l'unité sur laquelle porte l'interrogation ou l'exclamation ; on parle dans ce cas d'**interrogation** ou d'**exclamation partielles** :

Wer geht mit ?	*Wie groß ist er geworden !*
Wie groß ist er ?	*[Wie] dumm bist du ! Schön singst du !*
Was für ein Mensch ist er ?	*Was ist das für ein lieber Mensch !*

398 **c)** Verbe en 2ᵉ position ; 1ʳᵉ position non occupée (∅) :

▷ **interrogation** ou **exclamation globales :**

Kommst du mit ?	*Ist das [aber] schön !*
Fährt der Zug bis Wien ?	*Waren wir damals [doch] dumm !*

Avec un verbe au SUBJ II, voire au SUBJ I (v. §§ 223 et 229), cette structure (exclamative) exprime un regret ou un souhait :

Hättest du doch [bloß/nur) deinen Mund gehalten !
Möge er noch lange leben !

Avec *doch* et plus rarement *ja*, elle constitue aussi une justification :

Er ist berühmt im ganzen Land, ist er **doch** *der erfolgreichste Schriftsteller der letzten Jahre !* (communication possible avec : *da er [doch] der erfolgreichste Schriftsteller der letzten Jahre ist*).

▷ **injonction** avec V à l'impératif :

Kommen Sie [doch]her ! *Mach, daß du wegkommst !*

ou avec V au SUBJ II (v. § 224) :

Würden Sie mich [bitte] einen Augenblick entschuldigen.

Certains énoncés à verbe à l'impératif sont figés et n'assurent qu'une fonction **contactive** en avant-première position : *Sag mal ! Hör mal ! Schau her ! Siehe da !*

Sagen Sie mal/Hören Sie mal/, können Sie denn nicht aufpassen ?
Dites donc, vous, vous ne pouvez pas faire attention ? (v. § 873)

399 **d)** Verbe en position finale (sauf avec un participe à forme infinitive, v. § 177) :

Dans cette structure, le GV a la forme d'un GV dépendant. Une intonation spécifique (le plus souvent exclamative) et souvent des particules d'illocution viennent souligner dans chaque cas la valeur illocutoire (souhait, injonction, etc.) :

Wie dumm du bist !
Was du nicht sagst ! } exclamations partielles
Wenn ich nur Zeit hätte ! (souhait contre-réel)
Wenn du doch bloß deinen Mund gehalten hättest ! (regret)
Wenn Sie mich [bitte] einen Augenblick entschuldigen würden (demande polie)
Daß du [mir] ja nicht wegläufst ! (ordre, avertissement)

Avec une intonation interrogative, cette structure marque une « question-écho » (sous forme d'interrogation indirecte) :

⁺Kommst du morgen ? — ***Ob ich •komme ?*** *Vielleicht.*
Wie ⁺spät ist es ? — ***Wie spät es ist ?*** *Halb elf.*

14.3.2. L'ENONCE VERBAL SYNTAXIQUEMENT AUTONOME INSERE OU ASSOCIE A UN AUTRE ENONCE.

§ 400 Un énoncé verbal constituant en soi un énoncé autonome peut être glissé **en incise** dans la chaîne d'un autre énoncé (« d'accueil ») :

*Er war — **so schien mir** — sehr überrascht.*
*Die nächsten Wahlen, **so sagte der Kanzler,** werden wir gewinnen.*
*Das Kind — **wie lange würde es noch leben ?** — tat mir leid.*
*Dieses — **ich muß schon sagen** — überraschende Ergebnis stellte alles auf den Kopf.*
*Anna — **ich sehe sie noch vor mir** — strotzte vor Glück.*

L'effet de parenthèse ainsi produit est souligné à l'oral par une intonation spécifique (v. § 25) et à l'écrit par des tirets, virgules, voire des parenthèses. Ces énoncés verbaux ont essentiellement une **fonction commentative,** qui peut concerner aussi bien la totalité qu'une partie de l'énoncé d'accueil. Dans ce deuxième cas, ils comportent bien souvent des pronoms de rappel (« anaphoriques ») ou d'annonce (« cataphoriques »). Cette fonction commentative peut également être assurée par d'autres unités (v. § 887) qui sont bien souvent des réductions d'énoncés verbaux, cf. :

bitte (= ich bitte), wie gesagt (= wie ich gesagt habe), kurz gesagt (= es sei kurz gesagt), unter uns gesagt (= es sei unter uns gesagt).

§ 401 D'autres énoncés verbaux, placés en avant-première ou en après-dernière position, ont une **fonction contactive** : ils signalent une entrée en contact (un « appel » au partenaire) ou au contraire une rupture de contact (v. §§ 873). Ce sont le plus souvent des formules stéréotypées, des « énoncés-outils » qui accompagnent comme des rites la communication interhumaine :

— ***Grüß Sie Gott,** sind Sie schon wieder bei der Arbeit ?*
— ***Sag mal/hör mal,** kannst du nicht aufpassen ?*
— ***Ich wollte nur mal fragen :** Haben Sie heute abend was vor ?*
— *Ich muß jetzt weg, **wir sehen uns ja noch.***

§ 402 Enfin, d'autres énoncés apparemment « juxtaposés » à un autre énoncé sont manifestement à considérer comme partie d'un énoncé global : les deux énoncés sont **associés** et forment une unité de communication malgré leur juxtaposition formelle. Le signifié de la relation (subordination, adordination/coordination, prédication, v. §§ 105-107) est moins aisé à préciser que la structure « désignative » globale dans laquelle ils entrent (concessive, hypothétique, causale, consécutive, etc.) :

Ich kann kaum noch stehen. Ich bin so müde.
(deux énoncés déclaratifs ; structure consécutive/causale)

Ich kann kaum noch stehen, so müde bin ich.
(structure consécutive/causale)

Er gehe oder bleibe / Ob er geht oder bleibt, mir ist das egal.
(structure oppositive)

Geht er oder bleibt er ? Mir ist das egal.
(deux énoncés, l'un interrogatif, l'autre déclaratif ; structure oppositive)

Wäre er gekommen ? Ich hätte ihm geholfen.
(deux énoncés ; hypothèse conditionnelle)
Wäre er gekommen, so/dann hätte ich ihm geholfen.
(hypothèse conditionnelle)
Wäre er gekommen, hätte ich ihm geholfen.
(hypothèse conditionnelle)
Er mag noch so nett tun, ich finde ihn unsympathisch.
(structure concessive)

4.3.3. L'ENONCE VERBAL DEPENDANT, MEMBRE D'UN GROUPE SYNTAXIQUE D'ACCUEIL.

403 **a)** Verbe en position finale ; l'énoncé verbal est alors :

▷ membre d'un **G CONJ** (v. chap. 29) :

__Wenn__ ich es wüßte, würde ich es dir doch sagen.
Er hat sie wohl deshalb geheiratet, __weil__ sie reich ist.
Er glaubt, __daß__ er alles haben kann/könne.
Weißt du, __ob__ der Postbote schon da war ?
Die Gewißheit, __daß__ alles klappen wird... } G CONJ membre de GN
Die Frage, __ob__ alles richtig war... }
Dadurch, __daß__ er nicht angeschnallt war... G. CONJ membre de G PREP

▷ groupe **relatif** ou **interrogatif partiel :**

Die Frau, __die__ neben mir saß...
Am Tag, __an dem/wo__ alles anfing...
Du kannst einladen, __wen__ du willst.
Der Grund, __warum/weswegen__ er den Freitod wählte, bleibt unklar.

404 **b)** Verbe en 2e position, 1re position occupée :

Il s'agit des énoncés verbaux en fonction d'objet (v. § 352a et d) dépendants de verbes signifiant « dire, croire, sentir », qui peuvent aussi être introduits par *daß* (mais le verbe est alors en position finale — v. § 403) :

Er denkt wohl, er kann/könnte sich alles erlauben.
Ich wünschte, er wäre nie wieder nach Hause gekommen.

Seuls les énoncés **déclaratifs** peuvent fonctionner de cette façon :

Er sagt : « Du bist nett ». → *Er sagt, ich bin/sei nett.*
Mais :
Er fragt : « Kommst du ? » → *Er fragt, __ob__ ich komme/käme.*
Er sagt : « Komm ! » → *Er sagt, ich __soll/solle__ kommen.*
(l'énoncé injonctif est transformé en énoncé déclaratif)

Seuls les G CONJ*daß en* **fonction d'objet** admettent normalement l'omission de *daß* :

Ich glaube, daß er kommt. → *Ich glaube, er kommt.*
Daß er lügt, steht fest. → EXCLU (G CONJ sujet)
Er half mir, ohne daß ich ihn darum bitten mußte. → EXCLU (G CONJ*daß* membre de G PREP)

sauf lorsque le G CONJ*daß* reprend un *es* cataphorique (d'annonce) :

Ich finde es schade, daß Sie schon gehen müssen : omission exclue.

EXCEPTIONS :

— G CONJ *daß* sujet ou attribut dans certaines locutions conjonctives : *angenommen, [daß]; vorausgesetzt, [daß]; es sei denn, [daß]* (v. § 767) ;
— G CONJ*daß* dépendant d'un substantif nominalisant un verbe signifiant « dire, croire, sentir », par exemple : *Die Behauptung, ich hätte gelogen... Das Gefühl, es sei etwas Schlimmes passiert...*

Certains *daß* faisant partie d'une locution conjonctive sont facultatifs ; leur non-emploi n'entraîne pas le déplacement de V :

Ich warte, bis daß er kommt → ich warte, bis er kommt.

§ 405 **c)** Verbe en 2e position, 1re position vide :

Il s'agit d'énoncés verbaux dépendants qui correspondent à un G CONJ avec ***wenn*** (sens conditionnel, parfois aussi temporel ; v. § 772).

Wenn ich Zeit gehabt hätte, wäre ich hingegangen.
→ *Hätte ich Zeit gehabt, [so/dann] wäre ich hingegangen.*
Wenn [= jedesmal, wenn] er eine hübsche Frau sieht, dreht er durch.
→ *Sieht er eine hübsche Frau, [dann] dreht er durch* (= il perd la tête).

ou ***ob*** entrant dans une structure oppositive (v. §§ 402 et 769) :

Ob er kommt oder nicht, mir ist das völlig egal.
→ *Kommt er oder nicht, mir ist das völlig egal.*

On rejoint donc ici le cas de deux énoncés associés (v. ci-dessus § 402) : il est difficile de se décider pour l'une ou l'autre des deux interprétations, qui posent chacune à leur manière le problème majeur de la linguistique dite « textuelle » ou pragmatique, à savoir celui d'une délimitation de la notion d'énoncé liée ou non à celle d'acte de langage.

15
LE GROUPE INFINITIF

15.0. Généralités

§ 406 **a)** Le G INF est un **groupe dérivé** du GV : c'est en quelque sorte un GV dépouillé de son sujet grammatical (et donc des marques de personne et de nombre), ainsi que des catégories du temps et du mode. Il lui reste cependant la catégorie de l'**aspect,** avec sa double opposition « processuel ↔ bilan » et « distancé ↔ non distancé » :

		PROCESSUEL	BILAN (str. attributive)
ACTIF	non dist.	*kaufen / kommen*	*gekauft haben / gekommen sein*
	distancé	*gekauft haben / gekommen sein*	[*gekauft gehabt haben / gekommen gewesen sein*]
PASSIF	non dist.	*gekauft werden / Ø*	*gekauft sein / Ø*
	distancé	*gekauft worden sein / Ø*	[*gekauft gewesen sein / Ø*]

On peut appeler INF I les formes simples, INF II les formes composées et INF III les formes surcomposées.

§ 407 Du point de vue de l'aspect-phase, l'INF II est ambigu, cf. :

*Er will **gestern** das Haus **gekauft haben** = Er behauptet, er habe gestern das Haus gekauft* → PROCESSUEL : *Das Haus **wurde** gestern gekauft.*

*Er will **morgen** das Haus **gekauft haben** = Er wünscht : » Morgen habe ich das Haus gekauft «* → BILAN : *Das Haus **ist** morgen gekauft.*

Les formes de l'INF III-bilan sont très rares à l'écrit comme à l'oral. On peut cependant les rencontrer, cf. : *Ohne nach dem Meister Bebra **gefragt gehabt zu haben** (...) verkündete mir Dr. Bösch, daß Bebra mich erwartete* (G. Grass, *Die Blechtrommel*).

b) Le G INF a la **marque *-en,*** portée par le lexème-base ou l'auxiliaire. Cette marque est réduite pour des raisons phonétiques à ***-n*** :

▷ à l'oral comme à l'écrit : quand le radical est terminé par une syllabe atone comportant un [ə] : *'änder-n, 'lächel-n,* ainsi que *sein* et *tun* ;

▷ à l'oral où le [ə] tombe fréquemment dans les lexèmes dont le radical se termine par une voyelle ou une diphtongue, cf. : *gehen* ['ge:ən] ou [ge:n], *schreien* ['ʃraIən] ou [ʃraIn].

La marque *-en* concerne tout le G INF. Elle a pour signifié (fonctionnel) de permettre à tout le complexe de sens constitué par le G INF d'assurer dans un groupe d'accueil les fonctions du GN :

Die Regierung versprach eine Steuersenkung.	GN dans GV
Die Regierung versprach, die Steuern zu senken.	G INF dans GV
Die Regierung verzichtet auf eine Steuererhöhung.	GN dans G PREP
Die Regierung verzichtet darauf, die Steuern zu erhöhen.	G INF dans G PREP

§ 408 **c)** Mais le G INF ne devient réellement GN (« nominalisé ») que lorsqu'il est soumis aux **catégories du GN.** Cela se traduit aussi par la possibilité d'avoir les mêmes expansions qu'une base nominale (adjectif, GN au génitif, etc.) ainsi que par l'emploi de la majuscule à l'écrit ; parallèlement, l'emploi de *zu* est exclu :

Das unaufhaltsame Aussterben vieler Tierarten *macht uns große Sorgen.*
*Ich habe mir **beim Skifahren** den Fuß verstaucht.*

Les catégories du cas et de l'identification fonctionnent librement, cf. : *Ein Aussterben dieser Tierart wäre ein großer Verlust für die Umwelt.* En revanche, celles de la personne (nécessairement 3e), du genre (nécessairement neutre) et du nombre (nécessairement singulier) sont bloquées, sauf pour ce qui est du nombre dans certaines lexicalisations qui peuvent s'utiliser au pluriel, par exemple : *das Andenken* : le souvenir ; *das Unternehmen* : l'entreprise ; *das Essen* : le repas ; *das Verbrechen* : le crime, etc.

15.1. Fonctionnement du G INF dans son groupe d'accueil

15.1.1. L'INTEGRATION DU G INF

(liée à l'emploi de la virgule, cf. § 91).

§ 409 Dans un GN, le G INF est toujours placé à droite de la base nominale :

seine Angst, °mißverstanden werden zu können

Dans le GV cependant, l'ambivalence du G INF (moitié GV, moitié GN) se traduit par un double comportement en chaîne. En effet, **deux positions** sont a priori possibles et elles se repèrent nettement dans la structure dite « non marquée » (V en position finale) :

▷ **position « intégrée », « non détachée » :** le G INF est situé **à gauche** de la base verbale, c'est-à-dire qu'il est intégré au même titre qu'un GN dans l'arrangement des membres du GV (sans virgule), cf. :

[weil] er	*die Frage überhört zu haben*	***schien***	sans virgule
Er schien	*die Frage überhört zu haben*		

▷ **position « non intégrée », « détachée », ou « hors construction »** (en après-dernière position) : le G INF est situé **à droite** de la base verbale au même titre qu'un G CONJ par exemple (le plus souvent avec virgule) :

[weil] er es ***ablehnte,***	*die Frage zu beantworten*	avec virgule (sauf si le G INF est court)
Er ***lehnte*** *es* ***ab,***	*die Frage zu beantworten*	

Le G INF est obligatoirement intégré ou non détaché :

▷ quand il est employé **sans *zu***;	*[weil] er sich die Haare schneiden ließ* *[daß] er einen Unfall gebaut haben könnte*
▷ quand il dépend d'un verbe de sens nettement modal ou aspectuel (v. §§ 139 et 410).	*[daß] du mich nicht abzuholen brauchst* *[weil] die Brücke einzustürzen drohte* *[daß] das Dach schleunigst zu reparieren ist* *[daß] er sich zu langweilen schien* *[weil] ich noch [viel] zu tun habe*

Le G INF est hors construction, en position détachée, en Apd :

▷ (obligatoirement) quand il est **annoncé** par *es* ou un G PRÉP à membre pronominalisé ;	*[weil] er* ***es*** *für nötig hielt, die Polizei zu verständigen* *[weil] er* ***darauf*** *bestand, vom Chef persönlich empfangen zu werden*
▷ (généralement) quand il rapporte le contenu de paroles/pensées dépendant d'un **verbe de dire/penser**.	*[weil] er behauptet hatte, sie zu kennen.* *[da] er uns zusicherte, uns nochmals Zahlungsaufschub zu gewähren* *[da] sie an seinem Sterbebett schwor, sich seiner Kinder anzunehmen* *[daß] er dachte/vorgab, sie am nächsten Morgen in die Stadt zu begleiten.*

L'intégration du G INF est facultative dans les autres cas et dépend de facteurs stylistiques : si le G INF est long ou si la base verbale du GV d'accueil est complexe, l'intégration peut nuire à une bonne compréhension et l'on préférera rejeter le G INF au-delà de la base verbale :

[als] er mich zu überzeugen versuchte
[als] er versuchte, mich zu überzeugen
[nachdem] er versucht hatte, mich zu überzeugen
[weil] er versuchte, seine Meinung gegen den Willen seiner Mitarbeiter durchzusetzen

Ainsi s'expliquent trois différences typiques dans le comportement du G INF :

(1) *Kannst du mir das Auto waschen helfen ?* = sans *zu*
Kannst du mir helfen, das Auto zu waschen ? = avec *zu* } v. § 414 ①

(2) *als er sie anzusprechen wagte* = sans annonce
als er **es** *wagte, sie anzusprechen* = avec annonce
weil der Film gut zu werden versprach = sens modal/aspectuel
{ *daß die Regierung schnell zu handeln versprach*
daß die Regierung versprach, schnell zu handeln } = sens de « promettre en paroles »

Le G INF intégré ou détaché, mais disloqué :

Il arrive que le G INF en position intégrée ou détachée soit en quelque sorte disloqué, si bien que des linguistes nient dans ce cas (comme pour le complexe verbal *werden* + INF) l'existence même d'un G INF :

Wenn ich die Ringe mir nicht getrau, *zu unterscheiden...*
Das ist ein Konzept, *welches* ***jedermann*** *zu bekämpfen* ***freisteht.***
Was ***hier die Wahrheit mich zwingt****(,) niederzuschreiben...*
*...****das Ende,*** *das* ***er geratener fand,*** *für sich zu behalten.*
Das war ein Moment, *das zu berücksichtigen* ***er vergaß.***
Es war die Rede von einem Studenten, *dessen Namen zu nennen* ***ihm vorbehalten war.***

Les exemples montrent que ce type de structure se trouve surtout avec des G REL, où la remontée d'un élément du G INF est due à la fonction que le pronom assure en tête du G REL.

§ 410 Parmi les verbes ou lexies de sens **modal** ou **aspectuel,** avec lesquels le G INF (avec *zu*) est intégré, il faut retenir, outre *haben* et *sein* (v. aussi § 139) :

bekommen :	*[da] er das Buch nicht zu sehen bekommen hatte*
bleiben :	*[weil] das noch zu erwarten bleibt*
nicht/nur/bloß brauchen :	*[daß] er sich nur zu bedienen braucht* *[daß] du nicht mitzukommen brauchst*
[be]lieben (sens de *pflegen*) :	*[da] er immer zu scherzen beliebt* *Das war eine Haltung, wie man sie in solchen Fällen an den Tag zu legen liebt.*
drohen et *versprechen*	au sens prospectif d'un procès redouté ou attendu (« risquer/promettre ») : *[als] das Boot zu kentern drohte* *[weil] das Wetter schön zu werden verspricht*
finden :	*[ob] ich an dieser Arbeit etwas auszusetzen finde*
geben :	*[als] er uns zu verstehen gab, daß wir fahren müßten*
es gibt :	*[obwohl] es nichts mehr zu trinken und zu essen gab*
gedenken (= vorhaben) :	*[da] sie morgen alle zusammen abzufahren gedenken*
kommen :	*[als] er auf dieses Thema zu sprechen kam*
machen :	*[während] er sich mit dem Messer zu schaffen machte*
pflegen : avoir l'habitude de.	*[daß] er zu Fuß nach Hause zu gehen pflegte*

scheinen :	*[als] er endlich wieder zu sich zu kommen schien*
suchen :	*[daß] er den Einwand zu widerlegen sucht*
übriglassen :	*[daß] es noch immer viel zu wünschen übrigläßt*
vermögen :	*[daß] er nichts zu ändern vermochte*
verstehen :	*[weil] er sich zu benehmen versteht*
wissen :	*Wie der zu reden weiß !*

5.1.2. LE PROBLEME DU « SUJET LOGIQUE ».

§ 411 Si le G INF est dépourvu de sujet grammatical, il faut bien sûr lui prêter un « sujet logique », ne serait-ce que pour expliquer le fait qu'il peut fonctionner à l'actif et au passif. Or, de ce point de vue, le fonctionnement du G INF dans son groupe d'accueil est très variable :

a) Sujet logique du G INF = sujet grammatical dans le GV d'accueil :
Ich *hoffe, dich bald wiederzusehen (= ich hoffe, daß ich dich bald wiedersehe).*
Ich *hatte Angst, mißverstanden zu werden (= ich hatte Angst, ich könnte mißverstanden werden).*

b) Sujet logique du G INF = objet à l'ACC ou au DAT dans le GV d'accueil :
Ich bat ***ihn,*** *mir zu helfen (= ich bat ihn, er möge mir helfen).*
Ich hörte ***einen Hund*** *bellen (= ich hörte einen Hund ; er bellte).*
Er befahl ***mir,*** *stehenzubleiben (= er befahl mir, ich solle stehenbleiben).*

c) Sujet logique du G INF = membre d'un autre groupe dans le GV d'accueil :
Er appellierte ***an mich,*** *Verständnis für seine Lage zu haben.*
Die Behauptung ***des Verdächtigen,*** } *mit dem Mord nichts zu tun zu haben.*
Seine *Behauptung,* }

d) Le sujet logique n'est pas explicitement mentionné et n'est déterminable qu'en contexte :
Es ist zu heiß, um in der Sonne zu liegen = es ist zu heiß, als daß ***man/ich/du/*** (etc.), *in der Sonne liegen könnte(st).*
Aufstehen ! = ***Du*** *sollst/****Sie*** *sollen aufstehen.*
Er schlug mir vor, die Rechnung zu bezahlen = ambigu hors contexte :
(1) *Er schlug vor : »* ***Ich*** *bezahle die Rechnung. «*
(2) *Er schlug vor : »* ***Du*** *bezahlst die Rechnung. «*
(3) *Er schlug vor : »* ***Wir*** *bezahlen die Rechnung (für unsere Gäste). «*

Il arrive que, hors contexte, seule la prosodie (ou l'emploi de la virgule à l'écrit) permette de lever une ambiguïté :
Er ver°langte, von mir •abgeholt zu werden (= Er verlangte : » Du sollst mich abholen «).
Er verlangte von °mir, •abgeholt zu werden (= Er verlangte : » Du sollst dafür sorgen, daß man mich abholt «).

Dans d'autres cas, le code intervient énergiquement pour imposer une « désambiguïsation », cf. :

Ich bitte ***dich*** *zu bleiben.*	=	*Du sollst bleiben.*
Ich *bitte dich, bleiben zu* ***dürfen.***	=	*Ich möchte bleiben.*

15.2. L'emploi de *zu*

§ 412 **a) Place de *zu*:**

▷ *Zu* se place **devant le dernier infinitif du G INF :**

*Er beschloß, nach Italien **zu** fahren.*
*Ich freue mich, den Führerschein bestanden **zu** haben.*
*Er bittet, empfangen werden **zu** dürfen.*
*Er scheint schlafen gehen **zu** wollen.*
*daß er schlafen gehen **zu** wollen scheint.*

MAIS : *Er wird das Buch nicht **zu** sehen bekommen. Sie wird uns **zu** verstehen geben, daß...* = formes composées de l'ultérieur distancé (les infinitifs *bekommen* et *geben* font partie de la base verbale du GV d'accueil et non du G INF).

▷ **Verbes séparables :** *zu* s'intercale entre la particule séparable et accentuée (ou l'élément se comportant comme tel) et le lexème verbal, l'ensemble étant soudé graphiquement (v. § 62 ①) :

*Du brauchst mich nicht ab**zu**holen.*
*Der Fehler war leicht fest**zu**stellen.*
*Er befahl mir, stehen**zu**bleiben.*

Ne pas confondre le cas où on a une succession d'infinitifs :
Er scheint schlafen gehen zu wollen.
avec celui où l'on a un PART II à forme d'infinitif (v. § 177) :
Du hättest mich nicht abzuholen brauchen.
daß du mich nicht hättest abzuholen brauchen

§ 413 **b) Le G INF est employé sans *zu*:**

① Après certains verbes :

▷ *werden* (auxiliaire et verbe de modalisation — §§ 372, 383)	*Er wird kommen.* *Ich würde dir gern helfen.* *Er wird sich getäuscht haben.*
▷ verbes de modalité/modalisation : *dürfen, können, müssen, sollen, wollen*	*Ich kann ihn nicht im Stich lassen.* *Ich habe das Auto in die Werkstatt bringen müssen.* *Es mag sich so abgespielt haben.*
sauf *vermögen,*	*Ich vermag es nicht **zu** sagen.*
nicht/nur/bloß brauchen,	*Ich habe gar nicht **zu** zahlen brauchen* (mais omission de *zu* fréquente dans la langue parlée).
sein et *haben*	*Das Haus ist **zu** verkaufen.* *Haben Sie etwas hinzu**zu**fügen ?*
wissen (v. § 410)	*Er wußte alles genau **zu** beschreiben.*
▷ *lassen*	*Wir haben den Arzt kommen lassen.*
► mais :	*Das läßt noch viel zu wünschen übrig* (§ 410).

▷ verbes de perception : *fühlen, hören, sehen, spüren* (cf. § 177)	*Ich hörte den Motor klappern.* *Ich sah das Flugzeug abstürzen.*
▷ verbes de déplacement : *gehen, fahren, kommen,* etc., ainsi que *schicken*	*Ich gehe jetzt schlafen/essen/arbeiten.* *Fährst du morgen einkaufen ?* *Er kam uns helfen.* *Sie schickte ihren Sohn Butter einkaufen.*
▶ mais :	*Wir kamen auf dich zu sprechen* (en venir à parler de, v. § 410).
▷ *sein* (rare), *haben, bleiben ; finden* + verbe de localisation (rare)	*Ich war arbeiten/baden* (mieux : *zum Baden*). *Sie hat viel Geld auf ihrem Konto liegen.* *Bleiben Sie sitzen !* *Er fand seine Großmutter im Bett liegen.*
▶ mais :	*Es ist/bleibt noch viel* ***zu*** *tun.* *Ich habe viel* ***zu*** *tun.* *Ich fand an dem Vortrag nichts aus**zu**setzen.*
▷ *tun* (langue parlée, surtout dans le Sud)	*Ich täte gern kommen (= ich würde...)* *Mögen tut er sie schon, aber heiraten will er sie halt nicht !*

▷ autres verbes et locutions d'emploi plus occasionnel :

Du hast gut lachen. Er hat leicht reden.
Ich lege mich jetzt schlafen.
Er machte mich lachen/weinen (rare). Mieux : *Er brachte mich zum Lachen/Weinen.*

② Dès qu'il est **nominalisé :**

Er half seiner Frau beim ***Saubermachen.***
Das Filmemachen *ist keine leichte Sache !*

414 **c) Cas hésitants** (avec ou sans *zu*) :

① Avec les verbes *heißen* (ordonner ; litt.), *helfen, lehren* (litt.) et *lernen,* le G INF peut s'employer sans *zu* lorsqu'il est très court :

Er hieß mich eintreten.
Ich half ihr Kartoffeln schälen (mieux : *beim Kartoffelnschälen*).
Er lehrte mich singen (mieux : *Er brachte mir das Singen bei*).
Ich lernte schwimmen.

MAIS :

*Er hieß seine Soldaten, einen Schritt zurück**zu**treten.*
*Er half mir, die Wohnung aus**zu**malen* (ou : *Er half mir beim Ausmalen der Wohnung*).
*Er lehrte mich, das Bier fachmännisch ein**zu**schenken* (mieux : *Er brachte mir bei, wie man das Bier fachmännisch einschenkt*).
Er hat endlich gelernt, sich anständig ***zu*** *benehmen !*

② Lorsque le G INF fonctionne comme **sujet** ou comme **attribut** (du sujet ou de l'objet) et qu'il est relativement court, il s'emploie sans *zu*:

Unrecht leiden ist besser als Unrecht tun.
Vorbeugen ist besser als heilen.
Leben heißt hoffen.
Das nenne ich spielen! (attribut de l'objet).

MAIS :

Seine Gäste mit kulinarischen Delikatessen ***zu*** *verwöhnen, ist sein größtes Vergnügen.*
*Unser aller Verlangen ist, bald nach Hause zurück**zu**kehren.*
Die Forderungen der Terroristen ***zu*** *erfüllen hieße, ihr Verbrechen nachträglich* ***zu*** *rechtfertigen.*

Si l'on excepte les cas somme toute peu nombreux où le G INF fonctionne sans *zu,* on peut considérer que *zu* est une marque d'intégration du G INF comme membre dans un groupe d'accueil. En revanche, le *zu* que l'on trouve dans : *das Haus ist zu verkaufen/ich habe ein Haus zu verkaufen* est à considérer comme une préposition de sens final. Ceci expliquerait que le même *zu* puisse accompagner un G PART I épithète : *das zu verkaufende Haus*; cf. aussi : *das ist zum Verzweifeln* (v. § 388).

§ 415 ATTENTION aux verbes français qui ont un G INF en construction directe et dont les correspondants allemands :

▷ exigent un G INF avec *zu,* par exemple :

Il sait se débrouiller. → *Er weiß sich zu helfen.*
Il prétend ne rien en savoir. → *Er behauptet, keine Ahnung davon zu haben.*
Je n'ai pas osé lui parler. → *Ich wagte [es] nicht, ihn anzusprechen.*

▷ excluent le G INF :

Il dit être resté chez lui. → *Er sagt, er sei zu Hause geblieben.*

▷ sont constitués d'un seul lexème verbal, par exemple :

Je viendrai te chercher. → *Ich hole dich ab.*
Je viendrai te voir. → *Ich besuche dich/komme zu dir.*

▷ sont constitués d'un lexème verbal et d'un LSC, par exemple :

Il a failli tomber. → *Er wäre beinahe gestürzt.*
Il aime venir. → *Er kommt gern.*

15.3. L'emploi du pronom-relais

§ 416 Souvent le G INF est annoncé par un pronom-relais (« cataphorique »), qui est :

▷ soit ***es*** si le G INF est en fonction d'objet, par exemple :

Er unterließ ***es,*** *uns zu benachrichtigen.* Il ne nous a pas prévenus/il a omis volontairement de nous prévenir.

▷ soit un G PREP pronominalisé : ***da[r]*** + préposition, si le G INF est membre de G PREP, par exemple :

Ich rechnete nicht mehr ***damit,*** *ihn wiederzusehen.* Je n'espérais plus le revoir.

15.3.1. LE PRONOM-RELAIS *ES*.

§ 417 **a)** ***es*** est **obligatoire :**

▷ **dans une structure attributive (G INF objet + attribut du G INF objet) :**

Ich finde ***es*** *schade/schlecht, so viel Zeit zu verlieren.*
Ich empfinde/betrachte/bezeichne ***es*** *als eine Schande, Obst zu vernichten.*
Ich halte ***es*** *für unerläßlich/für eine Notwendigkeit, sich über das Weltgeschehen zu informieren.*

▷ avec certains verbes :

es aufgeben : renoncer à faire.
es aushalten/ertragen : supporter.
es nicht erwarten können : ne pas pouvoir attendre.
es sich (DAT) *leisten können :* pouvoir se permettre de.
es jm über'lassen : laisser à qqn le soin de faire.
es über'nehmen : prendre sur soi de faire.
es unter'lassen : omettre de faire, ne pas faire.
es unter'nehmen : entreprendre de.

b) ***es*** est **fréquent** (mais facultatif) avec les verbes :

[es] ablehnen : refuser de faire.
[es] sich angewöhnen : s'habituer à faire.
[es] bedauern/bereuen : regretter.
[es] erlauben/gestatten : permettre de faire.
[es] lieben : aimer faire.
[es] verbieten/unter'sagen : interdire de faire.
[es] vermeiden : éviter de faire.
[es] vermögen : être capable de.
[es] vorziehen : préférer faire.
[es] verstehen : s'y entendre à faire.
[es] wagen : oser faire.

15.3.2. LE PRONOM-RELAIS *DA[R]* + PREPOSITION.

§ 418 **a)** *da[r]* + préposition est **obligatoire** avec les verbes :

— ***dabei*** *sein :* être en train de faire.

— ***daran*** *denken :* songer à faire. *sich ~ gewöhnen :* s'habituer à faire ; *sich ~ machen :* entreprendre de faire.

— ***darauf*** *abzielen :* viser à faire ; *~ beharren/bestehen/pochen :* insister pour faire, tenir à faire ; *sich ~ beschränken :* se borner à faire ; *~ gefaßt sein :* s'attendre à faire ; *~ verzichten :* renoncer à faire.

drauf und dran sein : être à deux doigts de faire.

— ***damit*** *rechnen :* s'attendre à faire ; *sich ~ beschäftigen :* s'occuper à faire.

— *sich* ***darum*** *kümmern :* s'occuper de faire.

— *jn* ***dazu*** *bewegen* (fort) */ bringen :* amener, pousser qqn. à faire ; *~ dienen :* servir à faire ; *~ neigen :* incliner à ; avoir tendance à faire ; *jn ~ verhelfen :* aider qqn. à faire.

b) *da[r]* + préposition est **fréquent** avec les verbes :

— *sich* ***[daran]*** *erinnern :* se souvenir d'avoir fait ; *jn [~] hindern :* empêcher qqn de faire.

— *sich* ***[darauf]*** *freuen :* être content à l'idée de faire.

— ***[damit]*** *anfangen/beginnen :* commencer à faire ; *[~] aufhören :* cesser de faire ; *sich [~] begnügen :* se contenter de faire ; *[~] drohen :* menacer de faire.

— *sich* ***[darüber]*** *freuen :* être content de faire ; *[~] klagen :* se plaindre de faire ; *sich [~] wundern :* s'étonner de faire.

— *sich* ***[darum]*** *bemühen :* s'efforcer de faire ; *jn [~] bitten :* demander à qqn. de faire.

— *jn* ***[davon]*** *abhalten :* retenir qqn. de faire.

— *sich* ***[davor]*** *hüten :* se garder de faire ; *jn [~] warnen :* dire à qqn. de ne pas faire.

— *sich* ***[dazu]*** *entschließen :* se décider à faire ; *jn [~] über'reden :* persuader qqn. de faire.

15.4. Fonctions du G INF

§ 419 Le G INF peut assumer trois types de fonctions :
- ▷ celle d'énoncé à part entière ;
- ▷ celle de membre dans un groupe syntaxique d'accueil ;
- ▷ celle de base nominalisée.

15.4.1. LE G INF EN FONCTION D'ENONCE.

§ 420 Le G INF en fonction d'énoncé exprime avec une intonation adéquate une injonction (ordre, recommandation) ou une interrogation dépersonnalisée :

Vor Gebrauch schütteln! Agiter avant l'emploi.
Nicht hinauslehnen! Ne pas se pencher au-dehors.
Aufstehen! Levez-vous ! Lève-toi ! Debout !
Warum nicht alles hinwerfen? Pourquoi ne pas tout laisser tomber ?

15.4.2. LE G INF EN FONCTION DE MEMBRE DANS UN GROUPE D'ACCUEIL.

Le G INF peut être membre de GV, de G PREP, de GN et de G ADJ.

421 **a)** Le G INF comme **membre de GV** (avec ou sans *zu* selon les cas) :
- ▷ en tant que sujet ou attribut (v. § 414) ;
- ▷ en tant qu'objet pouvant commuter avec une valence GN à l'ACC ou au GEN et parfois un G CONJ *daß* :

  Die Regierung versprach eine Steuersenkung (GNacc) →
  Die Regierung versprach, daß sie die Steuern senken werde →
  Die Regierung versprach, die Steuern zu senken.
  Er wurde des Mordes an seiner Frau beschuldigt (GNgén) →
  Er wurde beschuldigt, seine Frau ermordet zu haben.
- ▷ en tant que membre commutant avec une valence G PREP :

  Ich freue mich über den Sieg → *Ich freue mich, gesiegt zu haben* = chute (élision) du « pronom-relais » (v. § 418 *b*).
- ▷ en tant que valence spécifique (obligatoire ou facultative) ne commutant ni avec un GN ni avec un G PREP :

  Ich beeile mich [den Brief zu schreiben].
  Ich kann schwimmen (le G INF peut être pronominalisé — *ich kann es/ich kann das* — ou élidé : *ich kann*).
  Die Brücke droht einzustürzen (il s'agit du verbe *drohen* à sens modal qui n'admet ni GN ni G PREP, contrairement à *jm mit etw. drohen* — v. § 410).

§ 422 **b)** Le G INF comme **membre de G PREP** (*zu* obligatoire). Deux cas se présentent :

① Le G PREP correspond à une **valence** du verbe et est présent sous forme de pronom-relais (v. § 418) :

*Die Opposition warnte die Regierung **vor** einer Kürzung des Kindergeldes →*
*Die Opposition warnte die Regierung **davor,** das Kindergeld zu kürzen.*

② Le G PREP est un **complément circonstanciel libre :** trois types de préposition peuvent alors fonctionner :

▷ ***um... zu...*** = valeur finale (pour, afin de) ; le sujet logique est identique au sujet grammatical (cas général) ou à l'objet (cas plus rare) :

***Ich** brauche Geld, um in Urlaub fahren zu können.*
*Ich gebe **dir** Geld, um ins Kino zu gehen (= damit **du** ins Kino gehst).*

Le G PREP *um* + G INF avec *zu* peut également entrer dans une structure consécutive, où il dépend alors d'un graduatif *(zu, genug)*:

*Er war **zu** sehr beschäftigt, um mir zuzuhören.*
*Es ist [nicht] warm **genug,** um baden zu können.*

Ce groupe peut également avoir une fonction commentative (v. § 887) :
Um es kurz zu sagen : *ich habe keine Lust.*
Sie ist sozusagen *der Mann in der Familie* (avec chute de *um*).

Dans un contexte suffisamment clair, *um* peut tomber :

Das genügte, [um] ihn zum Schweigen zu bringen.

▷ ***ohne... zu...*** (sans)

Ohne vorher Bescheid zu geben, hat er sich bei uns einquartiert.
Er antwortete, ohne auch nur eine Sekunde zu zögern.

▷ ***anstatt*** ou ***statt... zu...*** (au lieu de) :

Anstatt/statt tatenlos hier herumzusitzen, solltest du mir lieber helfen !

§ 423 **c)** Le G INF comme **membre de GN** (*zu* obligatoire) :

La base du GN d'accueil est alors souvent une nominalisation de base verbale *(Versuch, Erlaubnis, Wunsch...)* ou adjectivale *(Fähigkeit, Gewohnheit...)*:

der Wunsch, in Frankreich zu bleiben.
die Fähigkeit, den Leuten die Wahrheit ins Gesicht zu sagen.

Mais elle peut être également un pronom-quantificateur en fonction de GN :
Es gibt viel/wenig/etwas/nichts/genug zu tun.

Le GN d'accueil peut être lui-même intégré à un autre groupe, cf. :
auf die Gefahr hin, sein ganzes Vermögen zu verlieren (= G INF dans GN dans G PREP)

§ 424 **d)** Le G INF membre de G ADJ (*zu* obligatoire) :

Le G INF commute alors soit avec un GNgén, soit avec un G PREP.

Le pronom-relais (*dessen* ou l'ancienne forme de génitif *es* ; *da[r]* + préposition) est obligatoire dans certains cas :

*Er ist **[dazu]** fähig, diese Aufgabe zu erfüllen.*
*Ich bin **es** satt, immer die gleichen Vorwürfe zu hören.*
*Ich bin mir **[dessen]** bewußt, einen Fehler begangen zu haben.*

De même :

[dessen] *gewiß :* certain de faire.
[es] *gewohnt :* habitué à faire.
[es/dessen] *sicher :* certain de faire.

es *wert :* qui mérite de, qui vaut la peine de faire.
[es/dessen] *würdig :* digne de faire.

[daran] *interessiert :* intéressé à.
[darauf] *stolz :* fier de faire.
[darüber] *entzückt :* ravi de faire ; *[~] erfreut/glücklich :* heureux de faire ; *[~] erstaunt :* étonné de faire ; *[~] froh :* content de faire ; *[~] traurig :* triste de faire.

[damit] *beschäftigt :* occupé à faire ; *[~] zufrieden :* content de faire ;
weit ***[davon]*** *entfernt :* loin de faire ;
[dazu] *bereit :* prêt à faire ; *[~] geeignet :* propre à faire ; susceptible de faire.

Dans la construction adjectivale indéclinable du type :

Das ist schön anzusehen. Das ist unmöglich zu beweisen.
Das Stück ist leicht zu spielen.

le sujet grammatical est en fait l'objet du G INF :

Das ist schön anzusehen → Es ist schön, das anzusehen → Das anzusehen ist schön.

5.4.3. LE G INF EN FONCTION DE BASE NOMINALE (SANS *ZU*.)

425 Il s'agit de l' « infinitif substantivé », qui assume alors toutes les propriétés du GN, tant du point de vue des catégories que du point de vue de la nature des expansions (v. § 408). La transformation de tout un G INF en GN peut être très complexe, cf. :

energisch ein[zu]greifen → das energische Eingreifen/ein energisches Eingreifen (l'adjectif de verbe devient adjectif de nom)
die bedrohten Tiere [zu] retten → das/ein Retten ***der*** *bedrohten Tiere* ou *die/eine Rettung der bedrohten Tiere* (l'objet à l'ACC devient expansion au GEN, appelée « génitif objectif » — v. § 619 ③)
die Steuern [zu] erhöhen → die/eine ***Steuer****erhöhung* (l'objet à l'ACC devient composant/constituant de la base nominale)

16
LES GROUPES PARTICIPES I ET II

16.0. Généralités

§ 426 **a)** Comme le G INF, les G PART sont des groupes dérivés du GV : ce sont des GV dépouillés de sujet grammatical, et donc des marques de la personne et du nombre, ainsi que des catégories du temps et du mode. Seule subsiste celle de l'**aspect**, mais celle-ci est largement **bloquée** : le PART I est toujours processuel, le PART II implique le plus souvent la perspective de bilan, tandis que l'opposition « distanciation ↔ non-distanciation » ne fonctionne qu'au PART II :

		PROCESSUEL	BILAN
ACTIF	non dist.	*kaufend/ankommend*	Ø / + *angekommen*
	distancé		Ø / *[angekommen gewesen]*
PASSIF	non dist.	Ø	*gekauft* / Ø
	distancé		*[gekauft gewesen]*/Ø

1. Ce tableau ne tient compte que des formes qui peuvent constituer réellement la base d'un G PART, mais pas de celles qui entrent dans la formation des bases verbales complexes (« temps » grammaticaux) telles que *er hat **geschlafen*** et *er hat den Anschluß **verloren gehabt*** (v. § 191).

2. Les formes composées (bilan distancé) sont extrêmement rares :
   *Das kleine, **gewählt gewesene** Mahl war zu Ende* (Gutzkow).
   *Das vorher **geteilt gewesene** Publikum...* (Schiller).

§ 427 **b)** Tout verbe peut en principe donner lieu à un PART I, sauf les verbes impersonnels tels que *regnen, schneien* utilisés au sens atmosphérique (mais : *die herabregnenden Blüten* = emploi métaphorique) :

Transitifs : *die Erdöl **exportierenden** Länder*
Intransitifs : *eine **fliegende** Untertasse*
Pronominaux/réfléchis/réciproques : *die **sich wundernden** Zuschauer, die **sich widersprechenden**/einander widersprechenden Redner*

§ 428 Il n'en va pas de même du PART II. Certes, tout verbe peut donner lieu en principe à un PART II, cf. *er hat geschlafen, er ist gekommen*; mais pour que le PART II puisse réellement fonctionner comme G PART, il faut que le verbe de base réponde à certaines conditions :

① Verbes **intransitifs** : seuls les verbes conjugués avec ***sein*** et marquant en contexte un **changement de stade** dans le développement du procès (aspect ingressif, égressif ou mutatif — v. §§ 178-179) peuvent donner lieu à un G PART II. Le participe a alors une valeur correspondant à celle de la perspective de **bilan à l'actif** :

Der Zug ist abgefahren	→	*der **abgefahrene** Zug*
Das Flugzeug startet/stürzt ab	→	*das **gestartete/abgestürzte** Flugzeug*
Die Operation gelang/glückte	→	*die **gelungene/geglückte** Operation*
Das Kind schlief ein/wachte auf	→	*das **eingeschlafene/aufgewachte** Kind*
Ein Mann sprang ins Wasser	→	*ein **ins Wasser gesprungener** Mann*

Mais *Der Zug ist gefahren, das Kind hat geschlafen* ne peuvent pas donner lieu à un G PART.

EXCEPTIONS : certains participes lexicalisés (devenus adjectifs), par exemple : *ein idyllisch gelegenes Haus, ein gestandener Mann*

② Verbes **transitifs** : en principe, tous les verbes transitifs, qu'ils soient construits avec *haben* (actif) ou *sein* (passif) peuvent donner lieu à un G PART II, à condition qu'ils admettent la transformation **passive** :

*Ich kaufe das Buch → das Buch wird/ist gekauft → das **gekaufte** Buch*

y compris certains « faux intransitifs », cf. : *die **geweinten** Tränen, die **losgewordene** Sorge, die **eingegangenen** Verpflichtungen, die **gefahrenen** Kilometer, die **gewollten** Ferien.*

Mais *haben, bekommen, kosten* (au sens de « coûter ») ne peuvent pas donner lieu à un G PART II.

EXCEPTIONS : certains participes lexicalisés ont un sens actif, cf. :
*ein **gelernter** Arbeiter (= er hat gelernt)*
*ein **studierter** Mensch, ein **gedienter** Soldat, ein **erfahrener** Jurist*

③ Verbes **pronominaux** : seuls ceux qui admettent une structure attributive active dans une perspective de bilan **(avec chute du pronom)** peuvent donner lieu à un G PART II (v. § 354) :

*Das Mädchen verliebte sich → sie war verliebt → ein **verliebtes** Mädchen*
*Der Mann informiert sich → er ist informiert → ein **informierter** Mann* (v. § 267).
*Die Frau ließ sich scheiden → sie ist geschieden → eine **geschiedene** Frau* (v. § 271).

429 **c) Marque spécifique du G PART.**

Comme le G INF, le G PART a une marque spécifique, portée par la base :

▷ G PART I : marque ***-end*** ajoutée au radical de l'infinitif; cette marque est réduite à *-nd* après une syllabe atone : *'lächelnd, 'bettelnd, ver'schönernd.*

▷ G PART II : marque le plus souvent discontinue (v. §§ 172-176) :
— *[ge]* + radical de l'infinitif + *[e]**t*** pour les verbes faibles
— *[ge]* + radical propre + *[e]**n*** pour les verbes forts.

Cette marque concerne sur le plan du sens **tout** le groupe. Son rôle est de permettre à tout le complexe représenté par le G PART d'assurer dans un groupe syntaxique d'accueil les **fonctions de G ADJ,** par exemple :
Die Deutschen spielten ohne Paul Breitner.
→ *Die **ohne Paul Breitner spielenden** Deutschen konnten nicht überzeugen*
= G PART fonctionnant comme G ADJ épithète dans un GN.
*Ich fand das Spiel der Deutschen nicht **überzeugend*** = G PART fonctionnant comme G ADJ attribut de l'objet dans un GV d'accueil (pour le détail des fonctions du G PART, v. plus loin § 432 sv.).

§ 430 d) Lexicalisation du G PART.

Tout comme le (G) INF peut être nominalisé (cf. *das Essen, ein Verbrechen*), le (G) PART peut être « adjectivé », c'est-à-dire devenir adjectif à part entière au point qu'on ne le ressent plus comme participe, cf. *wütend* (furieux), *einverstanden* (d'accord).

Ce phénomène de lexicalisation existe aussi en français, entraînant les problèmes d'orthographe bien connus : *des avions **volant** à basse altitude* (participe) ↔ *une soucoupe **volante*** (« adjectif verbal »). Et comme pour le français, il n'est pas toujours facile de déterminer si l'on a **encore** un G PART ou **déjà** un adjectif, cf. :
(1) *ein aufgewecktes Kind* = un enfant [ayant été] réveillé = G PART.
(2) *ein aufgewecktes Kind* = un enfant éveillé (intelligent) = ADJ.
Toutefois, on peut constater que si l'on comprend le sens (1), c'est parce que l'on a enregistré le sens **aspectuel** (bilan). En comprenant le sens (2), on interprète en revanche *aufgeweckt* comme une **qualité**. Du reste, cette qualité peut être **graduée,** ce qui est un signe caractéristique de l'adjectif : *ein sehr aufgewecktes Kind ; das aufgeweckteste Kind, das ich kenne.*

Le lexique contient une foule de participes lexicalisés dont la signification s'éloigne plus ou moins de celle du verbe de base. En voici quelques exemples :

andauernd : constant (constamment).
angesehen : estimé, bien vu.
annähernd : approximatif.
anstrengend : fatigant.
aufgebracht : furieux.
ausgezeichnet : excellent.
bedeutend : important.
belegt : occupé (par qqn., p. ex. un poste).
entfesselt : déchaîné.
erfahren : expérimenté.
erwiesen : prouvé, établi (fait).
gekonnt : réussi.
spannend : captivant.
verrückt : fou (*verrücken* = déplacer).
vorübergehend : provisoire[ment].
wütend : furieux.

La lexicalisation peut atteindre des degrés avancés, au point que par exemple :

▷ Le participe lexicalisé supporte un préfixe négatif *un- : unbedeutend, unbefriedigend, unerfahren, unangebracht* (déplacé, mal à propos), etc.

▷ Le participe lexicalisé est une ancienne forme : *gediegen :* solide, ferme (la forme actuelle du PART II de *gedeihen* est *gediehen) ; verworren :* embrouillé (↔ *verwirrt), verhohlen :* dissimulé, secret (↔ *verhehlt*), etc.

▷ Le participe lexicalisé n'est pas formé sur une base verbale : *beamtet (das Amt), bebrillt (die Brille), beleibt, benachbart, betagt, bewußt, einverstanden, entseelt, geblümt, geflügelt, gut/schlecht gelaunt, verwandt, unverschämt,* etc. ou bien il n'a aucun rapport avec le verbe : *bekannt (≠ bekennen), beliebt (≠ belieben),* etc.

▷ Le G PART lexicalisé est un raccourci de lexie verbale :

das ausschlaggebende Argument	→	*den Ausschlag geben*
ein schmutzlösendes Mittel	→	*den Schmutz lösen*
ein prämienbegünstigter Sparvertrag	→	*durch/mit Prämien begünstigt*
ein luftgekühlter Motor	→	*durch/mit Luft gekühlt*

cf. aussi : *genugtuend, sogenannt, naheliegend, schwerwiegend...*

▷ L'association participe + base nominale constitue une entorse à la règle du sujet logique (cf. *un thé dansant :* ce n'est pas le thé qui danse !) : *die betreffende Person, ein belesener Mensch, eine schreiende Ungerechtigkeit, in betrunkenem Zustand, mit spielender Leichtigkeit,* etc.

431 **e)** En principe, l'**ordre** des éléments du G PART correspond à la structure régressive et à la linéarisation « continue » du GV (v. chap. 32) :

[daß] ein Auto	*in entgegengesetzter Richtung kam*	
→ *ein*	*in entgegengesetzter Richtung kommendes*	*Auto*

Il peut arriver cependant que les membres du G PART soient placés à droite de la base (v. plus loin § 434).

16.1. Emplois et fonctions des G PART I ET II

432 Le G PART se rencontre :

▷ en fonction d'**énoncé** (v. 16.1.1.)
▷ comme **membre** dans un groupe d'accueil (v. 16.1.2.)
▷ comme **base** d'un autre groupe (v. 16.1.3.)

16.1.1. LE G PART EN FONCTION D'ENONCE.

433 Seul le G PART II, en général réduit à sa base, peut remplir la fonction d'énoncé. Suivant l'intonation, il traduit une exclamation ou une injonction dépersonnalisée :

Verdammt ! Verflucht noch mal !
Abgemacht ! (marché conclu, d'accord)
Aufgepaßt ! Hier geblieben ! Hereinspaziert ! (entrez, entrez !)

16.1.2. LE G PART COMME MEMBRE DANS UN GROUPE D'ACCUEIL.

Le G PART peut être membre de GV, de GN ou de G ADJ.

§ 434 **a) Le G PART comme membre de GV.**

Qu'il soit lexicalisé ou non (v. ci-dessus § 430), le G PART I ou II peut fonctionner soit comme attribut, soit comme détermination adverbiale :

▷ **Attribut** (du sujet ou de l'objet) :

Das Ergebnis war ***überraschend/unbefriedigend.***
Das Spiel war/blieb bis zum Ende ***spannend.***
Dieser Stoff wirkt ***staubabweisend/wasserabstoßend.***
Der Fahrer war ***angetrunken.***
Er ist ***mit allen Wassern gewaschen.***

Ich fand ihn ***überzeugend.*** *Der Film hat ihn* ***bekannt*** *gemacht.* *Sie bekommen die Ware* ***frei Haus geliefert.*** *Ich betrachte den Fall* ***als erledigt.*** *Er erklärte sich* ***mit dieser Lösung einverstanden.***	Attribut de l'objet

▷ **Détermination adverbiale :**

Der Junge kam ***laut weinend*** *nach Hause.*
Der Mann antwortete ***zögernd/lächelnd.***
Er verhielt sich ***zurückhaltend.***
Der alte Mann ging ***gebückt.***
Er redete ***ungeniert*** *weiter.*

Dans ces exemples, le G PART peut être considéré à la fois comme détermination du verbe (il exprime la manière dont s'effectue le procès) et comme attribut (il se rapporte aussi bien au sujet). Dans d'autres cas, le G PART, le plus souvent lexicalisé, joue le rôle d'un véritable adverbe de manière ne se rapportant qu'au seul verbe (« adjectif » de verbe) ou bien remplit dans le GV ou dans l'énoncé des fonctions diverses, cf. :

Ich brauche ***dringend*** *Geld.* *Er wurde* ***vorübergehend*** *festgenommen.* *Er widerspricht mir* ***andauernd.*** *Die Regierung trat* ***unerwartet*** *zurück.*	Modificateur (« adjectif ») du verbe, cf. *die vorübergehende Festnahme, das andauernde Widersprechen*
Dieser Spieler übernimmt ***abwechselnd*** *den Posten des Libero und den des Mittelstürmers.* *Er fuhr* ***anschließend*** *in die Stadt.* *Es entstanden* ***laufend/wiederholt*** *Schwierigkeiten.*	Complément circonstanciel
Er war ***anscheinend/bestimmt*** *nicht in bester Form.*	(modalisateur)
Unter uns gesagt/nebenbei gesagt *gefällt mir die Sache nicht.* *Ich schicke Ihnen* ***wie gewünscht*** *die Bilder zurück.*	Commentatif

Un G PART plus ou moins élargi et dont le sujet logique est le sujet grammatical du GV d'accueil peut remplir également la fonction de détermination adverbiale. Il commute en effet avec un G CONJ et peut exprimer diverses nuances au niveau du désigné (temps, manière, cause...). Ce procédé est moins fréquent en allemand qu'en français et ne se rencontre que dans une langue écrite très soignée :

Kopfschüttelnd *schaute er den streitenden Männern zu (= indem er den Kopf schüttelte).*

Er verbrachte den Abend ***Journale lesend*** (Th. Mann = *indem er Journale las*).

Wissend, daß man mit Worten doch nichts erreicht, *schwieg ich (= da ich wußte, daß...).*

Von einem tödlichen Schuß getroffen, *fiel er nieder (= da er von einem tödlichen Schuß getroffen [worden] war...).*

Zu Hause angekommen, *stürzte er sich ans Telefon (= nachdem er zu Hause angekommen war).*

Der Hund lief, ***von dem Krach aufgeschreckt,*** *in seine Hütte zurück (= weil er von dem Krach aufgeschreckt worden war).*

Le G PART (participe II de verbes intransitifs de déplacement), qui apparaît en relation avec *kommen* n'a pas une valeur de bilan, mais indique la manière dont se fait le rapprochement : *Er kommt keuchend* ***(an)gelaufen.***

Dans des énoncés préfabriqués (« clichés » tels que proverbes ou maximes), le G PART peut remplir la fonction de sujet, cf. :
Frisch gewagt ist halb gewonnen.
Versprochen ist versprochen.

435 **b) Le G PART comme membre de GN :**

Deux emplois sont possibles :

▷ G PART **épithète, à gauche** de la base nominale ; le participe est alors associé au **marquage du GN** :

eine mit Musik untermalte Reportage
frisch gepflückte Äpfel
ein in Spanien gelegenes, heute unbewohntes Schloß
*ein groß**er**, gut aussehend**er** Mann*
der sich nähernde Zug

Seuls les G PART courts sont utilisés dans la langue parlée. L'emploi d'un G PART épithète à plusieurs membres (la « proposition qualificative » de la grammaire traditionnelle) est réservé à la langue littéraire ou technique (administrative, scientifique, journalistique...). La rencontre de deux articles est tolérée :

die dem Staat zukommende Rolle
die die gesamte Wirtschaft lähmende Hochzinspolitik
mais *ein einem Bankdirektor gehörendes Haus* n'est guère élégant !

Le G PART épithète équivaut à un G REL de type sélectif (déterminatif) ou explicatif (v. § 636) :

die Menschen, die in der Textilbranche arbeiten *→ die in der Textilbranche arbeitenden Menschen*	sélectif
die Bevölkerung des Dorfes, das ausschließlich *vom Tourismus lebt → die Bevölkerung des ausschließlich* *vom Tourismus lebenden Dorfes*	non sélectif (explicatif)

Dans la transformation d'un G REL en épithète, le verbe *sein* disparaît :
die Frau, die damals so verliebt war... → die damals so verliebte Frau.
sauf distanciation voulue (rare) : *die damals so verliebt gewesene Frau...*

Un G INF à sens modal avec *zu* (v. § 388) peut être transformé en G PART I épithète, qui conserve *zu* :
eine Behauptung, die ***zu beweisen*** *ist (= die man beweisen* ***muß****) ; ein Fehler, der* ***nicht zu übersehen*** *ist (= den man nicht übersehen* ***kann****)*
→ eine ***zu beweisende*** *Behauptung*
ein ***nicht zu übersehender*** *Fehler*

▷ G PART **juxtaposé, à droite** de la base nominale et **dépourvu de marque** (non associé au marquage du GN) ; les membres du G PART peuvent être déplacés à droite du participe :
Die Splitter, ***wie eine zerbrechende Glasscheibe klirrend,*** *prickelten von der Felswand ab.* Ou bien : ..., ***klirrend wie eine zerbrechende Glasscheibe,...***
Da saß eine hübsche Dame mit einem zarten Gesicht, ***von einem blonden Pagenkopf umrahmt.*** Ou bien : ..., ***umrahmt von einem blonden Pagenkopf.***

Conditions d'emploi : 1) le G PART ne doit pas être trop court ; 2) le G PART équivaut à un G REL de type **non sélectif** uniquement.

Ne pas confondre ce G PART juxtaposé (pouvant se rapporter à n'importe quelle base nominale) avec le G PART de type attributif ou adverbial se rapportant au sujet du GV (v. § 434).

§ 436 c) Le G PART comme membre de G ADJ :

De nombreux participes lexicalisés fonctionnent dans un G ADJ comme **modulateurs du degré** (graduatifs) ou **appréciatifs** :

Der Tee ist ***siedend/brennend heiß.*** *eine* ***schwindend kleine*** *Zahl* *eine* ***spielend leichte*** *Aufgabe* *Der Koffer ist* ***verdammt schwer.*** *Ich möchte* ***liebend gern*** *diese Rolle spielen.* *Er ist ein* ***ausgesprochen netter*** *Kerl.*	Sens de *sehr* ou *wirklich*

6.1.3. LE G PART COMME BASE D'UN GROUPE.

437 **a) Le G PART comme base nominale :**

Comme tout adjectif, les PART I et II peuvent être nominalisés et s'écrivent alors avec une majuscule. Du point de vue du marquage, ils gardent un comportement d'épithète :

der Angeklagte : l'accusé, *ein Angeklagt**er**, die/eine Angeklagt**e**, des Angeklag**ten***, etc.
das Entscheidende : ce qui est décisif.
Tiefgefrorenes : des surgelés.

Dans la nominalisation de G PART I et II, la détermination adverbiale subsiste telle quelle :

das lang Entbehrte — *das wirklich Entscheidende*
die alt Bewährten — *der gebückt Gehende*

Comme pour l'adjectif, le genre est significatif : masculin et féminin renvoient à des êtres humains, tandis que le neutre renvoie à des choses (p. ex. : *Geräuchertes* : du jambon fumé) ou des abstractions (p. ex. : *das Geschehene* : ce qui s'est passé). De nombreux participes nominalisés sont lexicalisés, cf. :

der/die Reisende, ein Reisender : un voyageur.
der/die Bekannte, ein Bekannter : une connaissance, un(e) ami(e).
der/die Abgeordnete, ein Abgeordneter : un député.
der Beamte, ein Beamter (▶ mais : *die Beam**tin***) : un fonctionnaire.
jn auf dem Laufenden halten : tenir au courant.
folgendes (sans majuscule) : ce qui suit, les choses/faits suivant(e)s.

438 **b) Le G PART comme base d'autres groupes :**

Quelques G PART lexicalisés fonctionnent comme base de G PREP ou de G CONJ :

▷ les prépositions ou locutions prépositionnelles : *während* + GEN : pendant ; *ungeachtet* + GEN : sans tenir compte de ; *abgesehen von* + DAT : sans compter..., sans parler de..., si l'on excepte...

▷ les conjonctions de subordination ou locutions conjonctives : *während* : pendant que, tandis que ; *angenommen, [daß]; vorausgesetzt, [daß]; gesetzt den Fall, [daß]* : à supposer que ; *ausgenommen, [daß]; ausgerechnet, [daß].*

17
LE GROUPE NOMINAL PRESENTATION

17.1. Définition

§ 439 **a) Sur le plan du sens** (signifié), le GN peut se définir comme un ensemble d'informations soumis aux oppositions des catégories du NOMBRE (singulier ↔ pluriel) et de l'IDENTIFICATION (« défini » ↔ « indéfini »). Ainsi, dans l'exemple :

die zwei kleinen Kinder des Bäckers, die sich im Wald verlaufen hatten

c'est bien l'ensemble *klein- Kind- des Bäckers, d- sich im Wald verlaufen hatt-* qui est dénombré et identifié.

b) Sur le plan de la forme (signifiant), le GN est un ensemble comprenant :

▷ des **constituants nécessaires,** à savoir un lexème-**base** (simple ou complexe) et un certain nombre d'**indices catégoriels discontinus** (morphèmes/marques + articles ou autres « déterminatifs », etc.) :

— un terme lexical ayant un certain genre	***das Kind, der Hund***
— des indices de nombre	***die Kinder, 0 bissige Hunde***
— des indices d'identification ou de non-identification	***Das Kind, 0 Ein Kind, Mein Kind, 0 Brot***
— des indices de cas	***die Kinder-0, den Kindern***

Du point de vue du sens, le genre est une propriété de la seule **base,** même quand il est significatif (cf. *der Alte, die Alte, der Held, die Heldin*). Le **cas** est formellement accroché au GN, mais indique au niveau du signifié le type de **connexion** établie entre le GN et un autre terme, cf. :

Die Kinder des Bäckers	= GN et base nominale *Kind-*
mit den Kindern.	= GN et préposition *mit*
ich schaue den Kindern zu	= GN et base verbale *zuschau-*

Quant à la catégorie de la **personne,** elle n'est pertinente que pour les GN « pronominaux » (v. chap. 27) appelés pronoms personnels et pour les « possessifs ».

▷ des **constituants facultatifs,** à savoir des **membres** :

— **à gauche** de la base :

die ***kleinen*** *Kinder* *der* ***zwanzig Meter hohe*** *Turm*	= G ADJ épithète
der Bäckers *Frau*	= GN « génitif saxon »
ein ***vom Dienst suspendierter*** *Beamter*	= G PART en fonction d'épithète

— **à droite** de la base : les membres ou **expansions** peuvent être de nature très diverse :

die Kinder ***des Bäckers***	= GN
die Angst ***zu sterben***	= G INF
Der Film, ***den ich neulich gesehen habe***	= G REL
die Kinder ***aus dem Dorf***	= G PREP
das Haus ***dort***	= LSC (« adverbe »)
die Behauptung, ***daß ich gelogen hätte***	= G CONJ
die Behauptung, ***ich hätte gelogen***	= GV intégré
Herr Müller, ***der Bürgermeister*** *Herr Müller,* ***damals noch jung***	= groupes juxtaposés, qui ne sont pas des membres au sens précis (appositions)

La définition du GN adoptée ici (v. aussi § 120) tient compte à la fois du niveau du signifiant et du plan du signifié. Elle ne recouvre pas d'autres définitions, que l'on peut rencontrer dans d'autres théories syntaxiques :

▷ celle, minimale, des grammaires fondées sur les classes de mots définis notionnellement ; GN y désigne parfois les « substances » représentées par le complexe « article/déterminatif + nom/substantif » : *die Kinder, der Bäcker.* Mais c'est là confondre la notion de GN avec ses constituants nécessaires. On peut cependant garder pour cet ensemble le terme de substantif ;

▷ celle, maximale, des grammaires dites de structure profonde, où l'on désigne par GN non seulement tout syntagme (ou groupe de mots) dont le noyau est un « nom », mais aussi tout groupe pouvant commuter avec un tel syntagme, par exemple : G INF, G CONJ *daß,* etc. Ainsi dans ce type de grammaire, la phrase est constituée au minimum d'un GN et d'un GV, soit au moins un groupe sujet de nature variable et un verbe ;

▷ celle, « pédagogique », qui réserve le terme de GN à la partie modifiable (« déclinable ») du syntagme nominal, donc à l'ensemble de la séquence significative. Ainsi dans *die Kinder des Bäckers,* on a deux GN, l'ensemble constituant un groupe fonctionnel (c'est-à-dire assurant une fonction grammaticale dans le GV). Cette terminologie a l'inconvénient de ne pas distinguer le groupe fonctionnel de type nominal des autres groupes fonctionnels de nature conjonctionnelle, infinitivale, prépositionnelle, etc.

17.2. Structure et réalisation du GN

§ 440 **a)** Si l'on envisage le GN sur le plan du sens, on peut établir un **schéma de connexions** (ou une **structure**) comparable à celui du GV, la base se trouvant au point de départ des connexions :

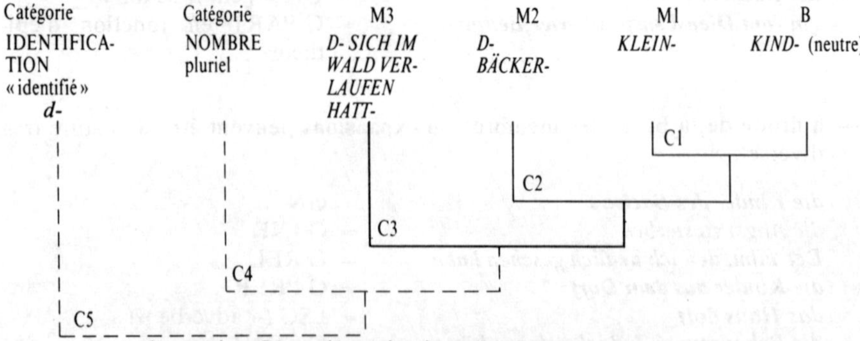

Connexion C1 = détermination, *-ie -en -er.*
Connexion C2 = relation d'appartenance, génitif ***-es -s.***
Connexion C3 = détermination sélective, anaphorique ***die.***

b) La correspondance entre cette structure et la **réalisation en chaîne** (plan du signifiant) comporte toutefois deux différences par rapport au GV :

▷ Les **marques** catégorielles ne sont pas rattachées à la seule base, mais réparties de manière **discontinue** sur une **séquence** comprenant le déterminatif (article, adjectif possessif/démonstratif/interrogatif, quantificateur) + l'éventuel adjectif épithète + la base nominale :

dies-es kleine Kind-Ø ***ein-Ø klein-es Kind-Ø***
mein-e zwei-Ø klein-en Kind-er

▷ La **place** des constituants par rapport à la base et leur **ordre** respectif dépend étroitement de leur nature et de leur fonction dans le GN. C'est ainsi qu'on peut distinguer dans la construction du GN une succession de six champs :

1	2	3	4	5	6
champ de l'identification	champ du nombre/quantité	champ des épithètes	champ de la base	Champ du GN, G PREP, G CONJ, G INF, LSC en expansion	champ du G REL membre du GN

Exemples :

die zwei kleinen Kinder des Bäckers, die sich im Wald verlaufen hatten
1 + 2 2 3 4 5 6

kein Brief aus dem Ausland
1 + 2 4 5

dieses Buch dort auf dem Tisch
1 + 2 4 5

die Tatsache, daß alle sterben müssen
1 + 2 4 5

17.3. Fonctions du GN

§ 441 Le GN peut apparaître :

a) en fonction d'énoncé : *Vorsicht! Ruhe! So ein Dummkopf!*

b) en fonction d'apposition, c'est-à-dire en fonction d'énoncé inséré dans un autre énoncé (v. §§ 886 et 888) :

Sie stammt aus Passau, ***einer kleinen Stadt an der österreichischen Grenze.***

c) comme membre dans un groupe syntaxique d'accueil :

▷ ***membre de*** **GV** (ou de groupes dérivés tels que G INF, G PART, G REL) :

— sujet, objet, attribut	***Der Mann*** *schenkte* ***seiner Frau ein Auto.*** *Sie ist* ***eine gute Köchin.*** *Sie ist* ***Lehrerin.*** *Man nannte ihn* ***den Sizilianer.***
avec catégories bloquées :	***Auto*** *fahren,* ***die Geduld*** *verlieren* (lexies)
— « circonstant » adverbial	*Er kommt* ***jede Woche/nächstes Jahr*** *zu uns.* *Er ging* ***die Treppe*** *hinauf.*
avec catégories bloquées et lexicalisation :	*eines Tages, des Nachts, meines Erachtens, abends, sonntags, jedenfalls, gegebenenfalls, keineswegs,* etc.

▷ membre de GN :

— à gauche :	***des Wanderers*** *Lust* (vieilli) ***Professor Müllers*** *Kinder* ***dem Bäcker*** *seine Kinder* (régional/dialectal)
— à droite :	*die Kinder* ***des Bäckers***
▷ membre de G ADJ :	*Er war* ***den Tränen nah(e)*** *ein* ***fünf Meter hoher*** *Baum*
▷ membre de GPREP :	*mit* ***aller Sorgfalt,*** *im* ***letzten Augenblick***

Les divers aspects du GN seront traités dans l'ordre suivant :

18
LE GENRE DU GN

18.0. Généralités

§ 442 Tout substantif allemand appartient à l'un des trois genres grammaticaux que sont le masculin, le féminin et le neutre. Loin d'être inutile, la catégorie du genre permet de (mieux) reconnaître la base nominale ; les oppositions de genre contribuent d'autre part à un fonctionnement efficace (économique) de la pronominalisation, c'est-à-dire des relations anaphoriques ou cataphoriques qui peuvent s'établir entre les énoncés (cf. *Der Mann stand vor dem* ***Haus. Er*** *machte einen verwahrlosten Eindruck.*).

Le genre grammatical est rarement désignatif ; il n'y a pas en allemand de correspondance systématique entre le **genre grammatical** (celui de l'unité linguistique) et le **genre naturel** (sexe masculin/féminin pour les êtres vivants, « neutre » pour les inanimés) : *das Weib* est du neutre et *der Tisch* n'a pas de sexe. D'autre part, il est exceptionnel qu'une base nominale admette plusieurs genres significatifs comme c'est par exemple le cas des adjectifs nominalisés : *der Bekannte* est un homme, *die Bekannte* une femme, tandis que *das Bekannte* représente une abstraction.

Toutefois, le genre grammatical n'est pas totalement arbitraire. On peut déceler en effet certaines **régularités** liées à divers critères sémantiques, morphologiques voire phonétiques, qui peuvent du reste entrer en conflit, par exemple :

▷ le critère de la **fonction distinctive** : le genre sert à différencier des homonymes, par exemple : *der Gehalt* : la teneur ↔ *das Gehalt* : les appointements ; *die Steuer* : l'impôt ↔ *das Steuer* : le volant, le gouvernail ; cf. en français : *le/la poste, le/la tour...*

▷ critères **sémantiques** :
— critère **désignatif** du sexe pour les animés : *der Vater* ↔ *die Mutter*, mais *das Fräulein* (dérivé), *die Wache* (dérivé en *-e*), *die Lehrkraft* (composé) ;
— critère **notionnel** : de nombreux substantifs désignant des non-animés appartiennent à une classe de réalités (arbres, phénomènes climatiques, métaux, substances chimiques, etc.) ; leur genre est quelquefois celui d'un **terme générique**, par exemple : *der Wind* → *der Orkan, der Monsun... ; das Metall* → *das Eisen, das Kupfer... ; die Zahl* → *die Null, die Eins, die Zwei...* Mais là encore, les facteurs morphologiques imposent leur loi, cf. *das Chlor* (substance chimique) ↔ *der Sauerstoff* (composé), *die Buche* (arbre) ↔ *der Birnbaum* (composé).

▷ critères **morphologiques** et **phonétiques** :
— **mode de formation :** le genre des substantifs composés est en général celui du déterminé (cf. *die Auto**bahn**, der Blau**strumpf**, die Jahres**zeit***, mais *die Woche* ↔ ***der*** *Mitt**woch***), tandis que celui des substantifs dérivés est lié au suffixe (p. ex. *das Mäd**chen**, die Flu**cht**, die Freu**de**, die Freund**schaft**, der Spruch-**0**, der Lautsprech**er**, die Sprach**e***) ;

— **nominalisation :** on a en général le neutre, par exemple *versprechen → das Versprechen, ich → das Ich, für → das Für und Wider,* sauf quand l'unité nominalisée désigne un être sexué *(das Alte → der/die Alte)* ou lorsqu'un autre critère morphologique l'emporte (cf. *breit, hart → die Breite, die Härte*) ;
— critère **phonétique** : certains suffixes ou phonèmes terminaux entraînent ou excluent tel ou tel genre ; par exemple *-o* exclut le féminin *(das Kino, der/das Radio,* mais latin : *die Ratio), -ent* exclut le féminin *(das Dokument, der Zement, der Dissident), -age* entraîne le féminin quand il ne s'agit pas d'un être animé *(die Etage, die Garage* mais *der Page),* etc.

En règle générale, le critère de la fonction distinctive l'emporte sur tous les autres ; ensuite, les critères morphologiques l'emportent sur les critères sémantiques.

18.1. Le genre des substantifs désignant des êtres animés

8.1.1. SUBSTANTIFS DESIGNANT DES ETRES HUMAINS.

443 Le genre de ces substantifs concorde généralement avec le genre naturel (sexe), à moins qu'il ne soit dû à des contraintes morphologiques *(das Fräulein, das Mädchen, das Mädel, die Wache)* ou à l'analogie (***das*** *Mannequin* par analogie phonique à *Bassin* et sémantique à *Mädchen*) :

a) Substantifs désignant le sexe et le degré de parenté :

der Mann : homme ou mari.	*die Frau :* femme ou épouse. ► ***das Weib*** (aujourd'hui péjoratif)
der Vater : le père.	*die Mutter :* la mère.
der Sohn : le fils.	*die Tochter :* la fille.
der Junge, der Bube : le garçon.	► ***das Mädchen :*** la fille.
der Bruder : le frère.	*die Schwester :* la sœur.
der Onkel.	*die Tante.*
der Vetter/der Cousin.	*die Kusine.*
der Neffe : le neveu.	*die Nichte.*
der Schwager : le beau-frère.	*die Schwägerin :* la belle-sœur.

b) Substantifs désignant un statut ou une activité.
Les couples de substantifs sont alors formés sur le même radical, le féminin prenant un suffixe ***-in*** ou, pour les noms en *-eur,* ***-eurin*** ou ***-euse*** :

der Herr : maître, seigneur.	*die Herrin.*
der Zeuge : témoin.	*die Zeugin.*
der Held : héros.	*die Heldin.*
der Amateur.	*die Amateurin.*
der Friseur.	*die Friseuse.*

Mais : ***das Mannequin ; der/die** Bekannte* (adj. substantivé).

Dans le langage officiel, les titres n'ont pas de forme féminine. On dit ainsi *Frau Professor Dr. Wiegand ; Frau Minister ; Sie ist Redakteur,* etc. Dans la langue courante cependant, l'usage des formes féminines se généralise : *Sie ist Staatsanwältin/Chefredakteurin,* etc.

De nombreux termes ne sont pas marqués du point de vue du sexe :

▷ masculins : *der Flücht**ling** :* le réfugié ; *der Gast* : l'hôte, l'invité (mais : *der Gastgeber — die Gastgeberin*) ; *der Laie* : le non-initié ; *der Lehr**ling** (▶ ein weiblicher Lehrling) ; der Nachkomme* : le descendant ; *der Säugling* : le nourrisson (mais ▶ ***das Baby***) ; *der Star* : la vedette.

▷ féminins : *die Geisel* : l'otage ; *die Wache* : la sentinelle ; *eine Lehr**kraft*** : un(e) enseignant(e) ; *eine Schreibkraft* : un(e) employé(e) de bureau.

▷ neutres : *das Baby ; das Kind ; das Opfer* : la victime.

18.1.2. SUBSTANTIFS DESIGNANT DES ANIMAUX.

§ 444 **a)** Pour les animaux les plus courants, la langue dispose d'un couple de termes, par exemple :

der Bulle/der Stier : le taureau. *der Ochs(e) :* le bœuf.	} *die Kuh :* la vache.
der Eber : le verrat.	*die Sau :* la truie.
der Erpel/der Enterich : le canard.	*die Ente :* la cane.
der Hahn : le coq.	*die Henne/das Huhn :* la poule.
der Hengst : l'étalon.	*die Stute :* la jument.
der Hund : le chien.	*die Hündin :* la chienne.
der Kater : le chat.	*die Katze :* la chatte.
der [Schaf]bock : le bélier. *der Hammel :* le mouton châtré.	} *das [Mutter]schaf :* la brebis.

Cependant, lorsque les besoins de la communication ne nécessitent pas une précision, on se sert d'un terme générique, le plus souvent neutre, cf. :
das Pferd, das Rind (surtout pour la viande), *das Schaf* (mais *Hammel :* pour la viande), *das Schwein.*

Ou bien l'un des deux termes sert de terme générique :
die Ente : le canard, *der Esel :* l'âne, *der Hund :* le chien, *die Katze :* le chat, *die Maus :* la souris, etc.

Pour de nombreux animaux cependant, il n'existe qu'un terme, cf. :
der Frosch : la grenouille, *der Igel :* le hérisson, *das Wiesel :* la belette.

S'il est nécessaire de préciser, on dira : *das Froschmännchen, das Froschweibchen.*

b) Comme le petit de l'homme, *das Kind,* les petits des animaux sont neutres, à commencer par *das Junge/ein Junges* (adjectif nominalisé), mais aussi par exemple :

das Ferkel : le porcelet, *das Fohlen :* le poulain, *das Kalb :* le veau, *das Küken :* le poussin, *das Lamm :* l'agneau.

18.2. Régularités dans le genre des substantifs désignant des inanimés

18.2.1. SUBSTANTIFS MASCULINS.

§ 445 **a) Critères sémantiques.**

Sont masculins les substantifs appartenant aux champs sémantiques suivants :

▷ saisons mois jours	*der Herbst, der Winter, der Frühling, der Sommer.* *der Monat : der Januar, der Februar, der März,* etc. *der Tag : der Montag, der Dienstag, der Mittwoch...*
mais ▶	***die** Jahreszeit, **die** Woche.*
▷ points cardinaux, vents	*der Norden, der Süden, der Osten, der Westen.* *der Wind : der Orkan :* ouragan, *der Monsun :* mousson ; *der Passat :* alizé, *der Schirokko, der Föhn.*
▷ phénomènes atmosphériques	*der Blitz :* éclair, *der Donner :* tonnerre, *der Dunst :* brume, *der Frost :* gel, *der Hagel :* grêle, *der Nebel :* brouillard, *der Regen, der Reif :* givre, *der Schnee, der Tau :* rosée.
mais ▶	***das** Gewitter, **das** Wetter, **das** Eis.*
▷ pierres et minéraux	*der Stein, der Basalt, der Diamant* (faible), *der Granit, der Kalk :* calcaire, *der Kies :* gravier, *der Lehm :* glaise, *der Sand, der Schiefer :* ardoise, *der Ton :* argile, *der Torf :* tourbe, etc.
mais ▶	***die** Kohle :* charbon, ***die** Kreide :* craie.
▷ astres et planètes	*der Planet* (faible), *der Stern, der Jupiter, der Mars, der Mond, der Saturn...* ▶ *der Planet Venus.*
mais ▶	***die** Erde, **die** Sonne.*
▷ voitures et trains	*der Wagen → der Mercedes, der VW, der Renault 5,* etc. *der Zug → der Orientexpress, der Johann-Strauß,* etc.
mais ▶	***die** Eisen**bahn**, **die** Bahn.*

446 **b) Critères morphologiques** (v. également §§ 545, 549, 550).

Sont masculins :

▷ les noms dérivés **sans suffixe** à partir du radical d'un verbe du fonds germanique et désignant un acte, par exemple :

der Betrieb (betreiben)	*der Sprung (springen)*
der Gang (gehen)	*der Stand (stehen)*
der Guß (gießen)	*der Stoß (stoßen)*
der Kauf (kaufen)	*der Wurf (werfen)*
der Riß (reißen)	(etc.)

MAIS : ***die** Heimkehr ; **die** Rückkehr ; **das** Stift :* la fondation, le monastère ; ***das** Verbot :* l'interdiction.

▷ les substantifs dérivés à l'aide des suffixes suivants (ceci vaut aussi pour les animés) :

-er	*der Druckmesser :* manomètre, *der Fernseher :* téléviseur, *der Rasenmäher :* tondeuse à gazon, *der Wecker :* réveil.
▶	***das*** *Messer :* couteau, ***das*** *Zimmer,* ***die*** *Butter,* etc. ne sont pas des dérivés de verbes !
-ich/ig	*der Bottich :* cuve, *der Lattich :* laitue, *der Teppich :* tapis, *der Essig :* vinaigre, *der Honig :* miel, *der Käfig :* cage.
mais ▶	***das*** *Reisig :* la brindille.
-ling	*der Lehrling :* apprenti, *der Zwilling :* jumeau, *der Flüchtling :* réfugié.
-s	*der Schlips :* cravate, *der Schnaps :* eau-de-vie.

▷ les mots d'emprunt terminés par :

-or	*der Gene'rator, der 'Motor, der 'Phosphor, der Venti'lator,* etc.
-us	*der 'Humus, der 'Modus, der 'Rhythmus, der 'Ritus, der 'Typhus, der 'Typus, der 'Zyklus,* etc.
sauf ▶	***das*** *Genus :* genre grammatical, ***das*** *Tempus :* temps grammatical.
-'ismus	*der Idea'lismus, der Nationa'lismus, der Opti'mismus...*

ainsi que, quand les termes désignent des personnes : ***-'at, -'and, -'ant, -'ast, -'ar, -'är, -'ent, -'et, -'eur, -'ier*** [i:r] ou [je:], ***-iker, -'ist, -'log(e), -'om,*** par exemple :

der Demo'krat, der Dokto'rand, der Demons'trant, der Gymna'siast : le lycéen, *der Kommi'ssar, der Funktio'när :* « permanent » par exemple d'un syndicat, *der Stu'dent, der Analpha'bet, der Inge'nieur, der Offi'zier, der Por'tier* [je:], *der Po'litiker, der Germa'nist, der Bio'log(e), der Agro'nom,* etc.

18.2.2. SUBSTANTIFS FEMININS.

§ 447 **a) Critères sémantiques.**

Sont féminins les substantifs appartenant aux champs sémantiques suivants :

▷ arbres	*die Birke :* bouleau, *die Eiche :* chêne, *die Kiefer :* pin, *die Pappel :* peuplier, *die Tanne :* sapin, etc.
sauf ▶	***der*** *'Ahorn :* érable, ***der*** *Ho'lunder :* sureau, ***der*** *Wa'cholder :* genévrier et les composés avec *-baum* (*der Birnbaum,* etc.).
et fleurs	*die Chrysan'theme, die 'Dahlie, die Ge'ranie, die 'Lilie :* lys, *die Nar'zisse, die Nelke :* œillet, *die Orchi'dee* [ç], *die Rose...*
sauf ▶	les composés : ***der Fingerhut*** *:* digitale, ***der Löwenzahn*** *:* pissenlit, ***das Stiefmütterchen*** *:* la pensée, ***das Veilchen*** *:* violette et la nominalisation ***das Vergißmeinnicht*** *:* myosotis.

▷ chiffres	*die Null, die Eins, die Vier, die Hundert, die Tausend...*
►	mais pas les quantités : ***das** Dutzend :* douzaine, ***das** Hundert :* la centaine, ***das** Tausend :* le millier (v. § 449).
▷ noms d'avions	*(die Maschine ►) die Concorde, die Boeing, die DC9...*
sauf ►	***der** Airbus, **der** Jet, **der** Starfighter*
de bateaux	*die Queen Elisabeth, die France...*
de motos	*(die Maschine →) die BMW, die Kawazaki...*

§ 448 **b) Critères morphologiques** (v. également §§ 546-547).

Sont féminins :

▷ les substantifs dérivés de verbes du fonds germanique **avec le suffixe *-t* ou *-d*,** par exemple :

die Ankunft (kommen)
die Fahrt (fahren)
die Flucht (fliehen)
die Geburt (gebären)
die Gunst faveur *(gönnen)*
die Jagd (jagen)
die Kunst (können)
die Last (laden)
die Mitgift dot *(geben)*
die Pflicht (voisin de *pflegen*)
die Sicht (sehen)
die Schlacht (schlagen)
die Schuld (voisin de *sollen*)
die Sucht (siechen)
die Tat (tun)
die Tracht costume régional *(tragen)*
die Zucht (ziehen)
(etc.)

mais : ► ***der** Dienst (dienen), **der** Durst (dörren), **das** Gift (geben), **der** Verlust (verlieren)...*

▷ la plupart des substantifs dérivés ou voisins de verbes avec le **suffixe *-e*,** par exemple :

die Aufgabe (geben), die Bitte (bitten), die Falle piège *(fallen), die Grube* fosse *(graben), die Habe* les biens *(haben), die Lage (liegen), die Lehre* doctrine *(lehren), die Quelle (quellen), die Sprache (sprechen), die Wiege* berceau/ *die Waage* balance *(wiegen).*

Le e est tombé quelquefois, cf. : *die Gefahr, die Heimkehr, die Rückkehr, die Schau...*

SAUF : ► ***das** Ende, **der** Glaube, **der** Wille ;*
► de nombreux dérivés en ***ge-* : der** *Gedanke,* **das** *Gefälle,* **das** *Gehabe...* au sens collectif ;
► les animés : ***der** Insasse :* l'occupant, ***der** Nachkomme :* le descendant...

▷ les substantifs dérivés à l'aide des suffixes germaniques :

-'ei	*die Par'tei, die Bäcke'rei, die Liebe'lei...*
-heit, -keit	*die Freiheit, die Krankheit, die Schwierigkeit...*
-schaft	*die Freundschaft, die Gesellschaft, die Wissenschaft...*
-ung	*die Bewegung, die Gründung, die Verletzung...*

▷ les mots d'emprunts terminés par :

-'ade	*die Marme'lade, die Prome'nade...*
-'age [aʒə]	*die E'tage, die Ga'rage, die Sabo'tage...*
-'anz/'ance	*die Bi'lanz, die Subs'tanz... die Nu'ance* [nY'ãsə]
-'ät/'tät [ɛ:t]	*die Di'ät, die Quali'tät, die Universi'tät...*
mais ►	***das*** *Porträt* [pɔrtrɛ:]
-'enz	*die Exis'tenz, die Potenz, die Tendenz...*
-'esse	*die Delika'tesse :* spécialité culinaire, *die Rafinesse...*
-'ette	*die Eti'kette :* étiquette (bienséances), *die Tablette :* comprimé.
mais ►	***das*** *Etike**tt** :* étiquette (papier), ***das*** *Table**tt** :* plateau.
-ie ['---jə]	*die Fa'milie, die Ma'terie, die 'Pinie...*
['---'i:]	*die Demokra'tie, die Ko'pie, die Re'gie...*
-ik	accentué : *die Mu'sik, die Poli'tik, die Ru'brik...* non accentué : *die 'Klinik, die 'Komik, die 'Lyrik...*
mais ►	***das*** *Mosa'ik,* ***der*** *Katho'lik.*
-'ine	*die Marga'rine, die Vi'trine (Glasschrank)...*
-'ion	*die Bas'tion, die Le'gion, die Na'tion, die Reli'gion...*
mais ►	non accentué : ***das*** *'Stadion*
-is	*die 'Basis, die 'Dosis, die 'Skepsis...*
mais ►	***der*** *Kompro'**miß**.*
-'isse	*die Ku'lisse, die Prä'misse...*
-'ive	*die Initia'tive, die Perspek'tive...*
-'ose	*die Diag'nose, die Neu'rose, die Tuberku'lose...*
-'ur	*die Dikta'tur, die Kul'tur, die Tempera'tur...*
mais ►	*das Abi'tur :* le baccalauréat, *das Impri'matur* (= terminaison verbale).

18.2.3. SUBSTANTIFS NEUTRES.

§ 449 **a) Critères sémantiques.**

Sont neutres les substantifs appartenant aux champs sémantiques suivants :

▷ métaux	*das Metall → das Blei :* plomb, *das Eisen :* le fer, *das Gold, das Erz :* le minerai, *das Kupfer, das Messing :* le laiton, *das Nickel, das Platin, das Silber, das Zink, das Zinn :* étain, *das Uran.*
SAUF ►	***der*** *Stahl :* l'acier, ***die*** *Bronze :* le bronze.
et substances naturelles	*das Chlor, das Eis, das Feuer, das Fluor, das Gas, das Glas, das Holz, das Iod, das Leder, das Licht, das Porzellan, das Wasser...*
SAUF ►	***der*** *Schwefel :* le soufre, ***der*** *Phosphor,* ***die*** *Luft,* et les composés en ***-stoff :*** ***der*** *Wasserstoff :* hydrogène, ***der*** *Sauerstoff :* oxygène...
►	et les pierres et minéraux (v. § 445)

▷ quantités		*das Dutzend, das Hundert :* la centaine, *das Tausend :* le millier, *das Paar :* la paire, *das Drittel :* le tiers, *das Viertel, das Tausendstel...*
	SAUF ▶	***die** Million, **die** Milliarde ;* les chiffres sont féminins !
et unités de mesure		*das Millibar, das Hek'tar, das Gramm, das Kilo, das Kilowatt, das Liter* (parfois masc.), *das Meter* (parfois masc.), *das Pfund*
	SAUF ▶	***der** Grad, **die** Tonne* et les unités de temps : ***die** Stunde, **die** Minute, **die** Sekunde.*
▷ couleurs		*das Blau, das Grün, das Rot, das Weiß... das Hell, das Dunkel.*
▷ langues		*das Deutsch(e), das Hindi, das Latein, das Russisch(e)...*

§ 450 **b) Critères morphologiques.**

Sont neutres :

▷ les nominalisations d'éléments invariables :
das A und O, das ABC, das E moll : mi mineur, *das Ich*
das Hin und Her, das Abseits : le hors-jeu, *das Wie,*
das Rauchen, das Nicht-Beachten der Verkehrsregeln (G INF nominalisé)

▷ la plupart des **noms collectifs en *Ge-* :**

das Gebäck : gâteaux, pâtisserie.
das Gebirge : montagnes.
das Gebüsch : buissons.
das Gedränge : bousculade.
das Gefühl : sentiment.
das Gehör : ouïe (faculté auditive)
das Gelände : terrain.
das Gemüse : légumes.
das Gepäck : bagages.
das Geschrei : cris.
das Getreide : céréales.
das Gewässer : eaux, lac, étang.
(etc.)

SAUF ▶ ***die** Gebärde :* geste, ***der** Gedanke, **der** Gefallen :* service, ***die** Gefahr, **die** Gemeinde :* commune, paroisse, ***der** Geruch :* odeur ou odorat, ***der** Geschmack :* goût, etc. ;
▶ les noms suffixés par *-heit, -keit, -schaft* (v. § 448) ;

▷ les noms ayant un suffixe **diminutif *-chen, -lein,*** et ***-sel*** (même si la valeur diminutive n'est plus ressentie) :

das Häschen, das Häuschen, ***das Mädchen***
das Küchlein, das Bettlein, ***das Fräulein***
das Rätsel : énigme, *das Überbleibsel :* vestige.

▷ les noms terminés par les suffixes germaniques :

-icht		*das Dickicht :* fourré, taillis, *das Röhricht :* les roseaux.
-tum		*das Altertum :* l'Antiquité, *das Bürgertum :* bourgeoisie, *das Christentum :* chrétienté/christianisme, *das Eigentum :* propriété, *das Königtum :* royauté, etc.
	SAUF ▶	deux masculins : ***der Irrtum :*** erreur, ***der Reichtum :*** richesse.

▷ les mots d'emprunt terminés par les syllabes suivantes, **à condition qu'ils désignent des inanimés :**

-'at	*das Fabrikat :* marque, *das Inserat :* annonce, *das Pla'kat :* affiche...
SAUF ▶	***der*** *Auto'mat* (faible) : distributeur automatique, ***der*** *Appa'rat* et les animés : ***der*** *Büro'krat,* ***der*** *Demokrat...* (faibles, v. § 462).
-'eau/-o	*das Ni'veau, das Bü'ro, das 'Kino, das 'Konto*
SAUF ▶	***der*** *Zoo.*
-***'ent***['---ɛnt]	*das Doku'ment, das Instru'ment, das Ta'lent...*
['---ã]	*das Apparte'ment, das Ressenti'ment, das Abonne'ment...*
SAUF ▶	***der*** *Mo'ment,* ***der*** *Ze'ment* et les animés : ***der*** *Stu'dent,* ***der*** *Präsident,* etc. (faibles, v. § 462).
-'ett	*das Ba'llett, das Klo'sett, das Ske'lett, das Ta'blett :* plateau.
-'il	*das Domi'zil, das Rep'til, das Ven'til :* soupape.
-ma	*das Di'lemma, das 'Drama, das 'Dogma, das 'Komma, das 'Thema.*
SAUF ▶	***die*** *'Firma :* la firme, la société, l'entreprise.
-'phon/-'fon	*das Mikro'phon, das Tele'fon* (ou *'Telefon*).
-'skop [sko:p]	*das Mikro'skop, das Stetho'skop.*
-um/ium	*das 'Album, das Mu'seum, das 'Visum, das 'Zentrum, das Gym'nasium, das 'Stadium :* stade (phase), *das 'Studium...*

18.3. Particularités concernant le genre

18.3.1. NOMS GEOGRAPHIQUES.

§ 451 **a) Les noms de pays ou de localités.**

Ils sont normalement **neutres** et l'article n'apparaît que lorsqu'ils sont accompagnés d'un membre, cf. :

Deutschland → *das Nachkriegsdeutschland*
Frankreich → *das Frankreich der 20er Jahre*
Berlin/Paris → *das schöne Berlin/Paris*
Afrika, Europa → *das tropische Afrika, das vereinte Europa...*

Cependant, de nombreux noms de pays et de régions exigent un article, par exemple :

▷ masculins : *der I'ran, der I'rak, der 'Libanon, der 'Schwarzwald...*
▷ féminins : *die Schweiz, die Tschechoslowa'kei, die Tür'kei, die U'kraine, die Norman'die,* ***die Sa'hara, die Pfalz****...*
▷ neutres : *das 'Elsaß, das 'Engadin, das 'Sauerland, das Te'ssin...*
▷ pluriel : *die Niederlande, die Vereinigten Staaten (die USA).*

ATTENTION à l'emploi de la préposition (v. § 707) :
sans article : *Ich bin **in** Deutschland / fahre **nach** Deutschland.*
avec article : *Ich bin **in der** Schweiz / fahre **in die** Schweiz.*

b) Les noms de montagne.
Ils sont très souvent masculins, cf. :
der 'Ätna, der Harz, der 'Jura, der Kau'kasus, der Ve'suv, der 'Watzmann...
MAIS : *das Erzgebirge, das Siebengebirge*
die Eifel, die Rhön, die Alpen, die Dolomiten, die Vo'gesen...

c) Les noms de cours d'eau.
Ils sont très souvent féminins, cf. :
die 'Donau, die Elbe, die Maas (Meuse) *die 'Mosel, die Oder, **die Rhône**...*
MAIS : *der Inn, der Lech, der Main, der Neckar, der Rhein, der Don, der Ganges, der Nil, der Po...*

18.3.2. SUFFIXES.

452 Certains suffixes ou éléments lexicaux entraînent plusieurs genres :

-mut	MASC.	*der Edelmut :* noblesse d'âme, *der Freimut :* franchise, *der Hochmut :* morgue, orgueil, *der Mißmut :* mauvaise humeur, *der Unmut :* mécontentement.
	FEM.	*die Anmut :* charme, grâce, *die Armut :* pauvreté, *die Demut :* humilité, *die Großmut :* magnanimité (parfois masc.), *die Sanftmut :* douceur de caractère, *die Schwermut :* mélancolie, *die Wehmut :* mélancolie.
-nis	FEM.	*die Bedrängnis :* embarras, *die Befugnis :* compétence, droit, *die Besorgnis :* inquiétude, *die Bewandtnis :* tournure, *die Empfängnis :* conception (physiologique), *die Erlaubnis :* autorisation, *die Ersparnis :* économie, épargne, *die Fäulnis :* pourriture, *die Finsternis :* obscurité, ténèbres, ***die Kenntnis :*** connaissance, *die Wildnis :* région sauvage.
	NEUT.	ce sont les plus nombreux : *das Bedürfnis :* besoin, ***das Bekenntnis :*** aveu, profession de foi, *das Bündnis :* alliance, *das Ereignis :* événement, *das Ergebnis :* résultat, *das Erlebnis :* événement vécu, *das Gedächtnis :* mémoire, *das Gefängnis :* prison, *das Geständnis :* aveu, *das Hindernis :* obstacle, *das Mißverständnis :* malentendu, *das Verhältnis :* proportion, relation, *das Verständnis :* compréhension, etc.
-sal	FEM.	termes vieillis : *die Drangsal :* tourments, *die Mühsal :* peine, *die Trübsal :* affliction.
	NEUT.	*das Labsal* (vieilli) : réconfort, baume, *das Schicksal :* destin, *das Scheusal :* objet d'horreur, monstre.
-teil	MASC.	*der Anteil :* part, *der Bestandteil :* élément, *der Bruchteil :* fraction, *der Erdteil :* continent, *der Großteil :* majorité, *der Kör-*

	perteil : partie du corps, *der Stadtteil :* quartier, *der Vorteil/der Nachteil :* avantage/inconvénient.
NEUT.	*das Abteil :* compartiment, *das Einzelteil (= Stück) :* pièce, *das Ersatzteil (= Stück) :* pièce de rechange, *das Gegenteil :* contraire (cf. *das Gegenstück :* le pendant), *das Hinterteil :* postérieur, *das Vorurteil :* préjugé, *das Urteil :* jugement, sentence.
▶	hésitants : *der/[das] Erbteil :* part d'héritage, *der/[das] Vorderteil, der/[das] Oberteil, der/[das] Unterteil.*

18.3.3. SUBSTANTIFS A DOUBLE GENRE.

§ 453 **a) Sans distinction de sens (genre hésitant) :**

der/[das] Bereich : domaine.	*der/das Filter :* filtre.	*der/das Liter*
der/das Bonbon	*der/das Gulasch*	*der/das Radar*
der/die/das Dschungel : jungle.	*der/das Keks :* biscuit.	*der/die Wulst :* bourrelet.
	der/das Knäuel : pelote.	

▶ ***der/das Meter*** *(Kilometer, Zentimenter,* etc) ; mais les appareils de mesure sont neutres : ***das*** *Barometer,* ***das*** *Tachometer :* compteur de vitesse, ***das*** *Thermometer,* etc.

▶ ***Teil*** est masculin sauf dans *für mein Teil* (pour ma part) et au sens de « pièce détachée » : *das Teil* comme *das Einzelteil* et *das Ersatzteil* (v. § 452).

b) Genre distinctif :

der Alp[traum] : cauchemar.	*die Alp (-en) :* prairie de montagne.
{ *der Band (¨e) :* volume, tome.	*das Band (¨er) :* bandeau, ruban, lacet.
{ *die Band (-s)* [bɛnt] : orchestre pop/jazz.	*das Band (-e) :* lien.
der Bauer (-n) : paysan.	*das [Vogel]bauer :* volière, cage.
der Bund (¨e) : fédération, alliance.	*das Bund (-e) :* faisceau, botte.
der Ekel : horreur, répugnance.	*das Ekel :* individu désagréable.
der Erbe (-n) : héritier.	*das Erbe (die Erbschaften) :* héritage.
der Flur (e) : corridor.	*die Flur (-en) :* champ (poétique sauf dans les composés tels *die Flurbereinigung :* remembrement)
der Gehalt (-e) : teneur, contenu.	*das Gehalt (¨er) :* traitement, salaire.
der Heide (-n) : païen.	*die Heide (-n) :* lande.
der Hut (¨e) : chapeau.	*auf der Hut sein :* être sur ses gardes.
der Junge (-n) : garçon.	*das Junge, ein Junges :* petit de l'animal.
der Kaffee : café (boisson).	*das Café (-s) :* café (établissement).
der Kiefer(-) : mâchoire.	*die Kiefer (-n) :* pin.
der Kunde (-n) : client.	*die Erdkunde :* géographie, *die Landeskunde :* civilisation.
der Mangel (¨) : manque, défaut.	*die Mangel (-n) :* machine à repasser.

die Mark : mark (monnaie).	*das Mark :* moelle.
der Mast (-en) : mât.	*die Mast :* engraissement, gavage.
der...messer : appareil de mesure par exemple : *Geschwindigkeitsmesser.*	*das Messer (-) :* couteau.
der Militär (-s) : militaire (soldat).	*das Militär :* l'armée.
die Mitgift (-en) : dot.	*das Gift (-e) :* poison.
der Moment (-e) : instant.	*das Moment (-e) :* facteur, élément, aspect.
der Reis (-e) : riz.	*das Reis (-er) :* brindille (arch. ou poétique).
der Schild (-e) : bouclier.	*das Schild (-er) :* panneau, pancarte.
der See (-n) : lac.	*die See :* mer.
die Steuer (-n) : impôt, taxe.	*das Steuer (-) :* volant, barre (bateau).
der Stift (-e) : mine, crayon.	*das Stift (-e/-er) :* fondation religieuse.
der Tau : rosée.	*das Tau (-e) :* amarre, gros câble.
der Taube (-n) : sourd.	*die Taube (-n) :* pigeon.
der Tor (-en) : idiot, ingénu.	*das Tor (-e) :* portail, but (sport).
der Verdienst (-e) : gain, bénéfice.	*das Verdienst (-e) :* mérite.
die Wehr (-en) : armée, défense, cf. *die Bundeswehr.*	*das Wehr (-e) :* digue, barrage, rempart.
der Weise (-n) : sage, prud'homme.	*die Weise (-n) :* façon, mélodie, chanson.

c) « Faux amis ».

Certains substantifs qui se ressemblent par la forme ont un genre et un sens différents :

der Akt (-e) : acte, nu (peinture).	*die Akte (-n) :* dossier.
das Deck (-s/-e) : pont du bateau.	*die Decke (-n) :* couverture, plafond.
das Etikett (-s) : étiquette (papier).	*die Etikette :* étiquette (convenances).
das Floß (¨e) : radeau.	*die Flosse (-n) :* nageoire, palme.
der Kohl : chou.	*die Kohle (-n) :* charbon.
der Laden (¨) : boutique.	*die Lade (-n) :* tiroir.
das Maß (-e) : mesure, quantité.	*die Masse (-n) :* masse.
das Recht (-e) : droit.	*die Rechte* (adj. subst.) : la droite.
der Sproß (-sse) : pousse d'une plante.	*die Sprosse (-n) :* barreau d'une échelle.
der Streifen (-) : bande, raie.	*die Streife (-n) :* patrouille.
das Tablett (-s) : plateau à servir.	*die Tablette (-n) :* comprimé.

D'autres s'opposent par la forme et le genre, mais le sens reste identique :

TYPE *Ø - e*	*das Eck (-e)/die Ecke (-n) :*	coin.
	der Ritz (-e)/die Ritze (-n) :	fissure, fêlure.
	das Rohr (-e)/die Röhre (-n) :	tuyau, tube.
	der Spalt (-e)/die Spalte (-n) :	fente, ouverture.
TYPE *e - en*	*die Karre (-n)/der Karren (-) :*	charrette.
	die Zacke (-n)/der Zacken (-) :	pointe, dent.

19 LA CATÉGORIE DU NOMBRE

19.0. Généralités

§ 454 Contrairement au genre et à quelques exceptions près (cf. *die Ferien, die Unkosten*), la catégorie du nombre est presque toujours significative.

L'opposition SINGULIER-PLURIEL, qui signifie « 1 ou supérieur à 1 » ne fonctionne que si le désigné de la base nominale est **dénombrable** (discret). Les marques du nombre sont réparties sur la séquence ARTICLE + (éventuel) ADJECTIF + NOM et sont combinées avec celles de l'identification (v. chap. 20) :

SING.	identifié	*der Baum*	**d** (+ *er/ie/as*)	NOM-**Ø**
	non identifié	*ein Baum*	**Ø**[1]**ein** (+ *Ø/e/Ø*)	NOM-**Ø**
PLUR.	identifié	*die Bäum***e**	**d** (+ *ie*)	NOM-**marque**
	non identifié	*Bäum***e**	**Ø**	NOM-**marque**

[1] Ce signe zéro tient compte de ***kein Baum***, **der eine Baum**

Au pluriel, le nombre peut être complété par des indications numérales ou quantitatives plus ou moins précises : *zwei, drei, viele, mehrere, wenige...*

Dans le domaine du **non dénombrable** (non discret), l'opposition singulier-pluriel est neutralisée au profit du seul singulier :

Identifié	*die Milch*	**d** (+ *er/ie/as*)	NOM-**Ø**
Non identifié	*Milch*	**Ø**	NOM-**Ø**

Mais une précision quantitative est encore possible : *viel Milch, wenig Milch...*

D'autres substantifs enfin n'existent qu'au pluriel. Le nombre peut être imposé par la réalité désignée (cf. *Eltern, Leute*) ou être purement grammatical (cf. *Ferien, Einkünfte*).

19.1. Le pluriel des substantifs

19.1.1. LES CINQ TYPES COURANTS.

§ 455 Si l'on s'en tient aux substantifs du fonds germanique et aux mots d'emprunt assimilés, on peut distinguer cinq types de marques de pluriel, qui sont présentés ci-dessous sous forme de tableau avant d'être commentés. Les termes encadrés sont les seuls exemplaires de la marque concernée :

		I MASCULINS forts	II MASCULINS faibles	III NEUTRES	IV FEMININS
A *(¨) ∅*	*-∅*	*Adler* *Giebel* *Wagen* *Käse*		*Messer* *Viertel* *Gebirge* *Brötchen* *Häslein* *Kissen*	
	¨∅	*Vater* *Vogel* *Boden*		*Kloster* *Abwasser*	*Mutter* *Tochter*
B *(¨) e*	*-e*	*Abend* *Spieß* *Biß* (-ss-) *Friseur*		*Boot* *Gefäß* *Schicksal* *Erlebnis* (-ss-)	*Mühsal* *Kenntnis* (-ss-)
	¨e	*Stoß* *Paß* (-ss-) *Gast* *Ball*		*Floß*	*Faust* *Nuß* (-ss-) *Ausflucht* *Auskunft*
C *(¨) er*	*-er*	*Leib* *Geist* *Ski/Schi*		*Feld* *Kleid* *Gesicht*	
	¨er	*Gott* *Wald* *Irrtum* *Reichtum*		*Dach* *Haus* *Königtum*	
D *(e)n*	*-en*	*Staat* *Mast*	*Graf* *Ochs* *Pilot* *Artist* *Präsident*	*Bett* *Hemd* *Herz* *Leid* *Statut*	*Frau* *Tat* *Bäckerei* *Ärztin* (-nn-)
	-n	*Muskel* *Pantoffel* *Stachel* *Vetter*	*Junge* *Hase* *Franzose* *Biologe*	*Auge* *Ende*	*Ecke* *Kopie* *Gabel* *Feder*
E *-s*		*Park* *Uhu* *Lkw* *Pulli*		*Auto* *Hotel* *Sofa*	*Bar* *Saison* *Uni* *Lok*

§ 456 Ce tableau permet aussi une présentation succincte des « déclinaisons » des bases nominales (pour le détail, v. § 526 sv.) :

a) les masculins forts (I) et les neutres (III) prennent en plus du radical :
du singulier : ***(e)s*** pour le génitif,
du pluriel : ***-n*** pour le datif, sauf pour les noms sous D, qui ont déjà *-n*, et sous E, qui ont *-s*.

b) les masculins faibles (II) ont ***-(e)n*** à tous les cas du singulier et du pluriel sauf au NOM SING ;

c) les féminins (IV) ont tous le singulier invariable ; au pluriel, les noms sous A et B ajoutent au radical un ***-n*** pour le datif.

§ 457 TYPE A *(¨) ∅*

Ont ce type de pluriel :

▷ les MASCULINS et les NEUTRES en ***-el, -en, -er,*** (sans inflexion) par exemple :

der Flügel, der Stiefel ; der Haken ; der Lehrer, der Teller
das Rätsel, das Segel ; das Kissen ; das Fenster, das Messer
Exception : ▶ 4 MASCULINS forts font leur pluriel en *-n* (sans ¨) :
der Muskel, der Pantoffel, der Stachel, der Vetter

▷ les NEUTRES en ***-chen, -lein,*** par exemple : *das Mädchen, das Fräulein ;*

▷ quelques MASCULINS et tous les NEUTRES en ***-e,*** par exemple :

der Käse
das Knie (plur. *Knie* [kni:ə]), *das **Gebirge**, das **Gemälde**,* etc.
Exception : ▶ *das Auge, das Ende* font leur pluriel en *-n* (v. § 460) ;

▷ deux FEMININS seulement (avec inflexion) : *die Mutter, die Tochter* (mais *die Muttern* = les écrous) ;

▷ **inflexion :** seuls une vingtaine de MASCULINS en ***-el, -en, -er*** prennent l'inflexion :

der Acker	*der Graben*	*der Magen*	*der Schaden*
der Apfel	*der Hafen*	*der Mangel*	*der Schnabel*
der Boden	*der Hammer*	*der Mantel*	*der Schwager*
der Bruder	*der Kasten*	*der Nagel*	*der Vater*
der Faden	*der Laden*	*der Ofen*	*der Vogel*
der Garten			

Le pluriel infléchi pour *Bogen, Kragen, Wagen* est régional (Sud). Seuls deux NEUTRES prennent l'inflexion : *das Kloster* (→ *die Klöster*) et les composés en *-wasser : das Abwasser → die Abwässer.*

§ 458 TYPE B *(¨)e*

Ont ce type de pluriel :

▷ les substantifs en ***-nis*** (→ *-nisse*), ***-sal*** (→ *-sale*), ***teil*** quel que soit leur genre ainsi que les NEUTRES en ***-zeug*** (sans ¨) :

das Bekenntnis, die Bekenntnisse ; die Kenntnis, die Kenntnisse
das Schicksal, die Schicksale ; die Mühsal, die Mühsale
der Vorteil, die Vorteile ; das Ersatzteil, die Ersatzteile
das Flugzeug, die Flugzeuge (v. aussi § 464).

▷ la majorité des MASCULINS, **avec inflexion** quand elle est possible, par exemple :

der Antrag (Anträge)	*der Ball (Bälle)*	*der Kuß (Küsse)*
der Arzt (Ärzte)	*der Fluß (Flüsse)*	*der Riß (Risse)*
der Bach (Bäche)	*der Fuß (Füße)*	*der Saal (Säle),* etc.

▶ mais une cinquantaine ne prennent **pas d'inflexion** (*-e*) :

der Aal (Aale)	*der Gau*	*der Molch*	*der Schoß*
der Abend	*der Gehalt*	*der Monat*	*der Schuft*
der Amboß	*(Inhalt, Auf-*	*der Mond*	*der Schuh*
(-ss-)	*enthalt...)*	*der Mord*	*der Spalt*
der Arm	*der Grad*	*der Ort*	*der Sproß*
der Barsch	*der Gurt*	*der Pfad*	*der Stoff*
der Besuch	*der Halm*	*der Pol*	*der Tag*
der Dachs	*der Huf*	*der Puls*	*der Tausch*
der Docht	*der Hund*	*der Punkt*	*der Thron*
der Dolch	*der Kuckuck*	*der Rost*	*der Verlust*
der Dom	*der Kult*	*der Ruf (Anruf,*	*der Versuch*
der Erfolg	*der Lachs*	etc.*)*	*der Wal*
der Forst	*der Laut*		
der Fund			

de même les composés en *-bold (Witzbold)* et *-wart (Torwart).*

Sont hésitants (variantes régionales) : *der Erlaß (Erlasse/Erlässe), der Pfropf, der Schlot, der Schluck, der Strand (*mais *die Badestrände), der Kran (¨-e* ou *-e).*

▷ une soixantaine de NEUTRES **sans inflexion *(-e)*** :

das Beet	*das Haar*	*das Paar*	*das Schwein*
das Beil	*das Heer*	*das Pferd*	*das Seil*
das Bein	*das Heft*	*das Pfund*	*das Sieb*
das Besteck	*das Hundert*	*das Pult*	*das Spiel*
das Blech	*das Jahr*	*das Recht*	*das Stift*
das Boot	*das Jahr'zehnt*	*das Reh*	*das Stück*
das Brot	*das Ka'mel*	*das Reich*	*das Tau*
das Dutzend	*das Kinn*	*das Rohr*	*das Tausend*
das Erz	*das Kreuz*	*das Roß (-ss-)*[2]	*das Tier*
das Fell	*das Los*	*das Salz*	*das Tor*
das Fest	*das Maß (-ß-)*[1]	*das Schaf*	*das Werk*
das Fett	*das Meer*	*das Scheit*	*das Zelt*
das Gas	*das Moor*	*das Schiff*	*das Ziel*
das Gift	*das Netz*		

1. Ancien pluriel en *-en*, cf. *über alle Maßen, einigermaßen.*
2. Également *Rösser.*

ainsi que notamment les composés en :

Ge-* :** *das Gebiet, das Gebot, das Gefäß, das Geräusch, das Gesetz...* mais : ▶ *das Gesicht* (visage) → ***-er**, das Gehalt...* (salaire) → ***¨-er (v. § 453 **b** et v. § 465)

***Ver-* :** *das Verbot, das Verdienst, das Verhör...*

▷ quelques FEMININS **avec inflexion** ***(¨e)*** :

die Angst	*die Geschwulst*	*die Laus*	*die Not*
die Axt	*die Gruft*	*die Luft*	*die Nuß (-ss-)*
die Bank : banc.	*die Hand*	*die Lust*	*die Sau*
die Braut	*die Haut*	*die Macht*	*die Schnur*
die Brust	*die Kluft*	*die Magd*	*die Stadt*
die Faust	*die Kraft*	*die Maus*	*die Wand*
die Frucht	*die Kuh*	*die Nacht*	*die Wurst*
die Gans	*die Kunst*	*die Naht*	*die Zunft*

Noter la présence de substantifs avec *u* et *t (-uft, -ust, -unft, -unst, -urst).* De même les composés de :

-brunst : *die Feuersbrunst (Feuersbrünste)*
-flucht : *die Ausflucht (Ausflüchte),* mais ► *die Flucht → Fluchten*
-kunft : *die Auskunft (Auskünfte), die Zusammenkunft*

§ 459 TYPE C ***(¨)er***

Ce type de pluriel n'existe que chez les MASCULINS et les NEUTRES. **L'inflexion** est la règle dès qu'elle est possible. Ce pluriel concerne :

▷ la grande majorité des NEUTRES (avec inflexion quand elle est possible) :

das Amt (Ämter)	*das Faß (-ss-)*	*das Holz*	*das Nest*
das Bad	*das Feld*	*das Huhn*	*das Pfand*
das Bild	*das Glas*	*das Kalb*	*das Rad*
das Blatt	*das Glied*	*das Kind*	*das Schloß (-ss-)*
das Buch	*das Grab*	*das Lamm*	*das Tal*
das Dach	*das Gras*	*das Land*	*das Volk*
das Ei	*das Haus*	*das Loch*	*das Wort* (mot), etc.

ainsi que quelques substantifs en ***Ge--*** *: das Gehalt* : le traitement, *das Gemüt, das Geschlecht, das Gesicht :* le visage, *das Gespenst, das Gewand...* et les substantifs en ***-tum*** *: das Königtum (Königtümer),* etc.

▷ une douzaine de MASCULINS (avec inflexion quand elle est possible) :

der Bösewicht	*der Irr**tum***	*der Rand*	*der Strauch*
der Geist	*der Leib*	*der Reich**tum***	*der Wald*
der Gott	*der Mann*	*der Schi/Ski*	*der Wurm*

§ 460 TYPE D ***(e)n***

Ont ce type de pluriel, **sans inflexion** :

▷ l'immense majorité des FEMININS, sauf les *mono-* et *bi*-syllabiques du § 458 :

-n s'ils sont terminés par ***-e, -el, -er*** (sauf ► *Mutter* : la mère, *Tochter*), par exemple : *die Biene (Bienen), die Gabel (Gabeln), die Leiter (Leitern),* etc.

-en dans les autres cas, par exemple :
die Frau (Frauen), die Wahl, die Tür, die Tat (Taten), etc., *die Bäcker**ei** (Bäckereien), die Dumm**heit** (Dummheiten), die Lehrer**in** (Lehrer**innen**), die Kleinig**keit** (Kleinigkeiten), die Wissen**schaft** (Wissenschaften).*

▷ tous les MASCULINS **faibles et mixtes** (v. § 462) :

der Junge (Jungen), der Bauer (Bauern), der Buchstabe (Buchstaben), der Planet (Planeten), der Pilot (Piloten), etc.

ainsi qu'une vingtaine de MASCULINS **forts** (avec ***(e)s*** au génitif singulier) :

-en	*der Dorn* : épine	*der Nerv*	*der Strahl*
	der Fleck	*der Pfau*	*der Typ*
	der Lorbeer	*der Schmerz*	*der Untertan*
	der Mast (également *Maste*)	*der See*	*der Zins*
		der Staat	
-n	*der Muskel*	*der Stachel*	*der Vetter*
	der Pantoffel		

▷ une douzaine de NEUTRES avec ***(e)s*** au génitif singulier) :

-en	*das Bett*	*das Ju'wel*	*das Sta'tut*
	das Hemd	*das Leid*	*das Verb*
	das In'sekt	*das Ohr*	
	ainsi que *das **Herz*** (mixte, v. § 462)		
	*das Kleinod (Kleinod**ien**)*		
-n	*das Auge*	*das Ende*	

---

461 TYPE E — *-s*

Ce type de pluriel ne se rencontre pas seulement chez les mots d'emprunt non assimilés (v. § 468), mais aussi chez :

▷ certains noms terminés par une voyelle, par exemple : *der Nackedei* : enfant nu *(Nackedeis), der Uhu (Uhus), das Echo (Echos), das Sofa (Sofas) ;*

▷ les abréviations : *der Pulli (Pullis), der Pkw (Pkws), der Opa (Opas), der Zoo (Zoos) ; die Lok (Loks), die Mutti (Muttis), die Uni (Unis), das Po* ou *Popo* le derrière *(Pos, Popos)* ;

▷ des nominalisations : *das Hoch* : anticyclone *(Hochs), das Tief* : dépression *(Tiefs)* ;

▷ certains termes de la marine : *das Deck* : pont *(Decks), das Wrack* : épave *(Wracks)* ;

▷ dans la langue familière : *die Jung[en]s (*au lieu de *Jungen), die Kerls (*au lieu de *Kerle), die Mädels (Mädel), die Kumpels (Kumpel).* D'où le pluriel en *-s* pour désigner les membres d'une famille : *[die] Webers, [die] Schmidts ;* en allemand standard : *[die] Familie Weber, Herr und Frau Weber.*

§ 462 MASCULINS FAIBLES ET MIXTES

On appelle masculins **faibles** les noms masculins ayant la marque ***-n*** ou ***-en*** à toutes les formes sauf celle du nominatif singulier :

TYPE *-n :* noms en *-e* et certains noms en *-r* :

N	*der **Junge***	*der **Bayer***	*die Junge**n***	*die Baye**rn***
A	*den Junge**n***	*den Baye**rn***	*die Junge**n***	*die Baye**rn***
D	*dem Junge**n***	*dem Baye**rn***	*den Junge**n***	*den Baye**rn***
G	*des Junge**n***	*des Baye**rn***	*der Junge**n***	*der Baye**rn***

TYPE *-en* : autres noms :

N	*der **Mensch***	*die Mensch**en***
A	*den Mensch**en***	*die Mensch**en***
D	*dem Mensch**en***	*den Mensch**en***
G	*des Mensch**en***	*der Mensch**en***

Ont ce comportement faible :

a) Des noms désignant des êtres humains :

▷ en *-e* :

der Bote	*der Genosse*	*der Knabe*	*der Neffe*
der Bube	*der Geselle*	*der Kollege*	*der Pate*
der Bursch[e]	*der Heide* paien	*der Kunde*	*der Riese*
der Erbe	*der Hirt[e]*	*der Laie*	*der Schöffe*
der Gatte	*der Insasse*	*der Lotse*	*der Sklave*
der Gefährte	*der Jude*	*der Nachkomme*	*der Zeuge*
der Gehilfe			

Noms désignant des habitants : *der Bulgare, der Chinese, der Däne, der Finne, der Franzose, der Ire* (Irlandais), *der Pole* (Polonais), *der Russe,* etc.

▷ terminés par une consonne :

der Ahn aïeul	*der Graf*	*der Mensch*	*der Prinz*
der Bauer ***(n)***	*der Held*	*der Nachbar* ***(n)***	*der Tor* le fou
der Christ	*der Herr*	*der Narr*	*der Vorfahr*
der Fürst	*der Lump* gueux	*der 'Oberst*	*der Zar*

Noms d'habitants : *der Bayer* ***(n)****, der Pommer* ***(n)****, der Ungar* ***(n)****.*

▶ ***Herr*** fait *Herr**n*** au singulier et *Herr**en*** au pluriel.

▶ *Bauer* et *Nachbar* ont également un génitif « fort » : *des Bauers, des Nachbars* (mais *der Erbauer* est uniquement fort).

b) Quelques noms d'animaux :

▷ en *-e* :

der Affe	*der Drache*	*der Hase*	*der Ochs[e]*
der Bulle	*der Falke*	*der Löwe*	*der Rabe*

▷ terminés par une consonne :

*der Bär (des Bär**en**), der Fink, der Spatz* (également génitif : ***-es***)

c) De nombreux mots d'emprunt, désignant surtout des personnes humaines :

▷ *der Ban'dit, der Chi'rurg, der Ex'perte, der I'diot, der Inva'lide, der Katho'lik, der Ko'llege, der Ma'trose, der Mo'narch* [ç], *der Patri'ot, der Philo'soph, der Pi'lot, der Sol'dat, der Vaga'bund* (également fort)

▷ ***-'and, -'ant, -'ent :*** *der Konfir'mand, der* ***Dia'mant,*** *der Elefant, der Fabrikant, der* ***Konso'nant,*** *der Protestant, der Präsident, der Student,* etc.

▷ ***-'aph :*** *der Photo'graph, der Geo'graph, der* ***Para'graph****...*

▷ ***-at :*** *der* ***Auto'mat,*** *der Demo'krat...* ► *der Appa'rat* est fort !

▷ ***-'et :*** *der Ath'let, der* ***Ko'met,*** *der* ***Pla'net,*** *der Pro'phet...*

▷ ***-'ist :*** *der Ar'tist, der Poli'zist, der Zivi'list...*

▷ ***-log(e) :*** *der Geo'loge, der Polito'loge...*

▷ ***-'nom :*** *der Agro'nom, der Astro'nom...*

der Fels est également faible (GEN *des Felsen*), mais il existe aussi un substantif fort *der Felsen* (GEN *des Felsens*).

463 On appelle **masculins mixtes** les noms masculins terminés par *-e* au nominatif singulier qui ont un comportement faible, sauf au **génitif** singulier, qui prend en plus de la marque faible la marque forte ***-s*** :

N	*der* ***Name***	*die Name****n***
A	*den Name****n***	*die Name****n***
D	*dem Name****n***	*den Name****n***
G	*des Name****ns***	*der Name****n***

Certains de ces noms existent également avec *-n* au nominatif (v. ci-dessous) : dans ce cas, ils se comportent de la même façon qu'un masculin fort comme *Haken. Der Schade* a même poursuivi l'évolution jusqu'à faire un pluriel avec inflexion :

archaïque :	*der* ***Schade,*** *den Schade****n****, des Schade****ns****, die Schade****n***
moderne :	*der* ***Schaden,*** *den Schaden, des Schaden****s****, die Sch****ä****den (v. § 457)*

Ces masculins mixtes sont au nombre de neuf (les formes entre parenthèses sont peu employées) :

der Buchstabe	*der Gedanke*	*der Name/(Namen)*
der Friede/Frieden	*der Glaube/Glauben*	*der (Same)/Samen*
der Funke/(Funken)	*der (Haufe)/Haufen*	*der Wille*

► **un seul neutre** s'apparente à ce type, ***das Herz*** :

SING.	N	*das Herz*	PLUR.	*die Herz****en***
	A	*das Herz*		
	D	*dem Herz****en***		
	G	*des Herz****ens***		

19.1.2. PARTICULARITES CONCERNANT LE PLURIEL.

§ 464 **a) Irrégularités.**

Très peu de substantifs échappent aux cinq types courants. Outre les variantes déjà évoquées, qu'elles soient familières *(Jungs, Mädels)* ou régionales *(Wägen, Erlässe),* il faut signaler :

der Bau construction, bâtiment	→	*die **Bauten***
das Kleinod : bijou, joyau	→	*die Kleinodien*
der Saal : grande salle	→	*die **Säle***
das Spielzeug : jouet	→	*die Spielsachen*
der Sporn : éperon	→	*die **Sporen***

§ 465 **b) Double pluriel.**

Certains substantifs ont un pluriel distinctif de sens (v. aussi en plus détaillé § 453 *b*) :

das Band	*die **Bänder*** : bandeaux, rubans.	*die **Bande*** : liens.
die Bank	*die **Bänke*** : bancs.	*die **Banken*** : banques.
der Bau	*die **Bauten*** : bâtiments.	*die **Baue*** : terriers.
der Block	*die **Blöcke*** : masses *(Betonblöcke, Eisblöcke, Steinblöcke)*	*die **Blocks*** : carnets *(Notizblocks),* groupes *(Wohnblocks).*
das Denkmal	*die **Denkmäler*** : monuments.	*die **Denkmale*** : vestiges.
der Druck	*die **Drucke*** : travaux d'imprimerie, copies *(Neudrucke, Farbdrucke, Abdrucke).*	*die **...drücke*** : pressions, empreintes *(Eindrücke Fingerabdrücke, Händedrücke).*
das Gesicht	*die **Gesichter*** : visages.	*die **Gesichte*** : visions.
das Land	*die **Länder*** : pays.	*die **Lande*** : provinces.
die Mutter	*die **Mütter*** : mères.	*die **Muttern*** : écrous, boulons.
der Rat	*die **Räte*** : conseillers.	*die **Ratschläge*** : conseils.
die Sau	*die **Säue*** : truies.	*die **Sauen*** : laies (sangliers).
der Stock	*die **Stöcke*** : cannes, bâtons.	*die **Stockwerke*** : étages.
der Strauß	*die **Sträuße*** : bouquets.	*die **Strauße*** : autruches.
das Tuch	*die **Tücher*** : pièces d'étoffe *(Handtücher, Taschentücher).*	*die **Tuche*** : sortes d'étoffe (lin, etc.).
das Wort	*die **Wörter*** : mots isolés.	*die **Worte*** : paroles, mots en contexte.

► ***der Mann*** → *fünfzig **Mann*** : unité de compte (équipe, armée) (v. § 470).
→ *die **Mannen*** : barons, vassaux.
→ *die **Männer*** : hommes par opposition aux femmes ; *die Ehemänner* : maris ; *die Staatsmänner* : hommes d'État.

→ *die* ***Leute****,* sens collectif : gens.
die Eheleute : époux, conjoints ; *die Kaufleute :* commerçants ; *die Fachleute :* spécialistes, experts ; mais : *die Bergleute :* les mineurs.

→ ***-männer*** ou ***-leute*** : *die Feuerwehrmänner/-leute :* pompiers ; *die Seemänner/-leute :* marins ; *die Vertrauensmänner/-leute :* hommes de confiance.

Il existe d'autre part une marque de pluriel populaire *-er,* souvent péjorative, que l'on trouve quelquefois à côté de la marque standard et qui peut entraîner une légère différence de sens, cf. :

das Ding	*die Dinge/die Dinger*	→ peut prendre le sens de « créatures »
der Rest	*die Reste/die Rester*	→ peut prendre le sens de « débris »
das Roß	*die Rosse* = bons chevaux (terme noble)/*die Rösser* = chevaux	

Cf. aussi *das Viech, die Viecher* (une bête), formé sur das *Vieh,* ou encore *das Biest, die Biester* (une sale bête).

9.1.3. PLURIEL DES SUBSTANTIFS D'EMPRUNT.

On peut distinguer ceux qui sont assimilés à l'un des types réguliers de formation du pluriel, ceux qui ne sont pas assimilés, et ceux qui ont un comportement hésitant.

466 **a) Emprunts assimilés pour le pluriel.**

PLURIEL EN **-e**

▷ Noms MASCULINS en :

-'är	*der Funktio'när (die Funktio'näre), der Sekre'tär.* MAIS ▶ *der Mili'tär, die Militärs* (v. § 453 *b*).
-'eur	*der Inge'nieur (die Inge'nieure), der Redak'teur.*

▷ Noms NEUTRES en :

-'at	*das Inse'rat (die Inse'rate), das Pla'kat, das Refe'rat, das Zi'tat...*
-'ent	*das Doku'ment (die Dokumente), das Experi'ment, das Talent...* MAIS ▶ *das Regi'ment, die Regi'menter* / *das Ressenti'ment* **[mã]**, *die Ressentiments*
-'ett	*das Ba'lett (die Ba'lette), das Lazarett, das Skelett...* MAIS ▶ pluriel en ***-s*** : *das Etikett, das Kaba'rett, das Klo'sett, das Kor'sett, das Kote'lett, das Ta'blett...*
-'il	*das Krokodil (die Krokodile), das Projek'til, das Ven'til...* MAIS ▶ *das Fo'ssil, das Rep'til* → *die Fo'ssil**ien**, die Rep'til**ien*** (v. § 469)

▷ Noms MASCULINS et NEUTRES en :

-'al	*der Admi'ral (die Admi'rale), der 'Plural (die Plu'rale), das Line'al, das Lo'kal, das Po'kal...* MAIS ▶ *der Ka'nal, die Ka'**näle**; der Gene'ral, die Gene'rale* ou *Gene'**räle***
-'ar	*der Kommi'ssar (die Kommi'ssare), der Notar, das Formular...*
-iv	*der 'Akkusativ (die Akkusa'tive), der 'Imperativ, das Ar'chiv, das Mo'tiv, das 'Substantiv (die Substan'tive)...*
divers :	*der De'kan (De'kane), der Kapi'tän, das Mo'dell, das O'xid, der Sarko'phag.*

PLURIEL EN -(e)n

▷ tous les MASCULINS **faibles** (v. § 462) : *der Para'**graph**, der Sol'dat, der Demons'**trant**, der Abitu'**rient**, der Ath'**let**, der Idea'**list**, der Philo'**loge**, der Agro'**nom**, der Philo'soph, der Patri'ot, der Mo'narch...*

MAIS ▶ ***der Magis'trat, der Sa'lat*** sont forts → *die Magis'trate, die Sa'late.*

▷ tous les FEMININS (v. § 448), par exemple : *die Ga**rage**, die Ten**denz**, die Na**tion**, die Zen**sur***, y compris les cas spéciaux tels que *die Praxis (die Praxen), die Villa (die Villen)* (v. § 469).

§ 467 b) Emprunts non assimilés pour le pluriel.

Ils font leur pluriel en ***-s***, toujours prononcé, par exemple : *der Park (die Parks), der Streik (die Streiks), die Bar (die Bars), das 'Sofa (die 'Sofas).*

Parmi ces noms, on trouve notamment :

▷ la plupart des NEUTRES en ***-o*** : *das 'Auto (die 'Autos), das 'Foto, das Kino...* (mais v. § 469) ;

▷ les noms qui ont gardé non seulement l'accentuation, mais aussi la prononciation étrangère : *das Ate'lier (die Ate'liers), die Saison (die Sai'sons), das Abonne'ment (die Abonne'ments)*, etc.

§ 468 c) Emprunts plus ou moins assimilés.

Le pluriel varie en fonction de l'accentuation et/ou de la prononciation :

▷ MASCULINS et NEUTRES en ***-ier*** :

[ˈi:r]	→ ***-'iere***	*der Offi'zier (die Offi'ziere), der Juwe'lier, der Pio'nier, das Kla'vier, das Pa'pier, das Quar'tier...*
[jər]	→ ***-ier***	*der Prole'tarier/Vege'tarier, der 'Spanier...*
[ˈje]	→ ***-'iers***	*der Por'tier (die Por'tiers* [pɔrˈtje:s] *der Ban'kier, das Ate'lier, das Do'ssier, das Me'tier...*

▷ MASCULINS et NEUTRES en ***-in*** :

['i:n]	→ ***-'ine***	*der Ka'min (die Ka'mine), der Ru'bin, der Ter'min, das Maga'zin, das Prote'in, das Vita'min...*
['ɛ̃:]	→ ***-'ins***	*das Ba'ssin (die Bassins* [ba'sɛ̃:s]), *das Bulletin, das Mannequin, das Te'rrain...*

▷ NEUTRES en ***-ment*** (ATTENTION : les masculins en [ɛnt] sont toujours faibles)

['mɛnt	→ ***-'mente***	*das Monument (die Monumente), das Testa'ment* SAUF ▶ *das Regi'ment, die Regi'ment**er***
['mã]	→ ***-'ments***	*das Abonne'ment (die Abonne'ments* [-'mɑ̃s]), *das Engage'ment...*

▷ MASCULINS et NEUTRES en ***-on*** :

[o:n]	↗ ***-'one***	*der Ba'ron (die Barone), der Kan'ton, das Hor'mon, das Tele'fon*
	↘ ***-'onen***	▶ déplacement de l'accent : *der 'Dämon (die Dä'monen), das 'Neutron (die Neu'tronen)* (v. § 33)
[õ]	→ ***-ons***	*der Jar'gon (die Jar'gons* [ʒar'gõ:s]), *der Pavi'llon, der 'Champignon, die Sai'son, das Chan'son, das Medai'llon...* double comportement selon la prononciation : *der Bal'kon (Bal'kone/Bal'kons), der Ba'llon, der Sa'lon, der Wa'ggon...*

▷ MASCULINS en -or :

[or/ɔr]	→ ***-'oren***	▶ non accentué au singulier, déplacement de l'accent au pluriel : *der 'Doktor (die Dok'toren), der 'Motor (die Mo'toren), der Pro'fessor (die Profe'ssoren), der 'Traktor (die Trak'toren)...* (v. § 33)
['o:r]	→ ***-'ore***	▶ accentué au singulier : *der Korri'dor ou 'Korridor (die Korri'dore), der Ma'jor (die Ma'jore)* MAIS ▶ *der Te'nor, die Te'nöre ; der De'kor, die De'kors*

§ 469 d) Pluriels spéciaux (les formes en caractères gras sont les plus courantes) :

-a	***-en***	*das 'Drama (die 'Dramen), das 'Dogma, das 'Thema, das 'Prisma...* *die Firma (die 'Firmen), die 'Villa (die 'Villen)*
	-ata/-as	*das 'Komma (die 'Kommata/'Kommas), das 'Schema, das Di'lemma*
	-ate/-as	*das 'Klima (die Kli'mate/'Klimas)*
-al	*-alien*	*das Mine'ral (die Mine'ralien), das Material*
	-'äler	*das Hospi'tal (die Hospi'täler), das Spi'tal*
-as	*-'anten/-asse*	*der 'Atlas (die A'tlanten/'Atlasse)*
-ex/ix	*-izes*	*der 'Index (die 'Indizes), der 'Kodex, die 'Matrix*
-is	***-en***	*die 'Basis (die 'Basen), die 'Praxis*
-ium	***-ien***	*das 'Gremium (die 'Gremien), das Gym'nasium, das Kri'terium, das Minis'terium, das Sti'pendium...*
-men	*-mina/ Ø*	*das E'xamen (die E'xamina) ; das Pro'nomen (die Pro'nomina/die Pro'nomen)*
-o	*-i*	*das 'Solo (die 'Soli), das Con'certo*
	-en	*das 'Konto (die 'Konten)*
-ion	*-ien*	*das 'Stadion (die 'Stadien)*
-on	*-a/-en*	*das 'Lexikon* [-ko:n] *(die 'Lexika/'Lexiken)*
	-ons/-a	*das Semi'kolon* [-lo:n] *(die Semi'kolons/Semi'kola)*
-os	***-en***	*das 'Epos (die 'Epen), der 'Mythos (die Mythen)*
-um	*-a*	*das Abs'traktum (die Abs'trakta), das 'Minimum das 'Praktikum, das 'Visum*
	-en	*das 'Album (die Alben), das Mu'seum*
-us	***-en***	*der Orga'nismus (die Orga'nismen), der 'Rhythmus, der Typus, der 'Virus...*
	-usse	*der Bus (die 'Busse), der 'Kaktus (die 'Kaktusse Kak'teen)*
	Ø	*der Kasus (die 'Kasus), der 'Passus (die 'Passus)*
	-era/ora	*das 'Genus (die 'Genera), das Tempus (die 'Tempora)*
	-i	*der 'Modus (die 'Modi), der 'Terminus (die Termini)*

▷ pluriel en ***-ien*** : en plus des NEUTRES déjà signalés *(Kleinod, Material/Mineral, Gymnasium/Studium,* etc., *Stadion) :*

das Ad'verb (die Ad'verbien)
das Fo'ssil, das Rep'til (die Fo'ssilien, die Rep'tilien)
das In'diz (die In'dizien)
das Prin'zip (die Prin'zipien)

19.2. La neutralisation de l'opposition de nombre au profit du seul singulier

470 **a) Noms désignant une unité de mesure (v. § 889) :**

> Les noms **masculins** et **neutres** employés comme unités de mesure restent au **singulier** :

zehn Milligramm [Penizillin], zehn Pfund/Kilo [Kartoffeln]
fünfzig Fuß tief, zehn Grad Kälte, dreißig Prozent
vierzig Pfennig, zehn englische Pfund

Mais : *zwei Pfennige* (deux pièces d'1 Pfennig), *zwei Markstücke* (deux pièces d'1 DM)

de même les noms masculins et neutres employés en contexte comme unités de mesure, par exemple :

zehn Mann (v. § 465), *dreißig Stück Munition*
zwei Glas Wein, zwei Bier
vier Paar Socken, zehn Blatt Papier

► **SAUF :**
— unités de **temps :** *zehn Tage/Monate/Jahre Gefängnis*
— certaines monnaies : *zwanzig Schweizer Franken, zwanzig Francs*

► les noms **féminins** polysyllabiques se mettent au **pluriel** :

*vierzig Tonne**n**, zehn Meile**n**, zwanzig schwedische Krone**n***
*fünf Flasche**n** Wein, zwei Tasse**n** Kaffee, zwei Kiste**n** Bier*
*zwei Schüssel**n** Suppe*
MAIS *vier **Uhr** nachmittags, 200 **Mark**, 200 Deutsche **Mark***
*zwei **Hand** voll/Handvoll Salz*

471 **b) Noms désignant une matière ou un matériau.**

En principe, ces noms désignent une réalité non dénombrable et n'existent qu'au singulier. Il arrive pourtant qu'on ait besoin d'un pluriel, notamment lorsqu'on veut désigner plusieurs espèces (p. ex. *Weine, Hölzer*) ou un ensemble d'espèces (p. ex. *Fleischwaren*).

Le pluriel existe pour certains noms, cf. : *Abwässer* (eaux usées), *Böden* (types de sol), *Hölzer* (p. ex. *tropische Hölzer*), *Stahl* (p. ex. *Edelstähle*), *Tabake, Weine,* etc.

Mais il est souvent possible d'utiliser ce qu'on appelle un « pluriel lexical », c'est-à-dire de faire appel à un autre lexème, par exemple :

*Holz**arten**, Milcharten*
*Brot**sorten**, Bier-, Butter-, Käse-, Kaffee-, Tabak-, Weinsorten*
*Fleisch-, Wurst**waren***
*Regen-, Schnee**fälle***
*Eis**blöcke**, Schnee**massen***

§ 472 **c) Noms désignant des abstractions.**

Le pluriel, quand il est possible, désigne des réalités concrètes, cf. :

die Freiheit : liberté en général.	*die Freiheiten :* les libertés, privautés.
die Größe : grandeur.	*die Größen :* les dimensions.
das Leiden : souffrance en général.	*die Leiden :* les souffrances, maladies.
der Spaß : le plaisir.	*die Späße :* les plaisanteries, les tours.

Pour d'autres noms, on peut recourir à un pluriel lexical, cf. :

der Dank	→	*Dankesworte*	*das Schicksal*	→	*Schicksalsschläge*
das Glück	→	*Glücksfälle*	*der Schutz*	→	*Schutzmaßnahmen*
der Haß	→	*Haßgefühle*	*das Verhalten*	→	*Verhaltensweisen*

§ 473 **d) Noms collectifs.**

Le pluriel est souvent possible lorsqu'on veut désigner plusieurs collectivités du même type, par exemple : *Armeen, Ehen, Familien, Gesellschaften, Gewässer, Mannschaften, Regierungen, Völker,* etc. Mais dès que le terme recouvre la totalité (l'abstraction totale) des réalités désignées, le pluriel est exclu, cf. : *Gemüse, Getreide, Obst, Schmuck.*

En revanche, si l'on veut détailler les membres de la collectivité, il faut faire appel à un pluriel lexical, par exemple : *Familien**mitglieder**, Gemüse-/Getreide-/Obst**sorten**, Gepäck**stücke**, Polizei**einheiten**, Schmuck**sachen**, Eltern**teile**, Ehe**partner**, Industrie**zweige**,* etc.

§ 474 **e) Noms propres.**

Les noms propres ne désignent pas toujours une individualité, cf. :

— noms de famille : *die Gebrüder Grimm, die Rotschild(s), die Buddenbrooks, Familie Weber, die Weber, [die] Webers* (v. § 461).

— dynasties : *die Habsburg**er**, die Wittelsbach**er**, die Hohen'zollern, die O'tton**en**...*

— prénoms : *alle Heinrich**e**/Heinrich**s**, alle Ottili**en**, alle Benno**s**...*

Le pluriel peut également servir à évoquer un type d'homme, cf. : *die Adenauer, die Goethe, die Napoleons, die Hugos...*

§ 475 **f) Lexicalisations.**

Le nombre est bloqué dans de nombreuses lexies, cf. :
*um **die** Hand eines Mädchens werben, jm **die** Hand geben, **ein** Auge zudrücken, **ins** Auge fallen,* etc.

19.3. La neutralisation de l'opposition de nombre au profit du seul pluriel

§ 476 Les noms ne fonctionnant qu'au pluriel sont très nombreux. On les rencontre dans divers champs sémantiques :

▷ noms géographiques : *die Alpen, die Anden, die Azoren, die Niederlande... ;*

▷ groupes de personnes : *die Eltern, die Geschwister* (frères et sœurs), *die Gebrüder, die Leute, die Zwillinge...* ;

▷ désignations de temps : *die Ferien, die Flitterwochen* (lune de miel) ; les fêtes religieuses : *Allerheiligen/Allerseelen/Ostern/Pfingsten/Weihnachten* sont certes au pluriel (cf. *frohe Ostern*) mais sont considérées aujourd'hui comme étant au singulier : *Weihnachten* **ist** *das Fest der Kinder* ;

▷ physiologie, dont quelques maladies : *die Eingeweide* (intestins), *die Genitalien, die Gliedmaßen* (membres), *die Masern* (rougeole), *die Pocken* (variole), *die Röteln* (rubéole) ;

▷ produits naturels ou finis : *die Bohnen* (haricots), *die Chemikalien, die Erbsen, die Lebensmittel, die Möbel, die Nudeln, die Spirituosen, die Textilien, die Utensilien, die Viktualien* ;

▷ termes juridiques ou économiques : *die Alimente* (pension alimentaire), *die Auslagen* (frais), *die Effekten, die Einkünfte, die Finanzen, die Güter* (biens, marchandises), *die Immobilien* (biens immobiliers), *die Ländereien* (terres), *die Kosten* (coûts), *die Personalien* (identité), *die Unkosten* (frais) ;

▷ termes désignant un comportement : *die Allüren, die Machenschaften* (combines), *die Ränke* (intrigues), *die Repressalien, die Schliche* (manœuvres), *die Umstände* (manières), *die Umtriebe* (machinations) ;

▷ divers : *die Gewissensbisse* (remords), *die Memoiren, die Trümmer* (ruines), *die Wirren* (troubles) ;

▷ lexies : *in die Binsen gehen* (rater), *jm die Leviten lesen* (sermonner), *in die roten Zahlen geraten* (être en déficit), *schöne Augen machen, Grimassen schneiden, Faxen machen...*

19.4. Les quantificateurs

477 Les quantificateurs ou indications de nombre ou de quantité occupent en principe le champ du nombre, situé à droite de celui de l'identification : *d- -ie* ***zwei*** *Türen, Ø* ***zwei*** *Türen.* Mais certains quantificateurs sont en même temps des marqueurs d'identification (p. ex. *alle Menschen*) et l'ordre identification-quantité se trouve quelquefois perturbé, cf. *alle meine Bücher.*

Si l'on envisage la performance des quantificateurs au plan du sens, on peut les classer en deux catégories :

▷ Quantificateurs **globaux** = ceux qui indiquent que l'ensemble envisagé est totalement plein ou totalement vide : *alle Menschen, keine Menschen.*

▷ Quantificateurs **partiels** = ceux qui délimitent une partie de l'ensemble envisagé. Ils peuvent être précis, par exemple *vierhundert Personen, die halbe Flasche,* ou larges, par exemple : *viele Kinder, die meisten Leute, mehrere Unfälle.*

Du point de vue formel, il est d'usage de distinguer les quantificateurs **numériques** et les quantificateurs **non numériques.** On inclut généralement dans cette présentation des unités comme :

das erste Haus, allerlei Probleme, lauter Männer, etc.

qui ne sont pas à proprement parler des quantificateurs : ils ne renseignent pas sur le nombre des éléments désignés, mais plutôt sur leur **place** à l'intérieur de l'ensemble, que ce soit en fonction du rang ou de leur nature. Leur fonction relève davantage de l'**appréciation** que de l'indication de la quantité. La présentation adoptée ci-dessous est un compromis entre les deux points de vue :

▷ quantificateurs numériques ;

▷ quantificateurs non numériques (globaux/partiels) ;

▷ « faux-quantificateurs » ou l'appréciation qualitative par la quantité.

19.4.1. QUANTIFICATEURS NUMERIQUES.

§ 478 **a) Nombres cardinaux entiers (difficultés particulières).**

On remarquera que :

▷ les nombres entiers jusqu'à 12 inclus sont des unités lexicales simples : *eins, zwei* (quelquefois *zwo* à l'oral), *drei... zwölf.*

— de 13 à 19, ils sont composés de l'unité + *-zehn : dreizehn, vierzehn,* etc. ATTENTION : *sechs, sieben* → ***sech**zehn,* ***sieb**zehn* ;

— les dizaines ont le suffixe *-zig* après consonne ou *-ßig* après diphtongue : *zwanzig, dreißig, vierzig...* ***sech**zig,* ***sieb**zig,* etc. ;

— de 21 à 99, les unités sont prononcées avant les dizaines et on les relie par *und : sechsundzwanzig, siebenundsiebzig* ;

— ***die Million, die Milliarde*** sont des substantifs ; ils s'écrivent avec une majuscule, sont séparés graphiquement et se mettent au pluriel, contrairement à *hundert* et *tausend* :

2 633 420 = *zwei Millionen sechshundertdreiunddreißigtausendvierhundertzwanzig.*

▷ lorsqu'il est suivi d'un substantif, ***eins*** devient en principe ***ein-*** décliné, cf. :

*Ich habe nur **einen** Wunsch.*

*Die Reise dauerte hundertund**einen** Tag* (singulier).

*Das Märchen aus Tausendund**einer** Nacht* (singulier).

Usage hésitant : *Wir haben schon hundert**eins Häuser** / hundertund**ein Haus** verkauft.*

MAIS : *Ich bleibe **ein** oder **zwei** Tage / **ein** bis **zwei** Tage.*

*Das ist für Familien mit **ein[em]** oder **zwei** Kindern.*

*Ich bleibe **ein[e]** bis **zwei** Wochen* (substantif féminin).

▷ avec la préposition *zu,* on préfère aujourd'hui à la forme en *-en* celle en ***-t :*** *zu zwei**t**, zu **dritt**, zu vier**t**, zu fünf**t**, zu sechs**t**,* mais on dit : *zu **sieben*** (rarement *zu siebt*), *zu acht, zu neun, zu zehn...*

La forme en *-en* se rencontre encore lorsqu'il s'agit d'exprimer un groupement « deux par deux », « trois par trois » : *Die Schüler gingen zu zweien über die Brücke (= je zwei und zwei).*

▷ les numéros d'identification (nº de téléphone, d'immatriculation, etc.) se disent en principe chiffre par chiffre :

0941 7246 = *null neun vier eins sieben zwei (zwo) vier sechs.*

§ 479 **b) Nombres fractionnaires et décimaux.**

Les nombres fractionnaires sont formés à partir des nombres cardinaux et d'un suffixe issu de *Teil : **-tel*** de 3 à 19 inclus et ***-stel*** à partir de 20 :

1/3	*ein **Drittel***	3/17	*drei Siebzehntel*
1/4	*ein Viertel*	1/100	*ein Hundertstel*
2/5	*zwei Fünftel*	2/1000	*zwei Tausendstel*

▶ 2 % *zwei von Hundert, zwei pro Hundert* ou *zwei Prozent*
2 ‰ *zwei von Tausend, zwei pro Tausend* ou *zwei Promille*

▶ 1 1/2 *eineinhalb* ou ***anderthalb** (Stunden)*
2 1/2 *zweieinhalb (Jahre)*
2 3/4 *zwei dreiviertel (Stunden)*

▶ 2,52 se lit » *zwei Komma zweiundfünfzig* « ou » *zwei Komma fünf zwei* «.

9.4.2. QUANTIFICATEURS NON NUMERIQUES.

A quelques exceptions près, les quantificateurs non numériques ont pour caractéristique de participer au marquage du GN, contrairement à la plupart des quantificateurs numériques (v. cependant § 536, 3e ▷).

a) Quantificateurs globaux.

480 ***kein-*** = négation de tout ensemble dénombrable ou non ; correspond sur le plan du sens au nombre zéro, utilisé d'ailleurs quelquefois dans la langue familière (cf. *Ich habe null Ahnung*).

▷ fonctionne au singulier comme au pluriel :

Ich trinke kein Bier. Er hat keine Kinder.

▷ s'oppose à ***ein-*** ou à **Ø**. ATTENTION : en allemand, Ø peut désigner une totalité, d'où l'emploi :

*Ich mag Ø Kinder (= alle Kinder) → Ich mag **keine** Kinder.*

▷ ne supporte pas de marqueur d'identification : on dit *die einen* mais pas **die keinen*. En revanche, il peut être suivi d'un nombre, mais son sens négatif n'est plus que partiel : « pas tout à fait », « pas même », « moins de » :

Es hat keine zwei Stunden gedauert.
Er verdient keine 1000 Mark (= nicht einmal).

▷ peut être pronominalisé (v. § 675) :

*Haben Sie Kinder ? — Nein, ich habe **keine.***
*Ich kenne **keines** dieser Kinder / **keines von** diesen Kindern / **keines unter** diesen Kindern. — Krokodile habe ich **keine** gesehen.*
*Von meinen Freunden ist **keiner** gekommen.*

▷ ne peut pas accompagner un adjectif substantivé neutre ; il cède la place à *nichts.*

§ 481 **nichts** = équivalent de *kein-* devant un adjectif substantivé neutre ; s'oppose à Ø ou *etwas/irgendetwas.* Grammaticalement, il est considéré comme pronom (v. § 666) :

Ich habe Ø Wichtigeres zu tun. Ich habe etwas Wichtigeres zu tun.
→ *Ich habe* ***nichts*** *Wichtigeres zu tun.*
Wir haben von etwas anderem / von ***nichts*** *ander****em*** *gesprochen.*

§ 482 **einzig-** = totalité d'un ensemble réduit à un exemplaire ou à un groupe d'exemplaires, qui peut être identifié *(****der/dieser*** *einzige Fall ;* ***die*** *einzigen Tiere, die...)* ou non identifié *(****ein*** *einziger Fall).*

§ 483 **beid-** = totalité d'un ensemble réduit à deux exemplaires nécessairement identifiés.

▷ ne fonctionne donc qu'au pluriel (sauf lorsqu'il est pronominalisé, v. ci-dessous) et supporte un marqueur d'identification (démonstratif/anaphorique ou possessif) :

Beide *Mannschaften spielen ohne Libero.*
Die/diese beiden *Mannschaften spielen ohne Libero.*
Seine beiden *Söhne sind verheiratet.*

▷ peut être pronominalisé (v. § 677) :

Seine Söhne sind ***beide*** *verheiratet.* ***Beide*** *sind verheiratet.*

et peut fonctionner au neutre singulier dans ce cas (sens « collectif ») :

Spielen Sie lieber Libero oder Verteidiger ? — Ich spiele ***beides*** *gern.*

§ 484 **jed-** = n'importe quel élément de l'ensemble représente la totalité de l'ensemble : *jedes Kind = alle Kinder.*

▷ ne fonctionne qu'au singulier, avec des réalités dénombrables :

Ich habe jeden Brief von ihr aufgehoben.

► ATTENTION : l'allemand fait rarement la différence que fait le français entre *chaque* (« réel ») et *tout* (« virtuel ») :

Jeder *Mensch* = chaque homme, tout homme.
Jeder *Mißbrauch wird bestraft.* Tout abus sera puni.
Er hat ***jede*** *Hoffnung /* ***alle*** *Hoffnung aufgegeben.* Il a perdu tout espoir.
Aller *Anfang ist schwer.*

▷ est combinable avec *ein- :* sens de « chaque... quel qu'il soit » :

Es ist die Pflicht ***eines jeden*** *Menschen, seinem Nächsten beizustehen* (cf. fr. tout un chacun).

▷ est pronominalisable (v. § 676) :

jedes *der/dieser Kinder, jedes von/unter den Kindern.*
Die Gäste wohnen ***jeder*** *in einem Einzelzimmer* (rare).
Von den Gästen wohnt ***jeder*** *in einem Einzelzimmer.*

▷ est combinable avec un adjectif numérique ordinal :

jeden zweiten Tag (= itération : tous les deux jours)
jedes dritte Kind (= sélection : un enfant sur trois)

▷ variantes dans la langue soutenue ou technique : ***jedwed-*, *jedwelch-*, *[ein] jeglich-***

§ 485 **all-** = totalité d'un ensemble de réalités ou de l'ensemble d'une réalité nécessairement identifiée(s) ; *all-* est à vrai dire un identificateur et un marqueur plus explicite que *die* ou Ø, qui peuvent aussi exprimer la totalité identifiée :

*Sonntags sind die Geschäfte / **alle** Geschäfte zu.*
Ø Träume (= alle Träume) sind Schäume.

▷ fonctionne également au singulier, cf. :

*in **aller** Ruhe, **allem** Anschein nach, mit **aller** Kraft, bei **aller** Geduld, **allenfalls**.*
***Aller** Anfang* (= *jeder*, v. 484) *ist schwer.*
avec adjectif substantivé neutre : *Er hat **alles Wichtige** erledigt.*

▷ supporte un marqueur d'identification démonstratif/anaphorique ou possessif, mais se place à gauche de ce marqueur et peut rester invariable :

***alle die/diese** Kinder* ou ***all die/diese** Kinder* tous ces enfants.
***alle meine** Freunde* ou ***all meine** Freunde.*

► mais il est nécessairement invariable au singulier :
***all der** Unsinn ; mit **all seiner** Macht*

▷ est pronominalisable :

*Die Gäste waren **alle** betrunken. **Alle** waren betrunken.*
*Ich habe **alles** erledigt. Wir fuhren **alle*** (ou ***allesamt***) *mit.*

▷ est combinable avec un nombre :

***alle zehn** Bücher*	= totalité des 10 livres.
alle beide	= tous les deux.
***alle zehn** Jahre*	= tous les dix ans (itération).
***alle halbe[n]** Jahre*	= tous les six mois.

▷ variantes : ***sämtlich-***, qui ne fonctionne qu'au pluriel *(sämtliche Häuser, meine sämtlichen Freunde* — mais pas **die sämtlichen...*) et ***ganz-*, *gesamt-*** (v. ci-dessous § 486).

486 ***d- ganz-*** équivaut au plan du sens à *all-* (v. ci-dessus) :

▷ ne fonctionne en tant que quantificateur véritable qu'avec un marqueur d'identification ; au pluriel (avec des réalités dénombrables), il appartient à la langue parlée :

***die ganze** Milch, **unser ganzes** Geld, **meine ganze** Familie.*
***die ganzen** Kinder = **alle** Kinder.*

► *ganz* reste invariable devant un terme géographique sans article :
***ganz** Berlin, in **ganz** Deutschland* (mais : *die ganze Schweiz*).

▷ n'est pas pronominalisable.

Avec des substantifs non identifiés, *ganz* n'est plus un vrai quantificateur, mais un adjectif appréciatif marquant une intensité :

eine ganze Stunde = une heure entière = une « bonne » heure.
ein ganzes Vermögen = une fortune entière = une « grosse » fortune.
ganze Stadtviertel, ein ganzes Leben (v. § 493).

▷ variante : ***d- gesamt-,*** qui fonctionne aussi bien au singulier qu'au pluriel.

b) Quantificateurs partiels.

§ 487 ***wenig-*** et ***viel-*** = une petite/grande partie de l'ensemble envisagé :

▷ fonctionnent au singulier comme au pluriel ;

▷ sont combinables avec un marqueur d'identification et sont dans ce cas toujours **variables** :

***die vielen** Blumen*
***meine vielen** Verwandten* } variante : *die/meine **zahlreichen**...*
***die wenigen** schönen Tore*
***das wenige** Geld* (variante : *das **bißchen** Geld*)
***das viele** Bier*

▷ sont combinables avec un complexe nominal non identifié et sont alors :

⇨ **variables au pluriel** (sauf dans la langue parlée) :
*Wir haben **viele/wenige** schöne Tore gesehen.*

⇨ **invariables au singulier :**
*Ich habe **viel/wenig** Arbeit. Ich wünsche dir **viel** Glück, **viel** Spaß.*
sauf lexicalisations, cf. : *vielen Dank* et au DAT SING.

Seul *wenig* est combinable avec *ein : ein wenig = ein bißchen :*
Wir essen wenig Fleisch. Nous mangeons **peu** de viande.
Ich habe ein wenig Fleisch / ein bißchen Fleisch gegessen. J'ai mangé **un peu** de viande.
Ich arbeite wenig. Je travaille peu.
Ich möchte jetzt ein wenig / ein bißchen arbeiten. Maintenant, j'aimerais travailler un peu.

▷ peuvent apparaître au degré I et être accompagnés d'un graduatif (v. §§ 844 sv.) :

*Es waren **weniger** Leute / **mehr** Leute da als letztes Mal.*
*Auf dieser Straße gibt es jetzt **viel weniger** Unfälle.*
*Wir haben **sehr wenig** Geld. Er hat **zu viel** Angst / **soviel** Angst.*

▷ sont pronominalisables (v. § 678) :

*Studenten waren **viele / wenige / mehr / weniger** da [als letztes Mal].*
*Von den Studenten waren **viele** / nur **wenige** gekommen.*
*Ich habe **viel[es] / wenig[es]** zu berichten.*

§ 488 **d- meist-** = la plus grande partie de l'ensemble envisagé (« la plupart ») :

▷ fonctionne au singulier comme au pluriel et uniquement avec l'article « défini » *der/das/die* : ***die meiste*** *Arbeit*, ***die meisten*** *Leute*, sauf lorsqu'il est lexicalisé : *meist, meistens* : la plupart du temps.

§ 489 **einig-** = une partie (le plus souvent petite) de l'ensemble envisagé :

▷ fonctionne au singulier comme au pluriel, sans marqueur d'identification :

*mit **einigem** Glück* = *mit ein wenig Glück*
***einige** Häuser* = *ein paar Häuser*

Einig-, surtout au singulier, a souvent le sens de « beaucoup », « pas mal » : *seit einiger Zeit ; er hat einiges geleistet.*

▷ est pronominalisable (v. § 678) :

***Einige** [von den Gästen] waren betrunken.*

▷ emploi particulier pour la modulation d'un nombre : *einige hundert Mann = ungefähr/etwa/circa hundert Mann* (cf. fr. *quelque* cent hommes)

▷ variantes : ***etlich-*** (langue soutenue), ***ein paar*** (seulement au pluriel), ***ein bißchen/ein wenig*** (réalités non dénombrables, donc seulement au singulier) et dans certains contextes ***einzeln-,*** qui est cependant compatible avec un marqueur d'identification et ajoute dans ce cas une appréciation qualitative : **∅** ***einzelne*** *Häuser* : quelques maisons ↔ ***diese einzelnen*** *Häuser* : ces maisons isolées.

§ 490 **mehrer-** = plus d'une unité dans l'ensemble envisagé :

▷ ne fonctionne qu'au pluriel (réalités dénombrables) et sans marqueur d'identification :

*Es wurden **mehrere** Häuser zerstört. Es wurden **mehrere** zerstört.*
*Er hat schon **mehreres** (= manches) erlebt* (= pronominalisation).

§ 491 **manch-** = plus d'une unité dans l'ensemble envisagé, mais avec une valeur intensive (fr. *bien du/des...*) :

▷ fonctionne au singulier (réalités dénombrables ou non) et au pluriel :

*Er hat **manches** wertvolle Werk geschrieben.*
*Ich habe **manche** Mark verspielt.*
*Sie hat schon **manche** berühmte Leute interviewt.*
*Er hat schon **manches** erlebt* (= pronominalisation).

On rencontre quelquefois *manch* sous forme invariable. Condition nécessaire : la présence d'un article (indéfini) ou d'un adjectif qui puisse assumer le marquage du GN :

manch ein *Freund*, ***manch*** *großartiges Spiel*

▷ variante : ***etlich-*** (langue soutenue), surtout quand il est pronominalisé : *Er hat **etliches** (einiges, manches) geleistet.*

§ 492 On trouve très souvent des quantificateurs dans des lexicalisations, cf. :

keineswegs, keinesfalls
beidseitig, allseitig, vielseitig
jedesmal, jedenfalls, jedermann, jederzeit
allzu, allemal, allmächtig, allenfalls, allerbest, allerletzt
ganztägig
wenigstens
vielmehr, vielerorts, mancherorts
meist, meistens, meistverkauft
mehrmals, manchmal

19.4.3. « FAUX QUANTIFICATEURS »

(la quantité comme appréciation qualitative).

§ 493 Il suffit de comparer par exemple :

de nombreuses années	↔	*de longues années*
un unique rendez-vous	↔	*un rendez-vous unique*
ein einziges Rendezvous	↔	*ein einzigartiges/einmaliges Rendezvous*
tausend Mark	↔	*tausend Dank*

pour se faire une idée du passage subtil qu'il peut y avoir entre le vrai **quantificateur** d'une part et ce qui est déjà un **qualificatif** d'autre part.

Les « faux quantificateurs » sont des unités qui impliquent certes un nombre, mais dont le rôle essentiel est de préciser ce dont on parle, c'est-à-dire de **situer,** de **sélectionner** ou de **spécifier** (qualifier) telle réalité dans un ensemble. Ce sont notamment :

§ 494 **a)** La série des **adjectifs numéraux ordinaux** conciliables avec les marqueurs d'identification et de non-identification *erst-, zweit-, dritt-,* etc., à laquelle il convient d'ajouter *letzt-*. Ces termes, formés avec *-t* (jusqu'à 19) et *-st* (à partir de 20), permettent de repérer l'élément désigné à l'intérieur d'un ensemble, comme le font des ADJ du type *link-, recht-, (das linke/rechte Haus)* ou *heutig-, damalig-, gestrig-*, etc. Ces « situatifs » deviennent du reste facilement qualitatifs, notamment dans des lexèmes composés, et expriment alors un « rang dans la qualité » :

das letzte / allerletzte Hotel = le dernier des hôtels
das erstbeste Hotel = le premier hôtel venu
ein erstklassiges / zweitrangiges Hotel.

Ils peuvent être combinés avec des nombres et servent dès lors à sélectionner et à situer un sous-ensemble numérique d'éléments :

die ersten zwei Häuser ou *die zwei ersten Häuser*
die letzten zehn Kilometer ou *die zehn letzten Kilometer*

§ 495 **b)** Une série de **couples** servant à sélectionner des éléments dans un ensemble et permettant ainsi de préciser de quoi l'on parle :

einige *Menschen...*	***andere/weitere*** *Menschen*
ein *Mensch...*	***ein anderer/weiterer*** *Mensch*
der eine *Mensch...* ***die einen*** *Menschen...*	***die anderen/übrigen/sonstigen*** *Menschen*

Ander- est du reste très souvent qualitatif, cf. : *Aus ihm ist ein anderer Mensch geworden.*

§ 496 **c)** Des unités dites « privatives », qui expriment : « ceci à l'exclusion de toute autre chose » (v. § 863), par exemple :

lauter (invariable) / ***ausschließlich*** (invar.) / ***nur/bloß/rein*** *Männer*

Mais *bloß* est par exemple nettement qualitatif dans : *mit bloßem Oberkörper* (torse nu).

§ 497 **d)** Des unités qui, de façon plus ou moins précise, concernent la nature ou l'espèce de la réalité visée :

— ***gewisse*** *Probleme,* ***verschiedene*** *Probleme* (divers, de toutes sortes), ***unterschiedliche/verschiedenartige*** *Probleme* (différents les uns des autres) ;
— dérivés invariables : ***keinerlei*** *Schwierigkeiten* (aucune espèce de), ***allerlei*** *Probleme* (de toutes sortes), ***zweierlei*** *Charaktere* (différents) et dans la langue parlée : *massenhaft, haufenweise...* ;
— dérivés variables : *eine* ***dreifache/doppelte*** *Sicherheit, ein* ***vielfacher*** *Schutz, ein* ***mannigfaltiges*** *Problem, eine* ***einmalige*** *Gelegenheit,* ***wiederholte*** *Vorwürfe...* ;
— ***irgendein-*** et ***irgendwelch-,*** ainsi que *ein* ***[x-]beliebig-*** (un... quelconque, n'importe quel) qui expriment contrairement aux unités précédentes que la nature de l'élément concerné est indifférente ;
— ***welch-*** interrogatif, ***welch-, welch ein-*** exclamatifs, ***was für ein-*** interrogatif ou exclamatif, ***solch-, solch ein-, so ein-, derartig-, andersartig-*** (v. §§ 523-524).

§ 498 **e)** Des quantificateurs qui, en contexte, deviennent franchement graduatifs (intensifs), par exemple :

tausend Dank (= danke sehr)
Entschuldigen Sie vielmals (cf. mille excuses)
Es war ein einziges Chaos = ein wahres Chaos
Das habe ich schon hundertmal gesagt (= sehr oft)
cf. en français : *en voir trente-six chandelles, faire les cent pas.*

20
LA CATEGORIE DE L'IDENTIFICATION

20.0. Généralités

§ 499 **a) Le contenu du GN, délimité par la catégorie du nombre.**

Il peut être présenté en situation de discours comme **identifié** ou **non identifié** aux yeux du locuteur et du destinataire.

Cette opposition, appelée aussi celle du défini (de la définitude) et de l'indéfini (de la non-définitude) permet d'ancrer, d'actualiser le contenu du GN dans le jeu pragmatique de la communication, un peu à la manière du temps pour le GV (v. § 110). Elle repose essentiellement sur une interaction entre contenu du GN et **situation** ou contenu du GN et **contexte** précédent ou suivant. Ainsi, dans notre monde occidental **eine Frau des Bürgermeisters* est dans le cas normal impensable, alors que *eine Frau des saudi-arabischen Kronprinzen* est parfaitement admis ! La situation ou le contexte peut aussi imposer l'unicité de la réalité désignée et identifiée, cf. : ***die** Kirche des Dorfes, **der** Pfarrer, **die** Partei* (en Union soviétique, p. ex.), *mein Mann sitzt vor **dem** Fenster. Geh ans Telefon! **Die** Schweiz. **Die** Alpen. Da stand ein Haus ; **dieses** Haus...* Le choix de l'identification ou de la non-identification peut même changer radicalement le contenu du GN, cf. : ***der** Mond :* la lune, ***ein** Mond :* un satellite planétaire. C'est dire que l'opposition identification ↔ non-identification aux yeux du locuteur et du destinataire ne fonctionne librement que dans de rares situations ou contextes, sans compter que suivant le « canal » ou le type de langue utilisés (titres de journaux, « petit nègre »...) elle peut ne pas être explicitement marquée.

§ 500 **b) L'opposition identifié — non identifié.**

Elle s'appuie souvent sur celle du **nombre,** mais elle ne doit pas être confondue avec cette dernière. Présenter le contenu d'un GN — déjà délimité en nombre — comme identifié ou non-identifié revient en général à le présenter comme constituant, dans la situation ou le contexte du discours, une **totalité** (et si c'est un, c'est un seul !) ou au contraire une **partie** dans une totalité :

*Ich habe **den Wein** ausgetrunken.*	= TOTALITÉ (en situation ou en contexte) d'un ensemble non dénombrable.
*Ich habe **Wein** getrunken.*	= PARTIE (portion d'un ensemble).
*Weihnachten ist das Fest **der Kinder.*** *Wo sind **die/unsere Kinder** ?* *Ich finde **die/meine Schlüssel** nicht.*	} = TOTALITÉ (en situation ou en contexte) d'un ensemble dénombrable.
*Haben Sie **Kinder** ?*	= PARTIE (portion) d'un ensemble
*Sie kriegt **ein Kind.***	= PARTIE (1 unité) d'un ensemble dénombrable.

*Wo ist **das/unser Kind**?* *Ich habe **den/meinen Schlüssel** verloren.* ***Der Mond** geht auf.* ***Peter** schläft.*	= TOTALITÉ d'un ensemble **réduit** par les données de la situation ou du contexte à un **élément unique.**

Mais cette conception du signifié de l'identifié/non-identifié comme totalité/non-totalité ne suffit pas à rendre compte de tout le jeu catégoriel en contexte notamment quand l'identification est « générique » (v. § 514) et quand elle est marquée par d'autres « déterminatifs » que l'article dit défini, tels que les « démonstratifs » et les « possessifs » (v. §§ 518-522).

§ 501 **c) Opposition du point de vue du marquage.**

Il est également nécessaire de bien distinguer identification et nombre. En effet, le signe *ein-* apparaît bien comme étant un quantificateur (marqueur de nombre) ; le marquage de l'opposition identification — non-identification explicite est donc assuré par ***d-* opposé à Ø** :

IDENTIFICATION		NOMBRE		
(+)	d-	*-er*	*Baum*	TOTALITE
		-ie [viele]	*Milch*	
		-ie [drei]	*Bäume*	
		-ie [vielen]	*Bäume*	
(–)	**Ø**	*ein-Ø*	*Baum*	PARTIE
		ein-e	*Tanne*	
		Ø	*Milch*	
		[viel]	*Milch*	
		Ø	*Bäume*	
		[viele/drei]	*Bäume*	

Plusieurs faits viennent confirmer que *ein-* est un marqueur de nombre et non un marqueur de non-identification :

▷ *ein-* n'apparaît que lorsque le contenu du GN est dénombrable ou rendu tel par une expansion :

ein Wagen = une voiture.
eine saure Milch = une espèce (variété) parmi l'ensemble des espèces.
eine Erdbeermilch = *ein Glas Erdbeermilch* = une unité ;

▷ *ein-* disparaît souvent, cf. : *aus Ø wichtigem Grund* (v. § 506) ;

▷ *ein-* tolère un marqueur d'identification : ***dieses** eine Mal, auf **der** einen Seite...* ;

▷ le test de la négation par *kein* (frappé d'un accent contrastif ou non) et par *nicht [⁺ ein]* n'est pas concluant pour établir la distinction entre un éventuel « article » non accentué et un numéral *un*. Comparer (v. § 817) :

<u>E</u>in ⁺ Gentleman benimmt sich nicht so et
⁺ Kein Gentleman benimmt sich so.

A ce marquage de l'identification explicite, les « démonstratifs » et les « possessifs » ajoutent des désignés relationnels déictiques soit avec le contexte soit avec la situation (v. §§ 518-522).

20.1. Les emplois de la marque de non-identification Ø (avec ou sans *ein-*)

§ 502 **a)** ***Ein-*** s'emploie au singulier pour des réalités dénombrables ou rendues telles par l'addition d'un membre sélectif, **Ø** pour des réalités non dénombrables (au singulier) ou dénombrables au pluriel :

*Sie trägt **ein** gelbes Kleid/**eine** Brille* (= un exemplaire ou *irgendein[e]/irgendwelch[es/e]).*
*Ich möchte **ein** Bier (= ein Glas Bier).*
*Sie ist **eine** gute Köchin* (= un exemplaire de la classe des bonnes cuisinières).
*Du hast **eine** rote Nase. Du hast **Ø** kalte Füße* (v. § 517).
*Gib mir **Ø** Papier/**ein** Blatt Papier.*
*Sie hatte **Ø** Angst/**eine** panische Angst* (= une variété de peur).
*Sie hat **Ø** rote Schuhe an.*

▶ dans les deux cas, la négation est ***kein-*** (v. § 480) :

Sie trägt keine Brille.
Sie ist keine gute Köchin.
Ich habe keine rote Nase/keine kalten Füße.

▶ Ø (avec *ein-* au singulier) est incompatible avec un degré II (superlatif), car celui-ci implique une totalité (v. cependant § 516) :
*Das Auto ist **ein** beliebtes Verkehrsmittel → **das beliebteste** Verkehrsmittel.*
*Sie kauft immer **Ø** teure Kleider → **die teuersten** Kleider.*
Mais *ein-* peut être pronominalisé *(= einer, eines, eine)* et avoir pour expansion un GN identifié contenant un adjectif au degré II : *Das Auto ist **eines der** beliebtesten Verkehrsmittel* (= un exemplaire dans la classe des moyens de transport favoris).

§ 503 **b)** **Ø** (avec ou sans *ein-*) sert à introduire des éléments nouveaux dans le contexte ou dans la situation :

*Es war einmal **eine** Prinzessin...*
*Wir waren bei **einer** netten Familie/bei **Ø** netten Leuten untergebracht.*

§ 504 **c)** **Ø** (avec ou sans *ein-*) peut avoir un sens générique (v. § 514) ou intensif *(= so ein, solch-)* :

*Ich habe **einen** Durst! :* Qu'est-ce que j'ai soif !
*Er macht vielleicht **einen** Krach! :* Il en fait, du bruit !
*Der hat **Ø** Nerven! :* Il est drôlement gonflé !

§ 505 **d)** **Ø** (avec ou sans *ein-*) s'emploie dans de nombreuses expressions lexicalisées :
ein Ende nehmen, ein Auge zudrücken, ein Auge auf jn werfen, jm einen Dienst erweisen. — Ein Glück, daß... : C'est une chance que...
*Ø Angst haben/bekommen, Ø Hunger haben/bekommen, um Ø Verzeihung bitten, **Ø Zeit haben,** Ø Feuer fangen...*

§ 506 **e)** Le signe *ein-* tombe :

▷ obligatoirement après *ohne : ein Haus ohne Ø Bad* (mais : *ohne* ⁺*einen Pfennig* = sans un sou, sans le moindre sou) et dans certaines lexicalisations : *guten Tag, gute Nacht, angenehme Ruhe,* etc. *(= ich wünsche einen/eine...)*;

▷ fréquemment après :

— *weder... noch... : Er hatte weder [ein] Auto noch [ein] Fahrrad ;*

— des prépositions (le G PREP a alors souvent une fonction qualitative) :

ein Zimmer mit Dusche, ein Mann mit Brille
aus wichtigem Anlaß
bei heftigem Regen
ein Problem von großer Bedeutung
Er wurde wegen Steuerhinterziehung verurteilt.
(v. également § 516).

20.2. Les emplois de la marque d'identification *d-*

§ 507 **a)** ***d-*** permet la reprise anaphorique (le « rappel ») de données déjà présentées dans le contexte antérieur :

▷ reprise plus ou moins directe (commutation possible avec un démonstratif) :

Ein Mann kam ins Zimmer. ***Der Kerl*** *(= dieser Kerl) sah aus wie ein Verbrecher.*

▷ reprise indirecte, associative (la commutation avec un démonstratif n'est pas possible) :

Ich war auf einer ***Hochzeit. Die Braut*** *trug ein süßes Kleid.*

§ 508 **b)** ***d-*** marque une identification anticipée (cataphorique) : les éléments nécessaires à l'identification ne sont présentés qu'après :

Er hatte ***den*** *ungeheuren Mut,* ***der dazu gehört,*** *nicht aufbringen können.*

Le procédé est fréquent au début d'un roman ou d'une plaisanterie, et bien sûr aussi dans les titres :

Der *Mann lag auf dem Fahrdamm. Es schneite.*
Kommt ***der*** *Sohn nach Hause und sagt zum Vater...*
» ***Der*** *Mann, der aus der Kälte kam. « »* ***Die*** *Blechtrommel. «*

§ 509 **c)** ***d-*** renvoie à la situation immédiate (fonction déictique exophorique) :

Der *Stuhl [da] ist kaputt = dieser Stuhl.*
Wo sind ***die*** *Kinder ? = unsere Kinder.*
Die *Orgel kann von 14 bis 16 Uhr besichtigt werden = die Orgel dieser Kirche.*
Mit ⁺***dem*** *Auto fahre ich nicht ! = mit diesem Auto.*
Schau ***mir*** *in* ***die*** *Augen !*

De nombreux contenus sont considérés d'emblée comme identifiés dans la situation plus large de l'expérience (dans ce cas, il n'y a pas de commutation possible ni avec les démonstratifs ni avec les possessifs), cf. :

Ich gehe in ***die*** *Schule / in* ***die*** *Kirche / auf* ***die*** *Bank.*
die *Regierung,* ***die*** *Bürger*
die *Kindheit,* ***die*** *Ehe,* ***der*** *Beruf,* ***der*** *Tod,* ***die*** *Natur* (concepts collectifs)
ein Haus ***am*** *Meer ; in* ***der*** *Stadt /* ***im*** *Gebirge wohnen*
im *Winter /* ***im*** *Frühling,* ***am*** *Montag /* ***am*** *Nachmittag / in* ***der*** *Nacht*

§ 510 **d)** Les noms propres ainsi que de nombreuses dénominations s'apparentant à des noms propres sont automatiquement identifiés, cf. :

der *Jupiter,* ***der*** *Mars,* ***die*** *Elbe,* ***die*** *Rhone,* ***die*** *Alpen,* ***der*** *Ärmelkanal,* ***die*** *Niederlande,* ***die*** *Erde,* ***die*** *Sonne,* ***der*** *Mond...*

§ 511 ⇨ On emploie cependant **sans** le marqueur d'identification ***d-*** :

▷ les noms propres, avec ou sans titre :
Peter, Maria, Christus, Gott, Müllers...
Herr Müller, Professor Meyer, Doktor Schmidt, König Ludwig II., Papst Johannes Paul II., Bundeskanzler Kohl, Onkel Alfred mais ► *saint Paul* → ***der*** *Heilige Paulus* (expansion sélective, v. ci-dessous § 512).
Dans la langue parlée, *d-* est cependant fréquent : *der Peter, die Maria, der Herr Schmidt, die Tante Anna, die Müllers...* ;

▷ les fêtes religieuses : *Weihnachten, Ostern, Pfingsten...* ;

▷ les noms de localités ainsi que la plupart des noms de pays (v. § 451) : *Paris, Berlin, Deutschland, Frankreich, Bayern, Europa...* ;

▷ les disciplines scolaires : *Er hat eine Sechs in Biologie / in Deutsch / in Mathematik* (langue parlée *in Mathe*) geschrieben ;

▷ certaines expressions temporelles :
Montag, nächsten Montag, vorigen Montag, letzte Nacht, vorige Woche, nächsten Monat, letztes Jahr, Mittag, Mitternacht, Mitte Januar, Anfang Juni, Ende nächster Woche, [Der] April ist mein Lieblingsmonat.

► mais le marqueur *d-* redevient nécessaire dans un G PREP :
in der *vorigen Woche,* ***im*** *letzten Jahr,* ***im*** *April,* ***am*** *Montag,* ***in der*** *Nacht,* etc.
sauf *zu Mittag, gegen Abend, vor Sonnenaufgang, bei Einbruch der Nacht,* etc., où le substantif évoque un concept général.

§ 512 ⇨ Cependant, le marqueur d'identification ***d-*** ou de non-identification ***Ø ein-*** réapparaît dans les cas suivants :

▷ présence d'une expansion sélective :
das *westliche Deutschland,* ***das*** *Berlin der 20er Jahre*
der *Heilige Johannes,* ***der*** *arme Peter,* ***der*** *alte Doktor Müller*
ein *lustiges Paris,* ***ein*** *vereinigtes Europa,* ***Ø*** *frohe Ostern*

▷ nécessité grammaticale de marquer le cas ou de lever une ambiguïté :

Den Peter hat Hans in der Stadt getroffen.
Sag [dem] Peter einen schönen Gruß!
*die Kinder **des** Herrn Schmidt*
*die Abenteuer **des** Till Eulenspiegel*
cf. aussi : *ein Gefühl **der** Angst* ↔ *ein Gefühl groß**er** Angst*
*Ich ziehe Bier **dem** Wein vor.*
Der Patient braucht Ø Ruhe ↔ *Der Patient bedarf **der** Ruhe* (litt.).

Les œuvres littéraires dont le titre est un nom de personnage ont Ø, mais quand il s'agit du rôle à jouer, on utilise le marqueur *d-* :

Emilia Galotti. Schillers Wallenstein.
Sie spielte ausgezeichnet die Emilia Galotti.
Wer spielte den Wallenstein ?

§ 513 e) ***d-*** apparaît dans des unités lexicalisées :

die Geduld/die Nerven/den Mut/die Fassung verlieren
das Wort ergreifen/erteilen, die Verantwortung tragen/übernehmen
etwas zur Sprache bringen, etwas zur Verfügung stellen
jn zum Vorsitzenden wählen/ernennen
etw. aus dem Stegreif machen (improviser), *durch die Nase sprechen*
100 km die Stunde (pro Stunde), zweimal den Monat (pro Monat/im Monat),
50 DM der Sack (pro Sack/je Sack)
zum Beispiel, im Ernst, fürs erste, aufs neue...

20.3. Emplois particuliers

§ 514 **a) Sens générique : la partie pour le tout.**

En principe, on désigne la totalité par le marqueur *d-* en allemand et par le marqueur *l-* en français :

***Die** Franzosen sind Individualisten*	=	**Les** Français sont des individualistes.
***Das** Bier macht dick*	=	**La** bière fait grossir.

Mais du fait de la valeur souvent déictique de *d-* et de *l-*, ceci peut conduire à des ambiguïtés, par exemple :

Die Arbeit macht Spaß	=	le/ce travail me plaît.
Ich mag die Kinder	=	j'aime ces enfants/les enfants.
Die Katze ist intelligent	=	ce chat (notre chat) ou tous les chats ?

Aussi les deux langues ont-elles très souvent recours au procédé qui consiste à exprimer le tout par la partie. Mais à la différence du français, qui ne peut utiliser que *le/la* ou *un (le/un chat est un mammifère)* mais pas *du/de la/des,* l'allemand utilise ***der/das/die, ein-*** et **Ø** :

Der *Franzose ist ein Individualist.* ***Die*** *Katze ist ein Säugetier.*	=	ensemble réduit à 1 exemplaire représentatif *(jeder)*
Eine *Katze ist ein Säugetier.* ***Eine*** *Frau hat immer recht.* ***Ø*** *Bier macht dick.* *Er mag **Ø** Kinder.* ***Ø*** *Grammatik ist spannend.* ***Ø*** *Franzosen sind Individualisten.*	=	partie (1 exemplaire ou portion) représentative de la totalité

D'où la **double fonction du signe Ø** en allemand, dont l'équivalent français est soit *du/des* (« une partie de »), soit *le/les* (« la totalité de ») :

*Er hat **Ø** Kinder. Er hat **Ø** Glück.*	Il a **des** enfants / **de la** chance.
*Er mag **Ø** Kinder.*	Il aime **les** enfants.
Ø *Rosen sind **Ø** Blumen.*	**Les** roses sont **des** fleurs.

§ 515 **b) Emploi des marqueurs d'identification et de la non-identification dans la structure attributive et dans l'apposition.**

On emploie :

▷ ***d-*** s'il y a identité totale entre sujet et attribut (l'ensemble recouvert par le sujet est identique à l'ensemble recouvert par l'attribut) :

*Paris ist **die** Hauptstadt von Frankreich.*
*Meyer ist **der** beste Mittelstürmer der Welt.*
*Herr Bossi ist **der** bekannteste Anwalt in Deutschland.*
*Peter Schmidt ist **der** Sohn von Paul Schmidt.*
*Herr Hanke ist **der** Direktor unserer Schule.*

► mais après *als* et dans l'apposition, ce marqueur tombe fréquemment quand le cas est déjà marqué par d'autres morphèmes et que la relation sous-jacente est «définitoire » :

*Herr Bossi gilt als **der** bekannteste Anwalt / als **Ø** bekanntes**ter** Anwalt in Deutschland.*
*Paris, **[die]** Hauptstadt von Frankreich.*
*Peter Schmidt, **[der]** Sohn von Paul Schmidt.*
*Meyer, **der** beste / **Ø** bes**ter** Mittelstürmer der Welt.*

▷ **Ø** avec ou sans ***ein-*** si le sujet est partie de l'ensemble désigné par l'attribut :

*Straubing ist **eine** kleine Stadt in Bayern.*
*Der Löwe ist **ein** Raubtier. Walfische sind **Ø** Säugetiere.*
*Herr X ist **ein** netter Mensch / **ein** 35 jähriger Offizier der Luftwaffe / **ein** Lehrer.*
*Das gestohlene Gemälde ist **ein** Goya.*
*Die Insel ist **ein** militärischer Stützpunkt.*
*Diese Inseln sind **Ø** militärische Stützpunkte.*

► *ein-* tombe fréquemment après *als* (relation « définitoire »), mais moins facilement dans l'apposition, où il introduit souvent une information non encore présentée dans le contexte précédent :

*Sie gilt **als** [eine] gute Köchin.*
*Die Insel dient den Franzosen **als** Ø militärischer Stützpunkt.*
*Straubing, **eine** kleine Stadt in Bayern...*

Herr X, ***ein*** *35jähriger Offizier der Luftwaffe...*
Das gestohlene Bild, ***ein*** *Goya,...*

▷ aucun marqueur n'est mis lorsque l'attribut sans expansion désigne dans une relation de « définition » un trait caractéristique et qu'il ne s'agit plus de situer un ensemble X par rapport à un ensemble Y. L'attribut sans article exprime souvent dans ce cas une fonction (profession, titre...) :

Er ist Arzt/Lehrer/Offizier der Luftwaffe/Professor/Minister...
Sie ist Lehrerin/Mutter von vier Kindern/Nobelpreisträgerin...
Er will Ingenieur werden.

► MAIS (avec ou sans expansion sélective) :
Er ist ***ein*** *guter Arzt/****ein*** *bekannter Professor...*
Sie ist ***eine*** *gute Mutter.*
Er ist ***ein*** *Genie* (qualité).
Er wollte ***ein*** *guter Fußballspieler werden.*

► *Er ist Clown* (= c'est son métier).
Er ist ***ein*** *Clown* (= il est rigolo).

§ 516 **c) Omission des marqueurs d'identification** (en dehors des cas déjà cités aux §§ 511, 514, 515).

▷ **Chute de *d-* :**

— après un « génitif saxon » y compris *dessen/deren/wessen* ;	*Müßiggang ist* ***aller Laster*** *Anfang.* *mit den Eltern von Peter → mit* ***Peters*** *Eltern / mit* ***dessen*** *Eltern.*
— dans un G INF injonctif ;	*Rasen nicht betreten!* *Beiliegendes Formular ausfüllen!*
— dans de nombreux G PREP plus ou moins lexicalisés ;	*auf Wunsch/Befehl des Präsidenten* *in entgegengesetzter Richtung* *an erster Stelle, in erster Linie,* *in Zukunft, nach Hause...*
même devant un degré II (superlatif)	*in bester Verfassung, auf höchster Ebene, aus nächster Nähe schießen*
notamment dans les « formules couplées »	*mit Haus und Hof, durch Gebirg und Tal, über Stock und Stein, an Ort und Stelle* (sur place).

▷ **Chute de tout marqueur :**

— dans les énoncés en « style télégraphique » (notamment petites annonces) ;	*Junger Mann sucht Wohnung mit Bad.* *Zahnarztpraxis Dr. Lehn bis 10.8. geschlossen.*
— dans les titres de journaux ;	*Opposition fordert Steuersenkung.* *Schwerer Unfall auf Autobahn München-Salzburg verursacht Verkehrschaos.*
— interjections appellatives.	*Lieber Hans! Sehr geehrter Herr Bach!* *Armer Peter! Dummer Kerl! Dummkopf!*

§ 517 **d) Différences d'emploi en français et en allemand.**

Attention notamment aux cas suivants :

▷ la **construction attributive** « il a les yeux bleus » (= les yeux, il les a bleus) est impossible en allemand :

*Tu as **le** nez rouge.*	*Du hast **eine** rote Nase.*
*Il a **les** ongles noirs.*	*Er hat **Ø** schwarze Fingernägel.*
*Je **n'**ai **pas les** pieds froids.*	*Ich habe **keine** kalten Füße.*

▷ l'**emploi générique** de Ø est très sollicité en allemand notamment pour les réalités non dénombrables (v. § 514) :

*J'aime **la** bière.*	*Ich mag **Ø** Bier.*
*Je **ne** supporte **pas la** bière.*	*Ich vertrage **kein** Bier.*
***La** salade est un légume sain.*	***Ø** Salat ist gesund.*

▷ certains emplois lexicalisés sont à retenir. :

*J'ai **le** temps, je **n'**ai **pas le** temps.*	*Ich habe **Ø** Zeit/**keine** Zeit.*
*Il a **le** téléphone/**n'**a **pas le** téléphone.*	*Er hat **Ø** Telefon/**kein** Telefon.*
*Il a **la/une** grippe, **les** oreillons/ **une** angine/**de la** fièvre.*	*Er hat **Ø** Grippe/ **Ø** Mumps/ **Ø** Angina/ **Ø** Fieber.*
être en instance	*in **der** Schwebe sein*
un officier de service	*ein Offizier **vom** Dienst*
condamner à mort	***zum** Tode verurteilen* (etc.).

20.4. Autres marqueurs d'identification

a) Les démonstratifs (pour leur pronominalisation, v. chap. 27).

§ 518 ***dies-*** renvoie à la situation immédiate (fonction exophorique) ou au contexte antérieur (fonction anaphorique, v. § 507), plus rarement au contexte postérieur (fonction cataphorique, v. § 521) :

*Wer ist **dieser** Mann [dort] ?* ou : *Wer ist **der** Mann [dort] ?* (v. § 509).
***Dieses** Auto [hier/da] gehört mir.* ou : ***Das** Auto [hier/da] gehört mir.*
*Sie hatte eine kleine Tochter. **Dieses** Kind bedeutete ihr alles.*

§ 519 ***derselb-, dasselb-, dieselb-*** peut remplacer *dies-* comme anaphorique d'identité :

*Sie wohnte in Stuttgart. In **derselben** Stadt (in dieser Stadt) wohnte auch Manfred.* Variante : *In eben derselben Stadt...*
*Er drehte das Licht aus. **Im selben** (in diesem) Augenblick hörte er einen Knall.*

L'opposition *derselbe* (identité) ↔ *der gleiche* (similitude) n'est plus respectée que dans la langue soignée, cf. :

Meine Eltern wohnen im selben Haus (langue soignée) / *im gleichen Haus.*
Sie hat das gleiche Kleid an wie du (langue soignée) / *dasselbe Kleid...*
im selben Augenblick (langue soignée) / *im gleichen Augenblick*

§ 520 **jen-** renvoie à une réalité éloignée et peut produire une distanciation subjective :

*Von **jenen** fremden Ländern möchte ich berichten.*
*In **jenen** [alten] Zeiten, zu **jener** Zeit* en ce temps-là
*Unter uns herrschte **jene** eigenartige Stimmung, die man oft vor einem Gewitter empfindet* (v. § 521).
*Ich kenne **jene** Zurückhaltung des Norddeutschen (= diese typische,* cette fameuse réserve, cette réserve bien connue).

Jen- a perdu dans la langue courante actuelle sa fonction de renvoyer à la situation immédiate ou au contexte antérieur en combinaison avec *dies-* :
Dieses Haus, jenes Haus. On dit aujourd'hui : *dieses Haus hier/da, dieses Haus dort.*
Vergleichen wir Goethe und Schiller. Dieser Dichter (= Schiller) *starb früher als jener* (= Goethe). On préfère dire aujourd'hui en respectant l'ordre : *der eine / der erste[re]... der andere / der zweite / der letzte[re]...*

521 ***dies-, jen-, derjenig-***

Tout comme *der/das/die, jen-* et très rarement *dies-* peuvent fonctionner comme identificateur cataphorique (v. §§ 508, 661, 671) :

*Ich liebe **die / jene** Menschen nicht, die immer alles besser wissen wollen.*
*Er sagte **diese** Worte : ...* Mieux : *Er sagte folgende Worte. Er sagte dies / folgendes* (= pronominalisation).

Dans cette fonction, on rencontre également *derjenige (dasjenige, diejenige, diejenigen),* qui s'emploie cependant plus facilement seul, c'est-à-dire comme pronom :

***Diejenigen, die** immer alles besser wissen wollen, sind mir verhaßt.*
(langue parlée : ***Die, die** immer alles besser wissen wollen...*)

522 **b) Les possessifs** (pour leur pronominalisation, v. chap. 27).

Mein, dein, sein/ihr, unser, euer, ihr/Ihr se comportent morphologiquement comme *ein* (au singulier) ou *kein,* mais impliquent l'identification.

Plus qu'une relation « possessive » (de propriété), la relation établie entre le contenu du GN et les « participants » de l'acte de communication est une **relation personnelle.** Ainsi, *mein* et *dein* renvoient au locuteur et à l'interlocuteur pris isolément, tandis que *unser* et *euer* renvoient au même locuteur ou interlocuteur pris dans une collectivité.

La référence au « tiers » (qui n'est pas toujours une « troisième personne ») fait intervenir en outre le **genre** de ce tiers quand il est au **singulier** :

Pauls Auto, Pauls Eltern → ***sein** Auto, **seine** Eltern*
Marthas Auto, Marthas Eltern → ***ihr** Auto, **ihre** Eltern*
die Leistung des Motors → ***seine** Leistung*
die Leistung der Maschine → ***ihre** Leistung*
mais le genre du tiers pluriel est indifférent :
die Probleme der Männer/der Frauen → ***ihre** Probleme*

Ihr avec majuscule fait référence au *Sie* de vouvoiement (une ou plusieurs personnes) :

Hast du deine Karte gelöst ? } VOUVOIEMENT :
Habt ihr eure Karte gelöst ? } *Haben **Sie Ihre** Karte gelöst ?*

Pour lever certaines ambiguïtés, on peut faire appel au génitif préposé du pronom démonstratif : *dessen* (Masc. et Neu.), *deren* (Fém. et Plur.), qui ne sont jamais accompagnées d'un autre marqueur d'identification :

*Peter, Karl und **dessen** Eltern.*
*der Bundeskanzler, der Außenminister und **dessen** französischer Amtskollege.*
*Peter, Anne und **deren** Kinder* (= les enfants d'Anne).

Souvent le possessif est remplacé par un pronom au datif combiné avec un article défini :

*Schau **mir in die** Augen!*
*Er wäscht **sich die** Hände.*
*Ich habe **ihr den** Koffer getragen.*
*Sie ist **mir in die** Arme/um **den** Hals gefallen.*

c) Les faux identificateurs.

§ 523 ***solch-, so ein-, solch ein-*** (litt.) et ***derartig-***

sont des faux identificateurs. Ils équivalent à une comparaison qualitative (« du genre de ») et le contenu du GN reste non identifié :

*Hast du schon **einen solchen / so einen / solch einen*** (litt.) / ***einen derartigen** Erfolg gehabt ? = einen [so großen] Erfolg **wie diesen***
***Solche / derartige** Fehler macht er nie = **Fehler wie diese** macht er nie.*

Dans l'exclamation (*derartig-* y fonctionne mal), *solch-* et *so ein-* se rapprochent du démonstratif :

So ein Dummkopf! *Der Dummkopf! Dieser Dummkopf!*
Solche Dummköpfe! *Die Dummköpfe! Diese Dummköpfe!*

§ 524 ***welch-*** est une « demande d'identification » pouvant amener deux types de réponses :

***Welches** Bier ? **Welche** Kinder ?*
→ ***dieses** Bier, diese Kinder, **mein** Bier, meine Kinder...*
→ *ein **helles** Bier (→ **so ein** Bier), **brave** Kinder (→ **solche** Kinder).*

Le deuxième type de réponse (précision qualitative) peut être amené également par ***was für ein-*** *: Was für ein Bier ? Was für Kinder ?*

Dans l'exclamation, *welch-* (qui fonctionne aussi sous sa forme littéraire *welch ein-*) et *was für ein-* rejoignent *so ein-* et *solch-* :

Welche Schande! Welch eine Schande (litt.) *! Welche Dummköpfe! So eine Schande! Was für eine Schande! Solche Dummköpfe! Was für Dummköpfe!*

21
LE MARQUAGE DU GN

21.0. Généralités

525 Il n'y a pas à proprement parler de « déclinaisons » isolées des marqueurs d'identification et de nombre, de l'adjectif et du substantif, mais un **système de marquage** du GN en **genre** (au singulier seulement), **nombre** et **cas** qui s'effectue par l'intermédiaire d'une **séquence discontinue** (« suite significative ») de morphèmes portés par les divers éléments du GN, par exemple :

dieser große Baum	**-er**	**-e**	**-Ø**
(der Schatten) dieses großen Baums	**-es**	**-en**	**-s**
(der Schatten) großer Bäume	**Ø**	**-er**	**(¨)e + Ø**
(unter) diesen großen Bäumen	**-en**	**-en**	**(¨)e + n**

21.1. Le marquage de la base nominale

(cf. aussi § 456)

526 Si l'on excepte les masculins faibles et mixtes (v. §§ 462-463), le marquage de la base nominale se résume au principe suivant, susceptible de recevoir quelques modifications (voir détail) :

	SINGULIER : substantif + ... MASCULIN	NEUTRE	FEMININ	PLURIEL : substantif + marque plur. + ...
N	(Hund) + Ø	(Kleid) + Ø	(Angst) + Ø	(Hund) + e + Ø
A	(Hund) + Ø	(Kleid) + Ø	(Angst) + Ø	(Hund) + e + Ø
D	(Hund) + [e]	(Kleid) + [e]	(Angst) + Ø	(Hund) + e + **n**
G	(Hund) + [e]**s**	(Kleid) + [e]**s**	(Angst) + Ø	(Hund) + e + Ø

21.1.1. LA MARQUE DU DATIF.

§ 527 **a) Datif singulier.**

Les substantifs **masculins** (forts) et **neutres** du fonds allemand qui ne sont terminés ni par une voyelle ni par une syllabe atone *(-el, -em, -en, -er)* peuvent prendre au DAT SING une marque ***-e*** :

Der Sohn, dem Sohn(e)
Das Kind, dem Kind(e)

Toutefois, cette marque ne se rencontre plus que dans une langue très soignée ou dans certaines locutions figées : *im Grunde, nach/zu Hause, im Sinne von..., im Laufe des...* (au cours de), *im (gleichen) Maße, wie... ;* cf. également les particules verbales *im'stande-, zu'grunde-, zu'nichte-, zu'stande-*, etc.

b) Datif pluriel.

La marque *-n* de DAT PLUR s'ajoute à **tous** les substantifs, quel que soit leur genre, sauf si leur pluriel est en *-s* ou déjà en *-n* :

der Sohn → *die Söhne* → *den Söhne**n***
die Angst → *die Ängste* → *den Ängste**n***
die Mutter → *die Mütter* → *den Mütter**n***
das Messer → *die Messer* → *den Messer**n***
MAIS : *das Auto* → *die Autos, den Autos*
der Stachel → *die Stachel**n**, den Stachel**n***

⇨ les pluriels « savants » en *-a* ou *-i* (v. § 469) échappent à cette règle : *der Modus (die Modi, den Modi) ; das Genus (die Genera, den Genera),* etc.

21.1.2. LA MARQUE DU GENITIF SINGULIER.

§ 528 Tous les **masculins forts** et les **neutres** prennent au GEN SING une marque ***-(e)s.*** La présence ou l'absence du *e* tient à des raisons d'euphonie et d'accentuation :

-es

▷ obligatoire après *-s, -ß, -tsch, -tz, -x, -z, -zt ;*	*des Hauses, des Maßes, des Flusses, des Putsches, des Satzes, des Reflexes, des Gewürzes, des Arztes*
▶ redoublement du *-s* pour marquer la brièveté de la voyelle qui précède ;	*das Gefängnis, des Gefängnisses ; der Bus, des Busses, der 'Krokus, des 'Krokusses*
▷ fréquent après une syllabe **accentuée** terminée par *-d, -t, -sch, -st, -ch* prononcé [x] et pour d'autres monosyllabiques.	*des 'Kleides, des 'Rates, des 'Fisches, des Ver'lustes, des 'Buches, des 'Daches, des 'Kampfes, des 'Mannes*

-s

▷ obligatoire après voyelle	*des Schnees, des Baus, des Eis,*
après *-h*	*des Strohs, des Viehs*
après une syllabe **non accentuée** en *-el, -em, -en, -er, -ling, -sal*	*des 'Rätsels, des 'Atems, des 'Ofens, des 'Vaters, des 'Frühlings, des Schicksals*
▷ fréquent après une nasale ou *-ch* prononcé [ç]	*des Films, des Lärms, des Grüns, des Gesangs, des Blechs, des Pechs*
et dans les autres cas en fin de syllabe **non accentuée**	*des 'Monats, des 'Brautkleids, des 'Wörterbuchs* mais : *des 'Kleides, des 'Buches*

Pour les autres substantifs, *-es* appartient à un niveau de langue soutenu : *des Erfolg(e)s, des Getränk(e)s, des Griff(e)s...*

⇨ Ne prennent pas la marque de GEN SING les substantifs masculins et neutres en ***-us*** et ***-os*** dont le pluriel est en :

-en :	*der Rhythmus, der Zyklus... der Mythos*	v. § 469
-i :	*der Modus*	
-era/ora :	*das Genus, das Tempus*	
-us :	*der Kasus, der Passus*	

21.1.3. CAS PARTICULIERS.

529 **a) Noms propres au génitif.**

En dehors du cas de certains noms propres latins du domaine religieux, par exemple :

'Christus → *vor Christus, vor/nach Christi Geburt, Christi Himmelfahrt :* l'Ascension.
Jo'hannes → *die Offenbarung Johannis :* l'Apocalypse.
Ma'ria → *Mariä Himmelfahrt :* l'Assomption.

les noms propres prennent un *-s* au GEN SING, qu'ils soient masculins ou féminins, antéposés (« génitif saxon ») ou non :

Canettis Theaterstücke — die Theaterstücke Canettis
Deutschlands Außenpolitik — die Außenpolitik Deutschlands (von Deutschland)

Certains noms propres (dont les féminins en *-e*) font *-ens* :

Ma'riens Vater, 'Ilsens 'Eltern (langue courante : *Ma'ries* [ma'ri:s] *Vater, 'Ilses 'Eltern* ou *der Vater von Marie, die Eltern von Ilse*).
'Maxens Vater (langue courante : *der Vater von Max*).

Les noms terminés par *-s* ou *-ß* sont suivis d'une apostrophe quand ils sont antéposés :

Sokrates' Lehre, Novalis' Werke, Franz-Josef Strauß' Rede

Il est plus courant cependant de les postposer avec l'article au GEN :

Die Lehre ***des*** *Sokrates, die Werke* ***des*** *Novalis, die Rede* ***des*** *(von) Franz-Josef Strauß*

Pour les villes on dit :

die ***Pariser*** *Metro* (ou *die Metro von Paris*), *der* ***Frankfurter*** *Zoo*

ATTENTION cependant aux règles de marquage suivantes :

▷ lorsque le nom propre est constitué de plusieurs éléments, seul le dernier prend la marque *-s*	***Gustav Mahlers*** *Symphonien* ***Kaiser Karls*** *Feldzüge* *die Vorlesung* ***Professor Lehmanns*** ***Doktor Müllers*** *Praxis*
► sauf les éléments formant le GEN en *-n* qui se déclinent aussi ;	***Herrn*** *Professor Lehmanns Vorlesung* ***Herrn*** *Abgeordneten* *Müllers Rede* ***Herrn*** *Doktor Müllers Praxis*
► ainsi que les séquences article + adjectif ;	*die Feldzüge* ***Karls des Großen*** *Zur Zeit König* ***Ludwigs II. (des Zweiten)***
▷ lorsque le nom propre est précédé de *des* (avec éventuellement un titre et/ou un adjectif épithète), le nom propre ne porte plus la marque *-s*;	*die Ferien* ***des Monsieur Hulot*** *während* ***des Monats September*** *die Bilder* ***des jüngeren Holbein*** *die Lage* ***des geteilten Deutschland*** *die Vorlesung* ***des Herrn Professor Lehmann*** *die Schlösser* ***des Königs Ludwig des Zweiten*** MAIS : *die Schlösser* ***Ludwigs des Zweiten*** (v. ci-dessus) *die Werke* ***Gottfrieds*** *von Straßburg*

§ 530 **b) Nominalisations adjectivales.**

Les nominalisations adjectivales (adjectifs ou participes substantivés) sont marquées comme des adjectifs (v. plus loin §§ 533 sv.) :

*der Kranke, ein Krank**er**, des/eines Krank**en**, die Krank**en**, zwei Kranke*
*die Angestellte, ein Angestellt**er**, des/eines Angestellt**en**...*
cf. aussi : *der Abgeordnete, der Bekannte, der Blinde, der Freiwillige, der Fremde, der Gefangene, der Tote, der Verwandte, der Vorgesetzte...*

Ne pas confondre les **vrais substantifs** avec ceux qui continuent à se comporter comme des **adjectifs,** notamment :

— *der Franzose (ein Franzose), der Bayer... ; der Junge (ein Junge)...*	masculins faibles (*-en* ou *-n* à tous les cas sauf NOM SING)
— *der Deutsche (ein Deutsch**er**), das Junge (ein Jung**es**)* : petit de l'animal	adjectifs substantivés
— *Er spricht [ein tadelloses]* ***Französisch.*** *Er hat eine 1 in* ***Französisch*** *geschrieben.* *Wie sagt man auf* ***Deutsch*** *?*	substantifs neutres
— *eine Übersetzung aus dem Deutsch**en** ins Französische.* *Im Deutsch**en** bildet man das Passiv mit werden.*	adjectifs substantivés neutres
— *das* ***Weiß****, das Blau, das Grün* *ein leuchtendes Blau* *in Schwarz gekleidet sein*	couleurs ; substantifs neutres

— *das Weiße in seinen Augen* *ins Grüne fahren* *ins Schwarze treffen* *ein **Grüner*** (écologiste)	ce qui est blanc, vert, etc. ; adjectifs substantivés
— *die **Breite**, die Länge, die Höhe...* *der Länge nach, in der Tiefe*	substantifs dérivés d'adjectifs
— *die Linke, die Rechte* (la gauche, la droite, également politique) *an seiner Recht**en*** *eine Koalition mit der Link**en*** *ein Link**er***	adjectifs substantivés

§ 531 **c) Autres nominalisations.**

Elles prennent le plus souvent un *-s* au GEN :

des Essens, des Wettrüstens, des Stelldicheins, eines Lkws...
MAIS : *des Hin und Her, des DGB...*

§ 532 **d) Invariabilité.**

Restent **invariables** :

▷ les substantifs de mesure masculins et neutres (v. § 470)	*7 **Faß** Bier, 10 **Stück** Seife, 40 **Mann**, bei 40 **Grad** Hitze*
MAIS :	*10 Tonn**en** Weizen, 4 Jahre Gefängnis*
▷ le premier substantif d'un couple lexicalisé ;	*ein Stück eigenen **Grund und Bodens*** *die Dichter des **Sturm und Drangs*** *das Verhältnis zwischen **Patient und Arzt***
▷ en général les noms masculins faibles (v. § 462) quand dans la structure Ø + *N* ils sont membres d'un G PREP au singulier ;	*ein Tiergarten ohne Löwe* *am Wortende ohne Konsonant* *Keller mit Waschautomat* *ein Ring mit Diamant* *das Kind ist ohne Teddybär eingeschlafen* *von Mensch zu Mensch*
▷ au nominatif les expressions avec un *von* d'identité ;	*eine Seele **von Mensch*** MAIS : *mit einer Seele von einem Mensch**en***
▷ les substantifs cités comme tels.	*der Plural von « **Mensch** » ist « Menschen »* *Was man **Idealist** nennt*

— pour l'apposition, v. chap. 31, § 888 ;
— pour les bases nominales complexes du type : *eine Anzahl Industrielle**r**, eines Pfund **Fleisches**, bei einem Glas **guten Weins**,* etc., (v. § 889).

21.2. Le marquage de la séquence marqueur(s) d'identification et/ou de nombre + adjectif + substantif

§ 533 Si l'on excepte le marquage de la base nominale, présenté ci-dessus et qui n'influence qu'occasionnellement la marque de l'adjectif (v. § 540), les autres marques du GN se répartissent sur deux autres champs :

CHAMP DE L'IDENTIFICATION ET DU NOMBRE-QUANTITÉ	CHAMP DE L'ADJECTIF EPITHETE	CHAMP DE LA BASE NOMINALE
diese [zwei]	*alten*	*Bäume*
die vielen	*alten*	*Bäume*
Ø [zwei]	*alte*	*Bäume*

21.2.1. LES TROIS TYPES DE MARQUES.

§ 534 **a) Les marques fortes (ou principales).**

Ce sont celles que l'on rencontre par exemple sur le démonstratif *jener* et à quelques variantes près sur l'article *der* :

	MASC	NEUT	FEM	PLUR		MASC	NEUT	FEM	PLUR
N	***jener***	***jenes***	***jene***	***jene***	N	***der***	***das***	***die***	***die***
A	***jenen***	***jenes***	***jene***	***jene***	A	***den***	***das***	***die***	***die***
D	***jenem***	***jenem***	***jener***	***jenen***	D	***dem***	***dem***	***der***	***den***
G	***jenes***	***jenes***	***jener***	***jener***	G	***des***	***des***	***der***	***der***

Ont la même série de marques :

▷ ***dieser*** *(es, e, e) :* variante au NEUT NOM/ACC : *dies* (v. § 538) ;

▷ ***ein, kein*** et les possessifs ***mein, dein, sein, ihr, unser, euer*** aux autres cas que NOM SING MASC/NEUT et ACC SING NEUT, qui ont Ø :

ihre Schwester, meinen Bruder, unseres Autos, ihre Eltern

► Attention à l'orthographe pour *euer : euer Haus, eurem Haus.*

▷ ***jeder*** (singulier) quand il n'est pas précédé de *ein* ;

▷ ***aller*** (rarement au singulier), ***einiger*** (rarement au singulier), ***etlicher*** (rarement au singulier), ***mancher, mehrere*** (pluriel), ***welcher*** et ***irgendwelcher*** ;

► *welcher* a une double forme au GEN SING MASC : *welches Studenten* (masculins faibles) et *welchen Schülers* (masculins forts) ;

▷ ***solcher*** (sing. ou pluriel) quand il n'est pas précédé de *ein* ;

▷ ***sämtliche*** (pluriel) quand il n'est pas précédé d'un possessif *(meine sämtlichen Bekannten),* ***viele/wenige*** non précédés d'un marqueur d'identification ;

▷ ***beide*** non précédé d'un marqueur d'identification *(beide Brüder* mais *die beiden Brüder).*

§ 535 **b) Les marques faibles (ou secondes).**

Appelées également secondes parce qu'elles apparaissent toujours dans la séquence en position seconde après les marques fortes, elles ne distinguent que :

▷ le NOM SING aux trois genres et l'ACC SING FEM/NEUT → marque ***-e***;

▷ et les autres cas → marque ***-en***.

	MASC	NEUT	FEM	PLUR	Exemples :
N	***-e***	***-e***	***-e***	***-en***	*der alte Baum, die alt**en** Bäume.*
A	***-en***	***-e***	***-e***	***-en***	*das schöne Haus, des schön**en** Hauses.*
D	***-en***	***-en***	***-en***	***-en***	*mit meiner älter**en** Schwester.*
G	***-en***	***-en***	***-en***	***-en***	*die Pflicht eines jed**en** Menschen.*

§ 536 **c) La marque Ø (absence de marque).**

Elle se rencontre sur :

▷ certains marqueurs d'identification ou de quantité défectifs : ***ein, kein*** et les possessifs ***mein, dein, sein, ihr, unser, euer*** au NOM SING MASC/NEUT et à l'ACC SING NEUT :

ein-Ø netter Mann, kein-Ø besseres Ergebnis, ihr-Ø jüngerer Bruder

Attention à ***unser*** et ***euer*** qui ont l'air d'être marqués mais ne le sont pas : *unser-Ø neues Haus, euer-Ø neues Haus ;*

Ces unités portent des marques fortes à tous les autres cas (v. § 534) : *ein**en** netten Mann, ein**es** netten Mannes, kein**e** besseren Ergebnisse, ihr**e** jüngere Schwester, ihr**er** jüngeren Schwester, in unser**em**/eur**em** neuen Haus ;*

▷ certains « déterminatifs » qui peuvent rester invariables :

— ***all*** suivi d'un démonstratif ou possessif : *all die/diese schönen Erinnerungen, all meine Briefe ;*

— ***welch*** avec ou sans *ein : welch großes Glück, welch ein großes Glück ;* de même ***manch*** *[ein],* ***solch*** *[ein] ;*

— ***viel*** et ***wenig*** (le plus souvent invariables au singulier, v. § 487).

▷ certains quantificateurs toujours invariables : ***ein bißchen, ein paar, ein wenig, etwas*** *(etwas Wichtiges* : quelque chose de, *etwas frisches Brot* : un peu de), ***genug, genügend, lauter*** (v. § 496), ***mehr, nichts*** *(nichts Wichtiges),* ***weniger*** ainsi que les nombres cardinaux : *zwei, drei, vier...,* qui ont toutefois dans la langue soignée une forme de GEN en *-er: die Werke zwei**er** großer Schriftsteller* (v. § 542) et une forme de DAT (v. § 478 *zu zwei-t/-en*).

Il y a bien entendu absence de marque quand il n'y a pas d'article :

Ø *große Bäume*	*mit **Ø** hoher Geschwindigkeit*
*was für **Ø** schöne Blumen !*	*ohne **Ø** große Mühe*

Marthas Ø *jüngerer Bruder*
*Martha und **deren Ø** jüngerer Bruder* } génitif antéposé (v. § 516).

21.2.2. LE PRINCIPE DU MARQUAGE DE LA SEQUENCE « DETERMINATIF » + ADJECTIF (SUBSTANTIVE OU NON).

§ 537

> — La marque forte apparaît le plus tôt possible, c'est-à-dire soit sur le déterminatif, soit sur l'adjectif si le déterminatif manque ou s'il est non marqué.
> — Deux adjectifs (ou plus) sont en général marqués de la même façon.

Il y a donc deux types de séquences de marques :
forte-faible et **Ø-forte**

§ 538 **a) Séquence « forte-faible ».**

der arme Kerl	*dieses wertvolle Schmuckstück*
der Fremde	*die vielen Fremden*
diese schönen alten Häuser	*die besten französischen Weine*
eine böse Absicht	*keine bösen Absichten*
welcher wichtige Grund ?	*welcher Abgeordnete ?*
unsere Verwandten	

trotz der anhaltenden Konjunkturschwäche
(der Bau) eines beheizten Schwimmbads
(der Bau) eines solchen Schwimmbads
(der Bau) unseres neuen Rathauses
(die Pflicht) einer jeden Mutter

im eigentlichen Sinne	*in keinem anderen bekannten Fall*
im großen und ganzen	*zur allgemeinen Verwunderung*

Derjenige et *derselbe* sont marqués selon le même modèle :
derjenige Mann, diejenigen Leute
derselbe Mann, dasselbe Haus, desselben Hauses
im selben Augenblick (pour l'orthographe, v. § 67).

► la variante neutre *dies* (pour *dieses*) est considérée comme marquée :
dies schöne Land comme *dieses schöne Land*

§ 539 **b) Séquence « Ø - forte ».**

Ø moderne Häuser	*(der Bau) Ø moderner Häuser*
Ø französischer Wein	*Ø herrliches Wetter*
Ø frische Luft	*Ø zahlreiche ausländische Touristen*
mit Ø großem Erfolg	*für Ø gewisse skrupellose Vermieter*
in Ø bester Verfassung	*unter Ø günstigeren Umständen*
ein-Ø solches Glück	*ein-Ø guter Bekannter von mir*
kein-Ø einziges Hotel	***unser-Ø** jüngster Sohn*
***euer-Ø** schöner schattiger Garten*	

*lauter Ø wunderschön**e** Sachen*	*ein paar Ø frisch**e** Semmeln*
*welch-Ø groß**es** Glück*	*welch ein-Ø schön**er** Tag*
*was für Ø nett**e** Menschen*	
*viel-Ø frisch**e** Luft*	*mit wenig-Ø brauchbar**em** Material*
*Ø **drei** Tote*	*Ø **zwei** gute Bekannte*
*etwas Ø Nützlich**es***	*nichts Ø Interessant**es***
*(eine Reihe) Ø bedeutend**er** Schriftsteller*	
*(ein Gefühl) Ø tiefst**er** Einsamkeit*	

cf. aussi : *möglich**er**weise, ander**er**seits* (avec un *-s* de génitif analogique), *gewiss**er**maßen, sein**er**zeit, neu**er**dings, viel**er**orts*, etc.

540 **c) Séquences déviantes.**

Le type **« Ø - marque faible »** est un type de marquage exceptionnel obligatoire pour le GEN SING MASC/NEUT. Dans ce cas, la marque (forte) de GEN portée par le substantif influence le marquage de l'adjectif :

*ein Mann **Ø** gut**en** Willens*
*wegen **Ø** schlecht**en** Wetters*
*Anfang **Ø** nächst**en** Jahres*
*die Einfuhr **Ø** spanisch**en** Speiseöls*
cf. aussi *jed**en**falls, ander**n**falls, gegeben**en**falls*, etc.

► mais au FEM et au PLUR, le substantif ne portant pas de marque de GEN, on a la séquence normale « Ø - forte » (v. § 539) :

*Anfang **Ø** nächst**er** Woche*
*die Einfuhr **Ø** spanisch**er** Agrarprodukte*

Le type **« forte - Ø - forte »** se rencontre avec *dieser/jener* + possessif non marqué :

*dies**es** unser-**Ø** schön**es** Land ; dies**er** mein-**Ø** best**er** Freund*

Tout se passe comme si le possessif effaçait la marque forte précédente. Mais lorsque le possessif porte lui aussi une marque forte (ce peut être le cas après *all[er]/dieser/jener*), l'adjectif porte une marque faible :

*in dies**em** unser**em** schön**en** Land ; mit jen**er**/all**[er]** mein**er** best**en** Kunst ; in dies**er** unser**er** schön**en** Heimat ; diese unsere schöne Heimat*

De même : *diese meine/jene meine/alle meine/alle diese/alle jene/alle **die** schön**en** Bücher*

▷ Avec les adjectifs et participes nominalisés, on peut avoir un élément qui échappe au marquage ; c'est alors un « adjectif d'adjectif », par exemple :

unheilbar krank	→	*ein **unheilbar** Kranker*
		*die **unheilbar** Kranken*
		*Ø **Unheilbar** Kranke*
lang entbehrt	→	*das **lang** Entbehrte* (v. § 437)
		*Ø **Lang** Entbehrtes*

21.2.3. CAS PARTICULIERS : LES « MUTANTS ».

§ 541 Parmi les quantificateurs, certains se comportent toujours comme des marqueurs d'identification, c'est-à-dire que l'adjectif suivant a une marque faible, par exemple :

*alle schwierig**en** Aufgaben* (comme *die schwierig**en** Aufgaben*)
*mit all**er** erdenklich**en** Sorgfalt*
*welch**es** irdisch**e** Glück*

D'autres — les **« mutants »** — ont la fâcheuse particularité de changer de comportement. Ils se présentent tantôt comme des « déterminatifs » :

*folgend**er** wichtig**e** Punkt* (comme *d**er** wichtig**e** Punkt*)
*manch**es** verloren**e** Spiel*
*mit einig**em** bemerkenswert**en** Talent*
*irgendwelch**e** bekannt**en** Politiker*

tantôt comme des « adjectifs » (l'adjectif suivant a aussi une marque forte) :

*folgend**e** wichtig**e** Punkte* (comme *schön**e** alt**e** Häuser*)
*manch**e** verloren**e** Spiele*
*einig**e** bekannt**e** Politiker*
*irgendwelch**e** bekannt**e** Politiker*

> Dans certains cas, il est impossible de savoir si la marque de l'adjectif est faible ou forte, cf. :
> *folgende interessante Tatsache, für manchen bekannten Politiker, mit einigen bekannten Politikern*

La figure qui suit donne un aperçu des réalisations les plus fréquentes en allemand standard. La partie hachurée signifie que l'adjectif suivant porte une marque faible (*e* ou *en*). La partie blanche signifie que l'adjectif suivant porte également une marque forte qui est donc répétée deux fois : *(in Begleitung) mehrer**er** bewaffnet**er** Soldaten.*

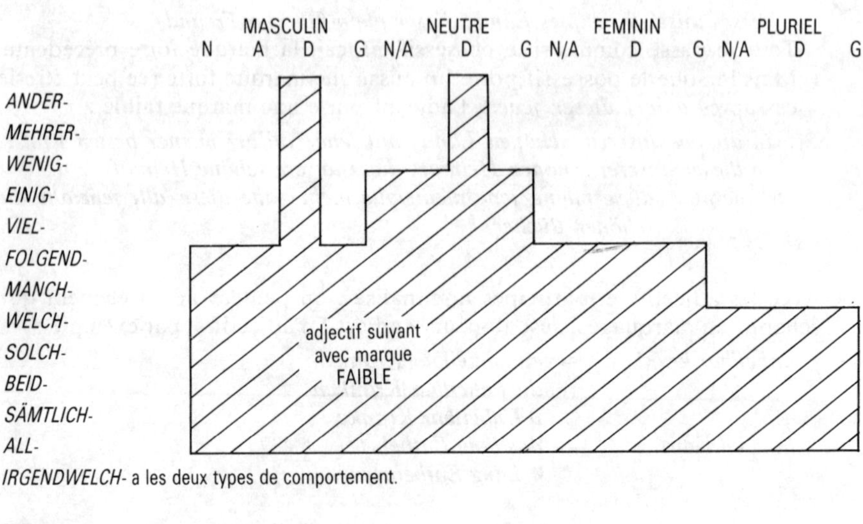

IRGENDWELCH- a les deux types de comportement.

On retiendra surtout au pluriel :

Comme *diese alten Häuser*	Comme *schöne alte Häuser*
alle, sämtliche, beide	***andere, einige, etliche***
solche, welche	***folgende, manche***
keine	***mehrere, viele, wenige***

ATTENTION à :

*alle/welche/keine Deutsche**n*** } adjectif substantivé
einige/viele Deutsche

MAIS : *alle/welche/keine/einige/viele Franzose**n*** (masculin faible)

542 Autres cas particuliers.

▷ Après un nombre décliné au GEN (langue soignée), la marque de l'adjectif est le plus souvent forte :

*die Behauptungen zwei**er** bekannt**er** Politiker.*

▷ Quand un pronom personnel de la 1re ou de la 2e personne est explicité par un GN, le pronom est considéré parfois comme marqué (d'où marque faible sur l'adjectif), parfois comme non marqué (d'où marque forte) :

*ich/du arm**er** Bursche, ...arm**es** Kind, ...arm**e** Frau*
*mich/dich arm**en** Burschen, ...arm**es** Kind, ...arm**e** Frau*
*mir/dir arm**en** Burschen, ...arm**en** Kind, ...arm**en**/arm**er** Frau*

*wir/ihr arm**en**/arm**e** Kinder*	*wir/ihr Deutsche**(n)***
*für uns/euch arm**en**/arm**e** Kinder*	*für uns/euch Deutsche**(n)***
*mit uns/euch arm**en** Kindern*	*mit uns/euch Deutsche**n***

MAIS : ***wir alle, wir beide, ihr alle, ihr beide***
für uns/euch alle, für uns/euch beide
mit uns/euch allen/beiden

22
LA FORMATION DES BASES NOMINALES

22.0. Généralités

§ 543 Après l'étude des catégories du GN et de leur marquage, les chapitres 22 à 24 sont consacrés aux **constituants du GN** :

▷ les bases nominales simples et complexes (leur formation) : chap. 22 ;
▷ les adjectifs de nom : chap. 23 ;
▷ les expansions à droite de la base nominale : chap. 24.

Un lexème nominal peut être simple ou complexe :

▷ il est dit **simple** s'il est constitué d'un radical sans affixe (préfixe, infixe, suffixe), par exemple : *Haus, Tür, Sprung* ;
▷ il est dit **complexe** s'il contient un affixe, par exemple : *Vorsprung, Gespräch, Sprache, Krankheit,* ou s'il est constitué de plusieurs lexèmes, par exemple : *Haustür, Sprachkenntnisse, Gesprächspartner.*

Un lexème nominal peut être le produit :

▷ d'une **dérivation** : il est alors constitué d'un radical avec ou sans affixe : *Schlaf* ← *schlaf(en); Zug* ← *zieh(en);* ***Gespräch*** ← *sprech(en); Sprache* ← *sprech(en);*
▷ d'une **composition** : il est alors constitué de plusieurs unités lexicales : *Haus-tür, Krankheit-s-verlauf, Schlaf-bedürfnis.*

22.1. Les lexèmes nominaux dérivés

§ 544 Quel que soit le procédé mis en œuvre (avec ou sans suffixe), la dérivation, qui peut renvoyer tantôt à un processus diachronique, tantôt à un simple rapprochement d'unités lexicales synchroniques, peut s'effectuer sur :

▷ un lexème simple :	*Fräulein* ← *Frau, Säge* ← *säg(en).*
▷ un lexème dérivé :	*Fröhlichkeit* ← *fröhlich* ← *froh.*
▷ un lexème composé :	*Kurfürstentum* ← *Kurfürst + en + tum* ← *Kur + fürst.*
▷ un amalgame syntaxique :	*Langschläfer* ← *lange schlafen, Störenfried* (trouble-fête) ← *stör(t) (d)en Fried(en).*

2.1.1. LA DERIVATION PAR SUFFIXE.

545 **a) Le suffixe ∅ ou l'absence de suffixe :**

▷ sert à la nominalisation des **infinitifs,** des **participes** I et II (avec marque d'adjectif) et des **adjectifs** :

das Essen, das Leben, das Verbrechen, das Zuhören...
der Gefangen-e / ein Gefangen-er, der Vorsitzend-e...
das Dunkel, der Ernst, das Grün, der Stolz, das Tief, das Unrecht...
der Krank-e / ein Krank-er, das Gut-e / viel Gut-es...

▷ et à la nominalisation de **verbes** simples ou complexes (notamment particule ou préfixe + verbe) :

— à partir du radical de l'infinitif pour les verbes faibles :
der Ärger, der Besuch, der Kauf, der Tanz, der Verkauf...
avec altération de la voyelle pour certains verbes faibles ou faibles irréguliers, par exemple :

[ɛ] → [a]	*der Brand (brennen), der Verdacht/die Andacht (denken), der Geschmack (schmecken), der Satz (setzen), der Aufwand (aufwenden), der Versand (versenden)*
[ɛ:] → [ɑ:]	*die Qual (quälen)*
[ø:] → [o:]	*der Hohn (höhnen)*
[Y] → [U]	*der Druck (drücken), die Furcht (fürchten)*
[y:] → [u:]	*die Einfuhr (einführen), der Gruß (grüßen)*

— à partir de différents radicaux pour les verbes forts : radical du présent, par exemple :
der Befehl, der Beginn, der Fall, der Hang, der Lauf, der Rat, der Schein, der Schlag, der Schlaf... ; avec voyelle altérée : *der Stich (stechen), der Tritt (treten)...*

Radical du prétérit, par exemple :
[a] *der Band, der Drang, der Klang, der Gestank...*
[ɑ:] *der Belag (belegen), der Diebstahl, das Maß, der Verlag...*
[I] *der Biß (beißen), der Griff, der Pfiff, der Riß, der Ritt...*
[i:] *der Abschied (scheiden), der Antrieb, der Hieb, der Trieb...*
[u:] *der Wuchs (wachsen).*

Radical du participe II, par exemple :
der Gang, der Fund, der Schwung, der Schwund..., mais la voyelle *o* est souvent altérée en ***u***, cf. : *der Betrug, der Bruch, der Flug, der Fluß, der Genuß, der Guß, der Schluß, der Schub, der Schuß, der Spruch, der Verdruß, der Wurf, der Zug...*

1. Attention au **déplacement de l'accent** avec les **particules mixtes** actuelles ou anciennes (v. § 33), par exemple :
   unter'halten, die Unter'haltung ↔ der 'Unterhalt
2. La grande majorité des dérivés de bases verbales sans suffixe est de genre **masculin** (v. § 446). On trouve cependant aussi des féminins et des neutres, par exemple :
   die *Arbeit, die Antwort, die Heirat, die Klingel, die Qual, die Rast, die Rückkehr, die Scham, die Schau, die Trommel, die Wahl...*
   das *Grab, das Leid, das Maß, das Opfer, das Siegel, das Spiel, das Verbot, das Versteck...*

§ 546 **b) Les suffixes *-t* et *-d(e).***

▷ Ce procédé de dérivation, qui n'est plus guère vivant aujourd'hui, produit à partir de **bases verbales** des noms de genre **féminin** le plus souvent (v. § 448). Parmi les exceptions, on retiendra notamment :

der Frost, der Schwulst emphase du style (mais *die Geschwulst*), *der Verdacht, der Verlust.*
das Gesicht (mais *die Sicht), das Gewicht, das Gift.*

▷ Le suffixe *-t* entraîne fréquemment une altération vocalique et/ou consonantique par rapport au radical d'origine ; il est parfois précédé d'un *-s* :

die Andacht (denken) : recueillement	*die Last (laden)*
die Ankunft (ankommen)	*die Macht (mögen)*
die Fahrt (fahren)	*die Mitgift (geben) :* la dot.
die Flucht (fliehen)	*die Naht (nähen)*
die Geburt (gebären)	*die Saat (säen)*
die Geschwulst (schwellen) :	*die Schlacht (schlagen)*
***das** Gewicht (wiegen)*	*die Schrift (schreiben)*
***das** Gift (geben)*	*die Sicht (sehen)*
die Gunst (gönnen) : faveur.	*die Tracht (tragen) :* costume régional.
die Kunst (können)	***der** Verlust (verlieren)*
	die Zucht (ziehen) : élevage.

▷ Le suffixe *-d(e),* moins courant, peut également entraîner des altérations :

die Begierde (begehren) : convoitise.	*die Jagd (jagen)*
die Beschwerde (sich beschweren)	*die Schande (sich schämen)*
die Freude (freuen)	*die Schuld (sollen)*
***das** Gebäude (bauen)*	*die Zierde (zieren) :* ornement.
***das** Gelübde (geloben) :* vœu.	

sur adjectif : *die Gemeinde (gemein), die Würde (wert)*

§ 547 **c) Le suffixe *-e.***

▷ Il caractérise des dérivés de genre **féminin** (v. § 448) à partir de :

— **bases verbales** (radical de l'infinitif pour les verbes faibles, radical du présent ou du prétérit pour les verbes forts), par exemple :

die Anzeige	*die Fliege*	*die Pfeife*	*die Schmiede*
die Ausnahme	*die Folge*	*die Pflege*	*die Sorge*
die Binde	*die Frage*	*die Rede*	*die Sprache*
die Bremse	*die Gabe*	*die Reise*	*die Streife*
die Decke	*die Grube*	*die Rinne*	*die Suche*
die Feile	*die Hilfe*	*die Schere*	*die Wache*

— **bases adjectivales** (souvent infléchies), par exemple :

die Breite	*die Frische*	*die Hitze*	*die Nähe*
die Dichte	*die Größe*	*die Höhe*	*die Stärke*
die Ebene	*die Güte*	*die Kälte*	*die Strenge*
die Ferne	*die Härte*	*die Länge*	*die Wärme*

Attention à ne pas confondre ces dérivés avec les masculins faibles en *-e* (p. ex. *der Erbe, der Nachkomme*) et les adjectifs substantivés (p. ex. *der Kranke, das Böse, die Linke*).

§ 548 **d) Le suffixe *-(e) (r)ei.***

▷ Ce suffixe attire l'accent (v. § 32) et entraîne le **féminin** ; il correspond au suffixe d'emprunt *-erie*, cf. : *Galante'rie, Gendarme'rie, Pirate'rie.*

▷ Les dérivés sur **bases verbales** renvoient à une activité humaine fréquentative (répétée) ou intense jugée comme étant négative, par exemple : *Blödelei, Heuchelei, Meuterei, Schmeichelei, Schnüffelei, Träumerei, Zauberei.*
Certains peuvent désigner aussi l'objet du procès et ne sont pas négatifs, par exemple : *die Malerei :* peinture ou tableau ; *die Stickerei :* broderie (action ou pièce brodée).

▷ Les dérivés sur **bases nominales** peuvent également désigner des agissements négatifs, par exemple : *Gaunerei, Sauerei, Schweinerei ;* mais ils représentent le plus souvent des noms d'entreprises ou d'établissements, d'institutions : *Abtei, Bäckerei, Druckerei, Gärtnerei, Konditorei, Metzgerei, Partei, Pfarrei, Polizei, Wäscherei...*

§ 549 **e) Le suffixe *-er (-ler, -ner).***

▷ Ce suffixe sert à dériver des bases nominales de genre **masculin** (v. § 446) à partir d'autres bases, notamment **verbales** et **nominales** (les dérivés de bases non verbales et non nominales existent cependant aussi, cf. *gegen → der Gegner, barfuß → der Barfüßer).*

▷ Les dérivés en *-er* désignent :
— un agent, personne ou instrument, par exemple :

der Anhänger : partisan ou remorque	*der Fußballer*	*der Söldner*	*der Verkäufer*
der Bäcker	*der Handwerker*	*der Spieler*	*der Vergaser :* carburateur
der Behälter	*der Lehrer*	*der Tennisschläger*	*der Wecker*
der Bohrer	*der Lügner*	*der Schwindler*	*der Wissenschaftler*
der Büstenhalter	*der Reiter*	*der Tischler*	
	der Rentner	*der Träger*	
	der Schüler		

— des habitants ou produits d'un lieu géographique (v. § 584) : *der Amerikaner, der Hamburger* (habitant de Hambourg ou hamburger), *der Europäer, der Italiener... ; der Dörfler, der Provinzler, der Südländer... ;*
— plus rarement l'acte de la base verbale : *der Rülpser* (le rot), *der Seufzer... ;*
— des êtres ou objets ayant certaines caractéristiques indiquées par la base, laquelle est souvent un amalgame syntaxique (par exemple : *ein Zweisitzer = ein Auto, das zwei Sitze hat); der Dickhäuter, der Fünfakter, der Schwergewichtler, der Tausender* (billet de 1 000 marks), *der Warmblütler, der Zweimaster...*

Il arrive que le nom dérivé soit formé lui-même sur un lexème verbal dérivé sans qu'existe le dérivé du verbe simple, cf. :
der Bewohner (mais non : **der Wohner), der Nachfolger* (mais non : **der Folger*).

§ 550 **f) Le suffixe *-el* (*-sel*).**

▷ Ce suffixe, avec une altération fréquente du radical verbal, a servi à former des :

— noms **masculins** et **féminins** désignant le plus souvent des instruments : *der Deckel, der Flügel, der Gürtel, der Hebel, der Schlüssel...*
die Gabel, die Schachtel, die Schüssel, die Tafel...

— diminutifs **neutres** : *das Büschel, das Bündel, das Mädel...*

▷ Le suffixe *-sel* a la même fonction : *der Stöpsel, das Mitbringsel, das Rätsel, das Über'bleibsel...*

§ 551 **g) Les suffixes *-heit / -keit / (-igkeit).***

▷ Ces suffixes, très productifs, servent à former des noms **féminins** à partir de bases **nominales** *(die Kindheit, die Menschheit...)*, **adjectivales** *(die Gewißheit, die Möglichkeit...)* ou **participiales** *(die Gelegenheit, die Gewandtheit, die Verschwiegenheit,* mais *gewohn(t) → die Gewohnheit).*

▷ Les dérivés à partir de **bases nominales** sont formés sur des substantifs désignant des êtres animés et prennent le suffixe ***-heit*** *: die Christenheit* : la chrétienté ; *die Kindheit, die Torheit...*

▷ Pour les **bases adjectivales et participiales,** le choix du suffixe dépend de la forme de la base :

— *heit* apparaît après *-(e)n* et *-d/-t* et en général après les adjectifs monosyllabiques non dérivés, par exemple :

die Dummheit	*die Gemeinheit*	*die Krankheit*	*die Vergangenheit*
die Einheit	*die Gesundheit*	*die Schönheit*	*die Vertrautheit*
die Freiheit	*die Gewandtheit*	*die Seltenheit*	*die Wahrheit*

— *keit* apparaît après *-bar, -ig, -lich, -sam* :
die Haltbarkeit, die Müdigkeit, die Fröhlichkeit, die Einsamkeit et plus fréquemment que *-heit* après *-el* et *-er* :
*die Eitelkeit, die Übelkeit (*mais *Dunkelheit, Einzelheit), die Heiterkeit, die Tapferkeit (*mais *Besonderheit, Sicherheit)*

— *igkeit* apparaît après *-haft* et *-los : die Lebhaftigkeit, die Sorglosigkeit,* et plus rarement après des adjectifs simples, cf. : *die Geschwindigkeit, die Kleinigkeit :* chose insignifiante (mais *die Kleinheit* : la petitesse), *die Neuigkeit* : la nouvelle (mais *die Neuheit* : la nouveauté), *die Schnelligkeit, die Süßigkeit.*

Les dérivés d'adjectifs et de participes désignent en général une qualité ou un état *(Gesundheit → gesund sein),* mais peuvent parfois représenter un objet (cf. *Süßigkeiten* : des bonbons) voire un acte (cf. *eine Dummheit* : une bêtise).

§ 552 **h) Les suffixes *-nis* (pluriel *-nisse)* et *-sal.***

▷ Ces suffixes ont permis de former des dérivés **neutres et féminins** (v. § 452) à partir de bases verbales :

das Begräbnis, das Bündnis, das Gefängnis, das Hindernis...
die Erlaubnis, die Finsternis (base adjectivale), *die Kenntnis...*
das Schicksal, das Scheusal, die Mühsal...

§ 553 **i) Le suffixe *-schaft.***

▷ Il entraîne le **féminin** et sert à former sur des **bases nominales** des dérivés désignant en général une collectivité de personnes (contrairement aux collectifs en *Ge...e,* qui désignent surtout des non-personnes) :
die Arbeiterschaft, die Genossenschaft, die Gesellschaft, die Lehrerschaft, die Mannschaft.

Ne désignent pas des personnes : *die Botschaft* (message, ambassade), *die Gerätschaft, die Grafschaft, die Landschaft, die Meisterschaft, die Ortschaft, die Wirtschaft, die Wissenschaft...*

▷ Sur des bases nominales et adjectivales, les dérivés en *-schaft* désignent une qualité ou un état :

die Feindschaft, die Freundschaft, die Leidenschaft, die Mutterschaft...
die Bereitschaft, die Eigenschaft, die Gefangenschaft, die Schwangerschaft, die Verwandschaft (parenté ; également sens collectif).

▷ Plus rares sont les dérivés sur bases verbales : *die Bürgschaft, die Machenschaften, die Liebschaft.*

554 **j) Le suffixe *-tum* (pluriel *-tümer*).**

▷ Ce suffixe entraîne le **neutre** sauf : *der Irrtum, der Reichtum.*

▷ Il a permis de former des dérivés de bases verbales, adjectivales et nominales désignant :
— un lieu ou une dignité : *das Bistum, das Fürstentum, das Herzogtum... ;*
— une collectivité : *das Bürgertum, das Christentum... ;*
— une qualité, un comportement, un acte : *das Brauchtum, das Eigentum, das Heiligtum, das Heldentum, der Irrtum, der Reichtum, das Wachstum...*

555 **k) Le suffixe *-ung.***

▷ Ce suffixe très productif entraîne le **féminin** et sert à former à partir de **bases verbales** souvent complexes des dérivés désignant :
— une action : *die Abschaffung, die Aufforderung, die Beseitigung, die Empfehlung, die Heilung, die Lieferung, die Schließung, die Verbrennung, die Vervielfältigung... ;*
— un état : *die Entzückung, die Erbitterung, die Lähmung, die Überraschung... ;*
— l'objet résultant de l'action désignée par le verbe : *die Abbildung, die Ausrüstung, die Erzählung, die Füllung, die Hoffnung, die Packung, die Sendung, die Widmung... ;*
— l'agent de l'action exprimée par le verbe : *die Bedienung* (serveuse), *die Erscheinung, die Heizung, die Kleidung, die Kupplung, die Verwaltung... ;*
— un nom collectif : *die Bevölkerung, die Bewölkung, die Einrichtung... ;*
— un lieu : *die Niederlassung, die Siedlung, die Wohnung...*

En tant que nominalisations de bases verbales, les dérivés en *-ung* entrent parfois en concurrence avec les infinitifs substantivés, cf. : *das Verbrennen/die Verbrennung der Abfälle.* Ils nécessitent souvent dans ce cas une expansion à leur droite, par exemple un GN au GÉN objectif ou subjectif.

⇨ Le suffixe *-ung* ne change pas l'accentuation des particules dites « mixtes » (v. § 33) :

um'gehen → *die Um'gehung*
unter'scheiden → *die Unter'scheidung* mais : *der 'Unterschied*

§ 556 **l) Les suffixes *-chen* et *-lein*.**

▷ Ces suffixes permettent de former sur des **bases nominales** des **diminutifs** de genre **neutre** ; *-lein* est peu fréquent, sauf dans le Sud, sous forme *-le, -l, -el* voire *-li* ; le radical est infléchi et les terminaisons *-e/-en* tombent :

das Büchlein, das Bärchen (Bärle, Bärl, Bärli), das Entlein (Entchen), das Häuschen, das Heftchen, das Gärtchen, das Kätzchen, das Lüftchen, das Schäfchen (Schäflein), das Stündchen...
Avec des noms propres, l'inflexion est occasionnelle : *Paulchen, Hänschen (Hänsel, Hansl, Hansilein)...*
Sont figés : *ein bißchen, das Fräulein, das Mädchen, das Veilchen.*

§ 557 **m) Le suffixe *-ling*.**

▷ Ce suffixe a servi à former des dérivés **masculins** à partir de **bases nominales, verbales ou adjectivales** ; l'inflexion est fréquente.

▷ Les dérivés en *-ling* désignent surtout des personnes, cf. : *der Flüchtling, der Häftling, der Lehrling, der Prüfling, der Säugling ;* certains sont péjoratifs : *der Feigling, der Schreiberling, der Schwächling, der Sonderling ;* d'autres désignent un concept ou objet : *der Fäustling* (moufle), *der Frühling.*
A noter le type : *die Zwillinge* : les jumeaux, *die Drillinge* : les triplés, *die Vierlinge, die Fünflinge...*

§ 558 **n) Suffixes « féminins ».**

Certains suffixes permettent de former à partir de bases nominales le plus souvent des dérivés désignant des êtres de sexe **féminin** :

-in *die Ärztin, die Hündin, die Verkäuferin...*
-(e/i)ssin *die Äb'tissin, die Prin'zessin...*
-'esse *die Baro'nesse (*ou *Ba'ronin), die Poli'tesse* (contractuelle), *die Mai-tresse...*
-'euse *die Fri'seuse, die Ma'sseuse...*
-'ine *die Blon'dine, Wilhel'mine...*
-sche dans la langue familière du Nord : *die Greffsche, die Müllersche.*

o) Suffixes de dérivation de mots d'emprunt : v. §§ 446, 448, 450, 466-469.

§ 559 **p) Les « suffixoïdes ».**

Certains termes peuvent être considérés comme « suffixoïdes », c'est-à-dire comme éléments en voie de devenir suffixe, par exemple :

▷ Dérivés à sens collectif :

-gut *das Gedankengut, das Ideengut, das Streugut...*
-kreis *der Arbeitskreis, der Bekanntenkreis, der Kundenkreis...*
-leute *die Bergleute, die Bauersleute, die Geschäftsleute...*
-material *das Arbeitsmaterial, das Filmmaterial, das Schreibmaterial...*

-reich	*das Pflanzenreich, das Tierreich...*
-volk	*das Bauernvolk, das Fußvolk, das Kriegsvolk...*
-welt	*die Damenwelt, die Herrenwelt, die Tierwelt...*
-werk	*das Blattwerk, das Schuhwerk...*
-wesen	*das Schulwesen, das Transportwesen...*
-zeug	*das Grünzeug, das Kleinzeug, das Rauchzeug, das Schreibzeug...*

▷ Dérivés désignant des objets :

-gerät	*das Abhörgerät, das Funkgerät, das Fernsehgerät...*
-mittel	*das Heilmittel, das Lebensmittel, das Spülmittel*
-stoff	*der Impfstoff, der Kunststoff, der Lesestoff, der Sprengstoff...*
-zeug	*das Flugzeug, das Spielzeug...*

▷ Dérivés désignant des personnes :

-mann	*der Bergmann, der Edelmann, der Milchmann, der Tormann*
-frau	*die Hausfrau, die Klofrau, die Marktfrau, die Putzfrau...*

et dans la langue familière :
-bold : der Raufbold, der Trunkenbold, der Witzbold...
-geist, -kopf, -maul : der Plagegeist, der Dummkopf, der Kindskopf, das Klatschmaul...
termes de parenté : *der Trinkbruder, die Klatschbase (-tante)*
noms propres : *der Drückeberger* (tire au flanc), *der Nörgelpeter* (râleur), *der Prahlhans* (vantard), *der Zappelphilipp* (enfant qui « gigote » beaucoup)
noms d'animaux : *das Arbeitstier, der Baulöwe* (promoteur immobilier), *der Pechvogel, die Schmusekatze...*

▷ Dérivés désignant des « qualités », par exemple :

-falt : die Einfalt, die Vielfalt, die Sorgfalt...

2.1.2. LA DERIVATION PAR PREFIXE.

560 a) Le préfixe *Ge---(e).*

▷ Le préfixe *Ge-*, souvent allié au suffixe *-e,* produit à partir de **bases verbales ou nominales** des dérivés de genre **neutre** le plus souvent.

▷ De nombreux dérivés de **bases verbales** ont un sens fréquentatif (répétition) ou intensif, avec une nuance péjorative le plus souvent :

das Gebell	*das Gedröhn*	*das Gerede*	*das Getue*
das Gebrüll	*das Geheul*	*das Geschrei*	*das Getümmel*
das Gedränge	*das Gemurre*	*das Getöse*	*das Gewühl*

La plupart désignent cependant l'objet résultant de l'action exprimée par le verbe ou l'agent de cette action :

das Gebäck	*das Gemälde*	*das Geschoß*	*das Getreide*
das Gebet	*das Gerücht*	*das Gesetz*	(voisin de *tragen*)
das Gebiß	(voisin de *rufen*)	*das Gesicht :*	*das Gewächs*
das Gedicht	*das Geschäft*	vue ou visage	*das Gewebe*
das Gefälle	*das Geschenk*	*das Gespräch*	*das Gewehr*
das Gefüge	*das Geschlecht*	*das Gestell*	*das Gewicht*
das Gefühl	(voisin de	*das Getränk*	
das Gehör	*schlagen)*		

▶ ATTENTION : dans cette deuxième série, les dérivés ne sont pas tous neutres, cf. : *der Gedanke, der Gehalt* : la teneur (↔ *das Gehalt* : les appointements), *der Geruch, der Gesang, der Geschmack, die Gewalt* (voisin de *walten*)...

▶ Ne pas confondre ces dérivés avec les dérivés des verbes en *ge-*, par exemple : *der Gebrauch, die Geburt, die Gebühr, die Geduld, der Genuß, der Gewinn...*

▷ Les dérivés de **bases nominales** représentent le plus souvent des **collectifs,** dont certains peuvent se mettre au pluriel :

das Gebein (-e)	*das Geflügel*	*das Gestein (-e)*
das Gebirge (-)	*das Gehölz*	*das Gestirn (-e)*
das Gebüsch	*das Gemüse* (voisin de *Mus*)	*das Getier*
das Gedärm		*das Gewässer*

ainsi que : *die Gebrüder, die Geschwister* (frères et sœurs)

Mais tous n'ont pas un sens collectif, par exemple :

***die** Gefahr* (voisin de *Furcht*)	*das Gehirn*	*das Gerät*
	das Gehöft ferme	*das Gestüt*
das Gehäuse boitier	*das Gemüt*	*das Gewitter*

§ 561 **b) Les préfixes *Miß-* et *Fehl-*.**

▷ Ils donnent un sens inversé ou négatif à une **base nominale :**

das 'Mißbehagen	*der 'Mißgriff*	*die 'Mißstimmung*
die 'Mißernte	*der 'Mißklang*	*die 'Mißwirtschaft*
der 'Mißerfolg	*der 'Mißkredit*	

cf. aussi : *die '**Misse**tat* le méfait, *der '**Misse**täter*.

die 'Fehlanzeige	*der 'Fehlschlag*	*der 'Fehltritt*
die 'Fehlgeburt	*der 'Fehlschluß*	*das 'Fehlurteil*
die 'Fehlleistung	*der 'Fehlstart*	

▶ *Miß-* est toujours **accentué,** même lorsque le nom est dérivé directement d'un verbe avec *miß-* non accentué (et inséparable), cf. :
miß'brauchen → *der 'Mißbrauch, miß'trauen* → *das 'Mißtrauen* (v. § 33).

§ 562 **c) Le préfixe *Un-*.**

▷ Il donne à une **base nominale** un sens inversé ou négatif, cf. :

der Unfall	*das Unkraut*	*der Unmut*	*das Unrecht*
das Unglück	*die Unlust*	*die Unordnung*	*die Unschuld*

▷ Parfois, il intensifie le sens de la base, par exemple :

die Unkosten : les frais	*eine Unmenge*	*das Unwetter*
	eine Unsumme	*eine Unzahl*

§ 563 **d) Le préfixe *Ur-*.**

▷ Il marque la manifestation originelle, première, primitive du désigné de la **base nominale,** par exemple :

die Uraufführung	*die Urgroßmutter*	*der Ursprung*
das Urbild	*der Urmensch*	*der Urwald*
die Urform	*die Ursache*	

▷ Certaines formes isolées remontent à une ancienne particule correspondant à *er-: die Urkunde* (cf. *erkennen*), *der Urlaub* (cf. *erlauben*), *das Urteil* (cf. *erteilen*).

§ 564 **e) Autres préfixes et « préfixoïdes » avec bases nominales :**

Aber- sens de « falsch, schlecht » : *der Aberglaube, der Aberwitz*
Alt- sens de « vieux » ou de « ex- » : *das Altpapier, die Altstadt ; der Altbundespräsident (der Exbundespräsident)*
Erz- sens de « archi- » : *der Erzbischof, der Erzherzog* ou sens augmentatif : *ein Erzgauner, ein Erzschurke*
Extra- et ***Sonder-*** : *ein Extrablatt* (édition spéciale d'un journal), *das Sonderangebot, ein Sonderpreis...*
Grund- sens de « fondamental » : *die Grundbedeutung, das Grundgesetz...*
Haupt- sens de « principal » : *der Hauptdarsteller, der Hauptbahnhof...*
Mit- *der Mitarbeiter, der Mitbürger, der Mitinsasse...* et ***Ko-*** : *der Kopilot, die Koproduktion...*
Ob- sens voisin de « über » : *die Obacht* (l'attention), *das Obdach* (l'abri), *der Obmann* (homme de confiance)
Über- sens augmentatif : *das Übergewicht, der Übermensch...*
cf. encore : ***Mini-, Maxi-, Super-, Vize-...***

Dans la langue parlée familière, de nombreux substantifs fonctionnent comme « préfixoïdes » augmentatifs, cf. :
eine Affenhitze, ein Bombenerfolg, ein Heidengeld, ein Höllenlärm, ein Mordsappetit, ein Prachtkerl, ein Riesenspaß, eine Spitzenleistung...

22.1.3. NOMINALISATIONS D'AMALGAMES SYNTAXIQUES.

565 Nombreux sont les substantifs qui représentent une nominalisation d'un syntagme ou complexe de sens, par exemple :

— nominalisation d'un GV :
das Vergißmeinnicht (myosotis), *der Springinsfeld* (jeune étourdi), *der Störenfried* (trouble-fête), *der Taugenichts* (vaurien)... ;

— nominalisation d'une lexie verbale désignant le sujet de l'action :
der Selbstversorger, der Schwarzhörer (comparer : *der Kopfhörer*)

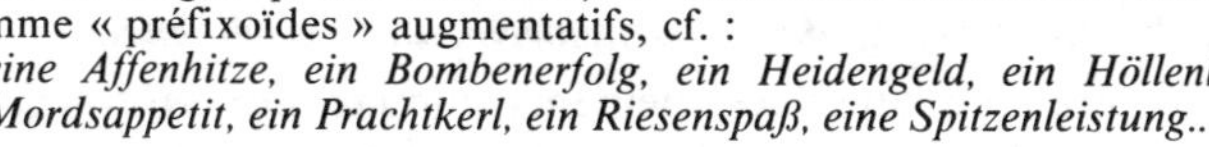

ou désignant l'action même :
eine Autobahnfahrt, die Inbetriebnahme, die Schwarzmalerei, die Selbstbeteiligung... ;

— nominalisations d'autres syntagmes (GN et G ADJ notamment) :
der Dreikäsehoch (cf. haut comme trois pommes), *der Linkshänder, der Neusprachler, die Breitspurigkeit, das Einmaleins...*

22.2. Les lexèmes nominaux composés

§ 566 D'un point de vue formel, on peut distinguer les types de lexèmes nominaux composés suivants :

1. **Substantif + substantif :** *der 'Bankdirektor, die 'Taschenlampe...*
2. **Verbe + substantif :** *das 'Schlafzimmer, die 'Schlagsahne, das Lesebuch...*
3. **Adjectif** (ou participe) + **substantif :** *das 'Flachland, die 'Großstadt, der Ge'brauchtwagen...*
4. **Lexème sans marque + substantif :** *der 'Rückweg, das 'Beiblatt, der 'Vorort...*

Seuls les types (1) et (2) constituent de véritables composés, car les éléments réunis sous (3) et (4) sont en réalité des nominalisations d'amalgames syntaxiques comme le montrent les rares cas de « déclinaison interne » (p. ex. : *das Hohelied,* Cantique des Cantiques → *des Hohenliedes*) et les diverses paraphrases possibles, par exemple : *'Flachland → flaches Land ; 'Vorort → vor dem Ort ; 'Nichtraucher → nicht rauchen.*

Les lexèmes nominaux composés ont toujours les caractéristiques suivantes :

▷ **le genre et le pluriel** sont ceux du dernier élément, qui est nécessairement un substantif :

***der** Fa'milienvater → die Fa'milienväter*
***die** 'Weinflasche(-n), **der** 'Flaschenwein, die 'Flaschenweine*

à l'exception de quelques éléments comme ***der** Mittwoch* ou la série de « quasi-dérivés » en *-mut :* ***die** Armut, die Sanftmut,* etc. (v. § 452) ;

▷ le premier élément est **figé**. Il n'est plus susceptible de faire jouer les oppositions de catégories ni de recevoir une expansion quelconque ; sauf jeu de mots, on ne dira pas par exemple : *ein siebenköpfiger Familienvater !* (cf. cependant : *die deutsche Sprachwissenschaft,* v. § 577, 4, 7).

22.2.1. LES COMPOSES DETERMINATIFS (A STRUCTURE HYPOTAXIQUE).

§ 567 Ils sont de loin les plus nombreux et ils ont pour point commun :

▷ d'être composés d'un **déterminant** et d'un **déterminé,** qui peuvent eux-mêmes être des composés ou des dérivés :

'Schlaf zimmer *'Schlaf zimmer tür* *'Kraft fahr zeug*

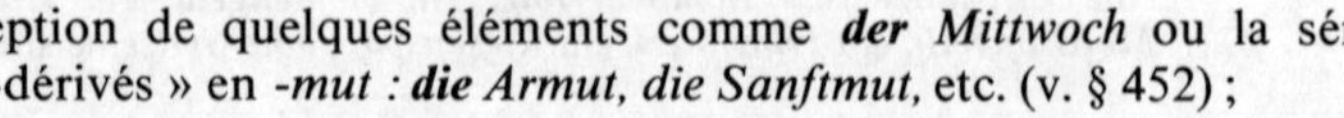

▷ de constituer une figure positionnelle dans laquelle **le déterminant,** généralement accentué, **précède le déterminé.**

Du point de vue morphologique, les lexèmes nominaux composés posent le problème de la joncture (rattachée au déterminant). Du point de vue sémantique, ils posent celui de la diversité des rapports de sens.

568 **a) Absence de joncture.**

Dans le composé, le déterminant entre très souvent avec le radical sans modification. C'est le cas notamment :

▷ de la plupart des noms monosyllabiques au singulier :
der Bahnhof, der Eiswürfel, der Grashalm, die Haustür, der Jagdhund, die Meerenge, das Rindfleisch, das Schuldgefühl...
► mais : *die **Häuser**front, die **Mause**falle* (ou ***Mäuse**falle), der **Meeres**strand, der **Rinder**braten, der **Schulden**berg... ;*

▷ des noms masculins et neutres en *-el, -em, -en, -er* :
das Gipfeltreffen, die Manteltasche, die Muskelkraft, das Stachelschwein... ; die Atemnot ; die Gartenarbeit, der Ladenschluß... ; die Fensterscheibe, die Klosterfrau, der Lehrermangel...
► mais : *die **Vettern**wirtschaft.*

Toutefois, il y a **chute du *-e* final** :

▷ pour de nombreux féminins et quelques neutres :
*der **Aug**apfel, der **Birn**baum, das **End**ergebnis, die **Erd**kunde...*
► mais : *der **Augen**arzt, der **Blumen**topf, das **Suppen**fleisch...*

▷ pour la plupart des adjectifs :
*die **Dunkel**kammer, der **Edel**mann, das **Flach**land, die **Groß**stadt...*
► mais : *die **Lange**weile.*

569 **b) Les diverses jonctures.**

On peut trouver comme éléments de liaison : ***-s, -es, -en, -ens, -e, ¨e, ¨*** (pour *Mütter/Töchter*), ***-er, ¨er.***

Il s'agit à l'origine de marques de génitif singulier ou de pluriel, mais ces modèles de composition ont donné lieu dans la langue actuelle à tant de formations analogiques (cf. *Arbeitskraft*) qu'il faut les considérer maintenant comme de simples *Fugenzeichen* ou « jonctures ».

-e

▷ marque d'un dérivé féminin à partir d'un radical verbal : *der Fragesatz, der Hilferuf* (mais : *der **Hilfs**arbeiter, die **Hilfs**kraft, das **Hilfs**verb), das Pflegekind, das Redebedürfnis, das Reisegeld ;*
ou d'un dérivé féminin à partir d'une base adjectivale : *der Härtegrad, die Hitzewelle, die Wärmedämmung* (mais : *der **Breiten**grad, die **Größen**ordnung, die **Höhen**luft...) ;*

▷ simple joncture attachée au radical verbal, notamment après les sonores /b/, /d/, /g/, /z/ : *das Badetuch, der Liegestuhl, das Lösegeld, das Schneidegerät, das Sterbezimmer, der Werdegang* (mais : *die Tragfläche) ;*

▷ marque de pluriel pas toujours motivée : *die Hundehütte* (mais *das Hundsgras* le chiendent), *das Schweinefleisch* (mais *der Schweinebraten* ou *Schweinsbraten), das Tagebuch* (mais *das Tageslicht, die Tagesordnung).*

-en

▷ marque de verbes en *-chnen : die Rech**en**aufgabe, der Zeich**en**block* ;

▷ marque de génitif faible ancienne : *das Aug**en**lid, der Schwan**en**hals* ou actuelle : *der Bub**en**streich, der Löw**en**zahn, die Mensch**en**würde, die Zeug**en**aussage... ;*

▷ ancienne marque de génitif sur des déterminants féminins : *die Freud**en**tränen, der Kirch**en**diener (*mais : *der Kirchgänger), die Nas**en**spitze* (mais : *das Nashorn :* le rhinocéros), *das Suppe**n**fleisch, das Tasch**en**tuch ;*

▷ marque de pluriel : *das Fahrt**en**buch :* carnet de bord *(*mais : *die Fahrtrichtung), die Geburt**en**kontrolle (*mais : *der Geburtstag), die Kirch**en**steuer, der Nerv**en**arzt, der Schuld**en**berg (*mais : *die Schuldfrage), eine See**n**landschaft, die Vene**n**entzündung...* Analogique : *die Instrument**en**tafel :* tableau de bord ;

▷ marque de nombreux dérivés féminins d'origine adjectivale : *der Breit**en**grad, die Größ**en**ordnung, das Läng**en**maß... (*mais : *der Härtegrad, die Wärmezufuhr...).*

(¨)er

▷ marque de pluriel : *das Bild**er**buch (*mais : *der Bildschirm), der Büch**er**schrank (*mais : *der Buchbinder), die Geist**er**stadt, die Gött**er**dämmerung, der Häus**er**makler :* agent immobilier *(*mais : *die Hausverwaltung), die Länd**er**versammlung (*mais : *der Landtag, die Landesregierung), das Wört**er**buch* (mais : *die Wortwahl)...* Ce pluriel n'est pas toujours motivé, cf. : *das Hühn**er**ei, der Rind**er**braten...*

-(e)s et ***-(e)ns***

▷ marque (parfois ancienne ou analogique) de génitif singulier :
*die Alter**s**grenze, der Betrieb**s**ausflug, der Erfolg**s**zwang, ein Staat**s**geheimnis... die Friede**ns**bewegung (*mais : *der Friedhof), die Glaube**ns**freiheit, die Herze**ns**lust (*mais : *der Herzschlag), das Schmerze**ns**geld (*mais : *die Schmerztablette)...* notamment sur les infinitifs substantivés : *die Daseinsberechtigung, die Essenszeit, das Lebensmittel, der Leidensweg (*mais : *die Leideform, das Leidwesen), das 'Mißtrauensvotum, die Verfahrensweise...* mais : *die Einkommensteuer, die Vermögen**(s)**steuer*

▷ joncture analogique pour de nombreux déterminants féminins, par exemple : *das Armutszeugnis, der Arbeitskampf, der Geburtstag, die Liebeserklärung...*

Cette joncture est automatique après les dérivés :

— féminins en ***-heit, -keit, -schaft, -ung, -tät, -ion :*** *der Freiheitskampf, das Haltbarkeitsdatum, der Schwangerschaftsurlaub, der Heilungsprozeß, die Universitätsverwaltung, der Religionsunterricht,* mais *die Stellungnahme (*de *Stellung nehmen :* dérivé sur amalgame syntaxique*).*

— masculins en ***-ling:*** *die Frühlingssonne, die Säuglingspflege...*

— neutres en ***-tum:*** *das Eigentumsrecht, die Wachstumsquote...*

▷ joncture démarcative dans certains composés (*-s* signale alors la coupure principale) : *der Bahnhofsplatz* (mais : *der Hofgarten*), *der Handwerksbetrieb* (mais : *das Werkzeug*), *das Oberlandesgericht* (mais : *das Landgericht*), *die Weihnachtszeit* (mais : *die Nachtzeit*).

Comme le montrent les exemples fournis, le même élément déterminant peut entrer dans des composés avec des jonctures différentes, par exemple : *das Kindbett, ein Kindskopf, das Kindesalter, der Kinderarzt.* Mais il est rare qu'une joncture différente entraîne un sens différent pour une composition identique, cf. : *der Landmann* (le paysan) et *der Landsmann* (le compatriote), *die Häuserfront* (rangée de maisons) et *die Hausfront* (la façade), *der Parteistaat* et *der Parteienstaat.* Parfois c'est le niveau de langue qui décide de l'emploi de formes concurrentes : *die Schlafenszeit/die Schlafzeit.*

§ 570 PROBLÈMES DE SENS.

Le signifié abstrait de la relation hypotaxique est la **délimitation** du signifié du déterminé par celui du déterminant : ainsi, pour *Haustür*, l'ensemble des portes concevables est plus restreint que pour le lexème simple *Tür*. Cependant, lorsqu'on envisage les termes mis en relation et le contexte dans lequel ils apparaissent, le rapport de sens, le désigné, qui lie le déterminant au déterminé s'avère être très variable, cf. :

▷ « appartenance » (v. § 619) : *Der 'Gartenzaun (= der Zaun des °Gartens), die Hausnummer, die Regierungsmitglieder, die Staatsgewalt...*

▷ objet : *der Autokauf (X kauft ein Auto), die Hühnerzucht...*

▷ qualité *(« bestehend aus »)*, inclusion *(« mit »)* ou cause *(« wegen, vor »)* : *ein Angstgefühl, der Dornbusch, der Liebeskummer, der Pelzmantel, der Rollkragenpulli, die Seenlandschaft, der Sonnenbrand...*

▷ moyen : *die Federzeichnung, das Ölgemälde, der Siebdruck...*

▷ but : *ein Ferienhaus, die Sonnenbrille, die Waschmaschine...*

▷ origine : *ein Arbeiterkind, die Muttersprache, der Obstsaft...*

▷ localisation : *eine Berlinreise, ein Haustier, der Nordwind...*

▷ temps : *die Nachtruhe, der Novemberregen, die Sommerferien...*

▷ comparaison : *ein Schneckentempo, der Staubzucker, ein Zwiebelturm...*

Certains composés ont une valeur métaphorique ou métonymique, par exemple : *ein Faulpelz* n'est pas une variété de fourrure, mais un fainéant ; cf. aussi : *ein Geizkragen, ein Kindskopf, eine Schlafmütze.* D'autres constituent des « raccourcis », par exemple : *die Apfelblüte* (en fait *Apfelbaumblüte*), *die Bundesbahn* (pour *Bundeseisenbahn*), *der Elfmeter (Strafstoß aus elf Meter Entfernung)*, *die Jahreszeit* (en fait *Jahreszeitraum*), *der Nadelwald* (en fait *Nadelholzwald*), *Sonnabend* (pour *Sonntagabend*).

§ 571 LES COMPOSÉS DE PLUS DE DEUX ÉLÉMENTS.

Comme dans les composés simples, la structure hypotaxique ne s'établit qu'entre deux termes. Mais selon que le premier ou le second terme est lui-même un composé, les figures positionnelles peuvent varier, par exemple :

(a + b) + c	*das Krankenhauspersonal, der Volksschullehrer*
a + (b + c)	*der Bundesaußenminister, eine Lederhandtasche*
(a + b) + (c + d)	*die Fußballweltmeisterschaft, der Steinholzfußboden*
[a + (b + c)] + d	*der Oberlandesgerichtspräsident, die Sonderbriefmarkensammlung*
[(a + b) + c] + d	*die Fernsprechgebührentabelle*
[a + (b + c)] + (d + e)	*die Kraftfahrzeugszulassungsstelle* (etc.)

Du point de vue prosodique, ces composés présentent davantage une accentuation de groupe combinée avec des phénomènes de rythme que la hiérarchie d'affaiblement progressif des accents toniques, à laquelle peut faire penser le marquage traditionnel des accents principal et secondaire. En tout cas, la courbe mélodique dépend étroitement du type de composé, par exemple :

° *Rund funksta° tion* ° *Welt* ° *ju gendbund* ° *Welt jugend* ° *bund*

22.2.2. LES COMPOSES ADDITIONNELS (A STRUCTURE PARATAXIQUE).

§ 572 Les composés additionnels, du moins ceux qui sont soudés graphiquement, sont moins nombreux que les composés déterminatifs. Pour comprendre la nature de la relation qui unit les deux termes, il est plus intéressant d'envisager d'abord les composés séparés graphiquement, que les grammaires rassemblent souvent à tort sous la notion « d'apposition » (v. § 888 s.).

§ 573 **a) Composés additionnels séparés graphiquement.**

On peut en distinguer plusieurs types :

① *Baden-° Württemberg, Elsaß-° Lothringen, Schleswig-° Holstein, Borussia ° Dortmund*

② *Frau ° Müller, Bruder ° Jakob, Kaiser ° Wilhelm, Professor ° Weinrich, Schloß Sanssou° ci, Bad° Godesberg, die Stadt Ber° lin, das Wort ° Frieden, das Fach Mathema° tik, der Fall ° Oppenheimer*

③ *° Jakobs Kaffee, Glo° bal Möbel, Pi° relli Reifen*

④ *Hans ° Meier, Anneliese ° Fuchs, ° Meier Hans, ° Fuchs Anneliese*

⑤ *ein Glas ° Wein, zwei Pfund ° Butter, eine Tracht ° Prügel*

Dans le type ①, on a affaire à une relation de **coordination** : le désigné est la somme des deux termes, il est à la fois l'un et l'autre.

Le type ② est une **identification** par **adordination** : il s'agit d'une dénomination (nom propre le plus souvent) précédée d'un terme spécifiant son statut (familial, social, géographique...). Ce type peut être paraphrasé au moyen de *heißen (die Frau heißt Müller)* ou d'une prédication avec *sein (Sanssouci ist ein Schloß, Berlin ist eine Stadt).*

Le type ③ fonctionne comme le second, à ceci près que la figure positionnelle est inversée — mais le principe de l'accentuation reste inchangé.

Le type ④ participe du type ① ou des types ② ③, selon le point de vue.

Le type ⑤ est une identification par une indication de quantité ou de mesure. Il est donc moins « tautologique » que le type ③ (cf. *die Stadt Berlin*), sauf lorsque le contexte est clair ou lorsque la base nominale complexe est figée *(eine Tracht Prügel),* cf. :

Ich möchte [ein Glas] °Bier. Ich habe mir [ein Paar] °Schuhe gekauft. Ich habe [eine Tracht] °Prügel bekommen.

► les constructions du type *eine Gruppe junge**r** Leute* sont à considérer comme des GN particuliers avec base nominale + GN membre. Pour les problèmes de marquage (*nach einem Glas gute**m** Wein,* etc.) et la notion d'**apposition,** v. § 888 s.

§ 574 **b) Composés additionnels soudés graphiquement.**

Correspondant aux divers types mentionnés ci-dessus, ils reposent sur une **coordination** :

Süd'osten, Nord'westen, Nord'osten...

et malgré l'accentuation le plus souvent divergente (probablement analogique, c'est-à-dire calquée sur le type hypotaxique) :

ein 'Dichterkomponist, die 'Königinmutter, der 'Prinzgemahl, der 'Prinzregent, der 'Strichpunkt (v. § 35 *b*)

ou une **adordination** :

▷ *der Bürger'meister (« Bürger namens °Meister »),* qui connaît également l'accentuation *'Bürgermeister* par suite d'une interprétation différente *(der Meister der °Bürger)*;
der Vogel'strauß (« Vogel namens °Strauß », du grec *strouthiôn).*
Sur le même modèle se sont constitués *das Jahr'hundert, das Jahr'tausend...*

▷ *der 'Tannenbaum, das 'Rebhuhn, das 'Rentier* [re:n], *der 'Walfisch, das 'Maultier* (lat. *mulus*) ressemblent à des composés déterminatifs, mais participent du même type, avec une figure positionnelle inversée (comme °*Jakobs Kaffee) : der 'Tannenbaum → der Baum heißt Tanne, die Tanne ist ein Baum.*
Sont du même type par exemple : *die 'Goethestraße, der Vatikanstaat...*

► *die Apfel'sine* est un amalgame syntaxique : *Apfel aus °China,* de même que *Aller'heiligen, Oster'sonntag...* sont des nominalisations de syntagmes (v. § 35 *b*).

Ne pas confondre les composés additionnels avec la coordination explicite de deux bases nominales composées dont un des termes est identique, par exemple : *die Rundfunk- und Fernsehgebühren, der Eichen- oder Buchenwald...* (v. § 69).

23
LE GROUPE ADJECTIVAL

Le G ADJ est présenté à cet endroit parce qu'il est un membre possible et fréquent du GN. Cependant, ce chapitre montrera que le G ADJ a d'autres fonctions.

23.1. Les fonctions du G ADJ

§ 575 L'adjectif peut constituer à lui seul ou avec des expansions un énoncé :

Schön! Sehr gut! Nett von dir. Zwanzig Meter hoch?

Dans la plupart des cas cependant, il est **associé** sémantiquement et syntaxiquement à une base ou à un complexe base + membres. Cette base peut être :

▷ une **base nominale** : on parlera alors d'**adjectif de nom,** défini comme élément (éventuellement accompagné de ses expansions) pouvant occuper dans un GN le **champ de l'épithète** (v. § 440) :

*ein **hoher** Turm* *ein **sehr hoher** Turm*
*der **zwanzig Meter hohe** Turm dieser Stadt*

1. Il arrive que certains adjectifs de nom restent invariables dans le champ de l'épithète, c'est-à-dire ne participent pas au marquage du GN (v. §§ 533 sv., 617), par exemple :
   *eine **lila** Bluse* *die **Pariser** Oper* *ein **76er** Moselwein*
2. Dans des cas limités, l'adjectif de nom est postposé à la base nominale et reste invariable (v. § 614) :
   *eine Forelle **blau***
   *Hänschen **klein** ging allein in die weite Welt hinein...* (chanson)
   *Der kleine Prinz, **sieben Pfund schwer,** soll William heißen.*
3. Il faut bien distinguer les adjectifs de nom, séparés graphiquement de la base nominale et susceptibles de recevoir des expansions, et les lexèmes adjectivaux « figés » entrant dans la composition de bases nominales complexes, tels que :
   der Rotfuchs, der Großhändler, der Gebrauchtwagen, die Langeweile

▷ une **base verbale** (éventuellement accompagnée de membres) : on parlera alors d'**adjectif de verbe,** qui reste invariable :

— **adjectif-attribut** (du sujet ou de l'objet) avec un verbe d'attribution (*sein, werden, bleiben, scheinen, wirken,* etc.) :	*Der Wagen ist **neu**.* *Er wurde **krank**.* *Er wirkt **unsicher**.* *Ich finde sie **nett**.*
— **adjectif-adverbe,** c'est-à-dire détermination adverbiale :	*Er fährt **schnell**.* *Er spielt **unsicher**.*

Traditionnellement, le mot **adjectif** est réservé à l'adjectif qualificatif et à l'adjectif-attribut, alors que le terme **adverbe** a au moins une double signification. Dans un sens **formel,** il est utilisé pour caractériser le « mot invariable » et il recouvre par conséquent des réalités fort hétérogènes :

Gestern *hat es geregnet* = situatif (complément circonstanciel)
Es wird ***vielleicht*** *regnen* = modalisateur (porte sur tout le GV)
Das Haus ist ***sehr*** *hoch* = modulateur du degré (porte sur *hoch*)
Es hat ***stark*** *geregnet* = « ad-verbe » proprement dit, c'est-à-dire élément **déterminant** le verbe (ou un complexe verbe + membres) et **adjoint** à lui.

C'est là le **second sens du terme adverbe.** Nous parlons dans ce cas d'adjectif de verbe et plus précisément d' « adjectif-adverbe ». Le terme n'a rien de choquant puisque adjectif n'est plus défini ici par sa signification qualitative ou qualificative. Quant à *gestern, vielleicht, sehr* par exemple, on les appellera lexèmes sans marque de catégorie (LSC), la fonction intervenant comme critère de sous-classification (v. §§ 121-122 et chap. 31).

▷ une **base adjectivale** (éventuellement accompagnée de membres) : on parlera alors d'**adjectif d'adjectif** :

(Hier ist es) ***schön*** *warm.*
(Der Vortrag war) ***völlig*** *uninteressant.*
(Ein) ***angenehm*** *warmes (Klima).*
(Das klang) ***paradiesisch*** *schön.*

Enfin, l'ADJ peut servir à **modaliser** une information et avoir ainsi une fonction communicative, voire une fonction d'illocution (v. §§ 111 et 113 *a*). Son incidence peut être globale (le **modalisateur** porte dans ce cas sur tout le groupe fournissant l'information de l'énoncé : on peut parler d'**adjectif d'énoncé**) ou partielle :

Jetzt gehst du aber ***schön*** *ins Bettchen!* (*schön* injonctif, « sois sage »).
Seine ***angeblich*** *adelige Herkunft* (*angeblich* exprime un jugement sur l'information « adelig »).

§ 576 Le critère du **degré** (la possibilité de mettre l'adjectif au « comparatif » et au « superlatif ») pour définir l'adjectif n'a pas été retenu ici comme premier critère de sous-classification, pour deux raisons :

— Le degré I et II, dont les marques certes altèrent le lexème adjectival, n'est pas possible pour tous les adjectifs et dépend du désigné : cf. : **eine goldnere Kette* n'est pas possible, alors que *die goldneren Zeiten* l'est.
— Le degré I et II, comme celui qui fait appel à des « graduatifs », permet de « moduler » une information ; à ce titre, il est d'abord une des expressions de la fonction communicative de la graduation (v. § 113 *b* ④ et chap. 30).

577 Selon que l'adjectif peut fonctionner dans l'une ou l'autre des cinq fonctions présentées ci-dessus (adjectif de nom, adjectif-attribut, adjectif-adverbe, adjectif d'adjectif et modalisateur), on peut distinguer plusieurs **sous-classes d'adjectifs** :

① (rare) Adjectifs pouvant avoir les cinq fonctions, par exemple :

ADJ de nom	*eine schöne Frau ; ein natürlicher Stil*
ADJ-attribut	*schön sein ; natürlich wirken*
ADJ-adverbe	*schön singen ; natürlich schreiben*
ADJ d'adjectif	*schön warm ; ein natürlich eleganter Stil*
ADJ modalisateur	*Bleib schön ruhig ! Du hast natürlich recht.*

Du point de vue du désigné, il faut évidemment distinguer, pour un certain nombre d'unités de cette classe, le **qualitatif** qui attribue une « propriété » parfois graduable au nom ou au verbe (cf. *sicher, natürlich* dans *seine sichere Hand, seine natürliche Sprache*) et le **modalisateur,** qui ne peut pas se mettre au degré I ou II et exprime un jugement de l'énonciateur *(er kommt sicher/bestimmt).* Le modalisateur, semble-t-il, ne peut fonctionner comme ADJ de nom, tout en restant modalisateur, que s'il constitue avec le substantif-base une nominalisation de GV :

der vermutliche/angebliche Vater → *derjenige, den man vermutlich/angeblich Vater nennt* ou *derjenige, den man als Vater vermutet/angibt.*
der wahrscheinliche/tatsächliche Anruf meines Freundes → *mein Freund hat wahrscheinlich/tatsächlich angerufen.*

② Adjectifs pouvant avoir toutes les fonctions, sauf celle de modalisateur d'énoncé, par exemple :

ADJ de nom	*ein angenehmer Stil ; ein leichtes Spiel*
ADJ-attribut	*angenehm sein ; leicht sein*
ADJ-adverbe	*angenehm überraschen ; leicht verstehen*
ADJ d'adjectif	*angenehm warm, leicht verständlich*

③ Adjectifs fonctionnant comme adjectif de nom et adjectif-attribut :

ADJ de nom	*die weiße Wand ; die anwesenden Menschen*
ADJ-attribut	*weiß sein, weiß waschen* (attribut de l'objet), *anwesend sein*

Sauf mots composés ou lexies, par exemple, *schwarzfahren* : voyager sans payer (= ADJ-adverbe), *weißblau* (ADJ d'adjectif), *sich grün und gelb ärgern (= sich heftig ärgern* : ADJ-adverbe).

④ Adjectifs fonctionnant comme adjectif de nom et adjectif-adverbe :

ADJ de nom *eine polizeiliche Maßnahme ; eine chemische Reinigung*

ADJ-adverbe, qui peut devenir ADJ d'adjectif avec un participe : *polizeilich verbieten ; chemisch reinigen ; polizeilich verboten ; chemisch gereinigt ;*

Ces adjectifs sont pour l'essentiel dérivés d'autres bases ou complexes de sens : il s'agit en fait d' « adjectivations », d'où leur nom de *Bezugsadjektive.* On peut distinguer plusieurs sous-types :

1. *Die ärztliche Praxis* ← *die Praxis der Ärzte*
   ärztlich empfehlen ← *von einem Arzt/den Ärzten empfehlen*

cf. *der gerichtliche Urteilsspruch* et *gerichtlich mitteilen*
die betrieblichen Angelegenheiten et *betrieblich behandeln*

2. *Die städtischen Behörden* ← *die Behörden der Stadt ;* mais non : **städtisch angestellt,* alors qu'on a *der städtische (= von der Stadt) Angestellte.*
3. *Die nervösen Störungen* ← *die Störungen der Nerven* (*nervös* ne peut se mettre au degré I et II).
   et *sich nervös benehmen* = qualitatif, possibilité du degré ; cf. : *der väterliche Beruf* et *väterlich behandeln.*
4. *Die schulischen Leistungen* ← *die Leistungen in der Schule ; das rechtswissenschaftliche Institut* ← *das Institut für Rechtswissenschaft.*
5. *Das freudige Ereignis* ← *sich freudig/mit Freude ereignen* (nominalisation de complexe verbal, cf. aussi : *eine absichtliche Täuschung, eine briefliche Mitteilung*).
6. *Ein starker Raucher* ← *stark rauchen,* mais non : **Der Raucher ist stark !* de même : *ein feiner Beobachter* ← *fein beobachten,* mais non : **Der Beobachter ist fein !*
7. Type exceptionnel (v. § 566) : *die deutsche Sprachwissenschaft* ← *die Wissenschaft der deutschen Sprache ; das bürgerliche Gesetzbuch* ← *das Buch der bürgerlichen Gesetze.*

⑤ Adjectifs fonctionnant uniquement comme ADJ de nom. Il s'agit de dérivés marquant :

— l'origine ou l'appartenance :
ein französischer Käse, ein deutscher Wagen,
*Der Frankfurt**er** Flughafen, die sechzig**er** Jahre,*
die Schillerschen Balladen, der Atlantische Ozean,
eine goldene Uhr, eine seidene Bluse, der eiserne Vorhang.

— une situation dans l'espace, le temps ou autre :
die heutige Jugend, die hiesige Zeitung,
die damalige Zeit, eine sofortige Untersuchung, eine einmalige Wiederholung,
die rechte Seite, ein besonderes Angebot.

— le rang dans l'ordre des numéraux ordinaux :
das sechzehnte Jahrhundert, der zweiundzwanzigste Kongreß.

— la situation relative dans l'espace orienté :
die oberen Stockwerke, die äußeren Verhältnisse,
die mittleren Stände, die innersten Gefühle...

sauf emplois métaphoriques : *Das ist typisch französisch. Sein Wille ist eisern. Dieser Clown ist einmalig.*

578 Sont à considérer comme à la limite de la classe des adjectifs les unités toujours invariables qui ne fonctionnent que comme **attribut,** par exemple : *egal, entzwei, fit* (fam. : en forme)... et les « substantifs » *angst, feind* (litt.) *freund* (litt.), *leid, pleite, schade, schuld, tabu,* etc. dans des tournures plus ou moins figées : *es tut mir leid, ich bin/gehe pleite, sie ist mir feind, mir ist angst* (v. § 604).

De même, de nombreux couples : *fix und fertig, gang und gäbe* (courant), *klipp und klar, null und nichtig, recht und billig...* ; des adjectifs formant des lexies, notamment avec *sein, werden, machen : etw/jn ausfindig machen* (trouver, dénicher), *etw. vorrätig haben, einer Sache teilhaftig werden...* (on peut leur assimiler l'emploi particulier de certains adjectifs dans les locutions dites résultatives : *sich satt essen, sich krank/kaputt/tot/schief lachen, sich bereit erklären, für tüchtig gelten...* mais ces adjectifs peuvent aussi assurer une autre fonction que celle d'attribut) ; des particules verbales : *Die Tür ist auf/zu. Er ist fort/weg. Die Zeit ist um. Es ist aus/vorüber.*

579 Conformément à la définition formelle donnée au § 121, on ne considérera plus comme adjectifs, mais comme **lexèmes sans marque de catégories (LSC)** (cf. § 122) les unités qui ne fonctionnent que comme détermination adverbiale (par exemple : *bald, einst, morgens, gern, wohl, oben...*) bien que certaines d'entre elles soient munies d'une marque figée (par exemple : *-s* dans *abends, flugs, rücklings*) ou susceptibles d'être mises au degré I et/ou II (par exemple : *gern, lieber, am liebsten ; oft, öfter(s)*). De même, on classera parmi les LSC les éléments qui ne fonctionnent que comme modalisateurs, par exemple *möglicherweise...*, appréciatifs, par exemple : *glücklicherweise...*, particules d'illocution, par exemple : *ja, doch, eben...* (v. chap. 30), ou éventuellement comme contactifs, par exemple *Hallo, gelt...* et commentatifs (v. chap. 31).

23.2. La formation des adjectifs

§ 580 Outre les adjectifs simples (réduits à un radical, comme : *blau, groß, schwer*), il existe de nombreux lexèmes adjectivaux complexes **dérivés** (radical + suffixe et/ou préfixe) et **composés** (à partir de deux ou plusieurs lexèmes).

23.2.1. LES ADJECTIFS DERIVES.

L'adjonction d'un suffixe ne déplace pas l'accent lexical dans les termes allemands : *'glücklich, 'sprunghaft.* Dans les éléments d'emprunt, c'est le suffixe qui est accentué, sauf quand il est composé d'un [ə], par exemple *akzep'tabel* (v. §§ 32, 33 ③ et 588).

§ 581 **a) Suffixes.**

-ig entraîne généralement l'inflexion et sert à former des adjectifs sur des :

— bases **verbales :** *'abhängig, 'aufsässig, findig, gläubig, tätig, wendig...*
  ▶ sans inflexion : *stutzig, zappelig...*

— bases **nominales** : *bissig, dreckig, eisig, freudig, mächtig, ölig...*
  ▶ sans inflexion : *durstig, farbig, faserig, ge'waltig, glasig, hastig, hungrig, monatig, ruhig, schmutzig, staubig, wollig...* ;

— **lexèmes sans marques de catégories** (sans inflexion) : *baldig, bis'herig, 'damalig, dortig, heutig, hiesig, 'jenseitig, nichtig...*

Ce suffixe s'oppose quelquefois à *-en/-ern* :

seiden = en soie ↔ ***seidig*** = qui a l'apparence de la soie (soyeux) ; de même : *golden* ↔ *goldig* (doré/adorable), *gläsern* ↔ *glasig* (vitreux), *samten* ↔ *samtig* (doux), *silbern* ↔ *silbrig* (argenté/brillant) *steinern* ↔ *steinig* (pierreux), *wollen* ↔ *wollig* (laineux, doux), mais *eisern* = de fer *(Eisen), eisig* = glacial *(Eis).*

Avec les adjectifs temporels, *-ig* s'oppose à *-lich* :

-lich = itération (« tous les... »)	***-ig*** = durée (« d'une durée de, vieux de »)
'jährlich (tous les ans)	*'einjährig, 'zweijährig...*
'täglich (tous les jours)	*'eintägig, 'zweitägig...*
'monatlich, 'wöchentlich	*'zweimonatig, 'zweiwöchig...*
'zeitlich (qui a trait au temps)	*'zeitig* (qui se produit à temps), *'rechtzeitig...*

§ 582 ***-lich*** entraîne généralement l'inflexion et sert à former des adjectifs sur des :

— bases **verbales :** *'angeblich, er'hältlich, er'träglich, möglich, nützlich, schädlich, ver'ständlich...*
  ▶ avec joncture : *'lächerlich, 'leserlich, 'fürchterlich, er'kenntlich...*

— bases **nominales** : *ärztlich, ge'fährlich, gründlich, herzlich, höflich, 'jugendlich, 'königlich, männlich, 'mütterlich, na'türlich, per'sönlich, tat'sächlich, tödlich, 'väterlich*

▶ sans inflexion : *amtlich, folglich, gastlich, ge'danklich, ge'sell**schaft**lich, land**schaft**lich, sportlich, sprachlich*

▶ avec joncture : *wöche**nt**lich*

▶ sans inflexion : *'namentlich...*

— bases **adjectivales** : *bläulich, fröhlich, gelblich, kränklich, rötlich, schwächlich...* (qualité affaiblie).

▶ sans inflexion : *be'kanntlich, 'wahrlich*

▶ avec joncture : *'eige**nt**lich*

Le suffixe *-lich* entre parfois en opposition avec *-isch*, qui apporte alors une nuance péjorative ou un tout autre sens :

göttlich (divin)	↔	*'abgöttisch* (idolâtre)
herrlich (magnifique)	↔	*herrisch* (autoritaire, impérieux)
höflich (poli)	↔	*höfisch* (courtois au sens propre)
kindlich (enfantin)	↔	*kindisch* (puéril, infantile)
parteilich (qui a trait à un parti)	↔	*par'teiisch* (partial)
weiblich (féminin)	↔	*weibisch* (efféminé)

583 ***-isch*** entraîne généralement l'inflexion et sert à former des adjectifs sur des :

— bases **verbales** (rare) : *mürrisch, 'regnerisch, 'wählerisch...*

— bases **nominales** : *diebisch, er'finderisch, 'kriegerisch, neidisch, tierisch, ver'brecherisch...* y compris des noms propres : *ber'linisch, 'hamburgisch, euro'päisch, fran'zösisch, goethisch ↔ goethesch...*

▶ sans inflexion : *'badisch, afri'kanisch, a'siatisch, 'gothisch, 'polnisch, 'slavisch, 'kantisch* (kantien)...

— bases **adjectivales** (rare) : *'linkisch* (gauche, maladroit).

Ce suffixe sert également à former des adjectifs sur des mots d'emprunt (sans inflexion) : *ana'tomisch, ger'manisch, 'magisch, 'physisch, physi'kalisch, 'rassisch* (racial, opposé à *'rassig*, racé)... et sur des noms en *'-ist : germanistisch, sozialistisch...*

584 ***-e*** est un suffixe que l'on trouve souvent pour certains adjectifs monosyllabiques en fonction d'attribut ou d'ADJ-adverbe : *bange, böse, feige, lange* (ADJ-adverbe de temps) ↔ *lang* (ADJ-attribut : dimension spatiale), *lose, nütze, öde, prüde, rege, spröde, träge, weise.*

-en/-ern sert à former des adjectifs sur des **noms de matière,** certains avec inflexion, d'autres sans : *bleiern, eisern, gl**ä**sern, golden, h**ö**lzern, kupfern, ledern, samten, seiden, silbern, steinern, t**ö**nern* (argileux), *wollen...*

-er sert à former des adjectifs de nom **invariables** sur des noms propres et des nombres cardinaux : *die Frankfurt**er** Würste, das Dortmund**er** Bier, die New-York**er** U-Bahn... die sechzig**er** Jahre, der siebzig**er** Krieg, ein 82-**er** Wein...*

§ 585 ***-bar*** sert à former des adjectifs sans inflexion sur des :

— bases **nominales** (sens de « qui porte ou engendre » : *-bar* est historiquement cousin du *-fère* français) : *dankbar, fruchtbar, furchtbar, 'wunderbar...* ;

— bases **verbales** (sens de « possible à », analogue au français *able/ -ible) : 'abnehmbar, (un)dankbar* (mais : *unglaublich*), *eßbar, lesbar* (facile à lire ≠ *'leserlich* lisible), *(un)lösbar* (soluble, possible à résoudre, mais *ein löslicher Kaffee !*), *machbar, re'gierbar, tragbar...* ; *'sonderbar* (mais : *sonderlich* ne s'applique qu'à des personnes).

§ 586 ***-haft*** Du latin *captus,* ce suffixe a le sens de « qui recèle » et sert à former des adjectifs sans inflexion sur des :

— bases **nominales** : *'dauerhaft, 'fehlerhaft, ge'wissenhaft, herzhaft* (« qui y met tout son cœur », par exemple *herzhaft lachen* ≠ *herzlich,* sincère, cordial), *scherzhaft, schmerzhaft...* ;

— bases **verbales** : *lachhaft, lebhaft, zaghaft* (timoré, de *zagen*)... ;

— bases **adjectivales** : *boshaft, krankhaft* (maladif, par exemple *eine krankhafte Unpünktlichkeit* ≠ *kränklich* : souffreteux), *wahrhaft...*

Ce suffixe est prolongé parfois en *-haftig : leibhaftig* (en chair et en os), *wahrhaftig...*

§ 587 ***sam*** Historiquement cousin de l'anglais *same,* ce suffixe exprime à l'origine une similitude et sert à former des adjectifs sans inflexion sur des :

— bases **nominales** : *furchtsam* (craintif ≠ *furchtbar* terrible), *mühsam...* ;

— bases **verbales** : *emp'findsam* (sensible — ne s'applique qu'à des personnes, contrairement à *emp'findlich*), *genügsam, grausam (≠ grausig*), *sparsam* (économe ≠ *spärlich* : en faible quantité), *wachsam, wirksam...* ;

— bases **adjectivales** : *langsam, seltsam...* ;

— autres bases : *einsam* (seul, solitaire ≠ *einig,* uni)...

§ 588 Les suffixes étrangers sont très productifs dans l'allemand actuel, qu'il s'agisse de dérivés empruntés ou originaux. Exemples :

-'abel	*akzep'tabel*	***-'ent***	*intelli'gent*
-(i)'al	*ge'nial, natio'nal*	***-'esk***	*gro'tesk*
-'an	*spon'tan, momen'tan*	***-'ett***	*a'drett*
-'ant	*impo'sant, ele'gant*	***-'id***	*mor'bid*
-'än	*mon'dän, souve'rän*	***-'il***	*se'nil*
-'är	*ordi'när*	***-'iv***	*konserva'tiv*
-'at	*adä'quat*	***-'os***	*rigo'ros*
-'ibel	*plau'sibel*	***-'ös***	*reli'giös, se'riös*

§ 589 Certains des suffixes mentionnés permettent également de former des dérivés adjectivaux sur des amalgames syntaxiques. L'accent d'unité lexicale correspond à l'accent de groupe, sauf lorsque l'adjectif est issu d'un GN :

— ADJ de verbe + verbe : °*schwer hören* → *'schwerhör-ig.*

— G PREP + verbe : *in die °Augen fallen* → *augenfällig* ; cf. encore *'zielstrebig.*
— G PREP : *unter der °Erde* → *unter'irdisch* ; de même *zu'frieden.*
— GN : *(eine) kurze °Frist* → *'kurzfristig* ; de même *'breitrandig 'freiwillig, 'langatmig, 'kurzärmelig, 'leichtfüßig* ; *'diesjährig, 'einmalig, 'vierkantig, 'alltäglich...*

Cf. aussi les groupes participiaux adjectivés : *'aufsehenerregend* (objet + verbe), *'postlagernd, mi'lieubedingt* (ancien G PREP + verbe), *'vollbesetzt, naheliegend, gleichberechtigt* (LSC + verbe)...

§ 590 **b) « Suffixoïdes ».**

Un certain nombre d'éléments adjectivaux (simples comme *frei, leer* ou dérivés comme *-artig, -widrig*) se comportent comme des suffixes :

-arm	« pauvre en » ; s'oppose à *-los* et à *-reich* : *fischarm (fischlos, -reich), indus'triearm (-los, -reich), planta'siearm (-los, -reich), ver'kehrsarm (-reich)...*
-artig	« qui a les caractéristiques de » : *algenartig, ruckartig, schlagartig, stichwortartig... ;* formations spécifiques : *einzigartig, derartig* (tel), *großartig* (grandiose) ; (dérivés de GN : *einer einzigen Art, der Art, einer großen Art*).
-eigen	« propre à, appartenant à » : *betriebseigen, körpereigen, volkseigen...*
-fähig/-unfähig	« (in)capable de » : *be'geisterungs (un) fähig, lebens (un) fähig...*
-farben/-farbig	« qui a la couleur de » : *lachsfarben, o'rangefarben/-farbig, vielfarbig* (dérivé de *viel- Farb-*)
-förmig	« qui a la forme de » : *'kreisförmig, 'kugelförmig, 'trichterförmig...* (dérivés de base complexe : *Kreisform* → *kreisförmig*)
-frei	exprime comme *-los* la privation : *a'tomwaffenfrei, fieberfrei, keimfrei, koffe'infrei* (↔ *koffeinarm, koffeinhaltig*) *'vorurteilsfrei* (↔ *-voll*)... ou s'oppose à *-pflichtig* pour exprimer la dispense : *gebührenfrei, meldefrei, steuerfrei, zollfrei...* ↔ *gebührenpflichtig, meldepflichtig, steuerpflichtig, zollpflichtig...*
gemäß	exprime une conformité et s'oppose à *-widrig : sinngemäß* (↔ *-widrig*), *traditionsgemäß* (↔ *-widrig*)...
-haltig	« qui contient » : *eisenhaltig* (↔ *-arm*), *vita'minhaltig* (↔ *arm*)... ; *reichhaltig = « mit reichem Gehalt »*
-leer	« vide de », s'oppose à *-voll* ou *-reich : ausdrucksleer* (↔ *-voll*), *ge'dankenleer* (↔ *-reich*), *luftleer, menschenleer...*
-los	s'oppose à *-voll* pour exprimer l'absence : *gedankenlos* (insouciant), *hoffnungslos* (↔ *-voll*), *hu'morlos* (↔ *-voll*), *lieblos* (↔ *-liebevoll*), *wirkungslos* (↔ *-voll*)...
-mäßig	a le sens de « conformément à, de façon... » : *ge'wohnheitsmäßig, gleichmäßig, rechtmäßig* (conforme au droit ↔ *rechtswidrig*) ou de « relativement à, sur le plan de » : *berufsmäßig, schulmäßig...*
-pflichtig	v. *-frei*
-recht/-richtig :	*'regelrecht* (véritable), *'folgerichtig* (de façon conséquente)

-reich « riche en » s'oppose à *-arm* et à *-los* : *'einflußreich* (↔ *-arm, -los*), *er'folgreich* (↔ *-los*), *farbenreich* (↔ *farblos*), *vita'minreich* (↔ *-arm*) ; mais : *zahlreich* et *zahllos* ont pratiquement le même sens !

-selig « qui est animé d'/qui inspire un sentiment... » : *'armselig, 'feindselig, 'glückselig, ver'trauensselig ;* mais *'mühselig* est le dérivé de *'Mühsal*

-voll v. *-los* et *-leer*

-wert (avec infinitif + *s*) et *-würdig* (avec infinitif + *s* ou substantif dérivé d'un verbe) exprime l'idée de « digne de » : *'anerkennenswert* (mais : *'anerkenn**ungs**würdig*), *be'merkenswert, be'wundernswert* (mais *be'wundernswürdig* et *be'wunder**ungs**würdig*), *denkwürdig, ehrwürdig, fragwürdig, glaubwürdig, liebenswürdig, merkwürdig, sehenswert/sehenswürdig, wünschenswert...*

-widrig v. *-gemäß* et *-mäßig.*

§ 591 **c) Préfixes.**

Si l'on fait abstraction des particules séparables et des préfixes inséparables que l'on rencontre dans les participes adjectivés (p. ex. : *ent'schlossen, ver'sorgt, unter'legen, wieder'holt, reprodu'ziert...* v. chap. 12) et les adjectifs dérivés de verbes voire de substantifs eux-mêmes dérivés de verbes (p. ex. : *'vorsorglich, 'mitverantwortlich, ver'ständlich...*), il ne reste que quelques préfixes servant à dériver des adjectifs :

'erz- (rare) renforce le contenu négatif d'un adjectif *(= archi-) : 'erzdumm, 'erzfaul.* ► *'erzbischöflich* est une dérivation de *Erzbischof.*

ge- (non accentué) est un préfixe ancien renforçant un adjectif simple qui a parfois disparu ou, plus rarement, une base nominale : *geheim* (de *Heim*), *geheuer, gemein, gerecht, gering, gesund, getreu...*

'miß- accentué (sauf dans les vrais participes comme *miß'lungen, miß'traut*) exprime une idée négative : *'mißfällig* (déplaisant), *'mißhellig* (désuni; en désaccord), *'mißlaunig, 'mißliebig* (mal considéré), *'mißgewachsen* (déformé)...

un- (accentué le plus souvent) permet de former le négatif d'un adjectif simple exprimant une qualité : *'unangenehm, 'unaufmerksam, 'undenkbar, 'unrecht, 'unfranzösisch* (qualité !), *'unschädlich*, etc. Mais on ne peut pas dire : **unblau, *ungläsern, *untäglich...* Lorsque l'opposition « positif-négatif » peut être rendue par deux lexèmes distincts (p. ex. : *schön-häßlich*), le dérivé en *un-* est parfois possible (cf. *'unschön, 'unhäßlich, 'unweit...*), parfois non (*billig-teuer, groß-klein...).* Il exprime alors un degré intermédiaire, par exemple *dumm- 'unklug - nicht 'unklug - klug.*

1. Certains dérivés en *un-* existent sans opposition avec un lexème simple, cf. : *'ungehobelt* (rustre), *uner'hört* (inouï), *'unaufhörlich* (ininterrompu, sans cesse), *'unweigerlich* (nécessairement), *'unzählig* (innombrable)...
2. L'existence d'un adjectif en *-los* peut empêcher un dérivé en *un-* (cf. *gewaltig* ↔ *gewaltlos*), mais pas toujours, cf. : *'ungefährlich* et *ge'fahrlos, 'unzählig* et *zahllos, 'unglücklich* et *glücklos.*
3. Il arrive que l'opposition de sens entre l'adjectif simple et le dérivé en *un-* ne corresponde pas dans l'allemand actuel à l'opposition positif-

négatif, cf. *heimlich* secrètement ↔ *'unheimlich* inquiétant (ou graduatif : *unheimlich °nett*) ; *ge'mein* méchant ↔ *'ungemein* spécialement/particulièrement (graduatif) ; mais *ge'mein* commun ↔ *'ungemein* peu commun.

ur- (accentué le plus souvent) exprime l'origine, l'état primitif, par exemple : *'urchristlich,* ou renforce le sens de l'adjectif simple : *'uralt, urge'mütlich, ur'komisch, ur'plötzlich.*

► *'ursprünglich, 'ursächlich* sont des dérivés *(Ursprung, Ursache).*

§ 592 **d) « Préfixoïdes ».**

grund- « fondamentalement, totalement » : *'grundehrlich, 'grundfalsch, 'grundverschieden...*
hoch- « très » : *'hochintelligent, 'hochindustrialisiert, 'hochmodern...*
über- « trop » : *'übereifrig, 'übergroß...*
unter- « trop peu » : *'unterernährt, unter'schätzt...*

et avec des bases participiales :

wohl- « bien » ↔ ***übel-*** « mal » : *'wohlriechend/'übelriechend.*
Mais de nombreux dérivés avec *wohl-* existent sans l'opposition avec un dérivé en *übel- : 'wohlbekannt, 'wohlhabend, 'wohlwollend...*

§ 593 **e) Préfixes d'emprunt.**

Citons simplement : ***a-*** *: apo'litisch, aso'zial ;* ***anti-*** *: antifa'schistisch ;* ***ex-*** *: exterrito'rial ;* ***extra-*** *: extra'flach ;* ***hyper-*** *: hypermo'dern ;* ***in-*** *(il-, im-, ir-) : inadä'quat, ille'gal, immo'ralisch, irrele'vant ;* ***meta-, mono-, poly-, pro-*** *: proa'rabisch ;* ***super-, supra-,*** etc.

3.2.2. LES ADJECTIFS COMPOSES.

594 Il convient de distinguer les vrais composés, qui sont une association de deux lexèmes, et les adjectifs superficiellement composés, c'est-à-dire en fait dérivés d'un amalgame syntaxique ou d'un lexème déjà dérivé ou composé, par exemple : *'ursprünglich* ← *'Ursprung + '' + lich ; schwerhörig* ← *°schwer hör + ig ; 'diesjährig* ← *+dies(es) Jahr + '' + ig ; kreisförmig* ← *'Kreisform + '' + ig ; rechtslastig* ← *rechts + last + ig* (v. § 589).

Comme les lexèmes nominaux composés (v. § 498 sv.), les lexèmes adjectivaux composés peuvent être envisagés selon plusieurs points de vue :

▷ point de vue formel : nature du premier terme et problème de la joncture ;

▷ point de vue de la structure : composés hypotaxiques et parataxiques.

595 **a) Nature du premier terme.**

Le premier terme peut être :

▷ une base nominale : *siegessicher, wasserscheu, abgrundtief... ;*

▷ une base verbale (infinitif ou radical lexical) : *lebensmüde, treffsicher... ;*

▷ une base adjectivale : *altklug, dunkelgrün, hochdeutsch, neureich... ;*

▷ une autre base (lexèmes sans catégories, substitut, etc.) : *'vorlaut, 'ichbezogen, 'selbstsicher...*

§ 596 **b) La joncture.**

Nombreux sont les composés adjectivaux sans joncture, par exemple : *federleicht, feuerfest, steinhart, trinkfest, wortkarg...* Mais on rencontre fréquemment les jonctures suivantes :

-e- notamment lorsque le radical de la base verbale ou nominale se termine par *b, d, g, s : gebefreudig, redegewandt, redelustig, hundemüde, folgerichtig, waagerecht* (à côté de *waagrecht*), *lesekundig, mausetot, reiselustig...* Mais ce n'est pas une règle, cf. : *schreibfaul, windstill, fangsicher.* Le *-e-* est une marque de pluriel dans : *jahre-, monate-, nächte-, tagelang.*

-en- est une marque de pluriel ou de génitif pas toujours justifiée : *bärenstark, bombensicher, folgenschwer, lungenkrank, 'mutterseelenallein, riesengroß, stundenlang, wochenlang...*

-ens- est une marque de génitif, notamment sur un infinitif : *lebensmüde, sterbenskrank, herzensgut...*

-er est une marque de pluriel : *kinderleicht, kinderlieb...*

-(e)s est une marque de génitif pas toujours justifiée : *hilfsbereit,* (mais *hilflos, hilfreich*), *geisteskrank, kriegsmüde, mannsdick, siegessicher...*
Cette joncture est automatique après ***-heit, -keit, -schaft, -ung, -ion :*** *wahrheitsgetreu, wirklichkeitsbedingt, wirtschaftspolitisch, verantwortungsbewußt, funktionsverschieden...*

§ 597 **c) Les composés adjectivaux à structure déterminative (hypotaxique).**

Comme dans les composés nominaux (v. § 567), le déterminant est accentué et précède le déterminé :

'kinderlieb → structure : *KIND(ER)* *LIEB*

Du point de vue syntaxique, le rapport entre le déterminant et le déterminé reflète souvent un rapport de valence, cf. :

'lebensmüde	←	*« des Lebens müde »*	(GN ou GEN)
'stundenlang	←	*mehrere Stunden lang*	(GN à l'ACC)
'pflegeleicht	←	*leicht zu pflegen*	(G INF)

Du point de vue du désigné, ce rapport peut être entre autres :

▷ un rapport sélectif : *'dunkelgrün* est par exemple une variété de vert ;

▷ un rapport de cause ou de but : *'freudestrahlend, 'geisteskrank, 'schamrot, 'treffsicher, 'pflegeleicht, 'diebstahlsicher... ;*

▷ un rapport de mesure : *'meterhoch, 'stundenlang, 'meilenweit... ;*

▷ un rapport de comparaison : *'eiskalt, 'federleicht, 'steinhart, fabrikneu...*

Il arrive très fréquemment que la comparaison exprime par métaphore une simple graduation (cf. en français : « très bête » → bête à manger du foin, en allemand *strohdumm*) :

abgrundtief	*mucksmäuschenstill*	*stinkbeleidigt*
bildhübsch	*mutterseelenallein*	*stinkreich*
blitzschnell	*pech(raben)schwarz*	*stockfinster*
bombensicher	*pudelwohl*	*stocksauer*
fuchsteufelswild	*quicklebendig*	*strohdumm*
(funkel)nagelneu	*riesengroß*	*todsicher*

goldrichtig *saukalt* *wildfremd*
heilfroh *splitternackt* *wunderschön*
hundemüde

On notera la fréquence des allitérations : *blitzblank, nagelneu, hundemüde, wildfremd, pudelwohl...*

Quelques rares déterminants sont susceptibles d'apparaître aux degrés I ou II : *hochinteressant/höchstinteressant, wohlmöglich/bestmöglich... weitgehend/weitestgehend,* mais ils sont souvent graphiquement séparés (v. § 65).

§ **598** **d) Les composés adjectivaux coordonnés (à structure parataxique).**

Les composés parataxiques sont relativement peu nombreux. L'accent tombe le plus souvent sur le deuxième terme :

bitter'süß (= bitter und süß), deutsch-fran°zösisch, hell'dunkel, naß'kalt, rotweiß-°blau, schwarzrot'golden, serbokro'atisch, süß'sauer, blau'grau opposé à *'blaugrau* (variété de gris), *'taubstumm...*
nord'östlich, süd'westlich sont des dérivés des composés parataxiques *Nord'osten, Süd'westen* (v. § 574).

23.3. Structure du G ADJ

§ **599** Comme tout groupe syntaxique, le G ADJ est constitué nécessairement d'une **base** et éventuellement de **membres.** Le caractère nécessaire ou facultatif des membres ainsi que leur nature dépend du programme valenciel de la base adjectivale (v. §§ 600 sv.).

Sur le plan du **signifié,** la structure du G ADJ peut être représentée de la même façon que pour les autres groupes, par exemple :

(1) *Er schien* ***über den Ausgang des Spiels erstaunt.***
G ADJ en fonction d'attribut dans le GV d'accueil ; base = *erstaunt,* membre = G PREP ;

(2) *Er schien* ***darüber erstaunt, daß seine Mannschaft das Spiel gewonnen hatte.***
G ADJ en fonction d'attribut dans le GV d'accueil ; base = *erstaunt,* membre = G PREP ;

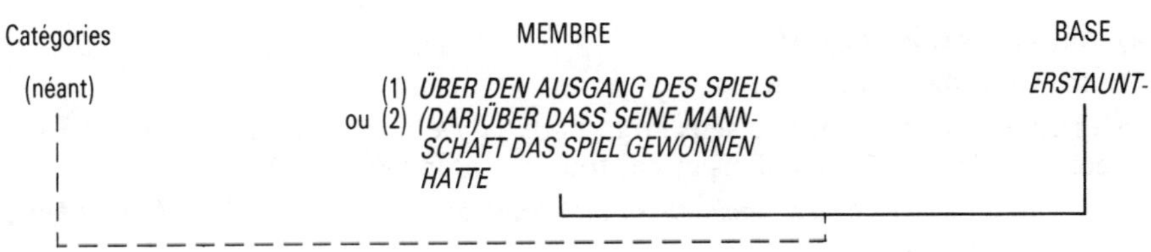

En **chaîne,** lors de la réalisation du G ADJ en fonction d'attribut, certains membres doivent être détachés à droite de la base : les G INF, G CONJ et les membres stylistiquement lourds, par exemple : *Der Trainer war stolz auf seine spielerisch wie kämpferisch hervorragende Mannschaft.* Cf. aussi (2) ci-dessus.

23.4. Valences et rection de l'adjectif

§ 600 Comme les bases verbales (chap. 13), les bases adjectivales ont un **programme valenciel** qui détermine :

▷ le caractère nécessaire ou facultatif du ou des membres ;

▷ la nature du ou des membres (GN, G PREP, G CONJ, G INF...).

Les choses peuvent cependant se compliquer pour deux raisons :

1. On évite dans la langue standard un ADJ avec ses expansions GN ou G PREP en fonction d'épithète (les expansions dans ce cas précèdent l'adjectif). Par exemple : *ein **in der Wirtschaft unübliches** Verfahren.* Mais le même groupe passe très bien lorsqu'il est en fonction d'attribut : *Dieses Verfahren ist **in der Wirtschaft unüblich.***
2. En changeant de fonction, tel adjectif peut changer de désigné et par là-même de programme valenciel. Ainsi, l'adjectif *bewußt* peut fonctionner seul dans :

   Er hat die Polizei bewußt getäuscht (= absichtlich) →
   eine bewußte Täuschung der Polizei

   mais exige une expansion dans :

   *Er war sich **seines Fehlers/dessen** bewußt.*

Les éventuels graduatifs *(eine **sehr** hübsche Frau)* ou modalisateurs *(eine **möglicherweise** folgenschwere Entscheidung)* ne dépendent pas du programme valenciel, bien que la graduation soit étroitement liée au désigné de l'adjectif (on peut dire *sehr schön* mais pas : **sehr steinern*). Ce sont des « indications libres » du point de vue syntaxique ; leur fonction est en général d'être des modulateurs communicatifs (v. chap. 30). En chaîne, si l'on excepte des unités comme *genug* par exemple, ils précèdent en général immédiatement l'adjectif : *herrlich/ganz/paradiesisch/schön/sehr/allzu/äußerst warm.* Ex. :

Er war sehr stolz auf seine Leistung ; ou : *er war auf seine Leistung sehr stolz.*
Er war sehr froh darüber, das erledigt zu haben ; ou : *er war darüber sehr froh, daß man ihn besucht hatte.*

On se bornera ici au problème de la nature de l'expansion et plus particulièrement à celui de la **rection** de l'adjectif.

23.4.1. LA RECTION CASUELLE DES ADJECTIFS.

§ 601 **a) Adjectifs régissant l'ACC.**

On trouvera dans cette catégorie :

▷ les adjectifs de mesure au sens large : *breit, dick, groß, hoch, lang, schwer, weit,* etc. Le GN à l'ACC est dans ce cas toujours préposé à l'ADJ :

ein (ou *einen*) *Meter **hoch**, einen Fuß **breit**, eine Meile **weit**, einen Monat **lang**, ein Jahr **alt***
*Er war eine Sekunde **schneller***
*Das Haus liegt 500 Meter vom Meer **entfernt***
*Dieser Ring ist nicht einen Pfennig **wert***

► MAIS : *es ist nicht **der** Mühe/**der** Rede **wert*** = GEN (cf. *sehenswert*).

▷ certains adjectifs membres de lexies verbales :

gewahr *werden* (litt.) : [s']apercevoir [de] qqch/qqn.
gewohnt *sein :* être habitué à ; également *an* + ACC *gewöhnt* (PART II).
los *sein, **los** werden :* être débarrassé, se débarrasser.
müde/satt/überdrüssig *sein :* être las, en avoir assez.
*jm etw. **schuldig** sein :* devoir qqch à qqn, par exemple : *Was bin ich Ihnen schuldig ? Sie sind mir eine Erklärung schuldig.*

▶ mais : **GEN** au sens de « coupable », par exemple : *eines Vergehens schuldig sein* (cf. aussi *anklagen, beschuldigen, verdächtigen* + GEN, § 649).

Dans *Ich bin es müde/satt, ich bin es gewohnt,* le pronom ***es*** est un ancien GEN qui a été interprété comme un ACC (cf. : *lebensmüde*). Avec ces adjectifs, ainsi qu'avec *gewahr,* le GEN est certes encore possible, mais très littéraire.

602 **b) Adjectifs régissant le GEN.**

Outre ceux cités sous **a),** on notera :

▷ quelques adjectifs courants :

gewiß *sein, **sicher** sein, **bewußt** sein*
▶ attention : *Er war des Sieges gewiß.*
*Ich war **[mir]** des Sieges sicher.*
*Ich war **mir** der Gefahr bewußt.*
fähig (également ***zu*** + DAT)
schuldig (v. ci-dessus § 601)
verdächtig : suspect.
würdig : digne de.

▷ quelques adjectifs littéraires ou appartenant à une langue spécialisée (juridique notamment), dont beaucoup font partie de lexies verbales :

ansichtig werden : (s')apercevoir.
bar (par exemple : *aller Hoffnung bar*)
bedürftig : qui a besoin de.
eingedenk sein/bleiben : se souvenant de/gardant le souvenir de.
habhaft werden (jur.) : s'emparer de.
ledig : délivré, débarrassé de.
(un)kundig : instruit (*einer Sprache kundig,* sachant une langue)
einer Sprache mächtig sein : savoir une langue.
teilhaftig werden/sein : avoir part à qqch, pourvoir, profiter de.
eines Rechtes verlustig sein : être déchu de.

▶ ***voll*** + GEN est littéraire. Dans la langue standard, on emploie :
— la forme figée ***voller*** + GN sans article : *voller Haß, voller Angst...*
— ***voll von*** + DAT : *voll von alten Kleidern.*
— ***voll*** + NOM, ACC ou DAT : *voll kaltes/kaltem Wasser.*

Dans la langue parlée, on trouve fréquemment *voll mit : voll mit kaltem Wasser.*

§ 603 **c) Adjectifs régissant le DAT :**

Ce sont les plus nombreux :

ähnlich	*entbehrlich*	*lieb*	*verbunden*
analog	*erwünscht*	*möglich*	*verdächtig*[4]
angeboren	*gefährlich*	*nachteilig*	*verhaßt*
angenehm	*gefällig*	*neu*	*verständlich*
begreiflich	*geläufig*	*nötig*	*verwandt*
behilflich[1]	*gemäß*	*nützlich*	*wichtig*
bekannt	*gemeinsam*	*peinlich*	*widerlich*
bekömmlich	*geneigt*	*schädlich*	*willkommen*
bequem	*gewachsen*	*schwer*	*wohlgesinnt*
bewußt[2]	*gleichgültig*	*teuer*	*zugeneigt*
beschwerlich	*günstig*	*treu*	*zugetan*
dankbar[3]	*heilig*	*über'legen*	*zuträglich*
dienlich	*hinderlich*	*unter'legen*	*zu'vorkommend*
eigen	*lästig*	*unter'tan*	

1. Divalent : *Er war* ***mir bei*** *dem Umzug behilflich.*
2. Divalent : *Ich war* ***mir dessen*** *bewußt* (v. § 602).
3. Divalent : *Ich bin* ***Ihnen für*** *Ihr Verständnis sehr dankbar.*
4. Divalent : *Er ist* ***mir*** *verdächtig. Er ist* ***des Mordes*** *verdächtig* (v. § 602)

Parmi ces adjectifs, nombreux sont ceux qui admettent également *für* + ACC. Le DAT est utilisé couramment lorsque l'adjectif est attribut, tandis que *für* + ACC semble plus fréquent devant l'épithète :

Die Situation war ***mir*** *unangenehm/peinlich/zu gefährlich.*
Der Wagen ist ***mir*** *zu teuer.*
Die Arbeit ist ***mir*** *schwer genug.*
eine ***für mich*** *unangenehme/peinliche/zu gefährliche Situation*
ein ***für mich*** *zu teurer Wagen*

§ 604 Un certain nombre d'adjectifs ne fonctionnent que dans des lexies verbales :

Mir ist (wird) angst/bange/kalt/warm/schlecht/übel/nicht wohl/nicht gut.
Das ist (wird) mir klar. Das wäre mir lieber.
Das ist mir egal/einerlei/gleich/recht.
Er ist mir zuwider (je ne l'aime pas)/ *böse* (il m'en veut).
Es geht mir gut/schlecht/prächtig/prima...
Der Hut steht dir gut/schlecht...
Dieser Gedanke liegt mir fern.

23.4.2. LA RECTION PREPOSITIONNELLE DES ADJECTIFS.

§ 605 Le G PREP commute souvent avec un G INF ou un G CONJ *daß* annoncé par le relais en *da(r)* + préposition :

a) Adjectifs avec *AN*:

▷ ***an*** **+ ACC :** seuls sont concernés les participes, par exemple : *jn/sich/an etw. gewöhnen, jn/etw. an etw. binden → an etw. ACC gewöhnt, an etw. ACC gebunden.*

▷ ***an*** **+ DAT :**

arm/reich an : pauvre/riche en.

ebenbürtig/überlegen/unterlegen an : égal/supérieur/inférieur en ; par exemple : *Er ist mir an Kraft überlegen. Sie waren uns an der Zahl überlegen.*

interessiert an : intéressé à/par ▶ mais *sich **für** etw. interessieren.*
schuld an : coupable, responsable *Er war an dem Unfall schuld.*

krank an malade de qqch (organe) est vieilli ; plutôt que *an der Leber krank* on dit maintenant *leberkrank* (de même : *herzkrank*).

§ 606 **b) Adjectifs avec *AUF* + ACC :**

Auf + DAT n'existe que dans certaines locutions comme *auf einem Auge blind, auf einem Ohr taub.*

angewiesen auf : réduit à, dépendre de.
aufmerksam auf : attentif à.
begierig : avide de (également *nach* + DAT), ***neugierig :*** curieux de savoir.
böse : fâché contre qqn (également *über* + ACC), ***wütend, zornig :*** furieux (également *über* + ACC)
eifersüchtig : jaloux de, ***neidisch :*** envieux de.
erpicht auf : avide de, fanatique de, ***versessen :*** obsédé.
gefaßt auf : qui s'attend à, ***gespannt auf :*** impatient de voir/savoir.
stolz auf : fier de.

§ 607 **c) Adjectifs avec *FÜR* + ACC** (v. également § 603) :

bezeichnend für : significatif de, ***charakteristisch für, typisch für.***
blind für : aveugle à qqch.
dankbar für : reconnaissant de qqch (DAT de la personne !).
empfänglich für : réceptif à qqch.
geeignet für** etw./jn :* apte à, propre à (également ***zu etw. DAT).
verantwortlich für : responsable de, ***zuständig für***

▶ Les adjectifs suivants peuvent s'employer aussi avec ***zu*** + INF substantivé, par exemple : *Der Sport ist **für** den Körper wichtig / **zum** Entspannen wichtig :*
gut, interessant, nötig, notwendig, nützlich, schädlich, schlecht, wichtig.

608 **d) Adjectifs avec *GEGEN* + ACC (« envers/à l'égard de ») :**

empfindlich gegen : sensible à.
***gefeit** gegen :* immunisé contre (au figuré).

▷ D'autres adjectifs admettent également ***gegenüber*** + **DAT** (avec pronom : *mir gegenüber* ; avec GN : *den Leuten gegenüber* ou *gegenüber den Leuten*) :

gefühllos** gegen :* sans cœur, impassible à, ***gleichgültig : indifférent à, ***hart :*** dur envers.
grausam** gegen :* cruel (également ***zu** jm*), ***grob : grossier (également ***zu** jm*).
*'**mißtrauisch** gegen :* méfiant, ***streng :*** sévère (également ***mit** jm*), ***taub :*** sourd à.

▶ Les adjectifs exprimant un sentiment ou comportement positif se construisent plutôt avec ***gegenüber*** + **DAT** :

***freundlich** gegenüber :* aimable.
***nett** gegenüber :* gentil.
***großzügig** gegenüber :* généreux, large.
} également ***mit** jm* et ***zu** jm*
***höflich** gegenüber :* poli, affable (également ***zu** jm*).
***nachsichtig** gegenüber :* indulgent (également ***mit** jm*).
***zu'vorkommend** gegenüber :* prévenant.

§ 609 **e) Adjectifs avec *MIT* + DAT :**

Outre *freundlich, nett, großzügig, nachsichtig, streng* (v. § 608) :

befreundet mit : lié d'amitié avec.
einverstanden *mit :* d'accord avec.
vergleichbar *mit :* comparable à.
verheiratet *mit :* marié à/avec, ***verlobt*** *mit :* fiancé à/avec.
vertraut *mit :* familiarisé avec, connaissant bien qqn/qqch.
verwandt *mit :* apparenté à, de la famille de.
► ***(un)zufrieden mit :*** (mé)content de.

▷ Lexies verbales :

Ich bin ***mit ihm bekannt :*** Nous nous connaissons bien (mais : ***Er ist mir*** *bekannt :* Je le connais).
mit etw./jm ***fertig sein :*** avoir terminé qqch, en avoir fini avec qqch/qqn.
mit etw./jm ***fertig werden :*** réussir à faire qqch, réussir à mater qqn.

§ 610 **f) Adjectifs avec *ÜBER* + ACC :**

Ils expriment tous un contentement / mécontentement ou une émotion à propos de qqch/qqn (mais : *zufrieden mit,* v. ci-dessus § 609) :

ärgerlich über : fâché de, ***aufgebracht :*** furieux, ***beschämt :*** honteux, confus, ***betrübt :*** affligé, ***empört / entrüstet :*** indigné, ***erbittert :*** aigri, ulcéré (également *auf* + ACC), ***erbost :*** fâché, ***traurig :*** triste, ***verstimmt :*** contrarié ;
begeistert über : enthousiasmé par, ***entzückt :*** ravi, ***erfreut :*** enchanté, ***froh :*** content (également *um* + ACC dans le Sud), ***glücklich :*** heureux ;
betroffen über : consterné par, ***ergriffen :*** ému, ***erstaunt / verwundert :*** étonné.

g) Adjectifs avec *VON* + DAT :

(un)abhängig von : (in)dépendant de.
entfernt *von :* éloigné de.
frei *von :* libre de, exempt de.
überzeugt *von :* convaincu de.
verschieden *von :* différent de.
voll von : plein de (v. § 602).

Von s'emploie également avec des adjectifs signifiant « fatigué » ou « malade », par exemple : *Ich bin von dem langen Marsch erschöpft / ermattet / müde / matt / steif...*

§ 611 **h) Adjectifs avec *ZU* + DAT :**

▷ Ils expriment une finalité (cf. *à* dans *bon à qqch, prêt à qqch*) :

bereit zu : prêt à, ***entschlossen*** *zu :* décidé à, ***fähig*** *zu :* capable de (également GEN), ***gut*** *zu :* bon à/pour (également *für* + ACC), ***tauglich*** *zu :* apte à.
geeignet zu : propre à (également *für* + ACC)

▷ ou un sentiment positif/négatif envers une personne : dans ce cas, *zu* entre en concurrence avec *gegen, gegenüber* et souvent *mit* (v. §§ 608 et 609).

612 **i) Autres prépositions :**

▷ ***aus*** + **DAT** exprime l'origine dans ***gebürtig aus :*** natif de.

▷ ***bei*** + **DAT :** ***bei jm beliebt/verhaßt sein ; jm bei etw. behilflich sein :*** aider qqn à.

▷ ***in*** + **DAT** exprime le domaine auquel s'applique le contenu de l'adjectif, par exemple :

> *Er ist seinem Vater **im** Charakter ähnlich.*
> *Der Mann ist **in** Frankfurt beheimatet/wohnhaft/ansässig.*
> *Er ist **in** diesem Fachgebiet bewandert/erfahren/geübt.*

▷ ***nach*** + **DAT** exprime ce sur quoi est orienté un désir : ***begierig / gierig nach :*** avide de (également *auf* + ACC), ***durstig nach :*** assoiffé de, ***hungrig nach :*** affamé de, ***sehnsüchtig nach :*** nostalgique de, ***verrückt nach :*** fou de.

▷ ***um*** + **ACC** exprime ce sur quoi porte un souci, une crainte : ***besorgt um :*** inquiet au sujet de qqch/qqn. De même : *Mir ist angst/bange um dich* (litt.).

▷ ***vor*** + **DAT :** ***sicher vor :*** à l'abri de, par exemple : *Hier sind wir vor neugierigen Blicken sicher.* Avec d'autres adjectifs, *vor* exprime la cause : *Mir ist angst **vor** der Zukunft. Seine Glieder waren starr **vor** Kälte.*

23.5. Particularités concernant le marquage de l'adjectif

613 Dans toute fonction autre que celle d'adjectif de nom, l'adjectif reste invariable, par exemple :

— ADJ attribut	*Sie ist **nett**. Ich finde sie **nett**.*
— ADJ adverbe	*Die Zeit verging **schnell**.*
— ADJ d'adjectif	*Wir waren **völlig** erschöpft.*
— ADJ modalisateur	*Wir sind **tatsächlich** zu Hause geblieben.*

⇨ Seul l'adjectif de nom peut donc a priori recevoir des marques de catégories, participant ainsi au marquage du GN (v. § 533 sv.).

Mais il n'est pas toujours marqué.

3.5.1. L'ADJECTIF DE NOM POSTPOSE A LA BASE NOMINALE.

614 L'adjectif de nom — plus précisément le G ADJ en fonction d'épithète — postposé reste **invariable,** qu'il soit :

▷ simplement rejeté à droite de la base nominale sans coupure (langue poétique ou langue spécialisée) :

> *Hänschen **klein** ging allein...* *Röslein **rot***
> *Schrankwand in Eiche **rustikal** oder Kiefer **natur***
> *Herren-Oberhemden **rotweiß-kariert***

▷ ou détaché en apposition ; le G ADJ, qui ne doit pas être trop court, est alors marqué du point de vue de l'intonation par un « effet de parenthèse » (v. § 25) :

Einem der Ver° brecher, etwa 30 Jahre alt und ziemlich korpu° lent, gelang die •Flucht.
Der Fahrer des weißen Peu° geot, vermutlich stark ° angetrunken, verlor die Kontrolle über sein •Fahrzeug.

⇨ ne pas confondre le G ADJ apposé avec le GN apposé dont la base est élidée (v. § 888) :
*Es wurden im ersten Halbjahr mehr ausländische Fahrzeuge zugelassen, vor allem **deutsche** und **japanische**.*
*Sie hatte ein süßes Kleid an, **ein hellblaues** mit weißen Rüschen.*

23.5.2. L'ADJECTIF DE NOM PREPOSE A LA BASE NOMINALE.

§ 615 a) Particularités morphologiques.

▷ Conformément à une règle de phonétique combinatoire (cf. *lächeln → ich lächle*), le [ə] des adjectifs en ***-el*** disparaît lorsqu'ils sont déclinés :

dunkel → *ein **dunkler** Raum, ein **dunkles** Zimmer*
*eine **dunkle** Ecke, in einem **dunklen** Raum*
▶ mais : ***im Dunkeln*** (en dehors de ce cas, la forme *dunkeln* pour *dunklen* est littéraire).

komfortabel → *ein komforta**bles** Haus, eine komforta**ble** Wohnung.*

▷ Avec les adjectifs en ***-er,*** cette règle n'est pas automatique. Seuls les adjectifs avec voyelle + *-er (sauer, teuer...)* et les adjectifs d'emprunt en *-ber, -ger, -ter (makaber, integer, illuster...)* voient le [ə] tomber :

teuer → *ein **teurer** Wagen, ein **teures** Haus.*
makaber → *ein maka**brer** Witz, maka**bre** Witze.*

Avec les autres adjectifs, la chute du [ə] est paradoxalement fréquente à l'oral, mais littéraire lorsqu'elle est transposée à l'écrit :

[ˈaInbItrəs ˀendə] = oral courant
ein bitteres Ende = écrit standard
ein bittres Ende = écrit littéraire

De même pour certains adjectifs en *-en : ein offenes/offnes Ohr.* Pour **ander-,** on trouve dans la littérature les formes *andre, andrer, andres, andren* ou *andern.* La forme *andern* est encore courante dans *andernfalls* (à côté de *anderenfalls* — cf. aussi *andererseits, anderseits, andrerseits*), dans *die andern* (à côté de *die anderen*), mais pas dans *die anderen Leute*! Devant *-es,* on a la forme figée *jemand/niemand anders* mais *etwas/nichts anderes, ein anderes Problem,* etc.

▶ ***hoch*** change son radical en ***hoh-*** devant une marque : *ein hoher Berg,* sauf devant la marque du degré II (superlatif) : ***der höchste Berg.***

§ 616 b) Succession d'adjectifs.

Le marquage de plusieurs adjectifs successifs peut différer selon que la relation entre les adjectifs est de type :

▷ **parataxique** (juxtaposition avec ou sans virgule, ou coordination) : les adjectifs prennent tous la même marque :

*ein schön**es** (,) alt**es** Haus ; ein schön**es** und alt**es** Haus*
*mit dem arm**en,** alt**en,** krank**en** Mann*
*ein einfach**es,** aber sehr gemütlich**es** Haus*

▷ **hypotaxique :** un premier adjectif détermine la base nominale, l'ensemble étant déterminé à son tour par un second adjectif :

ein neuer deutscher Film = *neu- (deutsch- Film)*

Dans la langue standard, le marquage s'effectue selon le même principe que ci-dessus : les adjectifs prennent la même marque.

Pourtant, on rencontre — notamment au DAT SING MASC/NEU — des types de marquage « fort-faible » (v. § 534 sv.) qui tiennent compte des rapports hypotaxiques, par exemple :

*ein Zimmer mit fließend**em** kalt**en** Wasser*
*bei dunkl**em** bayrisch**en** Bier.*

à côté de :

*ein Zimmer mit fließend**em** kalt**em** Wasser*
*bei dunkl**em** bayrisch**em** Bier.*

Quand un adjectif détermine un autre adjectif (ou participe), il est adjectif d'adjectif et par conséquent **invariable** :

*ein **rein** wirtschaftliches Problem* = *(rein wirtschaftlich-) Problem.*
*ein **unheilbar** kranker Mann.*

L'adjectif d'adjectif demeure invariable lorsque son déterminé se trouve nominalisé (v. § 540) :

*ein **unheilbar** Kranker*   *das **rein** Wirtschaftliche*

Si l'adjectif d'adjectif précède toujours en chaîne l'adjectif de nom, l'ordre des différents adjectifs de nom préposés à la base nominale ne dépend pas que du type de relation (parataxique : en principe ordre indifférent ; hypotaxique : ordre déterminant-déterminé). Il semble qu'il faille aussi tenir compte d'un dynamisme allant du plus « subjectif » au plus « objectif » ou du moins « inhérent » au plus « inhérent ». Comparer : *diese verdammten weißen Mäuse* et *diese weißen, verdammten Mäuse.* Mais : *die gute alte Zeit ; jedes andere steuerliche Problem ; weitere, eingehende chemische Versuche.*

§ 617 **c) Adjectifs préposés invariables.**

Certains adjectifs de nom sont **invariables** :

▷ quelques adjectifs d'emprunt : *ein **lila** Kleid, eine **rosa** Tapete, eine **prima** Idee...* ;

▷ les adjectifs dérivés en *-er* sur des noms géographiques ou des nombres cardinaux : *das **Straßburger** Münster, die **vierziger** Jahre* ;

▷ les adjectifs entrant dans la composition de lexèmes nominaux ou adjectivaux complexes :

*eine **Groß**stadt, der **Deutsch**lehrer, eine **Schön**wetterperiode...*
*die **deutsch**-französischen Beziehungen...*
***Alt**-Berlin, **Schwäbisch** Hall, **Kölnisch** Wasser, **Französisch** Guayana...*
***römisch** Eins* : grand I, ***arabisch** Zwei* : petit 2 ;

▷ les adjectifs de certaines locutions figées ou proverbes :

*auf **gut** Glück* : au petit bonheur la chance.
*auf **gut** deutsch* : en clair, pour parler franc.
*sich **lieb** Kind machen* : chercher à se faire bien voir de qqn.
***Gut** Ding will Weile haben.*

▷ les quantificateurs *ganz* et *halb* devant un nom géographique sans « article » :

***ganz** Paris, **halb** Frankreich, in **ganz** Amerika...*
mais : ***die halbe** Schweiz.*

24
LES MEMBRES DU GN POSTPOSES A LA BASE

§ 618 Outre le cas du G ADJ postposé (v. § 614), des expansions du degré (v. §§ 847 sv.) et de l'apposition (v. § 888), les expansions à droite de la base nominale peuvent être :

▷ un GN au génitif	24.1.
▷ un lexème sans marque de catégorie	24.2.
▷ un G PREP	24.3.
▷ un G CONJ } ▷ un G INF }	24.4
▷ un G REL	chap. 25

Pour distinguer en chaîne, à la droite d'une base nominale, l'expansion membre de GN et l'élément ou le groupe qui a une fonction dans un autre groupe d'accueil que le GN, on peut faire appel au procédé de la permutation. En effet, l'expansion membre du GN ne peut être déplacée qu'avec la base nominale sous peine d'un changement souvent important du réseau des relations et de l'information communiquée. Exemples :

Wir haben von diesem Vorfall in der Schule gesprochen.
→ *In der °Schule haben wir von diesem •Vorfall gesprochen.*
Wir haben in der Schule von diesem •Vorfall gesprochen.
(*in der Schule* est membre du GV).
→ *Von diesem Vorfall in der °Schule haben wir ge•sprochen.*
Wir haben von diesem Vorfall in der Schule ge•sprochen.
(*in der Schule* est membre du GN *diesem Vorfall in der Schule*).

Toutefois, ce procédé n'est pas concluant quand le GN a pour base un substantif pronominal (v. chap. 26) :

Jeder von uns wird •durchhalten müssen.
→ *Von uns wird jeder •durchhalten müssen.*

24.1. Le GN au génitif expansion à droite de la base nominale

24.1.1. TYPES DE RELATIONS MARQUEES PAR LE GENITIF.

§ 619 (A = base nominale ; B = GN au génitif)

① Relation d'**identité** :

▷ « définition » : B est A

ein Gefühl der Angst
der Fehler des Hochmuts
die Kunst des Schreibens

Remarques :
» Die Angst ist ein Gefühl « ; on ne dit qu'incorrectement **ein Gefühl von Angst.*
L'article de B disparaît quand le génitif est marqué autrement : *ein Gefühl tiefster Angst*

▷ identité symbolique : B est comme A, B ressemble à A :

ein Sturm der Entrüstung
die Wogen der Begeisterung

» Die Entrüstung ist wie ein Sturm « ; on ne peut pas dire **ein Sturm von Entrüstung*

▷ identité partielle : A est partie de B, A est inclus dans B :

der westliche Teil Deutschlands	langue parlée : ***von** Deutschland*
ein Viertel seines Vermögens	langue parlée : ***von** seinem Vermögen*
ein Eimer sauberen Wassers	variante : ***mit** sauberem Wasser*
viele unserer Kollegen	variante : ***unter** unseren Kollegen*

② Relation de **qualification** :

▷ appartenance au sens large : B possède A :

das Haus meines Vaters	langue parlée : ***von** meinem Vater*
das Gefieder der Vögel	dialectes : ***meinem** Vater sein Haus*
die Königin Englands	plus courant : *Englands Königin, die englische Königin, die Königin von England*

▷ propriété qualitative : B représente une propriété qualifiant A :

Jahre der Not	= *in der Not*
eine Partei der Gerechtigkeit	= *für die Gerechtigkeit*
ein Professor der Philosophie	= *für Philosophie*
ein Mann der schnellen Entscheidungen	= *mit schnellen Entscheidungen.*

▶ génitif exclu : *ein Teufel von einem Kind*
ein Prachtkerl von einem Mensch(en) (v. § 532).

③ Relation syntaxique de **dérivation** d'une structure sous-jacente :

▷ relation de sujet à verbe (« génitif subjectif ») :

der Anstieg der Preise → *die Preise steigen [an]*
das Heulen des Windes → *der Wind heult*

▷ relation d'objet à verbe (« génitif objectif ») :

der Fahrer des Wagens → *X fährt den Wagen*
die Gründung einer Partei (durch X) → *X gründet eine Partei*

Nombreuses sont les nominalisations de verbes transitifs qui peuvent donner lieu à deux interprétations, voire à des ambiguïtés (cf. § 620 b) :
die Lösung (des Problems/des Ministers)
der Vorschlag (einer Reform/des Ministers)
der Besuch einer Tante = die Tante besucht X ou *X besucht die Tante*

▷ relation de sujet à attribut :
die Möglichkeit eines Unfalls → *der Unfall ist möglich*
die Schärfe der Kritik → *die Kritik ist scharf*

Un autre type de génitif, issu d'une structure biblique, exprime le degré le plus élevé : *der König der Könige, die Frage aller Fragen...*

24.1.2. PARTICULARITES DANS L'EMPLOI DU GENITIF.

§ 620 **a) Le « génitif saxon ».**

Jadis courant, le « génitif saxon », c'est-à-dire l'antéposition d'un GN au génitif (p. ex. : *des Königs ausdrücklicher Wunsch),* ne s'emploie plus dans la langue standard qu'avec des noms propres ou des bases pronominalisées :
*Manfred**s** Geburtstag, Luise Rinser**s** Romane, Doktor Müller**s** Gattin, Frankreich**s** Staatspräsident, Herr Schneider und **dessen** Söhne ; **Wessen** Wagen ist das ?*

b) Exclusion du génitif.

Lorsque le génitif ne peut être marqué, il est nécessaire de recourir à une variante, par exemple :
die Mutter von sechs Kindern (alors que *die Mutter **zweier** Kinder* est possible) ;
der Verkauf von Antiquitäten ou *der Antiquitätenverkauf* (alors que *der Verkauf wertvoll**er** Antiquitäten* est possible) ;
der Genuß von Fleisch (alors que *der Genuß verdorbene**n** Fleische**s*** est possible) ;
eine Sendung von Radio Luxemburg (mais *eine Sendung **des** ZDF) ; die Parks von Paris* ou *die Pariser Parks ; die Belagerung von Mainz ;*
*ein guter Bekannter **von mir*** (le génitif des pronoms personnels n'est possible, dans une langue soignée, que comme valence d'un verbe (cf. : *Erbarme dich **unser**!*) ou de tournures figées *(meinerseits, meinesgleichen, meinesteils, meinethalben/-wegen/-willen) ;*
ein Mensch von Vernunft/von Geist ; eine Sache von Wichtigkeit ; ein Schneider von Beruf...

On évitera d'autre part le génitif s'il y a risque d'ambiguïté :
der Besuch bei einer alten Tante est préférable à *der Besuch einer alten Tante,* qui risque d'être interprété comme subjectif
der Empfang durch den Präsidenten est préférable à *der Empfang des Präsidenten,* qui risque d'être interprété comme objectif.

Enfin, on évitera une succession de GN au génitif :
die Schilderung des Charakters der Personen dieses Dramas → *die Charakterschilderung der Personen in diesem Drama*
die Diskussion der Probleme der Universität → *die Diskussion über die Probleme an der Universität.*

24.2. Les lexèmes sans marque de catégorie comme expansions à droite de la base nominale

§ 621 Contrairement au français, qui exige généralement un élément de liaison entre un nom et un « adverbe » (cf. *les gens **d'**ici, la vie **d'**aujourd'hui),* l'allemand a la possibilité d'intégrer directement un lexème sans marque de catégorie comme expansion à un GN.

L'immense majorité de ces expansions est constituée de déterminations **situatives,** c'est-à-dire d'éléments qui délimitent le contenu de la base nominale en précisant la portion d'**espace** ou de **temps** concernée, et ce par référence à la **situation** immédiate (situatifs « exophoriques » — v. § 19) ou plus large :

*dieses Buch **hier***	*die Schublade **links***
*das schöne Haus **dort***	*Dienstag **früh***
*die Fahrt **hierher***	*das Leben **damals***
*der Weg **dorthin***	*mein Vorschlag **[von] vorhin...***

Ces lexèmes peuvent être à leur tour complétés par d'autres lexèmes sans marque de catégorie ou des G PREP, par exemple :
*die Schublade **unten** ° **links***
*das Haus **dort links neben der** ° **Kirche***
*der Krimi **gestern abend im ersten Pro**° **gramm***
On peut considérer certains lexèmes sans marque de catégorie comme des réductions d'un G REL :
das Haus dort → *das Haus, das dort steht*
der Weg dorthin → *der Weg, der dorthin führt*
mais : *morgen **früh,** Dienstag **abend,*** par ex. sont des GSC d'un autre type, cf. § 804.

Quelques rares éléments n'ont pas cette valeur situative :

▷ ***selbst/selber/persönlich*** (même, moi/toi-même, en personne) situe le GN dont il est expansion par rapport à l'ensemble des « autres » et l'en exclut. *Der Minister selbst/selber/persönlich teilte seinen Rücktritt mit* (le ministre à l'exclusion de tout autre). *Die Argumente muß man in der Bibel selbst/selber aussuchen* (dans la Bible à l'exclusion d'autres endroits, gloses ou commentaires). *Die Arbeiter wurden im Dorf selbst/selber untergebracht* (dans le village proprement dit à l'exclusion des environs).

▶ *selbst* préposé (commutable avec *sogar,* mais pas avec *selber*) a le sens de « même » (sens inclusif) et relève de l'appréciation (v. § 865).

▷ ***allein*** situe le GN dont il est expansion comme composante unique d'un ensemble complet : *Die Wissenschaft allein kann diese Frage beantworten* = sens de ***nur** die Wissenschaft...*

▶ Attention à ne pas confondre ces lexèmes sans marque de catégories (qui sont des expansions), avec certains termes postposés qui sont des bases :
*der Einfachheit **halber*** = G PREP avec base postposée
*mich **ausgenommen*** = G PART avec base postposée

24.3. Les G PREP comme expansions à droite de la base nominale

24.3.1. LES G PREP SITUATIFS.

§ 622 Comme les lexèmes sans marques de catégorie (v. § 621), les G PREP situatifs fonctionnant comme expansion d'une base nominale peuvent être considérés comme des G REL réduits, cf. :

*ein Haus **am Hang*** → *ein Haus, das am Hang steht*

Grâce à la possibilité de relier n'importe quel G PREP à une base nominale, l'allemand dispose d'un avantage considérable sur le français qui, lui, se limite à quelques prépositions courantes *(à, de, sans...)* et se voit fréquemment contraint d'expliciter la liaison au moyen d'un G REL, G PART ou G ADJ, cf. :

*eine Kirche **aus** dem 16. Jhdt* → une église ***du XVI**[e] **siècle***
*ein Mann **mit** Brille* → un homme ***à** lunettes*
*die Probleme **an** der Universität* → les problèmes ***de** l'Université*
***spécifiques de/qui se posent à/concernant** l'Université*
*das Bild **über** dem Bett* → le tableau ***accroché*** au-dessus du lit

A la différence des lexèmes sans marque de catégories, l'éventail des désignés possibles des G PREP situatifs est beaucoup plus vaste, par exemple :

▷ Espace : *der Mann **am Fenster**, der Umzug **nach München...***

▷ Temps : *dein Besuch **vor 8 Tagen**, das Leben **während der Krieges...***

Malgré l'absence de préposition, les GN à l'accusatif remplissent la même fonction :
*die Versammlung **letzte Woche**, die Hochzeit **Ende Juni***

▷ Cause, but : *ein Mord **aus Eifersucht**, eine Aktion **für den Frieden/gegen den Krieg...***

▷ Divers : *ein Auto **mit Schiebedach**, eine Uhr **aus Platin**... die Frau **ohne Hut**, ein Beamter **außer Dienst/im Ruhestand...***

24.3.2. LES G PREP EN VALENCE NOMINALE.

623 De même qu'un GN au génitif peut être issu par exemple d'un objet verbal (cf. *der Kauf eines Autos → X kauft ein Auto*), le G PREP expansion d'une base nominale est souvent issu d'une structure sous-jacente dans laquelle il occupe une valence spécifique d'une ***base nominale*** et/ou ***adjectivale*** :

*die Frage **an die Journalisten*** → *X fragt **die Journalisten*** (objet)
*die Treue **zu seinen Idealen*** → *X bleibt **seinen Idealen** treu* (GN au datif valence d'un adjectif).

On peut distinguer plusieurs types de G PREP selon leur valence d'origine :

① Le G PREP est identique au G PREP de la structure sous-jacente, le sujet grammatical de cette structure pouvant apparaître dans la nominalisation sous forme d'un GN au génitif subjectif :

__auf__ eine Frage antworten → *die Antwort __auf__ die Frage*
__auf__ eine Besserung hoffen → *die Hoffnung __auf__ eine Besserung*
__an__ einer Demonstration teilnehmen → *die Teilnahme __an__ einer Demonstration*
__bei__ einem Projekt mitwirken → *die Mitwirkung __bei__ einem Projekt*
__um__ Verständnis bitten → *die Bitte __um__ Verständnis*
__nach__ den Tätern suchen → *die Suche __nach__ den Tätern*
__vor__ Ansteckung schützen → *der Schutz __vor__ Ansteckung*
__an__ Bodenschätzen reich → *der Reichtum __an__ Bodenschätzen*
__mit__ der Situation zufrieden → *die Zufriedenheit __mit__ der Situation*
__zum__ Mord fähig → *die Fähigkeit __zum__ Mord*
der Mann erinnert sich __an__ seine Soldatenzeit → *die Erinnerung des Mannes __an__ seine Soldatenzeit*

La structure sous-jacente peut être une lexie verbale dans laquelle le verbe (souvent un *« Funktionsverb »*, v. §§ 338 à 345) disparaît, par exemple »

Rücksicht nehmen auf + ACC → *die Rücksichtnahme auf* + ACC et *die Rücksicht auf* + ACC
Anspruch erheben auf + ACC → *der Anspruch auf* + ACC
Spaß __haben__ an + DAT → *der Spaß an* + DAT
Mut __haben__ zu + DAT → *der Mut zu* + DAT (etc.)

Cf. encore : *Angst (haben) vor* + DAT ; *Appetit (haben) auf* + ACC ; *Eindruck (machen) auf* + ACC; *Talent (haben) für ; Verständnis (haben) für ; Vorliebe (haben) für ; Zeit (haben) für/zu ; Bedenken (haben) zu/gegen*, etc.

② Le G PREP est issu d'un GN à l'accusatif :

— accusatif de mesure :

__fünfzehn Meter__ breit → *eine Breite __von__ fünfzehn Metern*

— objet d'un verbe :

__jn__ bitten/fragen → *eine Bitte/Frage __an jn__ (↔ Frage __nach jm__)*
__etw.__ fordern/wünschen → *die Forderung/der Wunsch __nach etw.__*
__etw.__ über'blicken → *der Überblick __über etw.__*
__jn__ lieben → *die Liebe __zu jm__*
__jn__ hassen → *der Haß __gegen jn__*
__etw.__ erlauben → *die Erlaubnis __zu etw.__*

③ Le G PREP est issu d'un GN au datif ou au génitif :

__jm__ (etw.) antworten/mitteilen → *die Antwort/Mitteilung __an jn__*
__jm__ begegnen → *die Begegnung __mit jm__*
__jm__ vertrauen → *das Vertrauen __zu__ jm*
__jm__ mißtrauen → *das Mißtrauen __gegen jn__*
__jm__ helfen → *die Hilfe __für jn__*
__einer Sache__ (GEN) *bedürfen* → *der Bedarf __an etw.__* (DAT)/*das Bedürfnis __nach etw.__*
__jm/einer Sache__ (DAT) *treu* → *die Treue __zu jm/zu etw.__*
__jm__ dankbar sein für etw. → *die Dankbarkeit __gegenüber jm__ für etw.*
__jm/einer Sache__ (DAT) *nahe* → *die Nähe __zu jm/zu etw.__*
__einer Sache__ (GEN) *sicher/gewiß* → *die Sicherheit/Gewißheit __über etw.__* (ACC)

§ 624 1. Dans quelques rares cas, le G PREP peut être issu d'un GN sujet au NOM :

*X bedingt Y → [X ist] die Bedingung **für** Y.*

2. Dans d'autres cas, la nominalisation peut entraîner des modifications plus importantes, cf. :

*Sie ärgerte sich über ihn → Sie hatte ihren Ärger **mit ihm.***

Die gekidnappte Frau wurde aus den Händen der Verbrecher befreit → die Befreiung der gekidnappten Frau aus den Händen der Verbrecher.

Herr Müller erstattete schnell Bericht über die Bundestagssitzung → die schnelle Berichterstattung des Herrn Müller über die Bundestagssitzung.

3. Malgré la grande place que ces « nominalisations » occupent dans la littérature pratique (style administratif, journalistique, technique...), il n'est pas adroit d'en abuser !

24.4. Les G CONJ et G INF comme expansions à droite de la base nominale

§ 625 Une distinction s'impose tout d'abord. Un G CONJ ou G INF n'est véritablement expansion d'une base nominale que lorsqu'il est associé à cette dernière sans intermédiaire, par exemple :

*die Behauptung, **daß ich gelogen hätte***
*die Notwendigkeit, **Energie zu sparen***

Mais lorsque le G CONJ ou G INF est annoncé par un **pronom-relais** du type *da(r)* + préposition, par exemple :

*der Grund **dafür,** daß es nicht geklappt hat*
*der Ärger **darüber,** mißbraucht worden zu sein*

l'expansion de la base nominale est un G PREP et il faut analyser :

GN comprenant une base *Grund* et une expansion G PREP *dafür, daß es nicht geklappt hat*;

G PREP avec une base *für* et une expansion *da,* explicitée par un G CONJ *daß es nicht geklappt hat.*

Toutefois, la préposition-relais étant souvent élidable, on présentera côte à côte les deux types de structures pour des raisons de simplicité.

Comme pour le G PREP expansion de base nominale (v. ci-dessus), deux cas se présentent :

24.4.1. LES G CONJ SITUATIFS.

§ 626 A la différence du G PREP, l'éventail des désignés est très limité et ne concerne que le temps (pour les relatifs « adverbiaux » cf. § 633) :

*im Augenblick, **als*** (litt. : ***da***) *die Bombe explodierte*
*der Tag, **bevor/nachdem** du gingst*
*das Leben, **seit/seitdem** seine Mutter gestorben ist*
*die Zeit, **während** ich arbeite*
jedesmal, wenn (GN lexicalisé) : chaque fois que

Le G INF ne semble pas pouvoir remplir cette fonction de détermination situative (« circonstancielle »), à moins que l'on distingue par exemple :
ein Mittel, [um] Energie zu sparen = détermination circonstancielle de but.
et : *ein Mittel [dazu], Energie zu sparen* = valence (cf. *ein Mittel **zum** Energiesparen*), le désigné étant le même.

24.4.2. LES G CONJ ET G INF VALENCIELS.

§ 627 ▶ Le G CONJ est alors toujours « structural », c'est-à-dire introduit par *daß* ou *ob.* Très souvent, le G CONJ *daß* peut être remplacé par un GV à forme déclarative, par exemple :
die Angst [davor], daß ihm etwas passieren könnte
→ die Angst [davor], ihm könnte etwas passieren.

On peut distinguer trois types de G CONJ ou G INF comme expansions de base nominale selon leur statut valenciel :

① Le G CONJ ou G INF est issu d'un G PREP :

— avec préposition-relais obligatoire :

*sich **an etw.** **erinnern***	→	*die Erinnerung **daran, daß...***
***sich** **über etw.** ärgern*	→	*der Ärger **darüber, daß...**/der Ärger **darüber,** mißbraucht worden **zu sein***
***für etw.** dankbar [sein]*	→	*die Dankbarkeit **dafür, daß...***
***auf etw.** reagieren*	→	*die Reaktion **darauf, daß...*** (etc.)

— avec ou sans préposition-relais :

***vor etw.** Angst haben*	→	*die Angst **[davor], daß...**/die Angst **[davor]**, etw. **zu tun***
***an etw.** denken*	→	*der Gedanke **[daran], daß...**/ der Gedanke **[daran]**, etw. **zu tun***
***zu etw.** bereit [sein]*	→	*die Bereitschaft **[dazu]**, etw. **zu tun***
***zu etw.** fähig [sein]*	→	*die Fähigkeit **[dazu]**, etw. **zu tun***

② Le G CONJ ou G INF est issu d'un GN à l'accusatif :

— objet d'un verbe :

etw. *behaupten*	→ *die Behauptung,* ***daß****.../die Behauptung, etw. getan* ***zu haben***
etw. *einsehen*	→ *die Einsicht,* ***daß****.../die Einsicht, etw. tun* ***zu müssen***
etw. *fragen*	→ *die Frage,* ***ob...***
etw. *befehlen*	→ *der Befehl, etw.* ***zu tun/daß*** *X etw. tun* ***soll(e)***
etw. *wollen*	→ *der Wille, etw.* ***zu tun****/X* ***solle*** *etw. tun*

— valence d'un adjectif :

etw. *gewohnt [sein]*	→ *die Gewohnheit, etw. zu tun*

③ Le G CONJ ou G INF est issu d'un GN au génitif :

— valence verbale ou adjectivale :

einer Sache *bedürfen* → *das Bedürfnis, etw.* ***zu tun***

(mais aussi : *das Bedürfnis* ***nach*** *etw.* → *das Bedürfnis* ***danach,*** *etw. zu tun*)

einer Sache sicher/gewiß → *die Sicherheit/Gewißheit,* ***daß...*** *keine Sicherheit/Gewißheit,* ***ob...*** *die Sicherheit/Gewißheit, etw.* ***zu tun***

(mais aussi : *die Sicherheit/Gewißheit* ***über*** *etw.* → *die Sicherheit/Gewißheit* ***darüber,*** *daß...*)

— le GN génitif est lui-même issu d'une structure sous-jacente :

der Krieg ist eine Gefahr → *die Gefahr* ***eines Krieges*** → *die Gefahr,* ***daß...*** */ die Gefahr, etw.* ***zu tun***

ein Unfall ist möglich → *die Möglichkeit* ***eines Unfalls*** → *die Möglichkeit,* ***daß...*** */ die Möglichkeit, etw.* ***zu tun***

de même : *die Notwendigkeit, daß... / etw. zu tun*
die Pflicht, etw. zu tun (← etwas zu tun ist eine Pflicht).
der Fall, daß... (← X ist ein Fall)

24.5. Le G REL comme expansion à droite de la base nominale : v. chap. 25

25
LE GROUPE VERBAL RELATIF

§ 628 Si le G REL est présenté ici, dans la partie consacrée au GN, c'est qu'il assume le plus souvent la fonction de membre de GN.

Il existe trois types de G REL :

▷ le G REL **membre de GN** v. 25.1.
▷ le G REL **membre de GV** v. 25.2.
▷ le G REL **juxtaposé à un énoncé** v. 25.3.

25.1. Le G REL membre de GN : expansion à droite de la base nominale

25.1.1. CARACTERISTIQUES.

§ 629 Le G REL peut se définir au moyen des caractéristiques suivantes :

▷ c'est un GV avec verbe en **position finale** ;

▷ ce GV s'ouvre sur un **pronom** ou un groupe contenant un pronom ;

▷ ce pronom est « relatif » en ce qu'il établit une **relation** entre deux complexes de sens :

— Il est **anaphorique** : il reprend le contenu de la base nominale antécédente (éventuellement accompagnée de membres ou d'expansions) et est au même **genre** et au même **nombre** que celle-ci :

*der **schönste Film, den** ich je gesehen habe*
*die **alten Häuser, die** jetzt abgerissen werden müssen*

— Il est lui-même groupe syntaxique ou **membre de groupe syntaxique** (p. ex. de G PREP) à l'intérieur du groupe verbal relatif : il y assume une fonction grammaticale marquée le plus souvent par le **cas** :

*die Frau, **die** ich liebe* (assume la fonction de GN à l'ACC dans le G REL) ;

*die Katastrophe, **deren** Ursache noch unbekannt ist* (assume la fonction de membre du GN sujet dans le G REL) ;

*die Polizei nahm über hundert Demonstranten fest, unter **denen** sich viele Ausländer befanden* (membre de G PREP) ;

*das, **worüber** er spricht* (assume la fonction d'objet prépositionnel dans le G REL).

25.1.2. LES PRONOMS RELATIFS.

§ 630 **a)** ***DER/DAS/DIE/DIE*** est le pronom relatif le plus fréquent. Ses formes sont les mêmes que celles du pronom démonstratif anaphorique (v. § 668).

	MASC	NEU	FEM	PLUR
N	***der***	***das***	***die***	***die***
A	***den***	***das***	***die***	***die***
D	***dem***	***dem***	***der***	***denen***
G	***dessen***	***dessen***	***deren***	***deren***

1. Ne pas confondre du point de vue syntaxique :
   Es war einmal ein junger Bauer, ***der*** *seine* •*Liebste treffen* ***wollte*** (relatif anaphorique ; forme personnelle du verbe à la fin), et :
   Es war einmal ein junger Bauer; +***der wollte*** *seine* •*Liebste treffen* (démonstratif anaphorique ; forme personnelle du verbe en 2e position).
2. Au GEN PLUR, la forme du pronom démonstratif cataphorique (dont le contenu est explicité après) est ***derer,*** surtout quand il est question de personnes (v. § 668) :
   Die Not +***derer,*** *die in diesem Land leben, ist unbeschreiblich* (démonstratif cataphorique).
   In diesem Land leben viele Leute. +***Deren*** *Not ist unbeschreiblich* (démonstratif anaphorique).
   In diesem Land leben viele Leute, ***deren*** *Not unbeschreiblich ist* (pronom relatif, anaphorique).
   Il arrive cependant que des auteurs utilisent *derer* à la place de *deren* lorsque le démonstratif est anaphorique, par exemple : *die Prinzipien, aufgrund derer... ; jene Verbrechen, derer er verdächtigt wurde...*

Au **génitif** *(dessen/deren),* le pronom relatif se comporte comme un **« génitif saxon »** :

— il est préposé au reste du GN qu'il détermine ;
— le GN déterminé est identifié et ne peut recevoir aucun autre marqueur d'identification (v. § 516) ;
— les éventuels adjectifs épithètes du GN sont marqués en conséquence, cf. :

Marthas *jüngerer* ***Bruder*** *hat gerade Abitur gemacht.*
Martha, ***deren*** *jüngerer* ***Bruder*** *gerade Abitur gemacht hat.*
Martha, mit ***deren*** *jüngerem* ***Bruder*** *ich Abitur gemacht habe.*

De plus, contrairement à ce qui se passe en français, *dessen/deren* et le reste du GN qu'il détermine sont groupés en tête du G REL :

L'homme **dont** tous les journaux ont publié **la photo** → *der Mann,* ***dessen Bild*** *alle Zeitungen veröffentlicht haben.*

§ 631 **b)** ***WELCHER / WELCHES / WELCHE / WELCHE.***

Bien que d'un emploi plus récent que *der,* ce pronom relatif ne se rencontre pratiquement qu'à l'**écrit,** dans une langue littéraire ou simplement technique. Il permet notamment d'éviter des répétitions, qui sont cependant courantes à l'oral :

der Präsident, ***welcher*** *der Sitzung beiwohnte...* (au lieu de : *der Präsident,* ***der der*** *Sitzung beiwohnte)*
die Wohnung, in ***welcher*** *der alte Mann allein lebte* (au lieu de : *die Wohnung, in* ***der der*** *alte Mann allein lebte)*

Les formes de ce pronom relatif sont les mêmes que celles de l'interrogatif *welcher,* mais **le génitif n'est pas employé** (il est remplacé par *dessen/deren*) :

	MASC	NEU	FEM	PLU
N	***welcher***	***welches***	***welche***	***welche***
A	***welchen***	***welches***	***welche***	***welche***
D	***welchem***	***welchem***	***welcher***	***welchen***
G	*(dessen)*	*(dessen)*	*(deren)*	*(deren)*

§ 632 **c)** ***WAS***

Homonyme du pronom interrogatif, *was* ne s'emploie pratiquement qu'au NOM et à l'ACC SING. Il n'existe pas de forme de DAT, et le GEN *wessen* est peu courant. On a recours aux formes *dem* (DAT) et *dessen* (GEN) :

etwas, ***dem*** *ich zustimmen kann*
etwas, ***dessen*** *(wessen) ich mir vollkommen bewußt bin*

WAS ne peut s'employer qu'après des antécédents de genre **neutre** désignant des **inanimés** et au **contenu indéterminé.** Ces antécédents sont notamment :

▷ les démonstratifs ***das*** et ***dasselbe*** :

Das, was *er sagt, hat Hand und Fuß.*
Er sagt ***dasselbe, was*** *ich schon gesagt habe.*

▶ Mais dès lors que *dasselbe* est anaphorique et reprend un contenu déjà évoqué, *das* est obligatoire :
Was ist das für ein seltsames Auto ?
— *Es ist* ***dasselbe, das*** *wir neulich auf der Autobahn gesehen haben.*

▷ les **adjectifs nominalisés** au contenu indéterminé, notamment au degré II (superlatif) :

All ***das Schöne, was*** *wir erlebt haben* (*das* également possible).
Es ist ***das einzige, was*** *ich für sie tun kann.*
Das ist ***das Komischste, was*** *ich je gehört habe.*

▶ Mais dès lors que le contenu est déterminé, *das* est obligatoire :
Warum ziehst du dieses Hemd an ? — Es ist ***das einzige*** *(= das einzige Hemd),* ***das*** *noch sauber ist.*
Warum wohnt ihr in diesem schäbigen Hotel ? — Es ist ***das billigste, das*** *wir gefunden haben.*
Das Groteske *(= das groteske Element),* ***das*** *in diesem Drama immer latent vorhanden ist...*

▷ les quantificateurs indéfinis :

allerhand	*einiges*	*manches*	*verschiedenes*
allerlei	*etwas*	*nichts*	*vieles*
alles	*folgendes*	*sonstiges*	*weniges*
anderes	*mancherlei*		

*Haben Sie **alles, was** Sie brauchen ?*
*Ich weiß **vieles, was** du nicht weißt.*

▶ *mais **jemand/niemand, der...*** (animé !)

▶ *Ich habe ein Auto gefunden, das mir auf Anhieb gefallen hat.*
→ *Ich habe **eines** gefunden, **das** mir auf Anhieb gefallen hat.*

Lorsque le désigné est déterminé, *das* est possible à côté de *was* :
Ich habe hier etwas, was/das Ihnen sicher gefallen wird (= quelque chose de « réel », que je peux montrer, décrire, etc.).
mais : *Ich möchte etwas, was nicht zu teuer ist* (= quelque chose de « virtuel »).

Il convient de bien distinguer le pronom relatif *das* renvoyant à un GN et le pronom *was* se référant à toute l'information précédente (v. § 639) :
*Er hat ein Wort benutzt, **das** ich nicht verstanden habe.* Il a employé un mot **que** je n'ai pas compris (comme : *Er hat einen Ausdruck benutzt, **den** ich nicht verstanden habe*).
*Er hat ein beleidigendes Wort / einen beleidigenden Ausdruck benutzt, **was** ich nicht verstanden habe.* Il a employé un mot offensant / une expression offensante, **ce que** je n'ai pas compris (cf. : *Er hat ein beleidigendes Wort / einen beleidigenden Ausdruck benutzt. **Das** habe ich nicht verstanden*).

⇨ *WAS* ne s'emploie guère après une préposition (d'autant qu'il n'a pas de forme de datif). On a recours au pronom relatif *das* ou au G PREP pronominalisé *wo(r)* + préposition (v. ci-dessous § 633) :

*etwas, [auf was] / **auf das** / **worauf** ich lange gewartet habe*
*vieles, **mit dem** / **womit** ich gerechnet habe*

633 d) Les relatifs « adverbiaux » ou LSC relatifs.

Ce sont des lexèmes sans marque de catégorie ou des G PREP pronominalisés :

▷ ***DA*** s'emploie dans une langue littéraire pour reprendre une indication temporelle :

*der Tag, **da** das Unglück geschah* (langue standard : *als/an dem*)

da(r) + préposition, par exemple *darauf, damit,* etc., se rencontre dans une langue archaïsante à la place de *wo(r)* + préposition (v. ci-dessous).

▷ ***WO,*** qui peut être associé à *-hin* et *-her,* reprend une indication de lieu :

*die Bank, in der/**wo** er arbeitet*
*der Ort, an den/**wohin** er sich begab*
*das Dorf, aus dem/**woher** er kam*
*Frankreich, **wo** er zur Zeit lebt*
*dort, **wo** der Baum steht*

L'emploi de *wo* pour reprendre une indication temporelle est relativement fréquent même dans la langue écrite :

*im Augenblick, **wo** er die Tür öffnete...* (standard : *als* ; litt. : *da*)

▷ ***WO(R)*** + **préposition** s'emploie avec les antécédents qui exigent *was* (v. ci-dessus § 632) :

*Es ist das einzige, **wo'für** er sich interessiert.*
*Ich erinnere mich an alles, **wo'rüber** wir gesprochen haben.*

Dans la langue standard, *wo(r)* + préposition ne peut reprendre une **base nominale** que si le contenu **(inanimé)** de cette dernière n'est pas trop concret :

das Thema, ***worüber/über das*** *er spricht* = standard
die Bank, ***worauf*** *er sitzt* = archaïsant/litt.
{ *die Bank,* ***auf der*** *er sitzt* = standard
mais : *das Kind,* ***über das*** *wir sprechen* (être animé)

▷ ***WIE*** reprend une indication de manière :

die Art, ***wie*** *er zu mir sprach*
so, wie *er zu mir sprach*

▷ ***WARUM*** et, dans une langue littéraire, ***weshalb*** et ***weswegen*** s'utilisent pour reprendre une indication de cause :

Der Direktor der Fernsehanstalt wollte ***den Grund*** *nicht nennen,* ***warum/weshalb/weswegen/****aus dem/aus welchem die Reportage nicht gesendet wurde.*

25.1.3. NATURE DE L'ANTECEDENT.

§ 634 Comme le montrent les exemples des §§ 630 à 633, l'antécédent du pronom relatif peut être une base nominale éventuellement accompagnée d'expansions, par exemple :

die ***baufälligen Häuser des westlichen Stadtgebietes,*** *die demnächst abgerissen werden...*

mais aussi toute base pouvant fonctionner à la place d'un GN, voire d'un G PREP :

▷ pronoms démonstratifs : *der, der... ; derjenige, der... ; das, was... ; dieser[hier], der...*

▷ quantificateurs pronominalisés : *alles, was... ; vieles, was... ; alle, die... ; viele, die... ; jeder, der... ; solche, die...*

▷ lexèmes sans marques de catégorie de lieu, de temps, de manière équivalant à un G PREP : *da/dort, wo... (= an dem Ort, wo...) ; damals, wo... ; so, wie...*

▷ « pronoms » personnels : le pronom relatif entraîne alors la 3e personne :

ich, der (homme)***/die*** (femme) *schon zehn Jahre hier* ***wohnt***
Warst ***du*** *es,* ***der/die*** *die Tür abgesperrt* ***hat*** ?

sauf s'il est réintroduit dans le G REL :

ich, ***der/die ich*** *schon zehn Jahre hier* ***wohne...***
du, ***der/die du*** *immer alles besser* ***weißt...***
Sie, ***der/die Sie*** *mir geholfen* ***haben...*** (le ré-emploi de *Sie* forme de politesse est obligatoire).

Après le pronom *einer/eines/eine* suivi d'un GN au GEN PLUR, le pronom relatif se met normalement au pluriel :

Es war ***einer der besten Romane, die*** *in diesem Jahr geschrieben worden waren.*
de même avec *keiner/keines/keine : Schwerwiegende Mängel fanden sich bei* ***keinem der Geräte, die*** *untersucht wurden.*

25.1.4. PLACE DU G REL DANS LE GN.

635 Le G REL est placé à droite de la base nominale, après les autres expansions :

*der **Besuch** des Staatspräsidenten in Rom, **der schon lange geplant war...***
*die **Verhandlungen** zwischen den Amerikanern und den Sowjets über die Reduzierung der in Mitteleuropa stationierten Mittelstreckenraketen, **die nun ins Stocken geraten sind***
et non **der Besuch, der schon lange geplant war, des Staatspräsidenten in Italien*

Le système de marquage des genres, du nombre et des cas étant très performant, il permet le plus souvent de pallier les insuffisances du contexte et d'éviter des ambiguïtés du genre : *Nous sommes allés voir la maison de mon cousin, qui est en piteux état!* Pourtant, lorsque l'ambiguïté existe, rien n'autorise à modifier la place du G REL, par exemple :
der Sohn des Bürgermeisters, der neulich eine Tageszeitung gegründet hat...

Toutefois, le G REL est souvent détaché de sa base et rejeté **en après-dernière position dans le GV** lorsqu'il s'agit d'éviter une rencontre de deux éléments verbaux (participe II, infinitif, particule verbale, partie d'une lexie...) :

*Ich habe einen **Pulli** gekauft, **der nur 20 Mark gekostet hat.***
*Wir haben in einem **Dorf** übernachtet, **dessen Namen ich vergessen habe.***
*Ich fahre in die Stadt, um einen **Freund** zu besuchen, **der im Krankenhaus liegt.***
*Der Waffenhändler erkannte den **Mann** wieder, **der die Pistole bei ihm gekauft hatte.***

25.1.5. FONCTION SEMANTIQUE DU G REL MEMBRE DE GN.

636 Du point de vue de la fonction sémantique du G REL, il faut distinguer :

▷ le G REL **sélectif** (« proposition relative déterminative » ou « restrictive »), qui précise le concept exprimé par la base nominale en en réduisant l'extension (v. § 105). Il forme avec l'antécédent une seule unité accentuelle. En français, ce type de G REL n'est pas séparé de son antécédent par une virgule :

les voitures qui consomment peu *die Autos, die °wenig verbrauchen*	= parmi l'ensemble des voitures, le sous-ensemble de celles qui consomment peu.
le médecin qui habite à côté de l'église *der Arzt, der neben der °Kirche wohnt*	= parmi les médecins (du village), celui qui habite à côté de l'église.

Le G REL sélectif ne doit pas être trop court. A un G REL réduit à un pronom et un verbe, l'allemand préfère un G PART épithète ; en français, c'est exactement l'inverse, cf. :

un enfant **qui dort**	↔	*ein **schlafendes** Kind*
un homme **qui travaille**	↔	*ein **arbeitender** Mann*
la vache **qui rit**	↔	*die **lachende** Kuh*

▷ le G REL **descriptif** (« relative appositive » ou « explicative »), qui ne modifie en rien l'extension du concept exprimé par la base nominale (on peut donc le supprimer sans que le désigné de la base nominale s'en trouve altéré). A l'oral, il est signalé par un modelé intonatif spécifique (« effet de parenthèse », v. § 25) et généralement coupé de son antécédent par une pause. En français, ce type de G REL est le plus souvent signalé par une virgule :

Les voitures de grosse cylindrée, qui consomment beaucoup.
Die Autos mit großem ° Hubraum, die • viel verbrauchen.
Le médecin, qui habite juste à côté de l'église, est excellent.
Der ° Arzt, der direkt neben der ° Kirche wohnt, ist her• vorragend.

En fait, la performance sémantique d'un G REL ne peut pas toujours être définie par rapport à la notion d'extension (= le G REL modifie ou ne modifie pas l'extension de l'antécédent). Il faudrait envisager au moins deux autres types de G REL :

▷ le G REL dont l'antécédent est mis en relief par un accent contrastif et éventuellement une structure de mise en relief (cf. : fr. *c'est... qui*) :
der + Arzt, der neben der Kirche wohnt (nicht der + Anwalt)
+ Paul war es, der das gesagt hat.

▷ le G REL dans un énoncé « condensé » équivalant à deux énoncés :
Ich sah einen Mann, der aus der Bank kam
= ich sah einen Mann + dieser Mann kam aus der Bank.

notamment après des « présentatifs » au sens large :
***Es war einmal** eine Prinzessin, die sich in ihrem Schloß langweilte.*
***Da ist** jemand, der Sie sprechen möchte.*
***Dann geschah** etwas, das uns alle überraschte.*

Dans cette fonction, le G REL est proche du G REL juxtaposé (v. plus loin § 639) de même que dans les énoncés du type :
Sie griffen den linken Flügel an, der sich sofort zurückzog.

25.2. Le G REL membre de GV

25.2.1. CARACTERISTIQUES.

637 Il s'agit d'un G REL autonome, sans antécédent, ayant une fonction propre dans le GV d'accueil, par exemple :

▷ Sujet	***Wer zuletzt lacht,*** *lacht am besten.* ***Was ich tue,*** *geht nur mich etwas an.*
▷ Objet (à l'ACC, au DAT)	*Du kannst einladen,* ***wen du willst.*** *Ich helfe,* ***wem ich will.*** *— Ich tue,* ***was ich kann.***
▷ Objet prépositionnel	*Ich gehe,* ***mit wem ich will.*** *Sprechen Sie,* ***worüber Sie wollen.***

25.2.2. LES PRONOMS RELATIFS DU G REL MEMBRE DE GV.

638 **a)** ***WER*** (ACC *wen,* DAT *wem* — le GEN *wessen* est inusité) désigne une personne indéterminée. Il peut être repris par le corrélatif *der* :

Wer *das behauptet,* ***[der]*** *ist ein Lügner.*

La succession **der...wer* est exclue. Il faut alors employer *der...der* : *Der ist ein Lügner, der das behauptet ;* ou *Der, der das behauptet, ist ein Lügner.*

Le corrélatif devient nécessaire dès lors que le cas de *wer* ne correspond pas à celui imposé dans le GV d'accueil :

Wer *gut essen will,* ***dem*** *kann ich ein Restaurant empfehlen.*

Wem *es Spaß macht,* ***der*** *kann seine Filme selbst entwickeln.*

Wer *mir so etwas antut,* ***den*** *schaue ich nicht mehr an.*

Par opposition à *wer, der* désigne une personne déterminée :
Wer *kommen will, ist herzlich willkommen* (« quel qu'il soit »).
Der *da kommt, ist mein Bruder.*
cf. : ***Wer*** *das behauptet, ist ein Lügner.* ***Der[jenige], der*** *das behauptet, ist ein Lügner.*

b) ***WAS,*** qui n'existe qu'au NOM et à l'ACC, est la contraction de *das, was.* Le corrélatif *das* peut donc le précéder ou le suivre :

Was *ich denke,* ***[das]*** *geht dich nichts an.*

[Das,] was *ich denke, geht dich nichts an. — Er macht immer* ***[das], was*** *sie will.*

c) ***WO(R)*** + **préposition** correspond à « préposition + *was* ». Selon la fonction exigée dans le GV d'accueil, le corrélatif sera *da(r)* + préposition ou *das* :

Worauf *du noch wartest,* ***[das]*** *möchte ich gerne wissen.*

Wofür *du kämpfst,* ***[dafür]*** *kämpfen viele auch.*

d) ***WO*** (et *wohin/woher*) désigne un lieu indéterminé. Le corrélatif est *da* ou *dort* :

Bleib ***[da/dort], wo*** *du stehst ! —* ***Wo*** *du bist,* ***[dort/da]*** *will ich auch sein.*

Le corrélatif est obligatoire s'il y a contradiction entre les désignés directif *(hin)*, d'origine *(her)* ou statique (Ø) :

*Ich gehe **dorthin, wo** du bist.*
*Ich gehe **dorthin** zurück, **wo** ich **her**komme/**woher** ich komme.*

e) ***WANN*** désigne un moment indéterminé (le corrélatif *dann* est rare) :

*Besuche uns, **wann** du willst.*

f) ***WIE*** est une indication indéterminée de manière. Le corrélatif est *so* :

*Ich lebe **[so]**, **wie** ich will. — **Wie** man sich bettet, **so** liegt man* (proverbe).

Tous ces pronoms relatifs peuvent être renforcés par les particules concessives *auch, immer, auch immer* (v. § 793) :

Was auch immer geschieht, wir bleiben zusammen.
Wer immer es dir gesagt hat, es stimmt nicht.
Wem immer du es erzählt hast, es war unvorsichtig.
Ich finde dich immer, wo du auch bist.
Wie du es auch anfängst, es wird dir nicht gelingen.

Dans ce cas, on n'a plus à proprement parler un G REL membre de GV, mais un type particulier de G REL « énoncé » juxtaposé à un autre énoncé (v. § 639), d'où sa **position** (avant-première ou après-dernière ou incise :

Wie schwer die Arbeit auch ist, du wirst sie bewältigen.
Die Arbeit, wie schwer sie auch ist, wirst du bewältigen.
Du wirst die Arbeit schon bewältigen, wie schwer sie auch ist.

25.3. Le G REL juxtaposé à un énoncé

§ 639 Un G REL introduit par *was* ou *wo(r)* + préposition peut se référer à tout l'énoncé ou une partie de l'énoncé qui précède. Ce genre de G REL représente un moyen d'**enchaînement textuel** qui équivaut à une juxtaposition de deux énoncés, le second étant introduit par *das* ou *da(r)* + préposition :

*Das Spiel mußte wegen des Regens abgebrochen werden, **was** allgemein bedauert wurde (= **Das** wurde allgemein bedauert).*

*Das Gerät schaltet sich automatisch ab, **wodurch** eine Überhitzung ausgeschlossen ist (= **Dadurch** ist...).*

*Der Oppositionsführer bezeichnete die Außenpolitik der Regierung als abenteuerlich, **wobei** er nicht ganz unrecht hat (= **Dabei** hat er nicht ganz unrecht).*

*Der Mann erklärte, er habe seinem Chef mit der Drohung nur ein bißchen Angst einjagen wollen, **wovon** der Richter aber nicht überzeugt war (= **Davon** aber war der Richter nicht überzeugt).*

Autres possibilités :

*Sie ließen ihm die Wahl nach Hause zu gehen, von **welcher** Möglichkeit er auch Gebrauch machte* (mieux : *Und von **dieser** Möglichkeit machte er auch Gebrauch*).

*Der Termin wurde verschoben, **weswegen/weshalb** alle Teilnehmer noch einmal benachrichtigt werden mußten.*

25.4. Corrélations entre pronoms relatifs et d'autres pronoms

§ 640 Alors que le français a «emprunté» ses pronoms relatifs à la seule classe des interrogatifs (cf. *qui, que, à quoi, lequel, où...*) à l'exception de *dont* qui est une formation spécifique, les pronoms relatifs de l'allemand regroupent à la fois des termes en ***w-*** (qui fonctionnent aussi comme interrogatifs) et des termes en ***d-*** (démonstratifs anaphoriques). Les formes en *so (so* et *solch-)* ont donné lieu à des pronoms relatifs qui ne sont plus en usage aujourd'hui.

Anaphoriques	Interrogatifs	Relatifs
der/die/das	*wer ? was ?*	***der/die/das*** + ***wer/was***
da	*wo ?*	***da*** (litt.) + ***wo***
daran, damit...	*woran ? womit ?*	***woran, womit...***
darum, deshalb...	*warum ? weshalb ?*	***warum, weshalb...***
dann	*wann ?*	***wann***
so	*wie ?*	***wie***
solch-	*welch- ?*	***welch-***

De ce fait, la distinction entre le G REL et l'interrogative indirecte n'est pas toujours aisée, cf. :

Interrogative	G REL
Ich weiß nicht, ***was er will.***	*Er tut,* ***was er will***
= *Was will er ? Das weiß ich nicht.*	= *das, was er will.*
Die Frage, ***warum/wie er das getan hat***	*Der Grund,* ***warum er das getan hat***
= *die Frage : » warum/wie hat er das getan ? «*	= *aus welchem er das getan hat.*
	Die Art, ***wie er das getan hat***
	= *mit welcher er das getan hat.*

Dans une théorie linguistique plus approfondie, on aurait sans doute intérêt à admettre l'existence d'une classe générale de « relateurs-opérateurs » **indéterminés** (en ***w-***) et **déterminés** (en ***d-***) assurant des **fonctions** diverses :

- fonction interrogative : éléments en ***w-*** ;
- fonction démonstrative exophorique/anaphorique/cataphorique : éléments en ***d-*** ;
- fonction relative (anaphorique) : éléments en ***d-*** et ***w-*** ;
- fonction syntaxique « intégrative », c'est-à-dire l'intégration d'un groupe syntaxique à un groupe syntaxique d'accueil au moyen d'une conjonction dite de « subordination » : éléments en ***d-*** (p. ex. ***daß, da*** « puisque »), en ***w-*** (p. ex. ***wenn, weil***) ainsi que d'autres opérateurs tels que ***als*** et ***ob*** (v. chap. 29).

26
LES SYSTEMES DE CAS

26.0. Généralités

§ 641 Les cas sont les marques dites du NOMINATIF, de l'ACCUSATIF, du DATIF et du GENITIF. Ils ont tous pour fonction commune de **marquer une relation** entre deux complexes de sens dont l'un au moins a la forme d'un GN ou des caractéristiques qui l'apparentent à un GN (p. ex. : *ich, alles...,* v. chap. 27).

Si, au-delà de ce signifié global, on tente d'attribuer à **chaque** cas **un** signifié *(Grundbedeutung),* on risque de se heurter à des écueils insurmontables. Ainsi, même si l'on constate par exemple que l'opposition DAT ↔ ACC après neuf prépositions correspond au niveau du désigné à une opposition « locatif-directif », il est impossible d'appliquer ce désigné au DATIF et à l'ACC en général (cf. *zur Schule gehen, jeden Tag*). L'exigence de tel ou tel cas apparaît aujourd'hui le plus souvent comme **arbitraire,** fixée par convention en fonction des diverses structures : la performance des cas dans le langage est donc de permettre avant tout un décodage optimal du message en facilitant la **perception de la structure variable** qui sous-tend l'énoncé ou un groupe dans l'énoncé.

Les cas sont organisés en **différents systèmes** d'oppositions, qui dépendent à la fois du statut syntaxique du GN (membre de GV, membre de G PREP...) et de son rôle grammatical (sujet, objet, attribut...).

26.1. Les systèmes de cas sur le GN membre de GV

§ 642 Lorsque le GN est membre de GV, les quatre cas sont a priori possibles. Leur choix dépend d'abord du rôle grammatical assumé par le GN, mais aussi de la rection du verbe-base (v. chap. 13).

Pour les rôles grammaticaux, on peut envisager quatre types d'oppositions :

▷ GN sujet ↔ GN objet (26.1.1.).

▷ GN objet 1 ↔ GN objet 2 (26.1.2.).

▷ GN sujet ou objet ↔ GN attribut (26.1.3.).

▷ GN sujet (+ éventuellement GN objet) ↔ GN dans un autre rôle grammatical (26.1.4.).

26.1.1. L'OPPOSITION GN SUJET ↔ GN OBJET.

643 Cette opposition est toujours marquée par l'opposition de cas :
NOM ↔ ACC ou DAT ou GEN

▶ Il ne faut pas confondre sujet grammatical et sujet logique :
— **sujet grammatical** = le GN qui impose la marque de personne et de nombre sur le verbe :

Das Telefon läutet. Heute gibt es Bratwürste.
Die Telefonzelle wurde von Rowdys (= voyous) *zerstört.*

— **sujet logique** = celui ou ce qui, dans la représentation du désigné, fait l'action ou est « siège du procès », par exemple :

*Die Telefonzelle wurde **von Rowdys** zerstört.*

C'est ainsi que pour certaines bases verbales sans sujet grammatical, on parle de « sujet logique à l'ACC ou au DAT » :

mir ist kalt/warm/schlecht/übel	*mich/mir ekelt vor + DAT*
mich dürstet/friert/hungert	*mich/mir gruselt*
mir/mich dünkt (litt.)	*Ihm liegt daran, das*
mich gelüstet nach + DAT (litt.)	*Gesicht nicht zu verlieren.*

On appelle sujet **thématique** d'un énoncé l'information qui sert de point de départ, c'est-à-dire « ce dont on va dire quelque chose » :
1944 (= sujet **thématique**) *wurden viele Städte* (= sujet **grammatical**) *von den Amerikanern* (= sujet **logique**) *bombardiert.*

644 **a) GN-objet à l'ACC.**

Les verbes ayant un GN-objet à l'ACC — les **verbes transitifs** — étant les plus nombreux, on ne retiendra ici que ceux dont les équivalents français les plus courants ne sont pas transitifs :

▶ *eine Zeitung abonnieren*	*etw./jn brauchen*
jn anlügen : mentir à qqn.	*etw. erben, jn beerben*
jn ansprechen/anreden	*etw. genießen*
jn auslachen	*etw./jn miß'brauchen*
etw. ausmachen : convenir de qqch.	*etw./jn über'leben*

plus de nombreux verbes avec *be-*, par exemple : *etw. beantworten, bekämpfen, besprechen, betreuen...* (v. § 289).

▷ L'ajout d'une particule (séparable) ou d'un préfixe (inséparable) peut rendre transitif un verbe (« modificateur de rection », v. § 288), par exemple :

(über etw./jn) lachen → *jn **aus**lachen, jn **an**lachen*
stehen → *etw. **be**stehen, **er**stehen :* acquérir, ***ge**stehen, **ver**stehen, **über**'stehen...*

▷ Le GN-objet à l'ACC s'oppose parfois à un GN-objet au DAT ou à un G PREP :

*Ich bekam **einen Brief***	↔	*Die Austern sind **mir** nicht gut bekommen.*
*Er erzählte **einen Witz***	↔	*Er erzählte **von seiner Familie.***
*Ich habe **den Chef** gesprochen*	↔	*Ich habe **mit Paul** gesprochen.*

§ 645 **b) GN-objet au DAT.**

L'objet au DAT est plus rare, mais aussi plus difficile à manier pour un étranger apprenant l'allemand. D'où cette liste un peu plus complète (mais non exhaustive). On se méfiera surtout des verbes imprimés en caractères gras, qui ont des équivalents transitifs en français :

▷ Verbes simples :

ähneln	***jm glauben***	***jm kündigen :*** congédier qqn.	*schaden*
danken	*gleichen*	***lauschen***	*schmecken* (sujet inanimé)
dienen	*glücken :* réussir à qqn.	*nahen, sich*	***schmeicheln***
drohen	***gratulieren***	*nähern*	*trauen*
fehlen	***helfen***	*nutzen*	***trotzen :*** braver.
folgen	*huldigen*	*passen :* convenir à qqn.	*winken*
genügen			

▷ Verbes à particule séparable (v. §§ 300-319) :

auffallen : frapper, sauter aux yeux.
ausweichen : éviter (obstacle).
beipflichten/beistimmen : approuver qqch/qqn.
beistehen : assister qqn., *beitreten (einer Partei), beiwohnen :* assister à.
einfallen, einleuchten.
nachblicken, nachsehen, nachschauen : suivre des yeux.
nachfahren, -gehen, -laufen : suivre.
vorangehen, -fahren : précéder.
vorauseilen, -fahren, -gehen : devancer (sens spatial).
vorbeugen : prévenir (un danger).
zuflüstern : chuchoter à qqn., ***zuhören :*** écouter qqn., ***zusehen/zuschauen :*** regarder qqn., ***zustimmen :*** approuver qqn./qqch.
zuvorkommen : être prévenant avec.
zuwiderhandeln : contrevenir à.

▷ Verbes à préfixe inséparable (v. §§ 288-299) :

antworten
begegnen, *behagen, belieben*
ent*fliehen, entgehen, entkommen*
erscheinen, erwidern
gefallen, gehorchen, gehören, *gelingen*
miß'*fallen, miß'lingen, miß'trauen*
ob'*liegen :* relever de la compétence de qqn.
unter'*liegen, unter'stehen*
vertrauen, *verzeihen*
widersprechen : contredire qqch./qqn.

▷ Lexies verbales : *näherkommen, gleichkommen :* équivaloir à, *(es) jm übelnehmen, leidtun, wehtun, zugrundeliegen...*

▷ Le GN-objet au DAT s'oppose parfois à un GN-objet à l'ACC ou à un G PREP :

Er hat ***dem Buchhalter*** *gekündigt* (il a licencié le comptable) ↔ *Er hat* ***den Vertrag*** *gekündigt* (il a résilié le contrat).

Das Haus gehört ***einem Arzt*** (appartient à) ↔ *Das gehört* ***zu meinen Aufgaben*** (fait partie de).

646 **c) GN-objet au GEN.**

L'objet au GEN, qui est sans doute le cas le plus ancien, n'existe plus que pour quelques verbes, relevant très souvent d'une langue archaïsante ou administrative *(« Amtsdeutsch »)*. Dans la liste ci-dessous, la deuxième colonne indique les éventuels verbes de remplacement :

▷ verbes non pronominaux avec GN-objet au GEN :

bedürfen	*etw. brauchen/benötigen/nötig haben*
entbehren : être privé de	*etw.* (ACC) *entbehren*
▶ *jeder Grundlage entbehren :* être dénué de tout fondement.	
gedenken : évoquer la mémoire d'un mort.	
harren	*harren auf* + ACC
spotten	*spotten/lachen/sich lustig machen über* + ACC

▷ verbes pronominaux avec GN-objet au GEN :

sich annehmen	*sich kümmern um* + ACC, *etw.* (ACC) *über'nehmen*
sich bedienen	*etw. benutzen/gebrauchen/verwenden*
sich befleißigen	*sich bemühen um* + ACC
sich bemächtigen	*Besitz ergreifen von* + DAT
sich besinnen	*sich besinnen auf* + ACC
▶ *sich eines Besseren besinnen :* se raviser.	
sich brüsten, sich rühmen	*prahlen/angeben mit* + DAT : se vanter.
sich enthalten	*verzichten auf* + ACC, *etw. unter'lassen*
▶ *sich der Stimme enthalten :* s'abstenir de voter.	
sich entledigen	*etw. loswerden/fertig bringen/erledigen*
sich entsinnen	*sich erinnern an* + ACC, *denken an* + ACC
sich erbarmen	*Mitleid haben mit* + DAT, *jn bemitleiden*
sich erfreuen	*etw. genießen, sich freuen über* + ACC / *an* + DAT
▶ *sich einer guten Gesundheit erfreuen :* jouir d'une bonne santé.	
sich erinnern	*sich erinnern an* + ACC
sich (er)wehren	*sich wehren gegen* + ACC
▶ *sich des Eindrucks nicht erwehren können, daß... :* ne pouvoir s'empêcher de penser que...	
sich schämen	*sich schämen wegen* + GEN
sich über'heben, sich unter'fangen, sich vermessen	*etw. wagen ; sich anmaßen/sich vermessen, etw. zu tun*
sich vergewissern	*etw. prüfen/über'prüfen ; nach etw. sehen ; nachsehen/-schauen, ob...*

26.1.2. L'OPPOSITION GN-OBJET 1 ↔ GN-OBJET 2.

§ 647 Lorsque le programme valenciel d'un verbe prévoit deux objets, ceux-ci sont nécessairement marqués par l'opposition :

Objet 1 = ACC ↔ objet 2 = ACC (rare) ou **DAT** (fréquent)
ou **GEN** (relativement rare)

a) « Double accusatif. »

Les verbes régissant deux objets à l'ACC sont rares :

angehen *Es geht dich etwas (nichts/* fam. : *einen Dreck) an :* Cela te regarde / ne te regarde pas. *Was geht dich das an ?*

fragen se construit normalement avec ***jn nach etw.*** (DAT) :
Ich fragte eine Dame nach dem Weg. Er fragte mich nach den Kindern.
Mais la « chose demandée » est à l'ACC lorsqu'elle est représentée par un GN pronominalisé :
*Darf ich dich **etwas** fragen ? Ich habe Sie **nichts** gefragt.*
***Das** frage ich Sie. **Eines** möchte ich dich fragen.*
***Was** hat er dich gefragt ? Was hat er dich/dir abgefragt ?*

kosten *Der Urlaub hat **mich** viel Geld gekostet ;* également au figuré : *Das hätte **mich** beinahe das Leben gekostet.*

lehren *Er lehrt die Schüler Deutsch. Sein Vater lehrte ihn das Schreiben.*
La langue standard préfère : *Er unterrichtet die Schüler in Deutsch (im Fach Deutsch). Sein Vater brachte ihm das Schreiben bei.*

Dans *Er nannte ihn einen Lümmel,* il s'agit d'une structure attributive (v. § 650).

§ 648 b) GN-objet 1 à l'ACC ↔ GN-objet 2 au DAT.

Ce type de rection est de loin le plus fréquent. Du point de vue sémantique, il est analogue au type français « objet direct + objet indirect *à* ». Il est donc inutile de proposer ici une liste, qui serait trop longue tout en restant nécessairement incomplète.

S'il est vrai que le GN au DAT vise le plus souvent un être animé, la notion de « complément d'attribution » est insatisfaisante, cf. *ich nahm ihr das Paket ab* ou *ich glaube es dir.* Tout au plus peut-on dire que le GN au DAT marque le plus souvent un être animé affecté ou concerné par le procès.

▷ On notera quelques verbes dont les équivalents français ont une rection divergente :

jm etw. ***abverlangen*** *:* exiger qqch. de qqn.

jm etw. ***anmerken****/ansehen/anhören :* remarquer, sentir qqch. dans le comportement (sur le visage, dans les paroles, etc.) de qqn., exemple : *Man merkt ihm die Anstrengung an.*

jm *etw.* ***glauben :*** *Ich glaube es. Ich glaube **dir.** Ich glaube **ihm** alles.*

jm etw. ***nachmachen :*** faire la même chose que qqn., imiter qqn.

jm etw. ***nachweisen :*** apporter la preuve que qqn. a fait qqch.

jm etw. ***zutrauen :*** croire qqn. capable de qqch.
jm etw. ***zumuten :*** exiger de qqn. qqch. qu'il ne peut pas faire ou accepter.

► ***er tut mir leid*** veut dire : « je le plains » et non « il me fait mal » *(er tut mir weh).*

▷ Le GN au DAT s'oppose parfois à un G PREP :

sagen *Ich sage* ***ihm*** *meine Meinung/die Wahrheit/meine Telefonnummer...*
» Kommen Sie näher «, sagte er ***mir/zu mir.***
Ich sage du ***zu ihm.*** *» Sie Lümmel! «, sagte er* ***zu mir.***

geben *Ich gebe* ***dir*** *eine Briefmarke/meine Adresse/einen Rat.*
Ich gebe den Bericht ***an Sie/an den Direktor*** *[weiter].*

schreiben/schicken/senden
Ich schreibe ***meinem Onkel*** *einen Brief. Ich schreibe einen Brief* ***an meinen Onkel.*** *Ich schreibe* ***ans Ministerium.***
Ich schicke/sende ***dir*** *ein paar Fotos.*
Ich schicke/sende die Unterlagen ***an Sie/an das Finanzamt*** *[zurück].*

Pour le « datif libre », par exemple *Er ist mir zu dumm,* v. plus loin § 653.

649 **c) GN-objet 1 à l'ACC ↔ GN-objet 2 au GEN.**

Les verbes ayant ce type de rection sont peu nombreux. Ils appartiennent à une langue archaïsante ou administrative et certains n'existent pratiquement plus que dans des locutions figées. L'objet 1 à l'ACC vise la personne concernée :

▷ Sens d' « accuser » :

jn einer Sache ***anklagen :*** accuser qqn. de qqch. ; langue courante : ***wegen*** + GEN
jn einer Sache ***beschuldigen/bezichtigen/zeihen*** (très rare) : accuser qqn. de qqch., reprocher qqch. à qqn. ; langue courante : *jn beschuldigen* + G INF ou *jm etw. vorwerfen* (p. ex. : *man wirft ihm illegale Devisengeschäfte vor*).
jn einer Sache ***verdächtigen :*** soupçonner qqn. de qqch. ; langue courante : + G INF.
jn einer Sache ***überführen :*** convaincre qqn. de qqch. ; par exemple : *Er wurde der Spionage überführt ;* langue courante : *jm etw. nachweisen.*

▷ Sens de « priver/enlever » :

jn einer Sache ***berauben/entblößen*** (rare) : dérober qqch. à qqn., dépouiller/priver qqn. de qqch. ; surtout au figuré : *jn seiner Freiheit/seiner Rechte berauben ;* langue courante : *jm etw. nehmen/rauben/stehlen*
jn einer Verpflichtung/einer Pflicht/eines Versprechens/seines Wortes ***entbinden :*** relever/délivrer qqn. de ; langue courante : ***von*** + DAT
jn eines Amtes ***entheben :*** relever/démettre qqn. d'une fonction
jn einer Sache ***entwöhnen*** (rare) : déshabituer qqn. de ; langue courante : *jm etw. abgewöhnen*

▷ Autres sens :

jn einer Sache ***würdigen :*** honorer qqn. de qqch. ; faire à qqn. l'honneur de qqch. ; courant : *er hat mich keines Blickes gewürdigt* = il n'a pas daigné m'accorder un regard.
jn einer Sache ***versichern*** assurer qqn. de qqch., par exemple *jn seiner Freundschaft/seiner Unterstützung versichern ;* langue courante : *jm etw. zusichern*

26.1.3. LA RELATION SUJET/OBJET ↔ ATTRIBUT (DU SUJET/DE L'OBJET).

§ 650 Le GN attribut est au même cas que le GN auquel il se rapporte. De nombreux verbes acceptant un adjectif attribut ne tolèrent pas de GN-attribut, ou ne le tolèrent qu'avec un relateur « introducteur » *(als/wie)* :

Ich finde ihn ***nett*** → *ich finde, er ist ein netter Kerl.*
Er scheint ***nett*** → *Er scheint ein netter Kerl zu sein.*
Er reist ***einsam*** *durch die Welt* → *er reist wie ein Einsamer durch die Welt.*

▷ GN-attribut **sans introducteur** :

— attribut du sujet (verbes *sein, werden, bleiben*) :
Er ist/blieb/wurde der beste Mittelstürmer.

— attribut de l'objet (verbes *nennen, taufen* — les verbes *heißen, schelten, schimpfen* ne sont pratiquement plus employés dans une structure attributive) :
Er nannte ***mich einen Lügner.***
Er taufte ***seinen Hund Karl den Großen.***
▶ au passif, l'accord se fait avec le sujet :
Ich *wurde* ***ein Lügner*** *genannt.*

▷ GN-attribut **avec introducteur** *als* ou *wie* : les possibilités sont alors beaucoup plus nombreuses :

— attribut du sujet :
Er *gilt* ***als bester Spieler.***
Er *ging* ***als Sieger*** *hervor.*
Er *kam* ***als erster*** *ins Ziel.*
Er *wirkt* ***wie ein alter Mann*** (etc.).

— attribut de l'objet :
Ich bezeichne/betrachte ***ihn als einen Freund.***
Ich empfinde ***dieses Benehmen als einen Affront.***
Er behandelt ***mich wie einen Diener.***
Er liebt ***mich wie einen Sohn*** *(= wie man einen Sohn liebt).*
(mais : ***Er*** *liebt mich* ***wie ein Sohn*** = *wie ein Sohn liebt* = amour filial).

▷ L'attribut peut également avoir la forme d'un G PREP (« attribut en valence ») :

— avec ***für*** + ACC : *Ich halte dies* ***für einen Fehler.***
— avec ***zu*** + DAT (valeur résultative) :
Er wurde ***zum bestbezahlten Fußballspieler.***
Man ernannte/beförderte/wählte/machte ihn ***zum Direktor.***
Er nahm sie ***zur Frau.***
Er hat sich ***zum Chef*** *hochgearbeitet.*

et, plus rarement, d'un GN au GEN :
Er war ***guter*** *(bester, schlechter)****Laune.***
Ich bin ***deiner Meinung****/anderer Meinung.*

26.1.4. AUTRES FONCTIONS DE L'ACC, DU GEN ET DU DAT.

Il arrive que l'ACC, le GEN et le DAT servent à marquer des GN (v. § 643) ayant une autre fonction que celle de sujet logique « siège du procès », d'objet ou d'attribut :

651 a) L'accusatif « libre ».

▷ Un GN à l'ACC peut exprimer une indication de temps, de mesure ou d'espace vu comme lieu ou « siège du procès » ; il s'oppose souvent à un G PREP :

*Ich habe **die ganze Nacht** [lang/durch/hindurch] gearbeitet.*
*Ich komme **nächste Woche** (**in** der nächsten Woche).*
*Ich bin **Donnerstag, den 1. April,** wieder daheim (**am** Donnerstag, dem/den 1. April).*
*Er ist **60 cm** gewachsen (**um** 60 cm).*
*Ich bekomme **300 DM** Lohn.*
*Er ging **den Berg** hinauf/**die Treppe** hinunter.*
*Er ging **alle Rechnungen** durch.*

▷ On appelle « accusatif absolu » l'emploi littéraire d'un GN à l'ACC accompagné généralement d'une expansion ayant la forme d'un G PREP et qui exprime une circonstance *(« Begleitumstand »)* du procès :

***Den Revolver in der Hand,** durchsuchten die Polizisten den Wald.*
*Er kam, **die Zigarre im Mund,** zu mir herüber.*

Ce type de GN peut être considéré comme la réduction d'un GV avec *haben* ou d'une base verbale incluant *haben* :
Sie hatten/hielten den Revolver in der Hand, er hatte die Zigarre im Mund.
La langue standard préfère un G PREP avec *mit* :
***Mit** dem Revolver in der Hand durchsuchten die Polizisten den Wald.*

652 b) Le génitif « libre ».

▷ On appelle « génitif absolu » l'emploi très littéraire d'un GN au GEN comprenant le plus souvent un ADJ épithète et exprimant la manière dont se déroule le procès :

*Er ging **schweren Schrittes/gesenkten Hauptes** nach Hause.*

On peut être tenté de voir dans ce GN au GEN un « faux attribut », dans la mesure où l'attribut peut avoir la forme d'un GN au GEN (v. ci-dessus § 650). Cependant, son remplacement par un G PREP avec *mit* est possible (et courant) alors que l'attribut ne le tolère pas :
*Er ging **mit** schwerem Schritt/**mit** gesenktem Kopf nach Hause.*
*Er war **reinen Herzens** ↔ *Er war mit reinem Herzen* (impossible).

▷ Dans de nombreuses expressions figées, un GN au GEN (souvent commutable avec un G PREP) peut exprimer :

— une indication (indéterminée) de temps :
eines (schönen) Tages, eines Abends
abends : le soir, *sonntags :* le dimanche, *werktags :* les jours ouvrables, *anfangs, öfters, mehrmals...*

— une indication de manière :
blindlings : à l'aveuglette, *bäuchlings :* sur le ventre.
— une indication de lieu :
linker Hand, rechter Hand, links, rechts, vielerorts...
— une fonction appréciative ou commentative : *meines Erachtens :* à mon avis, *meines Wissens :* à ce que je sache, *letzten Endes, jedenfalls, gegebenenfalls, gewissermaßen, allerdings...*

§ 653 **c) Le datif « libre ».**

▷ Un GN au DAT non conditionné par le programme valenciel du verbe peut se substituer à un G PREP avec *für* ou *anstelle :*

Ich schreibe ***dir*** *den Brief = für dich, an deiner Stelle*
(≠ ich schreibe ihm einen Brief = ***an*** *ihn)*
Sie näht ***ihrem Mann*** *den Knopf wieder an.*
Er hat ***seinem Sohn*** *einen Sandkasten gebaut.*

▷ On appelle « datif éthique » le datif qui fait référence à une personne engagée dans un acte de communication exprimant un jugement ou une injonction ; ce datif a donc une fonction communicative, cf. :

Er ist ***mir*** *zu dumm.*
Das ging ***ihm*** *zu schnell.*
Fall ***mir*** *bloß nicht die Treppe hinunter!*
Mach ***mir*** *ja keinen Unsinn!*

▷ On appelle « datif possessif » ou « datif d'appartenance » un GN au datif commutable avec un adjectif possessif ou un GN au GEN :

Ich wasche ***mir*** *die Haare (= meine Haare).*
Sie sprang ***ihm*** *an den Hals (= an seinen Hals).*
Er trug ***dem alten Mann*** *den Koffer (= den Koffer des alten Mannes).*

Dans de nombreux dialectes, on utilise très souvent un GN au datif antéposé équivalant au génitif « possessif » de l'allemand standard, par exemple :

Opas *Bierkrug →* ***dem Opa*** *sein Bierkrug*
cf. également en français : *la voiture (qui appartient)* ***à*** *mon père.*

26.2. Les systèmes de cas sur le GN membre de G PREP

§ 654 Lorsque le GN est membre d'un G PREP, le système des cas est réduit à l'ACC, au DAT et au GEN (le NOM n'apparaît qu'exceptionnellement, cf. *laut Paragraph 12* — v. plus loin § 657).

Lorsque le cas est figé, par exemple *mit* + DAT, *für* + ACC, la marque de cas n'est qu'un signal supplémentaire (« redondant ») de la relation syntaxique entre la base prépositionnelle et le GN.

Certaines prépositions acceptent cependant plusieurs cas :

▷ avec opposition de sens, par exemple : ***auf dem*** *Tisch* (locatif) ↔ ***auf den*** *Tisch* (v. chap. 28) ;

▷ sans opposition de sens, par exemple : *wegen* ***eines*** *Fehlers* (langue standard) ↔ *wegen* ***einem*** *Fehler* (langue familière).

29.2.1. PREPOSITIONS REGISSANT L'ACC ET/OU LE DAT.

§ 655

à **:** à (rare).	ACC *Briefmarken à 80 Pfennig* (cf. *zu*)
ab **:** à partir de.	DAT et plus rarement ACC : *ab nächstem/nächsten Montag, ab Juni, ab Köln*
an (sens divers selon le contexte).	DAT (locatif) ou ACC (directif)
auf (sens divers).	DAT (locatif) ou ACC (directif)
aus (sens divers).	DAT
außer **:** hors de, en dehors de.	DAT (locatif) ou ACC (directif-relation de report) : *Das steht außer jedem Zweifel* ↔ *Er konnte das außer jeden Zweifel stellen.*
außer **:** sauf, à part.	DAT : *außer einigen Schwierigkeiten*
bei (sens divers).	DAT
betreffend **:** concernant.	ACC
bis **:** jusqu'à.	DAT : *Wir flogen bis München, der alten Stadt* ACC (relation de report) : *bis nächste Woche, bis eine Minute nach 12 Uhr*
durch (sens divers).	ACC
entgegen **:** à l'encontre de, contrairement à.	DAT (GN postposé, parfois préposé) : *entgegen meinem Wunsch/meinem Wunsch entgegen*
entlang **:** le long de.	GN préposé : ACC fréquent, DAT rare : *Den Weg entlang/dem Weg entlang läuft ein Zaun.* GN postposé : DAT fréquent, GEN rare : *Entlang dem Weg/des Weges läuft ein Zaun.*
entsprechend **:** conformément à, selon.	DAT avec GN postposé ou préposé : *entsprechend seinem Vorschlag/seinem Vorschlag entsprechend*
fern **:** loin de.	DAT : *fern der Stadt ;* plus courant : *fern von* + DAT
für (sens divers).	ACC
gegen (sens divers).	ACC
gegenüber **:** vis-à-vis de.	DAT avec GN postposé ou préposé ; pronom toujours préposé : *mir gegenüber*
gemäß **:** conformément à.	DAT avec GN postposé ou préposé
hinter **:** derrière.	DAT (locatif) ou ACC (directif)
in **:** dans, à, en.	DAT (locatif) ou ACC (directif)
mit/mitsamt **:** avec.	DAT
nach (sens divers).	DAT

nächst : près de (archaïque).	DAT : *nächst dem Hause*
nahe : près de.	DAT : *nahe dem Haus*
neben : à côté de.	DAT (locatif) ou ACC (directif)
nebst : en plus de (rare).	DAT : *Er lud Erika nebst ihren Freundinnen ein.*
ohne : sans.	ACC
per : par (style administratif).	ACC : *per eingeschriebenen Brief*
pro : par	ACC : *8 DM pro angefangene Seite*
samt : avec.	DAT : *der Präsident samt seinem Gefolge*
über (sens divers).	DAT (locatif) ou ACC (directif).
um (sens divers).	ACC
unter (sens divers).	DAT (locatif) ou ACC (directif)
vis-à-vis (rare).	DAT : *vis-à-vis dem Theater*
von (sens divers).	DAT
vor (sens divers).	DAT (locatif) ou ACC (directif)
wider : contre (archaïque).	ACC : *wider alles Erwarten*
zu (sens divers).	DAT
zufolge : suite à	DAT préposé. GEN postposé
zuliebe : pour l'amour de.	DAT, GN préposé : *meinem Vater zuliebe*
zuwider : contre (rare).	DAT, GN préposé : *seinem Befehl zuwider*
zwischen : entre.	DAT (locatif) ou ACC (directif).

26.2.2. PREPOSITIONS REGISSANT LE GEN.

§ 656 Le GEN s'explique par le fait que la plupart de ces prépositions sont issues de substantifs (p. ex. : *dank, mittels*) ou formées à partir de syntagmes comprenant un substantif (p. ex. : *diesseits, infolge*).

Ces prépositions sont souvent sources de difficultés — même pour les germanophones —, parce que certaines d'entre elles peuvent être suivies d'un autre cas.

a) Prépositions suivies du GEN uniquement :

anfangs : au début de.	ex. : *anfangs des Jahres*
angesichts : en présence de, vu, étant donné.	ex. : *angesichts des Todes ; angesichts der Tatsache, daß...*
anläßlich : à l'occasion de.	ex. : *anläßlich seines 60. Geburtstags*
bezüglich : concernant, pour ce qui est de, quant à.	ex. : *Bezüglich Ihrer Anfrage teilen wir Ihnen mit, daß...*
halber : pour des raisons de.	► GN préposé : *der Einfachheit halber*
hinsichtlich : en ce qui concerne.	ex. : *Hinsichtlich des Preises sind wir uns einig.*
kraft : en vertu de.	ex. : *kraft seines Amtes*
namens : au nom de.	ex. : *namens der Regierung*
ob (archaïque pour :)	a) *wegen : Ich tadelte ihn ob seines Leichtsinns.* b) *über/an : Rothenburg ob der Tauber*

seitens/von seiten : du côté de, du point de vue de.	ex. : *seitens (von seiten) meines Chefs* (avec des personnes)
um...willen : pour l'amour de.	ex. : *um des lieben Friedens willen*
unbeschadet : nonobstant.	► GN préposé ou postposé : *seines hohen Alters unbeschadet/unbeschadet seines hohen Alters*
ungeachtet/unerachtet : sans tenir compte.	ex. : *ungeachtet meines Wunsches*
vermöge (très rare) : grâce à.	ex. : *vermöge/dank seiner Geschicklichkeit*
von...wegen : de par, en vertu de.	ex. : *von Gesetzes wegen ; von Amts wegen*
vorbehaltlich : sous réserve.	ex. : *vorbehaltlich Ihrer Zustimmung*
zeit : du temps de.	ex. : *zeit seines Lebens :* de son vivant.

657 **b) Prépositions avec GEN admettant également le DAT ou un nom indécliné dans certaines conditions :**

▷ Le DAT est fréquent mais considéré comme incorrect par les puristes après :

anstatt : au lieu de.	***dank :*** grâce à.	***trotz :*** malgré.
binnen : dans un délai de *(~ eines Jahres)*	***längs :*** le long de.	***wegen :*** à cause de.
	statt : au lieu de.	

▷ On emploie le DAT avec un nom pluriel sans article ou pour éviter la rencontre de deux formes de GEN semblables avec les prépositions mentionnées ci-dessus, ainsi qu'avec les suivantes :

abzüglich : en moins.	***exklusive :*** sauf.	***mittels :*** au moyen de.
ausschließlich : sauf.	***inklusive :*** y compris.	***während :*** pendant.
einschließlich : y compris.	***laut :*** selon, d'après.	***zuzüglich :*** en plus.
	mangels : à défaut de.	***zwecks :*** en vue de.

Exemples :

— avec GEN : *mangels eines einleuchtenden Beweises*
trotz/wegen seines Widerstrebens
statt seines Vorschlags

— avec DAT : *mangels Beweisen* / *laut Presseberichten* } Le génitif ne serait pas marqué.
laut Marias letztem Brief / *trotz/wegen Vatis anfänglichem Widerstreben* / *statt dem Vorschlag des Ministers* } On évite la rencontre de deux génitifs.
statt dem Vorschlag / des Vorschlags der Regierung

► Le nom reste le plus souvent **indécliné** (au NOM) lorsqu'il est seul et au singulier :
Preis einschließlich/inklusive Porto : DM 8,-
laut Vertrag, laut Paragraph 14 Absatz 2
mittels Stacheldraht(es), wegen Diebstahl(s), zwecks Umbau(s)
ohne Teddybär, mit Waschautomat (v. § 532)

§ 658 **c) Prépositions avec GEN admettant également *von* + DAT :**

De nombreuses prépositions se construisent avec *von* + DAT lorsqu'elles sont suivies d'un substantif sans article, par exemple :

*anhand **eines** Zeitungsartikels* → *anhand **von** Zeitungsartikeln*
*außerhalb **des** Stadtgebietes* → *außerhalb **von** München*

Ce sont :

abseits : à l'écart de.
anhand ou ***an Hand :*** à l'aide de.
anstelle/an Stelle : au lieu de/à la place de
aufgrund/auf Grund en raison de.
außerhalb : en dehors de.
beiderseits : de chaque côté de.
diesseits : de ce côté-ci de.
infolge : par suite de.
inmitten : au milieu de.
innerhalb : à l'intérieur de.
jenseits : au-delà de.
nördlich/östlich/westlich/südlich : au nord (etc.) de.
oberhalb : au-dessus de, en amont de.
seitlich : sur le côté de.
unfern/unweit : non loin de.
unterhalb : en-dessous de, en aval de.
zugunsten : en faveur de.

— ***innerhalb*** admet également le DAT après une expression de temps sans article : *innerhalb fünf Monaten / innerhalb von fünf Monaten ;*
— ***seitlich : von*** + DAT est toujours possible : *seitlich des Friedhofs / seitlich vom Friedhof ;*
— ***zugunsten*** demande le DAT avec un pronom préposé : *zugunsten meines Vaters,* mais : ***ihm** zugunsten* (cf. ***mir** gegenüber*).

26.3. Les autres systèmes de cas

§ 659 Le GN peut assumer d'autres fonctions, auxquelles correspondent d'autres systèmes de cas :

▷ **GN membre de GN :** le seul cas possible est le GEN, qui commute quelquefois avec un G PREP (v. §§ 618-620) ;

▷ **GN membre de G ADJ :** ici fonctionnent l'ACC, le DAT et le GEN, le choix étant conditionné par le programme valenciel de l'adjectif (v. §§ 600-604) ;

▷ **GN en apposition :** le cas est le même que celui du GN auquel se réfère l'apposition, ou le NOM ou parfois le DAT (v. §§ 888 sv.) ;

▷ **GN en fonction d'énoncé :** la plupart des GN en fonction d'énoncé peuvent être interprétés comme des GV réduits, par exemple :

— ACC : correspond à un GN-objet :
Guten Tag ! (= ich wünsche einen guten Tag)
Vielen Dank ! (= Haben Sie vielen Dank)
Ein Bier, bitte ! (= ich möchte ein Bier)

— NOM : correspond à un GN-attribut du sujet :
Letzte Mahnung ! (= dies ist die letzte Mahnung)
Unverschämter Kerl ! (= Sie sind / er ist ein unverschämter Kerl)
Bayerische Staatsoper (= dies ist die bayerische Staatsoper)

Dans d'autres énoncés cependant, le NOM est une sorte de « vocatif » :
Herr Mayer ! *He du da !* *Lieber Hans !* *Großer Gott !*

27
LES PRONOMS

27.0. Problèmes de définition

§ 660 **a) « Pronom », « substitut », « représentant ».**

Dans la grammaire traditionnelle, le terme de pronom recouvre des éléments très hétérogènes, tels que :

pronoms personnels *(ich, du, er...)*, réfléchis *(sich...)*, réciproques *(einander)*, démonstratifs *(dieser, jener...)*, possessifs *(meiner...)*, interrogatifs *(wer ?, wann ?...)*, relatifs *(der, welcher, worüber...)*, indéfinis *(jemand, etwas, man...)*, négatifs *(keiner, niemand...)*, adverbiaux *(worauf, dafür...)*.

De plus, *pronom* (contrairement au sens qu'il a dans les grammaires du français) ne désigne pas seulement, dans la grammaire courante de l'allemand, des unités linguistiques se comportant comme des noms ou des GN *(ich, er, jemand, man...)*, mais aussi une partie des « déterminatifs », c'est-à-dire des marqueurs d'identification *(der/die/das, dieser/jener, mein/dein...)* ou des quantificateurs du GN *(ein, kein, jeder...)*. Formant une classe hybride, ces éléments sont à la fois *Fürwort* (pronom = mis pour un nom ou un GN) et *Vor-wort* (pronom = unité par laquelle débute un GN).

Pour trouver un point commun à ces unités hétérogènes, on a tenté d'intégrer les pronoms dans la classe plus large des « substituts », c'est-à-dire des unités pouvant se substituer soit à des noms ou GN, soit à des adjectifs, soit à des GSC, soit même à des énoncés entiers. Ainsi *es* reprenant *das Kind, so* reprenant *schön* dans *schön singen, dort* reprenant *in München* sont des substituts.

Mais tout pronom n'est pas substitut d'un signe ou d'une unité linguistique. Ainsi *ich* ne peut pas être considéré comme équivalent syntaxique du nom propre de celui qui parle : *ich **bin** krank* ↔ *Hans Meyer **ist** krank. Es* dans *es regnet* ne se substitue à aucun autre signe linguistique. En revanche, des LSC comme *heute, morgen, gestern, oben, unten, vorn* peuvent remplacer par exemple un G PREP *(am 12. Februar, auf dem Speicher, im Keller)*. Faut-il donc les considérer comme des pronoms ? Il faudrait au moins distinguer la substitution dans un même paradigme et celle qui est intratextuelle ou syntagmatique :

substitution paradigmatique	substitution syntagmatique
gestern *am 12. Februar* *damals*	IMPOSSIBLE : ***Am 12. Februar** waren wir früh aufgestanden.* **__Gestern__ war Feiertag.* POSSIBLE : ***Das Kind** spielte. **Es** saß auf dem Boden.* *Wir waren **in München. Dort** war ein Fest.*

Pour tenir compte de toute substitution possible, d'autres linguistes utilisent un terme encore plus général : celui de « représentant » d'une unité ou d'un groupe linguistique (GN, G ADJ, G PREP, énoncé...), voire de « représentant » de tout élément de la situation proche ou lointaine. Dans ce second sens, seraient des « pronoms-représentants » toutes les unités à fonction déictique, qui ne trouvent leur clé que dans le contexte ou la situation de l'énoncé/énonciation (cf. § 19).

§ 661 **b) Critères de classification.**

Le premier critère retenu ici est celui du **statut syntaxique** de l'unité : comment est-elle faite, comment fonctionne-t-elle ? On peut distinguer :

▷ les unités pronominales (qui ne sont pas des substituts), et pronominalisées (que l'on peut aussi appeler substituts), les deux types **fonctionnant comme GN** (27.1.) ;

▷ les unités pronominales et pronominalisées **fonctionnant comme GSC ou comme membre de GSC** (27.2.).

Un traitement à part sera réservé à l'unité *es* (27.3.).

Comme second critère intervient celui de la **fonction sémantique** :

▷ **fonction désignative** pour distinguer les unités visant des réalités déterminées ou indéterminées et, dans chacune de ces sous-classes, des personnes ou des non-personnes ;

▷ **fonction déictique,** dont le tableau ci-après rappelle la triple dimension (cf. aussi § 19) :

FONCTION	TYPE DE RELATION	DEFINITION
anaphorique	INTRALINGUISTIQUE	= se réfère à un signe du **contexte antérieur** (« reprise »)
cataphorique	(contextuelle)	= se réfère à un signe du **contexte postérieur** (« annonce »)
exophorique	EXTRALINGUISTIQUE	= se réfère à la **situation**

Exemples des trois fonctions pour un seul et même pronom :

*Peter Müller ? **Den** kenne ich nicht.* (anaphorique)
***Den** möchte ich mal sehen, der das schafft.* (cataphorique)
*Wo finde ich bloß ein Postamt ? — Frag mal **den** da !* (exophorique)

27.1. Les pronoms fonctionnant comme GN

27.1.1. LES SUBSTANTIFS PRONOMINAUX
(exophoriques)

§ 662 Ils permettent de désigner dans la **situation** une (ou plusieurs) personne(s) ou non-personne(s). Ce sont presque des noms propres dont le désigné varie en fonction de la situation.

a) Les substantifs pronominaux définis.

Ils désignent des personnes ou des non-personnes déterminées, voire identifiées :

§ 663 ▷ SUBSTANTIFS PRONOMINAUX PERSONNELS.

ich = locuteur		***wir***	= locuteur + autre(s) personne(s)
du/Sie = interlocuteur		***ihr/Sie***	= interlocuteurs ou interlocuteurs + autre(s) personne(s)

1. Dans la langue parlée, *ich* et *du* peuvent symboliser un collectif *(= man)* :

   Was ich nicht weiß, macht mich nicht heiß (= was man nicht weiß, macht einen nicht heiß).

   Wenn du so mit dem Drachen in der Luft schwebst, fühlst du dich richtig frei.

2. *Wir* peut représenter un pluriel, dit de « majesté » ou de « modestie » pour éviter *ich* :

   Wir haben oben schon einmal diese Frage beantwortet (= ich habe oben...).

3. *Wir* peut ne pas inclure le locuteur pour des raisons de stratégie perlocutoire :

   Wir werden so etwas nicht wieder tun, hörst du ? (= du/Sie).

4. *Sie* forme de politesse vise un interlocuteur ou un ensemble d'interlocuteurs qu'on vouvoie. *Ihr* implique le tutoiement d'au moins un interlocuteur.

+***er***/+***sie*** (sing. ou plur.) accentués, renforcés éventuellement par *da* ou *dort* postposé, peuvent, dans une langue peu polie, fonctionner comme exophoriques, c'est-à-dire désigner directement une personne de la situation. Ils sont souvent remplacés par les démonstratifs accentués +***der***/+***die*** (renforcés éventuellement par *da/dort/hier* postposé) :

+***Er*** *hat vielleicht Nerven !* +***Der*** *hat vielleicht Nerven !* Il est gonflé, celui-là !
Schau +***ihn***/+***sie*** *an ! Schau* +***den***/+***die*** *[da] an !* Regarde-moi celui-là/celle(s)-là/ceux-là !

Comme ces substantifs personnels se réfèrent à la situation, seul le genre naturel — le sexe — est pertinent. Ainsi, tandis que l'anaphorique *es* peut reprendre *das Kind,* il est impossible de désigner un enfant dans une situation en disant *es.*

Les substantifs pronominaux personnels ont les **particularités morphosyntaxiques** suivantes :
— Ils sont déclinables :

		1re PERS.	2e PERS. familier	2e PERS. politesse	3e PERS. MASC.	3e PERS. FEM.
SING.	N	***ich***	***du***	***Sie***	***er***	***sie***
	A	***mich***	***dich***	***Sie***	***ihn***	***sie***
	D	***mir***	***dir***	***Ihnen***	***ihm***	***ihr***
	G	***meiner***	***deiner***	***Ihrer***	***seiner***	***ihrer***
PLUR.	N	***wir***	***ihr***	***Sie***		***sie***
	A	***uns***	***euch***	***Sie***		***sie***
	D	***uns***	***euch***	***Ihnen***		***ihnen***
	G	***unser***	***euer***	***Ihrer***		***ihrer***

Le GEN ne se rencontre guère qu'en fonction d'objet ou après une préposition : *Herr, erbarme dich* ***unser****! Er machte das statt* ***meiner*** (rare). *Er ist* ***unser aller*** *Freund* (expansion de base nominale, forme figée de « génitif saxon » — très rare).

Formes figées de génitif :

Vergiß ***mein*** *nicht!* (ancien génitif sans terminaison)
meinerseits, *deinerseits, seinerseits, ihrerseits, unsererseits...*
▶ ***meinetwegen,*** *deinetwegen, ihretwegen, unser(e)twegen...*
um ***meinet****willen, um deinetwillen...*

— Ces substantifs pronominaux ne peuvent pas avoir d'expansions déterminatives à gauche, ni de marqueurs explicites d'identification : *das seltsame Ich* est un GN à base nominale *Ich*! A droite, en revanche, ils admettent des expansions non sélectives (descriptives, explicatives ou appositives) :

Ich Armer / Ich Arme! Du Armer / Du Arme!
Ihr aus Luxemburg... Wir Deutsche... Mit euch Deutschen...
Du, mit deiner ewigen Meckerei!
Du, der/die ständig etwas auszusetzen hat... } v. § 634
Du, der/die du ständig etwas auszusetzen hast... }
Du, mein lieber Freund, bleibst schön sitzen! (apposition, v. § 888)

§ 664 ▷ SUBSTANTIFS PRONOMINAUX IMPERSONNELS.

Comme substantifs définis impersonnels, c'est-à-dire désignant un élément (inanimé) de la situation, on ne trouve que ***es*** et ***das*** (accentué ou non), qui ne fonctionnent qu'au NOM et à l'ACC :

Es/das *gefällt mir nicht.* $^{+}$***Das*** *[hier] gefällt mir besser.* (cf. aussi le démonstratif *dies,* § 671)
Wie findest du ***es****? Wie findest du's? Wie findest du* ***das****?*
Wie findest du $^{+}$***das*** *(da/dort)?*

b) Substantifs pronominaux indéfinis.

Ils désignent une personne ou une non-personne indéterminée, voire non identifiée :

§ 665 ▷ SUBSTANTIFS PRONOMINAUX PERSONNELS.

wer

ACC *wen*
DAT *wem*
GEN *wessen*

fonctionne comme interrogatif pour les animés ou comme relatif (v. § 638) et admet des expansions sélectives à droite :

*Mit **wem** spreche ich ? **Wessen** Wagen steht da ?*
***Wer** zuletzt lacht, lacht am besten.*
***Wer von euch** mag kein Bier ?*
***Wer in dieser Stadt** könnte mein Auto reparieren ?*

Dans la langue parlée, *wer* s'emploie parfois pour *jemand* :
Da ist jemand gewesen → *Da ist wer gewesen.* En revanche, la commutation *etwas* → *was* est plus fréquente (v. § 666).

irgendwer

se décline comme *wer*, mais le GEN est inusité :

*Frag **irgendwen** (irgend jemand), aber nicht mich !*

man

ACC *einen*
DAT *einem*

n'a qu'une forme de NOM. Pour l'ACC et le DAT, on a recours aux formes correspondantes du quantitificateur pronominalisé *einer* :

*Was **man** gern tut, fällt **einem** nicht schwer.*

jemand
irgend jemand
et au négatif :
niemand

ACC *jemand (en)*
niemand (en)
DAT *jemand (en)*
niemand (em)

peuvent rester invariables à l'ACC et au DAT et admettent des expansions sélectives à droite :

*Ich habe **jemand(en)** aus München getroffen.*
*Ich möchte mit **niemand(em)** außer dir darüber sprechen.*
*Ich kenne **niemand(en),** der uns helfen könnte.*

Jemand/niemand restent généralement invariables lorsqu'ils sont suivis d'un adjectif. La marque *-es* (neutre) pour l'adjectif est la plus fréquente, et elle peut fonctionner à tous les cas :

*Ich habe **niemand** Bekannten/Bekanntes getroffen.*
*Ich habe mit **jemand** Bekanntem/Bekanntes gesprochen.*
*Ich würde lieber mit **jemand anderem** / mit **jemand ander(e)s** fahren.*

Le GEN (avec *-s*) est très rare et nécessairement antéposé : *Dies Land ist niemands Besitz.*

jedermann

est invariable sauf au GEN (avec *-s*, toujours antéposé) :

***Jedermann** weiß das.* Tout le monde le sait.
*Das würde ich nicht **jedermann** erzählen.*
*Das ist nicht **jedermanns** Sache.*

§ 666 ▷ SUBSTANTIFS PRONOMINAUX IMPERSONNELS.

was

non déclinable, sauf au GEN *wessen* (rare : *Wessen wird er angeklagt ?* cf. aussi l'ancienne forme *wes* dans *weshalb*), fonctionne comme interrogatif ou relatif (v. §§ 632 et 638 **b**) et admet des expansions à droite :

Was läuft zur Zeit im Kino ?
***Was von diesen Sachen** willst du mitnehmen ?*
***Was** habt ihr **alles** gesehen ?*
*Es ist nicht alles Gold, **was** glänzt.*

Dans la langue parlée, *was* s'emploie pour *etwas* (v. ci-dessous).

etwas
was (langue parlée)
irgend etwas
irgendwas
et au négatif :
nichts

admettent des expansions sélectives à droite :

*Sag doch **etwas** ! Sag doch **was*** (langue parlée) !
*Brauchst du **irgend etwas** / **irgendwas** aus der Stadt ?*
*Da gibt es **nichts** zu sehen.*
*Das ist **[et]was Neues** / **[et]was anderes.***
*Ich habe **nichts Besseres** / **nichts anderes** gefunden.*
*Ich spreche von **[et]was anderem.***
(v. § 481)

Ne pas confondre avec le **graduatif** *etwas* (non remplaçable par *was*) :
Ich bin etwas (= ein wenig) müde.
Gib mir etwas Brot !

27.1.2. LES SUBSTITUTS DE GN ET LES SUBSTANTIFS PRONOMINALISES.

§ 667 **a) Les anaphoriques de la 3e personne** ***er/es/sie/sie*** (déclinaison : v. § 663).

Véritables « pro-noms », ils représentent un GN du contexte antérieur, dont ils prennent le nombre et le genre grammatical, sauf avec *Mädchen* ou *Fräulein,* où l' « accord sémantique » est souvent possible :

*Sie hat viele Kleider, zieht **sie** aber selten an.*
*Sind Sie mit Ihrem Wagen zufrieden ? — Nein, ich möchte **ihn** verkaufen.*
*Wie heißt dieses Mädchen ? — **Es/sie** heißt Ilse.*
*Gehen Sie zu Fräulein Beckmann, **sie** kann Ihnen besser helfen.*

Une expansion (non sélective) n'est possible qu'à droite (sauf pour *es*) :

Er, der große Fußballspieler, muß einmal auf der Reservebank sitzen.
Sie, die bis jetzt kein Wort gesagt hatte, protestierte ganz laut.

Comme chez les substantifs pronominaux (§ 663), le GEN est rarement employé :

Der Hund tat mir leid. Ich nahm mich ***seiner*** *an.*
Sie war nur der Schatten ***ihrer*** *selbst.*
Es waren ***ihrer*** *drei* (mieux : *sie waren zu dritt*).
Es gibt ***ihrer viele*** (mieux : *es gibt viele [von ihnen]*).

Pour les inanimés, on fait appel au GEN du démonstratif *der* :

Hier gibt es viele Burgen. Ich habe ***deren*** *manche gesehen.*

§ 668 **b) Les démonstratifs anaphoriques ou cataphoriques *der/das/die/die* :**

Leurs formes dévient en partie de celles de l'article (on ne peut donc pas les considérer comme des réductions de GN — v. plus loin § 670) ; au GEN pluriel, le démonstratif a deux formes, selon qu'il est en fonction anaphorique *(deren)* ou cataphorique (*derer* — v. exemples et la remarque 2 du § 630) :

	MASC	NEU	FEM	PLUR	
N	*der*	*das*	*die*	*die*	
A	*den*	*das*	*die*	*die*	
D	*dem*	*dem*	*der*	***denen***	
G	***dessen***	***dessen***	***deren***	***deren***	(anaphorique)
				derer	(cataphorique pour les personnes)

Exemples (1. anaphorique ; 2. cataphorique)

1. *Sie ist mit Herrn Müller verheiratet. —* ***Den*** *kenne ich nicht.*
   Frau Kranz ? Mit ***der*** *will ich nichts mehr zu tun haben.*
   Das ist Peter, von ***dem*** *ich dir neulich erzählt habe* (relatif).
   Du, die Kinder steigen mit ihren dreckigen Schuhen aufs Sofa. — Was ? ***Denen*** *werde ich helfen !*
   Die Beamten, ***deren*** *Gehälter dieses Jahr eingefroren werden sollen...* (relatif)
   Herr und Frau Müller mit ***deren*** *Tochter Ulla.*
2. ***Der,*** *der das getan hat, muß ein Sadist sein.*
   Weh(e) ***dem,*** *der lügt.*
   Bist du mit ***dem*** *einverstanden, was er vorgeschlagen hat ?*
   Tue ***[das],*** *was ich dir sage.*
   Er möchte das Elend ***derer****, die hier leben, lindern helfen.*
   Die Gesundheit ***derer, deren*** *Arbeit am schwierigsten ist, ist oft gefährdet.*

En fonction cataphorique, *der* peut être remplacé par *derjenige* :

Derjenige, *der das getan hat, muß ein Sadist sein.*
Er möchte das Elend ***derjenigen*** *lindern helfen, die hier leben.*

Pour la contraction *der, der → wer* et *das, was → was,* v. § 638.

§ 669 **c) Les anaphoriques réfléchis et réciproques** (v. §§ 354-362) :

Ils sont substituts de GN ou de substantif pronominal *(ich ← mich),* sauf lorsque le pronom n'est qu'un « indice » (avec les verbes uniquement pronominaux comme *sich beeilen, sich ereignen,* etc. v. §§ 355 sv.) :

Ich habe ***mich*** *geschnitten.* *Die Kinder putzen* ***sich*** *die Zähne.*	réfléchi (renforçable par *selbst, selber* postposé)
Wir haben ***uns*** *im Urlaub kennengelernt.* *Sie trösteten* ***sich*** *gegenseitig/Sie trösteten* ***einander.***	réciproque

27.1.3. LES GN REDUITS AU DETERMINATIF OU QUANTIFICATEUR, PRONOMINALISE OU NON.

§ 670 Les unités envisagées ici peuvent être considérées comme le produit de deux types de transformations syntaxiques :

▷ réduction de GN par ellipse de la base nominale (le marqueur d'identification ou de quantité garde sa déclinaison) :

Dieser [Anzug] ist mir zu teuer.
Viele [Leute] sind dieser Meinung.

▷ réduction de GN par pronominalisation du déterminatif ou quantificateur, dont la déclinaison diverge au moins à un cas :

Hast du ***ein*** *Auto ? — Ja, ich habe* ***eines / eins*** (langue parlée).
Ist es ***Ihr*** *Mantel ? — Ja, es ist* ***meiner.***
Ich habe ***vieles*** *erlebt.*

Ces unités se rencontrent principalement en fonction anaphorique, mais certaines peuvent être également cataphoriques et/ou exophoriques.

§ 671 **a) Les démonstratifs (avec base nominale élidée).**

> ***dieser/dieses (dies)/diese/diese***
> et
> ***jener/jenes/ jene/jene***
> **Pour l'opposition** *dies-* ↔ *jen-* et la valeur appréciative de *jen-* v. § 520.

Sie hatte eine Tochter. ***Diese*** *bedeutete ihr alles.*

Sie wundern sich über die Veränderung meines Aufenthalts und beklagen sich über mein Stillschweigen. Der Grund von ***diesem*** *liegt in* ***jener,*** *der Grund von* ***jener*** *aber in hundert kleinen Zufällen* (Goethe).

Er unterschrieb eine Blankovollmacht. ***Dies*** *wurde ihm zum Verhängnis* (anaphorique de tout un énoncé, cf. aussi *diesbezüglich* à ce sujet).

Ich möchte dir nur ***dies / dieses*** *(= folgendes) sagen : Ich will nichts damit zu tun haben* (cataphorique).

Jene *(= diejenigen* ou *die), die das behaupten, sind reine Demagogen* (cataphorique).

Ich habe dir ***dieses*** *hier mitgebracht* (exophorique).

Entschuldigen Sie, ***dies*** *ist* ⁺*mein Mantel* (exophorique).

1. *Dies- und jen-* fonctionne comme quantificateur indéterminé : *Wir sprachen über dies und jenes* (de choses et d'autres).
2. Ne pas confondre le « déterminatif » (avec base nominale élidée ou non) et le démonstratif pronominalisé, substitut de GN (v. § 668) :

   Cette montre est celle de mon frère. ***Diese** Uhr ist **die** meines Bruders.*

   Voici deux livres : celui-ci est à moi, celui-là est à toi ! *Hier sind zwei Bücher : **Dieses** (= das hier) gehört dir, **dieses / jenes*** (langue soignée) *(= das da) gehört mir !*

   Ceux qui vivent sont ceux qui luttent. ***Die[jenigen]**, die kämpfen, sind **die[jenigen]**, die leben (*diese* est exclu*)*. Ou : ***Wer** kämpft, **der** lebt.*

§ 672 b) Les qualitatifs *solch-* et *welch-* (avec base nominale élidée).

solcher/solches/ solche/solche

implique une appréciation qualitative (v. §§ 523 et 682) :

*Haben Sie DIN A5-Briefumschläge ? — Nein, **solche** führen wir nicht* (anaphorique).

*Es gibt viele Teesorten : **solche**, die süß schmecken und **solche**, die sauer sind* (cataphorique).

welcher/welches/ welche/welche

fonctionne comme interrogatif et comme relatif (v. § 631) :

*Wir haben zwei Züge : um 17.45 und um 19.26. **Welchen** nehmen wir denn ?*

*Ich mag die Art nicht, mit **welcher** / mit der er uns herumkommandiert.*

La forme neutre *welches* comme interrogatif attribut renvoie à des GN des trois genres et des deux nombres :

***Welches** ist der größte Saal ?*

***Welches** sind die Vorteile dieser Reform ?*

Welche au pluriel est également un pronom-substitut à **valeur partitive**, s'opposant à *einer* (singulier, réalité dénombrable) :

*Hast du Zigaretten ? — Ja, ich habe noch **eine**.* J'***en*** ai encore ***une***.

*— Ja, ich habe noch **welche**.* J'***en*** ai encore.

Es gibt ***welche**, die anderer Meinung sind.* Il y **en** a qui... (cataphorique et exophorique).

Pour les réalités non dénombrables, *welcher* a la même valeur au singulier :

*Wir haben kein Brot mehr im Haus, bringst du **welches** mit ?*

§ 673 **c) Les possessifs pronominalisés.**

meiner/meines... ***deiner/Ihrer...*** ***seiner...*** ***ihrer...*** ***unserer...*** ***eurer/Ihrer...*** ***ihrer...***	*Ist es Ihr Mantel ? — Ja, es ist* ***meiner.*** *Mein Auto ist in der Werkstatt, kannst du mir* ***deines*** (langue parlée : ***deins***) *leihen ?* *Sollen wir mit zwei Autos hinfahren ? — Nein, fahren wir mit* ***unserem,*** *es ist größer.* *Mein Telefon ist kaputt. Darf ich* ***Ihres*** *benutzen ?* En fonction d'attribut, le pronom possessif est quelquefois sans terminaison : *Dieses Haus wird bald* ***mein/unser*** *sein.* *Das kann ich nun endlich* ***mein*** *nennen.*
der meine... ***der deine...*** *der meinige/der deinige...*	Il existe également des formes avec l'identificateur *d- :* *Leihe mir bitte deinen Kugelschreiber, ich habe* ***meinen/den meinen****/den meinigen* (rare) *verloren.* cf. aussi : *Er liebt die Seinen* (les siens). *Tun Sie das Ihre ! Jedem das Seine.*

§ 674 **d) Les quantificateurs pronominalisés.**

einer/ein(e)s/eine (pas de PLUR → cf. ***welche*** ; GEN inusité) ***unsereiner***	se substitue à un GN au SING désignant une réalité dénombrable : *Willst du ein Bier ? Ich hole dir* ***eines*** (langue parlée : ***eins***). *Hast du Zigaretten ? — Ja, aber nur noch* ***eine.*** *Von meinen Freunden ist nur* ***einer*** *gekommen.* ▶ mais : *Willst du Brot ? Ich hole dir* ***welches*** (réalité non dénombrable, v. § 672). Ce pronom fonctionne également comme exophorique : *Heute haben sie wieder* ***einen*** *(= jemand) ins Krankenhaus gebracht.* *Nun sag mir mal* ***einer*** *(= jemand), was los ist !* *Da war* ***eine*** *(= eine Frau) mit vier Kindern.* *Das macht* ***einem*** *richtig Spaß !* (v. *man* § 665). ou comme cataphorique : ***Ein(e)s*** *(= etwas) wollte sie nicht verraten : ihr Alter.* *Ich will nur* ***ein(e)s*** *: daß man mich in Ruhe läßt !*
der eine/das eine/die eine/ die einen	*Sie haben zwei Söhne.* ***Einer/der eine*** *ist Arzt, der andere Lehrer.* *Ich sage dir nur* ***ein(e)s/das eine*** *: laß die Hände davon !* ***Die einen*** *spielten Fußball, die anderen schauten zu.*

§		
§ 675	***keiner/keine/ kein(e)s/keine*** (GEN et DAT PLUR inusités)	fonctionne au singulier (réalité dénombrable ou non) comme au pluriel ; il est donc le négatif de *einer* (v. ci-dessus) et de *welcher* (v. § 672) : *Von meinen Freunden ist **keiner** gekommen.* *Krokodile habe ich **keine** gesehen.* *Bier ist **keines*** (langue parlée : ***keins***) *mehr da.* *Haben wir wenigstens Wein ? — Nein, wir haben auch keinen.* En fonction exophorique, *keiner* équivaut à *niemand* : *Das macht mir **keiner** (niemand) nach.* *Ich rede mit **keinem** (niemandem) darüber.*
§ 676	***jeder/jedes/jede*** *jedweder* (langue soutenue)	*Schau dir diese Häuser an! **Jedes** ist schöner als das andere.* *Die Gäste wohnen **jeder** in einem Einzelzimmer* (rare). *Von den Gästen wohnt **jeder** in einem Einzelzimmer.* *Sie erzählt es **jedem,** der es hören will* (cataphorique). *Wie **jeder** weiß...* (exophorique).
	ein jeder	« tout un chacun », « tout le monde » (exophorique) : *Das weiß **ein jeder** (= jeder, jeder Mensch).*
§ 677	***beides/beide*** ***alles/alle***	ne fonctionnent qu'au neutre singulier et au pluriel : *Möchten Sie Bier oder Wein ? — Ich trinke **beides** gern.* *Seine Kinder sind **beide/alle** versorgt.* *Was gibt es hier nicht **alles** zu sehen!* *Ich bin mit **allem** einverstanden, was er gesagt hat.* ***Alle** sind bis zum Schluß geblieben.* *Beide/alle* peuvent être précédés d'un substantif pronominal : ***Wir beide/wir alle** können nichts dafür.* *Ich wünsche **euch beiden/euch allen** viel Glück.* Dans la langue familière, *alles* peut représenter une totalité de personnes : *Endstation! **Alles** aussteigen!* Tout le monde descend ! *Alle,* comme attribut, a le sens de *« verbraucht »* : *Das Benzin ist **alle.*** Il n'y a plus d'essence.
	die beiden	existe à côté de *beide* : *Kennst du Peter und Ruth ? — Sicher, beide / **die beiden** haben mit mir Abitur gemacht.*

§ 678

einiges/einige
viel(es)/viele
wenig(es)/wenige
manches/manche
verschiedenes/ verschiedene
ein paar
allerlei
zwei, drei...
(etc.)

Les quantificateurs partiels, y compris les nombres cardinaux et les invariables *(ein paar, allerlei...)* peuvent être pronominalisés. Ils fonctionnent au neutre singulier et au pluriel :

Hast du Bekannte getroffen ? — Ja, ***einige/viele/mehrere/*** *aber nur* ***wenige/ein paar/zwei.***
Forellen habe ich ***etliche/viele*** *geangelt.*
Nimmst du diese Schuhe hier ? — Nein, ich nehme ***andere.***

En fonction exophorique :

Viele *(= viele Leute)/****einige/manche*** *sind davon überzeugt.*
Er hat ***viel(es) / einiges / mehr / wenig(es) / manches / allerlei / verschiedenes*** *erzählt.*
Ich habe ***anderes*** *(= andere Sachen) im Kopf.*

Fonctionnent avec *der/das/die :*

Es kamen über 300 Wissenschaftler, ***die meisten*** *aus Europa.*
Wir haben jetzt ***das meiste*** (le plus gros) *hinter uns.*
Das wissen nur ***die (aller)wenigsten.***

27.2. Les pronoms fonctionnant comme GSC ou comme membre de GSC

§ 679 Du point de vue de la forme, on a :

▷ des **LSC** (« adverbes ») pronominaux, qu'ils soient simples ou complexes par exemple *wo, wohin, woher...* ;

▷ des **G PREP** dont le membre est un substantif pronominal ou un groupe pronominalisé. Parmi ces derniers, on peut encore distinguer le G PREP non lexicalisé, par exemple ***mit*** *mir,* ***mit*** *vielen,* ***mit*** *wem,* ***mit*** *welchem...,* et le G PREP lexicalisé, qui a la forme d'un LSC complexe, par exemple ***miteinander, damit, womit, hiermit...***

§ 680 **a) Les LSC pronominaux (lexèmes sans marque de catégorie, « adverbes »).**

Il s'agit essentiellement d'unités au désigné indéterminé en ***w-,*** qui fonctionnent comme interrogatifs et relatifs (v. § 633, mais aussi comme introducteurs de G CONJ, v. §§ 640 et chap. 29) :

▷ ***WO-,*** combinable avec les indicateurs de direction ***-hin*** et ***-her,*** sert comme substitut de toute indication de lieu :

Relation locative :	***Wo*** *wohnst du ? Die Stadt,* ***wo*** *ich wohne...*
Relation directive :	***Wohin*** *gehst du ?* ***Wo*** *gehst du* ***hin*** *?*
Relation d'origine :	***Woher*** *kommst du ?* ***Wo*** *kommst du* ***her*** *?*
	Die Stadt, ***woher*** *er kam...*

Wo est également un relatif temporel (v. § 633).

▷ ***WANN*** se substitue à une indication de temps : ***Wann*** *kommt er ? Du kannst kommen,* ***wann*** *du willst.*

▷ ***WARUM*** et ***weshalb, weswegen*** (littéraires), servent pour une indication de cause : ***Warum*** *(weshalb, weswegen) hast du nicht geantwortet ? Der Grund,* ***warum*** *(weshalb, weswegen) ich nicht geantwortet habe...*

▷ ***WIE*** sert pour une indication de qualité ou de « manière » :

Er fährt schnell/ohne Rücksicht auf die übrigen Verkehrsteilnehmer → ***Wie*** *fährt er ? Die Art,* ***wie*** *er fährt...*

1. Comme interrogatif et comme exclamatif à incidence « globale », *wie* porte sur la manière dont se passe un procès ou sur un G ADJ attribut :

   Wie ißt er ? — Mit den Fingern / wie ein Ferkel...
   Wie ist er mit/zu seinem Bruder ? — Sehr nett / Unmöglich...
   Wie ich mich freue ! Comme je suis content(e) !

2. En tant qu'interrogatif et exclamatif à incidence « partielle », *wie* porte sur un qualitatif ou un quantificateur et assure une **fonction graduative** (v. §§ 856-857) :

   Wie schnell fährt er ? — Sehr schnell / zu schnell / 140...
   Wie oft kommt er ? — Sehr oft / zweimal in der Woche...
   Wie lange wartest du schon ? — Eine Stunde.
   Wieviel Geld brauchst du denn ?
   Wie dumm ist er ! Wie dumm er ist !

3. En revanche, ***was für ein/ein/eine/0*** est l'interrogatif ou l'exclamatif correspondant à une base nominale accompagnée de déterminations sélectives :

   Was für ein Wagen ist das ? — Ein roter Sportwagen.
   Was für ein Mann ist es ? — Ein vierzigjähriger Mann / ein Mann wie du / ein Mann mit Brille...
   Was für eine Schande ! (aussi : *Welche Schande !*)

   Was für ein (*was* invariable ; *für* ne demande pas l'ACC !) est donc un « déterminatif ». Il peut d'ailleurs être pronominalisé : *was für einer/ein(e)s/eine ;* pluriel : *was für welche.*

681 A ces unités pronominales en ***w-***, on peut opposer des LSC à fonction déictique (v. §§ 19 et 661) pour la plupart en ***d-***, qui sont déterminés (définis), voire identifiés en situation :

▷ à *wo* correspondent ***hier/da/dort*** (exophoriques, anaphoriques et cataphoriques) ;

▷ à *wohin* correspondent ***hierhin*** (rare)***/dahin/dorthin ;***

Hin (v. § 318) marque une relation directive vers un lieu autre que celui de l'observateur.

▷ à *woher* répondent ***hierher/dorther/[von] da/dort [her] ;***

▷ à *wann* correspond ***dann*** ou ***da*** (qui sert également de relatif temporel, v. § 633) ;

▷ à *warum* et *weswegen/weshalb* correspondent ***darum*** et ***'deswegen/'deshalb.***

682 Mais à *wie* correspond ***so,*** qui a plusieurs fonctions :

▷ substitut de qualitatif de manière ou attribut : *Er fährt immer* ***so.*** *Er ist immer* ***so ;***

▷ graduatif (v. § 830 sv.) : ***so*** *schnell,* ***so*** *oft,* ***so****viel... ;*

▷ « déterminatif » de GN (commutable avec *solch*, v. §§ 497 et 523) : ***so/solch** ein Wagen, **so** etwas...* ;

▷ anaphorique d'énoncé : *Wenn dich etwas stört, **so*** (ou *dann*) *sag es doch !* ;

▷ argumentatif (charnière de discours, v. § 884) : *In Frankfurt wurde eine weitere Senkung des Kurses des britischen Pfunds registriert. **So*** (c'est ainsi que) *erreichte es heute nachmittag seinen niedrigsten Stand seit November* ;

▷ cataphorique (« annonce ») de *wie : Ich mache es **so, wie** ich es gelernt habe. **So wie** ich ihn kenne, kommt er sicher zu spät* ; v. aussi *so... als ob* ;

▷ interjection (fonction illocutoire, v. § 874) : ***So,** jetzt wollen wir uns mal ausruhen !* (= bon, eh bien). ***So ?*** (étonnement, voire indignation). ***So so*** (étonnement feint, résignation).

§ 683 **b) Les G PREP à membre pronominal ou pronominalisé.**

▷ Le membre du G PREP est un **pronom** (interrogatif, relatif, démonstratif, réfléchi, etc.), fonctionnant comme GN (v. §§ 662-678) :

> ***Vor wem** hast du denn Angst ? Vor Paul ? **Vor ihm*** (langue parlée : ***vor** + **dem***) *brauchst du doch keine Angst zu haben.*
> *Bist du **wegen mir** zu Hause geblieben ?*
> *Er hatte kein Geld **bei sich*** (v. § 361).
> *Du kannst gehen, **mit wem** du willst.*
> *der Mann, **um den / um welchen** es sich handelt...* } v. §§ 630-631
> *der Anruf, **auf den / auf welchen** ich warte...* }
> mais :
> ► *das/etwas, **worauf** alle gewartet haben...* (v. §§ 632-633)
> ► *ich warte auf den Bus → ich warte **darauf. Worauf** wartest du ?*
> *er wurde wegen Steuerhinterziehung verurteilt → er wurde **deswegen** verurteilt. **Weswegen** wurde er verurteilt ?* } v. §§ 685-686

§ 684 ▷ Le membre du G PREP est un LSC (« adverbe ») pronominalisé quand la réalité visée n'est pas un animé (objet, chose, énoncé...), sauf pour le type I :

Type I : *miteinander, voneinander, auseinander...* (pronom réciproque, v. § 669)
meinerseits, seinetwegen, (um) deinetwillen, meinethalben, seinesgleichen, derentwegen, derenthalben (rare)... } possessif ou substantif personnel (v. § 663)

§ 685 Type II :

wo (+ *r* devant voyelle) + **préposition**

Ce type de G PREP à membre pronominalisé fonctionne comme interrogatif et comme relatif (avec certains types d'antécédents, v. § 633) :

> ***Woran** denkst du ?* A quoi penses-tu ?
> *das, **woran** ich denke...* ce à quoi je pense...

► *An was denkst du ?* = langue parlée familière

On a ainsi : *wodurch, wofür, wogegen, worum* (à ne pas confondre avec *warum*) ; *woraus, wobei, womit, wonach, wovon, wozu ; woran, worauf, wohinter* (rare), *worin* (représentant uniquement la relation locative, c'est-à-dire *in* + DAT), *worein* (rare, relation directive = *in* + ACC), *woneben* (rare), *worüber, worunter, wovor, wozwischen* (rare).

686 Type III :

da (+ *r* devant voyelle) + **préposition**

(Pour l'accentuation, v. § 31).

Ce type fonctionne comme anaphorique ou cataphorique (mais rarement comme exophorique, cf. : *Ist Vati drin(nen) ?*) :

Wartest du auf den Anruf von Paul ? Du brauchst nicht mehr darauf zu warten (anaphorique).

Geben Sie mir eine Chance, ich bitte Sie darum (anaphorique de tout l'énoncé précédent).

Ich erinnere dich daran, daß morgen die Banken geschlossen sind (« pronom-relais » cataphorique).

On a ainsi :

dadurch, dafür, dagegen, darum ;
daraus, dabei, damit, danach, davon, dazu ;
daran, darauf, dahinter, darin (relation locative = *in* + DAT), *darein* (relation directive = *in* + ACC), *daneben, darüber, darunter, davor, dazwischen.*

Dans la langue parlée, on trouve des formes abrégées comme *dran, drauf, draus, drin, drüber, drum, drunter ; mit allem drum und dran = mit allem, was dazu gehört.*

ATTENTION :

Toutes les prépositions ne se combinent pas avec *da*, par exemple *ohne, seit, gegenüber, statt...* Celles qui demandent le GEN et certaines suivies du DAT pronominalisent le membre du G PREP sous la forme ***des*** (préposé)/***dessen*** (postposé) et ***dem,*** par exemple :

***des**wegen* (cf. ***wes**wegen ?*), ***des**halb* (cf. ***wes**halb ?*), *statt**dessen**, infolge**dessen**, während**dessen**...*

***dem**zufolge, **dem**gegenüber, **dem**nach* (d'après cela ↔ *danach* : après, ensuite, *nachdem* : après que), *außer**dem**, seit**dem**, trotz**dem**...*

Nombreux sont ces G PREP pronominalisés avec *da* ou *des-/dem* qui sont lexicalisés et fonctionnent comme :

— charnières de discours, c'est-à-dire comme éléments de liaison entre deux énoncés par exemple : *dagegen* (en revanche), *dabei* (ce faisant), *danach* (ensuite), *daraufhin* (là-dessus, ensuite), *darüberhinaus* (en plus de cela), *deshalb* (c'est pourquoi), *außerdem* (en outre), *indes/indessen* (entre-temps), etc. (v. § 884)
— introducteurs de G CONJ : *nachdem, indem, seitdem, damit...*
— particules verbales : *daranliegen, davonlaufen...* v. chap. 12
— divers : *demnächst, demgemäß.*

§ 687 Type IV :

***hier* + préposition**

Ce type est plus rare et plus littéraire, sauf dans certaines lexicalisations. Il fonctionne comme exophorique et anaphorique ; dans ce dernier cas, la langue courante préfère le type III *(da-)* :

***Hierdurch/hiermit** teilen wir Ihnen mit, daß...* (correspondance administrative ; exophorique = *durch diesen Brief / mit diesem Schreiben...*)
*Er nahm **hiervon** keine Notiz* (langue standard : *davon*).
Hierzu (standard : *dazu*) / ***hierüber** (darüber) ließe sich vieles sagen.*
***Hierfür** (dafür) habe ich kein Verständnis.*

L'association *hin/her* + préposition n'existe que dans la composition des particules verbales, par exemple *hin'zufügen, her'beiführen, her'vorkommen...* (v. § 318).

27.3. ES

Es peut être :

§ 688 ① Un **substantif impersonnel** neutre (au NOM ou à l'ACC), non commutable avec *das* :

▷ sujet de verbes impersonnels : *Es regnet. Es schneit. Es hagelt...*

▷ sujet impersonnel de verbes pouvant avoir occasionnellement un sujet personnel : *Es friert* (cf. *ich friere, das Wasser friert*). *Es klopft* (cf. *man/jemand klopft*). *Es läutet/klingelt* (cf. *das Telefon läutet/klingelt*). *Es graut mir.*

▷ sujet impersonnel d'une structure attributive avec *sein/werden/bleiben : Es ist/wird/bleibt warm. Es ist/wird spät. Es ist Nacht. Es ist Sonntag. Jetzt wird es gefährlich. Es ist zum Verzweifeln !*

▷ sujet impersonnel de certaines locutions verbales : *es gibt* + ACC, *es handelt sich um* + ACC, *es geht um* + ACC. *Mir geht es gut. Gefällt es Ihnen hier ? Mir fehlt es an nichts* (mais ► *mir fehlt nichts* = je n'ai rien, je ne suis pas malade). *Es schüttelt ihn. Es juckt mich. Es überlief ihn kalt. Es friert mich / Mich friert [es].*
et de tournures réfléchies du type : *Hier arbeitet es sich bequem. Hier lebt es sich gemütlich* (v. § 271).

▷ objet figé dans des lexies verbales du type :
Ich habe es eilig. Du hast es gut. Wir haben es nicht leicht.
Sie hat es mir angetan. Ich meine es gut mit dir.
Er macht es sich leicht.
Er hat es plötzlich mit der Angst bekommen.
Er hat es zu etwas gebracht. Er wird es noch weit bringen.
Er hat es auf mich abgesehen.

▷ un ancien génitif du démonstratif (souvent interprété dans la langue actuelle comme un accusatif) dans des locutions comprenant un adjectif (v. § 601) : *Ich bin es müde/satt/gewohnt. Die Sache ist es nicht wert.*

689 ② Un **anaphorique** (généralement commutable avec *das*, le plus souvent accentué) qui peut reprendre :

▷ un GN neutre singulier :

*Hier ist dein Buch. Ich lege **es** auf den Tisch. **Es** hat mir ganz gut gefallen.*

▷ un G ADJ ou GN attribut :

*Ist er verheiratet ? — Nein, er ist **es** noch nicht.*
*War + er der Mörder ? — Nein, er war **es** nicht.*

▷ un G INF : *Er hätte rufen sollen : Wir hätten **es** gehört.*

▷ un G CONJ *daß* ou *ob* membre de GV :

*Ich weiß, daß er verstorben ist, aber sie weiß **es** noch nicht.*
*Weißt du, ob er verheiratet ist ? — Ich weiß **es** nicht.*

▷ un énoncé entier, voire une situation :

*Schenkst du bitte den Tee ein ? — Nicht nötig, Maria tut **es**/das schon.*
*Ich bin morgen um 9 da. — **Es**/das freut mich.*
*Jetzt reicht **es** mir aber !*

690 ③ Un **cataphorique** (« pronom-relais »), obligatoire ou facultatif (v. §§ 353*h*, 416-417), qui peut annoncer :

▷ un G INF :

*Ich finde **es** schlecht, soviel Zeit zu vergeuden.*
*Er lehnte **es** ab, uns mitzunehmen.*

▷ un G CONJ *daß* :

*Ich bedauere **[es]**, daß Sie umsonst gekommen sind.*
*Ich finde **es** schade, daß du nicht mitkommen kannst.*

▷ un énoncé :

*Ich sage **es** nicht noch einmal : Ich will dich mit diesem Mädchen nicht mehr sehen !*

691 ④ Un ***es* « Platzhalter »** (appelé souvent « explétif »), dont la seule fonction est d'**occuper la 1re position d'un énoncé déclaratif** (v. §§ 255 et 921) :

> ATTENTION :
> ▷ ce *es* n'a aucune incidence sur l'accord verbe-sujet ;
> ▷ il disparaît dès que la 1re position est occupée par un autre groupe ;
> ▷ il n'a aucune raison d'être dans un GV avec verbe en position finale (G CONJ, G REL).

***Es haben** sich viele Unfälle ereignet.*
***Es** hängt ein Zettel an der Tür.*
***Es** kann keine Rede davon sein.*
Es wurden viele neue Häuser gebaut.
Es wurde nicht getanzt (passif sans sujet, v. § 255).
Si ce *es* était absent, on comprendrait automatiquement une question, cf. : *Haben sich viele Unfälle ereignet ? Hängt ein Zettel an der Tür ?*

▶ mais sans *es* :

***In dieser** Kurve haben sich viele Unfälle ereignet.*
***daß** sich [in dieser Kurve] viele Unfälle ereignet haben...*
*eine Kurve, **in der** sich viele Unfälle ereignet haben...*
***Davon** kann keine Rede sein.*
***weil** davon keine Rede sein kann.*
***An der Tür** hängt ein Zettel.*
***ob** ein Zettel an der Tür hängt.*

28
LE GROUPE PREPOSITIONNEL

28.0. Présentation

Parmi les groupes à base sans marque de catégorie (GSC), on distingue le G PREP, dont traitera ce chapitre, le G CONJ (chapitre 29) et le lexème simple ou complexe invariable (LSC) qui sera envisagé entre autre au chapitre 30.

28.0.1. LA FORME DU G PREP.

692 Du point de vue de la **forme,** le G PREP est un syntagme qui comprend au sens large une « préposition », laquelle peut être au sens précis :

▷ une **pré**position : ***nach*** *dem Essen*
▷ une **post**position : *meiner Ansicht* ***nach***
▷ une **circum**position : ***von*** *meinem Fenster* ***aus***

Certains éléments sont toujours **préposés** : ce sont les plus nombreux. D'autres sont toujours **postposés** *(zu'liebe 'halber)* ou **circumposés** *(um... willen).* D'autres enfin, tels *entgegen, entlang, gegenüber, gemäß, nach, ungeachtet, wegen, zufolge,* etc., peuvent être **pré- ou postposés.**

693 En vérité, cette variété positionnelle indique déjà qu'il n'est pas très facile de définir ce qu'on entend par « préposition » et de délimiter **une** classe de prépositions. On peut distinguer en effet du point de vue du signifiant :

▷ celles qui assurent aussi le rôle de « particules verbales » (cf. §§ 304 et 307 sv.) : *an, auf, aus, bei, durch, hinter, mit, nach, über, um, unter, von, vor, wider, zu.* Or, dans *daß er den Hut °aufsetzt,* a-t-on encore affaire à une préposition dont le membre est élidé *(auf den Kopf),* ou bien faut-il s'incliner devant les critères graphique (soudure) et prosodique (accent sur *auf*) pour ne parler que de « préverbe » ? (v. § 304) ;

▷ celles qui sont dérivées, notamment à partir de :

- — bases nominales : *anfangs, kraft, zeit, dank...*
- — bases adjectivales : *nahe, unweit, südlich...*
- — bases participiales : *entsprechend, während, ungeachtet...*
- — amalgames syntaxiques, qui peuvent être à leur tour un GN *(dies-seits)* ou un G PREP ayant fini par devenir une « lexie ou locution prépositionnelle » plus ou moins entérinée par la graphie (soudure ou non, majuscule ou non, v. § 66), par exemple :
  zu'gunsten, in'folge, in'mitten, von °seiten
  an'stelle/an °Stelle, auf'grund/ auf° Grund
  in Be°zug auf, im Ver° hältnis zu, im °Hinblick auf... ;

▷ celles qui peuvent être « associées » à une autre préposition, voire à un LSC (« adverbe ») : ***bis auf*** *einige Fehler ;* ***seit über*** *eine Stunde ;* ***mitten in*** *der Nacht ;* ***von über*** *dem Fluß her.*

Le terme « associées » est volontairement vague, car ce genre de combinaisons pose des problèmes d'analyse évidents : si *seit (über eine Stunde)* semble s'imposer — *über* fonctionnant comme graduatif (cf. *seit mehr als einer Stunde*) — quel critère permet de choisir entre *bis (auf einige Fehler)* et *bis auf (einige Fehler)*? (v. § 725)

§ 694 Tout G PREP a **un membre obligatoire,** qui peut être :

▷ un GN, pronominalisé ou non : *von* ***seinem Vater****, von* ***ihm****,* ***unterdessen****,* ***deswegen****...* (c'est le cas de loin le plus fréquent) ;

▷ un LSC (lexème sans catégorie, « adverbe »), pronominal ou non : *von* ***unten****, nach* ***rechts****, ab* ***heute****,* ***da****von,* ***wo****von,* ***hier****von...* ;

▷ un G INF (avec les prépositions *ohne, [an]statt* et *um*) : *Ohne* ***zu überlegen****, [an]statt* ***zu überlegen****, um* ***zu überlegen****.*

C'est par la nature de ce membre (GN, LSC, G INF) que le G PREP se distingue du G CONJ qui, lui, a toujours comme membre un GV postposé à la conjonction (v. § 762), cf. :

während	*seiner Krankheit*	→	***während*** *er krank war*
seit	*seiner Krankheit*	→	***seit[dem]*** *er krank war*
bis	*Montag*	→	***bis*** *er da ist*

§ 695 Quand le membre du G PREP est un GN, celui-ci est obligatoirement marqué par un **cas,** qui signale au minimum la relation entre le GN et la préposition. De ce point de vue, on peut distinguer (v. pour le détail les §§ 654-658) :

▷ les prépositions régissant toujours le même cas :

ACC, p. ex. : *à, bis, durch, für, gegen, je, ohne, per, pro, um...*
DAT, p. ex. : *aus, bei, entgegen, gegenüber, mit, nach, seit, von, zu...*
GEN, p. ex. : *diesseits, halber, infolge, inmitten, oberhalb, zeit... ;*

▷ les prépositions régissant selon les conditions plusieurs cas sans changement de sens :

ACC/DAT/GEN : *entlang* (v. § 655)
DAT/GEN, p. ex. : *dank, mittels, trotz, während, wegen... ;*

▷ les prépositions pouvant régir le cas « zéro » (le NOMINATIF) dans certaines conditions (v. § 657), par exemple : *laut Vertrag, was für ein Tag, Mensch für Mensch, eine Seele von Mensch, ein Ring mit Diamant* (v. § 532)...

Certains linguistes considèrent également ***als*** et ***wie*** comme des prépositions « sans cas figé » :

Ich kannte ihn als Student (= ich war damals Student).
Ich kannte ihn als Studenten (= er war damals Student).

§ 696 Cependant, avec les prépositions dites souvent « mixtes » : ***an, auf, hinter, in, neben, über, unter, vor, zwischen,*** l'opposition de cas DAT ↔ ACC a une **fonction distinctive** (de sens) et marque une relation entre le G PREP tout entier et un autre terme de connexion, par exemple :

*auf **der** Bank sitzen* → relation **locative**
DAT
*sich auf **die** Bank setzen* → relation **directive**
ACC

(v. §§ 705 sv.)

Pour tenir compte d'exemples relativement rares comme :
Er hält die Hände vor das Feuer
Er lachte sich ein Loch in den Bauch (familier)
Sie stand ein Loch in den Boden,
on peut dire aussi que l'emploi de l'ACC présuppose qu'un élément mobile (implicite ou explicite) est envisagé **successivement** dans au moins **deux** « points » différents d'un même lieu ou temps (indiqué par le membre du G PRÉP), alors que l'emploi du DAT fait inférer que seul **un** « point » d'espace ou de temps est pertinent.

697 Certaines prépositions peuvent être amalgamées aux marques ***-m*** (DAT MASC ou NEU), ***-r*** (DAT FEM), ***-s*** (ACC NEU) et ***-n*** (ACC MASC) de l'article *der/das/die* dans les registres suivants :

STANDARD (ECRIT + ORAL)	seulement ORAL FAMILIER (sauf lexies — v. ci-dessous) :
am, beim, im, vom, zum	*hinterm, überm, unterm, vorm*
ans, ins	*aufs, durchs, fürs, hinters, übers, ums, unters, vors,*
zur	*hintern, übern, untern.*

► La contraction est cependant **obligatoire** :

— dans de nombreuses lexies : *am Leben bleiben, ums Leben kommen, ans Werk gehen, aufs Land fahren, hinters Licht führen, im Grunde, zum Glück, im Jahre..., fürs erste, aufs neue,* etc ;

— dans de nombreux G PREP à désigné temporel, notamment devant un adjectif ordinal :
am Samstag, im März, im Frühling, im Augenblick, zur Zeit, am 2. Februar, im 20. Jhdt, zum letzten Mal, im 6. Monat ;

— dans le G PREP servant à exprimer le degré II de l'adjectif de verbe : *am besten, am schönsten...* ;

— pour *an, bei* et *zu* devant un INF nominalisé :
beim Skifahren, die Freude am Skifahren, zum Lachen mais : *vor dem Schlafengehen, über dem Lesen* dans le registre standard ;

— devant certains noms géographiques et dans certains noms propres (« titres ») :
im Iran, am Mittelmeer, Frankfurt am Main, im Fernen Osten, Hotel zum Adler, Gasthof zur Post, Kapitän zur See, am Anger 12

▶ En revanche, la contraction est **impossible** lorsque *der/das/die* a, en plus de sa fonction de marqueur d'identification, une **valeur démonstrative** (substitution possible : *dieser* ou *jener*), anaphorique, exophorique ou cataphorique (dans ce dernier cas substitution possible : *derjenige/dasjenige/diejenige*) :

An + ***dem** Samstag/zu* + ***der** Zeit war ich nicht zu Hause (= an diesem Sonntag/zu dieser Zeit).*	démonstratif / anaphorique
Bei + ***dem** [da] möchte ich nicht Lehrling sein.*	exophorique
Peter ? Von + ***dem** habe ich nichts mehr gehört.* *Der Mann, von* + ***dem** ich spreche...*	anaphorique
Ich spreche von + ***dem** Mann, der neben mir saß.* *Ich halte mich an* + ***das**, was wir beschlossen haben.*	cataphorique

Dans certains cas, notamment dans des expressions courantes plus ou moins lexicalisées, où *der/das/die* est cataphorique, il n'y a que peu de différence de sens entre la contraction et la non-contraction :

In dem Augenblick/im Augenblick, wo...
An dem Tag/am Tag, wo...
Zu der Zeit/zur Zeit, als...

28.0.2. LA FONCTION DU G PREP.

§ 698 Du point de vue de la **fonction,** le G PREP peut se trouver :

▷ en fonction d'énoncé (dans la majorité des cas cependant, ces énoncés peuvent être considérés comme des énoncés verbaux réduits) :

Zum Wohl ! Auf die Plätze ! *Nach Ihnen !*
Bis später ! Zu Befehl ! *Nun zu unserem Problem ;*

▷ en fonction de membre dans un groupe d'accueil :

— membre de GV : ***Seit einer Stunde** warte ich schon **im Regen auf ihn.***
— membre de GN : *die Suche **nach dem Glück***
— membre de G ADJ : *Er ist **zu allem** fähig.*
— membre de GSC : *Ich komme **morgen um** °**vier** bei dir vorbei.*
— membre de groupe « dérivé » : G INF, G REL, G PART ;

▷ sous forme figée, en fonction communicative et/ou pragmatique (cf. chap. 30) ou dans le rôle de « particule verbale » (v. chap. 12.3.), voire de constituant d'une nominalisation (par exemple : *die Zurückhaltung*).

§ 699 Du point de vue de la **fonction sémantique** (du sens), le statut de la préposition est beaucoup plus délicat à définir :

D'abord, il est difficile dans certains cas de reconnaître un désigné quelconque à la préposition, par exemple dans : *ein Teufel **von** einem Kind* ou *die Einfuhr **von** Waren.* D'autre part, il n'est pas certain que la préposition soit toujours une « base », un « noyau » que détermine hypotaxiquement (v. § 105) le « membre ». Ainsi, dans *in dem/den Garten,* il semble plutôt que ce soit *in* qui sélectionne (délimite) une portion d'espace, donc un sous-ensemble du signifié *Garten.* Enfin (v. ci-dessous), la préposition n'a manifestement pas du point de vue de la performance informative la même valeur dans : *er denkt **an** die Ferien* que dans : *er geht **ans** Fenster.*

Du point de vue sémantique, les prépositions n'ont donc pas dans toutes leurs fonctions un statut homogène. De ce fait, le G PREP ne peut être considéré que comme une unité du niveau du signifiant.

Il faut distinguer au moins **trois types** de prépositions :

700 ① Les **prépositions non imposées par une unité linguistique extérieure au G PREP** : leur emploi n'est pas télécommandé par une « base » extérieure au G PREP, mais en principe seulement par le sens ou le désigné que l'on veut exprimer :

__seit/nach/vor__ einer Woche *__auf/unter/neben__ dem Stuhl*

Les G PREP qui présentent ce genre de prépositions sont :

▷ les G PREP prévus dans le programme valenciel d'un verbe sans que ce verbe (dans tel désigné donné) exige une préposition précise ; ainsi, le programme valenciel de *gehen* (se déplacer vers) prévoit une indication spatiale, mais le choix de la préposition reste libre et l'indication spatiale peut être également exprimée par un LSC substitut ou non :

Ich gehe __ins__ Zimmer/__ans__ Fenster/__zur__ Tür/__durch__ den Garten...
Ich gehe __dorthin.__ Ich gehe __weg.__ __Wohin__ gehst du ?
Ich wohne __in__ der Stadt/__auf__ dem Land/__hinter__ der Fabrik...
Ich wohne __dort/hinten/oben__... ;

▷ les G PREP « circonstants libres » (1) et ceux qui ont une fonction communicative (2), c'est-à-dire tous ceux qui peuvent s'ajouter au programme valenciel proprement dit :

(1) *Ich warte __im Auto__ auf dich.*
__Wegen des schlechten Wetters__ konnten wir kein einziges Mal baden.

(2) *__Meiner Ansicht nach/für mich__ hat er recht.*
__In der Tat__ hat er recht.
__Im Grunde/in Wirklichkeit__ ist es mir egal.
__In erster Linie/vor allen Dingen/vor allem__ muß ein Skandal verhindert werden.

Bien entendu, on ne peut pas associer n'importe quelle préposition à n'importe quel membre. Outre les interdits qui relèvent du « bon sens » (on ne dira pas : **zwischen der Tür*!), il existe des conventions qui ne se correspondent pas nécessairement d'une langue à l'autre et qui peuvent tenir :

— à l'interprétation du monde extra-linguistique (v. § 97) :

__auf__ dem Korridor, __auf__ der Treppe, __auf__ der Straße (français : *dans*), ***auf*** *die Bank/__zum__ Bahnhof gehen* (français : *à*) ;

— à des aspects formels :

__in__ die Schweiz/__ins__ Haus ; mais : *__nach__ Spanien/__nach__ Hause* (présence ou absence d'article) ;

— à la nécessité pratique de disposer d'expressions toutes faites (linguistique du « préfabriqué ») :

__im__ Augenblick, __zur__ Zeit...
__im__ Prinzip, __zum__ Glück, __an__ und __für__ sich...

Cependant, le critère retenu ci-dessus n'en reste pas moins valable : le choix de la préposition n'est pas imposé par une unité linguistique (une « base ») extérieure au G PREP.

Ces prépositions peuvent être classées selon leur type de désigné :

▷ prépositions spatiales (v. 28.1.) ;

▷ prépositions temporelles (v. 28.2.) ;

▷ prépositions notionnelles, c'est-à-dire toutes les autres (v. 28.3.).

L'ordre adopté ne signifie pas que l'aspect spatial soit « premier » et domine les autres. On peut effectivement penser qu'il constitue une *Grundbedeutung* dont découleraient (par métaphore ou symbolisation) les autres désignés, mais dans l'état actuel des recherches, ceci n'est qu'une hypothèse (v. § 715).

§ 701 ② Les **prépositions en valence figée** (v. 28.4.) : leur emploi est fixé d'avance dans le programme valenciel d'une « base » extérieure au G PREP, par exemple :

*ich warte **auf** ihn*
***mit** der Arbeit zufrieden*
*der Wille **zum** Kampf*

} *auf, mit* et *zu* sont commandés respectivement par la base verbale *warten,* la base adjectivale *zufrieden* et la base nominale *Wille.*

Ainsi, la préposition fait en quelque sorte partie de la base dont elle dépend, elle est « donnée avec elle » en indice, un peu comme *sich* est « donné » avec la base verbale *ereignen.*

Contrairement aux prépositions du premier type, les prépositions en valence figée subsistent obligatoirement lorsqu'il y a pronominalisation du G PREP (notamment dans l'interrogation), alors que les G PREP dont il est question sous ① peuvent être représentés par *hier, da, dort, wo, wann, damals,* etc. :

*Ich warte **auf** den Zug.* *Ich warte **auf** ihn.*	***Worauf** wartest du ?* *Der Mann, **auf den** ich warte.*
*Ich warte **im** Auto/**vor** der Kirche/ **auf** dem Bahnsteig.*	*Ich warte **hier/da/dort/drüben**...* ***Wo** wartest du ?* *Der Ort, **wo** ich warte.*

Toutefois, ces prépositions ne sont pas comme on le pense souvent « vides de sens », si du moins on intègre au sens les signifiés relationnels (v. §§ 100-107) :

▷ On peut repérer des traits sémantiques communs aux deux types de prépositions, par exemple : la relation directive exprimée par *auf/an* + ACC, *zu* + DAT et la relation prospective ou « télique » (but visé) dans *warten/hoffen auf, denken an, beitragen zu* ; d'autre part, si l'on considère par exemple les séries de verbes régissant une même préposition, on ne peut se défendre de l'impression qu'ils présentent une certaine parenté sémantique (v. 28.4.).

▷ La valence figée n'exclut pas d'autres valences, avec des sens différents, cf. :

glauben	*etw.* (ACC)	accepter comme plausible
	jm (DAT)	accepter les dires de qqn.
	***an** etw./jn* (ACC)	avoir foi en qqch/qqn.
sich erkundigen	***bei** jm* (DAT)	s'enquérir auprès de qqn.
	***nach** etw./jm* (DAT)	s'enquérir de qqch/de qqn.

*sich freuen/die Freude **auf** etw.* (ACC) = prospectif : se réjouir à l'idée de qqch. *Ich freue mich schon auf das neue Auto.*
*sich freuen/die Freude **über** etw.* (ACC) = présent + résultatif ou rétrospectif : être content d'avoir qqch. *Ich freue mich so über das neue Auto.*
sich freuen (rare)/ *die Freude **an** etw.* (DAT) = éprouver du plaisir au contact de qqch. *Die Freude am Autofahren/an der Musik.*

Pour les valences prépositionnelles des adjectifs, v. §§ 605-612, des bases nominales ou nominalisations, v. §§ 623-624, des bases verbales, v. §§ 740-761.

Lorsqu'un nouveau pas est franchi dans le blocage de la valence, c'est-à-dire quand le membre du G PREP est lui-même figé, on a affaire à des **lexies verbales** (v. §§ 332 sv.) auxquelles on peut assimiler les locutions comprenant un « *Funktionsverb* » (v. §§ 338 sv.) :

ums Leben kommen, ans Werk gehen, hinters Licht führen,
sich ins Zeug legen, nach Canossa gehen, in Gang setzen,
außer Kraft setzen, in Aussicht stellen, zur Verfügung stellen,
in Verlegenheit bringen (etc.)

Dès lors, le G PREP n'est plus pronominalisable, sous quelque forme que ce soit. Par exemple, pour *nach Canossa gehen* (= faire amende honorable) on peut demander : *Was machte er ?* mais certainement pas : *Wo ging er hin ?*, sauf si l'on a mal entendu ou si l'on ne connaît pas la métaphore.

702 ③ Les **prépositions simples marqueurs de relation :** il s'agit de prépositions (notamment *von*) dont le rôle se borne à pallier une défaillance de marquage ou à se substituer à un cas, par exemple :

*innerhalb **des** Stadtgebietes*	→	*innerhalb **von** Paris*
*das Werk Schiller**s***	→	*das Werk **von** Marx*
japanische Waren einführen / *die Einfuhr japanische**r** Waren*	→	*die Einfuhr **von** Waren*
der Minister empfing [die] Journalisten	→	*der Empfang der Journalisten/**von** Journalisten **durch** den Minister*

(v. §§ 263, 619, 620 *b*, 658)

28.1. Les prépositions spatiales

703 Les prépositions à désigné spatial peuvent s'organiser en un système d'oppositions de quatre **relations** fondamentales marquées soit par le cas significatif DAT/ACC pour les neuf prépositions dites « mixtes », soit par le signifié/désigné de la préposition avec son cas figé :

▷ la **relation locative** (question *wo ?*) ;

▷ la **relation directive** (question *wohin ?*) ;

▷ la **relation perlative** ou de passage (question *wodurch/worüber ?*) ;

▷ la **relation ablative** ou de provenance (question *woher ?*).

A ces relations s'ajoutent un certain nombre de perspectives ou **paramètres** que sont par exemple : l'intérieur ↔ l'extérieur, le contact ↔ l'absence de contact, l'axe vertical haut-bas, l'axe horizontal droite-gauche, l'axe horizontal avant-arrière, la présence d'un ou de plusieurs repères (par exemple pour *zwischen*), le déplacement simultané de deux repères (par exemple : *neben ihm her*), etc.

§ 704 La complexion très subtile de ces paramètres explique qu'il est difficile de préciser — et de dominer pour celui qui apprend la langue étrangère — les désignés des diverses prépositions. Mais le système des prépositions se complique également pour d'autres raisons :

a) Toutes les langues ne font pas intervenir les mêmes paramètres et ne les appliquent pas nécessairement de la même façon au monde extralinguistique (v. §§ 97 et 700) : l'allemand fait intervenir le point d'appui lorsqu'il dit : ***auf** der Straße, **auf** der Treppe, **auf** dem Speicher,* et même ***auf** seinem Zimmer* (à côté de *in*), alors que le français considère qu'il y a un espace fermé : ***dans** la rue* (mais ***sur** la chaussée, **sur** la route*; cf. le même paramètre dans ***in** der Goethestraße wohnen*), ***dans** l'escalier* (mais ***sur** l'échelle*, cf. l'allemand ***im** Treppenhaus*).

b) Certains paramètres sont très dépendants de l'interprétation subjective des individus-observateurs : droite-gauche, devant-derrière...

c) Beaucoup de prépositions sont combinables entre elles (cf. *bis an die Grenze, von seinem Fenster aus*) ou avec d'autres unités telles que des particules verbales (*zum Fenster hinausschauen, am Bahnhof ankommen*, v. § 304) ou des lexèmes sans catégorie, des « modulateurs » (v. chap. 30.6.) : *kurz vor dem °Haus, mitten auf dem °Platz, nahe bei der °Brücke, tief unter der °Haut, direkt/dicht neben dem °Rathaus, unmittelbar am °Bahnhof, lange vor °Ladenschluß, so'fort nach dem °Unterricht...*

d) Les divers traits sémantiques des prépositions peuvent être utilisés de façon métaphorique, ce qui permet d'opposer par exemple des désignés concrets à des désignés « figurés » : *am Gymnasium ↔ im Gymnasium, zur Schule gehen ↔ in die Schule gehen ↔ an einer Schule unterrichten.*

28.1.1. LES RELATIONS LOCATIVE ↔ DIRECTIVE.

§ 705 L'opposition entre la relation locative (lieu avec éventuellement la portion d'espace où se situe/s'effectue le procès) et la relation directive (lieu avec portion d'espace éventuelle visée comme point de direction, v. § 696) est fondamentale en allemand. Elle ne s'exprime pas seulement au niveau des prépositions, mais c'est avec les neuf prépositions dites mixtes qu'elle est le mieux marquée, à savoir par **l'opposition de cas** DAT/ACC, cf. :

*Wir gingen **im** Wald spazieren* = l'intérieur de la forêt est le lieu de notre promenade.

*Wir gehen **in den** Wald spazieren* = l'intérieur de la forêt est le but/le point d'orientation de notre promenade.

*Das Flugzeug kreist **in der** Luft herum* = l'air est le lieu où se déplace l'avion.

*Das Flugzeug erhob sich **in die** Luft* = l'air est le point de direction/d'orientation de l'avion.

En allant du plus vague au plus précis, c'est-à-dire selon une complexion croissante des paramètres, on peut classer les prépositions spatiales correspondant à cette opposition de relations de la façon suivante :

Relation locative/directive :

a) sans autre paramètre : *bei/zu* ;
b) paramètre « intérieur ↔ extérieur » ;
c) paramètres « axes » (vertical + horizontaux) avec ou sans autres paramètres (par exemple : contact, pesanteur) ;
d) autres paramètres.

706 **a) La relation sans autre paramètre.**

La relation locative/directive « à l'état pur », c'est-à-dire sans autre paramètre, par rapport à un repère fourni par le membre du G PREP est exprimée respectivement par ***bei*** + DAT et ***zu*** + DAT. Ces deux prépositions indiquent simplement que A est/va dans le même lieu qu'un repère B (qui peut être animé ou non) sans que soit précisée la portion d'espace (intérieur/extérieur, devant/derrière, etc.). On peut dire aussi que A est coprésent à B (= *bei*) ou vise cette coprésence (= *zu*) (pour une comparaison avec les particules verbales, v. §§ 313-314) :

*Er ist **bei** seiner Tante. Er geht **zu** seiner Tante* (= auprès de ou chez).
*Das Kind ist nicht allein. Sein Vater ist **bei** ihm.*
*Er saß **bei** mir. Er setzte sich **zu** mir [her].*
*Wieviel Geld haben Sie **bei** sich ? Er nahm das Kind **zu** sich.*
*Er steht **bei** der Tür/**beim** Fenster. Er läuft **zur** Tür [hin].*
*Warst du neulich **bei** dem Fest ? Gehst du **zu** diesem Fest ?* (= à)

L'imprécision de la portion d'espace ou de l'angle d'approche explique que *bei* et *zu* s'emploient fréquemment dans un contexte abstrait :

*Er arbeitet **bei** der Post* (dans l'administration des postes).
*Er ist **beim** Militär/**bei** der Bundeswehr* ↔ *er muß demnächst **zum** Militär/**zur** Bundeswehr.*
*Sie ging **zum** Theater* (elle fit du théâtre) ↔ ***ins** Theater* (au théâtre).
*Er ist **bei** der Regierung* (employé auprès du gouvernement) ↔ ***in** der Regierung* (membre du gouvernement).
*Er geht noch **zur** Schule* (il n'a pas terminé sa scolarité) ↔ *Heute gehe ich nicht **in** die Schule* (je ne vais pas à l'école).

Bei (non opposable à *zu*) peut aussi désigner concrètement une **proximité** statique, faisant donc intervenir le paramètre « extérieur » :

*Er wohnt [direkt] **bei** der Post/**bei** der Kirche.*
*Norderstedt liegt **bei** Hamburg. Die Schlacht **bei** Austerlitz.*

707 La même opposition s'exprime également (dans des systèmes plus anciens ou concurrents) par :

LOCATIF ↔ DIRECTIF

zu ↔ ***nach***	dans : *Er ist **zu Hause** ↔ er geht **nach Hause**.*
Ø ↔ ***nach***	devant les LSC (« adverbes ») : *Er sitzt **vorn/hinten/unten.*** *Er geht **nach vorn/nach hinten/nach unten.***
in ↔ ***nach***	devant les noms de localités et de pays sans article : *Er wohnt **in Hamburg / in Deutschland.*** *Ich fahre **nach Hamburg / nach Deutschland.***
in **+ DAT** ↔ ***in*** **+ ACC**	devant les noms de pays avec article : *Er lebt **im Iran / in der Schweiz / in den USA.*** *Ich fliege **in den Iran / in die Schweiz / in die USA.***

1. La préposition *in* est empruntée à un autre système : celui qui fait intervenir le paramètre « intérieur ».
2. *Nach* s'emploie en général pour la relation directive quand le « membre » n'a pas d'article.
3. *zu* (locatif) se disait aussi autrefois avec les noms de localités (cf. *der Dom zu Regensburg, der Freiherr von und zu Falkenstein*) ; cf. encore : *zu seinen Füßen, zu beiden Seiten, zu Wasser und zu Lande...*
4. Dans certaines lexies sans article, *zu* fonctionne pour les deux relations locative (système ancien) et directive (système actuel) : *zu Bett liegen* (rare)/ *zu Bett gehen* (courant à côté de *ins Bett :* système avec paramètre) ; *zu Tisch sitzen* (ou *bei Tisch)/sich zu Tisch setzen.*
5. On peut éventuellement considérer comme dépouillée de ses paramètres la préposition ***an*** + DAT (relation locative) désignant la présence d'un fleuve ou d'une étendue d'eau et qui correspond à l'ancien *ob* (cf. *Rothenburg ob der Tauber*) : *Frankfurt am Main, Frankfurt an der Oder.* Dans certains dialectes comme le luxembourgeois, *auf* s'est maintenu avec l'ACC et le DAT pour les noms des étendues d'eau et des villes, de même que s'est développé *bei* + ACC pour la relation directive (opposé à *bei* + DAT pour la relation locative). *Zu* n'y exprime que l'ancienne relation locative.
6. Fonctionnent uniquement comme expression de la relation directive :

gen (vieilli) :	***gen*** *Himmel* (aujourd'hui : *zum Himmel [hinauf]*)
gegen :	***gegen*** *Norden* (aujourd'hui : *nach Norden*)
[in] Richtung :	*ich fahre [in] Richtung Paris/[in] Richtung Bahnhof*

§ 708 **b) Le paramètre intérieur ↔ extérieur.**

Ce paramètre est exprimé par les oppositions :

INTERIEUR (locatif et directif) :

in + DAT/ACC	*Er sitzt* ***im Arbeitszimmer.*** *Er geht* ***ins Arbeitszimmer.*** *Er wohnt* ***in der Stadt.*** *Wir fahren* ***in die Stadt.***

Gradué (v. § 704c), ce paramètre peut être précisé par exemple par :

Er wohnt ***mitten in*** *der Stadt* = complètement à l'intérieur.
Er wohnt ***innerhalb des*** *Stadtgebietes* = à l'intérieur de limites bien précises.

EXTERIEUR (locatif) :

aus + DAT (rare)	*Mein Mann ist aus dem Haus.*
außer + DAT (rare)	*Er ist außer Haus(e).*
außerhalb + GEN	*Er wohnt* ***außerhalb der Stadt*** (= hors des limites de la ville).

ESPACE ENVIRONNANT (locatif) :

um + ACC	*Er hat einen dicken Verband* ***um den Kopf.*** ***Um das Haus*** *[herum] steht eine hohe Mauer.* *in der Gegend* ***um*** *Straubing :* dans la région de S.

A vrai dire, *in* avec son paramètre « intérieur » ne s'oppose pas seulement à *aus/außer/außerhalb/um* qui **désignent** l'espace extérieur, mais aussi à d'autres prépositions qui **impliquent** l'espace extérieur du repère tout en en désignant une portion, telles *neben, an, vor, hinter, auf,* etc.

Pour le paramètre « extérieur », la relation directive proprement dite n'existe pas dès lors que n'interviennent pas les paramètres des portions d'espace : la perspective devient perlative ou ablative, cf. :

*Er geht **zur** Tür **hinaus*** = passage (relation perlative).
*Er geht **aus** dem Haus. Ich komme **von** der Stadt [zurück]* = provenance (relation ablative).
*Ich fuhr **um** den Häuserblock* = passage avec contournement (perlatif).
*Er legte ihr die Perlenkette selbst **um** den Hals.*

709 **c) Les paramètres des trois axes.**

Dans ce cas, locatif = DAT ; directif = ACC :

AXE AVANT-ARRIERE

vor + DAT/ACC ↔ ***hinter*** + DAT/ACC	*Das Auto steht **vor der Tür / hinter der Kirche.*** *Ich stelle den Stuhl **vor die Tür / hinter die Tür.***

AXE DROITE-GAUCHE

neben + DAT/ACC	*Der Brief liegt [links/rechts] **neben dem Telefon.*** *Er setzte sich **neben mich.***

AXE VERTICAL

auf + DAT/ACC	implique un contact à l'appui de la pesanteur : *Das Geld liegt **auf dem Tisch.** Ich lege das Geld **auf den Tisch.*** *Ich sitze **auf der Bank.** Ich lege mich **auf die Bank.*** *Die Spieler laufen **auf das Feld** [ein].*

► Cette notion d'appui s'oppose quelquefois à celle d' « intérieur » (espace fermé), d'où l'emploi de *auf* dans :

***auf** dem Korridor/der Treppe/dem Speicher/dem Dachboden*
***auf** der Straße* (mais ***in** einer Straße wohnen*)
***auf** seinem Zimmer* (ou ***in** seinem Zimmer*)
***auf** dem Land wohnen / **aufs** Land fahren* (mais : ***in** der Stadt / **im** Gebirge wohnen*).

Pour la différence entre *auf* et *an*, v. § 710 ; pour *auf* + ACC... *zu*, v. § 313.

► *Auf* s'emploie d'autre part à côté de *zu* avec certains bâtiments (ou certaines institutions) de la vie publique, par exemple :

auf die Bank / auf die Post / auf die Polizei / auf den Markt / auf die Universität / aufs Gericht gehen ; cf. aussi pour la relation locative : *auf der Bank, auf dem Markt.*

AXE VERTICAL (suite)

über + DAT/ACC

« au-dessus » (sans contact) ou « sur » (avec contact), si la surface de contact est assez vaste (idée de « couvrir ») :

Die Lampe hängt direkt ***über dem Tisch.***
Ich hänge das Bild ***über das Bett.***
Der Arme hat nicht einmal ein Dach ***über dem Kopf.***
Ich hänge deinen Mantel ***über meinen*** ↔ *dein Mantel hängt* ***über meinem.***
Man breitete eine Decke ***über den Toten.***

Pour le sens perlatif de **über**, v. § 713

unter + DAT/ACC

« au-dessous/sous » (avec ou sans contact) :

Der Schlüssel liegt ***unter dem Fußabstreifer.***
Die Katze kriecht ***unter das Bett.***

Oberhalb et ***unterhalb*** + **GEN,** qui ne sont pas marqués quant à la relation locative ou directive, impliquent comme *innerhalb/außerhalb* + GEN, v. § 708, une limite : *oberhalb der Frostgrenze ; Schläge unterhalb der Gürtellinie.*

§ 710 **d) Autres paramètres.**

an + DAT/ACC (locatif/directif)

CONTACT, sans que ni la position ni l'axe ne soient précisés :

Das Bild hängt ***an der Wand.*** *Ich lehne/stelle das Fahrrad* ***an die Wand.***
Ich schreibe ***an die Tafel.*** *Ich klopfe* ***an der / an die Tür.***
Das Haus steht ***am Hang / am Meer / an der Donau / an der Grenze.*** *Ich fahre* ***ans Meer / bis an die Grenze.***

d'où également l'expression de la PROXIMITE :

Er steht ***am Fenster/an der Tür.*** *Ich gehe* ***ans Fenster.***

Auf (appui venant d'en haut) et ***an*** (contact) peuvent se recouper : *Er liegt* ***am Boden / auf dem Boden.*** Cependant, dès que peuvent se produire des risques d'ambiguïté, la distinction s'impose :

am *Berg*	= sur la pente.	***auf*** *dem Berg*	= au sommet.
an *der Straße*	= en bordure.	***auf*** *der Straße*	= sur la chaussée.

D'autre part, *auf* et *an* servent à des distinctions parfois subtiles :

Er geht ***aufs Gymnasium / auf die Universität*** = il fait des études.
↔ *Er unterrichtet* ***am Gymnasium / an der Universität.***

gegen + ACC (directif) — exprime une COLLISION :
Das Auto fuhr ***gegen einen Baum.***
ou le SENS CONTRAIRE :
Er schwimmt ***gegen den Strom.*** *Er schaut* ***gegen die Sonne.***
ou, plus rarement, la simple direction (v. § 707, note 6) :
Wir fuhren ***gegen Norden*** (standard : *nach Norden, zum Norden [hin], [in] Richtung Norden*).

gegenüber + DAT (locatif) — « vis-à-vis/en face », suppose une SEPARATION (route, fleuve, etc. ou simplement une distance, un espace vide) :
Das Haus steht ***gegenüber der Kirche.***
Er saß ***mir gegenüber*** (postposition obligatoire avec un pronom).

La relation directive correspondante est marquée par le DAT et la particule verbale *entgegen-* ou par la combinaison *auf* + ACC + *zu-* (v. § 313) :
Ich lief ***den Kindern entgegen*** (les deux repères sont souvent mobiles).
Die Demonstranten marschierten ***auf das Rathaus zu*** (le repère visé est fixe ou mobile).

zwischen + DAT/ACC (locatif/directif) — « entre », suppose au moins DEUX REPERES :
Er saß ***zwischen seinem Vater und mir.***
Ich setze mich ***zwischen euch beide.***

unter + DAT/ACC marque l'appartenance/l'association à un groupe (v. § 725) : *Unter den Abgeordneten ist der Anteil der Beamten sehr hoch. Sie mischte Speckwürfel unter die Kartoffeln.*

711 Le déplacement simultané (parallèle) de deux (ou plusieurs) repères est marqué par :

neben + DAT ***[her]***
zwischen + DAT ***[her]*** — *Der Hund lief* ***neben dem Kind / zwischen beiden Kindern her*** (v. § 316).

vor + DAT ***[her]*** ou DAT ***voran-*** — *Der Hund lief* ***vor dem Kind her*** (déplacement de A devant B).
Seine Leibwächter gingen ***ihm voran*** (A devance B).

hinter + DAT ***[her]*** ou DAT ***nach-*** — *Der Hund ist die ganze Zeit* ***hinter mir her****gelaufen* (A derrière B).
Ich kenne den Weg nicht. — Fahr ***mir nach !*** (A suit B ; v. § 317).

DAT + *voran* signifie également « à la tête de » : *Die europäischen Länder protestierten laut,* ***allen voran*** *Frankreich.*

DAT + *voraus-* signifie que le « précédant » prend de l'avance sur le suivant : *Er sollte* ***allen voraus****gehen und nachprüfen, ob der Weg passierbar sei* (v. § 316).

§ 712 ⇨ Comme le montrent ces derniers exemples (emploi du DAT avec *neben/zwischen/vor/hinter...her*), l'appréciation de la perspective locative ou directive peut poser des problèmes. On se méfiera notamment des verbes suivants, qui impliquent une **perspective locative :**

*Ich **kam** dort/in **einer** Stadt/an **einem** unbekannten Ort **an**.*
*Der Bus **hielt** genau vor **unserem** Hotel **[an]**.*
mais : *Er hält die Hände vor **das** Feuer* (v. § 696).
Er ***stieg** in **einem** teuren Hotel **ab**.*
*Er **versteckte sich/verschwand** hinter **dem** Vorhang/unter **dem** Bett.*
*Das Flugzeug **landete** auf **einem** Acker. Der Ball landete **im** Tor.*
*Das Schiff **scheiterte** auf **einer** Sandbank.*
*Er **hängt** den Mantel **an dem** Haken **auf*** (mais : *er hängt den Mantel **an den** Haken*) (cf. §§ 304 sv.).

28.1.2. LA RELATION PERLATIVE

(relation de passage).

§ 713 Selon que le passage s'effectue par/sur/devant (etc.) le repère visé par le membre du G PREP, la relation perlative est marquée par diverses prépositions :

durch + ACC (+ *hindurch/durch*)	passage par l'INTERIEUR, c'est-à-dire par un espace fermé ou plein : *Er kam **durch die Tür**.* *Ich hörte **durch die Wand [hindurch / durch]**, was er sagte.*

Le passage avec sortie s'exprime aussi par *zu* + DAT + *hinaus/heraus* :
*Er ging **zur Tür hinaus**. Er sah/schaute **zum Fenster hinaus/heraus**.*

über + ACC + *[hin/her/hinweg...]*	passage par l'EXTERIEUR et par le HAUT, avec ou sans contact : *Er ging **über die Straße**.* Il traversa la rue. *Er ging **über die Brücke**. Ich fuhr **über die Grenze**.* *Er sprang **über die Mauer / über die Pfütze** [hinweg].* ***über*** Frankfurt fahren = passer par = via. ***durch*** Frankfurt fahren = passer dans (traverser).
unter + DAT (ou ACC) + *[hindurch/durch]*	passage par l'EXTERIEUR et par le BAS : *Er ging **unter der Brücke** [hindurch/durch].*
um + ACC + *[herum]*	passage par l'EXTERIEUR et par le COTE (contournement) : *Er lief **um das Feuer** [herum].*
an + DAT ***vorbei/vorüber***	passage par l'EXTERIEUR (la portion d'espace concernée peut être précisée par un LSC) : *Der Bus fuhr **an mir vorbei/vorüber,** ohne anzuhalten.* *Wir gingen **vorn/hinten am Haus vorbei**.*

an + DAT ***entlang*** ou ACC ***entlang*** ou *längs* + GEN	passage par l'EXTERIEUR, parallèlement au repère (« le long de ») : *Wir gingen* ***am Fluß entlang*** */ wir gingen* ***den Fluß entlang*** (pour *entlang* + DAT ou GEN, v. § 655). ou passage par l'INTERIEUR, le long du repère : *Das Schiff fährt* ***den Fluß entlang*** *(= flußaufwärts oder -abwärts). — Die Kinder liefen* ***die Straße entlang*** *bis zur Kirche hinauf.*
zwischen + DAT ou ACC + *[durch/hindurch]*	passage ENTRE DEUX REPERES : *Karl-Heinz Rumenigge schoß den Ball* ***zwischen den Beinen des Torhüters hindurch/durch.*** *Das Mündel steckt den Kopf* ***zwischen die abgeknickten Arme und die gespreizten Knie hindurch.***
bis + G PREP ou LSC ou nom sans article	marque le point d'arrivée après une relation de passage : *Er ging [durch das Zimmer]* ***bis ans Fenster.*** *Er schwomm* ***bis zur Insel.*** *Er ging* ***bis [nach] oben.*** *Wir fuhren* ***bis [nach] Berlin*** *durch.*

28.1.3. LA RELATION ABLATIVE (relation de provenance).

714 Pour l'expression de la provenance, les prépositions sont moins nombreuses :

aus + DAT ***von*** + DAT	*Aus* marque une provenance depuis l'INTERIEUR, tandis que *von* est neutre. *Er kam* ***aus der Schule*** = il sortait de l'école. *Er kam* ***von der Schule*** = il venait de l'école. *Er nahm mir das Geld* ***aus der Tasche.*** *Er nahm mir die Brille* ***von der Nase.*** *Er riß ihr das Kleid* ***vom Leib.*** *Er stammt* ***aus*** *Stuttgart* = il y est né. *Er kommt* ***von*** *Stuttgart* = il en vient. mais : *Ich habe einen Brief* ***aus*** *Stuttgart bekommen.*

La provenance peut également être exprimée par la combinaison d'un G PREP à valeur locative et d'une particule verbale (v. §§ 316 et 318) :

Das Wasser sprudelte ***neben dem Hahn heraus.***
Sein Hemd schaute ***unter dem Pulli hervor.***
Er kam ***hinter dem Vorhang hervor.***
Eine Eidechse kroch ***zwischen den Steinen hervor/heraus.***

Le point de départ est marqué par :

ab + DAT	*Fliegst du* ***ab München*** *oder* ***ab Frankfurt****?* ***Ab der Grenze*** (rare avec l'article)/ ***ab dort*** *war die Fahrt angenehmer.*
von + DAT ***an*** ou ***von*** + DAT ***ab***	***Von*** *Frankfurt* ***an/ab*** *ist der Flug billiger.* ***Von*** *der Grenze* ***an/ab*** *war die Fahrt angenehmer.* ***Von*** *dort* ***ab*** *ist der Transport gebührenfrei.*

Von... an correspond souvent à un point de départ **second** à l'intérieur d'un déplacement : *von der Grenze an, von München an* peut impliquer que le voyage a commencé avant la frontière/avant Munich. Cf. aussi *von Anfang an :* « point de départ » sur la ligne — déjà commencée — du temps.

von + DAT ***aus*** | implique le paramètre « INTERIEUR » :
Von meinem Fenster aus *sieht man die Donau.*
Vom Hotel aus / von hier aus *kann man schöne Wanderungen machen.*
► ***von hier aus, von Grund aus*** ↔ *von da/dort* ***an***

von + DAT ***her*** | ***Vom Süden her*** *wehte ein warmer Wind.*
Er kommt ***von*** *[da]* ***oben [her].***

Pour certaines situations, la perspective est interprétée comme ***ablative*** en allemand *(von, aus),* alors qu'elle est locative en français (*à, dans, chez,* etc.) :

Ich hole dich ***vom*** *Bahnhof /* ***von*** *der Schule /* ***vom*** *Friseur ab.* J'irai te chercher à la gare, à l'école, chez le coiffeur.
Hole bitte noch einen Stuhl ***aus*** *dem Arbeitszimmer!*
Er nahm ein Buch ***aus*** *dem Regal. Er nahm die Post* ***aus*** *dem Briefkasten.*

Cf. encore : ***aus*** *der Flasche trinken :* boire à la bouteille.

28.2. Les prépositions temporelles

§ 715 On appelle ainsi les prépositions qui font partie d'un G PREP dont l'ensemble préposition + membre fournit une information d'ordre temporel. C'est ce désigné qui permet de parler de prépositions temporelles et de les opposer aux prépositions spatiales.

Cependant, on peut constater que nombre de prépositions fonctionnent à la fois avec un membre à désigné spatial et un membre à désigné temporel. En tirer la conclusion que les prépositions temporelles seraient « dérivées » (par métaphorisation ou symbolisation) des prépositions spatiales est peut-être aller vite en besogne. Il suffit en effet d'être attentif aux perspectives et paramètres pour découvrir que ces prépositions ont un signifié abstrait commun *(Grundbedeutung),* dans les traits virtuels duquel l'emploi en contexte spatial, temporel (ou notionnel) sélectionne un sous-ensemble.

Ainsi, dans l'expression de la relation locative ou statique, le paramètre INTERIEUR est exprimé à la fois dans *im Haus* (à l'intérieur de l'espace « maison ») et dans *in einer Stunde* (en l'*espace* d'une heure).

De même, c'est le paramètre « avant/devant ↔ après/derrière » qui explique l'emploi de *vor* et de *hinter* dans les deux énoncés suivants :

Er hat einen langen Weg vor/hinter sich (désigné spatial).
Er hat eine ruhmreiche Karriere vor/hinter sich (désigné temporel spatialisé : *hinter* ne se trouve en contexte temporel que dans *hinter'her,* « après coup »).

Durch dans : *Wir haben die ganze Nacht [hin]durch getanzt* exprime la relation de passage autant que dans : *Wir fuhren durch die ganze Stadt [hin]durch* (mais *durch* est postposé à l'indication de temps, alors qu'il est préposé à l'indication de lieu). Cf. la même « relation de passage » dans : *[durch] Jahrhunderte [hin]durch.*

Dans : *Er ist zu seinen Freunden eingeladen, zu* exprime sans doute la même « relation directive » que dans : *Er hat uns zum Essen eingeladen* (avec *zu* final).

Plutôt que d'organiser le(s) système(s) des prépositions temporelles en fonction de l'opposition aspectuelle « **point** sur l'axe de temps ↔ **portion** (ou intervalle) sur la ligne du temps », qui est source de nombreuses difficultés (faut-il envisager le point ou l'intervalle occupé par le procès ou par le temps que fournit le membre du G PREP ?), il vaut donc mieux repérer les **paramètres** qui interviennent dans le choix de la préposition. Pour cela, il faut d'abord préciser la fonction du G PREP temporel.

§ 716 La fonction première du G PREP temporel est de préciser les indications générales données par les morphèmes de la base verbale (réponse à la question : *Wann ?*). Elle est donc de **dater,** c'est-à-dire de situer sur la ligne (relative et subjective) du temps un événement ou un procès. Par rapport au membre du G PREP, ce datage peut être « absolu » ou « relatif », ce qui donne donc deux types de performances sémantiques des prépositions :

① **Datage « absolu » :** la portion de temps désignée par la préposition est la même que celle impliquée par le membre du G PREP :

im Krieg, am Tag, beim Essen : la portion de temps représentée par ces G PREP est identique aux désignés identifiés (cf. « l'article défini ») *« Krieg/Tag/Essen ».*

Dans ce cas, la performance sémantique de la préposition est donc souvent assez faible. De fait, l'emploi de *in/an/zu/bei/um* est lié au type désigné du membre (heure précise, jour, mois...) ou à sa forme (p. ex. présence ou absence d'article). Mais l'intervention des paramètres n'en est pas pour autant négligeable (cf. p. ex. pour *gegen* et *um* au sens de « vers », pour *während/innerhalb/binnen...*).

Ce type de datage peut être qualifié d' « absolu » dans la mesure où il se suffit à lui-même : il n'a pas besoin d'autre repère que celui constitué par le membre du G PREP (et, celui, toujours latent, du morphème temporel). D'autre part, il a pour effet de désigner une portion de temps délimitée à ses deux bouts, quelle que soit la durée réelle :

im Krieg
in einer Stunde
im Augenblick, um 12

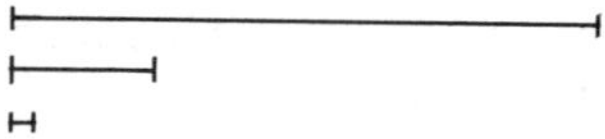

(repère ponctuel)

Aucune des prépositions effectuant un datage absolu ne peut s'employer avec un lexème sans catégorie (« adverbe »), contrairement aux prépositions participant du datage relatif, cf. *bis jetzt, vorgestern...*

② **Datage « relatif » :** la portion de temps désignée par la préposition n'est pas la même que celle impliquée par le membre du G PREP :

vor dem Krieg
seit dem Krieg
bis zum Krieg

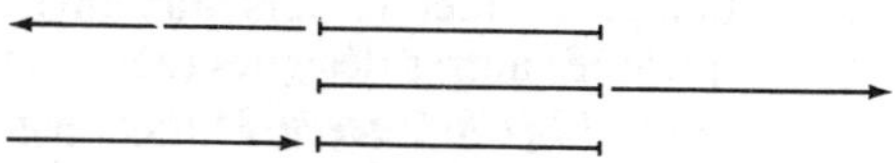

La portion de temps représentée par ces G PREP ne recouvre pas (ne se superpose pas à) celle désignée par *Krieg.*

Ce type de datage peut être qualifié de « relatif » dans la mesure où le désigné du membre sert de repère, de « point d'appui » à la préposition pour désigner une **autre** portion de temps.

La plupart des prépositions appartenant à ce type ont pour effet de désigner une portion d'espace limitée à une extrémité seulement (voir schéma ci-dessus).

Enfin, le désigné du membre du G PREP peut représenter :

▷ un **repère-date** au sens large, c'est-à-dire tout repère constitué par un élément du calendrier (a) ou par tout événement (b) :

(a) *am 12. Dezember, im Mai, am Montag, im Jahr, im Herbst...*
(b) *im Krieg, in der Prüfung, bei der Explosion...*

▷ *une* **indication de mesure** (une quantité de temps) :
in einer Stunde, vor zwanzig Tagen

Cette distinction est nécessaire, car certaines prépositions ne fonctionnent qu'avec l'un ou l'autre de ces types de repères.

28.2.1. LE DATAGE ABSOLU.

► Ces prépositions ne peuvent pas s'employer avec un LSC (« adverbe »)

§ 717 a) Le membre du G PREP est un repère-date.

um **+ ACC**	— datage précis pour l'indication de l'heure : ***um*** ***10 Uhr 14,*** ***um*** ***12 [Uhr],*** ***um*** ***halb 10,*** ***um*** ***Mitternacht...*** ► *Ne pas confondre* ***um*** *Mittag* (= *um zwölf* ; on dit plutôt *Mittag* sans préposition, v. § 719) et ***zu Mittag essen*** (lexie figée). — datage imprécis (« vers/aux environs de ») pour d'autres désignés : ***um*** *das Jahr 2000,* ***um*** *die Jahrhundertwende,* ***um*** *die Mitte des Jahres,* ***um*** *den 12. Mai [herum],* ***um*** *Ostern [herum]* ► ***um diese Zeit*** est ambigu : « à cette heure » *(um diese Uhrzeit)* ou « vers cette époque ». Le paramètre qui intervient dans *um* est en fait l' « extérieur environnant » (v. § 708).
gegen **+ ACC**	= datage imprécis (« vers/aux environs de ») pour l'heure et quelques autres désignés (généralement sans article) : ***gegen*** *12 [Uhr],* ***gegen*** *Mittag,* ***gegen*** *Abend,* ***gegen*** *Morgen,* ***gegen*** *Monatsende,* ***gegen*** *Ende des Jahrhunderts.* Le paramètre de *gegen* est à la fois la relation directive et le contact (v. § 707 note 6 et § 710).

Dans l'indication de l'heure, *Uhr* est toujours invariable. On se méfiera de certaines conventions dans la façon courante de l'indiquer :

5.00 Uhr	*fünf Uhr*	5.30 Uhr	*halb sechs*
5.05	*5 (Minuten) nach 5*	5.35	*5 nach halb sechs*
5.10	*10 (Minuten) nach 5*	5.40	*10 nach halb sechs*
5.15	*(ein) Viertel nach 5*		*20 vor sechs*
	ou *Viertel 6*	5.45	*(ein) Viertel vor sechs* ou
5.20	*20 nach 5* ou		*drei Viertel sechs*
	10 vor halb sechs	5.50	*10 vor sechs*
5.25	*5 vor halb sechs*	5.55	*5 vor sechs*

Um/gegen sechs Uhr ***abends/morgens/nachmittags***
12 Uhr 15 = *Viertel eins.*

zu + DAT

— s'emploie avec *Zeit* et *Mal* (avec article) :

zur *Zeit der Weimarer Republik* (également *in der Zeit...*), ***zu*** *dieser/jener Zeit* (également *in*), ***zur Zeit*** (en ce moment)

zum *ersten Mal,* ***zum*** *letzten Mal* (paramètre statique, v. § 707 notes 3 et 4)

— s'emploie en complément de *bis* (v. plus loin § 721) avec article :

bis zu *diesem Augenblick,* ***bis zum*** *Essen* (paramètre directif, v. § 706)

— s'emploie sans article dans des lexies figées (paramètre statique, v. § 707 notes 3 et 4) :

zu Beginn (mais ***am*** *Anfang,* ***am*** *Ende*)
zu Ende führen (mais ***am*** *Ende* dans les autres cas)
zu Mittag/zu Abend essen
zu Lebzeiten *des Königs...* du vivant du roi ;
et les noms de fêtes, en concurrence avec *an* :
zu/an Weihnachten *(Ostern, Pfingsten, Allerheiligen...)*

an + DAT

— s'emploie pour les jours et les parties du jour (sauf la nuit) :

am *Tag vor der Abreise* (la veille du départ), ***an*** *diesem Tag,* ***an*** *seinem Geburtstag,* ***an*** *allen Werktagen*
am Sonntag, am *letzten Montag,* ***an*** *jedem Mittwoch*
am *12.* ***Dezember ; am*** *Montag,* ***dem/den*** *12. Dezember*

▶ mais ***in der Nacht*** (paramètre « intérieur ») ;

▷ pour l'emploi d'un GN à l'ACC ou au GEN *(nächsten Sonntag, eines Tages),* v. §§ 719-720.

— s'emploie pour les jours de fête (en concurrence avec *zu* — v. ci-dessus) :

an/zu *Weihnachten (Ostern, Pfingsten, Allerheiligen...)*
ainsi que : ***am Anfang, am Ende*** (▶ mais ***zu Beginn***)

***bei* + DAT**	— s'emploie (avec article) avec de nombreux substantifs désignant un procès (une activité) et notamment avec les infinitifs nominalisés (paramètre COPRESENCE, v. § 706) : ***bei** der Arbeit, **beim** Bau der Autobahn, **beim** Abschied, **bei** der Abfahrt, **bei** der Explosion, **bei** der Geburt, **bei** der Durchsuchung der Wohnung...* ***beim Essen, beim** Spielen, **beim** Skifahren...* — s'emploie sans article dans quelques lexies figées : ***bei** Tag und **bei** Nacht, Paris **bei** Nacht, **bei** Vollmond, **bei** Gelegenheit* (à l'occasion), ***bei** Kriegsende* (mais ***am** Ende des Krieges*)...
***in* + DAT**	— s'emploie avec de nombreux repères temporels (sauf : heures, jours et parties du jour) : ***in** diesem Jahr, einmal **im** Monat, **in** der letzten Maiwoche, **im** April, **im** Frühling, **im** 20. Jahrhundert, **in** der Vergangenheit, ▶ **in Zukunft.*** ***in** diesem Augenblick, im **Augenblick*** (en ce moment, mais ▶ ***zur Zeit**), **in** letzter Sekunde/Minute* ***in der Nacht*** (▶ mais ***am** Tag*). ▷ Pour l'emploi d'un GN à l'ACC ou au GEN, v. §§ 719-720 — ainsi qu'avec de nombreux autres désignés (paramètre INTERIEUR) : ***im** Krieg, **in** den Ferien, **im** Urlaub, **im** Unterricht...*

Quand, avec un repère date nécessitant la préposition *in*, il s'ajoute un paramètre qu'on peut appeler **relation de report,** la préposition se construit avec l'**ACC :**

*Das wollen wir **in die Zeit** nach Ostern/**in die Ferien** verlegen;* cf. aussi *(von)...auf* + **ACC** (§ 721).

***während* + GEN**	peut se substituer aux prépositions précédentes, sauf : — à *um* et *gegen* au sens de « vers » ; — si le G PREP est lexicalisé (cf. *bei Gelegenheit, zur Zeit...*) ; — si le désigné du substantif est ponctuel *(um 12, am Anfang, am Ende...).* *Während* envisage la portion de temps dans son **déroulement** sans que pour autant la durée du procès recouvre nécessairement toute la portion de temps définie : ***Während** der Arbeitszeit ist das Rauchen verboten.* ***Während** der [ganzen] Ferien war ich zu Hause.* ***Während** der letzten Nacht ist der Kleine zweimal aufgewacht.* ***Während** dieser Zeit lebte er in Wien.* ***Während** der Sitzung bin ich eingeschlafen.*

Autres prépositions :

im Laufe des *letzten Jahrhunderts :* au cours de...
im Laufe der *nächsten Woche :* dans le courant de...
Ich fahre ***über die*** *Ferientage /* ***über*** *Weihnachten /* ***über*** *das Wochenende aufs Land.*
Ich bleibe ***über Nacht*** *dort* (cf. *über'nachten*).
Unter der Woche *habe ich nie Zeit* = en semaine, les jours ouvrables ; cf. *unterwegs :* en chemin, *unterdessen :* sur ces entrefaites.
auf der Fahrt, auf der Reise : pendant le voyage, en route.

§ 718 **b) Le membre du G PREP est un repère « mesure ».**

GN à l'ACC [+ *lang*]

Comme les autres compléments de « mesure » (cf. §§ 601 et 651), la portion de temps qui recouvre exactement la durée du procès se met à l'ACC, éventuellement précisé par *lang* postposé ou, plus rarement, par *über* et *[hin]durch,* qui impliquent le paramètre de la relation de passage.

Der Chef ließ mich ***zwei Stunden [lang]*** *warten.*
Er saß ***zehn Jahre [lang]*** *im Gefängnis.*
Wir hatten ***eine ganze Woche [lang/hindurch]*** *keinen Strom.*
Ich habe ***den ganzen Tag[über]/die ganze Nacht [hindurch/durch]*** *gearbeitet.*

Voir aussi : ***stundenlang,*** *wochenlang, monatelang, jahrelang,* etc. : pendant des heures/semaines/mois/années...

Mais les G PREP suivants ne peuvent pas être remplacés par un GN à l'ACC :

in **+ DAT**

— exprime la durée mise/nécessaire à faire qqch (paramètre « intérieur ») :
Von Paris nach München habe ich zehn Stunden gebraucht
→ *Ich bin* ***in zehn Stunden*** *von Paris nach M. gefahren.*
▶ *in* peut être ambigu : *Er will das Auto* ***in zwei Tagen*** *reparieren* = **en** deux jours ou **dans** deux jours (v. § 721).

— ou commute avec *innerhalb* (V. ci-dessous) :
In zwei Jahren / innerhalb von zwei Jahren *ist der Umsatz um 40 % gestiegen.*

innerhalb **+ GEN** ou ***von...***

— implique que la durée du procès ne recouvre pas la durée de la portion de temps définie (paramètre : « à l'intérieur de limites précises ») :
Der Strom ist ***innerhalb einer Woche / innerhalb von zwei Wochen*** *zweimal ausgefallen* (en l'espace de).
Die Regierung ist zurückgetreten. Nun muß der Präsident ***innerhalb der nächsten zwei Monate*** *einen neuen Premierminister ernennen.*

binnen + **DAT**	— pose un intervalle délai (en principe dans la prospective) : *Das Formular muß* ***binnen zwei Monaten*** *an uns zurückgeschickt werden* (dans un délai de). Il n'est cependant pas rare que *binnen* (paramètre : « à l'intérieur de limites précises ») soit appliqué en rétrospective (à la place de *innerhalb*), cf. : *Unser Land hat sich* ***binnen zwanzig Jahren*** *aus den Trümmern des Krieges zu einer der bedeutendsten Industrienationen der Welt emporgearbeitet* (K. Stiller).

▶ ***mit*** s'emploie pour l'indication de l'âge :
Mit 18 [Jahren] *machte er das Abitur.*
ou : *im Alter von 18 Jahren*

c) Substitution du G PREP par un GN à l'ACC ou au GEN.

Dans certains cas, le G PREP peut être remplacé par un GN à l'ACC ou au GEN :

§ 719 ▷ **GN à l'ACC :**

Outre le cas du complément de « mesure » ou de durée (v. § 718), on a l'ACC pour une **date** :

Montag, den *12. Dezember.*
Ich fahre ***nächsten Montag*** *(nächste Woche/nächsten Monat/nächstes Jahr...) nach München.*
de même : ***diesen/letzten/jeden Montag,*** *dieses/letztes/jedes Jahr,* ***jeden Tag*** (plus rarement : *alle Tage, alle Jahre), jeden Morgen...*
Es könnte ***jeden Augenblick*** *ein Unfall passieren.*
Ich bin ***Anfang April*** *(Mitte April/Ende April) wieder zu Hause.*
cf. aussi : *gestern* ***abend,*** *heute* ***morgen,*** *heute* ***nacht.***

▶ L'indication de l'année se fait avec le chiffre seul ou avec *im Jahr(e) : Er starb* ***1950*** */ Er starb* ***im Jahr(e) 1950.***

Dans la langue parlée, d'autres prépositions du système de datage absolu peuvent « tomber » :

Ich bin ***Mittag*** *wieder zu Hause* (v. *um* § 717).
Ich kann ***Montag*** *leider nicht kommen.*
Fährst du ***Ostern*** *zu deinen Eltern ?*
Ich bin ***Punkt*** *12 wieder zu Hause.*
Sind Sie ***das erste Mal*** *hier ?* (au lieu de : *zum ersten Mal*).

§ 720 ▷ **GN au GEN** (termes et expressions figées) :

— marque une date indéterminée ou une itération :

eines Tages, *eines Morgens, eines Abends*
Ich bin ***jederzeit / abends / morgens / nachmittags*** *zu erreichen.*
Montags / montag vormittags *habe ich keinen Unterricht.*
de même : *nachts :* la nuit, *werktags :* les jours ouvrables.

— ou précise une indication horaire :

5 Uhr ***morgens*** *(nachts) / abends (nachmittags)*

28.2.2. LE DATAGE RELATIF

(v. définition § 716).

§ 721 Toutes les prépositions opérant un datage relatif peuvent s'appuyer sur un repère-date, sauf *in*. Seules *vor, nach, in* et *seit* admettent un repère-mesure.

vor **+ DAT**
↔
nach **+ DAT**
(avec
repère-date)

déterminent une portion de temps précédant ou suivant un repère :

__vor__ der Prüfung — — ————x
__nach__ der Prüfung x———— — —
vor/nach dem Essen, vor/nach 12 [Uhr]
kurz vor/nach Beginn der Sitzung

A l'intérieur de la portion de temps ainsi définie, on peut procéder, au moyen d'une nouvelle indication (repère-date ou mesure), à un datage plus précis :

__am Tag vor__ der Prüfung
__zwei Jahre nach__ seinem Tod

Le G PREP avec *vor/nach* peut être « pronominalisé » :

zwei Jahre nach seinem Tod → zwei Jahre __danach__
Er starb 1950. Zwei Jahre __zuvor__ / zwei Jahre __vorher__ hatte er den Nobel-Preis erhalten.

vor **+ DAT**
↔
in **+ DAT**
(avec
repère-
mesure)

représentent un datage par rapport au **moment de l'énonciation.** Il s'agit, comme le montre l'expression *heute vor/in acht Tagen,* de situer un procès dans le passé ou le futur :

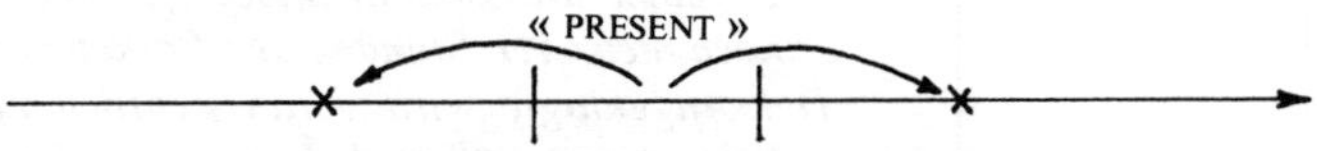

***Vor** fünf Jahren ist er in Pension gegangen.*
***In** fünf Jahren wird er in Pension gehen.*
***Vor/in** ein paar Tagen, **vor/in** einer Stunde...*
Vor/in** einiger Zeit, **vor** langer Zeit, **vor kurzem

— Variante pour *vor* :
*Er ist vor einem Jahr gestorben. → **Es ist** schon ein Jahr **her,** daß er gestorben ist.*
*Vor kaum einer halben Stunde lief er hier vorbei. → Noch keine halbe Stunde **ist es her,** da lief er hier vorbei.*

— Variante moins fréquente pour *in* :
*Heute **über** acht/vierzehn Tage = heute in acht/vierzehn Tagen*
***Über** kurz oder lang werde ich es doch tun müssen.*
Übers Jahr (après/dans un an) évite l'ambiguïté de *in einem Jahr* (en une année, v. § 718, ou dans un an), mais est d'un emploi peu fréquent.

Über implique le paramètre de la relation de passage et fonctionne aussi par rapport à un autre repère que le moment de l'énonciation :

über Jahr und Tag → einige Zeit später
über ein Weilchen → nach kurzer Zeit
über Mittag bleiben, über Nacht, über Weihnachten

cf. aussi : *die ganze Zeit/den Nachmittag über* (v. § 718, GN à l'ACC)
Ne pas confondre avec le dépassement :
Es dauerte über ein Jahr, bis... = mehr als ein Jahr, bis...

***nach* + DAT** (avec repère-mesure)

constitue également un report, mais à la différence de *in*, il ne fonctionne que si le repère n'est pas le moment de l'énonciation :

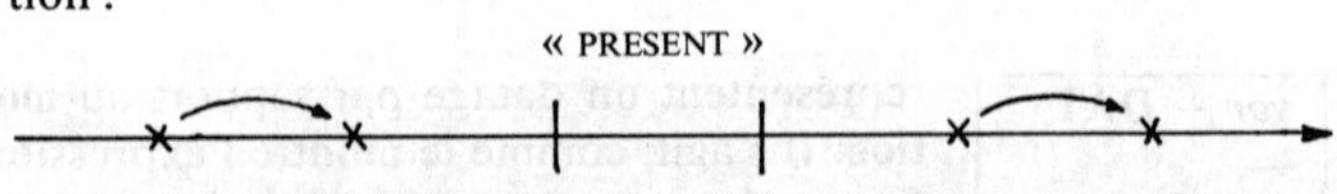

*Auf der Autobahn München-Salzburg kam es am Sonntag zu einer Massenkarambolage. Die Polizei konnte erst **nach mehreren Stunden** den Verkehr wieder freigeben.*
*Der Angeklagte wird voraussichtlich nicht unter 20 Jahre bekommen. Auch bei guter Führung kann er dann frühestens **nach 15 Jahren** entlassen werden.*

Cette possibilité n'existe pas pour *vor* + mesure, qui est en opposition avec *in* (v. ci-dessus). Ceci explique qu'on puisse dire :

*Sie heirateten am 12. Juli. **Nach einem Jahr*** ou ***ein Jahr danach** (darauf/später) ließen sie sich wieder scheiden* (au bout d'un an/un an après).

mais seulement :

*... Sie hatten sich **ein Jahr zuvor/vorher** kennengelernt* (un an auparavant).

***seit* + DAT**
(avec
repère-date)

constitue un report rétrospectif : il définit une portion de temps limitée à gauche par un repère dans le passé et à droite par le moment de l'acte d'énonciation :

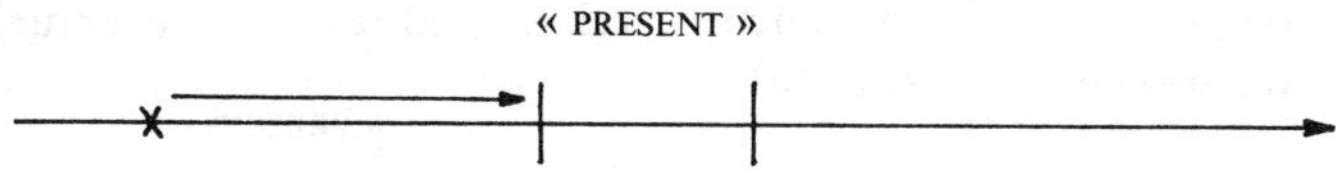

***Seit** dem Krieg / **seit** November / **seit** vorgestern wohnt er hier.*

Nombreux sont ceux qui considèrent l'emploi de *seit* à la place de *von... an* comme admissible lorsque la portion de temps définie est tout entière dans le passé :

***Seit** 1945 (von 1945 an) **wohnte** er dort.*

(avec
repère-
mesure)

fonctionne de la même façon, mais la limite à droite de la portion de temps peut être également un repère dans le passé. *Seit* + repère-mesure peut être remplacé par un **GN à l'ACC** précédé de ***schon*** (qui tombe parfois dans la langue parlée) :

*Er ist/war **seit zwei Jahren** arbeitslos.*
*→ Er ist/war **schon zwei Jahre** arbeitslos.*
*Ich warte/wartete **seit mehreren Stunden.***
*→ Ich warte/wartete **schon mehrere Stunden.***
*Wartest du **schon lange** ? **Wie lange** wartest du **schon** ?*

***von* + DAT**
... an
ou ***ab*** +
ACC/DAT
(avec
repère-date)

définissent une portion de temps non limitée à droite et limitée à gauche par un repère pouvant se situer dans le passé, dans le futur ou coïncider avec le moment de l'énonciation (paramètre : relation ablative, v. § 714) :

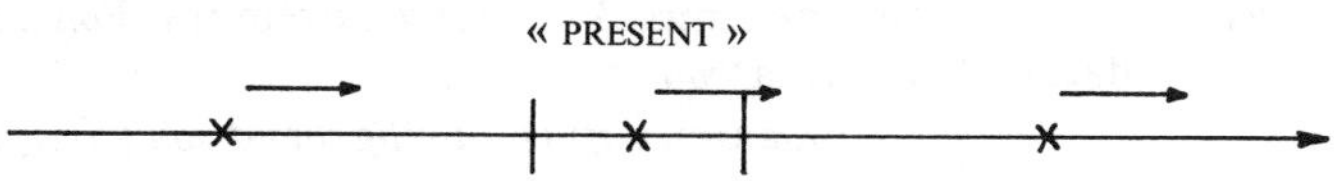

***Von** 1945 **an/ab** 1945 lebte er in Wien.*
***Von** heute **an/ab** heute rauche ich nicht mehr.*
***Von** kommendem Montag **an/ab** kommenden/(-em) Montag kostet das Liter Benzin 10 Pfennig mehr.*

► *von jetzt an/ab jetzt,* mais seulement : ***von nun an, von Anfang an.***

On trouve quelquefois aussi *von...ab. Von...auf* n'existe que dans des expressions figées :

*von Kindheit/Jugend **auf**, von klein **auf***

Ab (plus rarement *von... an*) s'emploie également avec une indication de mesure :

frei ab 18 Jahren
ab 4 Stunden DM 1,50 pro Stunde

Mais s'agit-il encore d'une préposition « temporelle » ? (v. §§ 714-715)

bis **+ ACC ou autre G PREP** (avec repère-date)

définit une portion de temps non limitée à gauche et limitée à droite par un repère pouvant se situer dans le passé, dans l'avenir ou coïncider avec le moment de l'énonciation (paramètre : relation directive + éventuel point d'impact, v. § 713) :

« PRESENT »

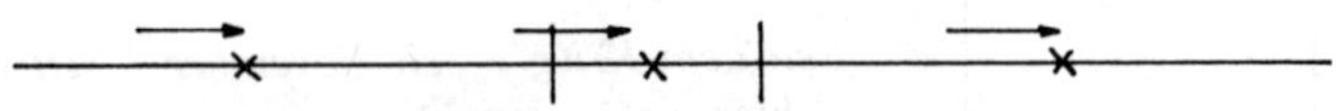

Bis *1945 lebte er in Wien;*
Bis *dahin vergeht noch viel Zeit.*
Bis *heute habe ich noch keine Antwort gekriegt.*
Bis *kommenden Montag können Sie mich noch hier erreichen.*

▷ *bis jetzt* ou ***bisher.***

Bis s'emploie fréquemment avec *zu* :

bis zum *kommenden Montag,* ***bis zu*** *diesem Augenblick,* ***bis zu*** *diesem Tag,* ***bis zum*** *nächsten Jahr*

mais aussi avec d'autres prépositions :

bis am *kommenden Montag,* ***bis gegen*** *Mitternacht,* ***bis [um]*** *12 Uhr,* ***bis vor*** *zwei Wochen,* ***bis vor*** *kurzem,* ***bis nach*** *der Prüfung,* ***bis auf*** *weiteres* jusqu'à nouvel avis/ordre.

Bis in + ACC implique un repère-date avec paramètre INTERIEUR : *bis in die Nacht [hinein]*

von... bis... (avec repère-date)

La conjonction de *von... an* et de *bis* aboutit à limiter une portion de temps à ses deux extrémités. *Von... an* est couramment réduit à *von* :

Das Geschäft ist durchgehend ***von*** *9 [an]* ***bis*** *18 Uhr geöffnet.*

La durée du procès recouvre la portion de temps ainsi définie, contrairement à ce qui se passe pour *zwischen.*

zwischen **+ DAT**

Du kannst mich ***zwischen 9 und 10*** *anrufen.*
Die Prüfung findet wahrscheinlich ***zwischen dem 10. und dem 15.*** *statt (vom 10. bis zum 15.* signifierait que l'examen dure cinq jours).

Zwischen correspond donc à *innerhalb* + repère-mesure (§ 718).

ou + **ACC**

lorsqu'il y a une relation de **report** :

Die Tagung soll zwischen ***den*** *ersten und neunten Januar verlegt werden.*

[von...]
auf **+ ACC**
(avec
repère-date)

marque le report d'un repère sur un autre :

*Die Tagung soll **[vom ersten] auf den neunten Januar** verlegt werden.*
*Die Tagung wurde **auf einen späteren Termin** verschoben.*
von heute auf morgen du jour au lendemain
auf bald / bis bald à bientôt
auf Wiedersehen, auf immer

Auf (v. § 709) marque aussi plus généralement un repère prospecté :

jn auf den Abend einladen ; auf einen Augenblick verschwinden
cf. aussi *hoffen/warten auf* + ACC.

ou la succession : *Monat auf Monat, Schlag auf Schlag* (cf. aussi *folgen auf* + ACC). Il commute souvent avec *für*, cf. : *auf immer/für immer, auf/für einen Augenblick, Monat für Monat...*

Von... zu (sans article) marque dans certaines expressions figées un report itératif (répétition) ou une progression :

Von Zeit zu Zeit *stand er auf und ging ans Fenster* (cf. *ab und zu*).
*Es geht mir **von Tag zu Tag** besser* (cf. *nach und nach*).

über **+ ACC**
hinaus

marque le dépassement d'un repère :

*Ich bleibe nicht **über den 31. Juli hinaus.***
(cf. également *übermorgen*).

28.3. Les prépositions notionnelles

§ 722 Le terme « notionnel » regroupe ici les désignés (sens contextuels) non spatiaux et non temporels. On retrouve cependant parmi ces prépositions la plupart des prépositions spatiales, certaines conservant même une opposition de cas DAT ↔ ACC. Une analyse en complexion de paramètres permettrait sans doute de repérer le **signifié commun** aux divers emplois spatiaux, temporels et notionnels d'une même préposition, mais une telle présentation serait nécessairement très abstraite.

Dans la classification proposée ci-dessous, on ne tiendra compte qu'accessoirement (c'est-à-dire comme simple illustration d'un désigné) des prépositions en valence figée, dont le détail sera envisagé plus loin (28.4.). D'autre part, les critères retenus (domaine des ensembles, de l'appréciation, de l'implication) ne représentent qu'une des manières possibles de regrouper les désignés « notionnels ».

28.3.1. LE DOMAINE DES ENSEMBLES.

§ 723 Il semble que de nombreux désignés particuliers puissent être considérés du point de vue de l'appartenance à un ensemble ou sous-ensemble : par exemple la transformation de A en B équivaut à « A entre dans l'ensemble des B ». Cette notion d'ensemble pourrait d'ailleurs aussi rendre compte des désignés spatiaux et temporels des prépositions de ce système.

§ 724 **a) Appartenance ou non-appartenance à un ensemble.**

▷ L'**association** à un ensemble s'exprime par ***zu*** + DAT (paramètre : relation directive, rapprochement, addition, v. §§ 313, 706-707) et ***in*** + ACC (paramètre : relation directive vers l'intérieur de l'ensemble, du domaine) :

*Er zählt **zu** den besten Spielern in der Welt.*
***Zu** diesem Verbrechen kommen noch weitere hinzu.*
*Was gibt es **zum** Fleisch ? — Bratkartoffeln.*
*Der Verlust geht **in** die Millionen.*
*Das Unternehmen geriet **in** die roten Zahlen.*
*Er geriet **in Panik.***

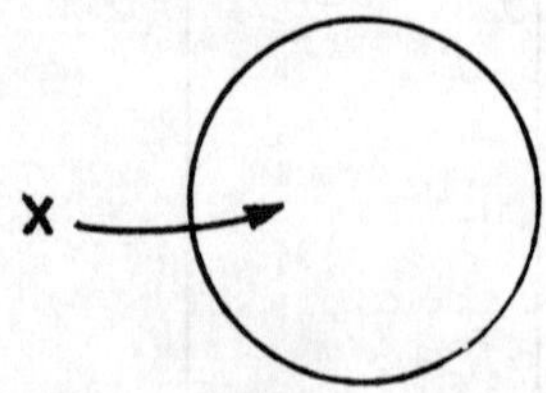

L'idée d'un « devenir » est fréquente dans ces contextes (paramètre : relation directive) :

*Er machte ihn **zum** Staatssekretär.*
*Er hat sich **zum** Generaldirektor emporgearbeitet.*
*Er ist **zum** Dieb geworden.*
*Er bringt mich **zur** Verzweiflung.*
*Der Krieg hat das Land **in** einen Trümmerhaufen verwandelt.*
*Die Stimmung geht **ins** Tragische über.*
*aus dem Deutschen **ins** Französische übersetzen*

▷ Par opposition, la **co-présence** dans un ensemble, c'est-à-dire le domaine concerné, le cadre dans lequel se situe l'élément de référence, le siège du procès, s'exprime par ***bei*** + DAT et ***in*** + DAT (paramètre : relation locative, avec ou sans spécification de l'intérieur) :

*Er ist noch **bei** der Arbeit / **bei** Bewußtsein.*
*Er ist noch **im** Dienst / **in** Gefahr / **in** Trauer.*
***Bei/in** dieser ganzen Sache stört mich etwas.*
***bei** schlechtem Wetter, **in** schlechten Zeiten*
*Ich habe mir **beim** Skifahren den Fuß verstaucht.*

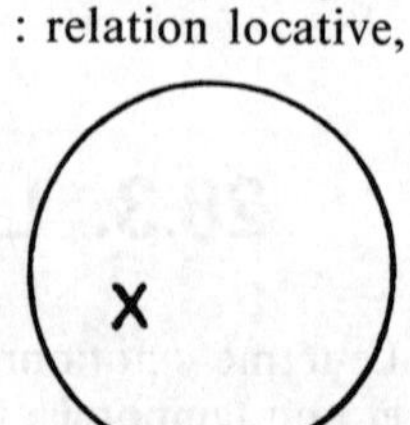

▷ La provenance voire l'**extraction** d'un élément hors d'un ensemble s'exprime par les prépositions marquant la relation ablative (avec ou sans paramètre intérieur) : ***aus*** + DAT et ***von*** + DAT :

*Im Krieg versuchte man **aus** Kohle Fett zu gewinnen.*
*Die Wohnung besteht **aus** zwei Zimmern.*
*Was ist **aus** diesem Projekt / **aus** dir geworden ?*
*eine Tasche **aus** Leder*
*Was willst du **von** mir ?*
*Was erwartet man **von** dieser Reform ?*

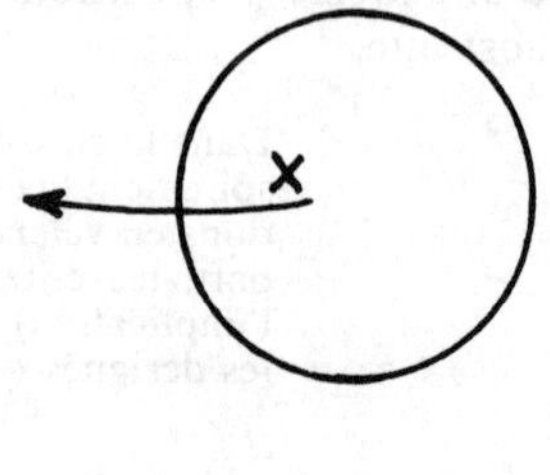

Par opposition à *in* + DAT, *aus* et surtout ***außer*** + DAT (le plus souvent avec un nom sans article) expriment fréquemment la sortie d'un état antérieur ou présupposé, cf. :

*Ich werde ihm **aus** der Not helfen.*
*Wir sind **außer** Gefahr. Er war **außer** sich vor Freude.*

▷ ***als,*** « préposition sans cas », a pour fonction de marquer l'élément de référence comme membre de l'ensemble concerné : **A est identifié à B :**

*Er arbeitet **als** Polizist. = er **ist** Polizist.*
*Er spricht **als*** Minister. = er ***ist** Minister.*
mais : *er spricht **wie** ein Polizist/Minister = er ist **kein** Polizist/**kein** Minister.*
*Ich betrachte ihn **als** meinen Freund.*
*Er gilt **als** einer der besten Mittelstürmer in Europa.*
*Er ist **als Held** gestorben.*
*Ich bin **als erster** gegangen.*

Als exprime aussi la substitution d'un élément ou d'un ensemble par un autre élément/ensemble (v. § 727).

725 **b) Sélection d'un sous-ensemble** à l'intérieur d'un ensemble homogène :

▷ ***unter*** + DAT (« parmi ») désigne l'ensemble global à l'intérieur duquel est sélectionné un sous-ensemble d'éléments **dénombrables** :

***Unter** den Opfern befinden sich zwei Deutsche.*
*Ist **unter** Ihnen jemand, der mir helfen könnte ?*
*Die Demonstranten, **darunter** viele Ausländer, marschierten auf das Rathaus zu.*

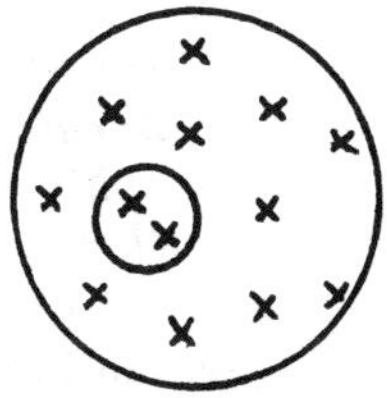

D'où au figuré l'emploi de *unter* pour désigner une circonstance accompagnant un procès : *unter diesen Umständen, unter Berücksichtigung aller Tatsachen...* (v. § 735).

▷ ***von*** + DAT extrait d'un ensemble une « partie » d'éléments **dénombrables ou non** (paramètre : relation ablative ou provenance hors d'un ensemble) :

***Von** 200 Stimmen erhielt er nur 10.*
*Es leben viele Ausländer in dieser Gegend, **davon** allein 300 000 in München.*
*Nimm doch [etwas] **von** dem guten Kuchen !*
*Der Herr sagte zu seinen Jüngern : » Dies ist mein Leib. Esset alle **davon.** «*

D'où au figuré : *Was verstehst du schon **davon** ? Ich weiß nichts **davon.** Er sprach/erzählte **von** seinem Urlaub / **von** sich.*

Deux prépositions sont ambiguës par rapport à l'appartenance comme sous-ensemble à un ensemble. Il s'agit de :

▷ ***außer*** + DAT, qui peut être **exclusif** ou **adjonctif** (v. § 726) :

— au sens **exclusif,** *außer* sélectionne et annule un sous-ensemble :

*Alle sind informiert worden, **außer** mir* (moi excepté).

*Ich habe alle Großstädte in der Bundesrepublik gesehen, **außer** München und Köln.*

Variantes : ACC ou NOM + *ausgenommen, mit Ausnahme von* + DAT, *bis auf* + ACC (v. ci-dessous) et *nur/bloß X nicht, X nicht inbegriffen.*

— au sens **adjonctif** (« outre, en plus de »), *außer* signifie qu'à l'ensemble concerné s'ajoute(nt) un ou plusieurs élément(s) **du même type** :

***Außer** mir war **auch noch** Paul dabei.*

*Wir haben **außer** Köln **auch** Mainz und Mannheim besichtigt.*

ou bien qu'il ne s'ajoute rien du tout, l'ensemble étant « complet » :

***Außer** ein paar Fensterscheiben war **nichts** kaputt = es waren **nur** ein paar Fensterscheiben kaputt.*

***Außer** Paul war **keiner** meiner Kollegen dabei = von meinen Kollegen war **nur** Paul dabei.*

▷ ***bis auf*** + ACC peut avoir un :

— sens **exclusif** :

***Bis auf** Köln und München kenne ich alle Großstädte in der Bundesrepublik* = toutes les grandes villes **moins** Cologne et Munich.

*Ich habe den Text **bis auf** zwei Sätze / **bis auf** den letzten Satz übersetzt* = tout le texte **moins** deux phrases / **sauf** la dernière phrase.

— sens **inclusif** (« y compris ») :

*Ich habe den Text **bis auf** den letzten Satz übersetzt* = tout le texte, la dernière phrase comprise.

*Ich habe alles **bis auf** den letzten Pfennig ausgegeben.*

§ 726 **c) Adjonction de deux ensembles :** un ensemble (ou élément) B est adjoint (associé) à un ensemble (ou élément) A :

▷ ***außer*** + DAT dans son emploi adjonctif (v. § 725) ou ***neben*** + DAT :

***Neben** einer gesicherten Altersversorgung genossen die Bergleute andere Vergünstigungen.*

▷ ***mit*** + DAT et ***ohne*** + ACC (association niée) : contrairement à *außer, mit* et *ohne* supposent que les deux ensembles associés contiennent des éléments **hétérogènes** (A et B sont de nature différente), cf. :

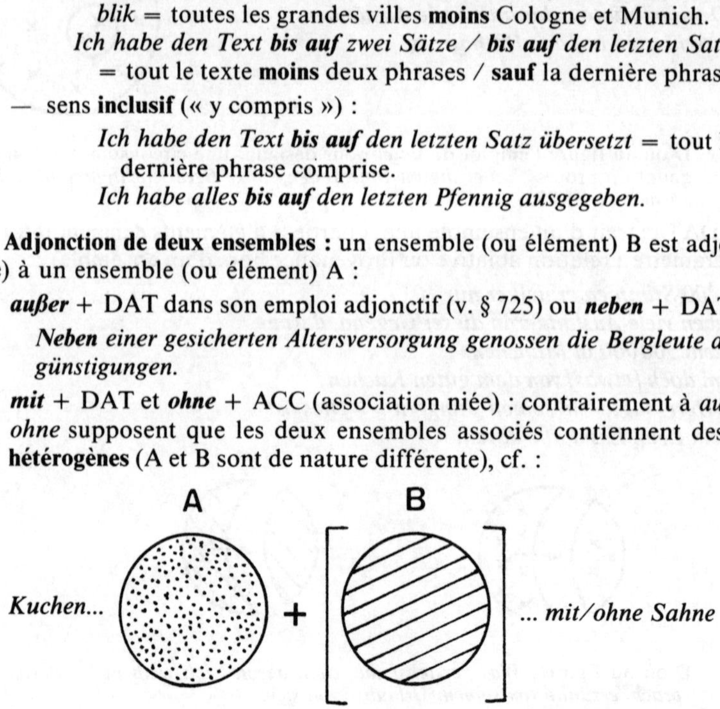

Er tat dies ***mit/ohne*** *Absicht,* ***mit/ohne*** *Erlaubnis.*
Mit *der Tochter heiratet man auch die Schwiegermutter.*
Ich bin ***mit*** *dir* (association) ↔ ***bei*** *dir* (co-présence, v. § 724).

Mit ne s'oppose à *ohne* que si le désigné contextuel permet l'hypothèse d'une non-association. Ainsi, on ne peut pas substituer *ohne* à *mit* dans : *sich mit jemandem unterhalten, etwas mit etwas vergleichen* (l' « échange » suppose au moins deux partenaires).

Mit jemandem kämpfen est ambigu : association (= *neben jm ;* dans ce cas, *ohne* est possible) ou échange/réciprocité (= *gegen jn ;* dans ce cas, *ohne* est exclu).

A un deuxième stade, l'ensemble adjoint peut être **intégré** (incorporé). *Mit* (parfois : *mitsamt*) exprime alors l'**inclusion** (paramètre intérieur) et *ohne* le refus de l'inclusion :

Preis ***mit/ohne*** *Versandkosten* = ***im*** *Preis sind die Versandkosten [nicht] enthalten.*
ein Land ***mit*** *50 Millionen Einwohnern* = ***im*** *Land leben 50 Millionen Einwohner.*

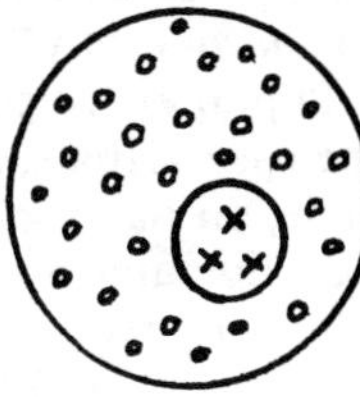

727 **d) Substitution d'un ensemble à un autre :**

▷ ***durch*** + ACC en valence figée (v. § 749) et ***anstelle/anstatt/statt*** + GEN expriment la substitution pure et simple d'un ensemble (ou élément) à un autre :

Die alten Maschinen wurden ***durch*** *leistungsfähigere ersetzt.*
Anstelle *eines Kompliments /* ***[an]statt*** *eines Kompliments bekam ich nur Hohn* (équivaut à : *« nicht x, sondern y »*).

▷ ***gegen*** + ACC exprime la permutation de deux éléments qui passent réciproquement d'un ensemble à l'autre, d'où l'idée d' « échange » :

Ich tausche meinen Studienplatz in Hamburg ***gegen*** *einen in München.*
Gegen *Vorlage dieses Gutscheins bekommen Sie das Buch zum halben Preis.*

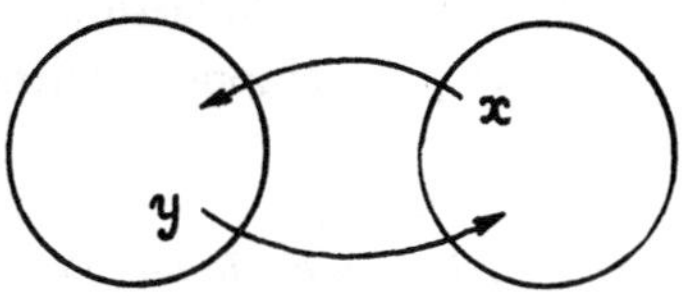

L'idée d'échange est également souvent exprimée par ***mit,*** qui précise cependant l'association nécessaire à l'échange :

Ich möchte nicht mit dir tauschen.
mit jm sprechen/handeln/verhandeln, sich mit jm unterhalten...
mit jm ou *gegen jn kämpfen* (échange de coups !).

▷ ***für*** + ACC participe des deux désignés de la simple substitution (= *anstelle*) et de l'échange :

Heute spielt Müller ***für*** *den verletzten Dremmler (= anstelle des verletzten Dremmler).*
cf. aussi : *Ich habe ihn* ***für*** *deinen Bruder gehalten.*
Damals bekam man noch allerhand ***für*** *sein Geld* (= en échange de).
Dafür *wirst du mir büßen !*
cf. aussi : *jm* ***für*** *etw. danken ;* ***dagegen*** et ***dafür*** comme charnières de discours (« en revanche, par contre »).

▷ ***als*** exprime la substitution dans des emplois dérivés du désigné « B est identifié à A » (v. § 724) :

*Das Gästezimmer dient meist **als** Bügelzimmer.*
***Als** Kopfkissen nahm ich meine Jacke.*
cf. aussi : *als Trost* (en guise de consolation), *als Geschenk, als Prämie, als Dank, als Belohnung* et, bien sûr, ***als ob*** (§ 222), qui substitue de l'irréel ou du virtuel à du réel : *als ob ich es wüßte = ich weiß es nicht.*

§ 728 **e) Désignation de l'ensemble « objet »** ou « domaine » auquel s'applique un autre désigné.

On trouve dans cette fonction de nombreuses prépositions qui s'utilisent également avec un désigné spatial, par exemple *an* + ACC/DAT, *auf* + ACC, *bei* + DAT, *nach* + DAT, *unter* + DAT, *von* + DAT, *vor* + DAT, *über* + ACC... En fait, la plupart de ces prépositions sont demandées par le programme valenciel d'une base verbale, nominale ou adjectivale. Quand elles dépendent d'une base verbale, on parle souvent d' « objet prépositionnel » (v. 28.4.). Mais l' « objet » ou le « domaine » visé ou concerné peut aussi être désigné par des prépositions qui fonctionnent avec un sens relevant de l'appréciation ou de l'implication (v. §§ 729-733 et 734-739). Ainsi en est-il par exemple de ***mit** (Ins Wasser mit ihm !)* ou de ***um*** + ACC qui exprime un ensemble visé qu'on veut obtenir ou conserver : *um sein Leben bangen/kämpfen, sich um etw. kümmern/sorgen.*

28.3.2. LE DOMAINE DE L'APPRECIATION.

§ 729 Il peut s'agir de l'appréciation d'une mesure (§ 730), de la variation d'une quantité (§ 731), de la distribution d'une quantité par rapport à une autre (§ 732), d'une comparaison (§ 733).

§ 730 **a) Appréciation de la mesure :**

Toutes les prépositions se retrouvent aussi dans un contexte spatial et/ou temporel :

▷ **ACC seul :**

Der Lehrgang dauert vierzehn Tage (temps).
Das Buch kostet zehn Mark (quantité).
Das Schiff ist neun Meter lang (dimension spatiale).

▷ ***an die.../um die...*** + ACC PLUR expriment une mesure **approximative** :

Das Haus kostet an die / um die 500 000 Mark.

▷ ***zwischen*** + DAT définit une mesure située entre deux repères :

Der Preis liegt zwischen 400 000 und 500 000 Mark.

▷ ***ab*** + DAT ou ACC ou ***von...*** (DAT) ***an*** d'une part et ***bis*** + ACC ou ***bis zu*** + DAT d'autre part désignent respectivement le repère inférieur et le repère supérieur d'une mesure (« point de départ/d'arrivée ») :

*Frei für Jugendliche **ab** 18 Jahre(n).*
*Pullis **von** DM 30 **an** / **ab** DM 30.*
*Eintritt frei für Kinder **bis** 10 Jahre.*
*Im Aufzug können **bis zu** 6 Personen fahren.*

▷ Autres prépositions :

von + DAT : *eine Länge von zwanzig Metern*
mit + DAT : *ein Mann mit* (également *von*) *dreißig Jahren*
über + ACC (pour un montant) : *eine Rechnung über DM 100 / über eine Million Mark*
auf + ACC (en valence figée) : *Der Schaden beläuft sich auf mindestens eine Million.*

731 **b) Les variations de quantité.**

Certaines prépositions se rencontrent aussi avec un désigné spatial.

▷ ***über*** + ACC et ***unter*** + ACC expriment un dépassement vers le haut ou vers le bas :

*Dieses Jahr gab es **über** 10 000 Verkehrstote* (variante : ***mehr als*** *10 000 Verkehrstote*).
*Dieses Jahr gab es **unter** 10 000 Verkehrstote* (variante : ***weniger als*** *10 000 Verkehrstote*).

Mehr est obligatoire quand il s'agit d'éviter la rencontre de deux *über : eine Rechnung **über mehr als** 100 Mark.*

▷ ***um*** + ACC marque la différence par rapport au niveau précédent, c'est-à-dire la quantité supplémentaire ou manquante :

*Die Temperatur ist **um** 6 Grad gestiegen/gesunken.*
*Die Familie ist **um** ein Mitglied größer geworden.*

▷ ***von*** + DAT...***auf*** + ACC exprime une variation d'un repère minimal à un repère maximal ou d'un repère maximal à un repère minimal :

*Die Temperaturen sind **von** 10 **auf** 12 Grad gestiegen / von 12 auf 10 Grad gesunken.*
*Der Dollarkurs ist um 5 Pfennig **auf** den bisher höchsten Stand von DM 2,87 gestiegen / **auf** den bisher niedrigsten Stand gesunken.*

732 **c) Distribution d'une quantité par rapport à une autre :**

▷ ***auf*** + ACC, ***pro*** + ACC, ***je*** + ACC expriment une proportion par rapport à une mesure de référence :

*Der Wagen verbraucht 8 Liter **auf/pro** 100 Kilometer.*
***Auf** 100 Geburten kommen 15 Kaiserschnitte.*
*DM 2,50 **pro** Kilo / **pro** Person*
*DM 8,- **pro/je** angefangene Seite*
*Ab dem 3. Kind beträgt die staatliche Sparprämie DM 500 **je** Kind.*

Comme on le voit dans les deux derniers exemples, *je* ne s'emploie que si la mesure de référence implique une succession, une répétition (« une page, puis une autre, etc. »).
Lorsque la mesure de référence est temporelle, on peut utiliser la préposition temporelle à côté de *pro* :

*Er verdient 80 Mark **pro** Tag / **pro** Stunde → **am** Tag / **in der** Stunde.* Cf. aussi : *Er kommt zweimal **pro** Monat / **im** Monat / **den** Monat zu uns* (ACC pour le temps) et *Das Tuch kostet 10 Mark **pro/je** Meter / **der** Meter* (NOM pour la mesure).

▷ ***zu*** + DAT marque le rapport ou l'opposition entre deux quantités :

*Die Chancen stehen **1 zu 10.***

*Der HSV gewann mit **5 zu 2** gegen Bayern München.*

Zu peut marquer également une indication de prix et commute alors avec *à* (vieilli) : *zwanzig Briefmarken **zu/à** 60 Pfennig.*

Pour le regroupement de personnes, on dit : *zu zweit, zu dritt,* etc. (= à deux, à trois... ou par deux, par trois), et *zu zweien, zu dreien,* etc. (rare ; seulement : par deux, par trois) (v. § 478).

§ 733 d) La comparaison.

① La **mise en comparaison** est marquée par :

▷ ***zu*** + DAT pour le rapport de deux quantités (v. § 732) et dans certaines expressions : *im Vergleich zu, im Verhältnis zu* (par rapport à), *im Gegensatz zu* (contrairement à).

▷ ***gegenüber*** + DAT pour la comparaison « neutre » et ***gegen*** + ACC lorsque s'ajoute un jugement de valeur :

*Unser Land exportierte dieses Jahr Waren im Wert von ca. 12 Milliarden Dollar **gegenüber** 10 Milliarden / **gegen** 10 Milliarden im Vorjahr.*

***Gegenüber** dem, was ich früher verdient habe / **Gegen** das, was ich früher verdient habe, bekomme ich jetzt einen Hungerlohn.*

variantes : *im Vergleich zu* (comparaison neutre), *im Gegensatz zu* (avec jugement de valeur).

La préposition ***für*** peut ajouter à la comparaison une valeur concessive (implication « anormale », « inattendue », v. § 739) :

***Für** einen Franzosen spricht er gut Deutsch = **dafür,** daß er Franzose ist... = obwohl er Franzose ist.*

cf. aussi l'emploi concessif de *pour* en français : ***Pour** grands que soient les rois...*

② L'**équivalence** est marquée par ***wie*** (v. §§ 788 et 848) :

*Peter und Jürgen sind gleich groß → Peter ist genauso groß **wie** Jürgen.*

*Er arbeitet **wie** ein Wahnsinniger.*

On trouve cependant *als* dans *sowohl... als auch* et dans la comparaison irréelle (v. § 222).

③ La **différence** est marquée par ***als*** (v. §§ 788 et 850) :

*Peter ist größer **als** Jürgen.*

*Franzosen essen mehr Brot **als** Deutsche.*

*Er raucht weniger **als** früher.*

La **conformité** (« selon, d'après, suivant ») s'exprime par ***gemäß*** + DAT préposé ou postposé (conformité dans la substance), *laut* (conformité littérale), *nach* + DAT (conformité à des données dont la source est évoquée et vis-à-vis de laquelle on peut prendre ses distances : *nach* peut être dans ce cas préposé ou postposé, par exemple *nach seinen Worten / seinen Worten nach*) et ***zufolge*** + GN au DAT antéposé ou GN au GEN postposé, qui implique la perspective d'un effet ou d'une cause (« suite à, en raison de », v. § 738).

8.3.3. LE DOMAINE DE L'IMPLICATION.

734 Par **implication,** on entend l'ensemble des relations « logiques » que l'homme peut établir entre deux phénomènes co-existants et interdépendants dans un processus évolutif :

Si A existe/ B existe aussi. B **im**plique A et A **ex**plique B.

Cette implication est une interprétation **circonstancielle** en ce sens qu'elle dépend précisément des circonstances d'apparition des phénomènes. Elle est aussi le plus souvent **subjective** en ce sens que la relation entre les deux phénomènes A et B est interprétée en fonction de l'expérience de la vie et du monde et dépend fréquemment de la perspective adoptée.

Dans le langage, cette interprétation se traduit dans un certain nombre de **concepts** non univoques tels que :

A est la *cause* de B, A est la *condition* de B, B est la *conséquence* ou l'*effet* de A, A est le *moyen* de la production de B, B est le *but* ou la *finalité* de A, etc.

Mais dès lors qu'on utilise ces concepts dans l'analyse linguistique, les difficultés s'amoncellent, car le marquage linguistique n'est pas non plus univoque. Ainsi, au niveau des prépositions, l'ambiguïté et les difficultés d'analyse proviennent notamment de trois facteurs :

▷ Les **mêmes** prépositions peuvent exprimer des **désignés notionnels différents ;** ainsi :

— *pour* marque en français aussi bien la cause que la finalité :

Il a été condamné pour meurtre / pour l'exemple.
Pourquoi a-t-il fait cela ?→ parce qu'il avait faim / pour manger.

— *um* exprime la finalité *(um etw. kämpfen, um* + G INF avec *zu)* ou la cause (cf. *darum, warum ?* opposé à *wozu ?*) ;

— *mit* est l'expression de l'instrument ou du moyen, mais *da'mit* est nettement final.

▷ Certaines prépositions véhiculent en outre une **appréciation** sous forme de **jugements de valeurs,** lesquels sont de deux types :

— **« bon/mauvais »,** «/positif/négatif »; par exemple *dank* implique un jugement positif : *dank eines Zufalls* = ce hasard avait du bon.

— **« normal/anormal »,** « étonnant/non étonnant », « attendu/inattendu » ; par exemple : *Trotz seiner Müdigkeit arbeitete er weiter* = la circonstance « fatigue », étant donné mon expérience du monde et de la vie et donc mon attente, aurait dû produire une autre conséquence. C'est ce deuxième type de jugement de valeur qui sous-tend par exemple une des acceptions du concept de **concession** (v. § 739).

▷ Enfin, le problème fondamental reste ici encore celui des **interférences** entre les différents domaines de désignés. L'histoire de certaines prépositions aujourd'hui « notionnelles » montre qu'il s'agit en fait de véritables **métaphores spatiales,** cf. : *aufgrund* + GEN = « auf dem Grund » ; *wegen eines Zufalls* = « auf dem Weg/den Wegen über » (relation de passage) ; *durch einen Zufall* = relation de passage ; *aus Liebe* = relation d'origine ; *zwecks* provient d'un substantif *zwec* qui signifiait « cible », d'où là encore une relation directive. D'autre part, on peut penser que les implications présentées ci-dessous ne sont que des cas d'application du « système » prépositionnel des « ensembles » (§§ 723-728) : une fois de plus se pose donc le problème du signifié éventuellement unique (la *Grundbedeutung*) de chaque préposition.

§ 735 a) La circonstance simplement co-présente.

Lorsqu'elle n'est ni franchement spatiale ni temporelle, la circonstance est exprimée par des prépositions dont la fonction est de marquer une co-présence dans un (sous-) ensemble (v. §§ 724-725) :

▷ ***bei*** + DAT :

Vom Münchner Dom aus kann man ***bei*** *Fönwetter die Alpen sehen.*
Hervorragend sind die Fahreigenschaften des neuen Mercedes ***bei*** *ungünstigen Straßenverhältnissen.*
Er kam ***bei*** (ou *in*) *einem Flugzeugunglück ums Leben.*
Ich habe mir ***beim*** *Skifahren den Fuß verstaucht.*
(pour la valeur concessive de *bei*, v. § 739).

▷ ***unter*** + DAT :

Unter *diesen Umständen bleibe ich zu Hause !* dans ces conditions
Die Prüfung darf ***unter*** *bestimmten Bedingungen/Voraussetzungen einmal wiederholt werden.*
Unter *dem Eindruck dieses schweren Busunglücks beschloß die Regierung eine Reihe verschärfter Sicherheitsvorschriften.*

§ 736 b) L'instrument et le moyen.

Ils ne se démarquent pas toujours nettement de la cause (cf. *durch* § 737) ni de la circonstance co-présente (§ 735). *Bei* et *unter*, par exemple, expriment un moyen dès lors que le GN désigne une action, cf. :

Bei näherer Betrachtung erweist sich diese Lösung als unpraktikabel.
Er hat es unter großer Anstrengung geschafft.

▷ ***mit*** + DAT exprime à la fois l'instrument (question *womit* ?) :

Er tötete sein Opfer ***mit*** *einem Beil.*
Er versuchte die Flasche ***mit*** *den Zähnen aufzubekommen.*
Er bedankte sich ***mit*** *einem kleinen Geschenk.*
(variantes : *mittels* + GEN, *mit Hilfe* + GEN ou *mit Hilfe von*)

et le moyen (question *wie ?*) :

Er öffnete die Tür ***mit*** *Gewalt /* ***mit*** *einem heftigen Stoß.*
Mit *Geduld/Willen/Ausdauer erreicht man alles.*
Mit *der Zeit /* ***mit*** *zunehmendem Alter wird man klüger (= die Zeit hilft einem, klüger zu werden).*

Dans ce deuxième sens *(« helfen »)*, *mit* est souvent concurrencé par *durch* (cf. *mit Gewalt/durch Gewalt*).

▷ ***durch*** + ACC exprime à la fois le moyen (où il est concurrencé par *mit*) et l'agent (où il peut être concurrencé par *von* — v. §§ 263 et 268) :

Moyen : *In der 60. Minute gelang dem Hamburger Sportverein* ***durch*** *ein Tor* (ou *mit einem Tor*) *von Horst Hrubesch der Ausgleich.*

Agent : *Das 2 zu 2 wurde in der 60. Minute* ***durch/von*** *Horst Hrubesch erzielt.* mais seulement : *die Festnahme der Autodiebe* ***durch*** *die Polizei* (v. § 263).

Autres exemples :

*Seine Versetzung erfuhr er **durch** die Zeitung.*
*Seine Versetzung erfuhr er **von** seinem Sekretär / **durch** seinen Sekretär.*
***Durch** Gewalt / **mit** Gewalt erreicht man nichts.*
***Durch** diesen Film wurde er zum Weltstar.*

Le moyen peut s'exprimer également par :
zu (valeur ancienne, statique — v. § 707) : *zu Fuß, zu Pferd*
per + ACC : *per Bahn/Flugzeug, per Eilboten* (langue administrative)
über + ACC : *Solche Geschäfte werden nur über die Großbanken abgewickelt.*

737 c) L'expression de la cause.

La cause est exprimée par :

▷ ***auf Grund*** ou ***aufgrund*** + GEN ou *von* (v. § 658), « en raison de » :
Leider breitete sich der Waldbrand auf Grund des starken Windes sehr rasch aus.

▷ ***wegen*** + GEN ou DAT (v. § 657), à cause de :
Leider breitete sich der Waldbrand wegen des starken Windes sehr rasch aus.
▶ *meine**t**wegen, seine**t**wegen...*
▶ ***von... wegen*** en vertu de (p. ex. *von Gesetzes wegen*), v. § 656.

▷ ***infolge*** + GEN ou *von* (v. § 658), par suite de :
Die Autobahn München-Salzburg mußte in Richtung Salzburg infolge eines schweren Unfalls für mehrere Stunden gesperrt werden.

▷ ***dank*** + GEN ou DAT (v. § 657), grâce à :
Dank seiner Geistesgegenwart konnte das Schlimmste vermieden werden.

Dank commute parfois avec ***kraft*** + GEN, qui appartient cependant à une langue administrative : *Kraft seines Vermögens kann er sich vieles leisten.*

▷ ***durch*** + ACC introduit le « moteur » du processus, ce qui fait évoluer le processus, et marque aussi bien la cause que l'intermédiaire ou l'instrument (v. § 736) :

***Durch** einen Zufall gelang es der Polizei, den Täter festzunehmen.*
*Die Gewerkschaften erreichten **durch** ihren lauten Protest eine Änderung des Gesetzes.*
***Durch** den Ausfall des Kühlsystems entstand ein zu hoher Druck im Reaktor.*
cf. aussi ***dadurch, daß*** : du fait que.

▷ ***aus*** + DAT (le plus souvent sans article) marque le motif/mobile d'une action dont l'agent est animé :

***Aus** Angst vor Repressalien verständigte er nicht die Polizei.*
***aus** Liebe/Eifersucht/Habgier töten*
▶ mais le critère « agent animé » ne joue pas pour ***aus einem Grund, aus diesem Grund*** (pour une/cette raison).

▷ ***vor*** + DAT, qui peut s'expliquer aussi comme une métaphore spatiale, exprime la cause d'une réaction physiologique ou émotionnelle :

vor Kälte/Angst zittern
*Ich sterbe **vor** Hunger / **vor** Müdigkeit.*
*Er war außer sich **vor** Wut / **vor** Freude.*
en valence figée : *sich **vor** etw./jm fürchten, die Angst **vor** etw./jm*

▶ ***Vor** lauter Bäumen sieht er den Wald nicht [mehr]* (les arbres lui cachent la forêt).

Autres prépositions :

halb(er) + GEN, avec GN antéposé : *deshalb, der Einfachheit halber* mais
▶ *meinethalben* (rare)
auf + ACC ... *hin : auf seinen Wunsch hin, auf diese Tatsache hin*
um + GEN + *willen : um Gottes willen, um [des] Himmels willen*
▶ *[um] meinetwillen, [um] seinetwillen*

Certaines autres prépositions en valence figée sont parfois considérées comme causales. En fait, elles désignent simplement le « siège du procès », par exemple :
an *etwas* / ***unter*** *etwas leiden* (v. § 762), ***an*** *etw. erkranken/sterben, sich* ***über*** *etwas freuen/ärgern/wundern*

§ 738 d) L'expression de la conséquence et de la finalité.

▷ ***zu*** + DAT exprime la conséquence et la finalité :

*Der Ferienbeginn in Baden-Württemberg und Hessen führte **zu** einem regelrechten Verkehrschaos auf den Fernstraßen.*
*Was hat Sie **zu** dieser Entscheidung bewogen ?*
***Wozu** / **zu** welchem Zweck machst du das ?*
*Hast du etwas **zum** Schreiben ?* As-tu de quoi écrire ?
*Es gibt keinen Grund **zur** Aufregung / **zum** Lachen.*

cf. encore : *jn zum Tode verurteilen, sich zu Tode langweilen/ärgern, zu etw. dienen, zu etw. beitragen, zur Verfügung stellen, zum Spaß :* pour rire, *das Mittel/der Wille zu etw.*, etc.

▷ ***um*** + ACC exprime uniquement la finalité (objectif à atteindre ou à préserver) :

***um** Geld spielen, **um** sein Leben kämpfen/bangen*
*Ich mache mir große Sorgen **um** dich / **um** deine Zukunft.*
*Es geht **um** viel Geld / **um** dich.*
cf. aussi ***umsonst*** (mais *für nichts*), ***um*** *jeden Preis* et bien sûr ***um*** + G INF avec *zu.*

▶ mais ***warum ?*** et ***darum*** (c'est pourquoi) expriment une cause.

▷ ***um*** + GN au GEN + ***willen*** (p. ex. *um des lieben Friedens willen*), v. ci-dessus § 737.

zu'folge + GN au DAT antéposé ou GN au GEN postposé (v. § 733) implique la perspective d'un effet (« par suite de », « suite à », « conformément à ») ;
zu'gunsten + GN au DAT antéposé ou GN au GEN postposé exprime la finalité avec un jugement de valeur positif (« en faveur de », « au profit de ») ; s'oppose à ***zu'ungunsten*** (« aux dépens de ») ;
zu'liebe + GN au DAT antéposé peut être considéré comme final (« pour l'amour de »).

▷ ***für*** + ACC exprime une conséquence :

*Der Grund/die Ursache **für** den Wechsel der FDP zur Union war wohl die Ablehnung des Kanzlers, weitere Kürzungen der Sozialleistungen hinzunehmen.*

*Ausschlaggebend/entscheidend/verantwortlich **für** den Koalitionswechsel war in erster Linie die Haushaltsdiskussion.*

ou une finalité ; dans ce cas, il s'oppose à ***gegen*** + ACC et il s'ajoute le plus souvent un jugement de valeur (positif/négatif) :

Wer nicht +***für*** *uns ist, ist* +***gegen*** *uns.*

*Er kämpft **für** eine bessere Zukunft / **gegen** den Abbau der demokratischen Rechte.*

*Dieses Mittel hilft **gegen** Magenschmerzen* (neutre : ***bei*** *Magenschmerzen*).

1. Le jugement de valeur n'est pas toujours présent, cf. : *ein Argument für/gegen etwas ; alles spricht dafür/dagegen.* D'autre part, dans un contexte nettement positif, l'opposition *für* ↔ *gegen* est automatiquement bloquée, cf. : *sich für etw. interessieren/begeistern, für etw./jn schwärmen.*
2. En valence figée, on trouve également ***nach*** + DAT comme expression d'une finalité : *nach etwas fragen/suchen* (v. § 753)...

739 e) L'expression de la concession.

La concession est une implication jugée « anormale », c'est-à-dire contraire à l'expérience que l'on a du monde et de la vie, donc contraire à une attente. Une implication normale (attendue, non surprenante) serait par exemple :

Paul ist krank	*er bleibt im Bett.*
(condition/cause)	(conséquence/résultat)

Il suffit de nier l'une des deux informations pour obtenir un énoncé concessif :

Obwohl *Paul nicht krank ist, bleibt er im Bett.*

*Paul ist **zwar/gewiß/freilich** nicht krank, aber er bleibt* **(trotzdem/dennoch)** *im Bett.*

Obwohl *Paul krank ist, bleibt er nicht im Bett.*

Seule la préposition ***trotz*** + GEN ou DAT (v. § 657) est — avec quelques variantes — franchement concessive :

Trotz *des 0 zu 2-Rückstandes gelang dem HSV doch noch der Ausgleich.*

Trotz *der widrigen Wetterverhältnisse suchen die Rettungsmannschaften weiter nach Überlebenden.*

(variantes : *der widrigen Wetterverhältnisse **zum Trotz ; ungeachtet** der widrigen Wetterverhältnisse*)

Cependant, deux autres prépositions sont employées quelquefois **en contexte concessif** :

▷ ***bei*** + DAT, qui marque normalement une simple circonstance (v. § 735) ; en contexte concessif, elle est souvent accompagnée de *all-* :

Bei allem *Verständnis /* ***bei allem*** *Respekt für Ihre Entscheidung halte ich sie für falsch.*

Bei all *seiner Mühe bringt er doch nichts zuwege.*

Wobei et ***dabei*** s'emploient également avec une valeur concessive (restrictive) :

Die Hochzeit war sehr schön, wobei (« encore que ») *ich zugeben muß, daß der Pfarrer für meine Begriffe etwas zu ernst war.*
Die Mineralölgesellschaften erwägen eine neue Benzinpreiserhöhung. Dabei hat sich das Rohöl durch die Senkung des Dollarkurses beträchtlich verbilligt.

▷ ***für*** + ACC (v. § 733 1) :

Für *einen Mann kann er aber sehr gut kochen !*
Dafür, *daß er bald 60 wird, ist er noch fit (= obwohl er...).*

28.4. Les prépositions en valence figée

§ 740 Il s'agit des G PREP en fonction d' « objet prépositionnel » dépendant d'une **base verbale** (v. § 701) :

Ich warte im Auto ***auf dich.***
Erinnerst du dich noch ***an Peter.***
Ich fürchte mich ***vor diesem Hund.***

▷ pour les G PREP membres de GN ou de G ADJ, v. §§ 605 sv., 623-624.

Le choix de la préposition est déterminé par la base verbale, donc d'une certaine façon **arbitraire.** Pourtant, la préposition correspond souvent au sens de la base verbale. D'autre part, on retrouve dans ces prépositions les divers **désignés** — notamment spatiaux et notionnels — présentés dans ce chapitre (v. 28.1. et 28.3.).

► Les verbes imprimés **en caractères gras** dans les listes ci-dessous admettent plusieurs prépositions (v. §§ 759-761) ; les listes ne sont pas exhaustives.

a) Prépositions avec deux cas possibles DAT/ACC :

§ 741 ***an*** + DAT représente le **domaine concerné** par le désigné du verbe (p. ex. *an einem Buch arbeiten ;* c'est quelquefois une quantité ou une qualité, cf. *an etw. gewinnen/verlieren*), voire le **contact** au sens propre comme au sens figuré (cf. *festhalten, sich stoßen*) :

ändern : changer qqch. à	*hängen :* tenir à qqch/qqn.	***schreiben***
arbeiten	***jn hindern***	***sterben***
sich berauschen	*liegen* tenir à qqch./qqn., être dû à	*sich stoßen*
sich bereichern		*teilhaben*
sich beteiligen	***leiden***	*teilnehmen*
jn/etw. erkennen	*mangeln*	*verlieren*
erkranken	*etw. merken*	*verzweifeln*
es fehlt	*(sich) messen*	*zerbrechen*
festhalten	*mitwirken*	*sich zeigen*
sich freuen	*sich rächen*	*zunehmen*
gewinnen		*zweifeln*

742 | ***an*** + ACC | implique en plus une relation **directive** vers l'objet (ou la personne) visé :

etw. adressieren	*glauben*	***schreiben***
anknüpfen	*grenzen*	*senden*
(sich) anpassen	*sich **halten*** : s'en tenir.	*sich stoßen*
sich anschließen	*liefern*	*verkaufen*
appellieren	*sich machen* : se mettre à qqch.	*verraten*
denken	***richten***	***verteilen***
sich erinnern	***rühren*** : toucher à.	*sich wenden*
(sich) gewöhnen	***schicken***	

743 | ***auf*** + DAT | représente le **fondement** sur lequel repose l'être ou l'objet désigné par le sujet grammatical :

basieren	*beruhen*	*fußen*
beharren	***bestehen***	*lasten*

744 | ***auf*** + ACC | représente une **relation directive** vers un objet ou une personne, avec très souvent une orientation **prospective** (cf. *warten, hoffen, sich freuen*) ou rétrospective (cf. *ich komme auf Ihre Frage zurück*) :

es absehen	*sich einigen*	*schwören*
achten	*sich einstellen*	***sehen***
achtgeben	***sich erstrecken***	*spekulieren*
anspielen	***folgen***	*stoßen*
Anspruch erheben	***sich freuen***	*trinken*
anstoßen	*gefaßt sein*	*sich verlassen*
(jm) antworten	*gespannt sein*	***sich verstehen***
etw. anwenden	***hinweisen***	*vertrauen*
jn aufmerksam machen	*hoffen*	*verzichten*
aufpassen	***hören***	*(sich) vorbereiten*
ausgehen	***klagen***	*warten*
sich belaufen	*lauern*	*[ver]weisen*
sich berufen	*lenken*	*Wert legen*
(sich) beschränken	*pochen*	*wirken*
sich besinnen	*reagieren*	***zählen***
sich beziehen	*sich reimen*	*zielen*
deuten	*Rücksicht nehmen*	*zurückführen*
drängen	***schauen***	*zurückkommen*
eingehen	***schimpfen***	

cf. aussi :
Das kommt auf dasselbe heraus. Das läuft auf dasselbe hinaus : cela revient au même.
auf etw./jn zu sprechen kommen : en venir à parler de.
Es kommt auf das Ergebnis / auf dich [darauf] an : cela dépend de...

745 | ***in*** + DAT | représente le **domaine concerné** :

bestehen	***sehen***	***übereinstimmen***
differieren	*sich täuschen*	
(sich) irren		

§ 746 | ***in*** + ACC | exprime une relation directive : « entrée » ou « transfert », voire transformation (cf. *verwandeln, ins Deutsche übersetzen*) :

ausbrechen (p. ex. *in Tränen*)
eingreifen
sich [ein]mischen
einwilligen
sich ergeben
sich fügen
geraten
sich schicken
über'setzen
sich verlieben
(sich) verwandeln
sich vertiefen

Er fügte sich / ergab sich / schickte sich in sein Schicksal.
Der Wagen geriet ins Schleudern.
Er war in seine Arbeit vertieft.
Die Sitzung zog sich in die Länge.
In der 2. Strophe dieses Gedichts schlägt die Stimmung ins Tragische um.

b) Prépositions avec un seul cas :

► ***über*** s'emploie uniquement avec l'ACC, ***vor*** uniquement avec le DAT.

§ 747 | ***aus*** + DAT | exprime une relation d'**origine** :

bestehen
entstehen
erfahren
sich ergeben
ersehen
erwachsen
folgen
folgern
helfen
resultieren
schließen
sich zusammensetzen

Ich erfuhr es aus der Zeitung.
cf. également :
Aus seinen Worten entnahm ich, daß er bald in Pension gehen will.
aus einem Glas/aus der Flasche trinken
Er stammt aus einer bürgerlichen Familie.
Dieses Dokument datiert aus dem 16. Jh.

§ 748 | ***bei*** + DAT | représente le **siège du procès** (cf. *bei jm anrufen, bei einer Entscheidung bleiben*), avec souvent l'idée d'une participation (cf. *jm bei der Arbeit helfen, bei einem Projekt mitmachen/mitwirken*) :

anrufen
beharren
sich bedanken
bleiben
sich entschuldigen
helfen
mitmachen
mitwirken

cf. aussi :
Die Entscheidung liegt allein bei dir.
Wir sollten es dabei bewenden lassen. Nous devrions en rester là.

§ 749 | ***durch*** + ACC | exprime :

— une division : *dividieren, teilen ;*
— une substitution : *ersetzen ;*
— un moyen : *sich auszeichnen.*

§ 750 **für** + ACC représente l'objet (ou la personne) visé (désigné **final,** cf. *sich für etw. interessieren*) ou l'objet en **échange**/contrepartie duquel s'effectue le procès (cf. *für etw. danken, für etw./jn bürgen*) :

sich aussprechen	***sich entscheiden***	*sich opfern*
sich bedanken	***sich entschuldigen***	*plädieren*
sich begeistern	*garantieren*	*schwärmen :* être fou de.
bürgen	*gelten*	***sorgen***
danken	***sich interessieren***	***stimmen***
eintreten	***kämpfen***	

Er tritt für mehr soziale Gerechtigkeit ein.
Die Versicherung kommt für den Schaden nicht auf (v. aussi § 761).

§ 751 **gegen** + ACC a également un désigné **final** (à valeur négative, cf. *gegen etw. protestieren,* ce qui explique qu'il puisse commuter avec *für* pour certains verbes) et exprime parfois aussi l'idée d'**échange** (cf. *tauschen*) :

sich auflehnen	*intrigieren*	***stimmen***
sich aussprechen	***kämpfen***	*sich sträuben*
einschreiten	*polemisieren*	***tauschen***
eintreten	*protestieren*	*verstoßen*
sich entscheiden	*prozessieren*	*(sich) verteidigen*
sich erheben	***schützen***	*sich wehren*
helfen		

§ 752 **mit** + DAT représente un domaine (objet, personne) **associé** au procès ou au sujet avec les désignés particuliers suivants :

— dualité de partenaires (objets ou personnes), échange : *sich mit jm auseinandersetzen, mit jm sprechen/kämpfen/tauschen/verkehren... ;*
— ce qui s'ajoute, c'est-à-dire souvent l'instrument du procès : *mit etw. füllen/experimentieren/handeln... ;*
— le domaine concerné : *mit etw. anfangen/beginnen/aufhören...*

sich abfinden	*jn betrügen*	***übereinstimmen***
sich abgeben	***diskutieren***	*überraschen*
anfangen	*enden*	*'umgehen*
aufhören	*experimentieren*	***sich unter'halten***
sich auseinanderset-	*füllen*	*verbinden*
zen	*(mit etw.)* ***handeln***	*sich verabreden*
auskommen	*sich herumärgern*	*vergleichen*
ausrüsten	***kämpfen***	***verhandeln***
ausstatten	*konfrontieren*	*(sich) verheiraten*
beauftragen	*korrespondieren*	*(mit jm) verkehren*
jn beehren	*sich plagen*	*sich verloben*
sich beeilen	*rechnen*	*versehen*
sich befassen	***reden***	*versorgen*
beginnen	***sprechen***	***sich verstehen***
jn beglücken	***streiten***	*sich vertragen*
sich begnügen	***tauschen***	*zögern*
sich bekleiden	*(sich) trösten*	*sich zufriedengeben*
jn belästigen	***telefonieren***	*zusammenstoßen*
(sich) beschäftigen		

Mit solchen Leuten gebe ich mich nicht ab!
Er kann mit Geld / mit Kindern nicht •umgehen.
Wir müssen mit unserem Geld sparsam umgehen.
Ich komme mit meinem Geld / mit meinem neuen Chef gut aus.

§ 753 | ***nach*** + DAT | exprime la **finalité** *(sich nach etw./jm erkundigen)* ou la **conformité à** *(nach etw. riechen)*

aussehen	*graben*	***schicken***
bohren	*hungern*	*schmecken*
sich erkundigen	*klingen*	***sehen***
fahnden	*klingeln/läuten*	*sich sehnen*
fiebern	*sich orientieren*	*streben*
fischen	***sich richten***	*suchen*
forschen	*rufen*	*trachten*
fragen	***schauen***	*verlangen*
gieren	*schreien*	*sich umsehen*

Das sieht nach Betrug aus.
Was er sagte, klang nach einem Vorwurf.
Das Fleisch schmeckt nach Fisch !
Ich werde mich nach einer geeigneten Wohnung •umsehen.

§ 754 | ***über*** + ACC | représente notamment :

— l'objet d'une **émotion** : *sich über etw. ärgern/aufregen/freuen... ;*
— l'objet d'un **discours** ou d'un savoir (très souvent en concurrence avec *von*, v. § 760) : *über etw. sprechen, sich über etw. unterhalten... ;*
— la **supériorité** sur qqch/qqn, la maîtrise de qqch. : *über jn siegen, über etw. verfügen...*

sich ärgern	*herfallen*	***schreiben***
sich aufregen	*herrschen*	*spotten*
sich äußern	***hören***	*siegen*
sich aussprechen	*sich informieren*	***sprechen***
sich beklagen	*jammern*	*staunen*
berichten	*jubeln*	***(sich) streiten***
Bescheid wissen	***klagen***	***(sich) unterhalten***
sich beschweren	*lachen*	*urteilen*
bestimmen	*lächeln*	*verfügen*
denken	*meditieren*	*verhängen*
diskutieren	*nachdenken*	*wachen*
sich entrüsten	***reden***	*weinen*
sich erregen	*regieren*	*sich wundern*
sich freuen	***schimpfen***	

Er ist über mich hergefallen = il m'a attaqué ou : il m'a fait de violents reproches.
Wie denkst du darüber ? mais : ***Was hältst du davon ? Was sagst du dazu ?***

§ 755 | ***um*** + ACC | a un désigné **final** : objet désiré (p. ex. *sich um eine Stelle bewerben*) ou qu'on cherche à conserver *(um sein Leben bangen/kämpfen) :*

bangen	*feilschen*	***sich sorgen***
sich bemühen	*jn flehen*	***streiten***
jn beneiden	*es geht*	*trauern*
sich bewerben	*es* ***handelt*** *sich*	*werben*
jn bitten	***kämpfen***	*wetten*
sich drehen	*sich kümmern*	***wissen***
jn ersuchen		

In diesem Spiel geht es für Deutschland um die Teilnahme an der Fußballweltmeisterschaft.
Alles dreht sich um sie = sie steht im Mittelpunkt.
cf. aussi : *um Geld spielen, um 10 Mark wetten, um Hilfe rufen, jn um Rat fragen.*

756 | *von* + DAT | rassemble plusieurs types de désignés :

— la **partition** proprement dite, c'est-à-dire la partie d'un ensemble (v. § 725) : *Er aß vom vergifteten Fleisch. Hier wimmelt es von Fliegen.*
et par extension l'objet d'un discours, d'une perception, d'un savoir : *von etw. sprechen/hören/erfahren/wissen ;*

— la **provenance** : *etw. von jm bekommen/erben/erwarten ;*

— le **point de départ** d'un éloignement pouvant aller jusqu'à la séparation : *jn von der Arbeit ablenken, den Blick von etw. abwenden, von der Norm abweichen, jn von seinem Plan abbringen/abhalten. sich von jm trennen.*

jn abbringen	*sich entfernen*	*loskommen*
abhängen	*erben*	*sich lossagen*
jn abhalten	*erfahren*	***reden***
abkommen	*erhalten*	*sich scheiden lassen*
jn ablenken	*sich erholen*	***schreiben***
absehen	*sich ernähren*	***sprechen***
abstammen	*erwarten*	*träumen*
abweichen	*erzählen*	*(sich) trennen*
sich abwenden	*fordern*	*jn überzeugen*
ausgehen	*jn freisprechen*	*(sich) unterscheiden*
(sich) befreien	***halten***	***verlangen***
bekommen	***handeln***	*wimmeln*
berichten	***hören***	***wissen***
sich distanzieren	*leben*	

Die Regierung möchte zur Zeit noch von einer weiteren Erhöhung der Mehrwertsteuer absehen. Le gouvernement aimerait renoncer à...
Er ist vom rechten Weg abgekommen. Il est sorti du droit chemin.
Für das kommende Jahr gehen die Wirtschaftsexperten von einem Nullwachstum aus.

757 | *vor* + DAT | l'objet est cause d'une **réaction** physiologique ou émotionnelle, cf. : *vor Kälte zittern, vor Wut brüllen, vor Hunger sterben, sich vor etw. fürchten ;* par extension, il représente quelque chose de **désagréable** qu'il faut éviter : *vor etw. fliehen, vor etw. schützen, jn vor etw. warnen.*

sich in acht nehmen	*fliehen*	***sterben***
Angst haben	*flüchten*	*etw. verbergen*
beben	*sich fürchten*	*etw./jn verstecken*
jn beschützen	*sich hüten*	*etw./jn verteidigen*
etw./jn bewahren	***sich schämen***	*jn warnen*
sich drücken	*etw./jn **schützen***	*zittern*

Er drückt sich vor der Arbeit. Il n'a pas envie de travailler, se défile.
Sie versteckten sich vor neugierigen Blicken.
Gott, bewahre/behüte unser Haus vor Blitz und Feuer !
Es ekelt mich/mir vor ihm. Il me dégoûte.

§ 758 | *zu* + DAT | exprime :

— l'**association** à un ensemble (v. § 724) : *zu etw. gehören, zu jm halten* et par extension le résultat d'un devenir : *zu etw. werden, jn zu etw. machen.*
— la **finalité** ou la conséquence : *jn zum Kaffee einladen, jm zum Sieg verhelfen, zu jm sprechen, zu etw. beitragen/führen.*

jn auffordern	*jn erziehen*	***sprechen***
jn autorisieren	***führen***	*jn veranlassen*
beitragen	*gehören*	*jm verhelfen*
sich bekennen	***gelangen***	*jn verleiten*
jn bewegen	*jm gratulieren*	*verpflichten*
dienen	*Grund haben*	*jn verurteilen*
sich eignen	***halten***	***werden***
jn einladen	*neigen*	*jn überreden*
sich entschließen	*passen*	***zählen***
jn ernennen	*sagen*	*jn zwingen*

Die » Bewegung 2. Juni « bekannte sich zu dem Anschlag auf die US-Botschaft.
cf. aussi : *jn zum Lachen/zum Weinen bringen*

c) Verbes admettant plusieurs types d'objets prépositionnels :

§ 759 ① L'un des objets prépositionnels désigne une **personne** :

▷ ***bei jemandem :***

*Ich **bedanke mich***	***bei** Ihnen*	***für** die Einladung.*
*Ich **entschuldige mich***	***bei** Ihnen*	***für** die Verspätung.*
*Ich **erkundige mich***	***beim** Verkäufer*	***nach** dem Preis.*
*Ich **beschwerte mich***	***beim** Geschäftsführer*	***über** die Bedienung.*

▷ ***mit jemandem :***

*Ich **sprach/redete/diskutierte/unterhielt mich***	***mit** Herrn Meier*	***über** dieses Problem.* (v. § 760)
*Er **stritt***	***mit** Herrn Meier*	***über** dieses Problem.*
*Sie **streiten sich*** / *Sie **streiten*** }	***miteinander***	***um** eine Frau.*
Ich stimme	***mit** Herrn Meier*	***in** der Beurteilung der Lage/**über** diese Frage **überein.***
*Ich **kämpfe***	***mit** dir*	***für** eine bessere Zukunft/**gegen** Herrn X/gegen diese Maßnahme*
*Ich **kämpfe***	{ ***mit** ihm.* / ***gegen** ihn.* = contre lui.	
*Sie **kämpfen***	—	***ums** Überleben.*
*Ich **tausche***	***mit** dir.* = je prends ta place	
*Ich **tausche** diese Briefmarke*	—	***gegen** eine andere.*
*Ich **verstehe mich** sehr gut*	***mit** ihm.* = je m'entends bien avec lui	
*Was **verstehst** du*	—	***von** der Politik ?*
*Was **verstehst** du*	—	***unter** einer Demokratie ?*

▷ ***an jemanden :***

*Ich **schreibe** einen Brief*	***an** meinen Onkel.*	
*Er **schreibt***	—	***an** seiner Doktorarbeit.*
*Er **schreibt***	—	***über** ein literarisches Thema.*
*Peter **schreibt** in seinem Brief*	—	***von** seinem Studium* (v. § 760)
*Diese Kritik **richtete** er*	***an** Herrn Meier.*	
*Diese Kritik **richtet sich***	***gegen** Herrn Meier*	*/ **gegen** seine Politik.*
*Ich **richte mich** ganz*	***nach** Ihnen*	*/ **nach** Ihren Wünschen.*
*Ich **schicke** die Unterlagen*	***an** Herrn Meier*	*/ **ans** Finanzamt.*
*Er **schickte***	***nach** dem Arzt* (rare).	

▷ ***zu jemandem :***

*Ich **halte***	***zu** dir* = je suis de ton côté.	
*Was **hältst** du*	—	***von** diesem Film ?*
*Ich **halte** mich*	—	***an die** Tatsachen.*
*Der Präsident **sprach***	***zu** den Arbeitern* = il s'est adressé à eux. (monologue)	
*Der Präsident **sprach***	***mit** den Arbeitern* = il a discuté avec eux. (dialogue)	

760 ② La concurrence ***von*** ↔ ***über*** pour l'objet d'un discours, d'une perception, d'un savoir.

Lorsqu'il y a choix, ***von*** exprime que l'objet est simplement mentionné, tandis que ***über*** implique un discours approfondi, plus détaillé, dominé :

*Der Kanzler sprach **von** einer möglichen Reise in die Sowjetunion.*
*Wir sprachen/redeten **vom** Wetter / **von** den Kindern.*
*Professor Meier spricht heute im Hörsaal 2 **über** die Wasserversorgung im Gebiet um München.*
*Wir haben **über** dich / **über** deine Zukunft gesprochen/geredet.*
de même : *von/über etw. hören/schreiben/berichten...*

Dans certains contextes, la différence peut ne pas être pertinente. C'est ainsi qu'on peut dire *Reden/Sprechen wir nicht mehr **davon*** ou *Reden/Sprechen wir nicht mehr **darüber**.*

ATTENTION : certains verbes n'admettent que l'une ou l'autre des deux prépositions :

▷ ***über*** + ACC uniquement : *sich mit jm über etwas äußern/aussprechen/unterhalten/streiten, mit jm über etwas debattieren/konferieren/verhandeln...*

▷ ***von*** + DAT uniquement : *von etw. halten* (p. ex. : *Was hältst du von diesem Film ?*), *von etw. handeln (Der Film handelt vom Ersten Weltkrieg).*

§ 761 ③ Autres oppositions :

bestehen	*Er besteht **auf** seinem Recht. Die Opposition besteht **auf** einer Debatte im Parlament* (insister, exiger avec insistance, tenir à).
	*Die Originalität dieser Reform besteht **in** der Beteiligung des Patienten an den Krankenhauskosten* (consister en).
	*Seine Wohnung besteht **aus** zwei Zimmern* (se composer de).
denken	*Ich denke **an** die Ferien. Er denkt immer nur **an** sich.*
	*Wie denkst du **über** dieses Problem ?*
erfahren	*Ich habe es **aus** der Zeitung / **von** der Nachbarin erfahren.*
	*Wann haben Sie **von** dieser Geschichte erfahren ?*
sich ergeben	*Er ergab sich **in** sein Schicksal* (se résigner).
	***Aus** dieser Tatsache / Daraus ergibt sich, daß...* (résulter)
folgen	***Auf** die sozialliberale Koalition folgte eine christlichliberale* (succéder à).
	***Aus** dieser Tatsache / Daraus folgt, daß...* (résulter)
	► DATIF : *Folgen Sie **mir**!* Suivez-moi.
sich freuen	*Ich freue mich [schon] **auf** das neue Auto* (prospectif : être content à l'idée de..., se réjouir à l'avance de qqch.).
	*Ich freue mich **über** das neue Auto* (actuel ou rétrospectif : être content d'avoir).
	Rare : *Ich habe mich lange **an** diesem Auto gefreut.* Plus courant : *Die Freude/das Gefallen **an** einer Sache* (le plaisir que procure qqch.).
gewinnen	*Die Konzertdirektion wollte die Sängerin **für** ein Gastspiel gewinnen.*
	*Er war nicht **zum** Helfer / als Helfer zu gewinnen.*
handeln	*Er handelt **mit** Lebensmitteln* (faire le commerce de).
	*Der Film handelt **vom** Krieg* (traiter de).
	***Es handelt sich** wohl **um** einen Irrtum* (il s'agit de).
helfen	*Dieses Mittel hilft **gegen** Kopfschmerzen.*
	*Ich habe ihm **aus** der Not / **aus** einer schwierigen Lage [heraus] geholfen.*
	*Ich habe ihr **bei** der Arbeit / **beim** Saubermachen geholfen.*
	*Der Vorteil dieses Sparvertrags : Vater Staat hilft **mit** einer großzügigen Sparprämie.*
hören	*Er hört nicht **auf** mich / **auf** meinen Rat.*
	*Ich habe nie [etwas] **von** ihm / **von** dieser Sache gehört* (entendre parler de).
	*Er läßt nichts mehr **von** sich hören.* Il ne donne plus de nouvelles.
	***Über** diese Sache hört man allerhand!* (v. § 760).
	► attention : ***zuhören*** se construit avec le DAT : *Hör **mir** gut zu!*
klagen	*Er klagt **über** starke Rückenschmerzen* (se plaindre de).
	*Er klagte **auf** Schadenersatz* (déposer plainte pour obtenir).
leiden	*Er leidet **an** einer schweren Krankheit* (souffrir d'une maladie).
	*Er leidet **unter** chronischem Geldmangel. Er leidet sehr stark **unter** seiner Schüchternheit.*
sich rächen	*Er rächte sich **an** seinem Angestellten **für** dessen unglaubliche Unverschämtheit.*

sich schämen	*Er schämte sich **vor** allen Leuten **für** seinen Bruder **wegen** der böswilligen Tat.*
schauen,	*Er schaute/sah **auf** die Uhr.*
sehen	*Er schaut/sieht **auf** seine Linie* (faire attention à). *Er schaute/sah **auf** mich **herab*** (regarder avec mépris). *Ich sehe **in** dieser Situation eine echte Gefahr. Ich sehe **in** ihm einen Gegner.* *Schau/sieh bitte **nach** den Kindern!* Va voir ce que font les enfants (idée de « contrôler si tout va bien »). ► *ich schaue/sehe den Kindern **nach*** = je suis les enfants des yeux (v. § 317)
schützen	*Dieses Mittel schützt die Karosserie **vor/gegen** Rostschäden.*
sorgen	*Das Gerät sorgt **für** ausreichende Luftzufuhr.* *Sorgen Sie bitte **dafür**, daß...* (faire en sorte que). Er ***sorgt sich um*** *seine Zukunft* (se faire des soucis).
sterben	*Er starb **an** einer schweren Krankheit.* *Ich sterbe **vor** Hunger / **vor** Müdigkeit.*
sich unterscheiden	*Beide Geräte unterscheiden sich nur **in** der Farbe **von**einander.* *Er unterscheidet sich **durch** seinen Fleiß **von** den anderen.*
urteilen	*Wie urteilen Sie **über** ihn / über diese Sache?* ***Nach** dem äußeren Schein zu urteilen...* A en juger par...
verlangen	*Du verlangst zuviel **von** mir.* *Nach der Operation verlangte er als erstes **nach** seiner Mutter.*
verteilen	*Sie verteilte Süßigkeiten **an** die Kinder / **unter die** Kinder / **unter den** Kindern.*
werden	*Was ist **aus** deinem Bruder geworden?* ***Aus** diesem Plan ist nichts geworden.* *Er wurde **zum** Dieb. Das Leben wurde ihm **zur** Qual.*
wissen	*Ich weiß **von** nichts. Was weißt du **von** dieser Geschichte?* *Nur drei Personen wissen **um** dieses Geheimnis.*

Il faut ajouter à ces verbes ceux qui admettent, selon le sens, ***für*** ou ***gegen***, par exemple (v. § 751) :

sich für etw./jn ou *gegen etw./jn aussprechen* (se prononcer)
sich für etw./jn ou *gegen etw./jn entscheiden*
für etw./jn ou *gegen etw./jn kämpfen*
für etw./jn ou *gegen etw./jn stimmen* (voter)
(etc.)

29
LE GROUPE CONJONCTIONNEL

29.0. Présentation

§ 762 **Définition :** le G CONJ est un syntagme introduit par une conjonction de subordination (simple — comme *weil* — ou composée comme *ohne daß*) et dont le « membre » est du point de vue syntaxique un **GV** ; celui-ci représente cependant souvent dans une perspective (con)textuelle un **énoncé** verbal.

Sur le plan formel (plan du signifiant), le G CONJ se distingue donc du **G PREP** sur deux points :
— la conjonction de subordination précède toujours le membre GV, alors que la base d'un G PREP peut être une « postposition » ou une « circumposition » (v. § 692) ;
— surtout : si le membre du G PREP peut être autre chose qu'un GN (p. ex. : GSC, G ADJ, G INF — v. § 694), le membre du G CONJ est **toujours un GV,** même si celui-ci est parfois « réduit », cf. :

Das Hotel war angenehm, ***wenn auch zu teuer*** *(= wenn es auch zu teuer war).*
Die Umlaufbahn der Raumstation kann, ***falls erforderlich*** *(= falls dies erforderlich ist), jederzeit korrigiert werden.*

En revanche, le G CONJ se distingue du **G REL** par la fonction de l'élément introducteur :
— dans le G REL membre de GN, l'élément introducteur est **anaphorique** : *die Angst, die ihn überfiel ; die Stadt, wo er lebt*
— la conjonction de subordination ne joue **jamais** ce rôle, que le G CONJ soit membre d'un GN *(die Angst, daß etwas passieren könnte)* ou intégré à un autre groupe par l'intermédiaire d'un corrélateur, qui peut être un graduatif *(so, zu...)* ou un « pronom-relais » :

Ich bin ***so*** *müde, daß ich kaum noch stehen kann.*
Ich war ***zu*** *jung, als daß ich es hätte verstehen können.*
Ich finde ***es*** *erstaunlich, daß dieses Kind schon soviel kann.*
Ich war mir ***dessen*** *bewußt/Ich war mir* ***dar****über im klaren, daß diese Nachricht viel Wirbel verursachen würde.*

Ce critère permet — en plus du critère graphique et du libre fonctionnement des catégories — de distinguer les G PREP contenant un anaphorique relatif, par exemple :

in dem...	***nach dem...***	***seit dem...***	***trotz dem/dessen***
in der	***nach der***	***seit der***	***trotz der***
in denen	***nach denen***	***seit denen***	***trotz deren***

des conjonctions de subordination :

indem...	***nachdem...***	***seit(dem)...***	***trotzdem...***

Toutefois, certains GV introduits par un élément en ***w-*** peuvent poser des problèmes d'analyse (v. § 640), cf. :

*die Stadt, **wo** er wohnt*	G REL membre de GN
*Ich weiß, **wo** er wohnt.*	G REL membre de GV
*Ich frage, **wo** er wohnt.*	GV interrogatif (indirect)
*Warum hast du mir nicht geschrieben, **wo** ich dich doch so darum gebeten habe ?*	G CONJ (valeur oppositive)
*die Art, **wie** er das tat*	G REL membre de GN
*Wir berieten, **wie** wir das Projekt durchführen sollten.*	GV interrogatif (indirect)
***Wie** ich ins Bett gehen wollte, hörte ich einen Knall.*	G CONJ (valeur temporelle)

La place de la forme personnelle du verbe ne suffit pas pour reconnaître un G CONJ puisque ***tout GV intégré explicitement*** (c'est-à-dire au moyen d'un introducteur), qu'il soit G REL, GV interrogatif ou G CONJ, est marqué par ***la position finale*** de la forme personnelle du verbe, sauf les G CONJ introduits par *als* équivalant à *als ob* (***als ob** er mich nicht gesehen **hätte** → **als hätte** er mich nicht gesehen* — v. § 222) et les réalisations en chaîne comprenant un « double infinitif » (v. §§ 177 et 903) ou un groupe en après-dernière position (v. §§ 909 à 915).

763 Du point de vue du **signifié,** le G CONJ n'est pas une unité homogène ; il partage cette hétérogénéité avec le G PREP. C'est ainsi que la **conjonction** peut ne pas avoir de **désigné** particulier, par exemple *daß* dans :

Ich habe nicht gewußt, daß er Kinder hat.

Dans ce cas, elle fonctionne comme un simple relateur ou opérateur, c'est-à-dire qu'elle sert à marquer que le GV *er Kinder hab-* est intégré au GV d'accueil à base *wiss-*. On pourrait donc parler ici de **G CONJ simplement structural,** de même qu'on parle de G PREP simplement structural pour *ein Teufel von einem Kind* (v. §§ 122 et 702).

Cependant, outre cette fonction de marqueur d'intégration, la conjonction a le plus souvent **un autre signifié fonctionnel,** par exemple :

▷ ***daß*** marque que l'énoncé verbal intégré rapporte un « fait » ou bien était/est une « déclaration » ;

▷ ***ob*** indique que le contenu de l'énoncé verbal intégré est mis en « doute » (présenté comme non certain/non vérifié) ou bien était/est une « interrogation ».

Dans ces deux cas, ce signifié fonctionnel est **discursif,** car il renvoie à une attitude communicative (déclaration ↔ question, v. § 22), reprise indirectement.

Ces signifiés fonctionnels généraux ne doivent pas être confondus avec les désignés particuliers des conjonctions, par exemple : désigné temporel *(bevor, nachdem...)*, causal *(weil, da...)*, final *(damit, auf daß...)*, etc.

§ 764 Enfin, dans la perspective plus large de l'énonciation, il faut remarquer que le G CONJ ne sert pas toujours à **intégrer un énoncé verbal à un autre énoncé :**

▷ Certains G CONJ peuvent fonctionner comme énoncé à part entière cf. :
Daß du mir ja keine Dummheiten machst!
Und ob ich es weiß. Bien entendu que je le sais (et comment que je le sais) !

▷ Il arrive qu'un G CONJ soit un énoncé non pas **dans** mais **sur** un autre énoncé ; c'est ainsi que les deux exemples ci-dessous donnent lieu à deux interprétations différentes, auxquelles correspond une prosodie spécifique :

(1) *Ich war kein großer °Schau\spieler, obwohl ich in einigen Filmen die •Haupt\rolle hatte.*

L'information contenue dans le G CONJ est ici réellement « subordonnée » à l'information globale dont elle énonce une **circonstance** au sens large. Au sens étroit, cette circonstance est concessive (« circonstance aboutissant à une conséquence inattendue », v. § 739). Du point de vue illocutoire/perlocutoire, le contenu du G CONJ permet au locuteur d'affirmer sans objection possible (« malgré les apparences ») qu'il n'était pas une vedette, c'est-à-dire d'**appuyer sa déclaration.**

(2) *Ich war kein großer •Schau\spieler, || obwohl ich in einigen Filmen die •Haupt\rolle hatte.*

Le locuteur commence par affirmer qu'il n'était pas une vedette, mais tout de suite après, il **corrige** son affirmation en apportant un **argument** (dans ce cas précis : une objection) qui donne au contraire à penser qu'il était finalement quand même un grand acteur. Il ne s'agit plus cette fois d'une concession proprement dite, mais d'une restriction *(obwohl andererseits,* fr. *encore que).* Dans ce deuxième exemple, le contenu du G CONJ n'est pas « subordonné » à l'énoncé global. On a plutôt affaire du point de vue sémantique à **deux informations « coordonnées »,** la seconde venant modifier la première.

Dans le premier cas, on peut parler de G CONJ en **fonction situative.** Dans le deuxième cas, on parlera de G CONJ en **fonction argumentative.** Cette différence de fonction explique que certains G CONJ ne puissent pas figurer en tête d'énoncé (en 1re position).

Dans ce chapitre, on envisage :

▷ les opérateurs *daß, ob* et *wenn* (29.1.) ;

▷ les autres conjonctions de subordination, simples ou composées (29.2.).

29.1. Les opérateurs *daß, ob* et *wenn*

29.1.1. *DAß.*

§ 765 Historiquement, *daß* est issu du *das* démonstratif cataphorique neutre qui est aussi un marqueur d'identification (« article défini ») du GN. A l'origine, *daß* servait donc à marquer un GV comme étant intégré à un GV d'accueil en fonction de sujet ou d'objet :

Daß er so etwas denkt (sujet), *zeigt, daß er mich nicht richtig einschätzt* (objet).

Le GV ainsi intégré « en fonction de GN » pouvait aussi dépendre d'un autre élément exigeant un cas, par exemple :

ohne + ACC	*ohne daß*
in/nach/seit + DAT	*indem, nachdem, seitdem*

L'évolution historique a entraîné ensuite une spécialisation de *das* orthographié *daß* dans le rôle de simple marqueur d'intégration, tandis que *indem/nachdem/seitdem* se sont lexicalisés.

§ 766 Le G CONJ introduit par *daß* peut fonctionner suivant l'intonation comme énoncé :

— injonctif : *Daß er mir nicht mehr ins Haus kommt! Daß ihn der Teufel holt!*
— ou exclamatif (valeur illocutoire : surprise ou indignation) : *Daß er noch nicht da ist! Daß er so etwas getan hat!*

§ 767 En dehors de cet emploi, *daß* est un « opérateur » qui marque que le GV subséquent est **intégré à un groupe d'accueil.** Le G CONJ avec *daß* peut-être :

▷ membre sujet ou objet d'un GV :

Daß er reich ist, ist jedem bekannt. (sujet)
Daß er reich ist, weiß jeder. (objet)
Mach, daß du weiterkommst! (objet)

Le G CONJ sujet ou objet est parfois annoncé par un « pronom-relais » (v. §§ 416-417) :

*Damals stand **[es]** schon fest, daß sie heiraten würden.*
*Ich finde **es** schade, daß du nicht mitkommen kannst.*
*Erzähle **[es]** bitte nicht weiter, daß ich dir Geld gegeben habe!*
*Ziel dieser Politik ist **es**, daß die Unternehmer mehr Ausbildungsplätze zur Verfügung stellen.*

⇨ Ne pas confondre ce pronom-relais avec le *es* « explétif », obligatoire dès lors que la 1re position n'est pas occupée (v. § 690).

Le GV d'accueil peut être un G REL ou être intégré à un G CONJ, par exemple :

Mein Vater, der natürlich gemerkt hatte, daß ich rot geworden war... (le G CONJ *daß* est membre d'un G REL)
Wenn ich gewußt hätte, daß du schon morgen wieder heimfährst... (le G CONJ *daß* est membre du GV *ich gewußt hätte, daß...*, lui-même membre du G CONJ introduit par *wenn...*)

▷ membre attribut d'un GV :

Die Wahrheit ist, daß er sich überhaupt nicht darum gekümmert hat (transformable en : *Die Wahrheit ist so*).

▷ membre d'un GN :

die Tatsache, daß er gelogen hat
die Angst, daß etwas passieren könnte
cf. aussi : *unter der Bedingung/Voraussetzung, daß... ; für den Fall, daß... ; mit der Einschränkung, daß...*

▷ membre d'un G ADJ :

Ich bin froh, daß alles vorbei ist.

Lorsque la base adjectivale exige normalement un GN au GEN, le corrélateur *dessen* peut être obligatoire :

Ich bin sicher, daß ich ihn wiederfinden werde.
→ *Daß ich ihn wiederfinden werde,* ***dessen*** *bin ich mir sicher.*
→ *Ich bin mir* ***[dessen]*** *sicher, daß ich ihn wiederfinden werde.*
Ich bin mir ***dessen*** *bewußt, daß ich ein großes Risiko eingegangen bin.*

Dans *ich bin es satt/müde/gewohnt, daß man mich ständig kritisiert, es* est une ancienne forme de GEN (v. § 688).

▷ membre d'un G PREP :

— sans corrélateur : c'est le cas des conjonctions composées (« locutions prépositionnelles ») du type :
[an]statt, daß *auf daß* *außer [daß]* *bis daß* *ohne daß*
et (avec une marque figée de DAT) : *indem, nachdem, seit[dem], trotzdem*

— avec corrélateur *da(r)* :
die Freude ***darüber, daß*** *alles gut verlaufen ist*
Ich gehe ***davon*** *aus,* ***daß*** *das Haus bis zum Winter bezugsfertig ist.*
Ich werde ***dafür*** *sorgen,* ***daß*** *jeder sich wie zu Hause fühlt.*

Lorsque le G PREP est « objet prépositionnel » (en valence figée) d'une base verbale ou adjectivale, la préposition et le corrélateur sont souvent élidables (v. § 418) :

um etwas bitten	*Er hat* ***[darum]*** *gebeten,* ***daß*** *man ihn nicht stört.*
sich über etwas freuen	*Ich habe mich* ***[darüber]*** *gefreut,* ***daß*** *sie mich besucht hat.*
auf etwas stolz	*Ich bin stolz* ***[darauf], daß*** *ich es geschafft habe.*

▷ expansion d'une unité d'autre nature, par exemple :

es sei denn, daß	*kaum..., daß* ou *kaum daß* (v. § 779)
geschweige denn, daß	*so..., daß* ou *so daß* (v. § 784)

§ 768 Du point de vue sémantique, *daß* n'a pas de désigné, même s'il se trouve que, par suite de l'élision du terme dont il dépend, il puisse être ressenti comme étant par exemple :

— final dans : *Wir müssen uns beeilen, **daß** wir vor der Dunkelheit nach Hause kommen (= **auf** daß, damit).*

— consécutif dans : *Wir haben gelacht, **daß** das ganze Haus gewackelt hat (= **so** gelacht, daß).*

C'est en réalité la transparence du contexte qui permet ici de se passer de la préposition à désigné final *auf* et du graduatif *so.*

Cette absence de désigné explique d'autre part qu'un GV en fonction d'objet puisse fréquemment être intégré sans conjonction et avec une linéarisation discontinue (forme personnelle en seconde position) à un GV ou un GN dont la base est un verbe de dire, penser, sentir, communiquer ou une base nominale au signifié analogue (v. § 404) :

Ich dachte, er sei krank.
Ich wußte, er mag keine Erbsen.
die Behauptung, ich hätte gelogen
sein Wunsch/seine Bitte, ich möge ihn doch besuchen

Dans certains cas, cependant, *daß* fonctionne en opposition avec *ob,* cf. :

*Weißt du, **daß** er verheiratet ist ?*	= sais-tu que
*Weißt du, **ob** er verheiratet ist ?*	= sais-tu si
*Ich wußte nicht, **daß** er da war*	= je ne savais pas que
*Ich wußte nicht, **ob** er da war*	= je ne savais pas si

On peut alors parler de **signifié fonctionnel discursif** (v. § 763), *daß* et *ob* marquant un énoncé verbal comme étant respectivement une **déclaration** et une **question** indirectes.

29.1.2. *Ob.*

§ 769 Du point de vue **syntaxique,** le G CONJ introduit par *ob* peut être :

▷ en fonction d'énoncé (avec une intonation de type interrogatif). Il correspond alors à une attitude interrogative (v. § 399) ou bien il a une valeur hypothétique (v. § 770) :

Ob das stimmt ? *Ob er mich gesehen hat ?*
Ob er wirklich kommt ?

En revanche, *und ob* avec une intonation exclamative a pour effet d'éliminer tout doute dans l'esprit du partenaire (v. § 879) :
Kennst du Peters Frau ? — Und ob ich sie kenne ! (Et comment que...)

La corrélation *ob... ob...* ou *ob... oder...* exprime une alternative. La fonction d'énoncé se reconnaît à ce que les deux G CONJ coordonnés peuvent occuper l'avant-première ou l'après-dernière position (v. § 908) ou être des incises :

Ob es regnet, ob es schneit, } *er hat nie einen Hut auf.*
Ob es regnet oder schneit, }
Ob arm oder reich, jeder muß sterben. — Jeder, ob arm oder reich, muß sterben.

Jeder muß sterben, ob arm oder reich. — Jeder muß, ob arm oder reic h, sterben.

En fait, il s'agit là d'une fausse alternative qui équivaut à une concession (v. § 739) : la circonstance « pluie ou neige » n'est pas pertinente pour la conséquence « porter un chapeau ». On pourrait dire par exemple :

Es mag regnen oder schneien, er hat nie einen Hut auf.
Man kann noch so reich sein, man muß trotzdem sterben.

Il n'est donc pas surprenant que certaines conjonctions concessives soient des composés de *ob : obgleich, obschon, obwohl, obzwar* (v. § 792).

▷ membre sujet, objet ou attribut dans un GV d'accueil :

Ob er morgen kommt, steht noch nicht fest.	(sujet)
Ob er morgen kommt, weiß ich nicht.	(objet)
Sieh mal nach, ob wir noch genug Brot haben!	(objet)
Er überlegte, ob er schießen sollte.	(objet)
Die Frage ist, ob wir noch Zeit haben.	(attribut)

▷ membre de GN :

die Frage, ob die Operation gelingen wird

▷ membre de G PREP :

Le G CONJ est dans ce cas relayé par un corrélateur de type *da(r),* mais préposition et corrélateur sont souvent élidables :

sich an etwas erinnern	*Ich erinnere mich nicht mehr* ***[daran], ob*** *ich ihm geschrieben habe.*
an etwas zweifeln	*Ich zweifle* ***[daran], ob*** *es ihm gelingt.*
die Ungewißheit über etw.	*Die Ungewißheit* ***[darüber], ob*** *die Operation gelingt.*

§ 770 Du point de vue **sémantique,** *ob* marquait dans l'allemand ancien l'hypothétique en général, c'est-à-dire aussi bien l'interrogation globale indirecte que la condition. Dans l'allemand actuel, où *wenn* a supplanté *ob* pour l'expression de la condition proprement dite, *ob* a gardé comme signifié fonctionnel le marquage d'une information comme étant virtuelle, ce qui regroupe :

— l'attitude discursive de la question : *Ob er kommt? Ich frage dich, ob er kommt.*
— l'éventualité : *Ich überlege, ob ich hingehen soll.*
— la mise en doute : *Es ist fraglich/ungewiß, ob er es schafft.*
— la comparaison irréelle : *Als ob ich das wüßte!* (v. § 222).
— l'alternative feinte : *Ob du willst oder nicht, du bleibst hier!* et de là, la concession : *obgleich, obschon, obwohl, obzwar.*

On remarquera que contrairement à *daß,* qui ne sert pas toujours à marquer le caractère déclaratif d'un énoncé verbal (cf. *die Angst, daß... für den Fall, daß...*), l'emploi de *ob* est étroitement lié à un contexte impliquant nettement la valeur sémantique de la virtualité, par exemple : *fragen, nicht wissen, zweifeln, nicht verstehen, überlegen, zögern,* etc. Ceci explique sans doute qu'un énoncé interrogatif global ne puisse pas toujours être transposé sous la forme d'un G CONJ avec *ob,* cf. :

Ich frage mich : Ist so etwas möglich?
Er zögerte. Sollte er schießen?
→ *Ich frage mich, ob so etwas möglich ist.*
Er zögerte, ob er schießen sollte.

MAIS : *Ich dachte : Ist so etwas möglich?* → G CONJ *ob* impossible.

29.1.3. *WENN* (v. aussi §§ 216 à 224).

§ 771 Du point de vue **syntaxique,** le G CONJ avec *wenn* peut être :

▷ en fonction d'énoncé :

Wenn er bloß/nur/doch auf mich gehört hätte! (regret)
Wenn bloß/nur alles klappt! (souhait)
Wenn Sie mir bitte folgen würden/wollen. (injonction)
Und wenn es so wäre! (valeur concessive, « quand bien même » : la condition est rejetée comme non pertinente pour la conséquence).
Und wenn schon! (énoncé « réduit » = *wenn es schon so ist/wäre;* même valeur que le précédent).

▷ en fonction argumentative (« énoncé sur l'énoncé », v. § 764) :

Er verdient bestimmt an die 5000 Mark, wenn es reicht (« et encore »).
Ich gehe höchstens einmal im Jahr ins Kino, wenn überhaupt (« et encore »).

▷ en fonction situative (v. § 764) comme membre d'un GV d'accueil :

Wenn das Wetter schön ist, gehen wir zum Baden (conditionnel ou temporel).
Ich mache es nur [dann], wenn er mich ausdrücklich darum bittet.

▷ en fonction de sujet ou d'objet dans un GV d'accueil à condition d'être relayé par un pronom *(es* ou *das)* non élidable ; en fait le G CONJ constitue un développement du pronom (ou ce dernier est anaphorique ou cataphorique du G CONJ) :

Wenn du bei mir vorbeikämest, würde mich ***das/es*** *mich sehr freuen.*
Er mag ***es*** *nicht, wenn man ihn bei der Arbeit stört.*
Wenn ich in die Stadt fahre, sage ich ***es*** *dir.*

Un G CONJ avec *wenn* se présente souvent sous forme réduite et peut alors être incident à autre chose qu'un GV :

Wenn möglich (= wenn es möglich ist), ruf mich vorher an!
Das Hotel war angenehm, wenn auch etwas teuer.
Eine großartige, wenn nicht übermenschliche Leistung.

§ 772 Du point de vue **sémantique** et de sa fonction dans l'énonciation, bien qu'on puisse **en contexte** lui attribuer un désigné « conditionnel » ou un désigné « temporel », *wenn* apparaît bien comme un **opérateur d'hypothèse** posant en général une relation de « contenant » à « contenu » :

▷ Le G CONJ avec *wenn* peut fréquemment être remplacé par un GV avec verbe en deuxième position non couverte, c'est-à-dire un GV correspondant formellement à un énoncé interrogatif global (v. §§ 217 ③ et 405) :

Bist du krank, dann/so geh doch zum Arzt!

▷ Ce GV à forme d'énoncé interrogatif se trouve le plus souvent en avant-première position (p. ex. : avec *dann* ou *so* en première position) ou en première position (sans *dann/so*). Mais on le rencontre aussi, quoique plus rarement, en fin d'énoncé en après-dernière position (v. § 217 ③) ou comme incise :

Das Kind wäre beinahe gestorben, hätte man es nicht sofort operiert.
Sie wäre, hätte der Prinz sie geheiratet, zur bekanntesten Frau des Landes geworden.

▷ On notera également que ce GV peut commuter avec certains G CONJ avec *ob :*

Ob es regnet oder schneit, er hat nie einen Hut auf.
Regnet oder schneit es, er hat nie einen Hut auf. (cf. la réduction de *als ob* à *als* v. § 222).

Dans beaucoup de cas, où le GV est en avant-première position, on peut imaginer un véritable dialogue sous-jacent à ce type de construction :

A : *Bist du krank ?* B : *Ja.* A : *Dann/so geh doch zum Arzt !*
→ *Bist du krank, dann/so geh doch zum Arzt !*
→ *Wenn du krank bist, (dann/so) geh doch zum Arzt !*

Mais l'interrogation sous-jacente est le plus souvent purement rhétorique, c'est-à-dire que le locuteur n'attend pas réellement une réponse. En conséquence, elle finit fréquemment par exprimer simplement une **hypothèse,** comme dans cette chanson enfantine qui utilise les deux procédés (G CONJ avec *wenn* et GV à forme d'énoncé interrogatif) :

Hoppe hoppe Reiter !
Wenn er fällt, dann schreit er.
Fällt er in den Graben,
Fressen ihn die Raben,
Fällt er in den Sumpf,
Macht der Reiter plumps.

Dans cette chanson, le G CONJ avec *wenn* est temporel (« chaque fois qu'il tombe »). Ceci n'est pas un hasard, car le GV avec V en deuxième position non couverte s'emploie effectivement surtout quand le désigné est nettement conditionnel (français *si*). Mais il n'est pas exclu en contexte temporel, cf. :

Brauchte er Geld, dann gab ich ihm welches.

Du reste, bien qu'il soit assez rare en français, ce procédé n'est pas spécifique à l'allemand :

Avait-il besoin d'argent ? Je lui en donnais.
Avait-il besoin d'argent, je lui en donnais.
Me l'aurait-il juré (que) je ne l'aurais pas cru davantage.

§ 773 Si *wenn* est bien un opérateur d'hypothèse, son **désigné** temporel ou conditionnel est fonction du seul **contexte.**

A l'origine *wenn* est plutôt « temporel », puisqu'il est issu de *wann* (comme *denn* l'est de *dann*). *Wann* survit d'ailleurs pour *wenn* dans beaucoup de dialectes comme dans la langue parlée en Autriche :
Wanns Iana net paßt, kennens glei geh (Wenn es Ihnen nicht paßt, können Sie gleich gehen).
Dans l'allemand standard, *wann* est l'interrogatif de temps : *Wann kommst du ?*

Ce qui complique le problème du désigné, c'est que le **français** marque la différence par une opposition au niveau de la conjonction d'une part *(si ↔ quand/lorsque)* et par l'emploi des temps grammaticaux d'autre part. L'ambiguïté de *si,* par ailleurs, n'arrange pas les choses puisqu'il peut s'agir du *si* **conditionnel** (*wenn* en allemand) ou du *si* marqueur de l'**interrogation globable indirecte.**

▷ Le GV interrogatif indirect en fonction d'objet, introduit par *si* peut être pronominalisé par un pronom personnel ; en allemand, on aura *ob* :

Je ne sais pas s'il vient → Je ne **le** *sais pas → Ich weiß nicht,* **ob** *er kommt.*

▷ Le G CONJ introduit par *si* marque une condition **supposée** ; en allemand, on a *wenn* :

Avec le SUB II (v. § 218) (condition présentée comme contre-réelle)	Avec l'INDICATIF (v. § 219) (condition présentée comme subjectivement vérifiée)
Si elle avait le temps, elle irait en ville. *Wenn sie Zeit hätte, würde sie in die Stadt fahren.*	Si elle a le temps, elle ira en ville. *Wenn sie Zeit hat, fährt sie in die Stadt/wird sie in die Stadt fahren.*
Si elle avait eu le temps, elle serait allée en ville. *Wenn sie Zeit gehabt hätte, wäre sie in die Stadt gefahren.*	Si elle a le temps, elle va en ville. *Wenn sie Zeit hat, fährt sie in die Stadt.*
Littéraire : S'il eût fait [avait fait] beau, nous eussions mangé [aurions mangé] dehors. *Wenn das Wetter schön gewesen wäre, hätten wir draußen gegessen.*	Si elle a eu le temps, elle est sûrement allée en ville. *Wenn sie Zeit hatte, ist sie bestimmt in die Stadt gefahren.*

▷ Le G CONJ introduit par quand marque une condition posée comme **réalisée** : en allemand, on a *wenn* avec l'INDICATIF (désigné temporel) :

Quand elle avait le temps, elle allait en ville = *Wenn sie Zeit hatte, fuhr sie in die Stadt.* (= chaque fois : *jedesmal/immer wenn*)
Quand elle a le temps, elle va en ville = *Wenn sie Zeit hat, fährt sie in die Stadt.* (= chaque fois : *jedesmal/immer wenn*)
Quand elle aura le temps, elle ira en ville = *Wenn sie (einmal) Zeit hat, fährt sie in die Stadt /wird sie in die Stadt fahren.*

MAIS : Quand elle eut le temps, elle alla en ville = *Als sie über Zeit verfügte, fuhr sie in die Stadt.*

Quand il avait dix-sept ans... = *Als er siebzehn war*
Quand le soleil se leva/s'est levé... = *Als die Sonne aufging*
(v. § 207 et § 774).

Les exemples ci-dessus montrent bien que certains énoncés sortis de leur contexte sont ambigus, par exemple :
Wenn sie Zeit hat, fährt sie in die Stadt = a) **si** elle a le temps (« conditionnel ») ou b) **quand** elle **a** le temps/**quand** elle **aura** le temps (« temporel »).

774 ▶ ***wenn* et *als***

En contexte temporel, *wenn* s'oppose à *als*. Si *wenn* est bien un opérateur d'hypothèse (« quand est/était/sera réalisée la condition posée par le G CONJ »), *als* permet de dater un procès dans le temps posé comme réel. Proche du *als* que l'on trouve dans *er arbeitet als Lehrer* (v. § 724) comme du relatif dans *im Augenblick als/da* (v. §§ 626 et 633), *als* sélectionne un sous-élément dans un ensemble. Du point de vue temporel, cela veut dire que *als* permet de sélectionner une date dans la série des dates possibles que constitue le temps. Par rapport à *wenn,* on peut donc dire qu'on a une opposition de type **aspectuel** entre une série de repères potentiels *(wenn)* et une non-série ou un repère réel *(als).* C'est ce qui fait parler d'aspect **itératif** pour *wenn* et d'aspect **sémelfactif** pour *als.* L'opposition ne joue cependant en allemand standard que pour des procès situés dans l'antériorité. Comparer :

Wenn *er dann einmal aufwacht* quand il se réveillera (non itératif)	***als*** impossible
Wenn *er aufwacht* (itératif = *jedesmal, wenn* ou *immer, wenn*)	***als*** impossible en allemand standard
Wenn *er aufwachte* (itératif dans l'antériorité = *jedesmal/immer, wenn*)	***als*** *er aufwachte* (non itératif dans l'antériorité
Wenn *er angekommen war* (itératif)	***als*** *(= nachdem) er angekommen war* (sémelfactif)

▶ La combinaison *als* + présent (temps grammatical) implique dans l'allemand standard qu'il s'agit d'un **présent de récit non distancé** (présent de narration), par exemple lorsqu'on raconte le résumé d'un film ; *als* peut alors commuter avec un *wenn* non itératif :

Die Scheinwerfer blenden sie. Sie bremst. Der Wagen gerät ins Schleudern und stürzt die Böschung hinunter. ***Als/wenn*** *sie aufwacht, liegt sie im Krankenhaus.*

1. L'aspect itératif ↔ sémelfactif n'est pas seulement incident au contenu du G CONJ, mais à **tout l'énoncé verbal,** même si dans la plupart des cas, il est déductible à partir du seul G CONJ. Aussi peut-il arriver qu'un G CONJ avec *als* exprime un procès répété, tandis que l'événement exprimé par l'**ensemble du GV** est unique, **sémelfactif et daté comme tel** par *als.*
   Als (= nachdem) er mehrmals um den Häuserblock gefahren war, ohne einen Parkplatz zu finden, packte ihn die Wut.
2. L'opposition *wenn* ↔ *als* ne se limite pas au désigné temporel. Elle permet aussi dans certains cas de repérer un *wenn* « conditionnel » :
   als er das gesagt hat = quand/au moment où il a dit cela
   wenn er das (wirklich) gesagt hat = s'il a (réellement/vraiment) dit cela
   als er auf die Bühne kommt = au moment d'entrer en scène
   wenn er auf die Bühne kommt + s'il entre en scène

§ 775 Le G CONJ avec *wenn* et le GV à forme d'énoncé interrogatif peuvent avoir pour corrélateur ***dann*** ou ***so*** :

▷ ***dann*** fonctionne indifféremment pour le désigné temporel et pour le désigné conditionnel :

Wenn du mir deine Nummer gegeben hättest, [dann] hätte ich dich angerufen.
Hättest du mir deine Nummer gegeben, [dann] hätte ich dich angerufen.
Wenn man sie ansprach, [dann] wurde sie rot.

dann peut également annoncer le G CONJ (fonction cataphorique), notamment en liaison avec un modulateur de mise en relief (v. § 776) :

Der Wagen springt ***auch dann*** *perfekt an,* ***wenn*** *er tagelang nicht gefahren ist.*
Selbst [dann], wenn *ich es wüßte, würde ich dir nichts sagen.*

▷ ***so*** fonctionne surtout pour le désigné conditionnel et ne peut pas annoncer le G CONJ :

Hättest du mir deine Nummer gegeben, [so] hätte ich dich angerufen.
Wenn du mir deine Nummer gegeben hättest, [so] hätte ich dich angerufen.

§ 776 *Wenn* peut être renforcé par des lexèmes de nature diverse :

▷ antéposés au G CONJ ; il s'agit dans ce cas surtout de modulateurs et *wenn* ne peut pas être omis :

Selbst wenn (auch wenn) *ich es wüßte...* ***Selbst dann, wenn*** *ich es wüßte...* ***Auch dann, wenn*** *ich es wüßte...* (même si)

Ich sage es dir ***nur [dann], wenn*** *du versprichst, es für dich zu behalten* (seulement si).

Ich mache es ***erst [dann], wenn*** *der Erfolg hundertprozentig ist* (seulement si).

de même : ***besonders [dann], wenn... vor allem (dann), wenn... außer [dann], wenn...*** (sauf si).

Jedesmal, wenn *wir vom Urlaub zurückkommen, erwartet uns unangenehme Post.*

de même : ***immer [dann], wenn... jeden Tag/jedes Jahr, wenn...*** *als wenn, wie wenn* (= comme si ou comme quand) v. § 222.

▷ intégrés au G CONJ ; il s'agit d'éléments à valeur communicative (particules illocutoires notamment, v. 825 sv.).

Wenn *er* ***bloß/nur/doch*** *käme !* (si seulement — v. § 223).

Wenn *ich* ***schon*** *in der Stadt bin, möchte ich noch gern ein paar Bücher kaufen* (valeur justificative, « puisque » — v. § 782).

Mach das bitte nicht, er könnte dich anzeigen ! — Und ***wenn schon !*** (valeur argumentative, « et après ? » — v. § 771).

Er hat hervorragend gespielt, ***wenn*** *er* ***auch*** *viel Glück hatte* (valeur restrictive — v. § 792).

Wenn nicht *bald etwas geschieht, werde ich die Sache selbst in die Hand nehmen* (condition restrictive, « sine qua non »).

777 Très rarement, on trouve *so* à la place d'un *wenn* conditionnel :

Die Vorschläge der Sowjets, ***so*** *sie ehrlich gemeint sind, könnten wieder Bewegung in die Abrüstungsverhandlungen bringen.*
So *Gott will, wird alles gut gehen.*

29.2. Les autres conjonctions de subordination et leurs désignés

778 Selon le désigné qu'elles ont en contexte, on peut distinguer les conjonctions : hypothétiques (29.2.1.), temporelles (29.2.2.), causales (29.2.3.), consécutives (29.2.4.), finales (29.2.5.), comparatives (29.2.6.), concessives (29.2.7.), adversatives (ou oppositives, 29.2.8.), instrumentales (29.2.9.), ainsi que diverses autres (29.2.10.).

29.2.1. CONJONCTIONS HYPOTHETIQUES.

Voir chapitre 10, §§ 216 à 224. Pour *wenn* voir également §§ 771 sv.

29.2.2. CONJONCTIONS TEMPORELLES.

§ 779 | ***wenn :*** quand, lorsque, chaque fois que | v. §§ 771 à 773.

| ***als :*** quand, lorsque | ► Pour l'opposition *wenn* ↔ *als*, v. § 774

Er war gerade 18, als *er seine erste Langspielplatte aufnahm.*
Als *ich nach Hause kam, erlebte ich eine böse Überraschung.*
Als *(= nachdem) er geheiratet hatte, nahm er rapide zu.*

1. Dans une langue archaïque, on trouve également *da* au sens de « quand, lorsque » :
   Da sie ihre Nägel wieder in Ulrichs Arm eingrub, tat sie es vielleicht zu stark (Musil). V. aussi § 633.
2. *Als* peut avoir comme corrélateur *da* :
   Als er es merkte, [da] war es schon zu spät.
3. ***Wie,*** souvent renforcé par ***gerade,*** est assez fréquent dans la langue parlée à la place de *als,* surtout dans les régions dont les dialectes ne connaissent pas *als* :
   Wie ich [gerade] nach Hause kam, erlebte ich eine böse Überraschung.
4. *Als* peut être en corrélation avec ***kaum*** :
   Kaum hatte er die Tür hinter sich geschlossen, als das Telefon klingelte.
   Variantes :
   Kaum *hatte er die Tür hinter sich geschlossen,* ***da*** *klingelte [auch schon] das Telefon. —* ***Kaum, daß*** *er die Tür hinter sich geschlossen hatte, klingelte schon das Telefon* (langue familière).

§ 780

bevor ; ehe : avant que.	***seit [dem] :*** depuis que.	***sobald :*** dès que.
nachdem : après que.	***bis :*** jusqu'à ce que.	

Ich möchte nach Hause gehen, bevor/ehe *es dunkel wird.*
Der Einbrecher drang durch das Kellerfenster ein, nachdem *er die Gitterstäbe abgesägt hatte.*
Seit[dem] *sie wieder arbeitet, fühlt sie sich wohler.*
Ich passe auf deinen Koffer auf, bis *du wieder da bist.*
Wir wollen warten, bis *der Regen aufgehört hat.*
Sobald *ich dort angekommen bin, rufe ich dich an.*

1. ***Bevor*** et ***ehe*** peuvent être renforcés par *noch* (fr. « avant même que ») :
   Noch bevor/ehe das Wahlergebnis bekannt wurde, feierte der Kanzler mit seinen Parteifreunden.
   Ils ne peuvent pas se construire avec un G INF comme le français « avant de ».
2. ***Nachdem*** implique l'emploi d'une forme verbale à perspective de bilan et ne peut pas être construit avec un G INF comme le français « après ».
3. ***Bis daß*** est vieilli ou littéraire.
4. ***Sowie*** (pour *sobald*) est d'origine dialectale :
   Sowie ich etwas erfahren habe, rufe ich dich an.

§ 781

während : pendant que. (situatif)	***solange :*** tant que, aussi longtemps que.	***sooft :*** tant que, aussi souvent que.

Während *er sprach, schaute er ständig auf seine Uhr.*
Solange *es nicht regnet, können wir uns nicht beklagen.*
Du kannst kommen, sooft *du willst.*

1. Pour la valeur adversative (oppositive) de *während,* v. § 794.
2. ***Indem*** (pour *während*) est peu fréquent, il s'emploie surtout avec une valeur instrumentale (v. § 795).
3. ***Solange*** s'emploie également comme situatif avec le sens de « pendant ce temps » :
   Sie ging einkaufen. Ich blieb solange bei den Kindern.
4. ***Solange*** et ***sooft*** sont à l'origine des expressions comparatives, ce qui explique qu'on les emploie quelquefois avec *wie* :
   Solange [wie] ich lebe...
   Sooft [wie] ich darüber nachdenke...

29.2.3. CONJONCTIONS CAUSALES.

§ 782

weil : parce que. ***da :*** puisque, comme, du moment que, étant donné que.

Paul ist mir böse, weil *ich ihn nicht eingeladen habe.*
Weil *ich kein Geld mehr hatte, bin ich per Anhalter nach Hause gefahren.*
Er verbrannte — weil *sein Chef es so befohlen hatte — sämtliche Unterlagen.*
Da *die Tür offen stand, bin ich einfach eingetreten.*
Ich konnte kein Taxi nehmen, da *ich kein Geld mehr hatte.*
Er hatte sich, da *er den ganzen Vormittag im Regen gearbeitet hatte, eine Lungenentzündung zugezogen.*

1. Le G CONJ avec *weil* figure plus fréquemment en fin d'énoncé, le G CONJ avec *da* plus fréquemment en tête d'énoncé, mais toutes les positions sont en principe possibles (v. exemples ci-dessus).
2. La différence entre *weil* et *da* tient à l'aspect **illocutoire/perlocutoire** de l'énoncé (v. §§ 111 et 825). Tandis que *weil* répond simplement à la question *warum*? (à laquelle on ne peut répondre par *da*), l'énoncé contenant un G CONJ avec *da* constitue une **déduction** (« de A je déduis B ») présentée par le locuteur comme « normale » ou « évidente ». Du point de vue illocutoire/perlocutoire, *weil* est donc neutre, alors que *da* suppose une **connivence** entre le locuteur et son interlocuteur ou bien suscite cette connivence. Ceci explique notamment qu'il soit d'autant moins facile d'employer *weil* :
   — que la cause/le motif est connu de l'interlocuteur :
   Da du in die Stadt fährst, könntest du den Brief mitnehmen.
   Da du keine Erbsen magst, habe ich dir ein wenig Reis gemacht.
   — que la cause n'est justement pas évidente : dans ce cas, en effet, le locuteur est contraint de feindre cette évidence :
   Da ich kein Fieber mehr habe, darf ich doch rauchen, nicht wahr ?

Du point de vue illocutoire/perlocutoire, il y a donc deux façons de présenter une implication :

— implication neutre *Weil er krank ist, bleibt er im Bett. Wenn er (man) krank ist, bleibt er (man) im Bett.*

— implication marquée : a) présentée comme normale (on accepte l'implication) : *Da er krank ist, bleibt er im Bett.* b) présentée comme anormale (on refuse l'implication ; concession — v. §§ 739 et 792) : *Obwohl er krank ist, bleibt er nicht im Bett.*

Les particules illocutoires (v. chap. 305, § 825 sv.) permettent de renforcer la connivence, cf. : *Da er ja/eben/doch krank ist, ...* Mais elles permettent aussi de l'instaurer lorsque la conjonction est neutre, cf. : *Weil er ja krank ist... Wenn er schon krank ist, sollte er nicht rauchen.* D'autre part, il n'est pas exclu qu'en jouant sur la place du G CONJ, on puisse rendre le contenu de ce G CONJ plus « situatif » (*da* en fin d'énoncé se rapprocherait de *weil*) ou plus « argumentatif » (*weil* en tête d'énoncé se rapprocherait de *da*).

3. *Weil* peut être annoncé par ***deshalb, deswegen,*** ou ***darum,*** dont l'emploi est d'autant plus fréquent que le G CONJ est lui-même renforcé par d'autres lexèmes tels que *eben, gerade, auch, nur, besonders. vor allem, wohl,* etc. :

   Er wurde [deshalb/deswegen/darum] *entlassen, weil er immer zu spät zur Arbeit kam.*

   Paul ist mir wohl [deswegen] *böse, weil ich ihn nicht eingeladen habe.*

4. ***Dadurch, daß*** a souvent un désigné causal (pour le désigné instrumental, v. § 795), cf. :

   Dadurch, daß es gestern nacht leicht geregnet hat, sind die Bedingungen für das Abfahrtsrennen hervorragend.

5. ***Wo... [doch]*** peut également avoir une valeur proche de *da* :

   Wo er jetzt endlich einen Job gefunden hat, wird er hoffentlich ein ruhigeres Leben führen.

   Ich möchte ihn lieber ein anderes Mal besuchen, wo er doch eine schwere Operation hinter sich hat.

6. ***Wenn... schon*** peut aussi se rapprocher de *da* :

   Wenn wir schon das ganze Jahr über nicht aus dem Haus kommen, möchte ich wenigstens ein paar Tage in Urlaub fahren.

   Wenn du schon stehst, gib mir bitte das Brotmesser! (puisque tu es debout...)

§ 783 ***zumal :*** d'autant plus que. ***um so*** + degré I + ***als :*** d'autant plus que. ***um so mehr/weniger als :*** d'autant plus/moins que.

Ces conjonctions d'origine comparative permettent d'énoncer après coup une cause et de justifier ainsi l'information précédente. C'est pourquoi le G CONJ ne peut figurer qu'en milieu ou en fin d'énoncé :

Der Sieg der französischen Mannschaft ist um so überraschender, als der Gegner bis zur 60. Minute mit 2 zu 0 führte.

Der Unfall hätte schlimme Folgen haben können, um so mehr als sie nicht angeschnallt war / Der Unfall hätte schlimme Folgen haben können, zumal sie nicht angeschnallt war.

Er braucht sich um so weniger Sorgen um die Zukunft zu machen, als sein Vater sehr reich ist.

Er braucht sich keine großen Sorgen um die Zukunft zu machen, um so weniger als sein Vater sehr reich ist / zumal sein Vater...

[in] sofern, [in] soweit, (v. § 789).

9.2.4. CONJONCTIONS CONSECUTIVES.

784

so + ADJ, ***daß :***	si/tellement/tant... que
so, daß / ***, so daß***	si bien que, de sorte que, de façon que, de manière que.

Ich war ***so*** *müde,* ***daß*** *ich gleich eingeschlafen bin.*
Er aß ***so*** *viel,* ***daß*** *ihm schlecht wurde.*
Er aß ***so*** *viele Bonbons,* ***daß*** *ihm schlecht wurde.*
Er hat ***so*** *[sehr]/****dermaßen/derart*** *zugenommen,* ***daß*** *er nicht mehr in seinen Anzug paßt.*
Es hat die ganze Zeit geregnet, ***so daß*** *wir kein einziges Mal baden konnten.*

Le désigné consécutif ressort du seul contexte, car *daß* n'est qu'un opérateur. Pour s'en convaincre, il suffit de permuter l'ordre des informations : *Ich bin gleich eingeschlafen, so müde war ich* (... tant j'étais fatigué). Dans certains cas, *so daß* peut se réduire à *daß : Er sang, daß alle lachten* (il chanta de telle façon que tout le monde se mit à rire).

785

zu + ADJ, ***als daß :***	trop... pour que.
nicht so + ADJ, ***als daß :***	pas si... pour que.
nicht genug..., als daß :	pas assez... pour que.

Er ist viel ***zu*** *jung,* ***als daß*** *er den Film verstehen könnte.*
Er denkt ***zu*** *sehr an sich,* ***als daß*** *er einen Menschen wirklich lieben könnte.*
Es ist noch ***nicht so*** *kalt,* ***als daß*** *man jetzt schon die Heizung einschalten müßte.*
Er hat ***nicht genug*** *Erfahrung,* ***als daß*** *er die Leitung der Firma übernehmen könnte.*

Le désigné consécutif se rapproche ici du désigné final. On a affaire à une finalité niée, c'est-à-dire purement fictive (d'où le SUBJ II) cf. également :
Er ist zu jung, um *den Film verstehen* zu *können* (consécutif, finalité irréelle).
Er las verschiedene Bücher über das Thema, um *den Film verstehen* zu *können* (final).

9.2.5. CONJONCTIONS FINALES.

786 ***damit :*** afin que, pour que.

Er sprach langsam, ***damit*** *ihn alle verstanden* (cf. pour le mode § 229).
Damit *alles klar ist : Ich will nichts mehr davon hören.*

1. Le G CONJ avec *damit* peut commuter avec un G PREP de type ***um... zu*** + G INF lorsqu'il y a identité de sujets (v. § 422) :
   Ich möchte mich ausschlafen, damit ich morgen für die lange Autofahrt fit bin → um morgen für die lange Autofahrt fit zu sein.

   Mais, comme en français, on peut trouver des entorses à cette règle :
   Je lui ai donné de l'argent pour aller au cinéma. } « incorrect »
   Ich habe ihm Geld gegeben, um ins Kino zu gehen. }
2. ***Auf daß*** est vieilli ou littéraire :
   Er zog seinen besten Rock an, auf daß er einen guten Eindruck auf den Herrn Grafen machte.

   En revanche, ***daß*** n'est pas rare dans la langue parlée :
   Ich mache dir noch ein paar belegte Brote, daß du unterwegs nicht verhungern mußt.

§ 787 ***so, daß :*** de façon (à ce) que, de sorte que, de manière que (SUBJ en français !).

*Er sprach **so, daß** ihn alle verstanden.*
*Er bemüht sich immer **so** zu fahren, **daß** er so wenig Benzin wie möglich verbraucht.*

La combinaison *so* + *daß* passe du désigné consécutif (v. § 784) à un désigné final, marqué en français par l'emploi du subjonctif, tout simplement parce que *so* est un **substitut** alors que dans le premier cas, *so* est **graduatif,** cf. :

— **Consécutif** (IND en français : *de façon à ce que* ne fonctionne pas) :
*Er sprach **so** langsam, **daß** ihn alle verstanden.* Il a parlé si/tellement lentement que tout le monde l'a compris.
*Er sprach langsam, **so daß** ihn alle verstanden.* Il a parlé lentement, si bien que/de sorte que/de façon que tout le monde l'a compris.

— **Final** (SUBJ en français, *si bien que* ne fonctionne pas) :
Er sprach langsam, ***damit** ihn alle verstanden.*
→ *Er sprach **so,** daß ihn alle verstanden.* Il a parlé de façon [à ce] que/de [telle] sorte que/de manière que tout le monde le comprenne.
▷ *so* s'est substitué à *langsam.*

29.2.6. CONJONCTIONS COMPARATIVES.

§ 788 ***so... wie :*** aussi... que. ***[so] wie :*** comme.
degré I + ***als :*** plus/moins... que.

Wie marque l'équivalence et *als* la différence (cf. §§ 733 ② et ③; 848 et 850) sauf dans *als ob* (v. § 222) et *insofern als* (v. § 789)

*Der Film war [genau] **so** spannend **wie** ich dachte.*
*Er ist gar nicht **so** reich, **wie** du glaubst.*
*Ich mache es **[so], wie** ich es gelernt habe.*
*Es war eine alte Schule, **wie** es viele davon gibt.*
*Der Urlaub war viel teurer, **als** ich dachte.*
*Er verdient **mehr/weniger, als** du glaubst.*
*Er verhielt sich nicht **anders, als** man es von ihm gewohnt war.*

1. Dans les énoncés suivants, on peut considérer que l'on a affaire à des G CONJ réduits (v. § 844) :
Er singt genauso gut ***wie früher*** *(= wie er früher sang)*
Er singt besser ***als du*** *(= als du singst).*
2. *Wie* est quelquefois élidable, cf. :
Er lief so schnell [wie] *er konnte.*
Er arbeitet so gut [wie] *er kann.*
C'est généralement le cas avec des locutions lexicalisées, par exemple :
Soweit *[wie] das Auge reicht, sieht man keine Menschen.*
Soweit *ich mich erinnere...* Pour autant que je me souvienne
Soviel *ich weiß...* [Pour] autant que je sache...
Du kannst essen, ***soviel*** *[wie] du willst.*
Solange/sooft *[wie] er da ist...* (v. § 781)
et en contexte concessif :
So *müde er auch war, er wollte unbedingt mit.*
So *sehr es mir leid tut, ich kann dir nicht helfen.*
3. Pour *als ob/als wenn/als* + V, *wie wenn,* cf. § 222.

§ 789 ***Insofern... als ; insofern [als] ; insoweit [als] :*** dans la mesure où.

Abrüstungsverhandlungen sind ***insofern*** *schwierig,* ***als*** *verschiedenartige Waffensysteme miteinander verglichen werden müssen.*
Die Wahlstrategie der SPD, sich für grüne Wähler als attraktiv darzustellen, birgt ein enormes Risiko in sich, ***insofern [als]***/insoweit [als] *sie dabei viele gemäßigte Anhänger an die anderen Parteien verlieren könnte.*

Comme on le voit dans ce contexte, le désigné comparatif est souvent proche du désigné causal (*weil* ou *da*)

§ 790 ***je*** + degré I (+ verbe final) ***desto/um so*** + degré I (+ verbe en 2e position) plus... plus.../moins... moins.

Cette combinaison, dans laquelle le G CONJ avec *je* est repris par *desto/um so* (écrit parfois *umso*) exprime une équivalence proportionnelle (v. également § 732) :

Je mehr *er trank,* desto/um so *lustiger wurde er.*
Je *öfter ich ihn sah,* desto/um so *seltsamer kam er mir vor.*

1. Variantes avec G CONJ en fin d'énoncé (*desto* ne fonctionne plus) :
Er kam mir ***um so/immer*** *seltsamer vor,* ***je*** *öfter ich ihn sah.*
2. ***je*** + degré I... ***je*** + degré I est rare, sauf dans des oppositions courtes comme : ***je*** *länger,* ***je*** *lieber.*

791 ***je nachdem*** + terme interrogatif : selon/suivant que.

Je nachdem, wie *das Wetter wird, fahren wir fort oder bleiben zu Hause.*
Je nachdem, ob *das Wetter schön oder regnerisch ist, fahren wir fort oder bleiben zu Hause.*
Je nachdem, wann *die Sitzung zu Ende ist, fahre ich vielleicht noch zum Einkaufen.*

29.2.7. CONJONCTIONS CONCESSIVES.

§ 792 La concession est une implication présentée comme anormale, c'est-à-dire que la condition n'est pas pertinente pour la conséquence (v. § 739). Le G CONJ peut avoir une fonction « situative » ou « argumentative » (v. § 764). Dans ce second cas, le G CONJ exprime une **restriction** à propos de l'information précédente.

obwohl *obgleich, obschon, obzwar, wenngleich* (littéraire) *trotzdem [daß]* (langue parlée, cf. malgré que)	bien que, quoique
wenn... auch bien que, quoique, encore que (valeur restrictive).	

***Obwohl** die Zahl der Arbeitslosen im Laufe des Jahres stark zurückgegangen ist, ist sie immer noch sehr hoch.*
*Die Zahl der Arbeitslosen ist sehr hoch, **obwohl** sie im Laufe des Jahres stark zurückgegangen ist.*
*Die Zahl der Arbeitslosen ist sehr hoch, **wenn** sie **auch** im Laufe des Jahres stark zurückgegangen ist* (valeur restrictive, v. § 764).

1. La concession peut s'exprimer également au moyen de lexèmes tels que *zwar/freilich/gewiß/wohl... aber* (fr. *certes... mais*) et du verbe *mögen* (cf. fr. avoir beau), voire *können* :
   *Die Zahl der Arbeitslosen ist **zwar/wohl** im Laufe des Jahres stark zurückgegangen, **aber** sie ist immer noch sehr hoch.*
   *Die Zahl der Arbeitslosen **mag [zwar/wohl]** im Laufe des Jahres stark zurückgegangen sein, sie bleibt **[aber]** immer noch sehr hoch.*
   (L'énoncé avec *mögen* est placé en **avant-première position** !)

2. *Wo... doch* peut exprimer une concession à valeur restrictive, cf. :
   *Warum bist du denn so gemein zu mir, **wo** ich **doch** alles für dich tue ?*

3. *Nicht [etwa], daß* équivaut à une concession négative, cf. :
   Er ist zwar nicht dumm, aber er scheint mir dieser Verantwortung nicht gewachsen.
   → ***Nicht [etwa], daß** er dumm ist/wäre, aber er scheint mir dieser Verantwortung nicht gewachsen.*

793 La concession s'exprime dans des groupes introduits par ***so*** (+ ADJ) ou un élément en ***w-*** *(wie, was, wer, welch-...)*, au moyen de **termes illocutoires** tels que *auch, immer, noch* et (facultativement) du verbe *mögen*. Lorsqu'ils ouvrent l'énoncé, ces groupes sont en **avant-première position** :

Was *auch geschehen mag/möge*
Was *immer geschehen mag/möge*
Was *auch immer geschehen mag/möge*
Was *[auch] immer geschieht*
} *,ich bleibe bei dir.*

Wer *[auch] immer es dir gesagt hat/gesagt haben mag, es stimmt nicht.*
Wie *du es auch anfängst, du schaffst es nicht.*
Welche *Maßnahmen man auch/immer (auch immer) ergreift (ergreifen mag), sie bleiben wirkungslos.*
Er trotzt allen Gefahren, ***welche*** *sie auch sein mögen.*
Aus ***welchem*** *Grund auch immer.* Pour quelque raison que ce soit
So *groß das Risiko auch sein mag, wir müssen den Kranken operieren.*
(variante : *Das Risiko mag [auch] noch so groß sein, wir müssen...*)

9.2.8. CONJONCTIONS ADVERSATIVES (OPPOSITIVES).

794 ***während :*** tandis que, alors que (argumentatif).

Während *der Roman den Schwerpunkt eindeutig auf die sozialen Mißstände setzt, beschränkt sich die Verfilmung lediglich auf das zwiespältige Vater-Sohn-Verhältnis.*

Le simple relateur *wo* peut, dans un tel contexte, avoir la même valeur. On trouve quelquefois aussi *wohingegen* (en fin d'énoncé) :
Mit dem Diesel-Motor fährt man relativ sparsam, ***wohingegen*** *die Kosten pro Kilometer beim Benziner-Modell deutlich über der 3-Mark-Grenze liegen.*

9.2.9. CONJONCTIONS INSTRUMENTALES.

795 ***indem ; dadurch [ ] daß :*** en + participe I.

Man kann Tomaten leichter abschälen, **indem** *man sie kurz in kochendes Wasser taucht.* (= **en** les **mettant** *quelques instants dans l'eau bouillante).*
Man kann Tomaten ***dadurch*** *leichter abschälen,* ***daß*** *man sie kurz...*
Indem/Dadurch, daß er *dem Kommissar nicht die Wahrheit sagte, machte er sich verdächtig.*

29.2.10. AUTRES CONJONCTIONS.

§ 796 ***Statt daß*** ou ***anstatt daß*** : au lieu que.

Cette conjonction exprime une substitution (v. § 727) :

[An]statt daß *er sich entschuldigte/entschuldigt hätte, machte er uns auch noch Vorwürfe.*

§ 797 ***ohne daß*** : sans que.

Cette conjonction a pour effet d'exclure un contenu (v. § 726 — on parle parfois de « sens privatif ») qui, selon le contexte, peut représenter une circonstance, une cause, une conséquence, un instrument, etc.

Er hat mir sofort geholfen, ***ohne daß*** *ich ihn darum bitten mußte* (v. § 225).

Diese Technik ermöglicht eine perfekte Bremsung, ***ohne daß*** *die Räder blockieren.*

§ 798 ***wie***

S'emploie après des **verbes de perception** (v. § 177) :

Ich spürte/fühlte/sah/habe gehört, ***wie*** *der Wagen ins Schleudern geriet.* J'ai senti/vu/entendu la voiture déraper.

Horch, wie sie schreien !

⇨ Ne pas confondre cette conjonction réduite à un simple opérateur envisageant le procès dans son déroulement avec le *wie* interrogatif exprimant une manière (= « de quelle façon ») :

Wie *ist er hereingekommen ?*

→ *Ich habe gesehen, wie er hereingekommen ist.*

Le *wie* interrogatif peut ouvrir l'énoncé, alors que le *wie* opérateur ne le peut pas :

Wie *er hereingekommen ist, habe ich [nicht] gesehen.*

30

LES LEXEMES SANS MARQUE DE CATEGORIES ET LES FONCTIONS COMMUNICATIVES

30.0. Généralités

799 Le LSC est un lexème simple ou complexe (par exemple *seinerseits*) qui est **figé dans sa forme,** c'est-à-dire qui n'est **jamais déclinable** dans la langue actuelle (v. § 122).

Cette définition ne recouvre donc pas la notion d'**adverbe** telle qu'elle est utilisée dans la tradition. Ainsi, un lexème tel que *politisch* peut porter occasionnellement des marques et sera donc considéré comme **adjectif** (v. § 121 et chap. 23) :

sich politisch *betätigen*	ADJ de verbe
eine politische *Entscheidung*	ADJ de nom
(eine) politisch *wichtige (Entscheidung)*	ADJ d'adjectif

En ajoutant à ce critère fondamental de l'**invariabilité** d'aures critères (formels, syntaxiques, sémantiques), on aboutit à divers **types de classification** des LSC, qui seront présentés en 30.1. On envisagera ensuite plusieurs **fonctions communicatives et pragmatiques** qui sont assumées essentiellement par des LSC, à savoir :

▷ les LSC en fonction de négateurs (30.2.) ;

▷ les LSC en fonction de modalisateurs (30.3.) ;

▷ les LSC en fonction d'appréciatifs (30.4.) ;

▷ les particules illocutoires (30.5.) ;

▷ les LSC graduatifs et les autres expressions du degré (30.6.) ;

▷ les modulateurs de mise en relief (30.7.).

30.1. Classification des LSC

30.1.1. CLASSIFICATION D'APRES LA FORMATION.

800 On peut distinguer parmi les LSC :

▷ les **lexèmes simples,** par exemple : *bald, gern, gestern, heute, immer, kaum, mehr, mit, noch, nun, nur, oft, sehr, schon, so, wohl, zu,* etc., dont les éléments :

en *d-* *da, dort, dann/denn...*
en *h-* *hier, hin, her...*

en *w-*	*wann/wenn, wo, wie...*
en *n-*	*nicht, nie...*

D'un point de vue diachronique cependant, ces lexèmes ne sont pas tous « simples », cf. : *nicht* = *n(i)* + *(w)iht* (« quelque chose » en ancien allemand), *nie* = *n(i)* + *ie* (le *je* de l'allemand actuel).

▷ les **lexèmes complexes dérivés** au moyen d'un suffixe ajouté à :

— un lexème simple : *abend* + ***s***
— un lexème complexe : *rück* + *ling* + ***s***
— un amalgame syntaxique : *viel(e)* + *mal(e)* + ***s***

Ces suffixes sont essentiellement :

-s	*abends, links, nachts, öfters, zwecks, einerseits, jenseits, jedenfalls* lexicalisation d'un GN au GEN singulier, *vieler'orts, vielmals, unterwegs*
-ens	*bestens, erstens (zweitens...), meistens, übrigens*
-lich	(type de dérivation adjectivale) *freilich, hoffentlich, schließlich*
-lings	(dérivation nominale *ling + s) : bäuchlings* (à plat ventre), *blindlings* (à l'aveuglette), *jählings, rittlings, seitlings*
-mal	*einmal, zweimal, manchmal* (mais *mehrmals*)
-maßen	(ancien pluriel de *Maß*) : *einiger'maßen, gewisser'maßen, folgender'maßen*
-wärts	*nordwärts, rückwärts, seitwärts, vorwärts*
-weise	*ausnahmsweise, beziehungsweise, glücklicherweise, meterweise, notwendigerweise, vergleichsweise, wahlweise*

1. Les LSC en *-maßen* et *-weise* peuvent être également considérés comme des lexicalisations (*einigermaßen* = GN au GEN PLUR lexicalisé).
2. Il est relativement rare qu'un lexème en *-weise* puisse fonctionner comme adjectif, cf. : *eine teilweise Anhebung der Mehrwertsteuer.* Dans ce cas, il est formé en général sur une base nominale.
3. Autres suffixes moins productifs :
   -er *selber, halber* (en tant que préposition postposée)
   -st *selbst, nebst, gefälligst, höchst, äußerst*
4. Diachroniquement, certains LSC peuvent être considérés comme des dérivés sans suffixe, par exemple : *während* (base participiale), *nach* (base adjectivale *nah*), *gern* (anciennement adjectif), *statt, seit, weil* (bases nominales), *bitte, danke, geschweige* (bases verbales).

▷ les **lexèmes complexes composés,** par exemple :

substitut + particule *hin/her*	*da'her, wo'hin, hier'her*
préposition + particule *hin/her*	*hi'nüber, he'rein, bis'her*
substitut + préposition	*da'rüber, da'mit, wo'mit, hier'durch, 'trotzdem, 'deswegen, 'demnach*
préposition + LSC ou ADJ	*beinah(e), für'wahr, ob'wohl*
G PREP lexicalisé { avec préposition	*bei'zeiten, bei'seite, in'folge,*
G PREP lexicalisé { avec postposition	*'sicherheitshalber, 'zweifelsohne tags'über, berg'auf, jahr'aus*

divers : *allerlei, also, alsbald, daraufhin, dennoch, derweil[en]* (GN lexicalisé), *gerade'aus* (ADJ + préposition), *immerhin* (LSC + particule), *ja'wohl, jedoch, mittlerweile* (GN lexicalisé), *nichtsdestoweniger, nunmehr, sobald, sozusagen, vielleicht, vielmehr, vorgestern, wieso, zumal* (etc.).

30.1.2. CLASSIFICATION D'APRES LA FONCTION SYNTAXIQUE.

§ 801 On peut distinguer :

▷ les LSC **non autonomes** que sont par exemple :
— les particules verbales et les préverbes (v. chap. 12) ;
— les prépositions (v. chap. 28) ;
— les conjonctions de subordination (v. chap. 29) ;
— les conjonctions de coordination (v. chap. 31) ;

▷ et les LSC pouvant fonctionner comme **membre à part entière** dans un groupe, par exemple :

*daß **gestern** ein Unfall geschah*	= membre de GV
*der Unfall **gestern***	= membre de GN
*seit **gestern***	= membre de G PREP

dont les pronoms et substituts tels que *wie, wo, wohin, woher* (relatifs ou interrogatifs), *da, dahin, daher, dort, dorthin* et les G PREP à membre pronominalisé tels que *daran, woran, demnach, deswegen, trotzdem...*

1. Certains adjectifs qui ne fonctionnent pas comme épithète et qui par conséquent ne peuvent pas recevoir de marques de catégories (v. §§ 121 et 578) sont à la limite de la classe des adjectifs et de celle des LSC, par exemple : *fit (Ich fühle mich fit), tabu (das Thema ist tabu),* voire *gern (Ich tanze gern)* puisque ce mot fonctionnait autrefois comme adjectif avec le sens de « désireux » (cf. *begehren, die Gier, gierig*).
2. Parmi les LSC fonctionnant comme membre d'un groupe, on peut distinguer des sous-classes suivant le groupe qui les accueille (les critères étant combinables pour beaucoup de lexèmes). On a ainsi les LSC qui fonctionnent comme :
   — membre de GV ou G INF (en valence, « circonstant libre », attribut, v. §§ 346-353) ;
   — membre/expansion à droite d'une base nominale, v. § 621 ;
   — membre de G PREP (v. § 694) ou expansion d'un autre LSC (p. ex. *dort ° **oben**, unten ° **links**, morgen ° **früh**)* ;
   — membre de G ADJ (ou G PART) dont les LSC à fonction graduative : v. §§ 844 sv. :
   — modulateurs de mise en relief, v. § 859 sv. ou modulateurs d'une autre nature, par exemple : ***mitten** im Zimmer, **lange** vor Sonnenuntergang.*

▷ Les LSC portant sur toute l'information de l'énoncé, c'est-à-dire les LSC à fonction communicative (v. p. ex. plus loin 30.3 à 30.5) :
*Er hat sich **wohl** ge•täuscht* (modalisateur, sens de « sans doute », opposé à : *Er hat sich •**wohl** gefühlt*)
*Sie dürfen **gern** •bleiben* (marqueur d'illocution, sens de « je n'ai rien contre, je veux bien que » opposé à : *Er tanzt •**gern*** = il aime danser)
*Ich will sie **nicht** stören. — Was machen + Sie **denn** da ?*

30.1.3. CLASSIFICATION SEMANTIQUE.

§ 802 Il convient de distinguer les LSC qui transmettent une **information,** c'est-à-dire qui ont un **désigné** contextuel (local, temporal, causal...), de ceux qui ont essentiellement une fonction **communicative** et/ou pragmatique (v. §§ 111 à 115), un signifié fonctionnel dû à une utilisation symbolique du signe et auquel ne correspond pas nécessairement un désigné.

Ainsi, dans *Erzähl mir **mal**, was du heute alles gemacht hast,* la « particule » ***mal*** n'a pas à proprement parler de désigné : elle sert à renforcer l'injonction.

§ 803 **a) Les LSC à désigné spatial.**

On retrouve ici les **relations** (locative, directive, perlative, ablative) ainsi que les divers **paramètres** (intérieur ↔ extérieur, axes vertical ↔ horizontal, etc.) qui permettent d'opposer entre elles les prépositions (v. §§ 703-714). Une première catégorie de LSC spatiaux est constituée par les **G PREP à membre pronominalisé** ou **G PREP réduits** avec *da(r)* ou *(wo(r)* + préposition, par exemple :

*Steht er **vor dem Fenster**? — Ja, er steht direkt **davor.***

Mais les LSC envisagés ici sont ceux qui peuvent fonctionner **à eux seuls** comme membre et qui entre autre peuvent occuper la 1re position dans un énoncé verbal déclaratif ou interrogatif partiel :

*das Haus **links***

***Links** steht ein Haus. **Wo** steht ein Haus?*

Ce critère élimine les particules verbales, qui ne peuvent précisément pas en général occuper cette 1re position, par exemple :

*Der Bus fuhr [an uns] **vorbei.***

▷ Relation **locative** :

— sans paramètre d'orientation :

*Wo wohnst du ? Ich wohne **hier (da/dort)*** (= fonction exophorique : ici/là-bas/là)

Avec un désigné indéterminé : ***irgendwo, anderswo*** (ou ***woanders***), ***andernorts, allerorts, mancherorts, vielerorts, überall,*** auxquels s'opposent ***nirgendwo*** et ***nirgends.***

— avec paramètre INTERIEUR ↔ EXTERIEUR :

innen ↔ außen

drinnen (langue parlée : *drin*) ↔ ***draußen***

Der Apfel ist innen faul (à l'intérieur).

Mein Mann arbeitet draußen [im Garten].

Les prépositions *innerhalb/außerhalb* peuvent fonctionner avec élision du membre GN : *Wir wohnen außerhalb [des Stadtgebietes].*

— avec paramètre AVANT-ARRIERE :

vorn[e] ↔ hinten

Kinder dürfen im Auto nur hinten sitzen.

— avec paramètre DROITE-GAUCHE :

links ↔ rechts

nebenan *das Zimmer nebenan*

— avec paramètre HAUT-BAS :
oben ↔ ***unten*** (langue parlée : également *droben* ↔ *drunten*)

Les prépositions complexes *oberhalb/unterhalb* fonctionnent avec élision du GN : *Oberhalb [der 1 500 m-Grenze] wächst kein Baum mehr.*

— avec paramètre SEPARATION :
drüben (de l'autre côté) ↔ *hüben* (rare : de ce côté-ci)

Les prépositions *diesseits/jenseits* et *gegenüber* (en face de) fonctionnent également avec élision du GN.

▷ Relation **directive.**
La particule **hin** ne fonctionne qu'avec :

wo et ses composés; de même : ***Wohin*** *gehst du ? **Wo** gehst du **hin** ?* ***anderswohin, woandershin, [n]irgendwohin***
da, dort : *Ich gehe **dahin/dorthin***
überall : *Ich folge dir **überallhin.***

Hierhin est d'un emploi rare, v. § 318.

Dans tous les autres cas, il faut intégrer le LSC à un G PREP avec ***nach,*** éventuellement renforcé par *hin* postposé :

Ich gehe nach links/nach rechts. Die Wärme geht nach außen[hin].
Ein Sprung nach vorn[e].

sauf pour certains LSC qui impliquent une relation directive, par exemple :

*Er schwimmt **flußabwärts/stromaufwärts.***
*Er fährt **bergauf/bergab.***

de même : *nordwärts, rückwärts, vorwärts, seitwärts.*

▷ Relation **perlative.**
Elle ne peut s'exprimer que par des G PREP réduits *(dadurch, hierdurch, darüber...)* ou des particules verbales :

*Der Faschingszug geht hier/da/dort **vorbei/entlang.***

▷ Relation **ablative.**
La particule ***her*** ne fonctionne qu'avec :

*hier : Komm **hierher** !* ▶ mais : *Er kam **von hier/von daher.***
wo et ses composés : ***Woher*** *kommst du ? **Wo** kommst du **her** ? Er kam **anderswoher.***

On peut cependant dire aussi : ***von*** *wo[her], von anderswo[her].*

Dans les autres cas, il est nécessaire d'intégrer le LSC à un G PREP avec ***von,*** éventuellement renforcé par *her* :

*Der Wagen kam **von dort** [her]/**von links** [her].*
*Die Leute kamen **von überall** [her].*
*Er kommt **von nebenan.***

▶ ATTENTION : les LSC *hinterher, vorher, nachher* sont temporels, tandis que *daher* est le plus souvent causal.

§ 804 Les associations de deux LSC de lieu ou d'un LSC et d'un G PREP peuvent poser des problèmes d'analyse, cf. :

links in der ° Schublade ↔ *in der Schublade ° links* ↔ *in der + Schublade(,) ° links :* à gauche dans le tiroir ↔ dans le tiroir de gauche ↔ dans le tiroir, à gauche ;
unten im ° Keller ↔ *° unten(,) im ° Keller* ↔ *im + Keller(,) ° unten :* en bas dans la cave ↔ en bas, dans la cave ↔ dans la cave, en bas ;
im Zimmer neben ° an ↔ *neben ° an(,) im ° Wohnzimmer :* dans la pièce voisine ↔ à côté, dans le salon ;
links ° oben ↔ *oben ° links ; rechts am ° Haus* ↔ *am Haus (von) ° rechts...*

§ 805 **b) Les LSC à désigné temporel.**

Les LSC temporels sont beaucoup plus nombreux que les prépositions temporelles (v. §§ 715 à 721) et font intervenir d'autres paramètres tels que l'itération et la durée :

▷ datage indéterminé (absolu, indépendant d'un moment de référence) :
wann ?
irgendwann, jemals/je (temps ou procès simplement pensé)
avec paramètre « itération » : *einmal* opposé à *jedesmal, dann und wann, ab und zu, bisweilen, mitunter, manchmal, mehrmals, oft, öfters, [zu]meist, meistens, selten, immer, immer wieder, stets, nochmals, wieder,* et la série *montags (dienstags...), abends (morgens...), werktags (feiertags), tagsüber.*

A tous ces LSC s'opposent les négateurs *nie* et *niemals* (avec les variantes *nimmer, nie mehr, nie mehr wieder, nie wieder*)

▷ datage relatif au moment de l'acte dénonciation :
— actuel : *jetzt, nun, gerade, eben, momentan, heute, heutzutage, heutigentags, heuer.*
— antérieur : peu précis, *einst, früher, bisher, bislang ;* plus précis : *gestern, vorgestern, vor kurzem, gerade, soeben, neuerdings, jüngst, unlängst.*
— ultérieur : peu précis, *künftig, später, nachher, nunmehr, fortan, [der]einst ;* plus proche : *morgen, übermorgen, demnächst, bald, gleich, sofort.*

▷ datage relatif à un autre moment dans le passé ou le futur :
— « actuel » (simultané au moment de référence) : *damals* (ne fonctionne que pour un moment du passé), *nun* (plus rarement *jetzt,* sauf avec présent de narration), *da, währenddessen, unterdessen, indes* (rare) ;
— report dans l'antérieur ou l'ultérieur : *früher, vorher, zuvor, soeben,* opposés à *später, nachher, hinterher, bald, gleich, sofort ;*
— report rétrospecté ou prospecté (l'espace de temps désigné a pour limite le moment de référence — cf. le fonctionnement de *seit* § 721) : *seitdem, seither, nunmehr* opposés à *bis dahin* ;
— datage d'un moment situé entre deux autres moments de référence : *inzwischen, zwischendurch, mittlerweile, einstweilen, indessen ;*
— succession (découpage en étapes) :

anfangs	→ *dann*	→	*endlich* (fin attendue)
zuerst, erst,	*danach*		*schließlich* (finalement)
zunächst	*darauf, daraufhin*		*zuletzt* (en dernier lieu)
	nachher, hinterher		

▷ durée :
- absolue : *stets, immer* (dans le sens de *ewig*), *lang (stundenlang, tagelang...), flugs...* ;
- relative à un moment de référence :
  le procès a commencé avant le moment de référence : *bereits, schon, längst* opposés aux négateurs *noch nicht, immer noch nicht ;*
  le procès se prolonge après le moment de référence : *noch, immer noch, noch immer, weiter, weiterhin* opposés au négateur *nicht mehr*

806 **c) Les LSC à désigné notionnel.**

Une première classe est constituée par les G PREP à membre pronominalisé ou G PREP réduits dont la préposition garde le désigné d'origine (v. §§ 722-739), par exemple :

Was ist aus diesem Plan geworden ? Was ist ***daraus*** *geworden ?*
Was hat er außer diesem Roman geschrieben ? Was hat er ***außerdem*** *geschrieben ?*

Mais parmi les G PREP réduits, certains ont des performances sémantiques différentes de celles de la préposition d'origine :
- soit que le désigné du G PREP soit différent, par exemple : *um* a un désigné final (v. § 738), alors que *warum/darum* ont un désigné causal ;
- soit que le G PREP réduit assume une fonction argumentative : ainsi *außerdem* peut renvoyer non pas seulement à une information d'un contexte antérieur (comme dans l'exemple ci-dessus), mais aussi à tout un énoncé précédent et annoncer de cette façon une nouvelle étape de l'argumentation (v. § 884), par exemple :
  Ich hatte keine Lust, aus dem Haus zu gehen. ***Außerdem*** *regnete es.*

807 C'est surtout dans le domaine de l'implication (v. §§ 734 et sv.) que les désignés des G PREP réduits d'une part et des autres LSC d'autre part (type *dann, sonst, jedenfalls,* etc.) sont les plus chatoyants, c'est-à-dire lorsque l'on fait intervenir les notions de cause, d'instrument (de moyen, de manière), de circonstance, de conséquence, de finalité et de concession :

▷ La **cause** proprement dite est exprimée par :

warum ? weswegen ? weshalb ? et rarement ***was,*** qui fonctionnent aussi comme relatifs (v. § 633) et auxquels répondent ***deswegen, deshalb,*** mais aussi ***dadurch*** :

Der Tote hatte keine Ausweispapiere bei sich. Deswegen [deshalb/dadurch] konnte er nicht identifiziert werden.

L'interrogatif ***wieso ?,*** équivalent à ***warum denn ?,*** ajoute une valeur illocutoire : réaction de surprise (« je ne comprends pas ») : *Wieso konnte er nicht identifiziert werden ?*

D'autres LSC ne correspondent pas nécessairement à une cause proprement dite (A est la cause de B), mais à une interprétation explicite (A est la cause qui me permet d'affirmer B) : ***infolgedessen, demzufolge, demnach, also, folglich, daher, mithin :*** *Sokrates ist ein Mensch. Infolgedessen/demzufolge/demnach/also/folglich/daher ist Sokrates sterblich.*

La charnière de discours ***so/'somit*** [plus rarement *sonach*] peut remplir la même fonction lorsque le contexte s'y prête :

In einigen Städten der Bundesrepublik wird der Bürgermeister direkt vom Volk gewählt. ***So/somit*** *kann es vorkommen, daß ein Kandidat gewählt wird, der im Stadtrat nicht über die Mehrheit verfügt.*

Denn fonctionne comme conjonction de coordination (en avant-première position) et introduit après coup une information présentée comme cause de la précédente (v. § 879) :

Der Tote konnte nicht identifiziert werden, ***denn*** *er hatte keine Ausweispapiere bei sich.*

D'où son emploi comme particule illocutoire (v. § 828) et le parallélisme avec *wieso* :

Wieso (= warum ***denn****) konnte er nicht identifiziert werden ?*
Hatte er ***denn*** *keine Ausweispapiere bei sich ?*

Pour ***nämlich*** (= en effet) qui ne fonctionne guère qu'au centre de l'énoncé v. § 828.

§ 808 ▷ La **circonstance** (v. § 735) est exprimée par ***dabei*** (et *wobei* comme relatif), par exemple :

Er bekam 10 Jahre. ***Dabei*** *wurde berücksichtigt, daß sein Opfer ihn mehrmals bedroht hatte.*

Cependant, *dabei* s'emploie très souvent dans des contextes où le lien entre les deux informations est présenté comme non pertinent (sens de « et pourtant », valeur concessive) :

Er beklagt sich andauernd. ***Dabei*** *geht es ihm [doch] gut.*

D'autres LSC expriment une circonstance hypothétique :

Gegebenenfalls *(= « wenn der Fall gegeben ist »)/****nötigenfalls/schlimmstenfalls/andernfalls/sonst*** *(= « wenn es nicht so ist ») muß ein Arzt hinzugezogen werden.*

1. ***Sonst*** est souvent sollicité pour justifier une injonction :
   Hör auf, sonst erlebst du was !
   Dans d'autres contextes, *sonst* est voisin de *außerdem* :
   Was hast du sonst [noch] gemacht ?
   Sonst (à part ça) *ist alles in Ordnung.*
   Ne pas confondre avec *sonst* = « ailleurs, en d'autres temps, habituellement ».
2. La performance d'autres LSC est nettement restrictive et rejoint celle des modalisateurs ou appréciatifs, cf. :
   Der Vorrat reicht ***allenfalls/bestenfalls*** (« tout au plus », « au mieux ») *für zwei Tage.*
   Er ist sehr reich. ***Jedenfalls*** (« en tout cas », « du moins ») *sieht er so aus.*
   Beim Unfall ist nichts passiert. ***Allerdings*** (« toutefois ») *hätte er tot sein können.*

§ 809 ▷ La **manière** (ainsi que le moyen et l'instrument) sont exprimés par : ***Wie ?*** et ***womit ? wodurch ?*** auxquels répondent ***so, anders,*** ainsi que ***damit, dadurch*** et toute une série de LSC appelés traditionnellement « adverbes de manière » par exemple :

ausnahmsweise (klugerweise, teilweise, zwangsweise...), barfuß, eilends, extra (er ist extra gekommen), flugs, geradewegs, gern (et *ungern*), *literweise (kiloweise, meterweise...), wohl (sich wohl fühlen),* etc.

Irgendwie a une valeur nettement illocutoire (v. § 821).

§ 810 ▷ La **conséquence** est introduite par ***dann*** (ou quelquefois ***so***) :

Ich weiß etwas. — Dann sag es doch !
Hätte der Tote Ausweispapiere bei sich gehabt, dann/so hätte man ihn identifizieren können.

§ 811 ▷ La **finalité** est exprimée par ***wozu ?*** :

Wozu machst du das ? = zu welchem Zweck et non *aus welchem Grund*

Lorsque le programme valenciel d'une base le permet, on peut utiliser les G PREP réduits correspondant aux prépositions *zu, für, gegen, um* :

Wozu *hast du dich entschlossen ? Ich habe mich* ⁺***dazu*** *entschlossen.*
Wofür/wogegen *kämpfst du ? Ich kämpfe* ⁺***dafür/***⁺***dagegen.***
Worum *handelt es sich ? Es handelt sich* ⁺***darum.***

Mais en dehors d'une reprise anaphorique, la finalité ne peut s'exprimer sous la forme d'un LSC que si elle est « vide » ou non atteinte, cf. :

Ich habe mich ***umsonst/vergebens*** *bemüht* (= en vain)

Les LSC ***da'gegen*** et ***da'für*** deviennent alors restrictifs (sens de « en revanche ») :

Er verdient wenig. Dagegen hat er viel Freizeit.
Wir waren nur 10 Tage in Urlaub. Dafür [aber] haben wir schönes Wetter gehabt.

§ 812 ▷ La **concession** est exprimée par :

dennoch, trotzdem, gleichwohl (langue soignée), ***immerhin, ohnehin, ohnedies :***

Es hat ständig geregnet. Aber der Urlaub hat uns dennoch/trotzdem/gleichwohl/immerhin gut getan.

Immerhin ajoute à la concession la réduction à un minimum incontestable considéré (malgré tout) comme positif = « toujours est-il que » (v. aussi § 829).

Sowieso et les variantes ***soundso, so oder so*** excluent toute circonstance ou cause comme étant non pertinentes (= quelle que soit la circonstance, quoi qu'il arrive) :

Es regnet. — Das macht nichts, wir können sowieso/soundso/so oder so nicht weg (« de toute façon »)
Das nützt sowieso nicht. Das nützt ***eh*** *nicht* (en Autriche et en Bavière) = de toute façon, ça ne sert à rien.

30.2. *Nicht* et les autres négateurs

30.2.1. LES DIVERS NÉGATEURS.

§ 813 Par rapport aux autres négateurs qui impliquent tous le trait sémantique « négation d'un désigné indéfini », *nicht* ne représente que le trait « négation » :

nicht	négation	
nichts	négation de *etwas*	exclusion de toute « chose »
kein[er], keines, keine	négation de *Ø*, de *ein[er]/[es]/e* et de *man* (comme « pronoms indéfinis »)	exclusion de toute « personne » et de toute « quantité »
keinerlei	négation de *irgendwelch-*	exclusion de toute espèce
niemand	négation de *jemand*	exclusion de toute personne
nirgends, nirgendwo, nirgendwohin, nirgendwoher	négations de *irgendwo, irgendwohin, irgendwoher*	exclusion de tout lieu (situation spatiale, direction, origine)
nie/niemals nimmer	négation de *je/jemals*	exclusion de toute situation dans le temps

§ 814 ▷ ***keineswegs, keinesfalls, in keiner Weise, mitnichten*** sont des variantes intensives de *nicht* qui équivalent à *gar nicht, überhaupt nicht, durchaus nicht, absolut nicht*;

▷ ***nein*** est un « phrasillon », permettant de reprendre une information précédemment énoncée (en général une question) ou fournie par la situation et de la refuser :

Gib mir Geld! — Nein (↔ ja[wohl]).
Hast du Geld? — Nein (↔ ja[wohl]).
Hast du wirklich kein Geld? — Nein (↔ doch).
Nein! So was ist mir noch nicht vorgekommen!

Il semble que les possibilités d'intégration de ces phrasillons dans un autre énoncé soient plus étendues en français qu'en allemand, cf. :

Il a dit que oui/que non.	*Er hat ja/nein gesagt.*
si oui, si non	*wenn ja, wenn* ***nicht***
Je crois que oui.	*Ich glaube ja/doch/****schon****.*
Je crois que non.	*Ich glaube* ***nicht****.*
J'espère que oui/que non.	*Ich hoffe* ***schon****/ich hoffe* ***nicht****.*

▷ ***weder... noch*** (ni... ni...) marque la coordination de deux termes niés et s'oppose à la fois à *und* et *oder* (ou *entweder... oder, sowohl... als auch*);

▷ ***nichts, niemand, keiner (es,e,e,)*** sont des « substantifs pronominaux » (v. §§ 662 sv.) qui peuvent assumer les mêmes fonctions qu'un GN :

Es hat sich niemand gemeldet (sujet). *Ich habe nichts gemerkt* (objet).
Keines [von diesen Hemden] gefällt mir (sujet). ↔ *Eines gefällt mir.*
Keiner weiß es genau (sujet) ↔ *[Irgend]einer weiß es.*

Kein- en tant que quantificateur (v. § 480) est le négateur de **Ø** et de **ein** (qui peut en fait s'analyser *Ø ein-*, v. § 454). Mais il s'oppose aussi à *nicht* et à *nicht* + *ein* (v. § 515 et § 501).

▷ ***kaum*** est un graduatif : *Er trinkt kaum = Er trinkt sehr wenig.* Mais il équivaut aussi à *praktisch nicht, so gut wie nicht,* c'est-à-dire à une négation atténuée (origine = *kumen, « klagen »* = avec peine) :

Ich habe kaum geschlafen.
Ich kann kaum noch stehen. Je ne tiens plus debout, j'ai du mal à tenir debout.

L'allemand n'a pas de termes qui puissent être tantôt négatifs tantôt positifs comme *jamais, personne, rien* en français, cf. :

Si ***jamais*** tu vas à Paris...	*Wenn du **jemals** nach Paris fährst...*
Il ***n'***a ***rien*** dit à ***personne.***	*Er hat **niemand (em) etwas** gesagt.*

La « double négation » n'est possible que dans les dialectes, où la seconde négation vient renforcer la première (p. ex. en bavarois : *I hab koa Geid net* pour *Ich habe kein Geld*), et dans certaines associations dont la fonction est alors nettement graduative :

*ein **nicht uninteressantes** Buch*	= assez intéressant
***nicht** grundlos, **nicht** ohne Grund*	= non sans raison, avec de bonnes raisons

30.2.2. NÉGATION GLOBALE ET NÉGATION PARTIELLE.

§ 815 Le négateur permet au locuteur de poser et d' « asserter » comme non valable, voire de refuser comme ne convenant pas dans le contexte :

▷ ou bien la **totalité** de l'information qu'il transmet **(négation globale)** :

Bist du gestern ins Kino gegangen ?
— Nein, ich bin gestern nicht ins Kino gegangen.

▷ ou bien une **partie** seulement de l'information **(négation partielle)** :

Bist du + gestern ins Kino gegangen ? Est-ce que hier, tu es allé au cinéma ?
Nein, ich bin nicht + gestern ins Kino gegangen [,sondern + vorgestern].
→ les informations *ich + ins Kino gehen* peuvent rester valables (« positives »).

La négation globale peut être considérée comme **syntagmatique** en ce sens qu'elle est incidente à une relation syntaxique. Elle équivaut à un refus de connexion (« déconnecteur ») entre un « procès » et une ou des données de la situation :

gestern + ich ← NON → *ins Kino gehen*

La négation partielle est en revanche **paradigmatique** : le contenu d'un groupe (ou d'une partie de groupe) est « refusé » et peut être remplacé par un autre contenu :

Ich bin [*+ vorgestern* / *nicht + gestern*] *ins Kino gegangen.*

Ich bin nicht + gestern ins Kino gegangen [,sondern + vorgestern].
Ich bin + vorgestern ins Kino gegangen [, nicht + gestern].

Elle fonctionne donc de la même façon que certains modulateurs de mise en relief appelant un accent contrastif sur l'élément concerné (v. §§ 859 sv.), par exemple :

Auch + Peter / selbst + Peter / nur + Peter hat getanzt.

§ 816 **a) La négation partielle.**

En principe, le négateur partiel **précède** l'élément nié, lequel porte un **accent contrastif** :

Nicht ⁺ich habe des gesagt.
Ich bin nicht wegen ⁺ dir zu Hause geblieben.
Nicht ⁺jeder Pilz ist eßbar.
Er hat den armen Kerl nicht nur be⁺ schimpft, sondern auch noch ge⁺ schlagen.

Le négateur et l'élément nié accentué forment une unité solidaire et se « déplacent » donc ensemble, cf. :

Nicht wegen ⁺ dir bin ich zu Hause geblieben.
Nicht nur be⁺ schimpft hat er den armen Kerl, sondern auch noch ge⁺ schlagen.

1. Le négateur à incidence globale ne peut pas en général occuper cette première position : *Nicht ins Kino ist er gegangen* sera compris avec une négation partielle, tandis que l'énoncé •*Nicht ins Kino gegangen ist er* est rare. Mais on peut avoir bien sûr en contexte contrastif : •*Nicht geerbt hatte er nun aber die Tatkraft des Vaters.*
2. Lorsque *nicht* est le premier élément d'un mot composé, il est accentué, de même que *un-* l'est le plus souvent :
   der 'Nichtraucher, 'nichtöffentlich, 'unerträglich ; cf. aussi *'agrammatisch, 'inoffiziell...*
   On peut cependant considérer que ces négateurs sont à incidence globale dans un énoncé sous-jacent, cf. :
   (daß) X •nicht raucht *(daß) dieses Verhalten •nicht erträglich ist*

Toutefois, il n'est pas rare, notamment dans la langue parlée, que *nicht* et l'élément nié soient en position distancée. Dans ce cas, *nicht* est souvent accentué :

⁺ *Ich habe es •nicht gesagt.* Ce n'est pas moi qui l'ai dit.
Wegen ⁺ dir mache ich es •nicht.
⁺ *So benimmt sich eine Frau •nicht.*
⁺ *Lehrer ist er •nicht.*

D'où l'importance de la prosodie pour « décoder » certains énoncés qui, à l'écrit et hors contexte, seraient ambigus :

⁺ *Ich habe dich (•)nicht danach gefragt.*
(PARTIEL : Ce n'est pas moi qui te l'ai demandé)
Ich habe ⁺ dich nicht danach gefragt.
(PARTIEL : Ce n'est pas à toi que je l'ai demandé)
Ich habe dich nicht ⁺ danach gefragt
⁺ *Danach habe ich dich (•)nicht gefragt.*
(PARTIEL : Ce n'est pas ça que je t'ai demandé)
Ich habe dich •nicht danach gefragt.
(GLOBAL : Je ne te l'ai pas demandé. Je ne t'ai rien demandé).

§ 817 **b) La négation globale.**

Le comportement de la négation globale confirme que la présence ou l'absence d'accent sur *nicht* n'est pas un critère de démarcation suffisant. En effet, le négateur à incidence globale attire sur lui très souvent l'accent d'énoncé :

(weil) es heute nicht• regnet *(weil) es heute• nicht regnet*
So etwas ist mir noch nie •vorgekommen.
So etwas ist mir noch •nie vorgekommen.
Er ist auf diese Frage nicht •eingegangen.
Er ist auf diese Frage •nicht eingegangen.

surtout lorsque l'énoncé est une réponse à une question explicite :

Hast du Paul angerufen ? — Nein, ich habe ihn leider •nicht erreichen können.
Seid ihr in •Frankfurt gewesen ? — Nein, in +Frankfurt waren wir •nicht.

et naturellement lorsque dans un énoncé réduit, *nicht* est le seul élément susceptible de porter l'accent d'énoncé :

Haben die Engländer •gut gespielt ? — Nein, +diesmal •nicht.

1. Placé normalement à la fin du « champ stratégique » (v. § 894), *nicht* peut cependant le quitter quand il n'est pas accentué :
Paß auf, daß er •nicht zur (+)Tür hinausläuft.
Paß auf, daß er zur •Tür nicht hinausläuft.
Ich weiß, daß der Zug •nicht in (+)Plattling hält.
Ich weiß, daß der Zug in •Plattling nicht hält.
Das kann ich doch •nicht von ihm verlangen !
Das kann ich doch von (+)ihm nicht ver•langen !

2. Ces positions de *nicht*, compensées par l'accentuation, ne permettent pas toujours de savoir si, en contexte, la négation est globale ou partielle. De même, l'analyse de la structure du « centre stratégique » (v. § 893) n'est pas toujours facilitée quand *nicht* est accompagné d'autres éléments, tels les modulateurs ou graduatifs du type *durchaus/gar/überhaupt/absolut/unbedingt nicht*, les commentatifs *sozusagen/praktisch nicht*, les particules illocutoires *noch nicht ↔ schon, noch immer nicht, immer noch nicht, noch lange nicht, noch gar nicht, auch nicht, auch noch nicht*... ou les complexes du type : °*nicht mehr ↔ noch*, °*nicht einmal (↔ sogar)*, ° *nicht nur*, voire *nicht nur nicht ↔ sondern auch*.

3. ***Kein-*** (quantificateur) est syntaxiquement un négateur partiel (il porte sur un GN), mais sa performance sémantique ainsi que l'accentuation font qu'il entraîne souvent une négation globale :

Hast du ein •Auto ?	— *Ja, ich habe ein •Auto.*
	— *Nein, ich habe •kein Auto.*
	— *Nein, ich habe kein •Auto.*

Le signifié « négation de toute l'information » correspond ici à un signifiant ***k-*** rattaché formellement au GN (tout comme le signifiant de mode est rattaché à un noyau verbal). Ceci permet du reste d'opposer :

Ich habe kein •Wort (ou •kein Wort) verstanden. Je n'ai rien compris.
Ich habe ein Wort •nicht verstanden. Il y a un mot que je n'ai pas compris.
Ich habe nicht +ein Wort verstanden. Je n'ai rien compris, pas même un mot.

4. Le négateur ne sert pas toujours dans une assertion à refuser une information ou un désigné. Ainsi dans la « question rhétorique » et dans certains énoncés exclamatifs, *nicht*, qui est alors toujours inaccentué, a une fonction beaucoup plus communicative qu'informative : son rôle se rapproche de celui des particules illocutoires (v. §§ 825 sv.) et des argumentatifs comme *kaum, beinahe, fast* :
Was du nicht alles weißt ! Tu en sais des choses !
Willst du dich nicht setzen ?
On peut même penser que la négation a d'abord cette **fonction stratégique,** c'est-à-dire que le locuteur grâce à elle présente un contenu de façon contradictoire en fonction des attentes possibles de la situation ou du contexte. Quant à l'information transmise, elle n'est négative c'est-à-dire une **réalité** niée que si d'autres facteurs contextuels et situationnels sont pris en compte.

30.3. Les modalisateurs

30.3.1. PROBLEMES DE DEFINITION.

§ 818 Par modalisation, on entend au sens large un **jugement** que le locuteur porte sur la totalité ou sur une partie de l'information qu'il transmet. Ce jugement peut être de nature diverse : jugement sur la valeur de vérité ou jugement de valeur tout court. Nous parlons de **modalisateur** quand le terme exprime le premier type de jugement et d'**appréciatif** quand il est l'expression du second.

Le modalisateur est une unité linguistique qui permet au locuteur d'énoncer un **jugement sur la valeur de vérité** de l'information qu'il transmet : *Paul ist wahrscheinlich krank. Paul ist vielleicht krank.* Exprimé le plus souvent par des LSC, ce jugement peut l'être aussi sous forme de G PREP (p. ex. *in der Tat, in Wirklichkeit*) et par l'intermédiaire des verbes de modalisation (v. § 383).

Pour des raisons de simplicité, on intègre dans la présentation qui suit également les G PREP, de même que certains énoncés figés (cf. *Gott sei Dank*) et certains adjectifs qui peuvent fonctionner comme modalisateurs, par exemple *ein unbestreitbares Glück ↔ er hat unbestreitbar Glück gehabt.* On se méfiera cependant des unités adjectivales qui perdent leur signifié modalisateur dès lors qu'elles fonctionnent comme adjectifs, par exemple : *Er fährt sicher nach Deutschland ↔ er fährt sehr sicher, eine sichere Zukunft* (v. § 577).

§ 819 Du point de vue **syntaxique** au sens large, les modalisateurs ont les caractéristiques suivantes :

▷ Ils ne sont pas niables, mais peuvent se combiner avec un négateur « global » qui les suit : *vielleicht nicht/nie.*

▷ Ils sont placés dans le « champ stratégique » avant le négateur global éventuel (v. §§ 893-894) :

*Mein Vorschlag hat ihm **anscheinend** nicht gefallen.*
*Er hat sein Auto **womöglich** nie inspizieren lassen.*

▷ Ils peuvent quitter cette place « centrale » pour occuper la première position dans un énoncé déclaratif ou être infiltrés dans le champ 1 comme incises, v. §§ 894-895 :

***Anscheinend** hat ihm mein Vorschlag nicht gefallen.*
***Womöglich** hat er sein Auto nie zur Inspektion gebracht.*
*Ihm hat **anscheinend** mein Vorschlag nicht gefallen.*
*Er hat **womöglich** sein Auto nie zur Inspektion gebracht.*

§ 820 Du point de vue du **fonctionnement sémantique** dans l'énonciation, le modalisateur peut être envisagé selon le double aspect de son **signifié abstrait** et de son **impact** dans le jeu vivant et pragmatique de la communication :

▷ **Aspect du signifié :** le modalisateur répond d'une certaine manière à la question *» Stimmt das ? «* en présentant l'information (affirmative ou négative) comme « vraie/certaine/probable/possible/impossible », etc.

Le terme « présenter » est important : *sicher* dans *Paul ist sicher krank* présente l'information comme quasi certaine, même si elle est objectivement fausse et même si le locuteur ment délibérément.

On peut préciser encore le signifié en distinguant deux types de jugements :
— le jugement **relatif,** c'est-à-dire opéré en fonction d'un autre énoncé explicite ou présupposé, en fonction d'une « attente » ou d'autres critères contextuels, voire situationnels impliqués par le modalisateur, par exemple :

wirklich dans un énoncé interrogatif comme : *Ist er wirklich nicht gekommen ?* implique un jugement porté relativement à une autre information (qui n'est pas nécessairement linguistique) ;
vermutlich implique un jugement opéré à partir d'une déduction du locuteur ou d'un tiers : *Ich vermute/man vermutet* ;
offensichtlich implique un jugement opéré à partir d'indices ou d'apparences.

— le jugement **pur et simple,** nuançant la valeur de vérité de l'énoncé sans que le modalisateur signale en fonction de quel autre énoncé ou de quel critère le jugement a été porté.

▷ **Aspect pragmatique :** L'emploi d'un modalisateur dans l'acte concret de l'énonciation peut dépendre de la relation « locuteur ↔ message » ou « locuteur ↔ allocuté », par exemple :
— du degré d'assurance du locuteur lui-même. S'il est tout à fait sûr, il peut ne pas employer de modalisateur : *Peter kommt morgen,* ou expliciter son assurance par *bestimmt, sicher* (mais n'est-ce pas déjà avouer de sa part qu'il n'est pas si sûr que cela ?) ou se référer à des indices en utilisant *offensichtlich* ;
— de la façon (volonté, vigueur, conviction) avec laquelle le locuteur veut faire passer son message, que ce soit pour éliminer (ou créer) un doute chez son partenaire ou au contraire pour faire passer un mensonge, étant bien entendu que l'interlocuteur peut à son tour interpréter le modalisateur à sa façon, qui ne coïncidera pas nécessairement avec l'intention du locuteur.

Ainsi, des modalisateurs tels que *sicher* et *wohl* peuvent avoir selon les situations et/ou les intentions communicatives du locuteur des **valeurs illocutoires et perlocutoires** variables :

Es ist schon 8 und Paul müßte längst da sein. Er ist sicher *krank.*
= pas de doute possible (je le connais).
= il m'a confié qu'il n'avait pas envie de venir, je me fais son complice et je mens.
= il y a peut-être quand même une autre raison ; j'ai moi-même un doute.

Es ist schon 8 und Paul müßte längst da sein. Er ist wohl *krank.*
= c'est probable, mais par prudence je n'exclus pas d'avance l'existence d'une autre raison.
= ne cherchons pas plus loin, faisons comme s'il était malade ou admettons qu'il soit malade.

Il arrive qu'en contexte concessif, ces termes (ainsi que *freilich, gewiß*) perdent encore davantage de leur force, car le locuteur peut feindre de présenter l'information comme certaine :

Er hat sicher (sicherlich)/wohl/freilich/gewiß viel Geld, aber glücklich ist er nicht.

30.3.2. LES MODALISATEURS DANS LES JUGEMENTS PURS ET SIMPLES.

§ 821 Selon une « échelle de degrés » allant du certain au possible en passant par le probable, on a :

« certainement »	— *bestimmt, gewiß, freilich, sicher, sicherlich, mit Sicherheit ;* — *zweifellos, zweifelsohne, zweifelsfrei, ohne (jeden) Zweifel, unbestreitbar, unbestritten,* incontestablement ; — *wahrhaft, wahrhaftig, wahrlich, für'wahr* (en vérité)
« probablement »	— *höchstwahrscheinlich, wahrscheinlich, mit großer Wahrscheinlichkeit ;* — *wohl*
« peut-être »	— *vielleicht, möglicherweise, womöglich* — *eventuell* qui fonctionne également comme situatif hypothétique (= *gegebenenfalls,* v. § 808) et comme adjectif

En dessous du possible, on combine les mêmes modalisateurs avec *nicht : vielleicht nicht, möglicherweise nicht, wahrscheinlich nicht, sicher nicht,* etc. Les modalisateurs nuancent dans ce cas l'assertion « subjective », c'est-à-dire la prise en charge de l'énoncé négatif.

Associés à des verbes de modalité et de modalisation, on trouve également d'autres termes qui sont en fait des graduatifs :

*Das kann ich **unmöglich/schwer/schwerlich** von ihm verlangen.*
*Er kann **unmöglich** den Zug versäumt haben.*
*Das kann ich **kaum** von ihm verlangen. Das wird er **kaum** wissen.*
*Es mag **durchaus** stimmen.*

D'autres lexèmes, qui sont des adjectifs, fonctionnent aussi à l'occasion comme modalisateurs : *unzweifelhaft, fraglos...*

Dans la langue parlée, *irgendwie* (comme parfois *irgendwo* et *in etwa*) est utilisé lorsque le locuteur ne peut (ou ne veut) pas se risquer à un jugement trop précis (v. § 809) : *Er ist irgendwie krank. Irgendwo hat er schon recht.*

30.3.3. LES MODALISATEURS DANS LES JUGEMENTS RELATIFS.

822 ▷ Le modalisateur vient appuyer/confirmer ou au contraire relativiser/rectifier une information précédente ou une « attente » :

CONFIRMATION		RECTIFICATION
wirklich : vraiment.	↔	*in Wirklichkeit [aber]* : en réalité. *eigentlich* : en fait, à vrai dire. *im Grunde* : au fond.
tatsächlich : effectivement *in der Tat* : en effet, de fait	↔	*tatsächlich [aber]* : en fait. *dennoch, gleichwohl* : pourtant (v. ci-dessous) *zumindest, wenigstens* : pour le moins, du moins.

Exemples :

Ist er wirklich/tatsächlich krank ? = vraiment, effectivement, bel et bien.
In Wirklichkeit ist er nur ein bißchen müde = en réalité.
Eigentlich ist er völlig gesund = en fait, à vrai dire.
Tatsächlich [aber] ist er völlig gesund = en fait.
Zumindest/wenigstens sieht er krank aus = du moins, en tout cas.

▷ Le modalisateur annonce par avance une restriction (contexte concessif, sens de « certes... mais... ») :

*Es hat **zwar** oft geregnet, **aber** es hat uns [dennoch] gefallen.*
Zwar... aber/dennoch/gleichwohl (rare)... *wohl... aber/dennoch...*
et aussi : *freilich, gewiß, sicher, sicherlich, wenigstens/zumindest...*
Du bist wenigstens ehrlich (wenn auch nicht höflich).

▷ Le modalisateur précise les motifs ou les critères du jugement :

— déduction de la part du locuteur ou d'un tiers :
vermutlich = « à ce que je/que l'on suppose » (cf. aussi l'adjectif *mutmaßlich*)
voraussichtlich = selon toute prévision (de ma part ou d'un tiers)

— jugement fondé sur des indices ou des apparences :
offenbar, offensichtlich : manifestement ↔ *[nur] scheinbar* : en apparence (donc faux/trompeur) ; *anscheinend* : apparemment ; *sichtlich, merklich* : visiblement ; *erwiesenermaßen, nachweislich.*

— jugement fondé sur l'origine de l'information :
offenkundig, bekanntlich, bekanntermaßen : comme on sait ↔ *angeblich, vorgeblich* : prétendument (peut donc être faux).

Angeblich et *vorgeblich* renvoient au dire de la personne impliquée dans l'information (le sujet grammatical, cf. *soi-disant*) ou au dire d'une tierce personne (cf. *prétendu*). Les verbes *wollen* et *sollen* (v. § 383) font nettement la différence. L'adjectif *vermeintlich*, qui est parfois employé comme modalisateur, implique un jugement tout à fait négatif : *die vermeintliche Gestalt*, le prétendu personnage.

30.4. Les appréciatifs

§ 823 Les appréciatifs expriment un **jugement de valeur,** qui s'appuie le plus souvent sur une **assertion** « objective » :

*Er ist **leider** krank = er ist krank + es tut mir leid (es ist schade)*

mais pas toujours, car l'assertion « subjective », la prise en charge de l'information par l'énonciateur, suffit à leur fonctionnement :

*Er ist **hoffentlich** gesund = ich möchte es (aber ist er gesund ?)*

Du point de vue **syntaxique,** les caractéristiques des appréciatifs sont les mêmes que celles des modalisateurs (v. § 819), qu'ils précèdent en général directement dans le champ stratégique :

*Er ist doch **zum Glück** wohl nicht so dumm, wie er aussieht !*

MAIS :
- l'appréciatif peut avoir une forme négative (*unglücklicherweise, unbegreiflicherweise*) alors que le modalisateur n'est guère niable ;
- il peut, comme le modalisateur, quitter sa place dans le champ 2 (v. §§ 894-895) pour occuper la première position dans un énoncé déclaratif, ou être infiltré dans le champ 1, à condition d'être mis en relief par une intonation particulière :

  Zum $^{+}$ ***Glück** ist er doch wohl nicht so dumm, wie er aussieht !*
  *Er ist **zum*** $^{+}$ ***Glück** doch wohl nicht so dumm, wie er aussieht !*
  *Er ist doch wohl//**zum*** $^{+}$***Glück**//nicht so dumm, wie er aussieht.*

Du point de vue du **fonctionnement** dans l'acte concret de l'énonciation, la valeur illocutoire des appréciatifs est très importante, dans la mesure où ils véhiculent une véritable **réaction affective, émotionnelle** vis-à-vis de l'information transmise.

§ 824 Les appréciatifs peuvent être ramenés à deux types de jugements de valeur ayant pour point commun d'exprimer qu'une « attente » est satisfaite ou déçue chez le locuteur :

▷ « Ceci est **bon/mauvais** » :

glücklicherweise, zum Glück, Gottlob, Gott sei Dank, gern	↔	*unglücklicherweise, leider, bedauerlicherweise, ungern*

► *hoffentlich* est « conditionnel » (ce **serait** souhaitable, donc **bon** que) ;

► *unbedingt* (absolument) s'emploie avec un verbe de modalité impliquant le jugement de valeur :

Ich muß/möchte/will unbedingt nach Hause.
Er sollte unbedingt eine Brille tragen.

Mais il s'agit en fait d'un adjectif *(ein unbedingtes Vertrauen)* qui peut fonctionner aussi comme graduatif *(das ist unbedingt erforderlich).*

▷ « Ceci est **normal/anormal** » (c'est-à-dire : ceci correspond ou non à l'expérience que j'ai du monde ou à mon « attente ») :

begreiflicherweise, verständlicherweise, vernünftigerweise, selbstverständlich, natürlich, zwangsläufig (forcément)	↔	*erstaunlicherweise, komischerweise, merkwürdigerweise, paradoxerweise, seltsamerweise, sonderbarerweise, unbegreiflicherweise*

► *logischerweise, normalerweise, notwendigerweise* (rare) ne s'appuient généralement pas sur une assertion « objective » :

Er müßte normalerweise/logischerweise zu Hause sein (aber ist er wirklich zu Hause ?)

Das würde notwendigerweise zu einem Chaos führen.

1. *Zwangsläufig* fonctionne avec ou sans assertion « objective » :

   Das hat zwangsläufig zu einem Chaos geführt.
   Das würde zwangsläufig zu einem Chaos führen.

2. Il ne faut pas confondre les nombreux appréciatifs en *-weise* formés le plus souvent sur des bases adjectivales (type : *glücklicherweise, normalerweise)* avec les unités non appréciatives formées sur des bases nominales par exemple : *ausnahmsweise, kiloweise, literweise, teilweise,* etc. v. § 809.

30.5. Les particules illocutoires

825 Il s'agit d'un ensemble d'éléments le plus souvent monosyllabiques qui portent à la fois sur la relation locuteur ↔ message (aspect **illocutoire** au sens étroit) et sur la relation locuteur ↔ partenaire (aspect **perlocutoire,** effet visé chez le partenaire). Leur fonction est le plus souvent d'accompagner une valeur illocutoire (par exemple : une émotion) ou perlocutoire (par exemple : une injonction) essentielle dans l'énoncé.

Du point de vue syntaxique, les particules illocutoires se distinguent des modalisateurs et des appréciatifs par les caractéristiques suivantes :

▷ Elles sont placées en général dans le « champ stratégique » ou « champ 2 » (v. §§ 894 et 895) avant les modalisateurs et les appréciatifs :

*Das wäre **doch** wirklich nicht so schlimm !*
*Ich bin **ja** zum Glück nicht zu schnell gefahren.*

▷ Mais elles peuvent aussi remonter dans le champ 1 :

*Kann man **denn** von einer Mutter nicht verlangen, daß sie ihr Kind liebt ?*

▷ sans pouvoir occuper la première position sous peine de changer de fonction :

*Das ist **einfach** nicht zum Aushalten !*
comparer : *Einfach war es nicht,* où *einfach* est adjectif de verbe.

▷ Elles sont dans la plupart des cas non accentuées et toutes peuvent aussi assurer d'autres fonctions.

§ 826 Les particularités de position ainsi que l'accentuation sont sans doute révélatrices des fonctions différentes que peuvent assumer ces éléments, par exemple (v. aussi § 873) :

ja accentué en **avant-première position** :
— réponse affirmative à une question : *Warst du zu Hause ? — Ja, ich war die ganze Zeit zu Hause.*
— rectification intensive d'une information du contexte antérieur (renforçable par *sogar*) : *Er hat sie geliebt, ja, er hat sie [sogar] verehrt !*

ja non accentué en **avant-première position** (proche de *tja*) :
— simple contactif destiné à introduire une réponse (cf. anglais *well,* français *eh bien* ou *ben*) : *Und was sagst* ⁺*du dazu ? — Ja, ich glaube, er hat nicht richtig gehandelt.*

ja accentué au **début du « champ stratégique »** (v. § 893) dans un énoncé à l'impératif, le plus souvent avec un négateur :
— intensification d'une injonction : *Mach mir* ⁺*ja keinen Ärger ! Komm* ⁺*ja rechtzeitig zurück !*

ja non accentué au **début du « champ stratégique »** : connivence entre le locuteur et son partenaire :
— fonction de rappel d'une donnée de la situation ou du contexte : *Du kannst jetzt nicht spazierengehen, es regnet ja* (« tu le vois bien »). *Du bist ja noch ein Kind* (« tu le sais bien »).
— renforcement d'une exclamation étonnée :
Das ist ja toll ! Mais c'est fantastique/formidable !
Er ist ja betrunken ! Mais c'est qu'il est saoûl !

§ 827 Une étude approfondie de ces particules devrait donc tenter :
— de dégager le signifié commun à tous les emplois d'un même terme, en tenant compte éventuellement des homonymes ou « parents » (cf. : *denn/dann, also/als, schon/schön*) ;
— de dégager les implications qui lient ces particules à la situation de parole et au contexte ; ainsi, *doch* implique une opposition soit au contexte antérieur *(Kommst du nicht mit ? — Doch.),* soit à la situation *(Komm doch mit !),* soit à une objection implicite *(Herr X wird als Außenminister keine großen Schwierigkeiten haben. War er doch zehn Jahre lang Botschafter in den USA)* ;
— de préciser l'effet qu'elles sont censées susciter chez le partenaire, donc de dégager leur rôle pragmatique dans la stratégie de la communication.

§ 828 ***aber*** exprime une opposition adversative ou une réaction d'étonnement voire d'admiration par rapport à un contexte antérieur ou à une donnée supposée connue de la situation (v. aussi § 880) :

Paul ist krank. — Ich habe ihn aber gestern noch auf dem Fußballplatz gesehen !
⁺*Du hast aber einen Bart !* Eh ben, t'en as une (drôle de) barbe !
Du hast aber einen •*Bart !* Tiens, mais tu as une barbe, maintenant !
⁺*Das ist aber nett !* Comme c'est gentil !
Seid ⁺*Ihr aber groß geworden !* Comme vous avez grandi !
Aber ⁺*Paul !* Eh bien Paul, qu'est-ce que tu fais là (qu'est-ce qu'il t'arrive, etc.) ?

also est un rappel d'une donnée connue, une sorte de récapitulation :

Ich hole dich also um 5 ab. (= comme convenu)
Sie sind also Herr Müller ? (= on m'a parlé de vous)

Pour le contactif de relance et la charnière de discours, v. §§ 873, 884, 887.

auch s'appuie sur une donnée antérieure du contexte ou de la situation et permet de renforcer une information logiquement attendue (proche de *wirklich*) :

Den Pulli habe ich selber gestrickt. — So sieht er auch aus ! Ben ça se voit !
Er hatte immer Angst, sie könnte ihn verlassen. Das geschah dann auch.
Du paßt auch nie auf! Tu ne fais jamais attention, c'est vrai quoi ! (confirme une donnée de la situation).

Dans une question, *auch* signale qu'une attente demande à être satisfaite :

Frau Müller hat mir ein Buch geschenkt. — Hast du dich auch bedankt ? Tu as dit merci au moins (= je l'espère ?).

Auch est souvent utilisé en contexte concessif (v. §§ 792 et 793) : *Was er auch sagen mag...* Quoi qu'il puisse dire... (et on s'y attend !).
Pour *auch* modulateur de mise en relief v. §§ 864 et 885.
Pour *auch* charnière de discours v. § 884.

bloß (toujours commutable avec *nur*) sélectionne dans un ensemble de données un minimum opposé à cet ensemble (v. § 863) et s'emploie :

— dans une interrogation :
Was habe ich ihm bloß getan ? Mais qu'est-ce que j'ai bien pu lui faire ? (= qu'est-ce qui a suffi pour qu'il m'en veuille à ce point ?)
— dans une exclamative exprimant un souhait irréel (commutable et combinable avec *doch*- v. § 223) :
Hätte ich [doch] bloß auf dich gehört ! Si seulement je t'avais écouté ! (= il aurait suffi que je t'écoute et rien ne se serait passé)
— dans une injonction (commutable avec *ja* accentué) :
Sei $^{+}$*bloß vorsichtig !* Sois prudent (c'est tout ce que je te demande : il suffit que tu sois prudent et tout se passera bien)
Sag $^{+}$*bloß nicht, du hast wieder einen Unfall gehabt !* Ne dis surtout pas que... Ne viens pas me dire que... (= tout mais pas ça !)

denn s'emploie dans une question ou une exclamation : le locuteur montre par là qu'il aimerait savoir, qu'il ne comprend pas et sollicite qu'on lui donne la raison d'un état de fait ; autrement dit, *denn* justifie le bien fondé de la question ou de l'exclamation et se rapproche ainsi du *denn* causal (v. §§ 807 et 879) :

Was machst du denn ? Que fais-tu donc ? (= je ne comprends pas, explique-moi).
Warum bist du denn so^{+} *böse zu mir ?*
Bist du denn $^{+}$*wahnsinnig ?* Non, mais t'es fou ?

Ne pas confondre avec $^{+}$*denn : Wie heißt er*$^{+}$ *denn, wenn er nicht Peter heißt ?* (LSC adversatif).

doch (v. §§ 827 et 882) marque une opposition à une donnée antérieure explicite ou implicite, signale que la nouvelle information ne correspond pas à une « attente » :

Das war doch ausgemacht! C'était pourtant convenu ! (alors pourquoi ne l'a-t-il pas fait ?).

Der Wagen ist doch prima. Elle est bien, cette voiture (qu'est-ce que tu as à lui reprocher ?).

Oje, es ist schon 8, wir müssen uns beeilen. — Sag ich doch die ganze Zeit!

Laß mich doch in Ruhe! Mais laisse-moi tranquille !

Hätte ich doch auf ihn gehört! (v. § 223).

Dans une question, *doch* sollicite une confirmation (= crainte que l'attente ne soit déçue) ; la question se présente alors sous la forme d'un énoncé déclaratif (« question prosodique ») : *Du kommst doch morgen zu uns, oder?*

Ne pas confondre avec le coordinateur ou la charnière de discours, v. § 882.

eben ou **halt** (à ne pas confondre avec *[so]eben* accentué, synonyme de *gerade*) marque une réduction à un dénominateur commun essentiel (« tout se ramène à ceci »), qu'il est impossible d'ignorer, d'où l'idée de résignation (« on n'y peut rien, c'est comme ça »)

Das kostet eben/halt viel Zeit. C'est que ça prend du temps.
Ça prend du temps, tu sais/vois-tu.

So ist es eben/halt. C'est comme ça.

Wir müßten eben/halt mit dem Auto hinfahren. A moins que nous prenions la voiture (= c'est la seule solution qui reste).

einfach est proche de *bloß* et *nur* : il sélectionne une information à l'exclusion d'autres hypothèses en signalant qu' « il ne faut pas chercher plus loin » :

Er ist einfach +weggegangen. Il est parti, tout simplement (il aurait pu rester ou au moins dire au revoir : mais non).

Ich+ glaube es einfach nicht. Je ne le crois pas, voilà tout (un point c'est tout).

Das ist einfach zum Ver+zweifeln! C'est à désespérer (il n'y a pas d'autre réaction possible).

erst est assez rare comme particule d'illocution, c'est-à-dire dans un emploi non temporel *(erst, zuerst)* et non graduatif (*erst recht, erst dann,* v. §§ 868, 869) :

Ich bin vollkommen erschöpft. — Und ich erst! Et moi donc !
Qu'est-ce que je dirais !

etwa (à ne pas confondre avec le graduatif ou modulateur *etwa* = *ungefähr* v. § 861) sert à marquer une hypothèse à laquelle on n'ose pas souscrire (voire un doute) dans une question et se rapproche donc de *denn,* qui marque une incompréhension présentée comme justifiée (v. plus haut).

Bist du etwa krank? Serais-tu malade ? (= j'espère que non).

Hast du das etwa vergessen? L'aurais-tu par hasard oublié ?

Glaubst du [denn] etwa, daß ich das gern mache? Tu ne crois tout de même pas que je fais ça pour m'amuser ?

Gehst du hin? — Du etwa nicht? Parce que tu n'y vas pas, toi ?

Voir également *vielleicht* et *gar : Er ist etwa krank.*

Nicht etwa permet d'exclure à l'avance une hypothèse à laquelle le partenaire aurait pu être tenté de souscrire :

Ich mache es nicht etwa aus Spaß. Je ne le fais évidemment pas pour m'amuser.
Glauben Sie nicht etwa, daß... N'allez pas croire que...

gar renforce une question empreinte de doute et se rapproche donc de *etwa* :

Hast du das gar vergessen ? L'aurais-tu oublié ?

ou commute avec *sogar* :

Und nun gar dieser Streit !

Pour le graduatif, v. § 846. Pour le commentatif, v. § 887.

gerade marque la coïncidence entre une information et une donnée qui convient :

Das ist gerade richtig. C'est justement ce qu'il me faut.
Du +stehst gerade, mach bitte die Tür zu ! Puisque tu es debout... (= ça tombe bien).

halt s'emploie comme *eben* (v. plus haut), mais accompagne aussi une injonction à l'impératif (commutable dans ce cas avec *doch*) :

Geh halt hin ! Eh bien vas-y (puisque tu en meurs d'envie) !
Sei halt nicht so stur ! Ne sois donc pas si têtu, veux-tu ?

ja (v. § 826).

mal est proche de *einmal* en ce sens qu'il marque l'unicité d'une information et sert surtout à renforcer une injonction en la présentant comme « unique » et donc à ce titre comme digne d'intérêt :

Komm mal her ! Viens là ! Viens voir ! (mais *Komm doch her !* suppose que le partenaire n'a pas l'intention de venir ou n'ose pas).
Sagen Sie mal... ! Dites-donc...

En association avec *nun, mal* (ou *einmal*) rejoint *eben* :

Das ist nun mal (nun einmal) so. C'est comme ça, que veux-tu.
Sie ist nun mal (nun einmal) ein Kind.
Wir wollen nun mal nicht übertreiben. N'exagérons rien, voulez-vous ?

En association avec *nicht, einmal* et *mal* ont le sens de « même pas » :

Er kann nicht einmal sprechen (= « moins que le minimum attendu »).

nämlich marque une attitude explicative ; cet élément placé dans le centre stratégique sert à justifier une donnée fournie par un énoncé antérieur :

Heute nachmittag bleibt meine Schwester daheim, ihr Freund kommt nämlich zu ihr.

Nämlich introduit aussi une énumération (« à savoir ») ou une précision et fonctionne alors comme commentatif (v. § 887).

noch marque qu'une donnée se prolonge ou s'ajoute au-delà d'une attente :

Das hat gerade noch gefehlt ! Il ne manquait plus que ça !
Das wirst du mir noch büßen ! Tu me le paieras ! (= ton attente ne sera pas déçue...)

1. Ne pas confondre avec le *noch* temporel, qui peut occuper la 1re position :

   Es ist noch alles in Ordnung. Noch ist alles in Ordnung.
   Ich bin noch nicht fertig. Noch bin ich nicht fertig.

2. *Noch* s'emploie souvent en contexte concessif :

   Er mag noch so schreien... Il a/aura beau crier...
   Und wenn er noch so schreit... Il peut/pourra crier tant qu'il veut...

3. Pour le modulateur de mise en relief, v. § 870.

nun (v. également *mal*) indique ou suscite une volonté de réalisation immédiate :

Kommst du nun oder nicht ? Alors, tu viens ou tu ne viens pas ?
Ich will dir nun etwas sagen. Je vais te dire une chose.

Nun contactif ou argumentatif peut se trouver en avant-première position (v. §§ 873 et 885) : *Nun, komm doch endlich !*
Dans ce cas, il signale souvent une nouvelle étape dans une démarche ; il s'emploie notamment au début d'une réponse (cf. anglais *well,* fr. *eh bien*) :

Herr Minister, sind Sie mit dem Wahlergebnis zufrieden ? — Nun, wir haben sicherlich ein paar Stimmen verloren, aber...

En première position, *nun* peut marquer une étape dans un raisonnement logique (fr. *or,* argumentatif) :

Alle Menschen sind sterblich. Nun ist Sokrates ein Mensch. Also ist Sokrates auch sterblich.
ou, intégré après la conjonction dans un G CONJ : *Da nun Sokrates ein Mensch ist, ist er auch sterblich.*

nur s'emploie comme *bloß* (v. plus haut) ; toutefois, dans les énoncés injonctifs réduits, *nur* est plus fréquent que *bloß* :

Nur zu ! Vas-y, n'aie pas peur.
Nur mit der Ruhe ! Doucement !
Nur nicht hetzen ! Doucement ! Il n'y a pas le feu !

Ne pas confondre avec les emplois de *nur* traités aux §§ 863, 869.

schon répond positivement (ou suscite une réponse positive — dans l'injonction) à une attente (d'où le sens voisin de *ja*) :

Glaubst du, daß wir es schaffen ? — Ich denke/glaube/hoffe schon.
Das ist schon richtig. C'est juste (= je confirme ton attente).
Das kann schon sein. C'est bien possible.
Ich decke jetzt den Tisch. — Nein, laß das, ich mache das schon.
Wenn du schon stehst, gib mir bitte das Salz ! (puisque tu es debout... (= condition remplie). cf. *wenn schon, denn schon* « pendant qu'on y est... ».

Tout comme de nombreux LSC présentant une information comme certaine (v. § 820), *schon* peut s'employer en contexte concessif ou restrictif :

Der Wagen gefällt mir schon, aber er ist mir einfach zu teuer.

Ne pas confondre avec *schon* temporel commutable avec *bereits* (v. § 805).

überhaupt souligne le caractère capital d'une information et s'emploie le plus souvent pour « radicaliser » une question ; il est voisin de *eigentlich* (en fait), *bloß/nur* (v. plus haut) et *wenigstens* :

Hörst du mir überhaupt zu ? Dis, je te parle, tu m'écoutes ?
Was wollen Sie [denn] überhaupt von mir ? Mais qu'est-ce que vous me voulez au juste ?
+ *Der war überhaupt blöd.*

vielleicht s'emploie dans une question (le plus souvent rhétorique) pour émettre un doute (proche de *etwa*) :

Bist du vielleicht krank ?
Bin ich vielleicht dein Diener ?

Dans une exclamation, *vielleicht* semble solliciter l'approbation du partenaire sur une situation jugée inhabituelle, voire anormale :

+ *Der hat vielleicht Nerven !* Il est drôlement gonflé (tu ne trouves pas ?) !
Ich bin vielleicht müde ! Je suis fatigué, tu ne peux pas savoir.

Ne pas confondre avec le modalisateur, v. § 821.

829 1. On peut considérer également comme particules les termes suivants, qui ne peuvent pas occuper la première position dans cette fonction et qui accompagnent une injonction (ordre/demande polie) ou un souhait :

*Sie können **unmöglich** hier bleiben.*
*Du kannst mich **gern** besuchen.* Je veux bien que tu me rendes visite.
*Du kannst **ruhig** sitzen bleiben.*
*Bleib **ruhig** sitzen !*
*Mach **gefälligst** die Tür zu !*
*Er soll **gefälligst** warten, bis ich ihn aufrufe.*
*Du bleibst **besser/am besten/lieber** hier !* (injonction).
*Ich bleibe **besser/am besten/lieber** hier* (souhait).
*Bleib **schön** hier sitzen !*

2. En revanche, des LSC comme *allerdings, eigentlich, immerhin, jedenfalls, ohnehin, sowieso, übrigens, schließlich* fonctionnent en première position en tant que « charnières du discours » (v. 884). Certains peuvent tout de même, quand ils sont placés dans le centre stratégique, assurer une fonction proche de celle des particules illocutoires, par exemple :

*Der Mann hatte **übrigens** auch nicht geklingelt !*
*Das war **immerhin** eine schwierige Sache !* (v. § 812)
*Was machst du **eigentlich** in der Schule ?*
*Das nützt **sowieso/eh*** (Autriche) ***ohnehin*** *nicht.*

30.6. La fonction graduative. Les marques et les modulateurs du degré

§ 830 Bien qu'ils présentent un contenu lexical relativement précis, les modulateurs de la graduation relèvent essentiellement de l'appréciation communicative.

Du point de vue syntaxique, ils ont en commun de n'être incidents qu'à un terme, lexème ou groupe, contrairement aux modalisateurs et aux appréciatifs.

Ce qui rapproche les modulateurs *(mehr, sehr, wenig, so, zu...)* des marques du degré I et II appelés traditionnellement comparatif et superlatif (mais ces dénominations sont peu exactes, car la comparaison dépasse de loin le problème du degré), c'est précisément leur sens scalaire ou graduatif et le fait qu'ils ne soient incidents qu'à une base (et encore faut-il que celle-ci présente en contexte un désigné graduable).
Le degré I et II ne porte en effet que sur la base adjectivale (et non sur tout le G ADJ), cf. :

die in diesem Jahr **sehr gute** *Ernte*
die in diesem Jahr ***bessere*** *Ernte*

Il permet de graduer grossièrement le désigné de l'adjectif de nom, de verbe et plus rarement de l'adjectif d'adjectif et d'un LSC :

	Degré ∅	**Degré I**	**Degré II**
ADJ de nom	*ein schnelles Auto*	*ein schnelleres Auto*	*das schnellste Auto*
ADJ de verbe	*es ist schnell*	*es ist schneller*	*es ist am schnellsten*
	es fährt schnell	*es fährt schneller*	*es fährt am schnellsten*
ADJ d'ADJ	*ein hoch fliegendes Flugzeug*	*ein höher fliegendes Flugzeug*	*das höchst fliegende Flugzeug*
LSC	*er tanzt gern*	*er tanzt lieber*	*er tanzt am liebsten*
	er fühlt sich wohl	*er fühlt sich wohler*	*er fühlt sich am wohlsten*
	er kommt oft	*er kommt öfter*	*er kommt am öftesten*

Les autres graduations (l'insuffisance, etc.) se font à l'aide de LSC que nous appelons **modulateurs du degré** ou **graduatifs.** Ils peuvent être incidents à des ADJ, à des bases verbales ou nominales, à des LSC et à d'autres modulateurs :

ADJ au degré Ø, I et II	***sehr** schön, **viel** schöner, (der) **weit** älteste*
Base verbale	*es gefällt mir **sehr***
Base nominale	*(ich habe) **mehr** Durst als Hunger*
LSC	*(ich mache es) **sehr** gern/**viel** lieber*
Modulateur	*(es freut mich) **so** sehr/**zu** sehr*

0.6.1. LES MARQUES DU DEGRE I ET II.

831

	DEGRÉ I : ***(¨)er-***	DEGRÉ II : ***(¨)st-***
ADJ de nom	*ein **älteres** Haus* *ein **schnelleres** Auto*	*das **älteste** Haus* *das **schnellste** Auto*
ADJ de verbe et LSC	***älter** sein* *schnell**er** fahren* *sich wohl**er** fühlen*	***am ältesten** sein* ***am** schnell**sten** fahren* *sich **am** wohl**sten** fühlen*

A ces principes généraux de marquage, il faut ajouter les remarques suivantes :

832 **a) L'inflexion.**

▷ Elle est obligatoire (degré I et II) pour :

alt	*grob*	*jung*	*kurz*	*schwach*
arg	*groß*	*kalt*	*lang*	*schwarz*
arm	*hart*	*klug*	*nah (nächste)*	*stark*
dumm	*hoch (höher)*	*krank*	*scharf*	*warm*

et le LSC *oft → öfter → am öftesten*

▷ Elle est facultative pour :

(plus fréquente) : *fromm, gesund, naß, rot, schmal...*
(moins fréquente) : *blaß, glatt, karg, krumm...*

Certains composés ne prennent pas l'inflexion, alors que l'adjectif monosyllabique peut l'avoir : *Er ist noch wortkarger (taciturne) als sein Bruder.*

Les autres adjectifs ou LSC ne prennent pas d'inflexion, qu'ils soient simples *(schlau → schlauer, schlank → schlanker),* dérivés *(sparsam → sparsamer, krank**haft** → krankhafter, spannend → spannender, bekannt → bekannter),* composés *(vorlaut → vorlauter)* ou des emprunts *(logisch → logischer)*

833 **b) Chute ou addition d'un *e*.**

▷ Les adjectifs qui perdent un *e* lorsqu'ils sont déclinés au degré Ø perdent également cet *e* au **degré I** :

— adjectifs en ***-el*** :

degré Ø	*übel*	→	*ein **übler** Geruch*
degré I	***übler***	→	*ein noch **üblerer** Geruch*

de même : *dunkel, edel, plausibel,* etc. ;

— adjectifs en ***-er*** : le ***e*** tombe fréquemment après voyelle ou diphtongue :

degré Ø	*teuer →*	*ein **teures/[teueres]** Haus*
degré I	***teurer**/[teuerer] →*	*ein noch **teureres** Haus*

de même : *sauer, ungeheuer*, etc.

MAIS pas après consonne :

degré Ø	*sauber*	→	*ein sauberes Hemd*
degré I	*sauberer*	→	*ein noch saubereres Hemd*

de même : *bitter, clever ;*

— adjectifs en ***-en*** : la chute du ***e*** est rare :

degré Ø	*trocken*	→	*ein trockener/[trockner] Wein*
degré I	*trockener/[trockner]*		

de même : ***eben, gediegen, gelassen, verlassen***, etc.

§ 834 ▷ Au **degré II,** on a un ***e* intercalaire** devant *-st* lorsque le radical se termine par :

-d	*mild*	→	*das mildeste Klima*
	gesund		*das gesündeste Klima*
	▶ sauf si la syllabe en *-d* n'est pas accentuée :		
	'spannend		*der '**spannendste** Film*
-t	*breit*	→	*die breiteste Straße*
	bekannt		*der bekannteste Schauspieler*
	*gewissen**haft***		*der gewissenhafteste Mitarbeiter*
	wüst		*die wüsteste Gegend*
-s/-ß	*heiß*	→	*das heißeste Klima*
	hilflos		*der hilfloseste Mensch*
	▶ sauf ***groß***		*die **größte** Stadt*
-z	*kurz*	→	*der kürzeste Weg*
	spitz		*das spitzeste Messer*
-x	*lax*	→	*die laxesten Gesetze*

Quand le radical se termine par ***-sch,*** le *e* intercalaire est possible *frisch → das frisch(e)ste Gemüse* (de même : *morsch, rasch...*) sauf si la syllabe en *-sch* n'est pas accentuée : *'komisch → der 'komischste Mensch.*

§ 835 c) Formations irrégulières.

bald	***eher***	***am ehesten***
böse/schlimm	***schlimmer***	***schlimmst-**/am schlimmsten*
gern/lieb	***lieber***	***liebst-**/am liebsten*
gut	***besser***	***best-**/am besten*
hoch	***höher***	***höchst-**/am höchsten*
nah	*näher*	***nächst-**/am nächsten*
viel	*mehr*	***meist-**/am meisten*
wenig	{ *weniger*	***wenigst-**/am wenigsten*
	{ *[minder]*	***mindest-**/am mindesten*

1. ***Minder*** est rare (langue très soignée) et ne s'emploie qu'avec un adjectif :
   Ich war nicht weniger/minder überrascht.
   mais : *Ich verdiene weniger als früher* (*minder* exclu).

   Mindest- entre dans la composition de bases nominales complexes (p. ex. : *der Mindestlohn* : le salaire minimum) et s'emploie comme adjectif substantivé neutre :
   Das ist das Mindeste (ou *das Wenigste*), *was/das ich verlangen kann.* C'est le moins que je puisse exiger.
2. ***Wohl*** fait aux degrés I et II ***wohler, am wohlsten*** au sens de « à l'aise », mais ***besser, am besten*** lorsqu'il est synonyme de *gut* :
   Hier fühle ich mich wohl/wohler/am wohlsten.
   Er war wohl/gut gelaunt → besser gelaunt.
   Der Urlaub ist mir nicht gut/wohl bekommen. Les vacances ne m'ont pas réussi → *Hoffentlich bekommt mir der Urlaub diesmal besser.*
3. ***Eher, mehr*** et ***weniger*** fonctionnent aussi comme graduatifs (v. §§ 837, 851).

836 d) Am schnellsten.

La forme *am...sten* vaut aussi bien pour l'adjectif-adverbe que pour l'adjectif attribut :

Von uns allen schwimmt Paul am besten.
Hier ist es am wärmsten.

Mais l'attribut peut être un GN comprenant un ADJ au degré II :

Paul ist der beste Schwimmer.

Et la base de ce GN peut être élidée (minuscule) ou constituée d'un ADJ nominalisé (majuscule) :

Von allen Schwimmern ist er der beste.
Es ist wohl das Beste.

La forme du degré II ***aufs... -ste*** (plus rarement *auf das... -ste*) signifie « de la façon la plus... possible » ; comparer :

Er wurde aufs einfachste / aufs herzlichste empfangen. Il a été reçu de la façon la plus simple / cordiale qui soit.
Von allen westlichen Staats- und Regierungschefs wurde er am einfachsten / am herzlichsten empfangen. De tous les chefs d'État et de gouvernement occidentaux, c'est lui qui a été reçu le plus simplement / le plus cordialement.

Er hat am heftigsten protestiert. Parmi les protestataires, il a été le plus violent.
Er hat aufs heftigste protestiert. Il a protesté de la façon la plus violente.

837 e) Formes lexicalisées.

Certains adjectifs et LSC apparaissent sous une forme figée de degré I ou II :

▷ Graduatifs :

äußerst, höchst : extrêmement, *höchstens* : au plus, au maximum.
wenigstens, mindestens : au moins, au minimum.
mehr : plus, *vielmehr* : [bien] plutôt.
eher : plutôt.

▷ LSC à désigné temporel :

demnächst : prochainement, *zunächst* : d'abord.
früher : plus tôt ou autrefois, *später* : plus tard ou tout à l'heure.
frühestens/spätestens : au plus tôt/au plus tard (+ date).
längst : depuis longtemps, *längstens* : pour une durée maximum de...
öfters, des öfteren : assez souvent (mais : *öfter* = plus souvent).

▷ Autres LSC :

baldigst (rare) : le plus tôt possible, par exemple *baldigst antworten.*
bestens : très bien, par exemple *bestens informiert sein.*
gefälligst, gütigst, tunlichst (v. également § 829) renforcent un ordre péremptoire : *Er soll sich gefälligst/gütigst bei mir melden. Das sollten Sie tunlichst vermeiden.*
gehorsamst, höflichst accompagnent une demande : *Ich bitte gehorsamst/höflichst um Entschuldigung.*
genauestens : de façon très exacte, par exemple : *genauestens informiert sein.*
möglichst : le plus/le moins... possible, si possible : *möglichst bald* : le plus vite possible, *möglichst ohne Lärm* : avec le moins de bruit possible, si possible sans bruit.
schleunigst : très vite, par exemple *Er ist schleunigst verschwunden.*
schnellstens : le plus vite possible.
wärmstens empfehlen : recommander chaudement.
zutiefst profondément par exemple *zutiefst gerührt* : profondément touché.

§ 838 Certains adjectifs de nom (ne fonctionnant qu'ainsi) sont formés à partir d'un LSC, leur degré Ø a la forme d'un degré I, par exemple :

unten → *die **untere** Schublade* (degré Ø) : le tiroir du bas.
*die **unterste** Schublade* (degré II) : le tiroir le plus en bas.

de même : *der äußere/der äußerste, der hintere/der hinterste, der innere/der innerste, der mittlere/[der mittelste]* (rare), *der niedere/[der niederste]* (rare), *der obere/der oberste, der vordere/der vorderste* (v. § 577, 5°).

§ 839 Certains adjectifs de nom peuvent avoir au **degré I** une autre signification graduative qui correspond non plus à une « augmentation », mais à une modification de la signification du lexème au degré Ø :

*ein **jüngerer** Herr*	= relativement jeune (mais pas jeune).
*ein **älterer** Herr*	= d'un certain âge (mais pas vieux).
*eine **kleinere** Summe*	= une somme modique.
*eine **größere** Summe*	= une somme assez importante.
*für (eine) **längere** Zeit*	= pour un certain temps.

de même : *Bleiben Sie **länger** hier ?*

Voir également *öfters* et *des öfteren* (assez souvent — v. § 837) ainsi que *letzterer, -es, -e* renvoyant au dernier terme d'une énumération dans un contexte antérieur (« ce dernier »).

840 Ceci peut se produire également au **degré II** lorsque l'adjectif de nom n'est pas précédé d'un marqueur d'identification *(der, mein...)* v. § 516 :

*in **bestem** Zustand*	=	en parfait état.
*in **größter/höchster** Eile*	=	en toute hâte.
*mit **größter** Mühe*	=	à grand-peine.
*in **nächster** Zukunft*	=	dans un très proche avenir.
*aus **nächster** Nähe schießen*	=	tirer à bout portant.
***liebster** Freund*	=	cher ami.
***besten** Dank*	=	merci beaucoup, grand merci.
*es ist **höchste** Zeit*	=	il est grand temps.

841 **f) La graduation au degré I.**

Elle peut être envisagée comme un **devenir** :

*Das Benzin ist **noch** teurer geworden.* L'essence a encore augmenté (= dépassement d'un degré antérieur).

*Das Benzin wird **immer** teurer.* L'essence augmente de plus en plus. Cf. aussi :

*Das Benzin wird teurer **und** teurer.*

*Es regnete **noch** stärker/**immer** stärker.*

842 **g) La graduation au degré II**

Elle n'est en principe utilisée que si le nombre des éléments comparés est **supérieur à deux** ; s'il est égal à deux, l'allemand utilise le degré I :

*der **ältere** von beiden :* le plus vieux des deux.

*Die rechte Hand ist die **stärkere**.* La main droite est la plus forte.

Cf. aussi : *meine **bessere** Hälfte :* ma « moitié » (femme/mari).

843 Il arrive rarement qu'un adjectif d'adjectif puisse être gradué dans un adjectif composé (v. également § 65) :

das niedrigstehende Wasser	*das niedriger stehende Wasser*
eine dichtbevölkerte Gegend	*die dichtest bevölkerte Gegend*

sauf si la composistion est elle-même lexicalisée, cf. :

die bestmögliche Lösung
das nächstliegende Haus
der nächstliegende Gedanke = qui vient tout d'abord à l'esprit.
das nächstbeste (ou *das erste beste*) *Hotel* = le premier hôtel venu.

0.6.2. LE SYSTEME DE LA GRADUATION.

844 La graduation est exprimée par un système de **modulateurs** portant sur un lexème, qui peut être :

▷ un lexème déjà au degré I ou II par exemple :

***viel** netter*　　*der **weitaus beste** Spieler*

▷ ou un lexème non gradué, par exemple :

*sehr **nett**, zu **groß**, **kalt** genug*
*Ich **freue** mich sehr.*
*Ich hatte mehr **Angst** als sie.*

La graduation peut se faire absolument ou au contraire relativement à une autre grandeur, auquel cas elle peut avoir une expansion :

Paul ist viel netter [als sein Bruder].
Das ist nicht so schlimm [wie ich gedacht hatte].
Er ist groß genug [um zu wissen, was er tut].

§ 845 Les expansions graduatives introduites par ***wie*** ou ***als*** sont couramment rejetées en **après-dernière position** (v. § 913) :

Die Fahrt hat nicht so lange gedauert ***wie letztes Mal.***
Ich habe viel weniger Zeit gebraucht ***als sonst.***

La raison en est sans doute que ces expansions sont des GV tronqués :
Die Fahrt hat nicht so lange gedauert ***wie*** *(sie)* ***letztes Mal*** *(gedauert hatte).*

§ 846 **a) La graduation absolue.**

► Caractéristiques : elle porte sur un lexème non gradué (p. ex. : un adjectif au degré Ø) et n'admet pas d'expansion.

En dehors des cas exceptionnels où cette graduation est exprimée par une marque de degré I ou II (v. §§ 837, 839 et 840), elle est opérée au moyen de LSC que l'on peut grossièrement classer en trois catégories, selon le degré d'intensité :

▷ Graduatifs marquant une grande intensité :

sehr très — Contrairement au français *très*, ***sehr*** peut porter aussi sur un **verbe** :
Das hat mir ***sehr*** *gefallen.* Ça m'a **beaucoup** plu.
Er hat sich ***sehr*** *verändert.* Il a **beaucoup** changé.

ganz [und gar], gar (= vollends), gänzlich, völlig, vollkommen : entièrement.
äußerst, höchst : extrêmement ; *absolut, durchaus* : absolument.
beträchtlich, erheblich, wesentlich... : considérablement.
besonders, ganz besonders : (tout) particulièrement.
recht : fort.
stark : fort, fortement, beaucoup (surtout avec un verbe, p. ex. : *stark ansteigen, stark rauchen*).

On trouve parfois *hoch* dans la composition de bases adjectivales, par exemple : *hochinteressant, ein hochbrisantes Thema* (très délicat), *ein hochkarätiger Politiker...*

La langue parlée dispose d'un stock quasi illimité et en perpétuelle évolution de termes intensifs souvent très imagés, cf. :
Das war unheimlich/ungemein/ungeheuer *spannend.*
Das ist wahnsinnig/verdammt/irrsinnig *schwierig.*
Du bist echt/schön *dumm gewesen!*
Wir haben uns prima/dufte/toll/super *verstanden.*
Ich habe mich riesig *gefreut. — Er hat sich* enorm *gebessert.*
Er ist schwer *verliebt/verheiratet* (ironique, sur le modèle de *schwer verletzt*).

De nombreux autres termes sont utilisés pour former des lexèmes complexes, par exemple : *hundsgemein* (très méchant), *strohdumm* (bête à manger du foin), *todernst* (très sérieux), *ein Riesenspaß, ein Mordsverkehr* (une circulation monstre), etc. (v. §§ 564 et 597).

▷ Graduatifs marquant une intensité moins forte ou moyenne :

ziemlich **:** assez, passablement.
mäßig : modérément, *verhältnismäßig, relativ :* relativement.
mehr oder weniger : plus ou moins.
fast/beinahe **:** presque, *praktisch, so gut wie :* pratiquemnt, *quasi* (rare).

▷ Graduatifs marquant une faible intensité :

wenig **:** peu.
ein wenig, ein bißchen : un peu.
etwas : un peu : *Ich war etwas überrascht.*
kaum **:** à peine.
leicht : légèrement.

On peut y ajouter les termes de la première liste associés à une négation, par exemple : *nicht sehr, unbedeutend, unwesentlich,* etc., jusqu'à *überhaupt nicht/gar nicht.*

§ 847 b) La graduation relative.

► Caractéristiques : elle porte sur un lexème gradué ou non et admet une expansion, qui n'est cependant pas nécessaire :

Il faut distinguer ici quatre sous-systèmes :

— l'équivalence, représentée essentiellement par *so...wie* ;
— la différence, représentée essentiellement par *(¨) er* (degré I) *als* ;
— la conséquence, représentée essentiellement par *so...daß* ;
— la graduation maximale, représentée par le degré II.

§ 848 ① **L'équivalence est marquée par *so...wie*** (aussi/autant que), qui porte sur un lexème non gradué :

*Er ist **so** groß **wie** du* ou bien : *genauso/ebenso groß wie du*
*Es tut **genauso** weh **wie** vorher.*
*Ich werde **so** vorsichtig fahren **wie** ich kann/**wie** möglich.*

ou sur certains modulateurs et quantificateurs, par exemple :

*Er leidet genauso **sehr** darunter **wie** früher.*
*Ich mache mir genauso **viele** Sorgen **wie** du.*

L'équivalence peut être relativisée, voire refusée par l'intermédiaire d'un autre modulateur ou d'une négation, au point de correspondre sémantiquement à une différence (v. § 850) :

*Hier ist das Bier **halb so** teuer* (deux fois moins chère)*/**doppelt so** teuer* (deux fois plus chère) ***wie** in München.*
*Die Mieten sind hier **beinahe/fast/praktisch/ungefähr so** hoch wie in München.*
*Er ist **nicht so** groß* wie du.
*Die Nachricht hat sie **nicht so sehr** mitgenommen* (bouleverser), *wie ich befürchtet hatte.*
*Ich habe **nie soviel** gelacht wie an diesem Abend.*
*Das französische Bier schmeckt **bei weitem/längst nicht so** gut **wie** das deutsche.* La bière française est loin d'être aussi bonne que...

La structure graduative *nicht so...wie* est plus courante que la structure *weniger... als* lorsque la graduation porte sur un adjectif (de nom ou de verbe) :

Er ist ***nicht so*** *alt* ***wie*** *du* est plus courant que *Er ist* ***weniger*** *alt* ***als*** *du.*
Ich schwimme ***nicht so*** *gut* ***wie*** *du* est plus courant que *Ich schwimme* ***weniger*** *gut* ***als*** *du.*

§ 849 1. *Paul ist genauso alt wie Peter* peut se dire aussi : *Paul und Peter sind* ***gleich*** ***alt.***

2. **genauso** (ou *ebenso*) s'emploie surtout lorsque la graduation est positive : *genauso alt wie,* mais : *nicht so alt wie.* Il devient pratiquement nécessaire lorsque l'expansion est élidée, de façon à ce que toute confusion avec un énoncé exclamatif soit exclue (v. § 857) cf. :

Paul ist ***genauso*** *alt.*	Paul est **aussi** (non moins) vieux.
Paul ist ***so*** *alt !*	Paul est **si/tellement** vieux !

3. Avec *möglich,* on trouve aussi *als : so bald/leise/oft* etc. *wie möglich* ou *als möglich.* Cf. également : *sowohl...als auch* ou *wie auch* (aussi bien... que...).

§ 850 ② La **différence** est marquée par un **lexème gradué** (degré I) suivi de ***als*** :

*Paul ist ält****er*** *[****als*** *ich].*
*Die Sitzung hat läng****er*** *gedauert [****als*** *ich dachte].*
*Die Verfolgung der Bankräuber war um so leicht****er*****,** ***als*** *zu dieser Stunde reger Verkehr herrschte* (v. § 783).
Grammatik ist ***weniger*** *spannend* ***als*** *Fußball* (v. § 848).
Mein Wagen verbraucht ***weniger/mehr als*** *seiner* (moins/plus que).
Mein Wagen verbraucht ***weniger/mehr als*** *8 Liter* (moins/plus de).

La différence peut être spécifiée, relativisée, voire refusée par un autre modulateur ou une négation (au point de correspondre parfois sémantiquement à une équivalence) :

Er ist ***viel/sehr viel/kaum*** *älter als ich.*
Der Wagen verbraucht ***viel/weit/weitaus/bei weitem*** *mehr, als in der Werbung behauptet wird.*
Mit dem Auto ist die Fahrt ***ein wenig/etwas/fast*** *teurer als mit dem Zug.*
Er ist ***nicht*** *älter als ich.*
Ich habe ***nicht*** *+mehr (nicht +weniger) Geld ausgegeben als letztes Mal* (à ne pas confondre avec *+nicht mehr* = ne plus, cf. : *Er ist +nicht mehr Lehrer* = il n'est plus enseignant. *Er ist nicht +mehr als Lehrer = er ist nur/einfach Lehrer*).

§ 851

1. Dans une langue archaïsante, on emploie quelquefois ***denn*** à la place de *als : Geben ist seliger denn nehmen.* Dans la langue standard, *denn* s'utilise seulement lorsqu'il permet d'éviter une répétition de *als,* par exemple :

   *Ich finde ihn **als** Schauspieler viel besser **denn als** Sänger.*
   Emploi lexicalisé : ***mehr denn je :*** plus que jamais.

2. Dans certaines régions, du fait de l'influence dialectale, on ne fait pas d'opposition entre *wie* et *als* et l'on dit aussi bien *größer wie* (p. ex. en Bavière, en Autriche) que *so groß wie.*

3. L'adjectif, le GN « qualitatif » et d'autres lexèmes (LSC, bases verbales...) peuvent être gradués par l'intermédiaire de ***mehr*** (commutable avec *eher*) ou ***weniger,*** lorsqu'on envisage plus la qualité que l'intensité et quand on compare deux qualités (sens de « plus/plutôt, moins... que ») :

   *Das Zimmer ist **mehr/eher/weniger** breit als lang.*
   *Er ist **mehr/eher** Künstler als Geschäftsmann.*
   *Das war **eher** eine Störung als eine Hilfe.*

4. Pour la proportion *(je schneller desto **besser**),* v. § 790.

§ 852

③ **La conséquence** (ou la finalité) peut être marquée par divers modulateurs portant sur des lexèmes **non gradués** :

▷ ***so...daß*** (si/tant/tellement... que) (v. aussi : § 784)

*Er ist **so** naiv, **daß** er immer alles glaubt.*
*Es hat **so wenig** geschneit, **daß** man nirgends skifahren kann.*
*Er hat sich **so [sehr]** verändert, **daß** ich ihn beinahe nicht erkannt hätte.*
*Ich hatte **so viel** Angst, **daß** ich beinahe ohnmächtig geworden wäre.*
Variantes :
Er ist + ***derart/*** + ***dermaßen*** *naiv, **daß** er immer alles glaubt.*
*Er hat sich **derart/dermaßen** verändert, **daß...***
(v. également *solch-, so ein-* et *derartig-* § 523)

§ 853

1. Après ***nicht so,*** l'expansion est introduite par ***als daß*** dans la langue soignée :
   Ich bin nicht so naiv, als daß ich so etwas glauben könnte.

2. L'ordre « graduation → conséquence » peut être inversé :
   *Ich war **so** müde, **daß** ich sofort eingeschlafen bin.*
   *Ich bin sofort eingeschlafen, **so** müde war ich* (tant/tellement j'étais fatigué).

3. Lorsque l'expansion est élidée, l'énoncé devient plus ou moins fortement exclamatif :
   Er ist so naiv ! Il est si/tellement naïf ! (v. § 857).

4. Il arrive dans certaines formules que l'expansion soit transformée en énoncé coordonné :
   *Sei bitte **so** nett **und** schreib mir bald !*
   *Er war **so** freundlich **und** stellte mir sein Auto zur Verfügung !*

§ 854 ▷ ***Zu** (allzu, gar zu, viel zu. =* trop*)* et ***genug*** (assez/suffisamment) sont utilisés le plus souvent sans expansions :

*Er ist **zu** (viel zu, allzu, gar zu) naiv.*
*Du arbeitest **zu wenig/zu viel.***
*Er leidet **zu sehr** darunter.*
*Ich habe **[all]zu viele** Fehler gemacht.*

*Er ist groß **genug.*** *Ich fahre schnell **genug.*** *Ich habe es oft **genug** erlebt.*	postposé à l'adjectif ou au LSC
*Ich habe **genug** Sorgen/Sorgen **genug.*** *Wir haben **der** Sorgen **genug.***	antéposé ou postposé au GN sans article ou au GEN

Les expansions possibles (à valeur consécutive ou finale) sont :

— ***zu*** + GN (notamment INF nominalisé) :
Zum Baden ist es noch zu kalt/nicht warm genug.
Dazu ist es noch zu kalt.
Er hat genug Geld zum Leben.
Das ist zum Sterben zu viel und zum Leben zu wenig.

— ***um*** + **G INF** avec *zu* :
Ich war gar/viel zu aufgeregt, um schlafen zu können.
Er ist groß genug, um zu wissen, was er tut.

— ***als daß*** après *[all]zu, viel zu* et *nicht genug* (v. § 785) :
Er ist zu/allzu/viel zu sehr mit sich beschäftigt, als daß er sich auch noch für deine Probleme interessieren könnte.
Es ist noch nicht warm genug, als daß man baden könnte.

§ 855 ④ **La graduation maximale** est opérée à l'aide du **degré II,** éventuellement spécifié ou relativisé par d'autres modulateurs :

Er war der [weit/weitaus/bei weitem] ***beste*** *Spieler auf dem Feld.*
*Er war der aller**beste.***
*Er hat **am besten** gespielt.*

L'expansion peut être :

— tout G PREP permettant de définir l'ensemble par rapport auquel est opérée la graduation, notamment un G PREP à base *von* ou *unter* :
Von allen Spielern/unter allen Spielern war er der beste.
Er hat von allen am besten gespielt.
Er ist der beste Spieler in diesem Verein/auf der ganzen Welt.

— un GN au génitif ou un G REL si l'adjectif au degré II est adjectif de nom :
der beste Spieler dieses Vereins
die größte Stadt Deutschlands, Deutschlands größte Stadt
der beste Spieler, den ich kenne
das Schönste, was ich [je/jemals/bisher] gesehen habe

§ 856 **c) La graduation interrogative, exclamative et concessive.**

La graduation **interrogative** est exprimée par ***wie*** + **lexème au degré ∅,** que la question soit directe ou indirecte :

***Wie** alt bist du denn ?*
***Wie** lange bleibst du hier ?* Combien de temps...
***Wie** oft muß ich es dir noch sagen ?* Combien de fois...
*Er fragte, **wie** alt ich sei.*
*Ich weiß nicht, **wie** lange ich hier bleiben kann.*

§ 857 De l'interrogation à l'**exclamation,** il n'y a qu'un pas, cf. :

Wie** naiv bist du denn ?* *Ich möchte wissen, **wie naiv du bist.	Questions rhétoriques, l'une directe, l'autre indirecte (avec verbe en position finale)
***Wie** naiv bist du !* Comme tu es naïf ! ***Wie** naiv du bist !*	Exclamations, l'une à forme d'interrogation directe, l'autre à forme d'interrogation indirecte

D'autres exclamations avec *wie* sont cependant impensables sous forme de question, même rhétorique, par exemple :

***Wie sehr** ich dich vermißt habe ! Wie sehr habe ich dich vermißt !*
***Wie** nett von dir !*

L'exclamation partielle peut être également réalisée avec ***so*** (= graduation consécutive sans expansion, v. §§ 852 et 853, 3°) :

*Du bist **so** naiv !*
*Ich habe dich **so** vermißt !*
cf. aussi : ***So** ein Glück ! **Solch** ein Glück !* Quelle chance ! (v. § 523).
cf. aussi : *Du bist **vielleicht/aber** naiv !* (v. § 828).

858 Dans l'énoncé **concessif,** la graduation « fictive » ou feinte (français « avoir beau ») est exprimée par ***so*** et ***wie*** (v.§ 793) :

***So** stark (**wie** stark) er auch ist, ich fürchte ihn nicht.*
***So sehr (wie sehr)** ich darüber nachdenke, ich finde keinen Ausweg.*

So reste cependant seul possible si le terme sur lequel s'effectue la graduation concessive n'est pas en tête de l'énoncé :

*Er mag noch **so** stark sein, ich fürchte ihn nicht.*
*Ich mag noch **so sehr** darüber nachdenken, ich finde keinen Ausweg.*

30.7. Les modulateurs de mise en relief

§ 859 L'allemand dispose de toute une série de LSC tels que *aber, allein, auch, ausgerechnet, beinahe. bereits, besonders, bloß, erst, etwa, fast, gerade, noch, nur, schon, selbst, sogar, ungefähr* (pour ne citer que les principaux) qui peuvent porter sur des unités fort diverses (groupe, membre de groupe, marqueur d'identification, etc.), lesquelles reçoivent **un accent d'insistance** (accent contrastif, v. § 40) par exemple :

nur⁺ Sonntags, nur bei ⁺ schönem Wetter
nur ein ⁺ Mann (seul un homme), *nur ⁺ ein Mann* (un seul homme)
nur der ⁺ Pfarrer (seul le curé), *nur ⁺ der Pfarrer* (seul ce curé-là)

Ces modulateurs ont donc un comportement analogue à celui de la négation partielle (v. §§ 815 et 816). Certains d'entre eux peuvent du reste être détachés de l'unité sur laquelle ils portent (tout comme le négateur partiel) ou être postposés à cette unité. Dans ces deux cas, ils sont très souvent accentués, cf. :

Auch in ⁺ Hamburg hat es sehr stark geschneit.
In ⁺ Hamburg hat es ⁺ auch sehr stark geschneit.
In Hamburg ⁺ auch hat es sehr stark geschneit.

§ 860 La fonction de ces modulateurs est double :

▷ d'une part, ils servent à **mettre en relief** l'unité concernée en attirant l'attention de l'interlocuteur sur elle. De ce fait la **valeur communicative** (c'est-à-dire l'**importance** que cette unité a dans l'information transmise) se trouve renforcée. De ce point de vue, ces LSC s'apparentent donc aux graduatifs ;

▷ d'autre part, ils servent à **délimiter** l'ensemble désigné, par exemple :

Nur ⁺ Paul ist gekommen → *nur* indique que « l'ensemble est complet » (il ne contient aucun autre élément que Paul).

Mais cette délimitation se fait, dans bien des cas, **en fonction d'une certaine attente** de la part du locuteur et/ou du partenaire par exemple :

Sogar ⁺ Paul ist gekommen → *sogar* indique que le locuteur (mais peut-être aussi le partenaire) ne s'attendait pas à ce que Paul fasse partie de l'ensemble des gens qui sont venus (= contre toute attente ou contre mon attente).

On est donc en présence d'une deuxième fonction (illocutoire) qui n'a cette fois plus de rapport direct avec la fonction graduative : ces LSC expriment une réaction du locuteur vis-à-vis de l'information qu'il transmet. Ils s'apparentent de ce point de vue aux appréciatifs et aux particules d'illocution, dont certains éléments peuvent d'ailleurs assurer également cette fonction de mise en relief, par exemple :

Aber ⁺ Peter wollte •nicht mitfahren. ⁺ Peter aber wollte •nicht mitfahren. ⁺ Peter wollte aber •nicht mitfahren (v. § 880).

§ 861 ***annähernd***
beinahe
nahezu
fast
presque
genau
exactement

indiquent que la réalité de l'ensemble concerné est presque ou totalement atteinte et insistent sur l'importance souvent quantitative de cette réalité (sens graduatif) :

Annähernd/beinahe/nahezu/fast jeder zweite Bundesbürger leidet unter Bandscheibenschmerzen.
Ich habe fast/genau eine Stunde gewartet.
Er hätte ihn beinahe/fast nahezu überfahren.

§ 862 ***etwa***
circa
ungefähr
rund
environ

indiquent que l'ensemble concerné n'est pas définitivement délimité :

Die Polizei nahm circa (abrégé : *ca.*)*/ungefähr 30 Demonstranten fest.*
Das Haus ist etwa/rund eine halbe Million wert.
Dieser Glaube könnte etwa so ausgedrückt werden.

§ 863 ***nur***
bloß
seulement,
uniquement,
seul
ne...que
lediglich

indiquent que l'ensemble est « complet », le plus souvent en opposition à une attente du locuteur et/ou du partenaire :

Das hat mir nur/bloß zehn Mark gekostet.
Ich gehe nur/bloß einmal im Monat ins Restaurant.
Er hat bloß/nur/lediglich gelacht.
Nur Gott kann die Welt ändern. Dieu seul...

Avec un GN, on trouve parfois ***allein*** (v.§ 621) :
Gott allein kann die Welt ändern.
Allein permet cependant aussi de sélectionner un sous-ensemble à l'intérieur d'un ensemble, c'est-à-dire de restreindre l'ensemble envisagé :
Allein im Jahr + *1982 stieg der Umsatz um 50 %* (rien qu'en 1982, pour la seule année 1982).
Ne pas confondre avec la conjonction de coordination *allein* :
Die Regierung wollte die Krise überstehen, allein (= mais hélas) *die Arbeitslosigkeit nahm zu* (v. § 880).

§ 864 ***auch***
aussi,
également

indique au contraire que l'ensemble n'est pas complet, c'est-à-dire ajoute un élément à l'ensemble envisagé :

Der Zug hält + *auch in Plattling.*
Ich arbeite + *auch sonntags.*
Auch + *ich habe nichts davon gewußt. (*+*)Ich habe* + *auch nichts davon gewußt.*
Die Hochzeitsgäste haben getanzt, auch die + *Oma.*
Die Oma + *auch hat getanzt.*

§ 865 ***sogar***
selbst
même

indiquent la même chose que *auch* (v. ci-dessus § 864) mais marquent nettement un contraste par rapport à une attente :

Ich arbeite sogar/selbst + *sonntags.*
Sogar/selbst die + *Oma getanzt.*
Sogar/selbst + *ich habe nichts davon gewußt. (*+*)Ich habe* + *selbst nichts davon gewußt.*

selbst
selber

Selbst (commutable avec **selber,** non antéposable à un GN) a également le sens **exclusif** de « même » (v. § 621) :

Ich habe die Wäsche selbst/selber gebügelt. Ich selbst/selber habe die Wäsche gebügelt = moi-même, c'est-à-dire moi et personne d'autre.

Comparer :

Selbst / auch +ich habe die Wäsche gebügelt.
(= même moi/moi aussi, c'est-à-dire « moi compris » sens **inclusif**).

Outre la position des éléments, il faut remarquer une fois de plus l'importance de l'accentuation :

Ich habe selbst die +Hemden gebügelt = J'ai repassé même les chemises (jusqu'aux chemises).

Ich habe die Hemden selbst/sogar ge+bügelt = Je les ai même repassées (pas seulement lavées).

Ich habe die Hemden +selbst/+selber gebügelt = Je les ai repassées moi-même.

Ich +selbst habe die Hemden gebügelt = Moi-même, je les ai repassées.

§ 866 ***besonders***
insbesondere
vor allem
surtout
namentlich
zumal

restreignent l'ensemble concerné sans exclure les autres éléments, mais pour montrer que certains éléments sont plus concernés que d'autres par l'information ; le locuteur braque pour ainsi dire un projecteur sur l'élément le plus adéquat :

Wir haben viel Verkehr gehabt, besonders/vor allem/zumal in der +Schweiz.

Die Steuerreform trifft insbesondere/besonders/vor allem den +Mittelstand.

§ 867 ***gerade[zu]***
justement
↕
ausgerechnet
justement
(négatif)

marque une convenance ou coïncidence parfaite entre l'information et une donnée de la situation ou du contexte, tandis que *ausgerechnet* marque au contraire une non-convenance (comme s'il y avait une intention maligne un « calcul » de la part de quelqu'un) :

Hättest du diese Arbeit nicht später machen können ?
— Nein, ich will sie gerade +jetzt machen.

Und das sagst du mir ausgerechnet +jetzt! Et c'est [justement] maintenant que tu me dis ça !

Gerade +heute, wo ich nichts zu tun habe, kommt ein schöner Film im Fernsehen.

Ausgerechnet +heute, wo ich nichts zu tun habe, kommt nichts Interessantes im Fernsehen.

Es gab ausgerechnet +Sauerkraut! (moi qui n'aime pas ça !)

Gerade +das macht mir Sorgen! C'est justement ce qui m'inquiète (commutable ici avec *genau*).

Pour *gerade*, on emploie quelquefois aussi *eben.*

§ 868

schon déjà, dès ↕ ***erst*** seulement, ne...que

démarquent très nettement une donnée (souvent temporelle) par rapport à une attente liée à la situation :

Es ist fünf.	= information neutre.
Es ist schon + *fünf.*	= il faut que je me dépêche.
Es ist erst + *fünf.*	= j'ai encore du temps.

Sie ist schon + *20*	= comme le temps passe !
Sie ist erst + *20*	= elle est encore jeune.

Schon + *1950 wurde mit dem Wiederaufbau begonnen* = dès 1950.

Erst 1950 wurde mit dem Wiederaufbau begonnen = pas avant.

Es ist schon 2 Jahre her	= cela fait déjà deux ans.
Es ist erst 2 Jahre her	= cela fait tout juste deux ans.

1. *Schon* s'emploie couramment à la place de *seit* + complément de durée (v. § 721) : *Er wohnt seit zehn Jahren hier. — Er wohnt schon zehn Jahre hier.*
2. *Schon* et *erst* ne sont pas toujours utilisés dans des contextes temporels, cf. :
   Schon dieser + *Gedanke macht mich krank.* Rien que d'y penser, cela me rend malade.
   Mir gefällt diese Zeitung nicht. Schon die + *Aufmachung* (la présentation) *stößt mich ab, und erst* + *recht der Stil !*
3. *Schon* situe en somme le groupe auquel il est incident comme le premier élément d'une série (attendue ou non), alors que *noch* marque que l'élément sur lequel il porte est situé au-delà d'une série (attendue ou non), v. § 870.

§ 869

nur ↕ ***erst*** ⇨

Nur est exclusif (= l'élément concerné à l'exclusion de tout autre, ensemble complet v. § 863), *erst* ne l'est pas nécessairement :

*Der Zug hält **nur** in München* (= nulle part ailleurs).
*Der Zug hält **erst** in München* (= pas avant, mais il s'arrête peut-être encore après).
*Sie hat **nur** ein Kind.*
*Sie hat **erst** ein Kind* = pour l'instant, elle n'en a qu'un.
*Ich kann **nur** morgen kommen* (= pas à un autre jour).
*Ich kann **erst** morgen kommen* (= pas avant demain).
*Er hat **nur** zwei Stunden geschlafen* (= pas plus de deux heures ; maintenant, il est réveillé).
*Er hat **erst** zwei Stunden geschlafen* (= cela ne fait que deux heures qu'il dort, donc il va sans doute continuer à dormir).

Il se peut que dans tel ou tel contexte, il ne subsiste qu'une nuance :

Er ruft immer nur dann an, wenn er Geld braucht (= seulement dans cette situation).
Er ruft immer erst dann an, wenn er Geld braucht (= il attend toujours que cette situation se présente).

§ 870 | **noch** dès, même

antéposé délimite une donnée temporelle pour laquelle l'information est valable :

Der Kanzler will noch in diesem Jahr den sowjetischen Parteichef treffen (= avant la fin de cette année).
Er starb noch am + selben Tag. Il est mort le jour même.
Ich will ihn noch + heute besuchen. Je vais lui rendre visite dès aujourd'hui/aujourd'hui même (= avant la fin de la journée).

Noch bevor ich etwas sagen konnte, fuhr er fort. Avant même que...

1. *Noch* se démarque donc nettement de *erst,* mais moins nettement de *schon* :
   schon 1950 : dès 1950 et pas plus tard.
   noch 1950 : dès 1950 et avant la fin de 1950.
   erst 1950 : pas avant 1950.
2. La postposition de ce *noch* n'est pas rare, mais elle peut conduire à des ambiguïtés, car *noch* postposé signifie que l'information est toujours valable (le procès dure encore) :
   Heute noch (aujourd'hui encore) *ist der Pfarrer ein wichtiger Mann im Dorf.*
   En somme dans le sens de :
   — « ceci dure encore », *noch* est postposé ;
   — « avant la fin de... » *noch* est antéposé, parfois postposé.
3. Ne pas confondre avec *noch* corrélateur de *weder* (v. § 814) :
   Ich sage es weder dir, noch deiner Schwester.
   Ich sage es dir nicht, noch deiner Schwester.

31 COORDINATION ET ARGUMENTATION, APPOSITION ET COMMENTAIRE

31.0. Généralités

§ 871 Les **fonctions communicatives** dont il est question dans ce chapitre sont assurées très souvent par des LSC, mais aussi par d'autres groupes syntaxiques. Elles se distinguent de celles du chapitre précédent en ce qu'elles relèvent davantage de ce qu'on appelle la linguistique textuelle et discursive.

Cette linguistique se donne pour tâche d'analyser les problèmes relatifs à la production, réception et structuration des textes et du discours, c'est-à-dire des ensembles oraux et écrits qui dépassent en dimension l'énoncé proprement dit. Elle n'intervient ici que dans la mesure où elle permet d'expliquer les phénomènes internes à l'énoncé, mais renvoyant au contexte plus large. Il en a déjà été question à propos des anaphoriques et cataphoriques, de l'emploi des temps ou des marques de l'identification, des relations existant entre énoncés. Il en sera de nouveau question à propos de la linéarisation de l'énoncé verbal (chap. 32). Seuls sont présentés ici les signaux de l'énoncé qui assurent et mettent en évidence la **cohésion** et cohérence textuelles et discursives.

§ 872 Deux types de signaux assurent pour l'essentiel la **cohésion** des ensembles dépassant en dimension l'énoncé proprement dit :

▷ les signaux qui ont un rapport avec l'enchaînement de plusieurs énoncés, c'est-à-dire ceux qui participent de l'**organisation** et de la **structure du texte ;**

▷ ceux qui ont trait à la production et à la **réception du discours,** c'est-à-dire au passage d'un énoncé ou d'un texte (en tant qu'ensemble d'énoncés) entre des partenaires communiquant entre eux.

Ces deux types de signaux, **textuels** et **discursifs,** peuvent être regroupés autour de trois fonctions :

▷ la **fonction contactive,** c'est-à-dire l'établissement, le maintien et la rupture de contact entre les partenaires de la communication ;

▷ la **fonction argumentative,** qui caractérise essentiellement l'enchaînement des énoncés, voire celui d'ensembles sémantiques plus larges ;

▷ la **fonction commentative,** qui greffe pour ainsi dire sur un énoncé ou sur l'une de ses parties un commentaire, une glose, une explication, etc.

31.1. Expressions de la fonction contactive

§ 873 Dans le **dialogue oral** notamment, outre des signaux prosodiques (v. § 59) et gestuels, de nombreuses unités linguistiques ont pour fonction principale l'établissement, le maintien ou la rupture du **processus de la communication.** Ces signaux peuvent être de nature différente (GV, GN...), mais quand il s'agit de LSC, on peut les appeler des **contactifs,** car ils concernent le contact entre partenaires de la communication. Beaucoup d'entre eux relèvent de la « linguistique du préfabriqué ».

On peut distinguer **deux séries fonctionnelles** :

▷ les unités ou groupes accompagnant voire constituant les **« rites »** de la procédure conventionnelle des **rapports humains,** par exemple :
- les rites de la prise de contact (salutation) : *Guten Tag! Morgen! Grüß Gott!* (Sud) *Grützi!* (Suisse) *Meine Damen und Herren! Lieber Hans!...;*
- les rites de la fin du contact (séparation) : *Auf Wiedersehen! Auf Wiederhören!* (téléphone) *Tschüs! Ade! Bis bald!... Mit freundlichen Grüßen* (lettre) ou de la préparation à la fin de contact : *also dann, also gut...;*
- le rite de la convivialité : *Mahlzeit! Zum Wohl! Prost!...;*
- divers autres rites tels que le remerciement ou le refus poli : *danke!*, l'invitation et la « réponse de service » : *bitte!* (je vous en prie!), l'effort synchronisé : *Hau ruck!*, etc.

▷ les contactifs relevant de la simple **procédure de la communication.** On peut les subdiviser suivant qu'ils émanent du locuteur, de l'interlocuteur ou des partenaires à l'égard de tiers :
- de la part du locuteur, par exemple :
  - pour la prise de contact : *Hallo! He! Ho! Hör mal! Schau mal! Weißt du... Weißt du was? Sag mal! Heda!* (etc.) et les « vocatifs » : *He du! Sie da! Mein Lieber! O Monika!...*;
  - pour le maintien du contact : *und, äh* (fr. euh), *warte mal, naja, also...*;
  - pour la relance du contact en fin d'énoncé (avec intonation montante) : *nicht wahr! nicht? gelt? gell? oder? ja? so? na? verstehst du?*, etc.
  - pour la rupture de contact : *Schluß damit! Und weiter nichts! [und damit] basta!* (un point, c'est tout!), etc.
- de la part de l'interlocuteur, par exemple :
  - manifestation de compréhension ou maintien du contact : *ja... ja... ja...* (avec éventuellement signe de tête);
  - manifestation d'incompréhension : *aha? he? was? wie? bitte?* etc.;
  - refus d'écouter : *pst! pscht! tatata! Still! Nein!*;
  - scepticisme *(hm? so? ach was! ach wo! nein!)*, affirmation *(ja! aha!)*, hésitation *(tja! also! nun)*, renvoi de la parole *(na und? und du?)*, etc.
- de la part d'un (ou des) partenaire(s) à l'égard de tiers, par exemple refus de communiquer imposé au tiers : *Still! Ruhe! Buh!...* parole imposée au tiers : *Sprich/rede/sag doch! Raus mit der Sprache! Los! Nun an dir!* etc.

§ 874 La plupart des unités du second type sont classées d'ordinaire parmi les **interjections,** définies comme un ensemble d'éléments invariables, que l'on peut à nouveau classer du point de vue sémantique en fonction des émotions qu'elles expriment (joie, peine, doute, douleur...). L'admission d'une telle classe de *« satzwertige Ausruf- und Empfindungswörter »* est discutable, car si ces éléments représentent bien à eux seuls des énoncés, ils ne peuvent pas tous occuper en chaîne la même position, ni assurer tous, en plus de leur désigné émotionnel, la même fonction communicative. Voilà pourquoi il faut les répartir au moins sur trois classes fonctionnelles différentes :

▷ les **contactifs** exprimant la prise de contact, son maintien ou sa rupture (v. ci-dessus § 873) ;

▷ les **appréciatifs** du type : *Gottlob ! Leider ! Gott sei Dank !...* (v. § 823 sv.) ;

▷ les **commentatifs** exprimant une réaction à une donnée de la situation : joie *(hurra ! juchhe ! prima ! bravo !)*; horreur *(äks ! pfui ! puh !)*; crainte *(uh ! hu !)*; douleur *(au ! aua ! o weh !)*; ironie *(ätsch !)*; étonnement *(oho !)*; autres réactions *(oje ! olala ! verdammt [noch mal] ! Donnerwetter ! Sakrament ! Mensch ! Mein Gott ! Du meine Güte !...)*
ou illustrant, par une description de type onomatopéique, l'ensemble ou une partie de l'information transmise, par exemple :

Sie pestete aus dem Zimmer, und peng, *da war die Tür zu ! Da riß ihr plötzlich die Geduld, und* tjuff, *die Platte hatte einen Sprung.*
Und jetzt dalli *ins Bett !*
der ach *so leckere Kuchen*
cf. encore : *brr, bumm, bumms, summ, husch, hoppla, zack...*

31.2. Expressions de la fonction argumentative

§ 875 L'enchaînement des énoncés dans le texte et dans l'acte discursif pose un double problème :

▷ celui des **éléments de liaison** ;

▷ celui des différents **types de progression** auxquels les enchaînements entre énoncés peuvent donner lieu.

Ces deux séries de problèmes ne sont pas faciles à traiter. Tout d'abord, il est bien évident que la simple **juxtaposition formelle** de deux énoncés suffit à établir un enchaînement significatif : les relations implicites comme celles de l'anaphore et de la cataphore ou celles qui s'établissent en général entre les lexèmes et/ou entre les données d'une situation contextuelle suffisent dans ce cas à l'interlocuteur pour décoder la cohésion entre les énoncés. D'autre part, une structure de subordination (v. p. ex. les G REL § 639 et les G CONJ § 764) peut également permettre un enchaînement textuel et marquer qu'un énoncé enchâssé porte sur un autre énoncé. Dans ce qui suit, on n'envisagera donc plus que la structure de **coordination** (31.2.1.) et celle de la juxtaposition, voire de la coordination jointes à la présence d'un LSC **« charnière du discours »** que les grammaires allemandes appellent aussi *Konjunktionaladverb* (31.2.2.). Ces deux types d'éléments de liaison peuvent être regroupés dans la fonction argumentative au sens large.
Quant aux types de **progression textuelle,** qu'il s'agisse formellement d'un enchaînement par juxtaposition, subordination ou coordination, on peut en distinguer au moins quatre principaux :

▷ La progression **linéaire** : le second énoncé reprend une information antérieure en en ajoutant une autre, par exemple : *Luxembourg ist ein* *kleines Land. Es hat eine Bodenfläche von nur 2587 qkm* (juxtaposition). *Luxemburg ist ein kleines Land,* ***und*** *es hat eine Bodenfläche von nur 2587 qkm* (coordination). *Luxemburg ist ein kleines Land,* ***da*** *es eine Bodenfläche von nur 2587 qkm hat* (subordination).

▷ La progression par **explicitation** : le second énoncé reprend une information antérieure en l'explicitant, par exemple : *Luxemburg ist ein reiches Land. Zu seinen Schätzen gehört vor allem das Bankwesen* (juxtaposition). *Luxemburg ist ein reiches Land* ***und*** *lebt vor allem vom Bankwesen* (coordination). *Luxemburg ist ein reiches Land,* ***das*** *vor allem vom Bankwesen lebt* (subordination).

▷ La progression par **ramification** : le second énoncé ou les énoncés suivants reprennent (et développent souvent) plusieurs informations présentées de façon globale dans le premier énoncé : *Luxemburg zählt ca. 350 000 Einwohner. Unter ihnen sind zahlreiche Ausländer. Die meisten arbeiten in der Stahlindustrie und im Bauwesen, einige widmen sich dem Handel, wenige sind Winzer* (juxtaposition).

▷ La progression par **réorientation** ou par « montage parallèle » : le second énoncé ne reprend aucune information du précédent, mais présente une donnée nouvelle, voire inattendue, par exemple : *Mein Bruder fuhr nach Harburg.* + *Ich aber mußte zu Hause bleiben.*

31.2.2. LES COORDINATEURS.

§ 876 La conjonction de coordination se distingue de la conjonction de subordination du fait que cette dernière introduit toujours et uniquement un GV (v. § 762), tandis que le coordinateur peut relier des GV, des groupes syntaxiques d'autre nature et même des éléments de groupes, à condition que ces groupes ou éléments soient du **même niveau d'analyse.** La caractéristique principale des coordinateurs est donc d'ordre syntaxique et non sémantique. De plus, quand on a affaire à une conjonction d'énoncés verbaux, le coordinateur a la particularité de pouvoir occuper en début d'énoncé l'**avant-première position** sans qu'une pause nécessaire (ou à l'écrit une virgule) le sépare de l'unité placée en première position :

Er ist um acht abgefahren, ***aber*** *er ist erst um zwölf an der Nordsee angekommen.*

Ces deux caractéristiques syntaxiques communes n'empêchent pas que chaque coordinateur ait sa signification abstraite propre (qui ne se limite pas à sa dimension logique) et puisse assurer des fonctions diverses, vraisemblablement marquées par des positions particulières.

§ 877 **a)** ***UND*** signifie la simple **copulation** de deux groupes ou éléments de groupe(s). (Pour l'emploi de la virgule avant *und* coordonnant deux GV, v. § 89).

▷ Du point de vue du **désigné** contextuel, la relation marquée par *und* peut avoir des valeurs diverses : adjonctive, disjonctive, contravalente, etc. (v. § 106).

▷ Dans une **perspective communicative,** *und* peut aussi n'être qu'un simple contactif indiquant que le locuteur veut maintenir le contact, ajouter quelque chose, garder (ou ne pas céder) la parole (v. § 873).

▷ *Und* fonctionne aussi comme modulateur de mise en relief (v. § 859) avec une valeur oppositive ou de renforcement :

+Ich warte hier, und +du läufst zum Briefkasten (= Du aber...). Und +ob! (Que si ! v. § 769) *Und +wie!* (Et comment !).

Lorsque *und* coordonne deux GN, il peut commuter avec *sowie* à condition que le locuteur accorde au second GN la même importance qu'au premier : *Er hat zahlreiche Romane und Erzählungen sowie [auch] Hörspiele geschrieben.* On trouve également dans ce cas *sowohl... als [auch]* ou *sowohl... wie [auch] : Er hat sowohl Romane als [auch] Hörspiele geschrieben.*

§ 878 **b)** ***ODER*** marque un **choix** possible entre deux groupes ou éléments de groupe(s). (Pour l'emploi de la virgule, v. §§ 84 et 88).

▷ En contexte, le **désigné** de *oder* peut varier et marquer (v. § 106) :

— une alternative exclusive (contravalente) : *Du kannst bleiben oder gehen. Er kommt zu Ostern oder zu Weihnachten*;

— une alternative non exclusive : *Du kannst dich ein wenig auf die Couch hinlegen oder lesen oder...* (les deux, trois... sont possibles) ;

— une alternative « linguistique », c'est-à-dire un commentaire métalinguistique, par exemple : *Der Löwe oder der König der Tiere* (équivalence, v. § 106).

▷ Si à l'idée d'alternative le plus souvent non exclusive s'ajoute une idée de répartition, *oder* peut commuter avec *beziehungsweise* (*bzw.* sous forme abrégée) :

Den neuen Wagen gibt es als Benziner oder/bzw. als Diesel (les unes sont à essence, les autres ont des moteurs Diesel).

Die Kinder gehen in den Kindergarten oder/bzw. in die Grundschule (les uns vont à l'école maternelle, les autres à l'école élémentaire).

Beziehungsweise a aussi un emploi dans lequel la commutation avec *oder* n'est pas possible, notamment quand il fonctionne comme commentatif rectificatif. Fréquent dans la langue parlée, il correspond alors à *das heißt*, à *genauer gesagt* (« ou plutôt ») et plus rarement à *eventuell/vielleicht auch* :

Ich fahre morgen nach Hamburg bzw./d.h. nach Hüllbeen.
Sie ist ausgegangen bzw./vielleicht auch in die Stadt gefahren.

▷ ***Oder aber*** (surtout à l'oral) marque uniquement l'alternative exclusive :

5000 Mark ? Er muß sich versprochen haben ! Oder aber er ist tatsächlich verrückt geworden.

▷ ***Entweder*** + V (forme personnelle du verbe) ... ***oder*** (ou bien, ou bien) marque également une alternative exclusive, cf. *sei es... sei es...*

▷ ***Weder*** + V... ***noch*** + V (ni... ni...) est la négation de *und... und*, de *entweder... oder* (v. § 814) et de *sowohl... als auch* (v. § 877).

En finale d'énoncé, en après-dernière position, *oder* avec une intonation montante (ou un point d'interrogation à l'écrit) a la fonction d'un contactif de relance (demande de confirmation) ou permet d'appuyer une injonction menaçante, par exemple :

Du bleibst doch länger hier, oder ?
Du tust jetzt schön brav, was ich dir sage, oder ?

§ 879 c) ***DENN*** introduit uniquement un GV ; il justifie a posteriori une information antérieure (v. § 807) : *Wir sind nicht ans Meer gefahren, denn es war zu kalt.*

Pour la particule illocutoire *denn*, v. § 828. Pour l'emploi de *denn* comme marqueur de comparaison, v. § 851.

§ 880 **d)** ***ABER*** introduit une **rectification** en contraste concernant un contenu explicitement fourni dans le contexte antérieur ou présupposé. La rectification peut se faire également par rapport à une donnée de la situation (pour la virgule, v. §§ 84 et 88).

▷ Son **désigné** contextuel peut être adjonctif : *Es war schön, aber teuer* (v. § 106), tout en étant adversatif ou restrictif :

Er wird kommen, kann aber nicht lange bleiben.
Er ist nicht immer freundlich, wohl aber zuverlässig.

Aber se trouve très souvent en corrélation avec d'autres éléments tels que *wohl aber, vielmehr aber, gewiß... aber, freilich... aber, zwar... aber* (v. § 822).

▷ Tout comme *jedoch* (v. § 882), *aber* jouit d'une grande **mobilité positionnelle** et par là-même d'une grande **latitude fonctionnelle :**

— simple coordinateur ou argumentatif en avant-première position : *Er wird kommen, aber er kann nur eine halbe Stunde bleiben* ;
— modulateur de mise en relief, préposé au groupe sur lequel il porte, et coordinateur : *+Er wird kommen, aber +sie muß zu Hause bleiben* (v. §§ 859 et 860) ;
— modulateur postposé à l'unité mise en relief ; *aber* implique alors une progression textuelle par réorientation (v. § 875) : *Meine Familie blieb in Berlin. +Ich aber mußte nach Frankreich* (= quant à moi...) ; v. § 930, 3 ;
— placé dans le « centre stratégique », *aber* est une particule de connivence (v. § 828) tout en assurant parfois un rôle de coordinateur :

Bist +du aber groß geworden !
Sie suchten Heidi überall im Haus. Das +Kind war aber verschwunden ;

— souvent doublé, *aber* invite à rectifier un comportement tout en exprimant un étonnement ou un reproche :

Ich bin zu nichts fähig. — Aber aber ! (allons donc) *Wer sagt denn so was !*
Ich glaube, ihr habt alle bloß Mitleid mit mir. — Aber nicht doch !

ALLEIN marque dans une langue archaïque ou littéraire une restriction (souvent inattendue) : *Sie gingen spazieren, allein sie hatte keine Freude daran* (= seulement, mais hélas).
Ne pas confondre ce coordinateur avec le modulateur de mise en relief préposé ou postposé (v. § 863).

§ 881 e) ***SONDERN*** introduit un groupe ou un élément qui est en **opposition** (exclusive) à un autre du contexte antérieur. Cet autre est nécessairement nié ou à sens négatif :

Er arbeitet heute nicht, sondern schaut sich ein Fußballspiel im Fernsehen an.
+ *Schwarz ist das Kleid nicht, sondern dunkelblau.*

En contexte, le désigné peut marquer un renforcement *(nicht nur..., sondern auch)* ou une restriction *(nicht/kein..., sondern nur).*

Lorsque l'opposition n'est pas exclusive, c'est ***aber*** qui fonctionne : *Er ist nicht groß, [dagegen/dafür] aber sportlich.*

§ 882 **f)** ***DOCH*** oppose un groupe ou un élément de groupe à un autre fourni dans le contexte antérieur : *Das Essen war teuer, doch ich fand es nicht gut.*

▷ *Doch* peut être également modulateur de mise en relief, mais uniquement préposé : *Doch* + *Heinrich war der beste !*

▷ *Doch* peut occuper la première position ; il s'apparente alors dans son fonctionnement à une « charnière de discours » (v. § 884) :

Wir warteten eine ganze Stunde lang. Doch (= proche de *dennoch, trotzdem*) *kam er nicht / Und doch kam er nicht.*

▷ Placé dans le « centre stratégique », *doch* est une particule illocutoire (v. §§ 827-828).

▷ En avant-première position, le phrasillon *doch* (v. § 88) suivi d'une virgule exprime une réponse affirmative à une question négative : *Magst du denn kein Bier ? — Doch* (↔ *nein*).

g) ***JEDOCH*** est un doublet plus charpenté de *doch.* Mais contrairement à ce dernier, il peut être également modulateur de mise en relief postposé au groupe sur lequel il porte, si bien que *jedoch* a la même mobilité positionnelle et latitude fonctionnelle que *aber* :

Er ist kein guter Sprinter, jedoch im Zeitfahren ist er allen überlegen (avant-première position : coordinateur ; enchaînement textuel linéaire, v. § 875).

Er ist kein guter Sprinter, im Zeitfahren jedoch ist er allen überlegen (modulateur de mise en relief postposé ; enchaînement textuel par réorientation, v. § 875).

Ich habe ihm zweimal geschrieben, er hat mir jedoch nicht geantwortet (particule d'illocution + coordinateur).

Ich habe ihm zweimal geschrieben, jedoch hat er mir nicht geantwortet (charnière de discours — v. § 884 —, proche de *dennoch/trotzdem*).

§ 883 A l'exception de *denn,* les coordinateurs permettent de relier deux GV de telle sorte que dans l'un on puisse élider un ou plusieurs membres communs aux deux GV, par exemple :

Der Sohn studiert in Düsseldorf und die Tochter in Bremen (en commun : la base verbale *studiert*).

Du rufst mich an oder kommst heute abend vorbei (en commun : le sujet *du*).

Er wäscht und bügelt seine Hemden selbst (en commun : le sujet *er,* l'objet *seine Hemden*).

Cette élision de membre(s) dans un des deux GV peut parfois poser des problèmes de construction. Ainsi on ne confondra pas la coordination de deux GV à forme déclarative (avec V en 2e position) et celle de deux GV membres par exemple d'un G CONJ (V en position finale) :
Mein Auto ist in der Werkstatt und (es) wird erst morgen repariert.
Weil mein Auto in der Werkstatt ist und (weil es) erst morgen repariert wird.

31.2.2. LES « CHARNIÈRES DU DISCOURS ».

§ 884 Quand ils relient deux énoncés, les coordinateurs sont en fait déjà des charnières du discours ; mais leurs particularités positionnelles, notamment le fait qu'ils occupent l'avant-première position dans l'énoncé verbal avec V en seconde position, obligent à les classer à part. Le terme de charnière du discours sera donc réservé plutôt aux LSC à **fonction argumentative** qui peuvent occuper la première position de l'énoncé verbal avec V en deuxième position. Jointes au(x) réseau(x) de relations anaphoriques, ces unités servent à **relier les énoncés** entre eux et donc à **structurer la progression et l'argumentation textuelle.** On peut distinguer **deux types** de charnières :

▷ celles qui servent simplement à **organiser le texte** pour en faciliter la réception ;

▷ et celles qui, en plus de cette fonction organisatrice, **structurent le contenu,** l'information, le « message » transmis. On peut éventuellement réserver le terme d'articulation logique ou d'**argumentatif** à ce deuxième type d'unités.

La distribution entre ces deux types de charnières n'est cependant pas toujours facile à faire, car les mêmes unités peuvent assurer les deux fonctions, par exemple :
Zunächst *als er hereinkam, legte er die Aktentasche auf den Tisch,* dann *begab er sich ins Badezimmer und stagte* schließlich... (= articulations structurant l'information transmise).
Zunächst *möchte ich eine Frage stellen,* dann *will ich erklären, wie ich dazu gekommen bin... und* schließlich *soll die Frage auch beantwortet werden* (= articulations relevant du seul plan de l'énonciation).

Du point de vue du **signifié,** on peut regrouper les charnières du discours de la façon suivante :

▷ celles qui supposent un **découpage** de l'argumentation (pour en faciliter la réception) : *erstens, zweitens, drittens... ; einmal, zum zweiten Mal, zum letzten Mal... ; einerseits, anderseits ; bald... bald ; teils... teils,* etc. ;

▷ les charnières qui insistent en plus sur le **rang** des informations ou arguments exposés dans une succession : *zuerst/zunächst, da/dann/danach, schließlich/zum Schluß, letzten Endes, nicht zuletzt,* etc.

▷ celles qui expriment en outre un **enchérissement,** une addition, un renforcement : *auch, außerdem, daneben, darüber hinaus, dazu, ebenfalls, ebenso, ferner, gleichfalls, obendrein, überdies, übrigens, zudem, vielmehr, zusätzlich,* etc. ; ou une ***réduction*** *: nur, bloß.*

▷ celles qui expriment une **disjonction** (*andernfalls, sonst* = sinon), une **opposition** (*dagegen, hingegen, vielmehr* = par contre, en revanche, au contraire), une **implication** (v. § 734 — *also* + V, *allerdings, dadurch, daher, darum, deshalb, deswegen, folglich, infolgedessen, mithin, so, somit, und so,* etc.), une **concession** (*dennoch, dessenungeachtet, doch, freilich, gleichwohl, indessen, jedoch* + V, *nichtsdestoweniger, nur* + V, *trotzdem, zwar,* etc.) ;

▷ celles qui expriment une **modalisation** ou une **appréciation** impliquant une prise de position du locuteur par rapport à un énoncé antérieur (v. §§ 820 et 822) : *eigentlich, immerhin, natürlich, ohnehin, tatsächlich, in der Tat, wirklich, in Wirklichkeit,* etc.

§ 885 Parmi ces « marqueurs d'articulations logiques », beaucoup servent également de **modulateurs de mise en relief** en étant soit postposés, soit (plus rarement) préposés au groupe concerné :

Der + Vater freilich hatte den Kindern ein Geschenk mitgebracht.
Auch die + Mutter war mit allem zufrieden ou : *Die Mutter + auch war mit allem zufrieden.*

1. La plupart de ces « charnières » peuvent occuper une position dans le **« centre stratégique »** ou « champ 2 » (v. § 893). Cela n'a rien d'étonnant puisqu'elles représentent une intervention du locuteur dans ou sur le message. En général cependant, cette position « centrale » renforce la valeur d'illocution ou d'énonciation de ces unités, cf. :
   Außerdem hatte das Kind keine Schuhe an. = de plus, en outre.
   Das Kind hatte außerdem keine Schuhe an. = du reste.
2. Certaines de ces unités peuvent apparaître en **avant-première position** et constituent dans ce cas à elles seules un énoncé : *allerdings, also, freilich, im Gegenteil, immerhin, nun,* etc. Elles partagent cette faculté avec les contactifs (v. § 873), avec certains modalisateurs et appréciatifs (*fürwahr, Gott sei Dank, in der Tat, in Wahrheit, klar, schade, tatsächlich, und wirklich, wahrlich...* mais non par exemple *wahrscheinlich* ou *vielleicht*) et avec beaucoup de commentatifs, notamment les récapitulatifs tels *genug, kurz [und gut], kurzum, mit anderen Worten, mit einem Wort, ein für allemal* ou les commentatifs « métalinguistiques » tels *auf gut deutsch, ehrlich [gesagt], im Ernst, im Vertrauen, ohne Flachs, ungelogen...* (v. § 887).
3. Dans un enchaînement textuel par réorientation (v. § 875), le second énoncé peut débuter par un G CONJ ; dans ce cas, les marqueurs d'articulations logiques sont souvent intégrés au G CONJ :
   *Da **nun aber/nun mal** alle Menschen sterblich sind...*
   *weil **außerdem/übrigens** alle Menschen sterblich sind...*
   *weil **nämlich** alles wie geplant verlaufen war...*

31.3. Expressions de la fonction commentative

§ 886 On retrouve ici :

▷ les énoncés composés au moins de deux GV dont l'un commente l'autre tout en faisant position dans l'autre (v. §§ 763 et 764 notamment) ;

▷ les structures (exprimant essentiellement une implication) qui associent deux GV, l'un ne faisant pas position dans l'autre (v. § 907) ;

▷ l'**apposition.**

Diluant quelque peu la notion, certains linguistes appellent **apposition** tout argumentatif, modalisateur, appréciatif, voire toute adjonction, incise ou parenthèse qui ne fait pas partie au sens strict du schéma connexionnel du GV, c'est-à-dire de la structure première du « message », de l'information proprement dite (v. § 130). L'apposition (dont la forme serait variable : GN, GV, G CONJ, LSC...) serait donc une sorte de discours au second degré, une glose, un commentaire, une « proposition ou attribution » virtuelle, bref un **second énoncé** souvent réduit, greffé en quelque sorte sur l'ensemble ou sur une partie du premier énoncé.

Une telle définition trop large a le désavantage de l'imprécision, car elle ne permet pas de saisir des différences pourtant essentielles par exemple entre :

— *Ich habe Schokolade, Obst und Nudeln gekauft* (coordination de trois achats) et : *Ich habe Obst — Erdbeeren und Pfirsiche — gekauft* (coordination de deux achats qui sont tous deux de l'espèce fruits).

— *In °Berdorf, auf der °Heide, stand eine alte Kapelle* (juxtaposition de deux G PREP à valeur locative au même niveau d'analyse) et : *In Berdorf auf der °Heide stand eine alte Kapelle* (deux G PREP à valeur locative, le second déterminant le premier) et encore : *Auf der °Heide, ich weiß nicht mehr °wo, stand eine alte Kapelle* (juxtaposition de deux groupes dont l'un est un G PREP locatif et l'autre une incise, c'est-à-dire un énoncé verbal à valeur commentative inséré dans l'énoncé verbal global).

— *Der Bursche, nicht °dumm, steckte das Geld in die Tasche* (épithète juxtaposée et postposée au GN, nuance causale = *da er nicht dumm war*) et : *Sie kam so schnell wie möglich, und zwar/nämlich mit dem Flugzeug* (coordination d'un énoncé déclaratif et d'une explication commentative ou justificative).

Afin de mieux rendre compte de toutes les différences, il est préférable de **réduire la définition de l'apposition** (v. § 888) et de distinguer parmi les expressions de la fonction commentative diverses sous-classes d'unités, établies d'après les critères de la forme, de l'incidence et de la valeur discursive (v. § 887).

§ 887 a) Les diverses unités ayant une fonction commentative.

On peut distinguer :

▷ Les **LSC** ou groupes lexicalisés permettant :

— une progression textuelle par explication ou par ramification (v. § 875), par exemple : *besonders, das heißt, das ist, etwa* (à savoir), *[oder] gar, geschweige denn, hauptsächlich, namentlich, nämlich, so* (+ exemple), *und zwar, vor allem, wie* (tel que), *zumal, zum Beispiel...* ;

— une progression textuelle par récapitulation : *also, genug, im Großen und Ganzen, kurz [und gut], kurzum, mit anderen Worten, mit einem Wort, zusammenfassend...* ;

— un commentaire métalinguistique portant sur l'adéquation d'un terme choisi : *geradezu* (p. ex. *in einer geradezu militärischen Art*), *gewissermaßen, gleichsam, oder besser [gesagt], praktisch, quasi, sozusagen...*

— un commentaire émotionnel ou descriptif (v. interjections § 874).

▷ Des **groupes de nature différente** (G PREP, G CONJ, G REL en *w-*, G INF, G PART) qui ont pour fonction de commenter soit une information fournie, soit une donnée relevant de l'énonciation (donnée illocutoire, perlocutoire, pragmatique), soit l'(in)adéquation métalinguistique de certains termes employés. Exemples (v. également § 400) :

*« Nächstens werden » — **so sagte der Präsident** — Wahlen stattfinden* (commentaire sur l'attitude déclarative du président).
*Dieser Vorfall war nun aber, **leider,** nicht bemerkt worden* (commentaire appréciatif sur l'ensemble de l'information).
*Sie dürfen natürlich, **wie Sie ja wissen,** nicht alles anschauen* (commentaire appuyant la stratégie perlocutoire du locuteur).
*Das ist **meines Erachtens / meiner Meinung nach** eine Frechheit* (commentaire sur la source de l'appréciation).
***Um ein fast schon abgegriffenes Schlagwort zu gebrauchen :** das war endlich eine Lebensqualität* (commentaire métalinguistique du terme *Lebensqualität*).

Ces commentatifs (LSC ou autres groupes en incise ou entre parenthèse) jouent un rôle important dans la structuration du discours et permettent en général de corriger, préciser, expliquer, renforcer ou diminuer l'impact de l'information au cours de l'élaboration du discours. En ce sens, ils constituent aussi un moyen stylistique (rhétorique) important pour influencer, persuader, voire tromper l'interlocuteur. Leur valeur stratégique, illocutoire et perlocutoire, est donc loin d'être négligeable dans le jeu de la communication par le texte oral ou écrit.

§ 888 **b) Les GN en apposition à un autre GN** (emploi de l'article, v. § 515) :
Lorsque l'unité commentative a la forme d'un GN, un problème s'ajoute à celui de la fonction textuelle et discursive : celui morpho-syntaxique du cas auquel il faut mettre ce GN apposé. Deux situations peuvent se rencontrer, la seconde présentant deux facettes divergentes :

① Le GN à fonction commentative est infiltré par juxtaposition dans un **énoncé verbal** ou dans un autre groupe **qui n'a pas la forme d'un GN.** Il est alors « hors-syntaxe » et son cas est le **nominatif,** car il représente un énoncé à lui seul, par exemple :

*Er hatte zahlreiche Freunde, **ein Glück für ihn.***
*Parallel zu den Bahnstrecken wurden andere mit Autobuslinien versehen : **Lärm und Gestank für die Stadt.***
*Wenn die Bäume blühen — **ein wahres Vergnügen** — ist der Frühling da !*

② Le GN à fonction commentative est juxtaposé par relation adordinative (v. § 106) à un **autre groupe qui a la forme d'un GN.** On a alors le plus souvent **accord de cas** entre les deux GN, mais le GN apposé peut aussi se trouver à un cas différent, qui est soit le nominatif, soit le datif.

▷ Le GN commentatif constitue un énoncé hors-syntaxe, inséré dans le premier énoncé et postposé au GN sur lequel il est greffé : il apporte une **prédication** sur l'information de ce GN et son cas est le **nominatif** :

*Ich habe Karl, **früher mein bester Freund,** wiedergesehen. In der Iller, damals **eines** der artenreichsten Gewässer... Den Rocker, sozusagen **ein Elvis Presley,** warfen die Fans in die Luft.*

*Man ging durch die Katherinenpforte, **ein ehemaliges Tor** und seit Erweiterung der Stadt **ein offener Durchgang.***

▷ Le GN commentatif postposé représente une **alternative pour occuper la position syntaxique** tenue par le GN auquel il est apposé : les deux GN sont alors au **même cas,** par exemple :

*Ich habe Karl, **den Sohn des Bäckers,** wiedergesehen.*
*Er übergab ihr, **seiner Verlobten,** den kostbaren Ring.*
*Für seine Firma, **ein großes Investmentkonzern,** gab er sein ganzes Vermögen her.*
*Der Sohn des Bürgermeisters, **[des] Begründers der Morgenzeitung...*** (le maire a fondé le journal) ↔ *Der Sohn des Bürgermeisters, **[der] Begründer der Morgenzeitung*** (le fils du maire a fondé le journal).

Mais le GN du deuxième type, apposé à un GN dont il peut garnir la position syntaxique, se trouve aussi au DAT, notamment dans les cas suivants :

— le GN sur lequel porte l'apposition est au GEN :
*Statt der üblichen Reigentänze, **diesem** Herumgehopse, kam nun das Ballett auf.*
*Unweit der alten Festung Germesheim, **jenem** traditionellen Manöverfeld in der Kaiserzeit...*

— le GN sur lequel porte l'apposition est à l'ACC **dépendant d'une préposition** :
*Wir wurden in die 31. Etage gesteckt, **der** obersten im Gebäude.*
*Der Gebrauch der Streckform ist durch zwei Aspekte, **der** stilistischen und grammatisch-syntaktischen Motivation, bestimmt.*

— le GN sur lequel porte l'apposition est dépendant de ***als*** :
*Alle Fahrzeuge werden auch als 'Targa', **dem** Cabriolet mit Sicherheitsbügel, geliefert.*
*eine grün-gelbe Flüssigkeit, die sich als hochgiftiges Chromat, **einer** chemischen Ableitung der Chromsäure, herausstellte...*

Le DAT peut s'expliquer comme cas de neutralisation signifiant que le choix entre la prédication « hors-syntaxe » et l'alternative dans l'occupation d'une même position syntaxique est non pertinent. Ou bien il sert tout simplement à éviter des ambiguïtés formelles.

§ 889 Le marquage du cas dans les structures du type *ein Pfund [frisches] Fleisch* (le premier terme est un GN de mesure).

Le terme d'apposition (all. : *enge Apposition*) est employé souvent (abusivement) pour rendre compte de la structure interne des bases nominales complexes de type « additionnel » (v. § 573) écrites en plusieurs mots, comme : *Baden-°Württemberg, Frau °Kayser, die Stadt Ber°lin, Glo°bal Möbel, das Wort °Frieden, ein Glas °Wein, eine Tracht °Prügel,* etc.
Une étude détaillée de ces complexes polylexicaux montre que, si l'on a certes une juxtaposition d'éléments nominaux, on n'a pas toujours l'accord en cas (ou une « déclinaison parallèle ») : *Er kam mit Frau-Ø Kaysers Sohn ; die Bedeutung des Wortes Frieden-Ø ; mit Global-Ø Möbeln,* etc. D'autre part, le signifié de la relation interne à ces complexes est variable. Il s'agit soit d'une relation de coordination *(Elsaß-°Lothringen),* soit d'une relation

d'identification. Cette dernière peut à son tour cacher une prédication attributive *(Frau °Müller = die Frau heißt Müller)* ou une relation partitive exprimée par une indication de quantité mesurée *(zwei Pfund °Zwetschen, fünf Meter °Schnee)* ou une indication plus large incluant la notion de mesure (relation de « contenant à contenu », par exemple : *ein Glas °Wein, ein Strauß °Blumen* — v. § 573).

Le problème du marquage est double et concerne :

1. Le premier GN exprimant la **quantité-mesure** et pouvant comprendre des déterminatifs et des adjectifs épithètes : D + (A) + N.
2. Le second GN exprimant le **quantifié mesuré,** sans déterminatif, mais pouvant comprendre des épithètes : (A) + N.

① En principe, le cas du premier GN (exprimant la **quantité-mesure**) est celui qui est exigé par la fonction que l'ensemble du complexe polylexical assure dans un autre groupe d'accueil :

mit einem °Teelöffel bitterer Arznei
mit einigen °Eßlöffeln saurem Rahm
für zwei Kar°tons billige Seife

Mais lorsque la quantité mesurée est supérieure à un et que le substantif de mesure est **masculin ou neutre,** ce dernier reste au « cas zéro » NOM SING, sauf s'il indique une unité de temps (v. § 470) :

zwei Pfund °Äpfel, sechs Sack °Weizen, mit zehn Liter Ben°zin mais : *vier Jahre Ge°fängnis* (unité de temps), *vierzig Tonnen °Mehl* (féminin).

② Pour le GN exprimant le **quantifié mesuré** (A) + N, la **langue littéraire très soignée** exige le GEN. Mais dans la **langue courante** d'aujourd'hui, cette règle n'est plus appliquée systématiquement, le GEN cédant la place soit au cas zéro (NOM invariable), soit au cas voulu par la fonction que l'ensemble du complexe polylexical occupe dans un groupe d'accueil. Il existe donc des formes concurrentes, dont l'emploi dépend essentiellement des registres de langue. En simplifiant, on peut retenir les principes suivants :

▷ Lorsque le quantifié mesuré est exprimé par un **substantif au SING sans épithète,** celui-ci est dans la langue courante au **NOM** ; l'emploi du GEN est littéraire et vieilli :

*ein/zwei Glas ° **Wein*** et non : ° *Weins* (litt.) — *eine Flasche/zwei Flaschen/nach zwei Flaschen ° **Moselwein*** et non ° *Moselweins* (litt.)

1. Au SING, une exception subsiste pour des raisons euphoniques : lorsque le cas exigé par la fonction de l'ensemble du complexe lexical est lui-même le GEN et que le premier GN exprimant la quantité-mesure est MASC ou NEU, la langue courante offre deux possibilités :
   soit : *[der Preis] eines + Pfundes Fleisch*
   soit : *[der Preis] eines Pfund + Fleisches*
   mais non deux GEN en *-(e)s,* ni l'invariabilité pour les deux GN.

2. Quand le substantif exprimant le quantifié mesuré (sans déterminatif) est au PLUR, on ne peut pas savoir si on a le GEN ou le NOM, les deux formes étant identiques. Mais le fonctionnement au DAT montre que l'on a le cas de l'ensemble du complexe polylexical exprimant la quantité-mesure quand le GN est au « cas zéro » : *mit zwei Dutzend-Ø Heften/Eiern/Äpfeln.*

▷ Lorsque le quantifié mesuré est exprimé sous forme d'un **GN comprenant un adjectif épithète** (A + N), le principe diverge dans la langue courante suivant que ce GN est au SING ou au PLUR :

— au SING, l'emploi du GEN est très littéraire, le GN se met au cas exigé par la fonction de l'ensemble du complexe polylexical ;

— au PLUR, il se met au GEN, mais celui-ci est remplacé par le NOM et l'ACC ou par le cas exigé de l'ensemble du complexe polylexical (au DAT) au moins quand le substantif de la quantité-mesure est une pure unité de mesure au « cas zéro » invariable, fonctionnant en quelque sorte comme « quantificateur polylexical ».

Cas de l'ensemble du complexe polylexical	GN du quantifié mesuré au SING	GN du quantifié mesuré au PLUR
NOM *eine Flasche* ACC *zwei Flaschen*	*süßer Moselwein* *süßen Moselwein*	
NOM/ACC *[für] ein Pfund* *zwei Pfund-Ø*	*frisches Fleisch*	***reife Äpfel*** (courant) ***reifer Äpfel*** (litt.)
NOM/ACC *eine Kiste* *zwei Kisten*	*frische Seife*	***schöne Sachen*** (courant) *schöner Sachen* (litt.)
NOM *ein/zwei Zentner* ACC *[für] einen/zwei Zentner*	*frischer Weizen* *frischen Weizen*	***frischer Kartoffeln*** ou ***frische Kartoffeln***
DAT *[auf] einem Blatt* *[mit] drei Dutzend*	*weißem Papier*	***frischen Eiern*** (courant) *frischer Eier* (litt.)
DAT *[mit] einer Kiste* *zwei Kisten*	*badischem Wein*	***guter Zigarren*** ou ***gute Zigarren***
DAT *[mit] einer Menge* *einer Anzahl*		***schöner Sachen*** (courant) *schöne Sachen* (rare) **schönen Sachen* (exclu)

▶ Au SING comme au PLUR, quand le complexe polylexical doit être au GEN, on a aussi le GEN sur le GN exprimant le quantifié mesuré :

[der Preis] eines Pfund gekochten Schinkens
[der Preis] einer Flasche süßen Moselweins

et surtout dans le cas des adjectifs ou participes substantivés :

[der Lärm] einer Gruppe tobender Jugendlicher.

Voir : *in einer Gruppe/eine Gruppe diskutieren der Intellektueller.*

32 LA LINEARISATION DE L'ENONCE VERBAL

32.0. Généralités

890 L'énoncé verbal, qui n'est, rappelons-le, que l'un des types d'énoncés possibles, est constitué d'un GV, porteur de l'information proprement dite, que viennent souvent compléter des unités à valeur communicative tels que des modalisateurs, particules illocutoires, commentatifs, etc. (v. §§ 390 et 394) :

Zum Glück kam mein Brief doch rechtzeitig an.

GV = *mein Brief* (GN) — *rechtzeitig* (GSC) — *ankommen* (base) + catégories grammaticales.

Unités à valeur communicative : *zum Glück* + *doch.*

Pour la linéarisation des énoncés non verbaux (constitués par exemple d'un GN, d'un G ADJ, etc.), voir les chapitres correspondants.

L'« ordre des mots » dans l'énoncé verbal, c'est donc la **linéarisation** dans la chaîne parlée ou écrite des constituants du GV **et** des unités à valeur communicative. Sa fonction essentielle est de **faciliter la réception** de l'énoncé, c'est-à-dire de permettre au locuteur de parvenir au mieux à ses fins.

Elle est régie par deux principes, que sont :

▷ les **contraintes** grammaticales qui réglementent la position de telle ou telle unité et dont le rôle est, conjointement aux signaux prosodiques ou graphiques :
   - — de faciliter le repérage de la structure interne ;
   - — de signaler éventuellement l'attitude discursive (déclaration, question, injonction, exclamation) ;

▷ les **libertés** — car tout n'est pas réglementé — que le locuteur peut exploiter pour les besoins de sa communication (raisons « stylistiques » au sens très large).

32.1. L'énoncé verbal avec GV en linéarisation « continue »

§ 891 On appelle linéarisation « continue » le type de linéarisation dans lequel la forme personnelle (conjuguée) du verbe est **en position finale** (v. § 392).

Cette linéarisation, que l'on qualifie parfois de « non marquée », peut, pour des raisons formelles, syntaxiques ou communicatives (v. plus loin §§ 909 et sv.), comporter des « déviations » entraînant que V n'est pas en position finale (v. §§ 903 et 909 sv.)

On la trouve (v. également chap. 14) :

▷ dans les **GV dépendants** : G CONJ, G REL, GV interrogatif ou exclamatif indirects partiels (portant sur un terme) (v. § 403) :

Ich habe das Gefühl, ***daß wir heute nacht doch noch ein Gewitter bekommen.***
Hier sind die Bilder, ***die ich neulich bei auch gemacht habe.***
Weißt du, ***wann Paul Geburtstag hat ?***
Wenn du wüßtest, ***wie schön das ist !***

▷ dans les G CONJ et G REL en fonction d'énoncés (v. § 399) et facultativement dans les énoncés exclamatifs partiels (v. § 857) :

Ob er noch kommt ?		***Daß er so was getan hat !***
Wie du meinst.		***Was du nicht sagst !*** (G REL)
Wie schön das ist !	ou :	*Wie schön ist das !*

32.1.1. PRINCIPE DE LA LINEARISATION CONTINUE.

§ 892 Dans la linéarisation continue, les constituants de l'énoncé verbal sont répartis en **trois champs** (v. § 393) :

das Spiel heute abend	*vielleicht doch*	*direkt übertragen wird*
1	**2**	**3**

§ 893 **a) Au centre (champ 2)** se trouvent les unités à fonction essentiellement **communicative,** telles que les particules illocutoires (v. §§ 825 sv.), les modalisateurs (v. §§ 818 sv.), les appréciatifs (v. §§ 823-824), les négateurs globaux (*nicht, nie...,* v. §§ 815 et 817) et les unités « positives » qui peuvent leur être opposées comme *noch* et *schon.* Mais ce champ peut aussi être inoccupé :

(daß) der Brief trotz des Poststreiks	***doch*** ***vielleicht*** ***zum Glück***	*rechtzeitig* *angekommen ist.*
(daß) der Brief wegen des Poststreiks	***leider nicht*** ***immer noch nicht***	*angekommen* *ist.*

*(daß) dieses Argument/***[sicherlich] schon** */ richtig ist, aber...*
(daß) Paul an diesem Tag / ***doch eben*** */ krank war*
(daß) Paul an diesem Tag / ***0*** */ krank war*

En surface, ce champ coupe le GV proprement dit en deux. On peut l'appeler « champ stratégique » de l'énoncé, car il fournit en quelque sorte des informations nécessaires pour le « mode d'emploi du message ».

§ 894 Lorsque ce champ comprend plusieurs unités à fonction communicative, celles-ci sont généralement distribuées entre elles de la façon suivante :

particules illocutoires	appréciatifs	modalisateurs	(dé)connecteurs

Les « (dé)connecteurs » sont les négateurs globaux *nicht/nie* et leurs opposés *noch* (maintien de la connexion au-delà d'une attente) et *schon* (instauration de la connexion avant le moment attendu). Exemples de cette distribution :

(weil) er sie / doch hoffentlich schon / kennt
(da) der Zug / doch auch höchstwahrscheinlich / in Perl hält
(weil) er damals / ja zum Glück noch nicht / eingezogen worden war

§ 895 Toutefois, cet ordre est souvent camouflé ou brouillé pour diverses raisons, parmi lesquelles on peut retenir :

① Les **unités à incidence partielle** : certains éléments d'une classe peuvent s'enrichir d'expansions à incidence partielle, qui peuvent aussi par ailleurs fonctionner comme unités d'une des quatre classes de base. Ainsi, *auch* peut être particule illocutoire : *(da) er auch zum Glück nicht so krank ist, wie er aussieht,* mais il peut aussi spécifier par exemple le négateur *nicht : (da) er zum Glück ⁺auch nicht so krank ist, wie er aussieht. Gar* et *überhaupt* peuvent être particules illocutoires (v. § 828), mais aussi spécificateurs de *nicht* :

Er fragte, ob wir gar/überhaupt •kommen würden.
Ich antwortete, daß wir das noch •gar/über•haupt nicht wüßten.

Ja peut fonctionner seul comme particule de connivence ou comme spécificateur de *doch* :

(da) er ja nicht kommt
Er wird ja ⁺doch nein sagen. De toute façon, il dira non.

D'autre part, on notera que les unités à incidence partielle peuvent se trouver à gauche du champ 2 :

(daß) Paul leider erst ⁺gestern / Bescheid bekommen hat
(daß) Paul doch leider nicht das ⁺ganze Geld / zur Verfügung hatte

② Il arrive souvent que, pour éviter une accumulation trop compliquée d'unités dans le champ 2 ou pour répondre à des besoins communicatifs, l'appréciatif (v. § 823), le modalisateur (v. § 819) ou la particule illocutoire (v. § 825) soient **déplacés vers la gauche** de l'énoncé :

(weil) ja/eben Paul an diesem Tag krank war
(weil) überhaupt/tatsächlich das Auto nicht angesprungen ist
(daß) natürlich/leider das Wetter nicht schön gewesen ist

③ Dans une même classe d'éléments comme celle des particules illocutoires, il semble exister un principe organisateur permettant de sous-classer ces unités. Ainsi viennent d'abord les unités qui impliquent une connivence pure et simple (cf. *denn* dans l'interrogation, *eigentlich, ja, doch, etwa*...), puis celles qui en plus de cette connivence comportent une appréciation *(eben, halt, vielleicht, aber...)*, enfin celles qui ne semblent être que des « graduatifs » logiques *(bloß, nur, mal, auch, überhaupt...)*. Exemples :

(ob) Paul an diesem Tag denn eigentlich schon krank gewesen sei
(weil) das Auto ja schon tatsächlich bezahlt ist

Mais la structure de l'ensemble des éléments du champ 2 est souvent difficile à analyser du fait qu'en plus des restrictions liées au type d'énoncé (déclaratif, interrogatif, injonctif, exclamatif), il faut tenir compte des incompatibilités syntaxiques et sémantiques entre les diverses unités d'une même classe ou de classes différentes (ainsi *erst* et *schon* sont incompatibles), sans parler du problème posé par la polyfonctionnalité de certaines unités et des regroupements accentuels.

§ 896 **b) A droite,** dans le **champ 3** où tombe l'accent d'énoncé (v. § 39), sont regroupés dans un ordre strict les membres formant avec la base verbale une **unité formelle ou de sens,** dans laquelle règnent des relations de type **hypotaxique** (déterminant — déterminé, v. § 105) :

mit dem Bus ins Büro fahren *mit dem Bus fahren wollen*

Le contenu de *fahren* est précisé par celui de *ins Büro* ; l'ensemble *ins Büro fahren* est précisé à son tour par *mit dem Bus.* Ces relations peuvent être plus complexes que dans les exemples ci-dessus, cf. :

M2 M1 B
rechtzeitig wieder zu Hause sein wollen

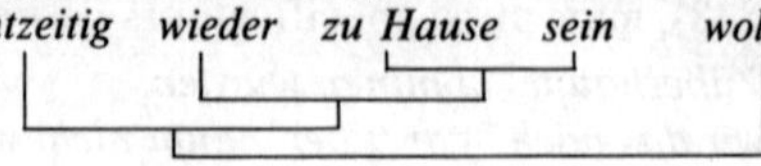

Mais la succession « déterminant → déterminé » est impérative. Ainsi, toute permutation entraîne soit un énoncé incorrect (cf. **ins Kino gern gehen, *mit dem Bus wollen fahren*), soit, plus rarement, une autre combinaison de sens, cf. : *tanzen wollen könnte* (pourrait avoir envie de danser) et *tanzen können will* (veut savoir danser ou prétend savoir danser).

Cette unité de sens est le « procès » au sens étroit du terme. Elle est composée :

▷ soit de **lexies verbales** (locutions verbales plus ou moins figées, v. §§ 335-336) :

zu Hause sein, nach Hause gehen/fahren, in Erfüllung gehen...
Auto fahren, Bescheid sagen/wissen, Abstand halten, Mut fassen...
den Ausschlag geben, den Garaus machen, das Weite suchen... ;

▷ soit de **bases verbales** accompagnées de membres qui sont le plus souvent :
— des attributs : *groß sein, gut finden, für dumm halten, Lehrer werden...* ;
— des compléments directifs ou locatifs : *ins Haus / aus dem Haus gehen, auf dem Tisch liegen, über München fahren, vor dem Fernseher sitzen...*

— des GN-objets le plus souvent non identifiés : *Brot essen, Bier trinken, Dummheiten machen, einen Fehler machen, einen Schnupfen bekommen...* mais aussi : *die Geduld / die Nerven verlieren... ;*

— des G ADJ ou GSC exprimant une manière ou une graduation : *gut / schlecht / schnell / mit überhöhter Geschwindigkeit fahren, aus der Flasche trinken, barfuß / zu Fuß gehen, (sich) grün ärgern, (sich) sehr freuen...*

Toutefois, des « commentatifs » peuvent s'insinuer en incises au début de ce champ 3, cf. : *daß meine Eltern / nicht / **wie geplant** ans Meer gefahren sind.*

897 **c) A gauche (champ 1)** sont rassemblées les unités qui constituent ce sur quoi porte l'information contenue dans le champ 3, c'est-à-dire les désignés concernés par le procès exprimé dans le champ 3, c'est-à-dire encore le « sujet » au sens large de l'énoncé.

Si l'on ne tient pas compte de l'intégration de l'énoncé dans le contexte et la situation (v. plus loin §§ 916 sv.), la linéarisation de ces unités est **relativement libre**. On peut les permuter sans que l'information, le message, s'en trouve profondément modifié :

(daß) das Spiel München-Stuttgart letzten Sonntag wegen der schlechten Witterungsverhältnisse / leider / abgesagt werden mußte.
→ *das Spiel M-S wegen d. schl. W. letzten Sonntag...*
letzten Sonntag das Spiel M-S wegen d. schl. W...
letzten Sonntag wegen d. schl. W. das Spiel M-S...
wegen d. schl. W. das Spiel M-S letzten Sonntag... (etc.)
(nachdem) im letzten Jahr die Volkswagen-Werke / Kurzarbeit einführen mußten
→ *die Volkswagen-Werke im letzten Jahr...*

Mais dès lors que l'on tient compte de la situation d'énonciation, c'est-à-dire des conditions et des fins communicatives, cette liberté est évidemment réduite, sans compter les « servitudes » suivantes :

La liberté des unités du champ 1 est **neutralisée** dans deux cas : la priorité de certains pronoms et le blocage de la séquence GN sujet — GN objet (à l'ACC) :

898 ▷ **Priorité de certains pronoms :**

pronoms personnels au NOM, y compris *es* et *man*	AVANT	mêmes pronoms à l'ACC	AVANT	mêmes pronoms au DAT ou au GEN	AVANT	tout autre groupe, y compris les autres pronoms (p. ex. *dieser, hier, bei sich, dabei, heute,* etc.)

(weil) ***ich dich ihm*** *nicht vorgestellt habe*
(weil) ***du es uns*** *damals nicht gesagt hast*
(weil) ***es mir*** *heute keinen Spaß mehr macht*
(daß) ***man es uns*** *ausdrücklich verboten hat*
(ob) ***ich mich seiner*** *annehmen würde*
(weil) ***mir*** *meine Mutter nichts gesagt hat*
(ob) ***uns*** *die Stadt gefällt*
(daß) ***ihn*** *der Lehrer heute beim Spicken erwischt hat*
(obwohl) ***ihn*** *diese Sache herzlich wenig anging*
(daß) ***sie es*** *müde ist, immer dasselbe zu hören*
(ob) ***mir jemand*** *hilft ? (ob)* ***mir wer*** *hilft ?*
(wenn) ***dich etwas*** *stört*

1. Un effet contrastif (accent contrastif avec présence éventuelle d'un modulateur à incidence partielle tel que *auch, nur, selbst, nicht...*) peut remettre en question cette priorité pour les pronoms aux cas obliques (ACC, DAT, GEN) :
   (daß) der Lehrer + ***mich*** *heute beim Spicken erwischt hat*
   (weil) diese Sache ***nicht nur*** + ***ihn*** *etwas angebt*
   (ob) dieses Medikament ***auch*** + ***mir*** *helfen würde*

   L'effet contrastif peut également porter sur un élément non pronominal :
   (daß) ***der*** + ***Nachbar mir*** *das gesagt hat*

2. Avec les pronoms démonstratifs *(der/das/die/die, dieser/dieses/diese/diese)*, la priorité des pronoms personnels aux cas obliques n'est pas absolue :
   (ob) ***ihm das*** *hilft* ou : *(ob)* + ***das ihm*** *hilft*
   (als) ***mich*** + ***dieser*** *fragte* ou : *(als)* + ***dieser mich*** *fragte*

3. Dans la langue parlée, les séquences *mir's, dir's, ihm's* existent à côté de *es mir, es dir, es ihm* (ACC-DAT) :
   (ob) er ***es dir*** *erzählt hat* ou : *(ob) er* ***dir's*** *erzählt hat*

4. Pour *es* (ACC) et *sie* (ACC SING ou PLUR), la priorité n'est pas absolue ; elle est notamment remise en question lorsqu'il y a des risques d'ambiguïté (problèmes de marques) :
   (als) der Lehrer ***sie*** *fragte* ou : *(als)* ***sie*** *der Lehrer fragte*
   (ob) sein Vater ***es*** *wußte* ou : *(ob)* ***es*** *sein Vater wußte*
   (daß) ihr Mann ***sie*** *betrog* mais guère *(daß) sie ihr Mann betrog* (bien que la marque soit claire)
   (daß) ***sie*** *ihr Kind belogen hatte* / *(daß)* ***sie*** *jemand belogen hatte* } *sie* est SUJET
   (daß) ihr Kind ***sie*** *belogen hatte* / *(daß) jemand* ***sie*** *belogen hatte* } *sie* est OBJET

5. La position du pronom ***sich*** est relativement libre (sauf par rapport à un pronom sujet *er/sie/es* ou quand il s'agit d'éviter des ambiguïtés) :
   (daß) ***sich*** *Herr Müller an diesem Tag wegen seiner Frau geärgert hatte*
   (daß) Herr Müller ***sich*** *an diesem Tag wegen seiner Frau geärgert hatte*
   (daß) Herr Müller an diesem Tag ***sich*** *wegen seiner Frau geärgert hatte*
   (daß) Herr Müller an diesem Tag wegen seiner Frau ***sich*** *geärgert hatte*

   Sich peut cependant précéder un pronom sujet *der/das/die* ou *dieser/dieses/diese* :
   (ob) sich + *das ändern wird* ou : *(ob)* + *das sich ändern wird*
   (ob) sich + *dieser gefreut hat* ou : *(ob)* + *dieser sich gefreut hat*

§ 899 ▷ **Blocage de la séquence GN sujet — GN objet (ACC) :**
Alors que l'énoncé déclaratif avec verbe en 2e position peut s'ouvrir sur un GN objet à l'ACC (v. § 906), la linéarisation continue (hormis en poésie) impose la séquence « sujet-objet », même lorsque le marquage n'est pas ambigu :

***Den Tiger** greift **der Elefant** nicht an.*
→ *(daß) **der Elefant den Tiger** nicht angreift*
***Dieses Gebäude** hat **das Architekten-Büro Meyer** errichtet.*
→ *(daß) **das Architekten-Büro Meyer dieses Gebäude** errichtet hat*
sauf lorsque l'objet à l'ACC est un pronom personnel (v. ci-dessus § 898) :
*(daß) **ihn der Elefant** nicht angreift*

Le passif permet de distribuer autrement les désignés, cf. :
(daß) der Tiger vom Elefanten nicht angegriffen wird
(daß) dieses Gebäude vom Architekten-Büro Meyer errichtet wurde

32.1.2. PARTICULARITES.

900 a) La signification en contexte (selon son désigné contextuel).
Selon la signification qu'il prend en contexte, le même signifiant peut faire partie de l'un ou de l'autre des trois champs, par exemple :

▷ Champ 1 ou champ 3 :

{ *(daß) sich Peter **in der Schule** / leider / beim °Spielen verletzt hat*
{ *(daß) sein Vater / nicht / **in der** °**Schule** arbeitet*

{ *(daß) ich **lange** (= seit langem) / nicht / so °gut geschlafen habe* ou */°nicht so gut geschlafen habe*
{ *(daß) ich letzte Nacht / °nicht / **lange** geschlafen habe* ou */nicht °lange geschlafen habe*

{ *(weil) ich heute **die Zeitung** / noch nicht / gelesen habe*
{ *(daß) ich / grundsätzlich nie / **[die] Zeitung** lese*

{ *(daß) Fritz **die Suppe** / nicht / essen will*
{ *(weil) Fritz / eben / **keine Suppe** mag*

Ceci s'explique par le fait que le champ 1 accueille des unités dont le désigné est souvent étroitement lié à la **situation,** ce qui n'est pas en général le cas dans le champ 3.

▷ Champ 2 ou champ 3 : il s'agit de tous les lexèmes pouvant fonctionner tantôt comme modalisateur ou appréciatif (champ 2), tantôt comme indication de manière (modifiant le verbe — champ 3), par exemple :

{ *(daß) er / **natürlich** / keine °Ahnung hatte* = bien entendu.
{ *(daß) er sich / Ø / [sehr] **na°türlich** verhalten hat* = de façon naturelle.

{ *(daß) er diesmal / **wohl** / °einverstanden ist* = sans doute.
{ *(ob) er sich dabei /° nicht / [sehr] **wohl** fühlte* = se sentir bien.
{ ou */nicht sehr °wohl fühlte*

{ *(weil) man das / **unmöglich** /° machen kann* = il est impossible de...
{ *(daß) er sich / doch /° **unmöglich** benahm* = de façon impossible.

S'il subsiste une ambiguïté, seul le contexte et la prosodie peuvent la lever :
(daß) Frau Müller/natürlich/ge° sungen hat
(daß) Frau Müller/Ø/na° türlich gesungen hat

§ 901 b) La séquence « datif-accusatif ».

Présentée souvent comme la séquence « normale » (l'autre étant déviante), cette séquence est certes plus fréquente statistiquement que la séquence « accusatif-datif », mais il faut distinguer trois cas :

Champ 1	Champ 2	Champ 3
DAT — ACC ACC — DAT		
DAT		ACC
ACC		DAT

Dans le premier cas, la linéarisation des deux GN, qui sont le plus souvent identifiés, est « libre », c'est-à-dire libre d'être utilisée en fonction des impératifs du contexte et de la situation (v. plus loin §§ 916 sv.) :

{ *(als) der Ober* ***dem Gast das Bier*** */ Ø / ser°* ***vieren wollte***
{ *(als) der Ober* ***das Bier dem Gast*** */ Ø /* ser°vieren wollte
{ *(weil) ich* ***meiner Schwester den Briefkastenschlüssel*** */ nicht / °geben will*
{ *(weil) ich* ***den Briefkastenschlüssel meiner Schwester*** */ nicht / °geben will*

Cette liberté est préservée dans la transformation au passif, où le GN à l'ACC devient sujet, cf. :
{ *(als) dem Gast das Bier / Ø / ser° viert werden sollte*
{ *(als) das Bier dem Gast / Ø / ser° viert werden sollte*

Dans les deux autres cas, en revanche, les séquences DAT-ACC ou ACC-DAT sont bloquées :

(ob) ein solches Verfahren ***allen Beteiligten*** */ nicht /* ***viel °Ärger*** *erspart hätte*
(daß) er ***dem armen Mädchen*** */ nicht /* ***die °Wahrheit*** *sagte*
(daß) er ***das arme Mädchen*** */ Ø /* ***der °Lächerlichkeit*** *preisgegeben hatte*
(daß) er ***das Kind*** */ nicht /* ***der Obhut eines Ver°wandten*** *anvertrauen wolle*

§ 902 c) Les GV relatifs et interrogatifs indirects.

Ils s'ouvrent nécessairement sur le pronom (relatif/interrogatif), même lorsque celui-ci représente une unité occupant normalement le champ 3, par exemple :

(daß) Paul seit zehn Jahren / Ø / ***in München*** *lebt*

(die Stadt), ***wo (in der)*** *Paul seit zehn Jahren / Ø / lebt*
(weißt du), ***wo*** *Paul zur Zeit / Ø / lebt ?*

Il en va de même pour les GV exclamatifs partiels et les GV concessifs partiels portant sur un G ADJ, par exemple :

(daß) es / Ø / ° ***schwer*** *ist*
(daß) ich mich / Ø / ***[sehr]*** *freue*
→ *(wenn du wüßtest),* ***wie + schwer*** *es ist !*
(wenn du wüßtest), ***wie [+ sehr]*** *ich mich freue !*
So + schwer *es auch ist, ich bringe es schon fertig.*

§ 903 **d) Problème des participes à forme infinitive.**

Lorsque le champ 3 contient un participe II à forme infinitive (v. § 177), la forme personnelle du verbe (= l'auxiliaire) vient se placer devant les formes non personnelles ou, plus rarement, vers l'avant du champ 3 :

(weil) er damals / nicht / nach München ***hat*** *fahren können*
(weil) er damals / nicht / ***hat*** *nach München fahren können*

Dans une langue littéraire, la même figure positionnelle peut se trouver avec *werden* + deux infinitifs et avec les formes simples de quelques verbes comme *glauben, meinen, hoffen, scheinen* :

(weil) er bald / ∅ / auf der Bühne singen können ***wird***
(weil) er bald / ∅ / auf der Bühne ***wird*** *singen können*
(weil) er bald / ∅ / ***wird*** *auf der Bühne singen können*

e) Enfin, certaines unités sont déplacées au-delà du champ 3, en « après-dernière position » (v. plus loin §§ 903 sv.).

32.2. L'énoncé verbal avec GV en linéarisation « discontinue »

§ 904 On appelle linéarisation « discontinue » le type de linéarisation dans lequel **la forme personnelle du verbe vient occuper la deuxième position**. La première position peut être ou ne pas être occupée (on dit aussi : la seconde position est « couverte / non couverte » — v. § 392) :

▷ linéarisation **continue** : *dieses Jahr meine Eltern / nicht / in Urlaub* ***fahren*** ;

▷ linéarisation **discontinue** :

1re pos.	2e pos.	
Dieses Jahr		*meine Eltern / nicht / in Urlaub.*
In Urlaub		*dieses Jahr meine Eltern / nicht /.*
Wohin	***fahren***	*dieses Jahr deine Eltern / in Urlaub ?*
Warum		*dieses Jahr deine Eltern / nicht / in Urlaub ?*
∅		*dieses Jahr deine Eltern / nicht / in Urlaub ?*

avec auxiliaire :

Letztes Jahr	***sind***	*meine Eltern / nicht / in Urlaub* ***gefahren.***
∅	***Sind***	*deine Eltern / nicht / in Urlaub* ***gefahren ?***

⇨ Au-delà de la seconde position, la linéarisation se fait selon le même principe que pour la linéarisation continue (v. §§ 891 sv.) :

1re pos.	2e pos.	champ 1	champ 2	champ 3

Das Spiel *wird heute abend / vielleicht / direkt übertragen.*
Heute abend wird das Spiel / vielleicht / direkt übertragen.
Vielleicht *wird das Spiel heute abend / doch noch / direkt übertragen.*
Vielleicht *wird heute abend das Spiel / doch noch / direkt übertragen.*
Ø *Wird heute abend das Spiel / Ø / direkt übertragen ?*

32.2.1. L'OCCUPATION OU LA NON-OCCUPATION DE LA PREMIERE POSITION.

§ 905 L'occupation et la non-occupation de la première position dépendent de l'attitude discursive pragmatique de l'énoncé (déclaration, question, etc.), mais elles ne sauraient **à elles seules** signaler telle ou telle attitude discursive (v. également §§ 396 et 397) :

a) La première position est occupée :

▷ dans un énoncé **déclaratif** :

Auf dem Tisch *liegt ein Brief für dich.*
Als die Polizei dort ankam, *war es schon zu spät.*

▷ dans un énoncé **interrogatif partiel** (la question porte sur un terme qui est en première position et non sur l'ensemble de l'énoncé) :

Wann *bist du gestern abend heimgekommen ?*
Mit welchem Recht *fragen Sie mich das ?*

b) La première position reste vide :

▷ dans un énoncé **interrogatif global** (la question porte sur l'ensemble de l'énoncé) :

Ø *Möchtest du mitkommen ?*
Ø *Bist du gestern abend sehr spät heimgekommen ?*

▷ dans un énoncé **injonctif à l'impératif** ou à forme interrogative :

Ø *Tu(e) mir bitte einen Gefallen !*
Ø *Tust du mir bitte einen Gefallen ?*
Ø *Würden/wollen Sie mich bitte einen Augenblick entschuldigen.*

c) Particularités :

1. L'énoncé **exclamatif** peut revêtir plusieurs formes (v. §§ 396-398 et 857) :
   ▷ 1re position occupée pour l'exclamation globale :
   Du regst mich auf ! *Hier stinkt es ja fürchterlich !*
   ▷ 1re position occupée ou vide pour l'exclamation partielle :

+ *Schön ist das !* *Das ist schön !* *Ist das schön !*
+ *Frech ist er !* *Er ist frech !* *Ist er frech !*

▶ sauf lorsque le terme sur lequel porte l'exclamation est introduit par *wie*: dans ce cas, on a ou bien une linéarisation discontinue avec 1re position occupée, ou bien une linéarisation continue (V en position finale) :

Wie schön ist das! *Wie schön das ist!* comparé à :
Wie frech ist er! *Wie frech er ist!* *Welch / So/solch einer ist er!*

2. Un énoncé **interrogatif global** peut avoir la forme d'un énoncé déclaratif (1re position occupée) à condition que le locuteur attende une **confirmation** (ou une infirmation ; v. également § 396) :
Sie sind doch Herr Müller?
Du wirst mich nicht verlassen, nicht wahr?
Du bist doch nicht etwa krank?
En français, cette « question prosodique » (signalée par l'intonation), est toujours possible, que le locuteur attende ou non une confirmation, et que la question soit globale ou partielle, cf. : *Vous allez bien? On part quand? Tu vas où? Tu t'appelles comment?*
3. Il arrive que la première position ne soit pas occupée dans un énoncé **déclaratif** :
▷ élision d'un pronom :
*Kaufst du mir bitte eine Zeitung? — **Wird** gemacht (= es wird gemacht).*
*Was kommt heute abend im Fernsehen? — **Weiß** ich nicht.*
*Schaust du bitte nach den Kindern? — **Mach**'ich.*
cf. aussi la formule de salutation autrichienne : *Habe die Ehre.*
▷ non-répétition d'un terme dans des énoncés coordonnés :
Der Bus geriet ins Schleudern und Ø stieß mit einem entgegenkommenden Pkw zusammen.
▷ énoncé déclaratif avec *doch* confirmant ou justifiant un énoncé précédent (v. § 398) :
*Herrn Fuchsberger wurde das Postministerium zugewiesen, **war er doch** früher selbst Postangestellter.*
▷ les histoires drôles s'ouvrent très souvent sur un énoncé déclaratif avec la première position non occupée, par exemple :
***Kommt eine Kundin** in die Apotheke und verlangt ein wirksames Schlafmittel. « Dieses hier ist sehr gut, es reicht für vier Wochen », erklärt die freundliche Apothekerin. « Oh, so lange wollte ich eigentlich nicht schlafen. »*
***Sagt der Frosch** zu einem Artgenossen : « Lieber im Sumpf übernachten als über Nacht versumpfen! »*
Il s'agit sans doute d'une structure « épique » ancienne, que l'on retrouve par exemple dans le fameux *Sah ein Knab' ein Röslein stehn.*

32.2.2. UNITES POUVANT OCCUPER LA PREMIERE POSITION (critères grammaticaux).

▷ Pour les raisons du **choix** de telle ou telle unité en première position, v. §§ 916 sv.

906 La première position peut être occupée par :

▷ *es* « explétif » (v. § 690) : ***Es sind einige Schwierigkeiten entstanden.***

▷ une unité du **champ 2** (« centre stratégique »), par exemple :
***Vielleicht** wird sich alles / doch noch / zum Besseren wenden.*
***Zum Glück** fuhr ich / nicht / sehr schnell.*
***Leider** ist die Feuerwehr / Ø / viel zu spät gekommen.*
***Natürlich** bekommen Sie Ihr Geld / Ø / wieder.*

▶ sauf les particules illocutoires non accentuées (v. §§ 825 sv.)

▶ ***nicht*** est rarement en 1re position, sauf en tant que « négateur partiel » accompagnant le terme nié (v. § 816) : *Nicht +er hatte Vorfahrt, sondern ich !*

▶ ***wohl*** ne peut se trouver en 1re position que joint à *aber : Er war an diesen Geschäften nicht beteiligt. Wohl aber hatte er davon profitiert.*

▷ une unité du **champ 1** ou du **champ 3,** quelles que soient sa forme et sa fonction :

Seine Tochter *wohnt seit zehn Jahren / Ø / in München.*
Seit zehn Jahren *wohnt seine Tochter / Ø / in München.*
Wo *wohnt sie ?*
Dumm *ist er / nicht /.*
Da *bin ich / doch / !*
Direkt *wird das Spiel heute abend / leider nicht / übertragen.*
Mich *hat man / nicht / gefragt.*
Den Tiger *greift der Elefant / nicht / an* (v. § 899).
Daß Paul schon verheiratet ist, *wußte ich / nicht /.*
Wen du einladen willst, *interessiert mich / nicht /.*
Die Welt verändern *kann nicht jeder.*
« Bleiben Sie stehen ! » *rief der Polizist.*

SAUF :

▶ ***es*** en tant que pronom à l'ACC ou au GEN (il est remplacé dans cette position par *das* accentué) :
Ich wußte ***es*** *nicht.* → ***Das*** *wußte ich nicht.*
Er war ***es*** *nicht müde.* → ***Dessen*** *war er nicht müde.*

▶ ***einer*** (pronom atone) : *Das tut* ***einem*** *weh !*

▶ les **pronoms réfléchis et réciproques** fonctionnant comme GN :
Ich habe ***mich*** *schon rasiert.*
Sie widersprachen ***einander.***

Avec effet contrastif, la 1re position n'est pas exclue : *Sich +selbst hat er dabei sicherlich nicht geholfen.*

Mais les G PREP contenant un pronom réfléchi ou réciproque peuvent occuper la première position :
Von sich *erzählt er nie etwas.*
Miteinander *sprechen sie längst nicht mehr.*

▶ les **GN objets** à l'ACC et les **GN attributs** si le marquage n'est pas assez clair pour permettre de les distinguer du sujet :

Die Mutter *ruft* ***die Tochter.*** ***Lügen*** *haben* ***kurze Beine.*** ***München*** *wirft* ***Stuttgart*** *mit 2 : 0 aus dem Pokal.* ***Kleider*** *machen* ***Leute.***	= *sujet — verbe — objet*
Ein Löwe *ist* ***ein Raubtier.*** ***Träume*** *sind* ***Schäume.***	= *sujet — verbe attribut*

▷ **tout ou partie du champ 3** (moins la forme personnelle du verbe) :

__Schlecht__ hat die deutsche Elf diesmal / nicht / __gespielt.__
__Schlecht gespielt__ hat die deutsche Elf diesmal / nicht /.
__Gern__ habe ich es / nicht / __gemacht.__
__Gern gemacht__ habe ich es / nicht /.
__Gewählt__ wird in einigen europäischen Ländern an einem Werktag.
__Unter die Lawine__ gerieten noch drei weitere Personenwagen.
__Unter die Lawine geraten__ sind noch drei weitere Personenwagen.
__In das Gesäß gestochen__ wurde ein Mann aus dem Stadtnorden von einem ihm namentlich Bekannten. Als Angriffswerkzeug diente eine Schusterahle.
__Schutzmaßnahmen für die deutsche Automobilindustrie gefordert__ hat der Vorsitzende des SPD-Unterbezirks Gelsenkirchen.
__Schlafen__ tut er nicht (cf. § 920)

32.3. L'avant-première position

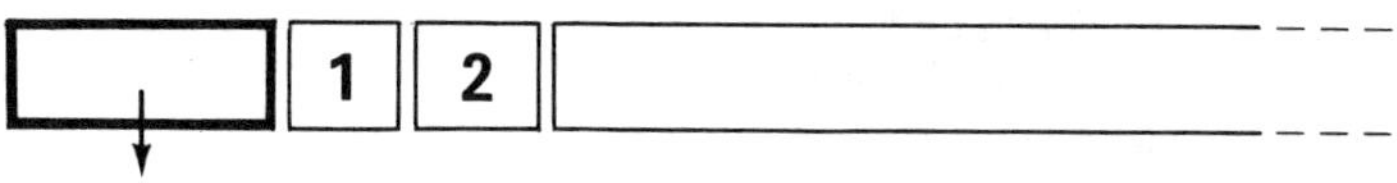

907 ***Aber*** *das Leben geht weiter.*
Und *Ø hast du etwas erfahren können ?*
Mensch, *der Film war vielleicht spannend !*
Bitte *Ø sei nicht so stur !*

« L'avant-première position », qui contient des unités non intégrées à la chaîne de l'énoncé verbal (v. ci-dessous), concerne essentiellement les énoncés verbaux en linéarisation discontinue avec première position occupée ou non (v. schéma et exemples ci-dessus), mais aussi — plus rarement il est vrai — des énoncés verbaux en linéarisation continue, cf. :

__Ach,__ wenn ich bloß auf ihn gehört hätte !
__Du,__ daß du mir ja keine Dummheit machst, verstanden ?

908 L'avant-première position peut être occupée :

▷ par des **coordinateurs** (non suivis d'une virgule) : *und, oder, denn, doch, sondern, aber* (v. § 876 sv) :

Ich wollte es ihm sagen, __aber__ er war schon weg.
Ich hole dich ab. — __Oder__ ich nehme ein Taxi, das ist einfacher.
Ich kann Ihnen nicht helfen, __denn__ der zuständige Mitarbeiter ist heute nicht da.
Ich hatte gehofft, er würde mir noch wenigstens eine kleine Chance geben. __Doch__ er ließ sich nicht beirren.

MAIS :

► *aber, doch, jedoch* peuvent être intégrés en chaîne (v. §§ 880 et 882) ;

► dans les couples *entweder... (oder...)* et *zwar... (aber...)*, le premier terme est toujours intégré :

***Entweder** hat er mich nicht gesehen,* } *oder er hat nur so getan.*
*Er hat mich **entweder** nicht gesehen,* }

***Zwar** ist in der Hauptstadt Ruhe eingekehrt / In der Hauptstadt ist **zwar** Ruhe eingekehrt, aber die Lage bleibt explosiv.*

Dans la langue parlée, *entweder* occupe parfois l'avant-première position : *Entweder er zahlt, oder ich zeige ihn an!*

► dans le couple *weder... noch*, les deux termes sont intégrés :

***Weder** will ich zahlen, **noch** kann ich's.*

▷ par toute unité ou tout ensemble fonctionnant comme **énoncé** (généralement suivi d'une virgule) :

***Ja/jawohl,** du bist ein Lügner!*
*Mußt du heute nicht in die Schule? — **Doch,** aber die erste Stunde fällt aus.*
***Nein,** ist + der süß!*
***Mein Gott,** ich tue, was ich kann.*
*Bist du mit deiner Arbeit zufrieden? — **Nun / na ja,** es gibt schlimmere Berufe.*
*So, da haben wir wieder mal Pech gehabt. — **Tja,** so ist es im Leben.*
***Sag mal,** was willst du eigentlich?*
***Hallo Sie,** können Sie denn nicht aufpassen?*
***Entschuldigung,** das war keine Absicht.*
***He du,** mach, daß du weiterkommst!*
*Wie geht's? — **Danke,** es geht! / **Leider,** es geht mir schlecht.*
***Immerhin / Allerdings / Nun,** du könntest deine Schuhe putzen.*
***Wirklich / Tatsächlich,** so was würde ich nicht tun.*
***Kurz / Mit anderen Worten :** Sie hat ihn herumgekriegt.*
***Glaub mir,** ich meine es gut mit dir.*
***Hättest du was gesagt,** ich hätte dir geholfen.*

⇨ dont les **énoncés concessifs** autres que ceux introduits par les conjonctions *obwohl, obgleich, obschon, wenngleich* :

***Er mag noch so laut schreien,** ich fürchte ihn nicht.*
***So seltsam es auch scheinen mag,** es ist die Wahrheit.*
***Was auch immer geschieht,** wir bleiben zusammen.*
***Wie du es auch machst,** du schaffst es nicht.*
***Welchen Grund er auch angeben mag,** sein Verhalten ist unverzeihlich.*

▷ par toute unité **reprise par un anaphorique** (v. également § 923) :

***Der Peter, der** schafft das schon.*
***Der Peter, dem** traue ich alles zu.*
***Wer das sagt, der** hat keine Ahnung.*
***Als ich davon hörte, da** war es zu spät.*
***Kommt er oder kommt er nicht, es** ist mir egal / mir ist **es** egal.*
***Wenn Sie bis zum 15.11. nicht zahlen, dann/so** müssen Sie mit einem gerichtlichen Zahlungsbefehl rechnen.*

32.4. L'après-dernière position

§ 909 L'après-dernière position est la position située au-delà du champ 3 dans les deux types de linéarisation :

▷ linéarisation discontinue :

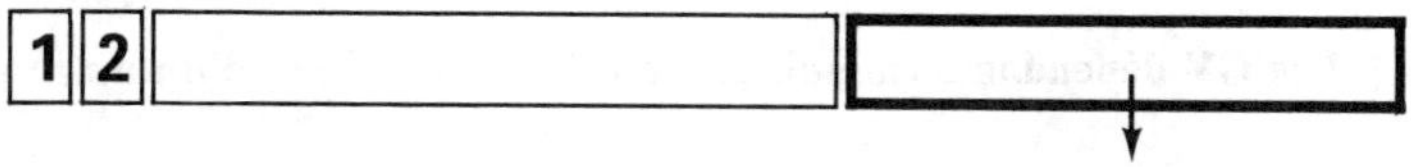

Wir sind viel schneller gefahren ***als letztes Mal.***
Ich habe vergeblich versucht, ***ihn zu überzeugen.***
Dann habe ich ihn gefragt, ***ob er mir helfen könne.***

▷ linéarisation continue :

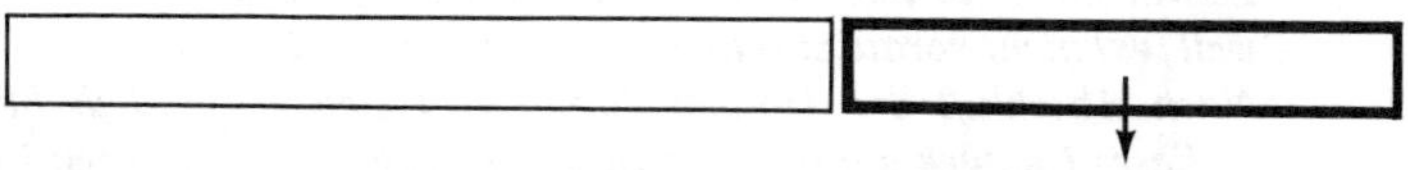

(weil) wir viel schneller gefahren sind ***als letztes Mal.***
(daß) ich vergeblich versucht habe, ***ihn zu überzeugen.***
(als) ich ihn dann gefragt habe, ***ob er mir helfen könne.***

Le « rejet » d'une unité en après-dernière position peut avoir des raisons **grammaticales** et/ou **stylistiques** :

32.4.1. L'UTILISATION GRAMMATICALE DE L'APRES-DERNIERE POSITION.

§ 910 Il s'agit de l'utilisation sans intention stylistique de l'après-dernière position, destinée à éviter un **enchâssement** d'un groupe dans l'autre. Le code prévoit en effet que **lorsqu'elles n'occupent pas la première position** dans un énoncé à linéarisation discontinue, certaines unités doivent être **rejetées** en après-dernière position lorsque leur intégration à la chaîne nuit à la bonne compréhension de l'énoncé, par exemple :

▷ linéarisation discontinue avec première position occupée :

ou bien : ***Daß er ein zu großes Risiko auf sich nahm,*** *sah er damals / nicht / ein.* (G CONJ *daß* en 1re position)

ou bien : *Damals sah er / nicht / ein,* ***daß er ein zu großes Risiko auf sich nahm.*** (G CONJ *daß* « rejeté » en après-dernière position)

mais non : **Damals sah er, daß er ein zu großes Risiko auf sich nahm, nicht ein.*

▷ linéarisation discontinue avec première position vide :

seulement : ***0*** *Sah er damals / denn nicht / ein,* ***daß er ein zu großes Risiko auf sich nahm ?*** (G CONJ « rejeté »).

▷ linéarisation continue :

seulement : *weil er damals / nicht / einsah,* ***daß er ein zu großes Risiko auf sich nahm*** (G CONJ « rejeté »).

Les unités rejetées en après-dernière position sont (lorsqu'elles n'occupent pas la première position d'un énoncé verbal) :

§ 911 **a) Les GV dépendants** (membres de GV ou membres d'un autre groupe) :

▷ OBLIGATOIREMENT rejetés : les GV dépendants **en fonction de sujet ou d'objet,** quelle que soit leur forme (G CONJ, G REL, GV en linéarisation discontinue) :

— Sujet :

Es war nicht vorauszusehen, ***daß es so enden würde.***

weil [es] nicht vorauszusehen war, ***daß es so enden würde.***

Nach Abschluß der Untersuchung wird sich hoffentlich herausstellen, ***ob dieses Unglück auf menschliches Versagen zurückzuführen ist.***

Es bleibt allerdings noch zu klären, ***wie der Mörder in das Haus eindringen konnte.***

Mich interessiert überhaupt nicht, ***was Sie denken*** (G REL).

— Objet :

Er wußte zu diesem Zeitpunkt noch nicht, ***daß er den Nobel-Preis erhalten hatte.***

obwohl er damals behauptet hatte, ***er sei nur 60 gefahren.***

Paul hat mir leider nicht gezeigt, ***wie der Blitz funktioniert.***

daß beim Einstellungsgespräch der Arbeitgeber eine Frau nicht fragen darf, ***ob sie schwanger sei.***

weil ich leider nicht immer tun kann, ***was ich will*** (G REL).

Sont également rejetés obligatoirement les GV dépendants en **« valence prépositionnelle »** (v. § 767) lorsqu'ils sont reliés directement sans l'intermédiaire d'un G PREP pronominalisé de type *darauf, damit,* etc. Par exemple, *sich über etwas freuen* peut donner :

sich freuen, daß... = construction directe

sich ***darüber*** *freuen, daß...* = pronom-relais

Exemples :

Freust du dich nicht, ***daß du dein Ziel erreicht hast ?***

ob er sich denn nicht freue, ***daß er sein Ziel erreicht habe.***

weil ich nicht warten will, ***bis es zu spät ist.***

En revanche, le pronom-relais permet l'intégration (v. ci-dessous).

▷ FACULTATIVEMENT :

— les G CONJ fonctionnant comme **« circonstant libre »** (non imposé par le programme valenciel, v. § 348 ②) :

Der Mann hatte es, ***obwohl er nie einer Partei angehörte,*** *bis zum Minister gebracht.* Ou bien : *Der Mann hatte es bis zum Minister gebracht,* ***obwohl er nie einer Partei angehörte.***

Diese Vereinbarung gilt, ***wenn nicht innerhalb von 8 Tagen Einspruch erhoben wird,*** *als fester Bestandteil des Vertrags.* Ou bien : *Diese Vereinbarung gilt als fester Bestandteil des Vertrags,* ***wenn nicht innerhalb von 8 Tagen Einspruch erhoben wird.***

— les GV dépendants **membres d'un autre groupe,** par exemple :

GV membre de GN :

weil der Unternehmer die Frage, ***ob die Bewerberin schwanger sei,*** *nicht stellen darf* ou bien : *weil der Unternehmer die Frage nicht stellen darf,* ***ob die Bewerberin schwanger sei.***

Er konnte das Gefühl, ***daß man ihn ausspionierte,*** *nicht loswerden.* Ou bien : *Er konnte das Gefühl nicht loswerden,* ***daß man ihn ausspionierte.***

Da war ihm etwas, ***was er längst verdrängt hatte,*** *plötzlich wieder eingefallen.* Ou bien : *Da war ihm etwas plötzlich wieder eingefallen,* ***was er längst verdrängt hatte*** (v. § 635).

GV membre de G PREP :

weil er sich ***darüber, daß man ihm die Wahrheit verschwiegen hatte,*** *unheimlich ärgerte* ou bien : *weil er sich* ***darüber*** *unheimlich ärgerte,* ***daß man ihm die Wahrheit verschwiegen hatte.***

C'est ici que commence à intervenir la « stylistique ». En effet, le GV dépendant ne peut être intégré que s'il ne nuit pas à une certaine harmonie dans la construction de l'énoncé. Cette harmonie tient à la fois à la **longueur** et au **dynamisme** (à l'importance pour la communication, v. §§ 916 et sv.) de ce qui suit le GV intégré. C'est ainsi qu'on dira difficilement (v. aussi § 635) :

* *Er ging, als es ihm langweilig wurde, weg.*
* *wenn ein Unternehmer die Frage, ob die Bewerberin schwanger sei, stellt*
* *Ihm fiel etwas, was er längst verdrängt hatte, ein.*

§ 912 **b) Les G INF.**

L'intégration et le rejet d'un G INF, liés à l'emploi de la virgule, ont déjà été présentés (v. §§ 91 et 409). Rappelons simplement qu'il existe trois types de G INF : jamais intégrés (1), intégrés ou détachés (2) et toujours intégrés (3) :

(1) *weil er* ***es*** *nicht wagte,* ***sie zum Tanzen aufzufordern.***
(2) *daß er* ***mir zu helfen*** *versprach*
ou bien : *daß er versprach,* ***mir zu helfen.***
(3) *weil er* ***ein guter Mittelstürmer zu werden*** *versprach*
daß er ***mich zum Bahnhof fahren*** *könnte.*

§ 913 **c) Les expansions de termes graduatifs** (v. également §§ 847 à 855).

Les expansions de termes graduatifs introduites par *wie, als* ou *denn,* sont **fréquemment rejetées** en après-dernière position, mais leur intégration à la chaîne reste possible (sauf en première position) :

Ich wäre ***lieber*** *mit dem Auto gefahren* ***als mit dem Zug.***
ou bien : *Ich wäre* ***lieber*** *mit dem Auto* ***als mit dem Zug*** *gefahren.*
obwohl dieses Lokal ***teurer*** *ist* ***als die anderen.***
Die Sitzung hat diesmal nicht ***so lange*** *gedauert* ***wie sonst immer.***
Ich werde mir ***soviel*** *Zeit nehmen* ***wie nötig.***
daß er ***lieber*** *als Libero spielt* ***denn als Vorstopper.***

Elles sont cependant nécessairement rejetées si elles ont la forme d'un GV dépendant :

Ich werde mir soviel Zeit nehmen, ***wie ich brauche.***
Die Nachricht hat sie nicht so sehr mitgenommen, ***wie wir fürchteten.***
daß der Sieg der Nationalmannschaft um so überraschender ist, ***als der Gegner bis zur 60. Minute mit 2 : 0 führte.***
weil ich viel zu weit weg war, ***als daß ich etwas hätte sehen können.***

MAIS les expansions avec *wie* exprimant une simple similitude (comparaison) sont intégrées :

daß er immer ***wie ein Henker*** *fährt*
daß es im Grunde ein Haus ***wie jedes andere*** *ist*

Elles ne peuvent être rejetées que pour des raisons nettement stylistiques (v. plus loin § 915).

§ 914 **d) Divers.**

Peuvent également occuper l'après-dernière position :

▷ le deuxième terme dans un couple coordonné par *oder, sowohl... als auch (wie auch)..., nicht... sondern..., weder... noch...* :

Hast du ein Bier bestellt ***oder einen Rotwein ?***
Das Reformvorhaben der Regierung wird sowohl von den Gewerkschaften kritisiert ***als auch / wie auch vom Arbeitgeberverband.***
Er ist nicht in Frankfurt geboren, ***sondern in Köln.***
Ich habe weder den Chef erreichen können ***noch seine Sekretärin.***

Le rejet d'un groupe coordonné par *und* ou *sowie* est moins fréquent :
Ich habe ein Zigeunerschnitzel bestellt und ein Bier.

▷ les groupes apposés, explicitant ou commentant un contenu, ainsi que de nombreuses unités à valeur communicative (modalisateurs, appréciatifs, commentatifs, rectificatifs, contactifs, etc.) :

Wir haben viel eingekauft, ***Schuhe, Hemden und vieles mehr.***
Er interessiert sich für Malerei, ***vor allem expressionistische.***
Sie hat mit berühmten Regisseuren gearbeitet, ***z.B. mit Truffaut.***
Der Mann hat viele Freunde, ***und zwar prominente.***
Der Mann hat viele Freunde, ***aber was für welche !***
Wir haben uns unterhalten, haben ein bißchen getanzt, ***und so.***
Er ist schon alt, ***ich schätze an die 70.***
Es ist ja nichts passiert, ***zum Glück.***
Ich war um 5 Uhr dort, ***wie vereinbart.***
Ich muß ihn sprechen, ***und sei es nur eine Minute.***
Ich soll ihm helfen, ***aber wie ?***
Das ist eine herrliche Gegend, ***nicht [wahr] ?***
Du bist mir doch nicht mehr böse, ***oder ?***
Das kommt nicht in Frage, ***hörst du ?***
Du rührst dich nicht von der Stelle, ***verstanden ?***
Sie irren sich aber gewaltig, ***mein lieber Freund.***
Sie verdienen zu zweit so um die 5000 im Monat, ***wenn's reicht.***

32.4.2. L'EXPLOITATION STYLISTIQUE DE L'APRES-DERNIERE POSITION

§ 915 On peut distinguer deux cas d'utilisation de l'après-dernière position pour des raisons « stylistiques » au sens large du terme :

▷ le rejet d'un groupe « lourd », c'est-à-dire étoffé ou consistant en une énumération :

Die Abgeordneten stimmten heute ab ***über den Entwurf einer Novelle zum Bundesausbildungsförderungsgesetz.***

Die Stadt hat allein in diesem Jahr aus Steuergeldern gebaut ***tausend Sozialwohnungen, zwei Schulen, zwei Kindergärten sowie eine Schwimmhalle.***

Il n'est pas recommandé d'imiter ce procédé, fréquent dans le langage « technique » de la presse et de l'administration, car il n'a pas pour fonction d' « alléger » la phrase, et son effet n'est donc pas d' « embellir » le style. Il sert simplement à mettre en valeur *(herausstellen)* une unité informative importante (sinon la plus importante) dans l'énoncé.

▷ le rejet d'une unité peu dynamique (v. § 923).

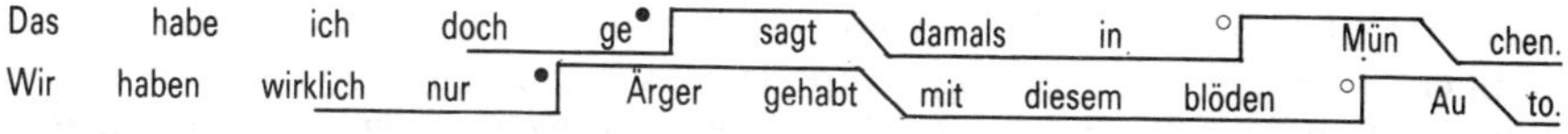

Ce type de linéarisation, réservé au registre de l'**oral,** s'inscrit dans le cadre plus large de ce qu'on peut appeler l'énoncé « expressif » ou « émotionnel », dont il sera question plus loin (§ 923). Il consiste à rejeter en après-dernière position une unité peu dynamique de façon à mettre en relief l'unité informative principale. Du point de vue prosodique, ce procédé est signalé par deux pôles accentuels sur lesquels s'appuie un modelé montant (sur l'accent d'énoncé) puis descendant.

32.5. L'exploitation des libertés

§ 916 Le code laisse au locuteur une grande marge de liberté pour linéariser les divers éléments de son énoncé :

▷ liberté relative à l'intérieur du champ 1 (v. § 897),

▷ choix de l'occupation de la première position (v. §§ 905 et 906),

▷ possibilité de rejet en après-dernière position (v. §§ 909-914).

Au-delà des contraintes grammaticales, la linéarisation est en partie guidée par des choix d'ordre **stylistique** au sens étroit du terme : équilibre, rythme, harmonie (effets de parallélisme, de symétrie, etc.). Mais la liberté laissée par le code est surtout exploitée pour ce que nous avons appelé (§ 115) la **fonction de perspective :** la distribution des diverses unités de l'énoncé est liée à l'**importance**

relative qu'elles ont dans l'information transmise. Cette importance ou **« dynamisme »** dépend des données du **contexte** et de la **situation** d'une part, et des intentions communicatives du locuteur d'autre part.

Ce principe de linéarisation « à un deuxième niveau » — les contraintes grammaticales représentant le « premier niveau » — entre donc dans le cadre plus large de ce qu'on appelle la **linguistique textuelle** (*Textlinguistik*, v. chap. 31, § 871).

32.5.1. LE « DYNAMISME ».

§ 917 Indépendamment de tout contexte, un énonce tel que *Ich fahre morgen nach Paris* contient un message, une information globale, à savoir : « le locuteur se rendra à Paris le jour suivant celui où est prononcé l'énoncé ».
Ce même message peut cependant s'insérer dans des contextes et des situations différentes. Supposons par exemple que le locuteur soit représentant de commerce et se déplace tous les jours : dans ce cas, il est fort probable que l'unité *nach Paris* constituera l'unité informative la plus importante, c'est-à-dire **la plus dynamique,** ou, comme disent les Allemands, le *Schwerpunkt der Aussage.* Dans ce cas aussi, on peut considérer que l'énoncé répond à la question implicite (sous-jacente) suivante : ***Wohin fahren Sie morgen ?*** Ainsi, le test de la question permet de repérer l'unité ou le groupe le plus dynamique dans un contexte et une situation données, par exemple pour l'énoncé *Ich fahre morgen nach Paris :*

Questions implicites possibles :	Unité(s) la/les plus dynamique(s) :
***Was machen** Sie morgen ?*	→ ***nach Paris fahren***
***Wann** fahren Sie nach Paris ?*	→ ***morgen***
***Wohin** fahren Sie morgen ?*	→ ***nach Paris***
***Wer** fährt morgen nach Paris ?*	→ ***ich***
***Was geschieht** morgen ?*	→ ***ich + nach Paris fahren***

On peut distinguer deux types essentiels de linéarisations :

▷ la **linéarisation neutre,** ou « non marquée », ou **progressive :** elle consiste à linéariser, dans la mesure où les contraintes grammaticales ne s'y opposent pas, selon la progression du dynamisme, c'est-à-dire dans un ordre allant des unités les moins dynamiques aux plus dynamiques, par exemple :

***Wohin** fährst du morgen ?*	*Morgen fahre ich **nach Paris.***
	*Ich fahre morgen **nach Paris.***
***Wann** fährst du nach Paris ?*	*Ich fahre $^+$ **morgen** nach Paris.*
	*Nach Paris fahre ich ($^+$) **morgen.***

▷ la **linéarisation « marquée »** ou **expressive,** qui correspond à un renversement voulu, non imposé par des contraintes grammaticales, de la linéarisation neutre, c'est-à-dire à une succession « très dynamique-peu dynamique », par exemple :

***Nach Pa$^+$ ris** fahre ich morgen !*
***Ins $^+$ Tor** mußt du schießen, du Langweiler !*

32.5.2. LA LINEARISATION NEUTRE OU PROGRESSIVE.

La linéarisation neutre concerne le choix de l'occupation de la première position dans l'énoncé verbal discontinu et la distribution des unités dans le champ 1 (dans l'énoncé verbal continu ou discontinu).

§ 918 **a) L'occupation de la première position.**
Envisagée dans la perspective non plus grammaticale (v. §§ 905 et 906), mais **communicative,** la première position peut être occupée par des unités ou groupes peu dynamiques que sont notamment :

▷ des **unités « connues »** ou en rapport avec des données de la situation et/ou du contexte antérieur. Il s'agit notamment de termes **exophoriques** (se référant à une donnée de la situation, v. §§ 19 et 661), de termes **anaphoriques** (représentant un contenu du contexte antérieur), ou encore de termes dont le contenu est **associé** à un contenu du contexte antérieur (cf. *Schule — Lehrer, Fußball — Tor, Hafen — Schiff,* etc.) :

— termes exophoriques :
Hier bin ich als Kind oft spazierengegangen.
In dieser Stadt möchte ich auf keinen Fall leben.
Diesen Film habe ich schon mal gesehen.
Heute geht aber wirklich alles schief!

— reprise par anaphorique ou répétition pure et simple :
Er stellte ahnungslos seine Wohnung zur Verfügung. ***Dies*** *wurde ihm zum Verhängnis.*
Beamte der Berliner Mordkommission nahmen inzwischen einen 34-jährigen Mann fest. ***Gegen ihn*** *besteht der Verdacht, seinen Bekannten mit Benzin übergossen und angezündet zu haben.*
Daran *kann die Bank für Internationalen Zahlungsausgleich, die soeben die altbekannte Pfundkrise berät, überhaupt nichts ändern.* ***Ändern*** *kann das allein England selbst.*

Autres exemples :
In dieser besonderen Krisensituation müssen auch die Beamten zur Kasse gebeten werden. ***Daran*** *führt kein Weg vorbei.*
Die Stuttgarter Kickers haben den HSV aus dem Pokal geworfen. ***Damit*** *hatte unter den Fußballkennern wohl niemand gerechnet.*
Es wird alles getan werden, weitere Stauungen, auch überflüssigen Spannungsstau zu vermeiden. ***Ganz vermieden werden*** *können sie wahrscheinlich nicht* (H. Böll, Die verlorene Ehre der Katharina Blum).
Deshalb geht der Vorwurf der Opposition, die Regierungsparteien hätten die Wähler absichtlich täuschen wollen, fehl. ***Getäuscht*** *hatten sich der Kanzler und seine Wirtschaftspolitiker.*

— reprise par association de sens (v. aussi § 507) :
Aktienkurse steigen weiter. München (Süddeutsche Zeitung). ***An den Montagbörsen*** *setzte sich die Aufwärtsbewegung der Aktienkurse fort.* ***Der SZ-Aktienindiz*** *stieg um 1,58 auf den neuen Jahreshöchststand von 187,32.*
Wie gefällt es dir in der neuen Schule? — Ach, ***die Lehrer*** *sind ja überall gleich.*

Das Fußballspiel gestern abend war zwar nicht direkt langweilig, aber ***Tore*** *hat man halt keine gesehen.*

Er trinkt sicher gerne ein paar Gläschen. ***Betrunken*** *habe ich ihn allerdings noch nie erlebt.*

Autres exemples :

Wahrscheinlich mehr als 40 Menschen sind bis zum Montag bei der Unwetterkatastrophe im italienisch-österreichisch-schweizerischen Alpenraum ums Leben gekommen. ***Die durch heftige Schnee- und Regenfälle entstandenen chaotischen Zustände*** *hatten sich am Montag nur leicht gebessert. Wie sich erst im Lauf des Montags herausstellte, wurde am Sonntag bei Sulden am Stilfser Joch nicht nur das Auto mit den beiden deutschen Touristen verschüttet.* ***Unter die Lawine*** *gerieten noch drei weitere Personenwagen mit vermutlich insgesamt zehn Insassen.*

Das Regierungsprogramm zur Sanierung der Staatsfinanzen wird auch nach seiner Verabschiedung durch das Kabinett und den Erläuterungen des Bundesfinanzministers negativ beurteilt. ***Die Ablehnung*** *reicht von Gewerkschaften über Beamte und Bauern bis zur Wirtschaft.*

Die Vertreter der Entwicklungsländer kamen mit der Entschlossenheit nach Paris, die Behandlung der Ölpreise mit anderen Rohstofffragen zu verknüpfen. ***Trotz dieser gegensätzlichen Ausgangspositionen*** *begann in Paris die Vorkonferenz in einer Atmosphäre der Entspannung auf dem Energiemarkt.*

§ 919 ▷ des **« charnières de discours » :**

A proprement parler, les anaphoriques sont déjà des charnières, dans la mesure où ils établissent un lien avec le contexte antérieur. Par « charnières de discours », on entend cependant des unités qui participent davantage d'une **démarche argumentative,** en signalant notamment que le nouvel énoncé va constituer une **étape** dans la progression du discours et/ou du contenu (v. §§ 884 et 885) :

Die Luftverschmutzung nimmt in den Großstädten oft erschreckende Ausmaße an. ***So*** *mußte man in Tokio entlang der Hauptstraßen Sauerstoffautomaten anbringen.*

Bei vielen Touristik-Unternehmen haben die spanischen Feriengebiete inzwischen 60 Prozent des gesamten Fluggeschäfts erreicht. ***Dagegen*** *waren im politisch unruhigen Portugal die Urlauberzahlen weiter rückläufig.*

Autres exemples :

Bei den Vorsorgeuntersuchungen für Kleinkinder stieg der Anteil der Inanspruchnahme um fast acht auf 61 Prozent. ***Allerdings*** *bemängeln die Krankenkassen, daß nur die ersten Untersuchungen...*

... nur hat er seine Zweifel, ob das Syndikat das auch zulassen wird, nachdem die Gangster ihrem früheren Geldexperten auf die Spur gekommen sind. ***Tatsächlich*** *setzt der Boß der Unterweltorganisation auch sofort Killer auf Archie an.*

§ 920 ▷ des **unités « topicalisées » :**

Il s'agit d'unités informatives qui, bien qu'elles n'aient pas encore été évoquées dans un contexte antérieur, ne constituent pas l'information principale de l'énoncé : elles sont mises en exergue *(« herausgestellt »)* pour servir de « point de départ » de l'énoncé, et cette procédure s'accompagne généralement d'une prosodie particulière (notamment présence d'un accent de groupe).

Le plus souvent, les unités topicalisées sont des groupes qui fournissent une circonstance, un cadre de l'information qui va suivre, c'est-à-dire des « situatifs » (v. également §§ 621, 622, 626), par exemple :

Gegen °***Kriegsende*** *wurden viele Städte von den Ameri*•*kanern zerstört.*

La question implicite est ***Was geschah*** *gegen Kriegsende ?* et non pas ***Wann*** *wurden Städte zerstört ?*

Im Mordprozeß °***F.*** *ergeben sich immer mehr* •*Widersprüche.*
In den V°W-Werken *werden drastische Entlassungen er*•*wartet.*
°***Nachts*** *sind alle Katzen* •*grau.*
In der °***Not*** *frißt der Teufel* •*Fliegen.*

Le cas des proverbes (cf. les deux derniers exemples) rejoint celui de l'énoncé avec terme exophorique en première position. En effet, le proverbe est un énoncé préfabriqué prêt à être utilisé dans un certain type de situation : dès lors que cette situation est actuelle, *in der Not* signifie par exemple *» in meiner/unserer/dieser Not «.*

Mais on peut trouver également des unités non situatives :

Der °***Bundeskanzler*** *ist heute nach* •*Moskau geflogen.*
°***Dumm*** *ist er* •*nicht.*
Ge°logen *hat er* •*nicht.*
°***Auspacken*** *tun wir erst* •*morgen, nach dem* °*Frühstück.*

1. L'emploi du passif ou — dans la langue parlée — de l'auxiliaire *tun* peut être un moyen de topicaliser une base verbale, cf. :
   Wir arbeiten heute nicht.
   → ***Gearbeitet*** *wird heute nicht.*
   Arbeiten *tun wir heute nicht.*

2. Dans la langue parlée, la topicalisation peut être marquée de façon redondante par le procédé de la **segmentation :** l'élément topicalisé est détaché en avant-première position (« hors syntaxe ») puis repris par un terme anaphorique :
   Der °***Peter, der*** *ist ganz* •*nett.*
   Um °***5, da*** *habe ich leider keine* •*Zeit.*
   In °***München, da*** *war's am* •*schönsten.*
   °***Spielen, das*** *tut der Bengel* •*gern, aber* + *arbeiten sollte er !*

   La segmentation est toutefois beaucoup moins utilisée qu'en français : ainsi, des énoncés avec double segmentation tels que *Ma femme, elle sait bien les faire, les frites* sont relativement rares en allemand !

3. Le groupe topicalisé, tout comme certaines charnières de discours et comme les groupes exophoriques, anaphoriques ou associés au contexte antérieur (v. §§ 918 et 919), peut évidemment être précédé en avant-première position d'un coordinateur (v. §§ 876-883) :
   Doch um °*5 war natürlich kein Mensch mehr da.*
   Und °***dumm*** *ist der Kerl* + *auch nicht.*

   Mais il peut aussi être précédé ou suivi d'un terme (modulateur de mise en relief, commentatif, etc.) qui a pour effet de renforcer la topicalisation et qui dans ce cas est solidaire du groupe occupant la première position :
   Brasilien gilt als Favorit, aber ***auch die Fran***+***zosen*** *haben gute Chancen, das Finale zu erreichen.*
   Gegen +***Kriegsende freilich*** / ***zum Beispiel*** *wurden viele Städte zerstört.*
   Sie sagte vor Gericht aus, sie habe den Abend zu Hause verbracht. ***In*** +***Wirklichkeit aber*** *war sie bei ihrem Freund.*

§ 921 ▷ un **élément non dynamique :** le *es* « explétif » :

« Non dynamique » est à prendre au sens propre, c'est-à-dire : « à dynamisme zéro ». Le *es* explétif a en effet pour fonction d'occuper la première position (v. § 690) de façon à **retarder l'apparition d'une unité dynamique.** On le trouve essentiellement dans des énoncés dont le verbe exprime l'existence ou l'apparition du sujet grammatical, lequel sujet est l'élément le plus dynamique :

Es *ist ein Unglück / etwas / nichts geschehen.* (Question implicite : *Was ist geschehen ?*)
Es *kam keine Antwort.*
Es *liegen zwei Briefe für dich auf dem Schreibtisch.*
Es *sitzen noch vier Patienten im Wartezimmer.*
Es *besteht gar kein Zweifel.*
Es *wurde nichts unternommen.*

Comme **procédé de retardement,** le français utilise le *il* impersonnel ou le présentatif *il y a,* cf. :
Il *s'est produit /* ***il*** *est arrivé un malheur.*
Il y a *deux lettres pour toi sur le bureau.*

Mais à la différence du français *il, es* peut être utilisé avec des verbes au contenu plus précis, cf. :
Es meldet *sich niemand.* Personne ne répond (au téléphone).
Sie hören jetzt Beethovens Neunte. ***Es dirigiert*** *Herbert von Karajan.*

Es explétif permet d'éviter d'ouvrir l'énoncé de façon trop abrupte, c'est-à-dire sur une unité trop dynamique. La même fonction peut être assumée par ce qu'on appelle des **présentatifs,** par exemple :
Eine Prinzessin langweilte sich in ihrem Schloß.
→ ***Es war einmal*** *eine Prinzessin,* ***die*** *sich in ihrem Schloß langweilte.*
Jemand möchte Sie sprechen.
→ ***Da ist*** *jemand,* ***der*** *Sie sprechen möchte.*
Ein Bekannter von mir fährt einen Porsche.
→ ***Ich habe*** *einen Bekannten,* ***der*** *fährt einen Porsche.*
Ich habe *einen Bekannten,* ***der*** *einen Porsche fährt.*

Cf. en français :
Voilà *quelque chose* ***qui*** *va te plaire.*
Y a *ma voiture* ***qui*** *est en panne.*
J'ai *mon fils* ***qui*** *fait une grippe.*

§ 922 **b) La linéarisation neutre dans le champ 1.**

Dans le champ 1, que ce soit en linéarisation continue ou en linéarisation discontinue au-delà de la deuxième position (v. §§ 892 et 904), le principe de la progression du dynamisme fonctionne également, mais le choix est beaucoup plus restreint, puisque :

▷ la séquence GN sujet — GN objet (à l'ACC) est bloquée (v. § 899) ;

▷ certains pronoms sont prioritaires (v. § 898) ;

▷ le retardement de l'apparition du sujet par un *es* explétif est exclu.

C'est ainsi que dans les énoncés suivants, tirés du roman *Der geteilte Himmel* de Christa Wolf, la place du GN sujet par rapport aux autres unités du champ 1 est conforme à son dynamisme :

In jenen letzten Augusttagen des Jahres 1961 erwacht in einem kleinen Krankenhauszimmer ***das Mädchen Rita Seidel.***

La question implicite est ici manifestement : *Wer erwacht in einem kleinen Krankenhauszimmer?* ou *Was geschieht in einem kleinen Krankenhauszimmer?*, mais pas *Wo erwacht das Mädchen Rita Seidel?*

als morgens ***der Arzt*** */ Ø / nach ihr sieht, ist sie nicht fähig zu antworten.*

Niemand darf zu ihr, bis sich eines Abends ***ein Mann mit einem Rosenstrauß*** */ nicht / abweisen läßt.*

De même dans les exemples suivants, où le dynamisme du sujet est signalé par un lexème à incidence partielle :

Nach einiger Zeit trat dann ***auch der Prinz...*** *wieder aus* (Musil, *Die Verwirrungen des Zöglings Törleß*).

Von den wichtigen Alpenübergängen konnte am Montag ***nur der Reschenpaß*** *wieder geöffnet werden.*

La présence d'un effet contrastif (accent contrastif et/ou lexème à incidence partielle) peut toutefois neutraliser le principe de la linéarisation progressive, puisque l'unité concernée est de toute façon marquée comme étant dynamique :

daß die Lebensmittelgeschäfte ***selbst sonntag*** + ***vormittags*** *nicht geschlossen sind*

daß ***selbst sonntag*** + ***vormittags*** *die Lebensmittelgeschäfte nicht geschlossen sind*

D'autre part, des analyses de fréquence semblent indiquer une préférence pour la séquence « temps - lieu » lorsque les unités exprimant le temps ou le lieu sont toutes deux peu dynamiques, cf. :

Im Zusammenhang mit den Diskussionen über einen neuen parlamentarischen Ausschuß sagte Carstens ***am Montag in Bonn,*** *er habe* ***am 10. Oktober 1974 vor dem Guillaume-Ausschuß*** *ausgesagt, solange er...*

Zum Zusammenstoß zweier Pkws kam es ***am Mittwoch abend in der Liskircherstraße,*** *weil einer der beiden Fahrer die Vorfahrt nicht beachtet hatte.*

32.5.3. LA LINEARISATION MARQUEE OU EXPRESSIVE.

§ 923 Elle consiste à réaliser, sans que cela soit imposé par des contraintes grammaticales, une succession « très dynamique - peu dynamique », par exemple en français :

	Ce type m'énerve.	linéarisation **neutre**
dynamisme	FAIBLE - FORT	
	Il m'énerve, ce type.	linéarisation **expressive**
dynamisme	FAIBLE - **FORT - FAIBLE**	

Cette linéarisation est dite expressive (ou émotionnelle) pour deux raisons :

▷ elle est typique d'énoncés **oraux** prononcés dans une situation d'**émotion** plus ou moins forte (joie, émerveillement, mécontentement, colère, surprise, etc.) ;

▷ elle s'accompagne d'une **prosodie spécifique** qui contribue à **mettre en relief** l'unité la plus dynamique : deux pôles accentuels avec modelé montant fortement sur le premier accent, puis descendant.

En français, l'accent tonique étant peu sollicité, on constate fréquemment un allongement marqué d'une syllabe, cf. :

Il m'éneeerve, ce type!

En allemand, la linéarisation expressive est réalisée essentiellement par trois procédés :

▷ occupation de la première position par l'unité la plus dynamique (avec accent contrastif) :

> ⁺***Schön** war's !*
> ⁺***Strohdumm** ist der Kerl !*
> ***Ins** ⁺**Tor** sollst du schießen, nicht zurückgeben !*
> ***Ein** ⁺**Lügner** bist du, jawohl !*
> ⁺***Arbeiten** sollst du !*

▷ segmentation de l'énoncé avec rejet en après-dernière position d'une unité peu dynamique :

> ***Der** •spinnt, **der** ○**Peter !***
> ***Da** war's •schön, **in** ○**München !***
> *Das hat **er** natürlich nicht ge•macht, **der** ○**Faulpelz !***

▷ rejet en après-dernière position d'une unité peu dynamique :

> *Ich habe dich doch ge•warnt ○**damals !***
> *Es ist ganz schön •kalt ○**heute,** nicht wahr ?*
> *Du hast noch •Glück gehabt **bei diesem** ○**Unfall.***
> *weil wir immer nur •Ärger haben **mit diesem** ○**Auto.***
> *Ich möchte wissen, warum der Chef immer so •schlecht gelaunt ist **in letzter** ○**Zeit.***
> *War das vielleicht •langweilig **bei** ○**denen !***
> *Ich werde ⁺keinen Pfennig mehr geben **für** ○**so was.***

INDEX

Les numéros renvoient aux paragraphes. N'ont été relevés que les paragraphes les plus importants.

A

E

I

J

K

L

M

N

O

P

Q

R

S

T

U

V

W

Z

TABLE DES MATIÈRES

Aubin Imprimeur
LIGUGÉ, POITIERS

Achevé d'imprimer en mai 1995
N° d'édition 10028252-(VI)-(16)-OSBT 80
N° d'impression L 49036
Dépôt légal mai 1995 / Imprimé en France